AF866621

# Die kindliche Fortbewegungsfreiheit und ihre fürsorgliche Beschränkung durch Eltern und Staat

# Studien zum deutschen und internationalen Familien- und Erbrecht

Herausgegeben von Martin Lipp, Christoph Benicke,
Marina Wellenhofer, Bettina Heiderhoff und Barbara Veit

Band 38

Laura Lanwert

# Die kindliche Fortbewegungsfreiheit und ihre fürsorgliche Beschränkung durch Eltern und Staat

PETER LANG
Berlin · Bruxelles · Chennai · Lausanne · New York · Oxford

**Bibliografische Information der Deutschen Nationalbibliothek**
Die Deutsche Nationalbibliothek verzeichnet diese Publikation in der Deutschen Nationalbibliografie; detaillierte bibliografische Daten sind im Internet über http://dnb.dnb.de abrufbar.

Zugl.: Göttingen, Univ., Diss., 2024

DE-7
ISSN 1864-497X
ISBN 978-3-631-95441-6 (Print)
ISBN 978-3-631-95449-2 (ePDF)
ISBN 978-3-631-95450-8 (ePUB)
DOI 10.3726/b23898

© 2026 Peter Lang Group AG, Lausanne, Schweiz
Verlegt durch Peter Lang GmbH, Berlin, Deutschland

info@peterlang.com

Alle Rechte vorbehalten.
Das Werk einschließlich aller seiner Teile ist urheberrechtlich geschützt. Jede Verwertung außerhalb der engen Grenzen des Urheberrechtsgesetzes ist ohne Zustimmung des Verlages unzulässig und strafbar. Das gilt insbesondere für Vervielfältigungen, Übersetzungen, Mikroverfilmungen und die Einspeicherung und Verarbeitung in elektronischen Systemen.

**www.peterlang.com**

Kontakt zur Verordnung über die allgemeine Produktsicherheit (GPSR): gpsr@peterlang.com

# Inhalt

# Vorwort

Die vorliegende Arbeit wurde im Sommer 2024 von der Juristischen Fakultät der Georg-August-Universität Göttingen als Dissertation angenommen. Rechtsprechung und Literatur konnten bis Dezember 2025 berücksichtigt werden.

Ich bedanke mich zunächst bei Frau Prof. Dr. Barbara Veit für die Betreuung der Arbeit und den fortwährenden Ansporn, dieses Projekt zu einem guten Abschluss zu bringen, und das damit, sowie mit der langjährigen Beschäftigung als wissenschaftliche Mitarbeiterin an ihrem Lehrstuhl, mir entgegengebrachte Vertrauen. Sodann gebührt mein Dank Herrn Prof. Dr. Dr. h.c. Volker Lipp für die detaillierte Befassung mit der Arbeit im Rahmen seiner Zweitbegutachtung, sowie Frau Prof. Dr. Eva Schumann für ihren Einsatz als Zweitprüferin im Rigorosum und die wertvolle Diskussion dort. Bei Dr. Simon Marchlewski bedanke ich mich für viele fachliche Diskussionen im Rahmen der gemeinsamen Lehrstuhlarbeit und die seitdem fortbestehende gute Freundschaft.

Meiner Mutter, Claudia Hasse, sowie meiner Schwester, Sarah Marquardt, bin ich zum Dank verpflichtet für die Korrektur und das Redigieren des umfangreichen Textes einer für sie ungewohnten Materie. Beide haben durch ihren kritischen Blick von außen auf sprachliche und stilistische Besonderheiten des juristischen Sprachstils zum besseren Verständnis der Arbeit beigetragen.

Schlussendlich gilt mein Dank meinen Eltern, Claudia und Rainer Hasse, sowie meinem Mann, Luca Lanwert, für den verlässlichen Rückhalt, beständigen Zuspruch und das Vertrauen, das mir auch in Phasen eigener Zweifel Halt gegeben hat.

Hannover, im April 2026 *Laura Lanwert*

# Einführung

## A. Hinführung zum Thema

Nach dem juristischen Wörterbuch von *Köbler*[1] ist Freiheit die allgemeine Möglichkeit der uneingeschränkten Entfaltung. Nicht nur im römischen, germanischen und mittelalterlichen, sondern auch im neuzeitlichen Recht ist Freiheit ein besonderer sozialer Status, der im Gegensatz zur Unfreiheit steht.[2] Während sich letztgenannte Freiheit auf alle Lebensbereiche beziehen kann, definiert der Duden[3] Freiheit unter anderem als Möglichkeit, sich frei und ungehindert zu bewegen, mithin als das Nichtgefangensein. Diese Fortbewegungsfreiheit ist verfassungsrechtlich in Art. 2 Abs. 2 S. 2 und 104 GG manifestiert. Sie ist hingegen nicht unantastbar, denkt man nur an Einschränkungen durch den Staat im Rahmen seines Strafanspruches, der die Möglichkeit einer Freiheitsstrafe bietet. Darüber hinaus sind aber auch fürsorgliche Einschränkungen der Fortbewegungsfreiheit denkbar. Diese resultieren daraus, dass die Grundrechte nicht nur einen Schutz gegen staatliches Handeln bieten, sondern auch Schutzpflichten des Staates gegenüber jedem Bürger offenbaren.[4] Sind grundrechtlich geschützte Güter wie etwa die Gesundheit oder das Leben einer Person gefährdet, hat der Staat Maßnahmen zu ergreifen, um diese Person zu schützen – unter gewissen Umständen auch dann, wenn die Gefahr von der Person selbst ausgeht.

---

1 *Köbler*, Juristisches Wörterbuch, 19. Aufl. 2024, s. ‚Freiheit'.

2 *Köbler*, Juristisches Wörterbuch, 19. Aufl. 2024, s. ‚Freiheit'.

3 Duden Online, s. „Freiheit" (www.duden.de/rechtschreibung/Freiheit [zuletzt abgerufen am 25. Januar 2026]).

4 S. dazu die Nachweise in Teil 3, D. III. 3. a.

Jeder Mensch übt seine Freiheiten grundsätzlich selbst aus. Kinder, die – je nach Alter – weitestgehend nicht dazu in der Lage sind, für sich selbst zu sorgen, werden in der Regel von ihren sorgeberechtigten Eltern[5] betreut. Sie sind für ihre Eltern dagegen keine beliebigen Dritten. Die Eltern dürfen gegenüber ihren Kindern Maßnahmen ergreifen – die Bestimmung etwa ihres Aufenthaltsorts, ihrer Bekleidung, mit altersabhängigen Abstufungen im Grunde der gesamten Lebensführung – die gegenüber sonstigen Dritten indiskutabel wären.[6] So werden viele erzieherische Handlungen der Eltern den Wünschen des Kindes entgegenlaufen. Solche Maßnahmen können dem Schutz des Kindes – etwa das Abschließen einer Tür, um das Weglaufen eines Kleinkindes zu verhindern, Anschnallen in einem Autokindersitz, das Verbot nachts das Haus zu verlassen – aber auch dessen Erziehung – zum Beispiel Hausarrest – dienen,[7] präventiven oder repressiven Charakter haben. Beschränkungen der persönlichen Bewegungsfreiheit im elterlichen Haushalt erscheinen daher erstmal als normal und üblich. Auch wenn Eltern selbst zeitweise vor der Überlegung stehen werden, inwieweit eine solche zulässig ist, traut der Staat den Eltern zu, als diejenigen, die das Kind geboren haben bzw. die dem Kind am nächsten stehen, diese Entscheidung zu treffen.

Neben Maßnahmen, die als Ausübung einer üblichen Pflege und Erziehung angesehen werden können, können darüber hinaus hingegen auch Maßnahmen erforderlich sein, die üblicherweise nicht zu Maßnahmen gehören, die Eltern gegenüber einem Kind ausüben, die aber erforderlich werden, weil sich das Kind anders entwickelt, als dies bei dem Großteil der Kinder der Fall ist. Auslöser für die Notwendigkeit freiheitsentziehender Maßnahmen durch die Eltern kann eine körperliche oder psychische Krankheit oder eine geistige Behinderung des Kindes sein, die die Beschränkung der Freiheit etwa durch Fixierungen oder Begrenzungen vor allem zur Vermeidung von Selbstverletzungen, zur Durchführung der Pflege, etwa Füttern, Waschen, Medikamentengabe oder zur Ermöglichung einer Beteiligung am Alltag,

---

[5] Fortlaufend wird der Begriff Eltern, wenn nicht anders indiziert, als Bezeichnung für die sorgeberechtigten Eltern verwendet und soll ebenso allein sorgeberechtigte Elternteile einschließen.

[6] *Hörnle/Huster*, JZ 2013, 328, 330.

[7] Zudem sind auch Maßnahmen mit mehreren Zwecken denkbar, z. B. das Verbot, sich mit bestimmten Personen zu treffen.

etwa durch Fixierung in einem Rollstuhl erfordert. Darüber hinaus kommen Maßnahmen, die zur Durchsetzung erzieherischer Mittel, zum Schutz des sich durch aggressives oder destruktives Verhalten selbst schädigenden Kindes bzw. Jugendlichen sowie zum Schutz der Allgemeinheit durch den Betroffenen durchgeführt werden, in Betracht.

Als härtester Fall einer Freiheitseinschränkung gegenüber Kindern kann die Unterbringung außerhalb des elterlichen Haushalts angesehen werden. Eine Fremdunterbringung kann durch die Eltern veranlasst werden, beispielsweise aufgrund einer psychischen oder körperlichen Erkrankung des Kindes, einer Behinderung oder aber auch aufgrund einer Überforderung bei der Betreuung erfolgen, oder wenn aus anderen Gründen die Möglichkeit, das Kind im eigenen Haushalt zu betreuen, wegfällt. Sind die Eltern nicht in der Lage, das Kind im eigenen Haushalt zu betreuen, ist darüber hinaus eine Unterbringung durch einen Vormund oder Pfleger nach (Teil)-Entzug des Aufenthaltsbestimmungsrechts oder auch unmittelbar durch staatliche Autoritäten denkbar.

Besonderer Betrachtung bedarf zudem die „geschlossene Unterbringung", die das Gegenstück bildet zu einer Unterbringung in einem offenen Setting[8] und ein alltagssprachlich so bezeichnetes[9] Phänomen vor allem der Kinder- und Jugendhilfe und Kinder- und Jugendpsychiatrie und -psychotherapie (KJPP) beschreibt, welches sich im BGB als Unterbringung wiederfindet, die mit Freiheitsentziehung verbunden ist – die Begrifflichkeiten werden an gegebener Stelle näher erläutert. In Vergangenheit wie Gegenwart wird sie in jugendhilfe- und familienrechtlichen wie auch in sozialwissenschaftlichen und kinder- und jugendpsychiatrischen Fachkreisen diskutiert. Auch mediale Aufmerksamkeit entbehrt sie nicht, sondern sieht sich in einem Hin und Her zwischen der Forderung nach geeigneten Maßnahmen für die „Schwererziehbaren" und dem Anprangern von Erziehungsmethoden und

---

8 Zu den Begrifflichkeiten siehe sogleich unter Teil 2, C. II.; Zahlen zur geschlossenen Unterbringung bis 2006 bei *Sülzle-Temme*, Geschlossen untergebrachte Jugendliche, 2007, S. 10; *Marschner*, in: Marschner/Lesting/Stahmann, Freiheitsentziehung und Unterbringung, 7. Aufl. 2024, Kap. A Rn. 51 ff.; zur statistischen Erhebung von Entscheidungen nach § 1631b a. F. BGB und deren nur beschränkte Aussagekraft *Salgo*, FPR 2011, 546.

9 *Seidel*, in: DGSGB, Freiheitseinschränkende Maßnahmen und geschlossene Unterbringung in der Behindertenhilfe, 2013, S. 5.

Missständen in Erziehungsanstalten.[10] In den letzten Jahren war vermehrt letzteres der Fall: mit der Ermordung einer Erzieherin in einer geschlossenen Abteilung eines Jugendheims in Rheinland-Pfalz im Jahr 2003[11], den vielfältigen Kritikpunkten unter anderem an den überwiegend geschlossenen Einrichtungen der Haasenburg e. V. und des Friesenhofs[12], wurden Missstände in Einrichtungen aufgedeckt, die die Forderungen nach politischem und gesetzgeberischem Handeln laut werden ließen. Die geschlossene Unterbringung gilt dabei „als ein besonders deutliches Exempel für die gesellschaftspolitische Grundfrage nach einer öffentlichen Verantwortung für private Lebens- und Erziehungsschicksale."[13] Die Personensorgeberechtigten können eine geschlossene Unterbringung de lege lata grundsätzlich im Rahmen ihres Aufenthaltsbestimmungsrechts veranlassen, benötigen hingegen nach § 1631b Abs. 1 BGB zusätzlich einer Genehmigung des Familiengerichts.

Aber nicht nur die geschlossene Unterbringung gibt Anlass zur Diskussion. Nicht zuletzt das – mehr oder weniger klarstellende[14] – Urteil des Bundesgerichtshofs vom 7. August 2013[15] gab einen erneuten Anstoß, auch die so genannten „unterbringungsähnlichen" oder „freiheitsentziehenden" Maßnahmen bei Kindern und Jugendlichen – etwa Auszeit- oder Time-Out-Räume und Fixierungen – in den Blick zu nehmen. Gemeint sind damit die die körperliche Bewegungsfreiheit einschränkenden Maßnahmen, die über die üblicherweise von Eltern bei einem normal entwickelten Kind vorgenommenen hinausgehen. Entsprechende Maßnahmen waren bei Unterbringung in einer Einrichtung im Rahmen der rechtlichen Betreuung für Volljährige ebenfalls von einer gerichtlichen Genehmigung abhängig, bei Minderjährigen dagegen nicht. Aber auch dort kann es sowohl bei offener wie auch bei geschlossener Unterbringung erforderlich sein, dass die Betreuungsperson neben den „üblichen" Beschränkungen auch Einschränkungen der Fortbewegungsfreiheit vornehmen muss, die aus einer besonderen Situation des Kindes resultieren.

---

[10] *Eissing*, DVJJ-Journal 1994, 314, 317; *Hoops*, FPR 2011, 538, 539.

[11] S. die Berichterstattung „Tödliche Idylle", Spiegel Online v. 10. April 2004 (www.spiegel.de/spiegel/print/d-30458395.html [zuletzt abgerufen am 25. Januar 2026]).

[12] S. dazu Teil 2, C. III. 6. c. und F. II.

[13] *Hartwig/Schrapper*, in: Bach/Bleidick/Kanter/Klauer/Kröhnert/Reinartz, Handbuch der Sonderpädagogik, Band 10, 1990, S. 392, 393.

[14] S. dazu unter Teil 5, B. IV. 1. f. (1) (a).

[15] BGH, FamRZ 2013, 1646.

Der Gesetzgeber hat – wenn auch erst spät – auf die insbesondere nach der Entscheidung des Bundesgerichtshofs immer lauter werdenden Forderungen reagiert und mit dem Gesetz zur Einführung eines familiengerichtlichen Genehmigungsvorbehaltes für freiheitsentziehende Maßnahmen bei Kindern v. 17. Juli 2017[16] mit der Einführung des § 1631b Abs. 2 BGB auch diese Maßnahmen einem Genehmigungserfordernis unterstellt.

## B. Ziel der Untersuchung

Ausgangspunkt der vorliegenden Untersuchung soll die Frage sein, warum Kinder unter fürsorgerischen Gesichtspunkten in ihrer Freiheit beschränkt werden. Insbesondere soll ermittelt werden, aufgrund welcher Legitimation eine Einschränkung der Fortbewegungsfreiheit durch Eltern, Vormünder, andere betreuende Personen und staatliche Autoritäten erfolgt. Dabei sollen sowohl die verfassungsrechtlichen Grundlagen und Grenzen des elterlichen, sowie des staatlichen Handelns in Bezug auf die fürsorgliche Einschränkung der Fortbewegungsfreiheit von Kindern, als auch ihre einfachgesetzliche Umsetzung dargestellt und letztere anhand ersterer überprüft werden. Die Bezeichnung der „fürsorglichen Beschränkung" soll als Gegenstück dienen zu einer solchen aufgrund des Strafrechts oder Strafprozessrechts. Delinquente Jugendliche werden nur soweit betrachtet, als sie aufgrund ihrer Delinquenz oder anderer Faktoren in der Jugendhilfe oder der Kinder- und Jugendpsychiatrie zu verorten sind.[17]

Eine zentrale Fragestellung stellt dabei der Umfang und die Grenzen des Elternrechts aus Art. 6 Abs. 2 S. 2 GG und die Legitimation des Staates dar, elterliches Handeln zu begrenzen. Dieses Verhältnis beschäftigte den Gesetzgeber in den diversen Gesetzgebungsverfahren, die vermehrt die Rechte von Kindern stärken sollen[18] und die im Ergebnis vermehrt eine Orientierung an

---

16 BGBl. I 2017, 2424.

17 dazu: *Czerner*, Vorläufige Freiheitsentziehung bei delinquenten Jugendlichen zwischen Repression und Prävention, 2008.

18 ZB. Gesetz zur Neuordnung des Kinder- und Jugendhilferechts (KJHG) v. 26. September 1990, BGBl. I, 1163, s. BT-Drucks. 11/5948, S. 46 ff.; Gesetz zur Reform des Kindschaftsrechts (Kindschaftsrechtsreformgesetz – KindRG) v. 16. Dezember 1997, BGBl. I, 2942, I 1998, 946, s. BT-Drucks. 13/4899, S. 1, 29; Gesetz zur Stärkung eines aktiven Schutzes von Kindern und Jugendlichen (Bundeskinderschutzgesetz) v. 22.

den Kinderrechten abbilden. Im Rahmen der Beschränkung der Fortbewegungsfreiheit von Kindern konkretisiert sich diese Frage aus diversen Gründen besonders: Zunächst bietet die verfassungsrechtliche Sicherung der Fortbewegungsfreiheit in Art. 2 Abs. 2 S. 2 GG und insbesondere in Art. 104 GG ein recht dezidiertes System des Freiheitsschutzes. Die Diskussion über eine direkte oder indirekte Übertragung dieser Garantien auf den Vormund aber auch auf die Eltern wurde insbesondere in Folge einer Bundesverfassungsgerichtsentscheidung aus den frühen 60er Jahren[19] intensiviert, die in Teil 3, D. V. 5. dargestellt wird. Ob und wie sich diese Entscheidung auf die grundsätzlich nicht ganz unstreitige Wirkung von kindlichen Grundrechten im Eltern-Kind-Verhältnis und im Verhältnis zu anderen die Fortbewegungsfreiheit von Kindern einschränkenden Akteuren hat, ist entscheidend für die Ausgestaltung des einfachgesetzlichen Freiheitsschutzes. Die erneute Ergänzung und Erweiterung des § 1631b BGB wirft diese Frage erneut auf, wenn auch – so viel sei vorweggenommen – diese Erweiterung nicht unmittelbar mit dem verfassungsrechtlichen Freiheitsschutz begründet wurde.

Zudem bedarf die terminologische Einordnung von Eingriffen in die Fortbewegungsfreiheit einer Klarstellung. Bisher wurde sich allgemein des Begriffs der „Einschränkung“ der Fortbewegungsfreiheit bedient. Sowohl Art. 104 GG als auch § 1631b BGB sprechen von einer „Freiheitsentziehung“, die schon normtextlich, aber auch durch Rechtsprechung und Literatur einer Freiheitsbeschränkung gegenübergestellt wird. Die Unterscheidung beider Begriffe ist dabei nicht allgemein terminologisch, sondern eine essentielle inhaltliche Frage, betrachtet man die mit der Einordnung in eine der Kategorien sowohl verfassungsrechtlich als auch einfachrechtlich verbundenen Folgen. Die Kriterien der Abgrenzung und die Frage, ob diese mit dem Verursacher der Einschränkung zusammenhängen kann, ist damit wesentlich.

Die besondere Relevanz der Frage nach staatlichen Eingriffsbefugnissen in die Elternautonomie bei Einschränkungen der Fortbewegungsfreiheit begründet sich darüber hinaus aus der Tatsache, dass diese unstreitig Teil einer jeden Erziehung und daher nicht von Vornherein unzulässig oder eine

---

Dezember 2011, BGBl. I, 2975, s. BT-Drucks. 17/6256, S. 17 ff.; Gesetz zur Stärkung von Kindern und Jugendlichen (Kinder- und Jugendstärkungsgesetz – KJSG) v. 13. Juni 2021, BGBl. I, 1444, s. BT-Drucks. 19/26107, S. 73, 86, 131 ff.

19 BVerfGE 10, 302.

zu kontrollierende Handlung der Eltern ist. Die vereinzelte Notwendigkeit der im Teil 2 dargestellten Maßnahmen zeigt hingegen, dass eine Zulässigkeitsgrenze und damit die Notwendigkeit und unter Umständen auch die Zulässigkeit staatlichen Handelns nicht einheitlich zu beantworten ist.

## C. Gang der Untersuchung

Die Frage der Zulässigkeit und vor allem der Notwendigkeit fürsorglicher Freiheitsbeschränkungen ist nicht vorrangig eine juristische. Vielmehr beschäftigt sie eine Reihe von Professionen vor allem in der Kinder- und Jugendhilfe, der Kinder- und Jugendpsychiatrie und -psychotherapie und der Behindertenhilfe. Die juristische Argumentation und die Notwendigkeit juristischer Regelungen müssen sich dabei an den Bedürfnissen und Gegebenheiten dieser Bereiche orientieren. Zum Verständnis der juristischen Problem- und Fragestellungen ist die Kenntnis tatsächlicher Hintergründe notwendig. Kapitel 2 soll daher eine historische wie aktuelle Betrachtung der Anwendung von Freiheitsbeschränkungen, insbesondere der geschlossenen bzw. freiheitsentziehenden Unterbringung in diesen Bereichen bieten und deren Ausgestaltung, Ursachen, Wirkungen sowie die Kritik darstellen.

Kapitel 3 widmet sich der Frage, wie die Fortbewegungsfreiheit von Kindern im Verfassungsrecht geschützt ist. Dieses liefert im nationalen Recht die Grundlage für die Möglichkeiten und Notwendigkeiten einfachgesetzlicher Rechtsgrundlagen, aufgrund derer eine Freiheitsbeschränkung erfolgt. Nach einer allgemeinen Einleitung zu der Grundrechtsgeltung bei Kindern (Teil 3 A.) folgt zunächst eine allgemeine Darstellung des verfassungsrechtlichen Freiheitsschutzes aus Art. 2 Abs. 2 S. 2 und 104 GG (Teil 3 B. und C.). Kern des Kapitels bildet sodann die Frage, wie sich der verfassungsrechtliche Freiheitsschutz bei einer Freiheitsbeschränkung durch Sorgeberechtigte aktualisiert (Teil 3 D.) und die Frage, welche Rolle Sorgeberechtigte bei einer Beschränkung der Freiheit des Kindes durch den Staat spielen (Teil 3 E.).

Im vierten Kapitel werden daran anknüpfend die gemeinschaftsrechtlichen Vorgaben dargestellt, die in EMRK, UN-Kinderrechtekonvention, UN-Behindertenrechtskonvention und EU-Grundrechtecharta für Beschränkungen der Fortbewegungsfreiheit gemacht werden und welche Freiheiten und Beschränkungen sich daraus für das Verhältnis zwischen Kindern und Sorgeberechtigten ergeben mögen.

Im fünften und sechsten Kapitel werden sodann die einfachgesetzlichen Rechtsgrundlagen für fürsorgliche Einschränkungen der Fortbewegungsfreiheit dargestellt. Separat werden sie danach behandelt, auf wessen Betreiben die Einschränkungen erfolgen: Kapitel 5 beschäftigt sich mit Einschränkungen durch Sorgeberechtigte, während in Kapitel 6 diejenigen von staatlicher Seite dargestellt werden. Die Unterscheidung der Maßnahme durch den Sorgeberechtigten und durch den Staat soll dabei lediglich eine Unterscheidung nach dem „offiziellen" Initiator der Maßnahme darstellen. Dass etwa bei einer freiheitsentziehenden Unterbringung eines Kindes, die am Ende von den Eltern veranlasst wird, zumeist bei dieser und im Voraus staatliche Hilfe geleistet wurde, leuchtet ein und wird in den betreffenden Abschnitten aufgegriffen.

In Kapitel 5 ist zunächst von Interesse, woraus sich die Zulässigkeit von Einschränkungen der Fortbewegungsfreiheit ergeben, die Eltern während einer ganz alltäglichen Pflege und Erziehung in ihrem Elternhaus vornehmen (Teil 5 A.), um dann einen Blick darauf zu werfen, welche Besonderheiten sich ergeben können bzw. müssen, wenn der besondere Fall eintritt, dass das Kind außerhalb des Elternhauses untergebracht wird und dort – etwa im Rahmen einer freiheitsentziehenden Unterbringung oder freiheitsentziehender Maßnahmen – eine Einschränkung der Fortbewegungsfreiheit notwendig wird (Teil 5 B.). Überprüft werden soll in diesem Rahmen insbesondere die Vorschrift des § 1631b BGB hinsichtlich der ihr zugrundeliegenden Begrifflichkeiten und ihrer verfassungsrechtlichen Einordnung. Anschließend knüpft sich die Fragestellung an, ob die Vorschrift ergänzende Regelungen erforderlich und zulässig sind (Teil 5 C.), bevor die einfachgesetzlichen Befugnisse des Vormunds und mögliche Abweichungen gegenüber den Eltern näher betrachtet werden (Teil 5 D.).

Die in Kapitel 6 betrachtete, von staatlichen Stellen betriebene Einschränkung der Fortbewegungsfreiheit kommt auf verschiedenen Grundlagen in Betracht. Zunächst ist sie – speziell für Minderjährige – innerhalb einer Inobhutnahme (Teil 6 A.) oder aufgrund der Eilkompetenz des Jugendamts aus § 1693 BGB (Teil 6 B.) denkbar. Betrachtet man eine staatliche Unterbringung, wird man vor allem an eine solche aufgrund der Landesgesetze für psychisch Kranke bzw. Landesunterbringungsgesetze (Teil 6 C.) denken. Soweit diese auch Regelungen für den Maßregelvollzug enthalten, werden diese nicht gesondert dargestellt, da hier der straf- bzw. ordnungsrechtliche, nicht aber der fürsorgliche Charakter der Maßnahme vorherrscht.

# Standortbestimmung

## Freiheitsbeschränkungen in der Kinder- und Jugendhilfe, der Kinder- und Jugendpsychiatrie und Psychotherapie

Dieses Kapitel dient dazu, den praktischen Rahmen für die spätere rechtliche Diskussion zu schaffen. Es werden die Formen einer geschlossenen Unterbringung, ihre Zielgruppen, Ziele Auswirkungen und Alternativen sowie die Vornahme so genannter unterbringungsähnlicher bzw. anderer freiheitseinschränkender Maßnahmen abgebildet. So kann der Fokus auf die heute (noch) vorhandenen Probleme gelegt werden und es wird nicht an Positionen festgehalten, die der aktuellen Realität nicht (mehr) entsprechen. Ziel ist weniger eine abschließende Darstellung, sondern vielmehr ein Überblick auf der Grundlage soziologischer Erkenntnisse. Zunächst erfolgt ein historischer Überblick über die insbesondere geschlossene Unterbringung (sogleich unter A.) und die Standpunkte und Argumente, die sich heute in der Diskussion um die geschlossene Unterbringung gegenüberstehen (B.). Die dann folgenden Ausführungen sind nach den Fallgruppen gegliedert, in denen eine geschlossene Unterbringung heute angewandt wird – Kinder- und Jugendhilfe (C.), Kinder- und Jugendpsychiatrie und -psychotherapie (KJPP) (D.) und Behindertenhilfe (E.). Im Anschluss wird aufgrund der sich überschneidenden Problemfelder die Anwendung so genannter unterbringungsähnlicher bzw. freiheitsentziehender Maßnahmen für alle Behandlungsfelder gesammelt dargestellt (F.).

# A. Historische Entwicklung der Unterbringung von Kindern und die Rolle von Freiheitseinschränkungen

## I. Vorläufer der Kinder- und Jugendhilfe: Wandel der Unterbringung von der Verwahr- zur Erziehungsmaßnahme

### 1. Frühe Neuzeit: Anfänge der organisierten Unterbringung von Kindern

Die organisierte Unterbringung von Kindern als Reaktion auf Gefährdung und Verwahrlosung tauchte erstmals in der Armen- und Waisenkinderfürsorge am Übergang des Mittelalters zur Neuzeit auf.[1] Ausgesetzte und verwaiste Kinder sowie solche, deren Eltern zu arm waren, um sie zu versorgen, wurden zunächst zusammen mit bedürftigen Erwachsenen in unter kirchlichem Einfluss stehenden Heimen, so genannten Hospitälern, und später erstmalig separat in Waisen- und Findelkinderhäusern untergebracht; eine Erziehung der Kinder oder gar eine Änderung ihres gesellschaftlichen Standes wurde mit ihrer Unterbringung nicht beabsichtigt.[2] Ebenso war man von der Beachtung ihrer besonderen Schutzbedürftigkeit und individuellen Verhaltensproblematik weit entfernt.[3] Das Bestreben, arme, verwaiste und vagabundierende Kinder durch die Unterbringung ihrer von „unsittlichen und unmoralischen Einflüssen“ geprägten Schicht zu entziehen und zu „sittsamen, fleißigen, genügsamen und arbeitstüchtigen Menschen“ zu erziehen, trat zuerst in der Unterbringung von Kindern in Armenkinderanstalten, Waisen- und Findelkinderhäusern in der frühen Neuzeit zutage.[4] Hinter der Schaffung von Zucht- und Arbeitshäusern, in denen verwahrloste und straffällige Kinder zusammen mit erwachsenen Bettlern, Dieben und Landstreichern untergebracht waren, steckten im 17. Jahrhundert neben dem

---

1 *Kuhlmann/Schrapper*, in: Birtsch/Münstermann/Trede, Handbuch Erziehungshilfen, S. 282, 284.

2 *Scherpner*, Geschichte der Jugendfürsorge, 1966, S. 16 ff., 26; *Sülzle-Temme*, Geschlossen untergebrachte Jugendliche, 2007, S. 20 ff.; *Pöhner*, Die unendliche Geschichte der geschlossenen Unterbringung, 2012, S. 16.

3 *Pankofer*, Freiheit hinter Mauern, 1997, S. 19 f.

4 *Sülzle-Temme*, Geschlossen untergebrachte Jugendliche, 2007, S. 21: Die Bemühungen um eine Veränderung im Verhalten und der gesellschaftlichen Stellung der Kinder ist zurückzuführen auf eine veränderte Wahrnehmung von Armut nicht länger als „gottgewollt“, sondern als „eigenverschuldete Lebensweise“, die es zu bekämpfen galt.

Versuch der Erziehung zur Arbeit vor allem ordnungspolitische Motive.[5] Merkmale dieser Zucht- und Arbeitshäuser waren Freiheitseinschränkungen, eingeschränkte Außenkontakte, Kasernierungen und zeitweise Isolierungen von der Gruppe.[6]

Zwischen dem ausgehenden 17. und dem frühen 19. Jahrhundert entwickelten sich – basierend auf der im Pietismus angestrebten religiösen und seelischen Rettung des Individuums – Waisenhäuser, die von einem stark reglementierten Alltag, strenger sozialer Kontrolle ohne kindliche Elemente und der Arbeit in Manufakturen zur Finanzierung der Anstalt geprägt waren.[7] Vorreiter dieser Art der Unterbringung waren die 1695 gegründeten „Halischen Anstalten“, die eine planvolle Bildung und Erziehung nach christlichem Leitbild verfolgten.[8] Die Kinder lebten in einem Modell „überwachter Freiheit“, welches erstmalig im Ansatz eine erzieherische Grundlage aufwies und als Ziel die Rückführung in das Elternhaus anstrebte.[9] Die Tatsache, dass die zunächst im Vordergrund stehende religiöse Motivation mit der Zeit zur Deckung der entstehenden Kosten einer immer stärker werdenden ökonomischen Orientierung weichen musste,[10] sowie etliche Missstände in den Anstalten – unter anderem die aufgrund enger Lebensverhältnisse

---

5 *Sülzle-Temme*, Geschlossen untergebrachte Jugendliche, 2007, S. 21 f.: „Die Öffentlichkeit sollte vor dieser Personengruppe, in der eine ausgehende gesellschaftliche Bedrohung gesehen wurde, durch deren Ausschluss geschützt werden“; ihren Ursprung fanden die Zucht- und Arbeitshäuser in anderen europäischen Ländern wie England, Frankreich oder den Niederlanden, während in Deutschland aufgrund eines zunächst bestehenden Überangebots an Arbeitskraft erst später entsprechender Bedarf bestand, *Pöhner*, Die unendliche Geschichte der geschlossenen Unterbringung, 2012, S. 17 f.; *Pankofer*, Freiheit hinter Mauern, 1997, S. 20 f.; *Kuhlmann/Schrapper*, in: Birtsch/Münstermann/Trede, Handbuch Erziehungshilfen, S. 282, 186.

6 *Scherpner*, Geschichte der Jugendfürsorge, 1966, S. 59 f.

7 *Pöhner*, Die unendliche Geschichte der geschlossenen Unterbringung, 2012, S. 19 f.; *Sauer*, Heimerziehung und Familienprinzip, 1979, S. 17 f.; *Röper*, Das verwaiste Kind in Anstalt und Heim, 1976, S. 120–140; *v. Wolffersdorff*, ZJJ 2009, 96, 97.

8 *Sülzle-Temme*, Geschlossen untergebrachte Jugendliche, 2007, S. 22 ff.; *Pankofer*, Freiheit hinter Mauern, 1997, S. 22; *Kuhlmann/Schrapper*, in: Birtsch/Münstermann/Trede, Handbuch Erziehungshilfen, S. 282, 288.

9 *Pankofer*, Freiheit hinter Mauern, 1997, S. 22; *v. Wolffersdorff*, in: Birtsch/Münstermann/Trede, Handbuch Erziehungshilfen, S. 149, 153.

10 *Sauer*, Heimerziehung und Familienprinzip, 1979, S. 20 f.; *Pankofer*, Freiheit hinter Mauern, 1997, S. 22.

herrschenden unhygienischen Zustände, die eine hohe Mortalität bedingten[11], sowie die strenge Arbeitserziehung und unzureichende Qualifikation des Personals[12] – führten zu vermehrter Kritik. Der als „Waisenhausstreit" betitelte Disput lässt sich als historisch erste kontroverse Auseinandersetzung mit einem geschlossenen Erziehungssystem einordnen.[13] Kritisiert wurden vor allem die pädagogische Relevanz einer Anstaltserziehung und deren Eignung zur Versorgung und Erziehung elternloser Kinder gegenüber einer Erziehung in der Pflegefamilie.[14] Eine Berücksichtigung der kindlichen Bedürfnisse wurde aber nicht angestrebt.[15] Der anschließende Trend, Kinder in Pflegefamilien zu erziehen, ging wieder zurück, als offenbar wurde, dass sich die Probleme, insbesondere die hohe Mortalität, auch dort nicht lösen ließen.[16]

## 2. Frühes 19. Jahrhundert: Tendenz zur privaten Fürsorge

Die mit den privaten Waisenhäusern begonnene Tendenz zu privater Fürsorge erfuhr im 19. Jahrhundert aufgrund eines durch den politischen und ökonomischen Liberalismus veranlassten Rückzugs des Staates aus dem gesellschaftlichen und familiären Leben und der Erziehung einen starken Zuwachs.[17] Mit

---

11 *Scherpner*, Geschichte der Jugendfürsorge, 1966, S. 92, *v. Wolffersdorff*, ZJJ 2009, 96, 97; *v. Wolffersdorff*, in: Birtsch/Münstermann/Trede, Handbuch Erziehungshilfen, S. 149, 153.

12 *Heckes/Schrapper*, in: Peters, Jenseits von Familie und Anstalt, 1991, S. 9, 12; *Sauer*, Heimerziehung und Familienprinzip, 1979, S. 21: zur Leitung der Waisenhäuser wurden beispielsweise Kriegsveteranen, ausgediente Seeleute, sogar ehemalige Häftlinge bestellt, die Aufsicht während der Arbeitszeit führten die Unternehmer, für die die Kinder arbeiten mussten.

13 Ausführlich zu den Ursachen und Positionen *Sauer*, Heimerziehung und Familienprinzip, 1979, S. 22–34; *Röper*, Das verwaiste Kind in Anstalt und Heim, 1976, S. 140–160.

14 *Röper*, Das verwaiste Kind in Anstalt und Heim, 1976, S. 159; *Scherpner*, Geschichte der Jugendfürsorge, 1966, S. 92 f.; *Pankofer*, Freiheit hinter Mauern, 1997, S. 24; *Kuhlmann/Schrapper*, in: Birtsch/Münstermann/Trede, Handbuch Erziehungshilfen, S. 282, 303.

15 *Pankofer*, Freiheit hinter Mauern, 1997, S. 25.

16 *Kuhlmann/Schrapper*, in: Birtsch/Münstermann/Trede, Handbuch Erziehungshilfen, S. 282, 303; *Pöhner*, Die unendliche Geschichte der geschlossenen Unterbringung, 2012, S. 21.

17 *Sülzle-Temme*, Geschlossen untergebrachte Jugendliche, 2007, S. 24; *Scherpner*, Geschichte der Jugendfürsorge, 1966, S. 117 ff.; *Sauer*, Heimerziehung und Familienprinzip, 1979, S. 38: Der Staat wird zum „Nachtwächterstaat".

der „Rettungshausbewegung“[18] nahmen insbesondere christliche Einrichtungen zu, die – basierend auf den Ideen der „Erweckungsbewegung“ – sittlich verwahrlosten Kindern durch die „Hinführung zum Christentum“, durch Arbeit sowie das Leben in familienähnlichen Gruppen zu helfen versuchten.[19] Obwohl es sich keinesfalls um eine homogene Bewegung handelte, wurden verstärkt pädagogische Elemente Bestandteil der Heimerziehung, sodass kindliche Bedürfnisse und das Prinzip der Freiwilligkeit im Heimalltag stärker in den Vordergrund traten.[20] Das Prinzip der Freiwilligkeit führte ferner dazu, dass nur diejenigen Kinder in die privaten Fürsorgeheime aufgenommen wurden, deren Erziehungsberechtigte einer entsprechenden Unterbringung zustimmten; diejenigen Kinder, die der so genannten Armenpolizei unterstanden, wurden weiterhin in den fortwährend bestehenden Zucht- und Arbeitshäusern untergebracht.[21] Vereinzelt wurden in dieser Zeit erstmals Freiheitseinschränkungen in der Unterbringung einer kritischen Betrachtung unterzogen.[22] Überwiegend blieben sie hingegen ebenso wie körperliche Züchtigung sowie die Separation der „schwersten Fälle“ fester Bestandteil der Heimstruktur.[23] Die unterschiedliche Ausgestaltung der Rettungshäuser wird darin offenbar, dass entgegen der genannten Fortschritte etwa *Graf Adalbert von Recke-Volmarstein* sein Rettungshaus mit dem Konzept „pietistischer

---

[18] Entgegen der im Namen impliziten Gleichströmigkeit handelte es sich hierbei allerdings nicht um eine homogene Bewegung, sondern vielmehr um eine Vielzahl von Vertretern verschiedener pädagogischer Ansätze, *Lützke*, Öffentliche Erziehung und Heimerziehung für Mädchen, 2002, S. 19; s.a. zu den einzelnen pädagogischen Reformern und Konzepten: *Pöhner*, Die unendliche Geschichte der geschlossenen Unterbringung, 2012, S. 24 ff.

[19] *Sülzle-Temme*, Geschlossen untergebrachte Jugendliche, 2007, S. 25.

[20] *Pöhner*, Die unendliche Geschichte der geschlossenen Unterbringung, 2012, S. 23; *Sülzle-Temme*, Geschlossen untergebrachte Jugendliche, 2007, S. 25; *Röper*, Das verwaiste Kind in Anstalt und Heim, 1976, S. 179, 187, 189; *Swientek*, ZfJ 1986, 374, 377 f.

[21] *Jordan/Maykus/Stuckstätte*, Kinder- und Jugendhilfe, 4. Aufl. 2015, S. 34; *Sülzle-Temme*, Geschlossen untergebrachte Jugendliche, 2007, S. 26: „Unterteilung der Kinder in ‚rettbare‘ und ‚nicht rettbare‘ Zöglinge“; *Pankofer*, Freiheit hinter Mauern, 1997, S. 30: „Durch eine solche Unterteilung in Untergruppen von ‚Erziehbaren‘ und der ‚Unerziehbaren‘ manifestiert sich religiös untermauert eine Ausdifferenzierung von Normalität, bzw. Abnormalität“.

[22] S. Ausführungen bei *Pankofer*, Freiheit hinter Mauern, 1997, S. 27.

[23] *Röper*, Das verwaiste Kind in Anstalt und Heim, 1976, S. 184, 187 f.; *Pankofer*, Freiheit hinter Mauern, 1997, S. 27 f.

Enge und militärischer Strenge“[24] sowie unter Einsatz von Abschottung und Freiheitseinschränkungen führte – und damit erst als Begründer der geschlossenen Unterbringung gilt.[25]

## 3. Einführung des Bürgerlichen Gesetzbuches

Mit der Industrialisierung stellten sich ab Mitte des 19. Jahrhunderts immer stärkere soziale Probleme ein, die private Fürsorgeeinrichtungen nicht mehr auffangen konnten, sodass der Staat zu einer verstärkten Intervention gezwungen war.[26] Mit der Einführung des Bürgerlichen Gesetzbuches zum 1. Januar 1900 wurden zwar erstmalig autonome Rechte der Eltern kodifiziert, aber auch deren Beschränkung durch staatlichen Zugriff.[27] Ergänzend konnten die einzelnen Staaten nach Art. 135 EGBGB Ausführungsgesetze erlassen. So erließ etwa Preußen im selben Jahr ein Fürsorgeerziehungsgesetz[28], das die Einweisung von Kindern in die staatliche Erziehung wegen der Begehung von Straftaten[29], aber auch wegen der Gefahr einer sittlichen Verwahrlosung

---

[24] *Sauer*, Heimerziehung und Familienprinzip, 1979, S. 43.

[25] *Pankofer*, Freiheit hinter Mauern, 1997, S. 28.

[26] *Swientek*, ZfJ 1986, 374, 378; *Sülzle-Temme*, Geschlossen untergebrachte Jugendliche, 2007, S. 26 f.; *Pankofer*, Freiheit hinter Mauern, 1997, S. 33 f.

[27] Schon in der Urfassung des BGB konnte der Staat nach § 1666 dann, wenn „das leibliche Wohl des Kindes dadurch gefährdet [wird], daß der Vater das Recht der Sorge für die Person des Kindes mißbraucht, das Kind vernachlässigt oder sich eines ehrlosen oder unsittlichen Verhaltens schuldig macht“ durch das Vormundschaftsgericht dadurch in die damals elterliche Gewalt eingreifen, dass es die zur Abwendung der Gefahr erforderlichen Maßregeln traf. Das Vormundschaftsgericht konnte „insbesondere anordnen, daß das Kind zum Zwecke der Erziehung in einer geeigneten Familie oder in einer Erziehungsanstalt oder Besserungsanstalt untergebracht wird.“ Eine entsprechende Unterbringung zum Zwecke der Erziehung war nach § 1838 ebenfalls für das unter Vormundschaft stehende Kind möglich.

[28] Preußisches Gesetz über die Fürsorgeerziehung Minderjähriger vom 2. Juli 1900, in Kraft getreten am 1. April 1901.

[29] §§ 55 und 56 des Rechtsstrafgesetzbuches (Strafgesetzbuch für das Deutsche Reich [RStGB] vom 15. Mai 1871, in Kraft getreten am 1. Januar 1872 [RGBl. 1871, 127]) sahen vor, dass strafunmündige Kinder unter 12 Jahren, und strafmündige Kinder zwischen 12 und 18 Jahren, soweit festgestellt ist, dass sie das volle Bewusstsein der Strafbarkeit nicht besitzen, in die Zwangserziehung zu einer geeigneten Familie oder Anstalt überwiesen werden können.

auf Grundlage des BGB vorsah.[30] Erstmalig konnte der Staat so in die Erziehung von Kindern eingreifen. Obwohl dies häufig weiter mit ordnungspolitischer Zielsetzung und nicht zum Wohle des Kindes erfolgte[31], tritt der Fürsorgegedanke weiter in den Vordergrund: Heilerziehungsheime wurden unter ärztliche Leitung gestellt und psychologisch geleitete Erziehungsberatungsstellen gegründet, um ein möglichst frühzeitiges, fürsorgliches Eingreifen in die Erziehung gefährdeter Kinder zu gewährleisten.[32] Die Erziehung in den Heimen war allerdings in der Realität weiterhin geprägt von unzureichenden Erziehungsbedingungen, schwerer Arbeit und schlecht ausgebildetem Erziehungspersonal.[33] Resistent schwierige und unverbesserliche Kinder und Jugendliche wurden in geschlossenen Abteilungen oder Anstalten untergebracht.[34]

## 4. Weimarer Republik: Verstärkung des Erziehungsgedankens im Reichsjugendwohlfahrtsgesetz

In der Weimarer Republik herrschte ein anderes Verständnis der öffentlichen Fürsorge, welches sich insbesondere im Reichsjugendwohlfahrtsgesetz[35] zeigte. Dieses enthielt das Recht jeden Kindes auf Erziehung[36] sowie das

---

30 *Claus*, Pädagogische Abhandlungen N.F., VII, H. 4 1902, 69, 70 f.; *Lützke*, Öffentliche Erziehung und Heimerziehung für Mädchen, 2002, S. 25 f.; *Sülzle-Temme*, Geschlossen untergebrachte Jugendliche, 2007, S. 27: Die Verwahrlosung wurde nicht anhand einer einheitlichen Definition, sondern vielmehr anhand von Indizien beurteilt; *Peukert* (Grenzen der Sozialdisziplinierung, 1986, S. 157) nennt als solche Indizien beispielsweise materielle Hilfebedürftigkeit, mangelnde medizinische Versorgung, schlechte Ernährung, mangelnde Bekleidungsstandards, unkontrolliertes Ausleben der Triebe, unangepasstes Sozialverhalten, Kriminalität sowie die Ablehnung erzieherischer Maßnahmen.

31 *Sülzle-Temme*, Geschlossen untergebrachte Jugendliche, 2007, S. 27 f.; *Pöhner*, Die unendliche Geschichte der geschlossenen Unterbringung, 2012, S. 26 f.; *Pankofer*, Freiheit hinter Mauern, 1997, S. 35; *Wiesner*, JAmt 2010, 277.

32 *Stadler*, Therapie unter Zwang – ein Widerspruch?, S. 56.

33 *Röper*, Das verwaiste Kind in Anstalt und Heim, 1976, S. 213 f.; *Swientek*, ZfJ 1986, 374, 378; *Pankofer*, Freiheit hinter Mauern, 1997, S. 35.

34 *Stadler*, Therapie unter Zwang – ein Widerspruch?, S. 56, *Pöhner*, Die unendliche Geschichte der geschlossenen Unterbringung, 2012, S. 28 f.

35 Reichsgesetz für Jugendwohlfahrt vom 9. Juli 1922 (RGBl I 1922, 633).

36 § 1 RJWG: „Jedes deutsche Kind hat ein Recht auf Erziehung zur leiblichen, seelischen und gesellschaftlichen Tüchtigkeit. Das Recht und die Pflicht der Eltern zur Erziehung

Erfordernis einer richterlichen Prüfung bei Anordnung von Fürsorgeerziehung[37], der eine ärztliche Untersuchung und Unterbringung zwecks Beobachtung vorausgehen konnte.[38] Erstmals entwickelten sich auch disziplinübergreifende Ansätze eines Erziehungsgedankens, an den Jugendfürsorge, Justiz und Psychologie anknüpfen konnten.[39] Im Mittelpunkt sollten die flächendeckend geplanten Jugendämter stehen.[40] Gleichzeitig verblieb die Idee einer „medizinischen und pädagogischen Unerziehbarkeit": stellte der Richter fest, dass ein erzieherischer Erfolg aus diesem Grund nicht zu erwarten war, wurde das Kind in eine psychiatrische Anstalt überwiesen.[41] Die Praxis zeigte sich zudem unverändert: Heime waren weiterhin geprägt durch eine strenge Reglementierung, schlechte Versorgung, Ausbeutung der Arbeitskraft, kasernenhafte Zucht und Disziplin, Strafen und einen geschlossenen Rahmen.[42] Daneben waren jedoch einige wenige Ansätze

---

werden durch dieses Gesetz nicht berührt. Gegen den Willen der Erziehungsberechtigten ist ein Eingreifen nur zulässig, wenn ein Gesetz es erlaubt."; *Pöhner*, Die unendliche Geschichte der geschlossenen Unterbringung, 2012, S. 30: Das Recht des Kindes auf Erziehung ist „leitmotivisch vorangestellt".

37 § 63 RJWG: „Ein Minderjähriger, der das 18. Lebensjahr noch nicht vollendet hat, ist durch Beschluss des Vormundschaftsgerichts der Fürsorgeerziehung zu überweisen, 1. wenn die Voraussetzungen des § 1666 oder des § 1638 des Bürgerlichen Gesetzbuches vorliegen und die Entfernung des Minderjährigen aus seiner bisherigen Umgebung zur Verhütung der Verwahrlosung erforderlich ist, eine nach dem Ermessen des Vormundschaftsgerichts geeignete Unterbringung aber anderweit nicht erfolgen kann; 2. wenn die Fürsorgeerziehung zur Beseitigung der Verwahrlosung wegen Unzulänglichkeit der Erziehung erforderlich ist. […]".

38 § 65 Abs. 4 RJWG: „Das Vormundschaftsgericht kann die ärztliche Untersuchung des Minderjährigen anordnen und auf die Dauer von höchstens sechs Wochen ihn in einer zur Aufnahme von jugendlichen Psychopathen geeigneten Anstalt oder in einer öffentlichen Heil- und Pflegeanstalt zur Beobachtung unterbringen lassen."; *Muthesius*, Reichsjugendwohlfahrtsgesetz, 1950, § 65 Rn. 13: In der Praxis wurde hiervon hingegen nur selten Gebrauch gemacht.

39 *V.Wolffersdorff*, ZJJ 2009, 96, 102.

40 *Wiesner*, JAmt 2010, 277: tatsächlich wurde im Zuge der Weltwirtschaftskrise die Verpflichtung zur Einrichtung von Jugendämtern außer Kraft gesetzt und 1953 suspendiert.

41 *Pankofer*, Freiheit hinter Mauern, 1997, S. 38; *Muthesius*, Reichsjugendwohlfahrtsgesetz, 1950, § 65 Rn. 14; *v. Wolffersdorff*, ZJJ 2009, 96, 102.

42 *Pankofer*, Freiheit hinter Mauern, 1997, S. 37; *Pöhner*, Die unendliche Geschichte der geschlossenen Unterbringung, 2012, S. 30.

reformpädagogischer Heimunterbringung zu verzeichnen, die eine Konzeption der Heimgemeinschaft als Lebensgemeinschaft, die Erzieher als mit den Zöglingen zusammenlebende Ansprechpartner und einen von Kameradschaft und Vertrauen geprägten Umgang zwischen Erzieher und Zögling verfolgten.[43]

Der im Großen und Ganzen gleichbleibende Charakter der Einrichtungen führte Ende der 1920er Jahre erneut zu Kritik und Widerständen in der allgemeinen und der Fachöffentlichkeit: abermals wurde die Umsetzung der Fürsorgeerziehung kritisiert, diesmal insbesondere hinsichtlich mangelnder pädagogischer Betreuung, gefängnisartiger, räumlicher Ausstattung, harter Strafen, schlechter Versorgung sowie eines autoritären und willkürlichen Erziehungsstils.[44] Abgesehen von einigen Anstaltsschließungen änderte sich an der Situation in den Heimen aber nichts.[45] Die aufgrund der Wirtschaftskrise der späten 1920er Jahre schwierige finanzielle Lage bedingte vielmehr, dass an der Aufteilung der Kinder und Jugendlichen festgehalten wurde: schwierige Kinder und Jugendliche wurden als erheblicher Kostenfaktor eingestuft und als Gefahr für die anderen Zöglinge und den reibungslosen Anstaltsablauf angesehen; mit ihrer Ausgrenzung und separaten Unterbringung sollte eine – vor allem finanzielle – Entlastung der allgemeinen Fürsorgeerziehung erreicht werden.[46] Die Differenzierung wurde in den 1930er Jahren insbesondere dadurch fortgeführt, dass die Fürsorgeerziehung nicht mehr angeordnet werden konnte, wenn „sie offenbar keine Aussicht auf

---

43 *Sülzle-Temme*, Geschlossen untergebrachte Jugendliche, 2007, S. 30 f.; Ein entsprechendes erzieherisches Verhältnis wurde etwa in den Landeserziehungsheimen praktiziert, *Springer*, Pädagogische Rundschau 1987, 267, 275.

44 *Pöhner*, Die unendliche Geschichte der geschlossenen Unterbringung, 2012, S. 32; *Kuhlmann/Schrapper*, in: Birtsch/Münstermann/Trede, Handbuch Erziehungshilfen, S. 282, 303 f.

45 *Sülzle-Temme*, Geschlossen untergebrachte Jugendliche, 2007, S. 32 f.

46 *Sülzle-Temme*, Geschlossen untergebrachte Jugendliche, 2007, S. 33; *Pöhner*, Die unendliche Geschichte der geschlossenen Unterbringung, 2012, S. 32; *Peukert/Münchmeier*, in: DJI, Materialien zum 8. Jugendbericht, Band 1, S. 1, 22 f.: dieses Konzept hätte „zu einem sensiblen Eingehen auf Persönlichkeitsunterschiede" und die Debatte um den Umgang mit Unerziehbaren zu einer „Selbstkritik der Sozialpädagogik" führen können, bewirkte aber tatsächlich eine „Typisierung" und „Sonderbehandlung" der Betroffenen und eine „Differenzierung nach Zweckmäßigkeits- und Erfolgskriterien".

Erfolg bietet“[47] und vor dem 18. Lebensjahr endete, wenn der Jugendliche „an erheblichen geistigen und seelischen Regelwidrigkeiten“[48] litt.

## 5. Nationalsozialismus und Nachkriegszeit

In der Zeit des Nationalsozialismus verblieben nur „erbgesunde“ Kinder in der öffentlichen Erziehungsfürsorge, wo sie in kleinen, meist offenen Einrichtungen zu „wertvollen Mitgliedern der Volksgemeinschaft“ erzogen werden sollten, während „erbkranke“[49] auffällige Kinder wegen „pathologischer Veranlagung“ als unerziehbar in herkömmlichen Fürsorgeerziehungsanstalten oder Jugendschutzlagern zur Verwahrung eingeschlossen wurden.[50] Die Separierung der „Unerziehbaren“ wurde 1940 mit der Schaffung von „Jugendkonzentrationslagern“ noch einmal verschärft.[51] Entsprechend knüpft auch dieses Konzept an die Unterscheidung der ‚Erziehbaren' von den ‚Unerziehbaren'

---

47 § 63 Abs. 2 des novellierten RJWG; *Göppel*, Das Bild des „schwierigen Kindes“, 1989, S. 164, 169 f.: Entscheidend war der Schweregrad der Resistenz gegen erzieherische Maßnahmen, das einzig ausschlaggebende Erziehungsziel das der Fügung in bestehende Autoritätsverhältnisse.

48 So lautete § 63 des novellierten RJWG (RGBl. I 1932, 522): „Ein Minderjähriger, der das 18. Lebensjahr noch nicht vollendet hat, ist durch Beschluss des Vormundschaftsgerichts der Fürsorgeerziehung zu überweisen,
1. wenn die Voraussetzungen des § 1666 oder des § 1838 des Bürgerlichen Gesetzbuchs vorliegen und zur Verhütung der Verwahrlosung des Minderjährigen die anderweitige Unterbringung erforderlich ist, eine nach dem Ermessen des Vormundschaftsgerichts geeignete Unterbringung aber ohne Inanspruchnahme öffentlicher Mittel nicht erfolgen kann. Zur Verhütung lediglich körperlicher Verwahrlosung ist die Überweisung nicht zulässig,
2. wenn die Fürsorgeerziehung zur Beseitigung der Verwahrlosung wegen Unzulänglichkeit der Erziehung erforderlich ist.
Die Fürsorgeerziehung darf nicht angeordnet werden, wenn sie offenbar keine Aussicht auf Erfolg bietet. […]“

49 Eine Legaldefinition der Bezeichnung „erbkrank“ erfolgt in dem „Gesetz zur Verhütung erbkranken Nachwuchses“ v. 14. Juli 1933 (RGBl. I 1933, 529).

50 *Stadler*, Therapie unter Zwang – ein Widerspruch?, S. 57, *Pankofer*, Freiheit hinter Mauern, 1997, S. 40; eingehend: *Pöhner*, Die unendliche Geschichte der geschlossenen Unterbringung, S. 33 ff.; zu der weiteren Differenzierung in den Fürsorgeerziehungsheimen und Jugendschutzlagern s. *Sülzle-Temme*, Geschlossen untergebrachte Jugendliche, 2007, S. 35.

51 *Pöhner*, Die unendliche Geschichte der geschlossenen Unterbringung, 2012, S. 35 m. w. Nachw.

an, ausgerichtet hingegen primär am Schutz des so genannten „deutschen Erbguts" und der Volksgemeinschaft.[52]

Nach Ende des zweiten Weltkriegs war die Heimlandschaft bestimmt von knappen Ressourcen bei enormem Anstieg der Zahl bedürftiger Kinder; die sich als „Massenabfertigung" darstellende Unterbringung erfolgte nach dem Vorbild derer der 1920er Jahre.[53] Gleichzeitig waren vereinzelt Bestrebungen zu beobachten, die öffentliche Ersatzerziehung pädagogisch zu reformieren.[54] Das Reichsjugendwohlfahrtsgesetz wurde zunächst in seiner ursprünglichen Fassung und nach zweimaliger Novellierung als „Gesetz für die Jugendwohlfahrt"[55] für anwendbar erklärt. Es ermöglichte erneut eine stationäre, zumeist geschlossene Unterbringung als Erziehungshilfe (§§ 5, 6 JWG), als Freiwillige Erziehungshilfe (§§ 62, 63 JWG) oder als ultima ratio im Falle einer Gefährdung oder Schädigung der Entwicklung des Kindes oder Jugendlichen im Rahmen der eine vormundschaftsgerichtliche Genehmigung erfordernden Fürsorgeerziehung (§§ 64–68 JWG).[56] Die Struktur der Heime und der Heimalltag blieben im Allgemeinen wie zuvor stark reglementiert und geprägt von einem repressiven Erziehungsstil, hierarchischen Beziehungssystemen, unpersönlichen Gruppengrößen und einer Abtrennung von der Außenwelt.[57]

Bis in den 1960er Jahren die Veränderung sozialpädagogischer Vorstellungen verstärkt die Frage aufwarf, ob es überhaupt zulässig sei, Minderjährige

---

52 *Sülzle-Temme*, Geschlossen untergebrachte Jugendliche, 2007, S. 34; *Kuhlmann/Schrapper*, in: Birtsch/Münstermann/Trede, Handbuch Erziehungshilfen, S. 282, 295 ff.

53 *Almstedt/Munkwitz*, Ortsbestimmung der Heimerziehung, S. 13 ff.

54 *Pöhner*, Die unendliche Geschichte der geschlossenen Unterbringung, S. 37; *Almstedt/Munkwitz*, Ortsbestimmung der Heimerziehung, S. 18 ff.; *Heckes/Schrapper*, in: Peters, Jenseits von Familie und Anstalt, 1991, S. 9, 23; *Mehringer*, Heimkinder, 3. Aufl. 1982, S. 60 ff. beschreibt die Einführung des Familienprinzips in dem von ihm geleiteten Münchener Waisenhaus als elementar für die Abwendung von der vorherrschenden Vorgehensweise, die Kinder „in der alten Anstalt [zu] kasernieren" und plädiert für die Abschaffung einer Trennung nach Alter und Geschlecht.

55 Jugendwohlfahrtsgesetz (JWG) v. 11. August 1961, BGBl. I, 1205.

56 *Pöhner*, Die unendliche Geschichte der geschlossenen Unterbringung, S. 36.

57 *Sülzle-Temme*, Geschlossen untergebrachte Jugendliche, 2007, S. 36; *Almstedt/Munkwitz*, Ortsbestimmung der Heimerziehung, S. 13 ff.; *Pöhner*, Die unendliche Geschichte der geschlossenen Unterbringung, 2012, S. 37 f.; *Schölzel-Klamp/Köhler-Saretzki*, Das blinde Auge des Staates, 2010, S. 29: die gleichbleibende Struktur der Heime liegt nicht zuletzt an der Weiterbeschäftigung des unter dem nationalsozialistischen Regime tätigen Personals.

geschlossen unterzubringen, verblieb die Geschlossenheit ein Strukturmerkmal der Heimerziehung, welches in der Regel auch nicht hinterfragt wurde.[58] Bis dato diente die „Jugendfürsorge" zudem vorrangig ordnungsrechtlichen und sozialdisziplinierenden Zwecken.[59]

## 6. Auswirkungen der Heimkampagnen der 1960er Jahre

Verstärkte Kritik an der Praxis der geschlossenen Unterbringung äußerte die in den späten 1960er Jahren durch die Desinstitutionalisierung in den USA und die vermehrte Praxis einer antiautoritären Erziehung ausgelöste „Heimkampagne", die forderte, eine anstaltsmäßige Zwangserziehung, die die Kinder in großen Gruppen verwahrte, sollte der Vergangenheit angehören und einer subjektorientierten Sozialpolitik mit alternativen offenen Unterbringungsformen weichen.[60] Vorrangig beanstandeten die Kritiker indes nicht die geschlossene Unterbringung als solche, sondern die Umsetzung als repressive Heimerziehung in Anwendung von „Erziehungsprinzipien, die mit Gehorsam, Triebunterdrückung, Gefühlskälte, Härte und Bindungslosigkeit assoziiert wurden, die auf Repression, Strafe und Stigmatisierung aufbauten"[61] sowie die Missachtung der Menschenwürde und Verletzung

---

58 *Sülzle-Temme*, Geschlossen untergebrachte Jugendliche, 2007, S. 36; *Pankofer*, Freiheit hinter Mauern, 1997, S. 41; *v. d. Pfordten*, Expertise zu Rechtsfragen der Heimerziehung der 50er und 60er Jahre – Gutachten im Auftrag des „Runden Tisch Heimerziehung", S. 60 (abrufbar unter: https://sehka.org/wp-content/uploads/2022/04/RTH_Expertise_Rechtsfragen.pdf [zuletzt abgerufen am 09. Juni 2026]); hinzu kommt, dass die Unterbringung aufgrund Verwahrlosung stattfand, die beispielsweise aufgrund von Lebensweisen der Eltern angenommen wurde, die heutzutage weitgehend als unbedenklich angesehen werden (z. B. Erwerbstätigkeit beider Eltern, Leben in einer Wohngemeinschaft), ebenda, S. 49 ff.; diese Auslegung war schon damals verfassungsrechtlicher Kritik ausgesetzt, ebenda, S. 51 f.

59 *Trede*, R&P 2003, 120; der sicherheitspolitische Aspekt wurde noch bis in die 1990er Jahre vertreten, *Neugebauer*, Jugendhilfe im Dialog, Heft 4/2010, S. 57.

60 *Trede*, R&P 2003, 120; *Stadler*, Therapie unter Zwang – ein Widerspruch?, S. 58; *Brugger/Stadler*, in: Hiller/Knab/Mörsberger, Erziehungshilfe, 2009, 161; *IGfH*, Argumente gegen geschlossene Unterbringung, 2013, S. 20 f.; *Pöhner*, Die unendliche Geschichte der geschlossenen Unterbringung, S. 37 ff.; *Schölzel-Klamp/Köhler-Saretzki*, Das blinde Auge des Staates, 2010, ausführlich zu den Rahmenbedingungen: S. 16 ff., zu den Zielen und Aktivitäten der einzelnen Bewegungen: S. 57 ff.

61 *IGfH*, Argumente gegen geschlossene Unterbringung, 2013, S. 21; kritisch zu diesem Bild, dass die Wirklichkeit der Heimerziehung nur unzureichend abbilde: *Mehringer*, Heimkinder, 3. Aufl. 1982, S. 176 f.

der Menschenrechte in den Fürsorgeerziehungsanstalten.[62] In den 1970er Jahren wurden infolge dieser Entwicklung Einrichtungen umgestaltet oder neu gegründet, die ein Konzept pädagogisch-therapeutischer Intensivbetreuung verfolgten,[63] aber gleichwohl erkannten, dass die mit der Maßnahme verfolgten Zwecke durch bauliche und personelle Sicherungsmaßnahmen unterstützt werden musste.[64] So wurde etwa 1973 in Schleswig-Holstein und Berlin die geschlossene Unterbringung in einem gewandelten Setting erst wieder eingeführt.[65] Dennoch sollte innerhalb der Einrichtungen ein Milieu größtmöglicher Offenheit, persönlicher Nähe und vertrauensvoller Zusammenarbeit geschaffen werden.[66] Mitunter führte die Diskussion aber auch zu einer kompletten Abschaffung der geschlossenen Unterbringung, wie ebenfalls 1973 in Hessen[67] und 1981 in Hamburg, wo unter dem Slogan „Menschen statt Mauern“ der Versuch unternommen wurde, die Unterbringung auch der „schwierigen Jugendlichen“ in Regeleinrichtungen zu erreichen.[68] Dies führte hingegen zu der Befürchtung, dass keine Verbesserung des Problems eintrete, sondern eine Verschiebung in andere Institutionen und damit insbesondere eine „Psychiatrisierung“ der Betroffenen erfolgte.[69] Gegen Ende der 70er Jahre erhitzte die geplante Einführung eines Jugendhilfegesetzes die Gemüter, welches explizite Regelungen für den Bereich der geschlossenen Unterbringung enthielt, was bei den Kritikern die Befürchtung schürte, dass dadurch ein „Festhalten“ an der geschlossenen Unterbringung manifestiert würde.[70]

---

62 *Kappeler*, in: Musfeld/Quindel/Schmidt, Einsprüche, 2008, S. 9, 12.

63 *Pankofer*, Freiheit hinter Mauern, 1997, S. 45; *v. Wolffersdorff*, in: Rüth/Pankofer/Freisleder, Geschlossene Unterbringung, S. 149, 151.

64 *v. Wolffersdorff*, in: Rüth/Pankofer/Freisleder, Geschlossene Unterbringung, S. 149, 151.

65 *Neugebauer*, Jugendhilfe im Dialog, Heft 4/2010, S. 57.

66 *v. Wolffersdorff*, in: Rüth/Pankofer/Freisleder, Geschlossene Unterbringung, S. 149, 151.

67 *Neugebauer*, Jugendhilfe im Dialog, Heft 4/2010, S. 57.

68 *Wolf*, in: Wolf, Entwicklungen in der Heimerziehung, 1993, S. 65, 68.

69 Ob sich diese Befürchtung verwirklichte, ist nicht übereinstimmend geklärt: tatsächlich stellte *Kowerk* (Zeitschrift für Kinder- und Jugendpsychiatrie 1990, 198, 202 f.) in der von ihm untersuchten Kohorte einen Anstieg von Freiheitsentziehungen an Kindern mit Heimerfahrung in der Psychiatrie fest, dagegen verneint *Wolf* (in: Wolf, Entwicklungen in der Heimerziehung, 1993, 65, 68) eine entsprechende Entwicklung.

70 *v. Wolffersdorff*, ZJJ 2009, 96, 103.

## 7. Neuorientierung des Jugendhilferechts durch das SGB VIII

In den 80er Jahren wurde der Blick vermehrt auf die Entwicklung und Prüfung von Alternativen zur geschlossenen Unterbringung sowie die Verbesserung von fachlicher Qualifikation, pädagogischen Standards und flexiblere Gestaltung der Geschlossenheit gerichtet.[71] Mit dem Kinder- und Jugendhilfegesetz[72], das 1990 das präventionsorientierte SGB VIII einführte, wurden die im eingriffsorientierten Jugendwohlfahrtsgesetz[73] geregelten Elemente Freiwillige Erziehungshilfe und Fürsorgeerziehung abgeschafft und die auf partnerschaftliches Aushandeln und Hilfe zielende Konzeption von Jugendhilfe gestärkt.[74] Mit dieser Neuorientierung des Jugendhilferechts wird auch die Ablehnung gegen die geschlossene Unterbringung noch einmal größer: Vier große Heimverbände (EREV, IGfH, AFET, Verband kath. Einrichtungen der Heim- und Heilpädagogik e. V.) beschließen etwa 1995, die geschlossene Unterbringung grundsätzlich abzulehnen.[75]

Ab Mitte der 90er Jahre geht die Anzahl der Plätze in geschlossenen Heimen oder Heimgruppen zurück, während offene Heime massiv ausgebaut und intensiv betreute offene Wohngruppen („Menschen statt Mauern") sowie erlebnispädagogische Einzel- und Gruppenangebote verstärkt genutzt werden.[76] Der Weg führte „weg von der geschlossenen Heimerziehung über die Alternativen zur geschlossenen Unterbringung hin zu einem

---

[71] *Stadler*, Therapie unter Zwang – ein Widerspruch?, S. 59 f.; gerade nach dem Krieg aber durchaus noch bis in die 1970er Jahre wurde in Heimen vermehrt Personal ohne erzieherische Vorbildung auch im pädagogischen Bereich eingesetzt, *v. d. Pfordten*, Expertise zu Rechtsfragen der Heimerziehung der 50er und 60er Jahre – Gutachten im Auftrag des „Runden Tisch Heimerziehung" (s. Teil 2 Fn. 58), S. 32 m. w. Nachw.

[72] Gesetz zur Neuordnung des Kinder- und Jugendhilferechts (KJHG) v. 26. Juni 1990, BGBl. I, 1163.

[73] S. oben, unter A. I. 4.

[74] *Trede*, R&P 2003, 120; *Stadler*, Therapie unter Zwang – ein Widerspruch?, S. 60, 64; die Rechtslage vor Schaffung des KJHG war aufgrund der Vielzahl der Rechtsgrundlagen, die zur Einweisung in ein Heim dienten, unübersichtlich, *v. d. Pfordten*, Expertise zu Rechtsfragen der Heimerziehung der 50er und 60er Jahre – Gutachten im Auftrag des „Runden Tisch Heimerziehung" (s. Teil 2 Fn. 58), S. 6, 8 ff.

[75] *Neugebauer*, Jugendhilfe im Dialog, Heft 4/2010, S. 57.

[76] *Trede*, R&P 2003, 120; *Stadler*, Therapie unter Zwang – ein Widerspruch?, S. 60 f.; *Klawe/Bräuer*, Zwischen Alltag und Alaska, 1998; *Wohlert*, in: Peters, Jenseits von Familie und Anstalt, 1991, S. 50, 62.

ausdifferenzierten, am Kind und Jugendlichen orientierten Hilfesystem".[77] Die Lösung für den Umgang mit schwersterziehbaren Jugendlichen ist damit allerdings noch nicht gefunden: Kritik wird daran geäußert, dass die Jugendlichen mitunter von Maßnahme zu Maßnahme hin- und hergeschoben werden.[78] Nach der Wende von einem Extrem – Anwendung von Zwang und Freiheitsentzug ohne pädagogische Betrachtung, also das „Wegsperren" problematischer Jugendlicher – zum anderen – Verteufelung jeglicher Anwendung von Zwang – tendieren immer mehr Stimmen in der fachlichen Diskussion dazu, freiheitsentziehende Maßnahmen nicht vollständig auszuschließen, aber unter einem strengen und kritischen Blick zu bewerten und nur als ultima ratio in Betracht zu ziehen. So schließt auch der 11. Kinder- und Jugendbericht aus dem Jahr 2002 die Anwendung freiheitsentziehender Maßnahmen nicht aus, die in „wenigen, sehr seltenen Konstellationen [...] eine dem Fall angemessene Form der Intervention sein" können.[79]

## 8. Zusammenfassung

Zusammengefasst führte die Entwicklung bis zu diesem Zeitpunkt von Unterbringungen, die ordnungspolitische Ziele verfolgen und auffällige Jugendliche lediglich „aufbewahrten" und aus der Öffentlichkeit fernhielten, zu Unterbringungen, die einen pädagogischen Ansatzpunkt verfolgen und bewusster und differenzierter Zwangsmittel einsetzten.[80] Gleichzeitig lässt sich hinsichtlich der Anwendung von Freiheitsentzug und Zwang keine klar rückläufige Tendenz bestimmen. Vielmehr war die Geschlossenheit ein Instrument, mit dem immer wiederkehrend die Betreuung von „schwer- bis unerziehbaren" Kindern und Jugendlichen ermöglicht werden sollte. Festhalten lässt sich zudem, dass sich die wiederkehrende Kritik stets an sich wiederholenden Punkten festmacht: zu nennen sind hier insbesondere die Frage nach der Indikation, also für welche Minderjährigen eine freiheitsentziehende

---

[77] *Birtsch/Trauernicht*, DVJJ-Journal 1994, 307.

[78] „Oft verbirgt hinter allen diesen Bemühungen ein administratives Management, damit das Problem erst mal vom Tisch ist", *Flosdorf*, in: BVkE, Freiheit und Eingrenzung bei intensivpädagogischen/therapeutischen Erziehungshilfen, 2000, S. 9.

[79] BMFSFJ 2002, abrufbar über BT-Drucks. 14/8181, S. 240.

[80] Allgemein beschreibt *Ader* (in: Fegert/Schrapper, Handbuch Jugendhilfe – Jugendpsychiatrie, 2004, S. 437) zwei historische Alternativen für den Umgang mit „schwierigen jungen Menschen": besondere Zuwendung oder harte Disziplin.

Unterbringung tatsächlich notwendig ist sowie die Bedingungen, unter denen die geschlossenen Heime arbeiten, und damit insbesondere Fragen nach der Ausbildung des Personals, der Gestaltung der Gruppen, des Umfelds und dem Einsatz von Zwang.

Neue Diskussionen und Veränderungen wurden dabei in der Regel durch gesellschaftliche Probleme sowie ökonomische Faktoren veranlasst, die eine Umgestaltung notwendig machten. Gleichwohl fällt auf, dass auf Reformbestrebungen häufig ein pragmatischer Rückgriff auf zuvor unter Kritik geratene Umsetzungsformen der Heimerziehung folgte.[81] Die jeweiligen Reformbestrebungen gestalteten sich dagegen lange Zeit als unzusammenhängend, bis sich in der Weimarer Republik Ansätze eines disziplinübergreifenden Erziehungsgedankens entwickelten.[82]

## II. Die Unterbringung psychisch Kranker

Die Unterbringung psychisch Kranker wurde bisher nicht erwähnt. Ihre Darstellung erfolgt zumeist mit Fokus auf Erwachsene. Diese traten etwa Mitte des 17. Jahrhunderts als Problem ins Bewusstsein der Gesellschaft: sie wurden zur ordnungspolizeilichen Gefahrenabwehr mit anderen unliebsamen Gruppen weggesperrt und damals als „Irre", „Verrückte" oder „Idioten" bezeichnet.[83] Das Bewusstsein, dass psychische Krankheiten auch als solche behandelt werden mussten, begann sich Mitte des 18. Jahrhunderts zu entwickeln, sodass eine pflegerische und ärztliche Behandlung in Krankenhäusern erfolgte.[84] Im preußischen Allgemeinen Landrecht vom 1. Juni 1794 und auch im Preußischen Polizeiverwaltungsgesetz vom 1. Juni 1931 unterfiel die Unterbringung von psychisch Kranken – deren „Wahn- und Blödsinnigkeit"

---

81 *V.Wolffersdorff*, ZJJ 2009, 96, 102, spricht insofern hinsichtlich des Erziehungsgedankens in der Fürsorgeerziehung und Jugendstrafrecht von einer „Pendelbewegung" zwischen den Extrempunkten Zucht und Repression bzw. pädagogischem Bezug, die allerdings eine Unwucht in Richtung ersterem aufweist.

82 *V.Wolffersdorff*, ZJJ 2009, 96, 102.

83 *Lamberz*, Die Unterbringung psychisch Kranker, 2013, S. 5 f.; *Bergener/Heiliger/Holzschneider*, Problematik des Freiheitsentzugs bei psychisch Kranken, 1988, S. 3.

84 *Lamberz*, Die Unterbringung psychisch Kranker, 2013, S. 6; *Kuban*, Das Recht der Verwahrung und Unterbringung am Beispiel der „Irrengesetzgebung" zwischen 1794 und 1945, 1997, S. 23; *Deutscher Ethikrat*, Stellungnahme „Hilfe durch Zwang?", 2018, S. 94.

zunächst richterlich festgestellt werden musste – trotz dieser Erkenntnisse der Gefahrenabwehr.[85] Die Unterbringung erfolgte dagegen im 19. und dem beginnenden 20. Jahrhundert vermehrt in getrennten psychischen Heilanstalten, die sich von reinen Verwahranstalten zu Krankenhäusern wandelten.[86] Die Kinder- und Jugendpsychiatrie war im zweiten Weltkrieg in das Euthanasieprogramm involviert, welches zur Ermordung von Tausenden Kindern mit geistiger Behinderung und psychischer Erkrankung führte; die berufspolitischen Ziele wurden dadurch verfälscht und belastet.[87] In der Nachkriegszeit entwickelten sich auf diesem Gebiet verstärkt organisatorische Strukturen, die zu einem stärkeren wissenschaftlichen Diskurs führten.[88] Im Zusammenhang mit Fortschritten in der Entwicklung von Psychopharmaka entwickelte sich so eine sanftere und effektivere Behandlung.[89] Nach und nach errichteten die Bundesländer zudem eigene Unterbringungsgesetze für psychisch Kranke, die das Unterbringungsverfahren nach dem neu geschaffenen Art. 104 GG regeln sollten und fortlaufend über die nächsten Jahrzehnte weiterentwickelt und den neuesten Erkenntnissen der Psychologie angepasst wurden.[90]

## B. Die Debatte um die freiheitsentziehende Unterbringung neuerer Zeit

Die Debatte um die freiheitsentziehende Unterbringung wurde lange als „ideologischer Grabenkampf"[91] bezeichnet und politisch instrumentalisiert,[92]

---

85 *Lamberz*, Die Unterbringung psychisch Kranker, 2013, S. 7, 8; *Bergener/Heiliger/Holzschneider*, Problematik des Freiheitsentzugs bei psychisch Kranken, 1988, S. 3 f.

86 *Lamberz*, Die Unterbringung psychisch Kranker, 2013, S. 8.

87 *Warnke/Lehmkuhl*, Kinder – und Jugendpsychiatrie und Psychotherapie in Deutschland, 4. Aufl., S. 6; *Deutscher Ethikrat*, Stellungnahme „Hilfe durch Zwang?", 2018, S. 94.

88 *Warnke/Lehmkuhl*, Kinder – und Jugendpsychiatrie und Psychotherapie in Deutschland, 4. Aufl., S. 6.

89 *Deutscher Ethikrat*, Stellungnahme „Hilfe durch Zwang?", 2018, S. 94.

90 *Bergener/Heiliger/Holzschneider*, Problematik des Freiheitsentzugs bei psychisch Kranken, 1988, S. 4; zu den Plänen für ein bundeseinheitliches „Fürsorgegesetz für psychisch Kranke" s. *Lamberz*, Die Unterbringung psychisch Kranker, 2013, S. 10.

91 *M. Schwabe/Stallmann/Vust*, Freiraum mit Risiko, S. 29; in diese Richtung auch *Tischler*, Jugendhilfe im Dialog, Heft 4/2010, S. 44; *Bauer*, sozialmagazin 1998, 28: „Entweder Irrweg oder Ausweg – einen Mittelweg gibt es nicht".

92 *Tischler*, Jugendhilfe im Dialog, Heft 4/2010, S. 44, 45.

was dazu geführt haben soll, dass eine sachliche Diskussion erst seit kurzem stattfinden kann.[93] Hinsichtlich der Unterbringung in der Kinder- und Jugendpsychiatrie und -psychotherapie (KJPP) leidet die Diskussion allerdings weiterhin an deren Stigmatisierung als „Irrenhaus" oder „Klapse".[94] Diesbezüglich wird der Einsatz von Freiheitsentzug hingegen insgesamt als weniger problematisch angesehen als in der Kinder- und Jugendhilfe: er solle zwar möglichst vermieden werden, wird aber pragmatisch als mitunter notwendiger integraler Bestandteil der Behandlung zur Erreichung der therapeutischen Ziele hingenommen.[95] Hinsichtlich der freiheitsentziehenden Unterbringung in der Kinder- und Jugendhilfe ergibt sich die Schwierigkeit sicherlich auch daraus, dass sie eine Antwort auf die Frage nach einer Maßnahme für Jugendliche darstellen soll, die sich von keiner Maßnahme mehr erreichen lassen.[96] Von politischer Seite verstärkt sich, aufgrund „dramatischer Einzelfälle extremer Gewalt"[97], die Gefahr einer nicht an sachlichen, sondern medial wirksamen Aspekten orientierten Diskussion.[98]

Eine freiheitsentziehende Unterbringung im Rahmen der Hilfe zur Erziehung wird mitunter ausnahmslos abgelehnt, weil sich Pädagogik und Zwang nicht vereinbaren ließen.[99] Die freiheitsentziehende Maßnahme schade, oder

---

93 *Hoops*, in: Land Brandenburg, Macht und Machtmissbrauch in der Heimerziehung?, S. 26, 28; *dies./Permien*, „Mildere Maßnahmen sind nicht möglich!", 2006, S. 119; *Brugger/Stadler*, in: Hiller/Knab/Mörsberger, Erziehungshilfe, 2009, 161, 163; *v. Wolffersdorff*, in: Rüth/Pankofer/Freisleder, Geschlossene Unterbringung, S. 149; *ders.*, ZJJ 2009, 96, 103.

94 *Adam*, in: Land Brandenburg, Macht und Machtmissbrauch in der Heimerziehung?, S. 47 f.; eine entsprechende Stigmatisierung betrifft hingegen nicht ausschließlich die geschlossene Unterbringung, sondern die Behandlung in einer psychiatrischen Einrichtung an sich.

95 *Permien*, R&P 2006, 111, 113; zu den Zielen sogleich unter C. III. 4.

96 *Jordan/Maykus/Stuckstätte*, Kinder- und Jugendhilfe, 4. Aufl. 2015, S. 249.

97 S. dazu die in der Einleitung genannten Ereignisse, die besondere mediale Aufmerksamkeit erlangt haben; *Kappeler* (in: Musfeld/Quindel/Schmidt, Einsprüche, 2008, S. 9, 21) sieht die Argumentation, es handele sich lediglich um bedauerliche Einzelfälle kritisch und bezeichnet die Vorkommnisse als „symptomatischen" Hinweis „auf problematische Entwicklungen unter der Oberfläche des Systems".

98 *V.Wolffersdorff*, ZJJ 2009, 96, 102; *Schröer*, DVJJ-Journal 1994, 308: „pädagogische Fragen [werden] politisch instrumentalisiert".

99 *IGfH*, Argumente gegen Geschlossene Unterbringung und Zwang in den Hilfen zur Erziehung, 2013, S. 70: Erziehung sei nur in Freiheit möglich.

nütze jedenfalls nicht und sei zudem rechtlich umstritten.[100] Kritisiert wird insofern, dass allein die breite Existenz von Einrichtungen, in denen eine freiheitsentziehende Unterbringung möglich ist, eine Sogwirkung im Hinblick auf das Verlegen und Abschieben von Jugendlichen in diese Einrichtungen entwickle.[101] Zudem nehme die Existenz und Akzeptanz der freiheitsentziehenden Unterbringung den Hilfen zur Erziehung den notwendigen Veränderungsdruck, der notwendig sei, um Alternativen zu entwickeln und Freiheitseinschränkungen möglichst zu vermeiden.[102] Allein die Möglichkeit einer geschlossenen Unterbringung könne die Fachkräfte zur Verdrängung verleiten, sodass die Frage nach individuellen Hilfen nicht hartnäckig genug verfolgt werde.[103]

Mitunter wird daher eine Abschaffung der freiheitsentziehenden Unterbringung in der Kinder- und Jugendhilfe gefordert[104] oder zumindest eine Neuschaffung von komplett geschlossenen Einrichtungen kategorisch

---

[100] *Deutscher Kinderschutzbund*, Positionspapier zur Geschlossenen Unterbringung im Rahmen der Kinder- und Jugendhilfe vom 16. Mai 2015 (https://kinderschutzbund-hamburg.de/wp-content/uploads/2024/04/Positionspapier-Geschlossene-Unterbringung-2015-05-20-CLT.pdf [zuletzt abgerufen am: 25. Januar 2026]), S. 5; als ethisch bedenklich wird gar eine freiheitsentziehende Unterbringung bezeichnet, die angewendet wird, weil teurere intensive Hilfen nicht angeboten werden, *Fegert*, DVJJ-Journal 1994, 309, 313; *Peters*, Forum Erziehungshilfen 2014, 53, 55: „Es gibt keine Erkenntnisse, dass es Kinder und Jugendliche gibt, für die zwingend eine geschlossene Unterbringung als (einzige) Hilfsmaßnahme nötig ist."

[101] *Hoops*, in: Land Brandenburg, Macht und Machtmissbrauch in der Heimerziehung?, S. 26, 32 f.; *Neugebauer*, Jugendhilfe im Dialog, Heft 4/2010, S. 57, 61; *Aktionsbündnis gegen Geschlossene Unterbringung/Alternativer Wohlfahrtsverband*, Gemeinsame Stellungnahme zu den Plänen der rot-grünen Koalition in Hamburg zur geschlossenen Unterbringung von Kindern und Jugendlichen, vom 19. Mai 2015, S. 2 (abrufbar unter: https://www.geschlossene-unterbringung.de/2015/05/stellungnahme-zu-den-plaenen-des-hamburger-senats-zur-geschlossenen-unterbringung-von-kindern-und-jugendlichen/ [zuletzt abgerufen am: 25. Januar 2026]); *IGfH*, Argumente gegen Geschlossene Unterbringung und Zwang in den Hilfen zur Erziehung, 2013, S. 54; Eine entsprechende Wirkung bestätigen auch die Ergebnisse von *Hoops/Permien*, „Mildere Maßnahmen sind nicht möglich!", 2006, S. 51; in diese Richtung auch schon *Birtsch/Trauernicht*, DVJJ-Journal 1994, 307 sowie *Bauer*, sozialmagazin 1998, 28, 34.

[102] *Pöhner*, Die unendliche Geschichte der geschlossenen Unterbringung, S. 82 f., 85; *v. Wolffersdorff*, in: Rüth/Pankofer/Freisleder, Geschlossene Unterbringung, S. 149, 156.

[103] *Thiersch*, DVJJ-Journal 1994, 274, 278.

[104] *Pöhner*, Die unendliche Geschichte der geschlossenen Unterbringung, S. 85

abgelehnt.[105] Es solle vermieden werden, dass schwierige Jugendliche auf wenige Einrichtungen oder Abteilungen konzentriert werden, da dies die Probleme verstärke, die eigentlich gelöst werden sollen.[106] Zudem wird kritisiert, dass die sehr kostenintensiven freiheitsentziehenden Unterbringungen Ressourcen verschlingen, die andernfalls in die Prävention und den Ausbau offener intensiver Hilfen gesteckt werden könnten.[107] Gleichwohl könnten Kostenaspekte nicht ausschlaggebend dafür sein, ob eine für sinnvoll gehaltene Maßnahme abgelehnt wird.[108] Bisweilen wird als Grund für die Vornahme freiheitsentziehender Unterbringungen der Unwille genannt, sich mit dem Gedanken anzufreunden, dass die „öffentliche Erziehungshilfe nicht jedes Sozialisationsdefizit aufzufangen vermag".[109] Eine geschlossene Unterbringung werde dann aus Ratlosigkeit gegenüber der Frage angewendet, wie mit diesen „schwierigen Jugendlichen" weiter verfahren werden soll.[110] Die Ablehnung erfolgt dabei insbesondere hinsichtlich einer generellen Geschlossenheit, die keine individuell an der Situation und den Bedürfnissen des konkreten Jugendlichen anknüpfende Hilfe bietet.[111]

Vor allem wird kritisiert, dass die geschlossene Unterbringung die institutionelle Trennung zwischen Jugendhilfe und Strafverfolgung vermische: sie existiere aufgrund einer Gemengelage von sicherheitspolitischen (als Antwort auf die vermeintlich steigende Jugendkriminalität) und

---

105 So schon *Fegert*, DVJJ-Journal 1994, 309.

106 *Neugebauer*, Jugendhilfe im Dialog, Heft 4/2010, S. 57, 61; *IGfH*, Argumente gegen Geschlossene Unterbringung und Zwang in den Hilfen zur Erziehung, 2013, S. 59; ebenso schon *Birtsch/Trauernicht*, DVJJ-Journal 1994, 307 sowie *Fegert*, DVJJ-Journal 1994, 309, 312.

107 *Tischler*, Jugendhilfe im Dialog, Heft 4/2010, S. 44, 45; *Schröer*, DVJJ-Journal 1994, 308.

108 *Hoops*, in: Land Brandenburg, Macht und Machtmissbrauch in der Heimerziehung?, S. 26, 28; *Fegert*, DVJJ-Journal 1994, 309, 310; kritisch auch *v. Wolffersdorff*, in: Rüth/Pankofer/Freisleder, Geschlossene Unterbringung, S. 149, 150, 155; *Fegert*, DVJJ-Journal 1994, 309, 310.

109 *Schröer*, DVJJ-Journal 1994, 308, 309.

110 *IGfH*, Argumente gegen Geschlossene Unterbringung und Zwang in den Hilfen zur Erziehung, 2013, S. 48.

111 *Deutscher Kinderschutzbund*, Positionspapier zur Geschlossenen Unterbringung im Rahmen der Kinder- und Jugendhilfe vom 16. Mai 2015 (s. Teil 2 Fn. 100), S. 6.

therapeutisch-pädagogischen Gründen[112] und fungiere daher mitunter als „Strafersatz“,[113] obwohl sie keinen Strafcharakter haben sollte.[114] Als solcher werde sie auch genutzt, um Kindern und Jugendlichen, die in anderen Settings untergebracht sind, durch die Drohung mit der Abschiebung in die „Geschlossene“ auf Kurs zu halten.[115]

Dem Standpunkt, dass die geschlossene Unterbringung eine „Abstellkammer“ für Kinder und Jugendliche sei, wird mit dem Argument, dass es durchaus Einrichtungen gäbe, die innerhalb einer geschlossenen Unterbringung ein pädagogisch sinnvolles Hilfeangebot bieten, entgegengetreten.[116] Zudem wird denjenigen, die die Risiken der Unterbringung betonen, entgegengesetzt, dass eine risikofreie Hilfe für die herausfordernde Klientel, die von der geschlossenen Unterbringung betroffen ist, unmöglich sei.[117] Den Kritikern der Sogwirkung einer geschlossenen Unterbringung wird von einer pragmatischeren Perspektive vorgeworfen, sie unterlägen einer „professionellen Lebenslüge“[118], die sich darin äußere, dass in der Praxis eine Vielzahl der Anfragen für einen Platz in entsprechenden Einrichtungen

---

[112] *IGfH*, Argumente gegen Geschlossene Unterbringung und Zwang in den Hilfen zur Erziehung, 2013, S. 45; *Pöhner*, Die unendliche Geschichte der geschlossenen Unterbringung, S. 46: „die geschlossene Unterbringung soll dazu beitragen, Hamburg sicherer zu machen“.

[113] *Pöhner*, Die unendliche Geschichte der geschlossenen Unterbringung, 2012, S. 15; für eine trennscharfe Abgrenzung zwischen Jugendhilfe und Strafvollzug plädiert auch *Tischler*, Jugendhilfe im Dialog, Heft 4/2010, S. 44, 46; ablehnend auch *Jordan*, DVJJ-Journal 1994, 318 f. sowie *Sonnen*, DVJJ-Journal 1994, 281 mit Hinweisen auf entsprechende Stellungnahmen und Forderungen aus der Politik; *Schröer*, DVJJ-Journal 1994, 308: „Ein öffentliches Bedürfnis, daß abweichendes Verhalten strafrechtlich nicht folgenlos bleibt, wird durch schnelle Scheinlösungen befriedigt. Dadurch wird eine tatkräftige Politik vorgespiegelt, die den parallel vorgenommenen Abbau von sozialen Leistungen und Standards kaschiert“.

[114] *Hoops*, Sozialextra 2004, 20; *v. Bülow*, Heimerziehung in der Bundesrepublik Deutschland, 1987, S. 64: da die geschlossene Unterbringung von den Betroffenen mehr als Bestrafung, denn als Hilfe wahrgenommen werde, sei diese Feststellung „naiv und zynisch“.

[115] *Thiersch*, DVJJ-Journal 1994, 274, 278.

[116] *Bauer*, sozialmagazin 1998, 28, 34; *Fegert*, in: Fegert/Späth/Salgo, Freiheitsentziehende Maßnahmen in der Jugendhilfe und Kinder- und Jugendpsychiatrie, 2001, S. 173, 178.

[117] *M. Schwabe/Stallmann/Vust*, Freiraum mit Risiko, S. 31.

[118] *Lüders* (DJI), zitiert nach *Bauer*, sozialmagazin 1998, 28, 33.

von Landesjugendämtern käme, in denen geschlossene Unterbringungen abgeschafft und Alternativen aufgebaut worden sind.[119] In der Öffentlichkeit würden zudem aufgrund von Unkenntnis die Horrorgeschichten, die mit der Heimerziehung bis in die 60er Jahre verbunden sind, auf die heutige Ausgestaltung der Geschlossenheit in der Jugendhilfe projiziert.[120]

Heruntergebrochen auf „Kurzformeln" bilden die beiden Enden der Diskussion die Schlagsätze „Man kann nur den erziehen, den man auch hat" und „Therapie ist [mit der geschlossenen Unterbringung] unvereinbar".[121] Diese starre Trennung in pro und contra ist hingegen überholt und – zu Beginn dieses Abschnitts schon erwähnt – einer eher pragmatisch sachlichen Diskussion über die Ausgestaltung von Freiheitsbeschränkungen sowie der Frage gewichen, wie diese „möglichst verhindert" werden können.[122] Diese Position der nicht vehementen Ablehnung, aber dennoch skeptischen Betrachtung der Freiheitseinschränkungen äußert sich in der vermehrten Diversität der Ausrichtungen und Ausgestaltungen von Einrichtungen, die zudem größtenteils mit unterschiedlichen, individuell handhabbaren Graden der Freiheitseinschränkungen und in verschiedener Ausprägung mit einer Kombination von intensivem Beziehungsangebot, strukturierten Tagesabläufen und erlebnispädagogischen Elementen arbeiten.[123]

---

[119] *Bauer*, sozialmagazin 1998, 28, 33.

[120] *Pankofer*, Freiheit hinter Mauern, 1997, S. 124.

[121] *V.Wolffersdorff/Sprau-Kuhlen/Kersten*, Geschlossene Unterbringung in Heimen, 2. Aufl. 1996, S. 10.

[122] *Winkler*, Forum Erziehungshilfen 2005, 196, 201: „Es gibt keine guten Gründe für geschlossene Unterbringung und freiheitsentziehende Maßnahmen. Sie werden immer Ergebnis einer Notlage sein, Experiment im Umgang mit einer entsetzlichen biografischen Situation, die alle Beteiligten an die Grenzen des Verstehens und Begreifens führt. Diese schlechten Gründe einer konkreten Realität des Lebens geben aber allen Anlass, verantwortlich und experimentell eine Möglichkeit nicht auszuschließen, vor der man eigentlich zurückschrecken und die man im Grunde ablehnen muss. Das ist das Dilemma der geschlossenen Unterbringung: Ihr Elend besteht darin, dass sie mit Elend zu tun hat."

[123] *Hoops/Permien*, „Mildere Maßnahmen sind nicht möglich!", 2006, S. 120; zur konkreten Ausgestaltung s. sogleich unter C. II.

## C. „Geschlossene Unterbringung" in der Kinder- und Jugendhilfe

### I. Unterbringung als Form der Hilfegewährung

Eine Unterbringung als Maßnahme der Jugendhilfe erfolgt als Hilfe zur Erziehung, auf die der Personensorgeberechtigte einen Anspruch hat, wenn eine dem Wohl des Kindes oder des Jugendlichen entsprechende Erziehung nicht gewährleistet ist und die Hilfe für seine Entwicklung geeignet und notwendig ist, § 27 SGB VIII. Die Fremdunterbringung als Hilfe zur Erziehung kennt grundsätzlich zwei Formen: die Heimerziehung (§ 33 SGB VIII) und die Vollzeitpflege (§ 34 SGB VIII).[124] Entsprechend der durch das Erziehungsprimat der Eltern[125] indizierten vorrangigen Ziele der Jugendhilfe muss auch bei diesen Maßnahmen zunächst die Rückführung in die Herkunftsfamilie im Fokus stehen. Bei beiden Maßnahmen ist auf diese Zielsetzung entsprechend dem Alter und Entwicklungsstand des Kindes sowie den Möglichkeiten der Verbesserung der Erziehungsbedingungen in der Herkunftsfamilie hinzuarbeiten (§§ 33 S. 1, 34 S. 1 SGB VIII).[126]

In Fällen, in denen das eigentliche Ziel der Jugendhilfe, die Rückführung in die Herkunftsfamilie, nicht „innerhalb eines in Hinblick auf die Entwicklung des Kindes oder Jugendlichen vertretbaren Zeitraums" erreicht werden kann, „soll mit den beteiligten Personen eine andere, dem Wohl des Kindes oder des Jugendlichen förderliche und auf Dauer angelegte Lebensperspektive erarbeitet werden" (§ 37 Abs. 1 S. 2 SGB VIII). Vollzeitpflege und Heimerziehung haben dann den Zweck, dem Kind eine auf Dauer (Vollzeitpflege) bzw. auf längere Zeit (Heimerziehung, die das Kind auf ein selbstständiges Leben vorbereiten will) angelegte Lebensform zu bieten (§§ 33 S. 1 Alt. 2, 34 S. 2 Nr. 3 SGB VIII). Die Heimerziehung kann alternativ ebenfalls dem Zweck dienen, „die Erziehung in einer anderen Familie vorzubereiten" (§ 34 S. 2 Nr. 2 SGB VIII).

Weiterhin ist eine Unterbringung als Eingliederungshilfe nach § 35a Abs. 1, Abs. 2 Nr. 3 und 4 SGB VIII in einer Pflegefamilie oder einer stationären

---

[124] Eine empirische Darstellung der Fremdunterbringung im Rahmen erzieherischer Hilfen bieten *Fendrich/Wilk*, FPR 2011, 529.

[125] Zu dessen verfassungsrechtlicher Grundlage s. Teil 3, zur einfachgesetzlichen Ausgestaltung s. Teil 5.

[126] *Wapler*, in: Wiesner/Wapler, SGB VIII, 6. Aufl. 2022, § 33 Rn. 40.

Einrichtung denkbar, wenn die seelische Gesundheit des Kindes mit hoher Wahrscheinlichkeit länger als sechs Monate von dem für ihr Lebensalter typischen Zustand abweicht und daher die Teilhabe am Leben in der Gesellschaft beeinträchtigt ist oder eine solche Beeinträchtigung zu erwarten ist, § 35a Abs. 1 Nr. 1 und 2 SGB VIII. Die in Nr. 4 genannten Einrichtungen über Tag und Nacht sowie sonstige Wohnformen verweisen auf die in § 34 SGB VIII genannten Maßnahmen mit der Maßgabe, dass die dortigen Rahmenbedingungen dem Hilfebedarf im Einzelfall gerecht werden.[127] Die Feststellung einer psychischen Störung im Sinne des § 35a SGB VIII erfolgt gemäß § 35a Abs. 1a S. 2 SGB VIII auf Grundlage der Internationalen Klassifikation der Krankheiten in der vom Deutschen Institut für medizinische Dokumentation und Information herausgegebenen deutschen Fassung[128] und erfolgt von den in Abs. 1a S. 1 genannten Sachverständigen.

## II. Ausgestaltung als geschlossene Unterbringung

Eine geschlossene Unterbringung sieht das SGB VIII, anders als das RJWG und das JWG, nicht explizit vor.[129] Die im Gesetz genannten Hilfeformen sind hingegen keinesfalls abschließend,[130] sodass eine Unterbringung geschlossen erfolgen kann, auch wenn diese Möglichkeit nicht explizit aufgeführt ist.[131]

Insbesondere die frühere Debatte um die geschlossene Unterbringung suggerierte, dass es eine eindeutige, trennscharfe Linie gibt zwischen einer geschlossenen Unterbringung, also einer, in der den Kindern und Jugendlichen das Verlassen der Einrichtung per se unmöglich ist, und einer offenen Unterbringung, in der allenfalls die für Kinder und Jugendliche üblichen Freiheitseinschränkungen angewendet werden. Dass dies nicht der Fall ist, zeigt nicht zuletzt die Kritik um die Verwendung des pauschalen Begriffs der geschlossenen Unterbringung: dieser sei negativ konnotiert und suggeriere

---

[127] *Raabe*, in: Hauck/Noftz, SGB VIII, Stand: 01/24, § 35a Rn. 40.

[128] Zu den Störungsbildern ausführlich: *Wiesner*, in: Wiesner/Wapler, SGB VIII, 6. Aufl. 2022, § 35a Rn. 5 ff.

[129] *Fegert*, DVJJ-Journal 1994, 309, 310; *Döll*, in: Erman, 17. Aufl. 2023, § 1631b Rn. 3b; zur Ausnahme innerhalb der Inobhutnahme s. Teil 6, A.

[130] *C. Wolf*, in: Hansbauer, Neue Wege in der Vormundschaft?, 2002, S. 91, 95.

[131] *Eissing*, DVJJ-Journal 1994, 314, 316 leitet dies schon aus der Existenz des § 1631b BGB ab; anders wohl *Reinecke*, DVJJ-Journal 1994, 296, 306: Beschränkung der geschlossenen Unterbringung auf Fälle der vorläufigen Inobhutnahme.

einen Dauereinschluss, der den verschiedenen Graden von Geschlossenheit im Rahmen der angewendeten Stufenmodelle in der Jugendhilfe und der Konzentration der Maßnahmen auf notwendige pädagogische Prozesse nicht gerecht werde.[132] Denn in der Kinder- und Jugendhilfe bedeutet heutzutage die geschlossene Unterbringung keineswegs ein vollständiges „Eingesperrtsein" auf lange Zeit. Vielmehr durchlaufen die Kinder in der Regel hinsichtlich der Öffnung nach außen spezifische Stufenpläne, die etwa vorsehen können, dass auf eine anfängliche Phase der Ausgangs- und Kontaktsperre eine Phase folgt, in der sich die Kinder und Jugendlichen zunehmende Freiheiten und Ausgangszeiten durch Anpassung an die Regeln individuell erarbeiten können; Regelverstöße führen hingegen wieder zur Einschränkungen von Freiheiten und Ausgangszeiten.[133]

Der durch das Stufenmodell nach und nach erprobte Umgang mit Freiheit soll die Jugendlichen auf das Leben nach der Unterbringung vorbereiten, auch wenn aus Sicht und nach der Definition der Jugendlichen kein realistisches Empfinden von Freiheit erreicht wird.[134] Die schrittweise Öffnung richtet sich dabei nach dem Erziehungsstand des Einzelnen oder der gesamten Gruppe, man spricht insofern von einer „individuell-temporären Geschlossenheit".[135] Der flexible Wechsel zwischen freiheitsbegrenzenden und freiheitserprobenden Strukturen soll immer wieder Anreiz bieten, sich positiv zu bewähren und ermöglicht damit die Ingangsetzung von Lern- und Entwicklungsprozessen.[136] Dem Durchlaufen verschiedener Phasen – von der

---

[132] *Hoops*, in: Rüth/Pankofer/Freisleder, Geschlossene Unterbringung, S. 61, 62; *Stadler*, Therapie unter Zwang – ein Widerspruch?, S. 32; *v. Wolffersdorff/Sprau-Kuhlen/Kersten*, Geschlossene Unterbringung in Heimen, 2. Aufl. 1996, S. 58 f.; *Fegert*, DVJJ-Journal 1994, 309, 311.

[133] *Permien*, Erziehung zur Freiheit durch Freiheitsentzug?, S. 19; ebenso *Hoffmann*, FamRZ 2013, 1346, 1348; *Schepker*, FPR 2011, 570; s. auch zur Ausgestaltung in den Einrichtungen der Haasenburg: *Hoffmann/Adam/Hansen/Paulat/Scharnweber/Thimm*, Bericht und Empfehlungen der unabhängigen Kommission zur Untersuchung der Einrichtungen der Haasenburg e. V., 2013, S. 43.

[134] *Permien*, Erziehung zur Freiheit durch Freiheitsentzug?, S. 80.

[135] *Pankofer*, in: Rüth/Pankofer/Freisleder, Geschlossene Unterbringung, S. 81, 82; *Hoops*, in: Rüth/Pankofer/Freisleder, Geschlossene Unterbringung, S. 61, 62; *dies.*, Jugendhilfe im Dialog, Heft 4/2010, S. 2, 8.

[136] *Bauer*, sozialmagazin 1998, 28, 31.

Eingewöhnung bis zur Entlassungsvorbereitung – sollten dabei abgestufte Betreuungssettings entsprechen.[137]

Gleichzeitig können aber auch grundsätzlich offene Gruppen fakultativ geschlossen sein, wenn sie für einzelne oder mehrere Jugendliche bei Bedarf freiheitsentziehend gestaltet werden können.[138] Auch wird die Unterscheidung in grundsätzlich „offene“ oder „geschlossene“ Stationen oder auch Einrichtungen deshalb kritisiert, da auch in offenen Einrichtungen mitunter von freiheitseinschränkenden Elementen Gebrauch gemacht wird, sei es durch Abschließen der Zimmer- oder Stationstür oder den systematischen Einsatz von Time-Out-Räumen.[139]

Es sind also hinsichtlich ganzer Einrichtungen oder Stationen in diversen Einzelabstufungen von „offen“ über „offen mit der Möglichkeit zur kurzfristigen Isolierung“, „zu bestimmten Tageszeiten geschlossen“, „fakultativ geschlossen“, „individuell/situativ/fakultativ teilgeschlossen“, „individuell freiheitsentziehend“, „individuell geschlossen“ bis hin zu „individueller Öffnung“ Settings denkbar, die mit verschiedenen Graden von Freiheitsbeschränkungen und -entziehungen arbeiten.[140] Eine Abwendung von einer regelhaften Geschlossenheit unter Hinwendung zu einer „flexibel gehandhabte[n], verlaufsabhängigen Offenheit“ wird gerade gefordert.[141] Das Ausmaß an Geschlossenheit ist in verschiedenen

---

137 *Tischler*, in: Verband privater Einrichtungen der Kinder- und Jugendhilfe in Schleswig-Holstein, VPE e. V.:, Jugendhilfe im Dialog, Heft 4/2010, S. 44, 53; *Hoops*, FPR 2011, 538, 541.

138 *Stadler*, Therapie unter Zwang – ein Widerspruch?, S. 30 ff.; *IGfH*, Argumente gegen Geschlossene Unterbringung und Zwang in den Hilfen zur Erziehung, 2013, S. 11.

139 *Rüth*, in: Rüth/Pankofer/Freisleder, Geschlossene Unterbringung, 2006, S. 3, 4; *Hoops/Permien*, „Mildere Maßnahmen sind nicht möglich!“, 2006, S. 28 bezeichnen die Beschränkung der Fortbewegungsfreiheit in offenen Einrichtungen als Grauzone der freiheitsentziehenden Unterbringung; *IGfH*, Argumente gegen Geschlossene Unterbringung und Zwang in den Hilfen zur Erziehung, 2013, S. 13: hier werden noch weitere Maßnahmen genannt, die zwar ebenfalls Grauzonen in der Heimerziehung darstellen mögen, aber mangels eines Eingriffs in die Bewegungsfreiheit nicht im Kontext Freiheitsentziehung behandelt werden sollten.

140 *Hoops/Permien*, „Mildere Maßnahmen sind nicht möglich!“, 2006, S. 28, 107; *Hoops*, Jugendhilfe im Dialog, Heft 4/2010, S. 2, 8; *Stadler*, in: EREV, Evaluation freiheitsentziehender Maßnahmen in der Jugendhilfe, 2006, S. 72, 75; *Pankofer*, Freiheit hinter Mauern, 1997, S. 130.

141 *Fegert*, DVJJ-Journal 1994, 309, 311.

intensivpädagogischen Angeboten mithin nur noch graduell verschieden[142]; jedenfalls kann von einer institutionellen Geschlossenheit nicht (mehr) gesprochen werden.[143] Mitunter manifestieren sich neue Modelle einer geschlossenen Unterbringung in Wortneuschöpfungen, die auf den Begriff der Geschlossenheit ganz verzichten: „stationäre intensivtherapeutische Betreuung“, „pädagogisch betreute Intensivgruppen“, „zeitweilig freiheitsentziehende Maßnahme“, „engmaschige/schützende/beschützende Hilfe“, „verbindliche Betreuung“.

## III. Ursachen und Wirkungen

### 1. Indikationsstellung durch Verknüpfung von Problemstellung und Maßnahmenentscheidung?

Von einer Indikation spricht man grundsätzlich dann, wenn die Anwendung einer bestimmten Intervention durch bestimmte Fallmerkmale begründet werden kann.[144] Die Stellung einer solchen Indikation erfolgt unter Betrachtung objektiver Faktoren wie Leitlinien und fachlicher Standards und Faktoren, die sich von Seiten des Betroffenen ergeben, wie zum Beispiel der Ziele der Behandlung; die Indikation wird nach Abwägung von Nutzen und Risiken einer Maßnahme gestellt.[145]

Aufgrund der im Einzelfall unterschiedlichen Verknüpfung von Problematiken und Maßnahmen können nicht bestimmte Störungsbilder – deren allgemeingültige Festlegung schon nicht möglich ist – generell und unwiderleglich freiheitsentziehende Maßnahmen indizieren.[146] Die konkrete Abgrenzung und Festlegung bestimmter Indikatoren ist zum einen deshalb nicht möglich, weil die einzelfallbezogene Indikation erst über den konkreten

---

[142] *Hoops/Permien*, „Mildere Maßnahmen sind nicht möglich!“, 2006, S. 28.

[143] *IGfH*, Argumente gegen Geschlossene Unterbringung und Zwang in den Hilfen zur Erziehung, 2013, S. 11.

[144] *Kindler/Permien/Hoops*, ZJJ 2007, 40, 41; *Lipp/Burchardt*, in: Schmidt/Wolfslast, Das „Ashley-Treatment“, S. 60, 70, 77: Indikation = Urteil über den Wert oder Unwert einer bestimmten Behandlung.

[145] *Kindler/Permien/Hoops*, ZJJ 2007, 40, 42; *Lipp/Burchardt*, in: Schmidt/Wolfslast, Das „Ashley-Treatment“, S. 60, 70, 77.

[146] *Permien/Hoops/Steger/Lüders*, Forum Erziehungshilfen 2004, 242 f.; *Stadler*, Therapie unter Zwang – ein Widerspruch?, S. 258.

Hilfeprozess in Zusammenwirkung aller Beteiligten erstellt wird.[147] Wie bei jeder angestrebten Hilfemaßnahme muss auch bei der freiheitsentziehenden Unterbringung die Vorgeschichte hinsichtlich des sozialen Umfelds und insbesondere veranlasster und durchgeführter, erfolgreicher oder nicht erfolgreicher Hilfen betrachtet werden.[148] Dabei müssen mehrdeutige und ungewisse soziale, materielle und psychische Situationen und Prozesse beurteilt werden, die erst in ihrer konkreten Gesamtschau einen Freiheitsentzug indizieren können.[149] Die sozialpädagogische Intervention sieht sich also fallspezifischen Problemkonstellationen gegenüber, die eine eindeutige und lineare Indikation (diese Problematik = jene Maßnahme) unmöglich machen.[150] Hinzu kommt, dass der Hilfeprozess einer fortdauernden Überprüfung unterliegt, sodass trotz gleichbleibender Störung aufgrund der Entwicklung des Betroffenen auch die Indikation einem steten Wandel ausgesetzt ist. Es ist nicht immer nur eine Hilfeform „geeignet und notwendig" im Sinne des § 27 SGB XIII, weshalb in der Fachpraxis auch nicht anhand typischer Konstellationen entschieden wird.[151]

Ziel des folgenden Abschnitts kann es daher nur sein, Adressaten zu nennen, bei denen eine geschlossene Unterbringung Sinn ergeben kann, bzw. Störungsbilder aufzuzählen, bei denen die Unterbringung in einem freiheitsentziehenden Setting wiederholt auftaucht. Gleichzeitig ergibt sich aus dem Gesagten die Prämisse, dass nicht notwendigerweise aufgrund der dargestellten Problemstellungen eine geschlossene Unterbringung verbindlich

---

147 *Permien*, R&P 2006, 111, 113, 117; *Hoops*, in: Rüth/Pankofer/Freisleder, Geschlossene Unterbringung, S. 61, 67; *Hoops/Permien*, „Mildere Maßnahmen sind nicht möglich!", 2006, S. 32, 121 f.

148 *Baving/Schmidt*, Evangelische Jugendhilfe 2003, 144, 145.

149 *Hoops*, in: Rüth/Pankofer/Freisleder, Geschlossene Unterbringung, S. 61, 67.

150 *Permien/Hoops/Steger/Lüders*, Forum Erziehungshilfen 2004, 242, 243; *Fegert*, DVJJ-Journal 1994, 309, 311; *M. Schwabe/Stallmann/Vust*, Freiraum mit Risiko, S. 31; *Kindler/Permien/Hoops*, ZJJ 2007, 40, 42; *Rüth*, in: Rüth/Pankofer/Freisleder, Geschlossene Unterbringung, S. 47, 52; *Pankofer*, Freiheit hinter Mauern, 1997, S. 101 f.; dies ist vermutlich auch Ursache für die Beobachtung in der Praxis, dass häufig eine Kombination vieler zum Teil zufällig, gar willkürlich anmutender Faktoren darüber entscheidet, ob bzw. wann freiheitsentziehend untergebracht wird, *Hoops*, in: Rüth/Pankofer/Freisleder, Geschlossene Unterbringung, S. 29, 67.

151 *Permien/Hoops/Steger/Lüders*, Forum Erziehungshilfen 2004, 242, 244; *Hoops/Permien*, ZJJ 2005, 41, 44 f.

indiziert ist und dass aufgrund der nicht linearen Indikation immer auch verstärkt mögliche Alternativen in den Blick genommen werden können und müssen.[152]

## 2. Merkmale geschlossen untergebrachter Jugendlicher

Vorgreifend auf die rechtlichen Voraussetzungen und Grundlagen einer Unterbringung[153] sind zwei übergeordnete Faktoren zu nennen, die kumulativ vorliegen müssen, damit eine geschlossene Unterbringung in Einrichtungen der Kinder- und Jugendhilfe in Betracht kommt: eine Selbst- oder Fremdgefährdung sowie die fehlende Einsicht des Jugendlichen in diese Gefährdung, die dazu führt, dass er sich anderen Maßnahmen und Angeboten widersetzt, durch diese mithin nicht mehr erreicht werden kann und sich damit jeder erzieherischen Einflussnahme entzieht.[154]

Legt man dies zugrunde, besteht die Gefahr, dass die freiheitsentziehende Unterbringung in der Kinder- und Jugendhilfe aufgrund einer Negativindikation angestrebt wird, weil also im konkreten Fall kein anderes Mittel mehr zur Verfügung steht, als „letzter Ausweg" eine freiheitsentziehende Unterbringung vorgenommen wird.[155] Das Fehlen einer milderen Maßnahme wird gleichwohl nicht als hinreichender Ersatz einer positiven Indikation angesehen: eine Freiheitsentziehung sei nur in Situationen anzuwenden, in denen sie eine tatsächlich sinnvolle Maßnahme in der jeweiligen Situation ist.[156] Eine Positivindikation erfordert jedoch, dass der Jugendliche während der Unterbringung neue Verhaltensalternativen entwickeln kann, somit nicht

---

152 *Permien/Hoops/Steger/Lüders*, Forum Erziehungshilfen 2004, 242, 243; *Fegert*, DVJJ-Journal 1994, 309, 311; *Pankofer*, Freiheit hinter Mauern, 1997, S. 102 f.: Merkmale sind kein Indikations-, sondern Legitimationsinstrument; zu möglichen Alternativen in der Kinder- und Jugendhilfe: Teil 2, C. IV. 1. b.

153 S. Teil 5, B.

154 *Hoops/Permien*, ZJJ 2005, 41, 45; *dies.*, „Mildere Maßnahmen sind nicht möglich!", 2006, S. 36 f.; *Permien*, R&P 2006, 111, 113; *Baving/Schmidt*, Evangelische Jugendhilfe 2003, 144, 146; *Bauer*, sozialmagazin 1998, 28, 29 f.; *Holler*, in: EREV, Evaluation freiheitsentziehender Maßnahmen in der Jugendhilfe, 2006, S. 45, 47; *Brugger/Stadler*, in: Hiller/Knab/Mörsberger, Erziehungshilfe, 2009, 161, 164; *Pöhner*, Die unendliche Geschichte der geschlossenen Unterbringung, S. 68 ff.

155 *Kindler/Permien/Hoops*, ZJJ 2007, 40, 42.

156 *Permien/Hoops/Steger/Lüders*, Forum Erziehungshilfen 2004, 242, 244; *Hoops/Permien*, „Mildere Maßnahmen sind nicht möglich!", 2006, S. 42.

lediglich „verwahrt“ wird und schon bei Veranlassung der Unterbringung zu erwarten ist, dass sich seine Prognose verbessert.[157]

Diese Diagnose wird dabei nicht von der Kinder- und Jugendhilfe selbst gestellt, sondern sie bedient sich dafür der Expertise der Kinder- und Jugendpsychiatrie und -psychotherapie.[158] Insbesondere kann eine freiheitsentziehende Unterbringung bei Jugendlichen indiziert sein, die eine der durch die WHO in diagnostischen Kategorien klassifizierten[159] schweren Persönlichkeitsstörungen aufweisen, die oft durch massive frühere Bindungsstörungen verursacht worden sind. Hauptsächlich können folgende ICD-10-Diagnosen bei geschlossen untergebrachten Jugendlichen auftreten[160]: dissoziale Persönlichkeitsstörung (F 60.2), emotional instabile Persönlichkeitsstörung (F 60.3), zu denen auch die Borderline-Persönlichkeitsstörung (F 60.31) zählt. Auch eine posttraumatische Belastungsstörung (F 43.1) kann eine geschlossene Unterbringung indizieren, wenn Suizidgedanken und ein massiv selbstschädigendes Verhalten im Vordergrund stehen.[161] Die insofern bedeutenden psychosozialen Indikationen sind durch eine hohe Komplexität gekennzeichnet, die die Formulierung konkreter Kriterien ebenfalls schwierig macht.[162]

In der Realität werden zumeist Jugendliche untergebracht, die in der Regel ein „ganzes Bündel an Problemen auf sich vereinigen“[163] und häufig aus „sogenannten Multiproblemfamilien“ stammen[164], deren bisherige Stra-

---

[157] *Permien/Hoops/Steger/Lüders*, Forum Erziehungshilfen 2004, 242, 244; *Baving/Schmidt*, Evangelische Jugendhilfe 2003, 144, 146: fassen zusammen, welche Fragestellungen im Vorfeld einer freiheitsentziehenden Maßnahme beantwortet werden müssen.

[158] *Pankofer*, Freiheit hinter Mauern, 1997, S. 95 („Definitionsmacht der Psychiatrie“), 105; ebenso *Kappeler*, in: Musfeld/Quindel/Schmidt, Einsprüche, 2008, S. 9, 17.

[159] International Classification of Diseases (ICD) (abrufbar unter: https://www.bfarm.de/DE/Kodiersysteme/Klassifikationen/ICD/ICD-10-GM/_node.html [zuletzt abgerufen: 25. Januar 2026]).

[160] *Fegert*, DVJJ-Journal 1994, 309, 312; kritisch hinsichtlich der Anwendung einer psychiatrischen Symptombeschreibung zur Begründung einer pädagogischen Maßnahme: *Pankofer*, Freiheit hinter Mauern, 1997, S. 104.

[161] *Fegert*, DVJJ-Journal 1994, 309, 312.

[162] *Rüth*, in: Rüth/Pankofer/Freisleder, Geschlossene Unterbringung, S. 47, 51, *v. Wolffersdorff*, in: Rüth/Pankofer/Freisleder, Geschlossene Unterbringung, S. 149, 153.

[163] *Hoops/Permien*, „Mildere Maßnahmen sind nicht möglich!“, 2006, S. 109; so auch *Pankofer*, Freiheit hinter Mauern, 1997, S. 106: „Häufungen von Auffälligkeiten“.

[164] *Kölch/Vogel*, Zeitschrift für Kinder- und Jugendpsychiatrie und Psychotherapie 2016, 39, 41.

tegien der Lebensbewältigung zu einem gefährdenden Verhalten geführt hat, welches sich vielfach in einer massiven Störung des Sozialverhaltens und des emotionalen Erlebens mit stark impulsivem, ungesteuertem Auftreten, aggressiven Durchbrüchen, nachhaltigem Nichtbeachten sozialer Regeln und Normen, kriminellen Tendenzen sowie einer nicht vorhandenen Belastbarkeit oder Frustrationstoleranz äußert.[165] Anders als bei der freiheitsentziehenden Unterbringung Erwachsener spielen bei Minderjährigen auch entwicklungstypische Gründe als Indikatoren eine Rolle.[166] Symptomatisch können sich entscheidende Defizite in zentralen Entwicklungsbereichen unter anderem in Schulschwänzen, Leben auf der Straße, Drogengebrauch, strafbarem Verhalten bis hin zu Tötungsversuchen und Prostitution äußern.[167]

Als mögliche und häufige Belastungsfaktoren, die wiederum eine Ursache für das gefährdende Verhalten bilden, werden insbesondere schwierige Familienverhältnisse genannt, die geprägt sind von Konflikten oder Trennungen, Partnerwechseln, Gewalt, sexuellen Übergriffen, Sucht, Krankheit, Armut, häufigen Umzügen oder gar Tod; mitunter kann aber auch das außerfamiliäre Umfeld Auslöser sein, etwa durch Druck von (rechten) Cliquen, Dealern oder Zuhältern.[168]

---

165 *Bauer*, sozialmagazin 1998, 28, 32; *Holler*, in: EREV, Evaluation freiheitsentziehender Maßnahmen in der Jugendhilfe, 2006, S. 45, 47; *Stadler*, Therapie unter Zwang – ein Widerspruch?, S. 21 f.; *Hoops*, Jugendhilfe im Dialog, Heft 4/2010, S. 2, 10 f.

166 *Kölch/Vogel*, Zeitschrift für Kinder- und Jugendpsychiatrie und Psychotherapie 2016, 39, 45.

167 *Bauer*, sozialmagazin 1998, 28, 32; *Permien*, R&P 2006, 111, 114, Tabelle 1; *Hoops*, in: Rüth/Pankofer/Freisleder, Geschlossene Unterbringung, S. 61, 68 f.; *Stadler*, Therapie unter Zwang – ein Widerspruch?, S. 103, 104; *ders*, in: EREV, Evaluation freiheitsentziehender Maßnahmen in der Jugendhilfe, 2006, S. 72, 73, 78 f.; *Holler*, ebenda, S. 45, 47; *Menk/Schnorr/Schrapper*, Woher die Freiheit bei all dem Zwange?, S. 60; *Pankofer*, Freiheit hinter Mauern, 1997, S. 106 ff.; zu geschlechtsspezifischen Indikationen und Verhaltensweisen in der Einrichtung *v. Wolffersdorff/Sprau-Kuhlen/Kersten*, Geschlossene Unterbringung in Heimen, 2. Aufl. 1996, S. 229 ff.; *Hoops/Permien*, ZJJ 2005, 41, 45 und die Tabelle 3 auf S. 46.

168 *Hoops/Permien*, ZJJ 2005, 41, 46; *Stadler*, in: EREV, Evaluation freiheitsentziehender Maßnahmen in der Jugendhilfe, 2006, S. 72, 76; *ders.*, Therapie unter Zwang – ein Widerspruch?, S. 22, 98 f.; *Menk/Schnorr/Schrapper*, Woher die Freiheit bei all dem Zwange?, S. 59; *Eissing*, DVJJ-Journal 1994, 314 nennt Defizite auf dem Gebiet emotionaler Bindungen als Grund für dissoziales Verhalten.

Die Fälle, in denen eine geschlossene Unterbringung in der Jugendhilfe vorgenommen wird, können hinsichtlich der Vorgeschichten der Jugendlichen grob in drei Untergruppen eingeteilt werden:[169]

- Jugendliche, vor allem Jungen, die schon früh auffällig wurden und neben ihrer Jugendhilfe- eine ausgeprägte „Schulkarriere" hinter sich haben,
- Jugendliche, die vermutlich „durch die Maschen der Jugendhilfe" gefallen sind, weil sich weder ihre Familien noch die Schule rechtzeitig an die Jugendhilfe wandten, die dann aber mit Beginn der Pubertät einerseits stark auffällig wurden, andererseits freiwillig keine Maßnahmen annahmen,
- Jugendliche, vor allem Mädchen, die bis zur Pubertät als relativ unauffällig galten – möglicherweise, weil die Probleme von Mädchen allgemein weniger auffallen. Dann aber entstanden oder eskalierten starke Konflikte mit ihrer Familie und es kam zum Beispiel zur Flucht auf die Straße oder zu sehr „zweifelhaften Freunden".

Neben der individuellen Problemlage des Jugendlichen sind für die Ermöglichung einer freiheitsentziehenden Unterbringung auch äußere Faktoren relevant, wie etwa die jeweilige fachpolitische Situation in den Landesjugendämtern und die damit zusammenhängende Verfügbarkeit von Plätzen, das Engagement der Personensorgeberechtigten, die Überzeugungen und Erfahrungen der unterbringenden Fachkraft im Jugendamt, die Einstellung des genehmigenden Familienrichters sowie Aufnahme- und Ausschlusskriterien der konkreten Einrichtung.[170] Diese äußeren Faktoren können zwar ausschlaggebend dafür sein, ob eine freiheitsentziehende Unterbringung überhaupt verfügbar ist bzw. durchgeführt werden kann, beantworten aber nicht die Frage, ob sie im Einzelfall auch die geeignete und auch erforderliche Maßnahme darstellt.

---

169 Nach *Hoops/Permien*, ZJJ 2005, 41, 46.

170 *Hoops*, Jugendhilfe im Dialog, Heft 4/2010, S. 2, 13; *Hoops/Permien*, „Mildere Maßnahmen sind nicht möglich!", 2006, S. 33 f.; *IGfH*, Argumente gegen Geschlossene Unterbringung und Zwang in den Hilfen zur Erziehung, 2013, S. 54, 69.

## 3. Kontraindikation

In einigen Fallgruppen soll eine geschlossene Unterbringung kontraindiziert sein. Genannt wird zunächst der Gebrauch der konkreten geschlossenen Unterbringung als Bestrafung.[171] Weiterhin sollte eine Unterbringung in nicht spezialisierten Einrichtungen der Kinder- und Jugendhilfe dann nicht erfolgen, wenn der Betroffene an psychischen Akutproblemen oder einer ausgeprägten Suchtstörung leidet und daher nur die Kinder- und Jugendpsychiatrie und -psychotherapie einen geeigneten Handlungsrahmen bilden kann.[172] Ebenso ungeeignet ist die Unterbringung in der Kinder- und Jugendhilfe bei ausgeprägter Gruppenunfähigkeit sowie bei geistiger Behinderung in einem Umfang, den eine nicht spezialisierte Einrichtung nicht auffangen kann; eine Unterbringung kann dann allenfalls in Spezialeinrichtungen erfolgen.[173] Eine Kontraindikation kann sich zudem aus einer ambivalenten Haltung der Eltern ergeben, die den Erfolg der Maßnahme durch ihren Einfluss auf das Kind konterkarieren,[174] indem sie die Maßnahme etwa gegenüber dem Kind schlecht reden.

Darüber hinaus wird zudem vor einer Anwendung aus Gründen gewarnt, die mit dem einzelnen Jugendlichen nicht in Zusammenhang stehen, etwa um die Öffentlichkeit von einer Maßnahme oder einem Programm zu überzeugen[175] oder die Existenz von wenig belegten Heimen zu sichern.[176] Gleichsam unzulässig ist die freiheitsentziehende Unterbringung von Kindern

---

[171] *Adam*, in: Land Brandenburg, Macht und Machtmissbrauch in der Heimerziehung? S. 47, 51; *Brugger/Stadler*, in: Hiller/Knab/Mörsberger, Erziehungshilfe, 2009, 161, 166; *Tischler*, in: Verband privater Einrichtungen der Kinder- und Jugendhilfe in Schleswig-Holstein, VPE e. V.:, Jugendhilfe im Dialog, Heft 4/2010, S. 44, 46; *Igel*, in: Verband privater Einrichtungen der Kinder- und Jugendhilfe in Schleswig-Holstein, VPE e. V., Jugendhilfe im Dialog, Heft 4/2010, S. 20, 21; Rüth, in: Rüth/Pankofer/Freisleder, Geschlossene Unterbringung, S. 47, 57 f.

[172] *Fegert*, DVJJ-Journal 1994, 309, 311.

[173] *Rüth*, in: Rüth/Pankofer/Freisleder, Geschlossene Unterbringung, S. 47, 57, mit dem Hinweis, dass eine geschlossene Unterbringung nicht allein aufgrund der Behinderung erfolgen darf; zur Grundlage dieser Prämisse in der UN-BRK s. Teil 4, C.

[174] *Hoops/Permien*, „Mildere Maßnahmen sind nicht möglich!", 2006, S. 33.

[175] *Adam*, in: Land Brandenburg, Macht und Machtmissbrauch in der Heimerziehung? Zum Umgang mit schwierigen Jugendlichen und zur Rolle der Heimaufsicht als besondere Herausforderung, S. 47, 51.

[176] *Brugger/Stadler*, in: Hiller/Knab/Mörsberger, Erziehungshilfe, 2009, 161, 166; *Aktionsbündnis gegen Geschlossene Unterbringung/Alternativer Wohlfahrtsverband*, Gemeinsame Stellungnahme zu den Plänen der rot-grünen Koalition in Hamburg zur

aufgrund eines Mangels an Plätzen in offenen Einrichtungen.[177] Ordnungspolitische Zwecke, wie Säuberung der Straßen und Beruhigung der Bürger, sind – anders als in der Vergangenheit[178] – keine zulässigen Kriterien für eine geschlossene Unterbringung: es geht darum, die Probleme zu lösen, die ein Kind hat, und nicht die, die es macht.[179] Diesbezüglich wird auch auf die Gefahr hingewiesen, dass die Schaffung von und Unterbringung in geschlossenen Einrichtungen der Jugendhilfe nicht als verdeckte Verschärfung des Jugendstrafrechts[180] oder zum Ausgleich einer verfehlten Jugendhilfepolitik[181] missbraucht werden darf.

## 4. Zielsetzungen einer freiheitsentziehenden Unterbringung

Die Unterbringung verfolgt zunächst Vermeidungsziele, indem sie einen bereits begonnenen oder absehbaren negativen Entwicklungsprozess unterbrechen soll.[182] Diese Vermeidungsziele können schon durch die – mit der Unterbringung verursachte – Situationsveränderung erreicht werden,[183] sind also nicht notwendigerweise an das Merkmal der Geschlossenheit geknüpft. Das konkrete Ziel einer geschlossenen Unterbringung ist nicht primär die Entweichungssicherung selbst, vielmehr soll das Nicht-Entweichen-Können der Schaffung eines adäquaten Behandlungssettings und gleichsam dem

---

geschlossenen Unterbringung von Kindern und Jugendlichen, vom 19. Mai 2015 (s. Teil 2 Fn. 101), S. 2.

177 Eine dahingehende Gefahr sieht *v. Bülow*, Heimerziehung in der Bundesrepublik Deutschland, 1987, S. 65.

178 S. dazu Teil 2, A.

179 *Schröer*, DVJJ-Journal 1994, 308; *IGfH*, Argumente gegen geschlossene Unterbringung, 2013, S. 19; *Pöhner*, Die unendliche Geschichte der geschlossenen Unterbringung, 2012, S. 15; *Brugger/Stadler*, in: Hiller/Knab/Mörsberger, Erziehungshilfe, 2009, 161, 166; *Adam*, in: Land Brandenburg, Macht und Machtmissbrauch in der Heimerziehung?, S. 47, 51; wohl auch *Igel*, Jugendhilfe im Dialog, Heft 4/2010, S. 20 f.; treffend ist in diesem Zusammenhang auch die Feststellung von *Mehringer*, Heimkinder, 3. Aufl. 1982, S. 82: „diese Kinder *machen* Schwierigkeiten, weil sie Schwierigkeiten *haben*" (Hervorh. im Original).

180 *Brugger/Stadler*, in: Hiller/Knab/Mörsberger, Erziehungshilfe, 2009, 161, 166.

181 *Brugger/Stadler*, in: Hiller/Knab/Mörsberger, Erziehungshilfe, 2009, 161, 166.

182 Zur Unterscheidung von Vermeidungszielen und produktiven Zielen: *v. Wolffersdorff/Sprau-Kuhlen/Kersten*, Geschlossene Unterbringung in Heimen, 2. Aufl. 1996, S. 130 ff.

183 *Holler*, in: EREV, Evaluation freiheitsentziehender Maßnahmen in der Jugendhilfe, 2006, S. 45.

Schutz des Jugendlichen dienen.[184] Durch klare Grenzen und Regeln mit Sanktionen, denen die Jugendlichen nicht ausweichen können, soll sie eine Zugangs- und Betreuungsmöglichkeit für hochbelastete Kinder und Jugendliche bieten.[185]

In diesem Behandlungssetting sollen dann produktive Ziele erreicht werden, die sich an den Gründen für die freiheitsentziehende Unterbringung orientieren; das übergeordnete produktive Ziel ist folglich zumeist die Verringerung von Beziehungs- und Erziehungsdefiziten.[186] Die Verringerung von Beziehungs- und Erziehungsdefiziten kann je nach Fall durch die Verbesserung des Sozialverhaltens mit dem Ziel der Wiederherstellung eines stabilen Kontakts mit der Herkunftsfamilie, die Distanzierung von Suchtmitteln, Gewalt und Delinquenz sowie die Entwicklung möglichst unschädlicher Freizeitinteressen erreicht werden.[187] Darüber hinaus kann die Verringerung körperlicher und psychosomatischer Beschwerden, von Selbstmordgedanken, Impulsivität, Autoaggressionen und aggressivem, depressivem, distanzlosem

---

[184] *Fegert*, in: Fegert/Späth/Salgo, Freiheitsentziehende Maßnahmen in der Jugendhilfe und Kinder- und Jugendpsychiatrie, 2001, S. 173, 179; *Stadler*, Therapie unter Zwang – ein Widerspruch?, S. 33, 35, 254; *Bauer*, sozialmagazin 1998, 28, 32; *Hoops*, in: Land Brandenburg, Macht und Machtmissbrauch in der Heimerziehung?, S. 26, 28; *Hoops/Permien*, „Mildere Maßnahmen sind nicht möglich!", 2006, S. 38; *Tischler*, Jugendhilfe im Dialog, Heft 4/2010, S. 44, 48 f.; bei den Jugendlichen wird vor allem dann eine Wirkung erzielt, wenn sie die räumliche Eingrenzung auch als pädagogisch sinnvoll erleben, *Bauer*, sozialmagazin 1998, 28, 30; erschreckend ist insofern die von *v. Wolffersdorff/Sprau-Kuhlen/Kersten* (Geschlossene Unterbringung in Heimen, 2. Aufl. 1996, S. 131) festgehaltenen Aussagen eines Psychologen – „Unser Auftrag ist Aufbewahrung, nicht Therapie, Verselbstständigung und Probleme bewältigen" – sowie eines Erziehers – „Der einzige Zweck des Einschließens ist, Entweichen zu verhindern, und sonst gar nichts".

[185] *Permien*, in: EREV, Evaluation freiheitsentziehender Maßnahmen in der Jugendhilfe, 2006, S. 8, 15; *Bauer*, sozialmagazin 1998, 28, 30; *Hoops*, Sozialextra 2004, 20, 25: Nutzung der äußeren Struktur zur inneren Struktur; *Hoops/Permien*, „Mildere Maßnahmen sind nicht möglich!", 2006, S. 38; vgl. *v. Wolffersdorff/Sprau-Kuhlen/Kersten*, Geschlossene Unterbringung in Heimen, 2. Aufl. 1996, S. 134 ff. sowie *Permien*, Erziehung zur Freiheit durch Freiheitsentzug?, S. 31 ff. zur ambivalenten Wirkung von strengen Regeln.

[186] *V.Wolffersdorff/Sprau-Kuhlen/Kersten*, Geschlossene Unterbringung in Heimen, 2. Aufl. 1996, S. 130 ff.

[187] *Permien*, in: EREV, Evaluation freiheitsentziehender Maßnahmen in der Jugendhilfe, 2006, S. 8; *Stadler*, Therapie unter Zwang – ein Widerspruch?, S. 137 ff.

und ängstlichem Verhalten Ziel der Unterbringung sein.[188] Der Hilfeplan, der über die Ausgestaltung der Hilfen zur Erziehung Auskunft gibt und für jedes Kind zu erstellen ist (§ 36 Abs. 2 SGB VIII), enthält zwar Ziele, die allerdings als oft zu stereotyp kritisiert werden, weil sie nicht die „geheimen Ziele des Betroffenen" wiedergeben.[189]

Zur Erreichung dieser Ziele müssen zunächst die Hintergründe des dissozialen, selbstschädigenden Verhaltens aufgedeckt werden.[190] Durch die Veränderung des Milieus und die einschneidende Erfahrung der Freiheitseinschränkung sollen die Jugendlichen die Erfahrung machen, dass ihrem Verhalten Grenzen gesetzt werden und sie dies ändern müssen.[191] Die geschlossene Unterbringung soll dabei der Entschleunigung dienen, die eine ruhige Entwicklung von Perspektiven ermöglicht, orientiert an den Bedürfnissen des Betroffenen.[192] Im Vergleich zu offenen Einrichtungen können die Anforderungen, die an die Jugendlichen gestellt werden, mitunter banal wirken[193]; so ist das Erlernen von Basisfertigkeiten und -fähigkeiten wie die Gewöhnung an einen altersentsprechenden Tag- und Nachtrhythmus für alle Erziehungs- und Fördermaßnahmen grundlegend.[194] Diese Kombination aus einem geregelten Tagesablauf und einer klaren, transparenten, überschaubaren Ordnung sollen dazu führen, dass sozialadäquate und normgerechte Verhaltensweisen und Handlungsmöglichkeiten unter Anwendung lerntheoretischer/verhaltenstherapeutischer Ansätze entwickelt, erlernt und eingeübt werden und dass die Betroffenen diese durch die gezielte Förderung der Stärken, den Ausbau von Selbstwertgefühl und Selbstbewusstsein, Selbstverantwortlichkeit,

---

188 *Stadler*, Therapie unter Zwang – ein Widerspruch?, S. 137 ff.; *Fritz*, in: Rüth/Pankofer/Freisleder, Geschlossene Unterbringung, S. 97, 98; *v. Wolffersdorff/Sprau-Kuhlen/Kersten*, Geschlossene Unterbringung in Heimen, 2. Aufl. 1996, S. 130 f.; *Stadler*, Therapie unter Zwang – ein Widerspruch?, S. 137 ff.

189 *Permien*, Erziehung zur Freiheit durch Freiheitsentzug?, S. 12.

190 *Holler*, in: EREV, Evaluation freiheitsentziehender Maßnahmen in der Jugendhilfe, 2006, S. 45.

191 *Holler*, in: EREV, Evaluation freiheitsentziehender Maßnahmen in der Jugendhilfe, 2006, S. 45.

192 *Menk/Schnorr/Schrapper*, Woher die Freiheit bei all dem Zwange?, S. 109 f.

193 *Menk/Schnorr/Schrapper*, Woher die Freiheit bei all dem Zwange?, S. 71 f.

194 *Hoops*, ZfJ 2004, 274, 278 kritisiert, dass die Fähigkeit zur Mitwirkung an Entscheidungsprozessen, Selbstbestimmung und eigenverantwortliches Handeln nicht als Zielkompetenzen in den Konzeptionen der Heime genannt sind.

Selbstakzeptanz, Lebenszufriedenheit und emotionaler Stabilität verinnerlichen.[195] Die so neu gewonnen Verhaltensmuster sollen dann das selbst- und fremdgefährdende Verhalten ersetzen.[196]

Wichtigster Faktor zum Aufbau einer eigenständigen Lebensweise ist die Hilfe zur Emanzipation durch die Entwicklung von Zukunftsperspektiven.[197] Dies kann etwa zunächst dadurch erfolgen, dass die Jugendlichen lernen, wieder zur Schule zu gehen, damit gegebenenfalls die Aussicht auf einen Schulabschluss besteht.[198] Die Entwicklung von Zukunftsperspektiven beinhaltet allerdings nicht nur die Festlegung und Verfolgung einer beruflichen Perspektive, sondern impliziert auch die Suche nach geeigneten therapeutischen Anschlussmaßnahmen, die umso besser gelingt, wenn sich die geschlossene Maßnahme in ein pädagogisches Gesamtkonzept einfügt.[199] Zumindest soll schon bei der Entscheidung für eine solche Maßnahme die Frage der nachfolgenden erzieherischen Hilfen überlegt werden, damit die erzieherischen Erfolge durch eine weiterführende intensive Form der erzieherischen Hilfe, die bei möglichen Schwierigkeiten mit der zunehmenden

---

[195] *Fritz*, in: Rüth/Pankofer/Freisleder, Geschlossene Unterbringung, S. 97, 98; *v. Wolffersdorff/Sprau-Kuhlen/Kersten*, Geschlossene Unterbringung in Heimen, 2. Aufl. 1996, S. 130 f.; *Stadler*, Therapie unter Zwang – ein Widerspruch?, S. 137 ff.; *Holler*, in: EREV, Evaluation freiheitsentziehender Maßnahmen in der Jugendhilfe, 2006, S. 45, 46.

[196] *Bauer*, sozialmagazin 1998, 28, 32; *Fritz*, in: Rüth/Pankofer/Freisleder, Geschlossene Unterbringung, S. 97, 103; *Hoops*, Sozialextra 2004, 20, 24 f.; *dies.*, in: Land Brandenburg, Macht und Machtmissbrauch in der Heimerziehung?, S. 26, 37; *dies.*, Jugendhilfe im Dialog, Heft 4/2010, S. 2, 10; *Permien*, in: EREV, Evaluation freiheitsentziehender Maßnahmen in der Jugendhilfe, 2006, S. 8, 15.

[197] *Fritz*, in: Rüth/Pankofer/Freisleder, Geschlossene Unterbringung, S. 97, 98; *Stadler*, Therapie unter Zwang – ein Widerspruch?, S. 137 ff.; mitunter haben sich die Einrichtungen in ihren Konzeptionen angelehnt an das SGB VIII die „Förderung der Jugendlichen in ihrer Entwicklung und ihre Erziehung zu einer eigenverantwortlichen und gemeinschaftsfähigen Persönlichkeit“ zum Ziel gemacht, vgl. *Hoops*, ZfJ 2004. 274, 278.

[198] *Menk/Schnorr/Schrapper*, Woher die Freiheit bei all dem Zwange?, S. 109 f.; *v. Wolffersdorff/Sprau-Kuhlen/Kersten*, Geschlossene Unterbringung in Heimen, 2. Aufl. 1996, S. 130 f.

[199] *Brugger/Stadler*, in: Hiller/Knab/Mörsberger, Erziehungshilfe, 2009, 161, 166; *Tischler*, in: Verband privater Einrichtungen der Kinder- und Jugendhilfe in Schleswig-Holstein, VPE e. V.: Jugendhilfe im Dialog, Heft 4/2010, S. 44, 50; *Hoops/Permien*, „Mildere Maßnahmen sind nicht möglich!“, 2006, S. 92.

Selbstständigkeit die notwendige erzieherische Unterstützung gewährleistet, gesichert werden.[200]

Die realistische Erprobung emanzipatorischer Ziele ist allerdings insofern schwer, als Situationen, in denen es auf die eigenständige Verfolgung von Zukunftszielen ankommt, im geschlossenen Umfeld nicht vorkommen.[201] Es können zwar Ziele formuliert und während der Unterbringungszeit angestrebt werden, ob diese im Anschluss aber weiterverfolgt werden, kann sich naturgemäß erst innerhalb eines gewissen Zeitraums nach der Unterbringung zeigen. Dies ist für viele Heime ein Grund, Konzepte mit individuell-temporärer Geschlossenheit einzusetzen, da so die Erprobung der Eigenständigkeit in einem immer freieren, aber dennoch betreuten Setting stattfinden kann.[202]

## 5. Auswirkungen einer freiheitsentziehenden Unterbringung auf die betroffenen Kinder und Jugendlichen

Entscheidend für eine Rechtfertigung der freiheitsentziehenden Unterbringung sind die mit ihr zu erzielenden Wirkungen. Deren allgemeingültige Darstellung scheitert allerdings gleich an mehreren Faktoren. Zunächst ist bei der Betrachtung der Studienlage zu berücksichtigen, dass der Vergleichbarkeit der getroffenen Erkenntnisse die teilweise unterschiedlichen Untersuchungsobjekte entgegenstehen, da die Studien sich bisweilen auf eine bestimmte Einrichtung, eine bestimmte Klientel oder bestimmte Orte oder Regionen beschränken.[203] Ein abschließender Befund von Wirkungen scheitert zudem daran, dass zwar einige Studien die Entwicklungen nach Abschluss der freiheitsentziehenden Maßnahme noch kurzfristig berücksichtigen, ein Einfluss der Unterbringung und eine Veränderung aufgrund dieser aber auch noch lange nach der Entlassung möglich ist.[204] Hinzu kommt, dass aufgrund der

---

200 *Köhler*, in: Rüth/Pankofer/Freisleder, Geschlossene Unterbringung, S. 136, 145.

201 *v. Wolffersdorff/Sprau-Kuhlen/Kersten*, Geschlossene Unterbringung in Heimen, 2. Aufl. 1996, S. 132 f.

202 *v. Wolffersdorff/Sprau-Kuhlen/Kersten*, Geschlossene Unterbringung in Heimen, 2. Aufl. 1996, S. 133.

203 *M. Schwabe/Stallmann/Vust* (Freiraum mit Risiko) zu einer offenen, niedrigschwelligen, anonym gebliebenen Maßnahme; *Stadler* (Therapie unter Zwang) untersucht ein geschlossenes Mädchenheim in Gauting.

204 *Stadler*, Therapie unter Zwang – ein Widerspruch?, S. 257; zu grundsätzlichen praktischen und methodischen Problemen s. *v. Wolffersdorff/Sprau-Kuhlen/Kersten*, Geschlossene Unterbringung in Heimen, 2. Aufl. 1996, S. 25 ff.

individuellen Gestaltung der Hilfeleistung und der Beziehungen und der individuellen Situation und Befindlichkeit der Betroffenen von eindeutigen, verallgemeinerungsfähigen Zusammenhängen zwischen Maßnahmen und Wirkungen nicht ausgegangen werden kann.[205] Im Folgenden können daher nur einige beobachtete Entwicklungsmöglichkeiten dargestellt werden, die allerdings keinesfalls immer so eintreten können oder müssen. Neben der möglichen Entwicklung sollen vor allem Faktoren genannt werden, die diese positiv beeinflussen können.

### *a. Entwicklungsmöglichkeiten und -faktoren in der freiheitsentziehenden Unterbringung*

Der Erfolg einer Maßnahme ist immer abhängig vom Blickwinkel und der Erwartungshaltung und Zielsetzung des Betrachters.[206] Die Erfüllung der zuvor zugrunde gelegten Ziele indiziert also zunächst den Erfolg der Maßnahme. Bewertet werden darf hingegen nicht nur der Fortschritt während des Heimaufenthalts, ebenfalls muss die weitere Entwicklung in Anschlussmaßnahmen und in der Eigenständigkeit in den Blick genommen werden.[207] Welche Faktoren für einen langfristigen Erfolg eine Rolle spielen können, wird im Folgenden aufgeführt.

Zunächst ermöglicht die Reizreduktion, die mit der Abschottung nach außen einhergeht, den Betroffenen eine Konzentration auf sich selbst, sodass sie die Chance erhalten, die eingeschränkten Möglichkeiten zur Selbststeuerung, Beziehungsaufnahme und Empathie zu nutzen und diese zu erhöhen.[208] Die Konzentration auf sich selbst wird dadurch ermöglicht, dass sich die Jugendlichen nicht jeden Tag aufs Neue entscheiden müssen, ob sie bleiben

---

[205] *Stadler*, Therapie unter Zwang – ein Widerspruch?, S. 11 f.; *Kindler/Permien/Hoops*, ZJJ 2007, 40, 41; *Schwabe/Evers/Vust*, in: Schwabe, Zwang in der Heimerziehung, 2008, S. 21 f.: Auswirkungen von Zwang je nach Vorerleben und Persönlichkeit des Betroffenen komplett verschieden.

[206] Dessen Bewertung hält *Stadler* aufgrund seiner Relativität zu den Störungsbildern und Persönlichkeiten des Hilfeempfängers sowie dem Betrachtungszeitpunkt für schwierig, Therapie unter Zwang – ein Widerspruch?, S. 23 f., 27 f., 260.

[207] *Hoops/Permien*, „Mildere Maßnahmen sind nicht möglich!“, 2006, S. 32; *Pankofer*, Freiheit hinter Mauern, 1997, S. 77: Legal- und Sozialbewährung.

[208] *Permien*, in: EREV, Evaluation freiheitsentziehender Maßnahmen in der Jugendhilfe, 2006, S. 8, 15 f.; *Tischler*, Jugendhilfe im Dialog, Heft 4/2010, S. 44, 48 f.

oder gehen.[209] Selbst wenn sie dennoch abgängig sind oder in anderer Weise unerwünschtes oder destruktives Verhalten zeigen, können sie entgegen ihrer bisherigen Erlebnisse von Abbrüchen von Hilfemaßnahmen wegen Überforderung und wiederholten Neuanfängen erleben, dass sie weiterhin in der Einrichtung geführt werden.[210] Durch das Sich-nicht-entziehen-Können[211] und den eingeschränkten Kontakt nach außen besteht die Chance, dass sie sich in ihr Schicksal fügen und sich mit der gebotenen Hilfe auseinandersetzen.[212]

Ferner sind sie gezwungen, sich mit Problemen an die Betreuer in der Einrichtung zu wenden.[213] Es mag daher den Anschein erwecken, als widerspräche die Beziehung zu den Betreuern in der geschlossenen Unterbringung dem ansonsten in der Jugendhilfe geltenden Standard, dass eine pädagogisch sinnvolle Beziehung Freiwilligkeit voraussetzt.[214] Idealerweise entwickelt sich jedoch aus dem inneren und äußeren Zwang, einhergehend mit der Realisierung, dass die Betreuungsperson kein „Feind" ist, dieser zu einer Bezugsperson, der gegenüber sich der Jugendliche öffnen und der er seine Probleme anvertrauen kann.[215] Eine gute Beziehung zu den Betreuenden der Einrichtung ist wie grundsätzlich in der Jugendhilfe das zentrale Element des pädagogisch-therapeutischen Settings und wird auch von den Jugendlichen

---

209 *Bauer*, sozialmagazin 1998, 28, 33; vgl. auch den von *Sonnen*, DVJJ-Journal 1994, 281, 284, geschilderten Fall.

210 *Menk/Schnorr/Schrapper*, Woher die Freiheit bei all dem Zwange?, S. 72, 88; *Bauer*, sozialmagazin 1998, 28, 33; *Schneider*, in: EREV, Evaluation freiheitsentziehender Maßnahmen in der Jugendhilfe, 2006, S. 31, 42; *Hoops*, Sozialextra 2004, 20, 25; *dies.*, BLJA Mitteilungsblatt Nr. 6/2004, 6, 8.

211 Die tatsächliche Möglichkeit der „Flucht" beschreiben *Hoops/Permien*, „Mildere Maßnahmen sind nicht möglich!", 2006, S. 111 f.

212 Diese Chance wird von etwa der Hälfte der von *Pankofer* (Freiheit hinter Mauern, 1997) untersuchten Mädchen wahrgenommen, während die anderen der Unterbringung eher retrospektiv eine Sinnhaftigkeit zuschreiben, S. 190.

213 Der baulich geschlossene Rahmen, der Entweichungen erschwert, wird von den in einer Anstalt beschäftigten Pädagogen für hilfreich gehalten, *Stadler*, Therapie unter Zwang – ein Widerspruch?, S. 128.

214 *Permien*, Erziehung zur Freiheit durch Freiheitsentzug?, S. 37.

215 *Adams*, in: Rüth/Pankofer/Freisleder, Geschlossene Unterbringung, S. 112, 124; *Schneider*, in: EREV, Evaluation freiheitsentziehender Maßnahmen in der Jugendhilfe, 2006, S. 31, 38; *Stadler*, ebenda, 2006, S. 72, 82, 85 f.; *Permien*, ebenda, S. 8, 23 f.; *dies.*, Erziehung zur Freiheit durch Freiheitsentzug?, S. 37 ff., für diese Entwicklung bräuchten die Jugendlichen mitunter sehr lange, S. 45.

als Schlüssel zum Erfolg der Maßnahme genannt.[216] Das Angebot einer derartigen Beziehung wird von Jugendlichen vor allem dann angenommen, wenn die Betreuenden ihnen mit Klarheit, positiver Autorität und Verbindlichkeit entgegentreten.[217] Passiert dies nicht, werden die Betreuenden als ungerecht und die von ihnen verhängten Sanktionen als willkürlich empfunden.[218] Eine derart negative Wahrnehmung der Betreuenden kann hingegen auch an der allgemein ambivalenten Wahrnehmung der Maßnahme liegen, sodass nicht jedes (zunächst) negativ bewertete Verhalten der Betreuenden dem pädagogischen Erfolg der Maßnahme entgegensteht.[219] Ein positiver Beziehungsaufbau zu den Betreuenden begünstigt hingegen eine positive Gesamtbewertung durch die Jugendlichen, die mitunter den Aufbau entsprechender Beziehungen in einer offenen Einrichtung für unmöglich gehalten hätten.[220] Um eine stabile, vertrauensvolle Beziehung aufzubauen muss die Maßnahme gleichwohl so ausgestaltet sein, dass Beziehungen einen solchen Stellenwert auch einnehmen können. Dies verlangt insbesondere die Vermeidung plötzlicher

---

216 *Permien*, Erziehung zur Freiheit durch Freiheitsentzug?, S. 36 f., 45; *Menk/Schnorr/Schrapper*, Woher die Freiheit bei all dem Zwange?, S. 70 f.; *v. Wolffersdorff/Sprau-Kuhlen/Kersten*, Geschlossene Unterbringung in Heimen, 2. Aufl. 1996, S. 154.

217 *Permien*, in: EREV, Evaluation freiheitsentziehender Maßnahmen in der Jugendhilfe, 2006, S. 8, 25 f.; *Hoops*, Jugendhilfe im Dialog, Heft 4/2010, S. 2, 10, eine Freiheitsentziehung steht einer tragfähigen pädagogischen Beziehung insbesondere nicht schon per se entgegen, S. 16; *dies./Permien*, „Mildere Maßnahmen sind nicht möglich!", 2006, S. 115 ff., 127 f.; *Tischler*, Jugendhilfe im Dialog, Heft 4/2010, S. 44, 53; *Fritz*, in: Rüth/Pankofer/Freisleder, Geschlossene Unterbringung, S. 97, 102.

218 *Permien*, in: EREV, Evaluation freiheitsentziehender Maßnahmen in der Jugendhilfe, 2006, S. 8, 25; *Igel*, Jugendhilfe im Dialog, Heft 4/2010, S. 20, 23; *Eissing*, DVJJ-Journal 1994, 314, 315 sieht diesbezüglich in dem unvermeidbaren Schichtdienst die Gefahr wechselnder widersprüchlicher Erziehungseinflüsse.

219 Aus diesem Grund bewertet *Sonnen* (DVJJ-Journal 1994, 281, 286) die Wahrscheinlichkeit, dass in einer geschlossenen Einrichtung eine vertrauensvolle Beziehung aufgebaut wird, negativer als in offenen Einrichtungen.

220 *Permien*, Erziehung zur Freiheit durch Freiheitsentzug?, S. 90; *Eissing*, DVJJ-Journal 1994, 314, 315 beschreibt dagegen einen Mangel an „natürlicher" Identifikation entsprechend einer funktionierenden Familie aufgrund der emotionalen Abständigkeit der Betreuer für sowie an „warmherziger Anteilnahme am Ergehen und Befinden des einzelnen Kindes" in institutioneller Erziehung; *Holler*, in: EREV, Evaluation freiheitsentziehender Maßnahmen in der Jugendhilfe, 2006, S. 45, 55 sowie *Stadler*, ebenda, S. 72, 82: unter dieser Prämisse liefe das Konzept „Menschen statt Mauern".

Beziehungsabbrüche und den ständigen Wechsel von Bezugspersonen;[221] hier leidet die freiheitsentziehende Maßnahme unter dem strukturellen Mangel, dass sie nur für einen möglichst kurzen Zeitraum durchgeführt werden soll und das durchaus wünschenswerte Ende der Maßnahme in der Regel aber mit einem Wechsel der Bezugsperson einhergeht.[222]

Nicht wünschenswert ist eine Erziehung, die wie eine Dressur wirkt und die in anderen sozialen Kontexten im Anschluss an die Unterbringung nicht fortwirkt.[223] Eine nachhaltige Entwicklung kann hingegen dann erreicht werden, wenn die Betroffenen die Sinnhaftigkeit prosozialen Verhaltens erlernen.[224] Das Zusammenleben vieler hochproblembelasteter, dissozialer Kinder und Jugendlicher könnte befürchten lassen, dass die Betroffenen eher mit negativen Einflüssen konfrontiert werden, die dem Erlernen prosozialen Verhaltens abträglich sind, und ihre Probleme eher verschärfen oder gar andere Probleme schaffen, die eigentlich gelöst werden sollen.[225] Dem kann entgegengewirkt werden, wenn es gelingt, die gegenseitige Beeinflussung der Jugendlichen von Seiten der Betreuer derart zu gestalten, dass die sozial versierteren Jugendlichen aufgrund der gleichen Ausgangssituation ein erreichbares Vorbild darstellen.[226] Gerade die Anwendung eines Stufenmodells[227], bei dem bei regelkonformem Verhalten Lockerungen gewährt werden und so eine individuell degressive Geschlossenheit erreicht wird, führt dazu, dass eine Durchmischung der Gruppen in dem Sinne erfolgt, dass Jugendliche verschiedener Lockerungsstufen und damit unterschiedlichen Freiheitsbeschränkungsstufen zusammenleben.[228] Dies kann insofern einen positiven Einfluss auf die Jugendlichen haben, als jene mit weniger Lockerung

---

221 *IGfH*, Argumente gegen Geschlossene Unterbringung und Zwang in den Hilfen zur Erziehung, 2013, S. 61.

222 *Permien*, Erziehung zur Freiheit durch Freiheitsentzug?, S. 66; *Ader/Schapper*, Forum Erziehungshilfen 2002, 27, 31; s. dazu auch unten, unter C. III. 6. d.

223 Diese Befürchtung äußert *Neugebauer*, Jugendhilfe im Dialog, Heft 4/2010, S. 57, 60.

224 *Brugger/Stadler*, in: Hiller/Knab/Mörsberger, Erziehungshilfe, 2009, 161, 166.

225 *Kindler/Permien/Hoops*, ZJJ 2007, 40, 45; *Neugebauer*, Jugendhilfe im Dialog, Heft 4/2010, S. 57, 61;

226 *Permien*, Erziehung zur Freiheit durch Freiheitsentzug?, S. 46, 53 f., 90.

227 s. oben, unter C. II.

228 *v. Wolffersdorff/Sprau-Kuhlen/Kersten*, Geschlossene Unterbringung in Heimen, 2. Aufl. 1996, S. 59.

feststellen, dass ein regelkonformes Verhalten einen positiven Effekt hat und durch das Zusammenleben mit höhergestuften Jugendlichen ein Anreiz für regelkonformes Verhalten entsteht, um selbst entsprechende Vergünstigungen – Telefonieren mit dem eigenen Handy, Ausgang oder Besuchsrecht – zu erhalten; ebenso birgt negatives Verhalten anderer Jugendlicher nicht allein die Gefahr von Nachahmung, sondern Bestrafung und Rückstufung des Betroffenen kann auch als Abschreckung und Anreiz dienen, sich besser zu verhalten.[229] Bei den Betroffenen kann zudem das erzwungene Zusammenleben mit anderen Jugendlichen zu einem Gewinn an Sozialkompetenz, allerdings auch zu Auseinandersetzungen und Konflikten führen.[230]

Im Idealfall stellt die Maßnahme einen Wendepunkt im Leben der Betroffenen dar.[231] Tatsächlich bildet sie in der Regel eine prägende und intensive Erfahrung; dennoch zeigen Langzeitstudien wenig optimistisch, dass die Mehrheit der Jugendlichen weiterhin Probleme in der Lebensbewältigung hat.[232] Eine positive Bewährung setzt zumeist voraus, dass die Anschlussmaßnahmen gut gewählt und von hoher Qualität sind und die Jugendlichen, die intensiv auf die Entlassung in die (konkrete) Anschlussmaßnahme vorbereitet werden müssen, so an ihre (positive) Entwicklung in der geschlossenen Unterbringung anknüpfen können.[233] Für einen langfristigen Erfolg ist auch eine hohe Partizipation des Betroffenen in seiner Hilfeplanung wichtig, der sich dann besser auf die dort festgelegten Maßnahmen und Ziele einlassen

---

229 *Menk/Schnorr/Schrapper*, Woher die Freiheit bei all dem Zwange?, S. 75; *Hoops*, BLJA Mitteilungsblatt Nr. 6/2004, 6, 8; *dies.* (ZfJ 2004, 274, 281 f.) hält diesen Effekt zudem bei einem Patensystem für möglich, bei dem Jugendliche, die sich schon länger in der Einrichtung befinden, Neuankömmlingen zur Seite gestellt werden; *Adams*, in: Rüth/Pankofer/Freisleder, Geschlossene Unterbringung, S. 112, 12 über eine Einrichtung mit stufenweisen Ausgängen: „Die Kombination von offener und geschlossener Unterbringung fördert die Akzeptanz der Geschlossenheit"; *v. Wolffersdorff/Sprau-Kuhlen/Kersten*, Geschlossene Unterbringung in Heimen, 2. Aufl. 1996, S. 146 f. sehen aber zudem die Gefahr der kalkulierten Anpassung, um eine nächste Stufe zu erreichen.

230 *Menk/Schnorr/Schrapper*, Woher die Freiheit bei all dem Zwange?, S. 75.

231 *Menk/Schnorr/Schrapper*, Woher die Freiheit bei all dem Zwange?, S. 108.

232 *Permien*, Erziehung zur Freiheit durch Freiheitsentzug?, S. 78, 92.; *Menk/Schnorr/Schrapper*, Woher die Freiheit bei all dem Zwange?, S. 108, 284.

233 *Permien*, Erziehung zur Freiheit durch Freiheitsentzug?, S. 72 ff.; *Hoops/Permien*, „Mildere Maßnahmen sind nicht möglich!", 2006, S. 114; *Menk/Schnorr/Schrapper*, Woher die Freiheit bei all dem Zwange?, S. 108.

kann.[234] Eine verstärkte Partizipation wird hingegen vereinzelt deshalb abgelehnt, weil die Jugendlichen „zu schwierig" seien, um mit zu viel Freiheiten, die sie durch Mitwirkung, Beteiligung und Selbstbestimmung erlangen, umgehen zu können.[235] In den von *Hoops/Permien* untersuchten Fällen lebte ein Jahr nach Beendigung der Maßnahme etwa ein Viertel der Jugendlichen wieder in ähnlich schwierigen oder prekären Lebenssituationen wie vor der geschlossenen Unterbringung, während immerhin etwa die Hälfte in der Lage war, wieder offene Jugendhilfeeinrichtungen, Bildungs- und Ausbildungsangebote zu nutzen, was vor der geschlossenen Unterbringung nicht denkbar war.[236]

Über die unsichere langfristige positive Bewährung hinaus stellt sich vereinzelt schon während der Maßnahme heraus, dass der Betroffene nicht erreicht werden kann und etwa die pädagogische Einwirkung gar nicht annimmt oder sich zunächst positiv entwickelt, die Entwicklung dann aber stagniert, bevor die Probleme, die zu der geschlossenen Unterbringung geführt haben, behoben worden sind, oder der Übergang in eine Anschlussmaßnahme scheitert.[237]

### b. Wahrnehmung der Betroffenen

Viele der Jugendlichen betrachten ihren Aufenthalt in einem freiheitsentziehenden Setting in der Retrospektive als zumindest einigermaßen hilfreich.[238] Der Nutzen der Maßnahme resultiert dabei aus verschiedenen Aspekten; einige Jugendliche stellen auf die persönliche Entwicklung während der Unterbringung ab, andere fühlen sich dagegen vor allem vor negativen

---

[234] *Permien*, Erziehung zur Freiheit durch Freiheitsentzug?, S. 72 ff.; *Hoops/Permien*, „Mildere Maßnahmen sind nicht möglich!", 2006, S. 114; *Pies*, in: Fegert/Schapper, Handbuch Jugendhilfe – Jugendpsychiatrie, 2004, S. 429, 432; *Deutscher Ethikrat*, Stellungnahme „Hilfe durch Zwang?", 2018, S. 153, 231 (Empfehlung A6); *Hoops* (ZfJ 2004, 274) hat die Möglichkeiten der Partizipation in den einzelnen Stadien einer Unterbringung anhand von Konzeptionen verschiedener Einrichtungen untersucht.

[235] *Hoops*, ZfJ 2004, 274, 275.

[236] *Permien*, Erziehung zur Freiheit durch Freiheitsentzug?, S. 78, 92.

[237] Letzteres ist in dem von *Sonnen*, DVJJ-Journal 1994, 281, 285, der Fall.

[238] *Stadler*, Therapie unter Zwang – ein Widerspruch?, S. 116; *Permien*, Erziehung zur Freiheit durch Freiheitsentzug?, S. 61 f.; *Hoops*, Jugendhilfe im Dialog, Heft 4/2010, S. 2, 13; *Tischler*, ebenda S. 44, 49; *Menk/Schnorr/Schrapper*, Woher die Freiheit bei all dem Zwange?, S. 69 f., 279.

Einflüssen von außen geschützt.[239] Die Möglichkeit, vergleichbare Fortschritte in einer anderen Einrichtung der Jugendhilfe zu machen, wird von den Betroffenen überwiegend ausgeschlossen.[240]

Als positiv wird die Maßnahme insbesondere dann erfahren, wenn die Jugendlichen für sich einen konkreten Gewinn aus dem erlernten Verhalten ziehen können, zum Beispiel einen Schulabschluss, ein besseres Auskommen mit den Eltern etc.; in dem Fall steigt auch die Wahrscheinlichkeit, dass die Erfolge aus der Maßnahme langfristig bestehen bleiben, weil die Jugendlichen die von ihnen erlebten Gewinne beibehalten und ansie anknüpfen wollen.[241] Für die Jugendhilfe, die ihren Erziehungsauftrag nur langfristig erfüllen kann, ergibt eine geschlossene Unterbringung auch nur dann Sinn, wenn die Jugendlichen infolge dieses Prozesses an ihrer Veränderung freiwillig mitwirken.[242]

Die Betroffenen selbst durchleben bezüglich der Bewertung der Maßnahme in der Regel einen Entwicklungsprozess: zunächst wird die Maßnahme als einschneidendes Lebensereignis, verbunden mit Schock und Stress, aufgefasst und als Strafe angesehen, die im Laufe der Maßnahme allerdings in eine Chance umgedeutet wird,indem der Verlust der Freiheit durch subjektive Gewinnerfahrungen kompensiert wird.[243] Diese Entwicklung hin zur Nutzung des Hilfeangebots, das die Grenzsetzung ihnen bietet, benennen

---

239 *Pankofer,* Freiheit hinter Mauern, 1997, S. 128.

240 *Stadler,* Therapie unter Zwang – ein Widerspruch?, S. 120 f.; *ders,* in: EREV, Evaluation freiheitsentziehender Maßnahmen in der Jugendhilfe, 2006, S. 72, 88.

241 *Permien,* Erziehung zur Freiheit durch Freiheitsentzug?, S. 90.

242 *Permien,* R&P 2006, 111, 113; *Hoops,* in: Land Brandenburg, Macht und Machtmissbrauch in der Heimerziehung?, S. 26, 38; *Reinecke,* DVJJ-Journal 1994, 296, 299: Freiwilligkeit als Voraussetzung für Therapiefähigkeit.

243 Eingehend *Permien,* in: EREV, Evaluation freiheitsentziehender Maßnahmen in der Jugendhilfe, 2006, S. 8, 12; *Hoops/Permien,* „Mildere Maßnahmen sind nicht möglich!", 2006, S. 107 f., 127; *Menk/Schnorr/Schrapper,* Woher die Freiheit bei all dem Zwange?, S. 9; *v. Wolffersdorff/Sprau-Kuhlen/Kersten,* Geschlossene Unterbringung in Heimen, 2. Aufl. 1996, S. 193 ff.; *IGfH,* Argumente gegen Geschlossene Unterbringung und Zwang in den Hilfen zur Erziehung, 2013, S. 64; s. auch die Schilderungen bei *Hoops/Permien,* „Mildere Maßnahmen sind nicht möglich!", 2006, S. 109 f.; *Pies,* in: Fegert/Schapper, Handbuch Jugendhilfe – Jugendpsychiatrie, 2004, S. 429, 430: Schock und Überforderung veranlasst vor allem eine erstmalige Unterbringung außerhalb des Elternhauses, die nicht ausreichend vorbereitet wurde.

die Jugendlichen auch als Bedingung für den Erfolg der Maßnahme.[244] Mitunter behalten die Betroffenen hierzu aber auch langfristig eine sehr ambivalente Einstellung.[245] Als Ursache für die ablehnende Haltung der Betroffenen kommt unter anderem die negative Darstellung der eigenen Person in den psychiatrischen Gutachten und Gerichtsbeschlüssen in Betracht.[246]

## 6. Gefahrenpotential einer freiheitsentziehenden Unterbringung

Eine mögliche negative Veränderung gegenüber dem Zustand zum Aufnahmezeitpunkt, die schon während der Unterbringung[247] oder im Anschluss eintritt, kann durch verschiedene Faktoren veranlasst sein. Hierzu zählt selbstverständlich zunächst die Unterbringung trotz mangelnder Indikation oder gar trotz Kontraindikation.[248] Zudem wird die Gefahr beschrieben, dass die geschlossene Unterbringung einen so „außerordentlich tiefen Einschnitt in die soziale und psychische Entwicklung junger Menschen und ihrer Familien" darstellt, dass sie dann, wenn es sich nur um „normale" Problemfälle handelt, die Entwicklung des Betroffenen eher beeinträchtigt und gar Schädigungen herbeiführt.[249] Darüber hinaus ergeben sich Problemfelder insbesondere durch eine unzureichende Ausgestaltung der Unterbringung (a.), störende

---

[244] *Brugger/Stadler*, in: Hiller/Knab/Mörsberger, Erziehungshilfe, 2009, 161, 164 f.; ob dieser „freiwilligen" Entscheidung, die Maßnahme als Chance zu interpretieren, wird die Notwendigkeit eines freiheitsentziehenden Settings mitunter in Frage gestellt, *IGfH*, Argumente gegen Geschlossene Unterbringung und Zwang in den Hilfen zur Erziehung, 2013, S. 61; *Pankofer*, Freiheit hinter Mauern, 1997, S. 187 f.: subjektiv empfundene Bewährung ist wichtiger als Bewährung, die sich an verobjektivierbaren Kriterien orientiert.

[245] S. mit Beispiel *Permien*, in: EREV, Evaluation freiheitsentziehender Maßnahmen in der Jugendhilfe, 2006, S. 8, 12 f.; *Stadler*, ebenda, S. 72, 80 f, 84; *ders.*, Therapie unter Zwang – ein Widerspruch?, S. 111; *Menk/Schnorr/Schrapper*, Woher die Freiheit bei all dem Zwange?, S. 64, 68 f.; *v. Wolffersdorff/Sprau-Kuhlen/Kersten*, Geschlossene Unterbringung in Heimen, 2. Aufl. 1996, S. 193 ff.; *Pankofer*, Freiheit hinter Mauern, 1997, S. 112 f.: einerseits falsch untergebracht, andererseits ‚irgendwie richtig'.

[246] *Permien*, Erziehung zur Freiheit durch Freiheitsentzug?, S. 26; *IGfH*, Argumente gegen Geschlossene Unterbringung und Zwang in den Hilfen zur Erziehung, 2013, S. 59.

[247] *Stadler*, Therapie unter Zwang – ein Widerspruch?, S. 137 ff.

[248] s. oben, unter C. III. 1. und 3.; *Bauer*, sozialmagazin 1998, 28, 34, regt insofern eine verstärkte Bemühung um gesicherte Indikationen und die Entwicklung und Definition fachlicher Standards an.

[249] *Tischler*, Jugendhilfe im Dialog, Heft 4/2010, S. 44, 45.

Aspekte im Hilfeprozess (b.), Übergriffe und Machtmissbrauch (c.) sowie Bindungsverluste während und nach der Unterbringung (d.).

### *a. Unzureichende Ausgestaltung der Unterbringung*

Gefahren lauern in der Ausgestaltung der Unterbringung etwa dann, wenn diese unter Abwesenheit von Pädagogik erfolgt[250]; diese Fehlentwicklung in der Unterbringung allgemein, aber vor allem in der freiheitsentziehenden Unterbringung zu bekämpfen, war das Anliegen der Reformdiskussion, die in den 60er Jahren angestoßen wurde.[251] Werden mit der Unterbringung die notwendigen pädagogischen Entwicklungsprozesse – deren Notwendigkeit mitunter durch die alleinige Betonung der „Geschlossenheit" aus dem Blick geraten – nicht angestrebt, birgt dies die Gefahr, dass die Unterbringung auf eine Verwahrung beschränkt wird, was dem im Kinder- und Jugendhilfegesetz klar benannten Entwicklungsauftrag der Jugendhilfe (§ 1 Abs. 1, 3 SGB VIII) widerspräche.[252] Gleichfalls dürfen die kindlichen Grundbedürfnisse „vor lauter Therapie" nicht aus dem Blick gelassen werden.[253] Kontraproduktiv wirken außerdem Einflüsse, die belastende Vorerfahrungen der Jugendlichen noch einmal verstärken wie beispielsweise repressive Binnenerfahrungen, hierarchische Strukturen und permanent wechselnde Gruppenzusammensetzungen.[254] Derart negative Entwicklungen wurden zuletzt durch die Berichterstattung über die Zustände in den Einrichtungen der Haasenburg GmbH publik. Ehemalige Bewohner äußern, dass Menschlichkeit, Einfühlung und Vertrauen fehlten[255] – die Einrichtungen wurden nach der Veröffentlichung eines ausführlichen Berichts des Landes Brandenburg[256]

---

[250] *Landenberger*, Forum Erziehungshilfen 2014, 308, 309.

[251] S. ausführlich dazu Teil. 2, A.

[252] *Bauer*, sozialmagazin 1998, 28, 31.

[253] *Mehringer*, Heimkinder, 3. Aufl. 1982, S. 209.

[254] *v. Wolffersdorff/Sprau-Kuhlen/Kersten*, Geschlossene Unterbringung in Heimen, 2. Aufl. 1996, S. 339 f.

[255] S. *Landenberger*, Forum Erziehungshilfen 2014, 308, 309; insofern stimmt das pädagogische Selbstverständnis der Einrichtungen und die tatsächlichen Begebenheiten häufig nicht überein: *Hoffmann/Adam/Hansen/Paulat/Scharnweber/Thimm*, Bericht und Empfehlungen der unabhängigen Kommission zur Untersuchung der Einrichtungen der Haasenburg e. V., 2013, S. 96 ff.

[256] *Hoffmann/Adam/Hansen/Paulat/Scharnweber/Thimm*, Bericht und Empfehlungen der unabhängigen Kommission zur Untersuchung der Einrichtungen der Haasenburg e. V., 2013.

geschlossen. Mitunter zeichnen die Untersuchungen in diesem Bereich zudem ein erschreckendes Bild von Unterordnung und Strenge, welches durch die Anstaltsregeln verstärkt wird.[257] Gleichwohl muss zur Bewertung der freiheitsentziehenden Unterbringung allgemein differenziert betrachtet werden, welche Kritik an das Merkmal der Freiheitsentziehung anknüpft und welche kritisierten Merkmale ebenso in anderen Einrichtungen auftreten können.[258] So können auch in einer offenen Einrichtung ähnlich strenge und kritikwürdige Regeln gesetzt werden, was aber nicht heißt, dass diese Probleme nicht allgemein behoben werden sollten.[259]

### *b. Störungen im Hilfeprozess*

Weiterhin werden kritische Aspekte im Hilfeprozess genannt, die dazu führen, dass eine geschlossene Unterbringung nicht auf bestmögliche Weise durchgeführt wird. Hierunter fallen etwa Kommunikationsprobleme und mangelnde Kooperation innerhalb der Jugendhilfe und mit Schulen, Justiz und Kinder- und Jugendpsychiatrien bei der Behandlung „schwieriger Fälle"; mitunter wird zudem eine Konkurrenz zwischen den Fachdisziplinen befürchtet, die hinderlich für einen produktiven Hilfeprozess wäre.[260] Die Rolle des Landesjugendamtes wird dahingehend kritisiert, dass eine problematische Vermischung von Beratung und Kontrolle stattfindet.[261] Darüber hinaus werden die „schwache Rolle der unterbringenden Jugendämter,

---

[257] Dargestellt in „Der Horror am Waldrand", taz (online) v. 15. Juni 2013 (www.taz.de/kinderheim-in-Brandenburg/!118139/ [zuletzt abgerufen: 25. Januar 2026]); *v. Wolffersdorff/Sprau-Kuhlen/Kersten*, Geschlossene Unterbringung in Heimen, 2. Aufl. 1996, S. 134 ff., 152, sowie *Permien*, Erziehung zur Freiheit durch Freiheitsentzug?, S. 31 ff. zur ambivalenten Wirkung von strengen Regeln; vgl. auch die auffallend repressiven Regeln in einer anderen Einrichtung, abgedruckt in *v. Wolffersdorff/Sprau-Kuhlen/Kersten*, Geschlossene Unterbringung in Heimen, 2. Aufl. 1996, S. 55 ff.

[258] S. *v. Wolffersdorff/Sprau-Kuhlen/Kersten*, Geschlossene Unterbringung in Heimen, 2. Aufl. 1996, S. 264 f.

[259] Vgl. die Gegenüberstellung von Beispielen bei *IGfH*, Argumente gegen geschlossene Unterbringung, 2013, S. 14 ff.; *v. Wolffersdorff/Sprau-Kuhlen/Kersten*, Geschlossene Unterbringung in Heimen, 2. Aufl. 1996, S. 134 ff. sehen strenge Regeln vor allem zum Ausgleich von Unsicherheiten der Betreuer veranlasst.

[260] *Ader/Schapper*, Forum Erziehungshilfen 2002, 27, 30.

[261] *Peters*, Forum Erziehungshilfen, 2014, 53, 54.

inszenierte Hilfeplangespräche" sowie „ratlose und ohnmächtige Eltern" beanstandet.[262]

### c. Übergriffe und Machtmissbrauch

Weiterhin wird die Betreuung in der geschlossenen Unterbringung durch ungeeignetes oder untrainiertes Personal als Hinderungsgrund für eine positive Entwicklung genannt.[263] Dies ist insbesondere deshalb bedenklich, weil die Jugendlichen während der geschlossenen Unterbringung der Macht des Erziehungspersonals noch mehr ausgeliefert sind als in anderen Unterbringungssettings: diese bestimmen insbesondere über den Umfang eines möglichen Ausgangs, der eine Pause von der eigentlichen Geschlossenheit bietet.[264] Eine Gefahr wird zudem darin gesehen, dass sich die Hilflosigkeit, die die beteiligten Helfer in Anbetracht der schwierigen Klientel verspüren mögen, in Ärger und Wut entlädt, diese aggressiven Gefühle unbewusst auf die Kinder projiziert werden und zu Übergriffen und autoritären Strukturen führen, wie sie in der Vergangenheit in einzelnen Einrichtungen aufgetreten sind.[265] Zu nennen sind hier wiederum die Vorfälle in den Einrichtungen der Haasenburg GmbH, in denen es mehrere Vorwürfe von Körperverletzungen, Misshandlungen sowie sexuellen Missbrauchs durch das Betreuungspersonal gab[266]; zudem wird von einem Todesfall berichtet, von dem nicht

---

[262] *Landenberger*, Forum Erziehungshilfen 2014, 308, 309.

[263] *Adam*, in: Land Brandenburg, Macht und Machtmissbrauch in der Heimerziehung?, S. 47, 51.

[264] *Pankofer*, Freiheit hinter Mauern, 1997, S. 133 f.; *Permien* (Erziehung zur Freiheit durch Freiheitsentzug?, S. 91) hält in einem solchen Zwangskontext die Risiken für einen Machtmissbrauch für besonders hoch.

[265] *Adam*, in: Land Brandenburg, Macht und Machtmissbrauch in der Heimerziehung? S. 47, 50; *Kappeler*, Anvertraut und Ausgeliefert, 2011, S. 55 ff., verweist dagegen darauf, dass sich die in den 50er und 60er Jahren stattfindende sexualisierte Gewalt sich keinesfalls auf geschlossene Einrichtungen beschränkte.

[266] „Ermittler durchsuchen Haasenburg-Heime", Spiegel Online v. 4. Juli 2013 (www.spiegel.de/panorama/justiz/haasenburg-therapieheime-in-brandenburg-werden-durchsucht-a-909423.html [zuletzt abgerufen: 25. Januar 2026]), „Umstrittene Haasenburg-Heime werden geschlossen", Spiegel Online v. 6. November 2013 (www.spiegel.de/panorama/jugendheime-haasenburg-werden-nach-misshandlungsvorwuerfen-geschlossen-a-932129.html [zuletzt abgerufen: 25. Januar 2026]); „Erzieher wegen Sex mit 15-jähriger verurteilt", Süddeutsche Zeitung (online) v. 20. Januar 2015

aufgeklärt werden konnte, ob es sich um einen Unfall oder um Selbstmord handelte – das betroffene Mädchen soll zuvor sexuell misshandelt worden sein.[267] Auch zu nennen sind die durch mediale Berichterstattung ans Licht gekommenen Zustände in den Einrichtungen des Friesenhofs, insbesondere dem Mädchenhaus Nanna in Schleswig-Holstein, in dem die Bewohnerinnen durch Schläge, Schlaf- und Essensentzug, Isolation, Leibesvisitationen in entkleidetem Zustand sowie die Unterbindung von Außenkontakten und Beschlagnahme von Besitztümern „wie im Knast“ behandelt wurden.[268] Die Einrichtungen wurden ebenfalls im Juni 2015 geschlossen, ein eingesetzter parlamentarischer Untersuchungsausschuss legte einen umfassenden Bericht über die Vorkommnisse vor.[269]

Wird auch eine große Anzahl gewalttätiger Übergriffe und Machtmissbrauch durch Betreuungspersonen nach aktueller Studienlage nicht vermutet,[270] so zeigen doch die medial aufgearbeiteten Fälle, dass durch das geschlossene Setting und das Ausgeliefert-Sein gewalttätige Übergriffe eine Gefahr darstellen können.[271] Ein mit dem Personensorgeberechtigten abgeschlossener Betreuungsvertrag wird mitunter als „Freifahrtsschein“ für die Betreuenden gewertet.[272] Die Betreuungssituation in den Einrichtungen wird noch verschärft, wenn eigentlich fähige Betreuungspersonen kapitulieren, etwa weil sie sich zu Werkzeugen degradiert sehen.[273]

---

(https://www.sueddeutsche.de/panorama/skandal-um-haasenburg-heime-erzieher-wegen-sex-mit-15-jaehriger-verurteilt-1.2312806 [zuletzt abgerufen: 25. Januar 2026]).

267 „Heimkind fühlte sich vor seinem Tod sexuell belästigt“, Spiegel Online v. 4. August 2013 (www.spiegel.de/spiegel/vorab/heimkind-fuehlte-sich-vor-seinem-tod-sexuell-bedraengt-a-914638.html [zuletzt abgerufen: 25. Januar 2026]).

268 *Burghardt*, „Wie im Knast“, Süddeutsche Zeitung v. 9. Juni 2015, S. 8.

269 Schleswig-Holsteinischer Landtag, Drucks. 18/5272.

270 *Permien*, Erziehung zur Freiheit durch Freiheitsentzug?, S. 41; *Kindler/Permien/Hoops*, ZJJ 2007, 40, 44.

271 So umschreibt etwa *Landenberger*, Forum Erziehungshilfen 2014, 308, 309: "Die Haasenburg hat sich vom engagierten, kleinen Anfang in einen großen, offenbar "unmenschlichen" Apparat verwandelt."

272 *Peters*, Forum Erziehungshilfen 2014, 53 f.; *Hoffmann/Adam/Hansen/Paulat/Scharnweber/Thimm*, Bericht und Empfehlungen der unabhängigen Kommission zur Untersuchung der Einrichtungen der Haasenburg e. V., 2013, S. 38, 68.

273 *Landenberger*, Forum Erziehungshilfen 2014, 308, 309.

Die Verhinderung von Übergriffen durch die Betreuungspersonen einer Einrichtung war auch das Ziel der Einführung des § 72a SGB VIII[274], der eine Einstellung einschlägig vorbestrafter Personen in der Kinder- und Jugendhilfe ausschließt. Dieser konkretisiert den ebenfalls geänderten § 72 SGB VIII[275], der erfordert, dass hauptberuflich in der öffentlichen Jugendhilfe Beschäftige für die konkrete Aufgabe ihrer Persönlichkeit nach besonders geeignet sind und eine der Aufgabe entsprechende Ausbildung erhalten haben, oder aufgrund ihrer besonderen Erfahrungen in der sozialen Arbeit in der Lage sind, die Aufgabe zu erfüllen.[276]

Als problematisch werden vor allem auch gewalttätige und demütigende sowie sexuelle Übergriffe anderer Jugendlicher in den Einrichtungen gewertet.[277] Neben aktuellen Beeinträchtigungen besteht die Gefahr, dass entsprechende Erfahrungen auch langfristig eine schädigende Wirkung haben, die bisher jedoch nicht eingehend untersucht wurde.[278]

### *d. Bindungsverlust während und nach der Unterbringung*

Bei jeder Fremdunterbringung treten zu einer womöglich bestehenden traumatischen oder konflikthaften Beziehung zwischen Eltern und Kind die räumliche Trennung sowie das Auftauchen neuer Bezugspersonen als belastender Faktor für die Eltern-Kind-Bindung hinzu. So ist in einer Unterbringung in Familienpflege das Kind unter Umständen hin- und hergerissen zwischen Herkunftsfamilie und Pflegeeltern, weil es auch zu Letzteren Bindungen

---

274 Eingefügt durch Art. 1 des Gesetzes zur Weiterentwicklung der Kinder- und Jugendhilfe (Kinder- und Jugendhilfeweiterentwicklungsgesetz – KICK) v. 8. September 2005, BGBl. I, 2729; insbesondere sollten Personen mit pädophilen Neigungen von der Arbeit mit Kindern und Jugendlichen ausgeschlossen werden, BT-Drucks. 15/3676, S. 39.

275 Diese Vorgabe besteht hingegen schon seit Schaffung des SGB VIII, Art. 1 des Gesetzes v. 26. Juni 1990, BGBl. I, 1163.

276 Kritisiert wird dagegen auch von Betroffenen, dass in der geschlossenen Unterbringung häufig unerfahrene Pädagogen beschäftigt werden, *Pankofer*, Freiheit hinter Mauern, 1997, S. 227.

277 *Kindler/Permien/Hoops*, ZJJ 2007, 40, 44; *Brugger/Stadler*, in: Hiller/Knab/Mörsberger, Erziehungshilfe, 2009, 161, 166 befürchten gar die Bildung dissozial organisierter Subkulturen, in denen die sozialen Erfahrungen des bisherigen Alltags übernommen werden.

278 *Kindler/Permien/Hoops*, ZJJ 2007, 40, 44.

aufbaut.[279] In geschlossenen Einrichtungen werden darüber hinaus teilweise die Außenkontakte des Kindes insbesondere in der Eingewöhnungsphase beschränkt, wodurch Schwierigkeiten in der Aufrechterhaltung der Eltern-Kind-Bindung denkbar sind. Allerdings werden die Jugendlichen, die in eine geschlossene Einrichtung überführt werden, in den seltensten Fällen aus einer intakten Familiensituation heraus untergebracht. Vielmehr wurden sie teilweise schon seit Jahren in jugendhilferechtlichen Maßnahmen betreut oder sind gegebenenfalls zuvor abgängig gewesen.[280] Die geschlossene, aber auch die offene Unterbringung könnte daher gegebenenfalls die Gelegenheit bieten, in einem sicheren Setting und unter professioneller Begleitung eine gesunde Eltern-Kind-Beziehung aufzubauen.

Die erwünschte starke Bindung an Bezugsbetreuer während der Unterbringungszeit[281] kann dazu führen, dass mit dem Ende der Unterbringungszeit wieder Beziehungsabbrüche mit entsprechenden Risiken für den Betroffenen einhergehen, vor allem dann, wenn eine sinnvoll strukturierte Anschlussmaßnahme, die die gewachsenen Beziehungen berücksichtigt, nicht stattfindet.[282]

## IV. Einhaltung fachlicher Standards

Um den genannten Gefahren zumindest teilweise zu begegnen, wird die Berücksichtigung fachlicher Standards bei der Umsetzung einer geschlossenen Unterbringung sowie die Notwendigkeit einer genaueren Definition und Weiterentwicklung derselben betont.[283] Die Beachtung notwendiger Standards kann sich auf den Hilfeprozess (1.) sowie die Umsetzung der Unterbringung (2.) beziehen.

---

279 *Zenz*, Gutachten zum 54. DJT 1982, A 9, A 43.

280 *Hoops*, FPR 2011, 538, 541; *Menk/Schnorr/Schrapper*, Woher die Freiheit bei all dem Zwange?, S. 101; *v. Wolffersdorff/Sprau-Kuhlen/Kersten*, Geschlossene Unterbringung in Heimen, 2. Aufl. 1996, S. 85 ff.;

281 Zur Bedeutung dieses Faktors zur Erreichung des Unterbringungsziels s. oben C. III. 5. a.

282 *Permien*, Erziehung zur Freiheit durch Freiheitsentzug?, S. 66; *Schwabe/Evers/Vust*, in: Schwabe, Zwang in der Heimerziehung?, 2008, S. 36 f.; *Eissing*, DVJJ-Journal 1994, 314 betont die Ursächlichkeit von Bindungsabbrüchen für dissoziales Verhalten Jugendlicher.

283 *Bauer*, sozialmagazin 1998, 28, 34.

## 1. Ausgestaltung des Hilfeprozesses

### a. Diagnose/Festlegung der Hilfeform

Zunächst sind innerhalb des Hilfeprozesses die Schwierigkeiten und Unsicherheiten, die für den Indikationsprozess beschrieben wurden, zu berücksichtigen. Es bedarf einer multiprofessionellen Diagnostik, die eine Einzelfallbewertung vornimmt und an die sich eine individuelle Hilfeplanung anschließt.[284] Diese gestaltet sich allerdings mitunter aufgrund persönlicher, fachlicher und zeitlicher Möglichkeiten schwierig.[285] Häufig erfolgt eine entsprechende Diagnostik innerhalb einer kurzfristigen Unterbringung in einer Clearingstelle: hier soll mithilfe eines diagnostischen, aber auch behandlungsorientierten Verfahrens die Feststellung der richtigen Jugendhilfemaßnahme oder der Notwendigkeit der Unterbringung in einer Einrichtung der Kinder- und Jugendpsychiatrie erreicht und damit die Zahl der geschlossenen Unterbringungen im Idealfall minimiert werden.[286]

Zu einem adäquaten Hilfeprozess gehört auch, dass die durchgeführten Unterbringungen so gut wie möglich eingeleitet, begleitet und reflektiert[287] und schon früh geeignete Anschlussmaßnahmen in den Blick genommen werden.[288]

### b. Alternativen zu freiheitsentziehender Unterbringung

Ein adäquater Hilfeprozess setzt zudem voraus, dass Alternativen zu einer geschlossenen Unterbringung in den Blick genommen werden. So soll insbesondere in den Fällen, in denen keine freiheitsentziehende Unterbringung zur Verfügung steht, von der Jugendhilfe kreativer über Möglichkeiten der

---

[284] *M. Schwabe/Stallmann/Vust*, Freiraum mit Risiko, S. 28.; in Hamburg besteht bspw. eine Koordinierungsstelle für die Umsetzung flexibler Hilfen für Kinder und Jugendliche mit komplexem Hilfebedarf, vgl. *Aktionsbündnis gegen Geschlossene Unterbringung/ Alternativer Wohlfahrtsverband*, Gemeinsame Stellungnahme zu den Plänen der rot-grünen Koalition in Hamburg zur geschlossenen Unterbringung von Kindern und Jugendlichen, vom 19. Mai 2015 (s. Teil 2 Fn. 101), S. 1.

[285] *Permien/Hoops/Steger/Lüders*, Forum Erziehungshilfen 2004, 242, 243 f.

[286] Eingehend *Adams*, in: Rüth/Pankofer/Freisleder, Geschlossene Unterbringung, S. 112 ff.; *Fischer*, ebenda, S. 29, 31; Vgl. den 23. Tätigkeitsbericht des Ausschusses für Angelegenheiten der psychiatrischen Krankenversorgung des Landes Niedersachsen für das Jahr 2007, S. 24.

[287] *Späth*, Forum für Kinder und Jugendarbeit 2008, 46, 47.

[288] *Reinecke*, DVJJ-Journal 1994, 296, 300.

Betreuung in den bestehenden Settings nachgedacht werden.[289] Vereinzelt wird gar vertreten, dass eine geschlossene Unterbringung nicht mehr notwendig sei, da es erprobte Alternativen gäbe.[290] In Frage kommen allerdings nur solche Alternativen, die sich als Intervention bei hochbelasteten Kindern und Jugendlichen bewährt haben.[291]

Welche Alternativen in Betracht kommen kann schon aufgrund der vielfältigen Formen lebensweltnaher, regionaler Jugendhilfe[292] nicht umfassend vorgestellt werden. Zunächst müssen aufgrund der Gefahren, die mit der geschlossenen Unterbringung verbunden sind, um jeden Preis pädagogische Maßnahmen im Vorhinein ausgeschöpft werden, die die geschlossene Unterbringung im Idealfall überflüssig werden lassen.[293] Ein Großteil der Jugendlichen, die in der Jugendhilfe geschlossen untergebracht werden, weist jedoch schon eine lange „Maßnahmenkarriere" auf.[294] Sie sind in offenen Settings nicht mehr zu halten, die geschlossene Unterbringung dient als „letzte Maßnahme", als „ultima ratio", um ihnen noch eine Chance auf Hilfe zukommen zu lassen.[295]

---

289 *Hoops/Permien*, „Mildere Maßnahmen sind nicht möglich!", 2006, S. 52.

290 Arbeitsgruppe „geschlossene Unterbringung", IGFH 1995; Mitunter wird gar eine Umstrukturierung weg von Heimunterbringung und hin zu ambulanten Maßnahmen angestrebt. Entsprechende Bestrebungen durch Qualitätsentwicklung in den ambulanten Hilfen beschreibt *Köhler*, in: Rüth/Pankofer/Freisleder, Geschlossene Unterbringung, S. 136, 139; *Schröer*, DVJJ-Journal 1994, 308 regt an, statt in kostenintensive geschlossene Unterbringung eher in deren Alternativen zu investieren.

291 *Kindler/Permien/Hoops*, ZJJ 2007, 40, 44, regen vergleichende Studien z. B. anhand der unterschiedlichen Behandlung dieser Klientel in den einzelnen Bundesländern an.

292 *Thiersch*, DVJJ-Journal 1994, 274, 278.

293 Auf die Forderung, pädagogische Maßnahmen zur Verfügung zu stellen, die geschlossene Unterbringungen vollständig überflüssig machen, weist *Köhler* hin, in: Rüth/Pankofer/Freisleder, Geschlossene Unterbringung, S. 136, 140.

294 *Hoops*, FPR 2011, 538, 541; *Menk/Schnorr/Schrapper*, Woher die Freiheit bei all dem Zwange?, S. 101; *v. Wolffersdorff/Sprau-Kuhlen/Kersten*, Geschlossene Unterbringung in Heimen, 2. Aufl. 1996, S. 85 ff.; *Peters* (in: Peters, Jenseits von Familie und Anstalt, 1988, S. 132, 134) hält die Gründe für eine geschlossene Unterbringung gar für ein „Produkt des Jugendhilfesystems selbst".

295 *Pankofer*, in: Rüth/Pankofer/Freisleder, Geschlossene Unterbringung, S. 81, 83; das Erfordernis eines kontrollierten Rückgriffs auf Freiheitsbeschränkungen in bestimmten Situationen für kurze Phasen und unter kontrollierten Rahmenbedingungen gesteht *v. Wolffersdorff* (in: Rüth/Pankofer/Freisleder, Geschlossene Unterbringung, S. 81, 83) auch dem kompetentesten Hilfesystem zu.

### *(1) Intensivbetreuung*

Als Maßnahmen, die mögliche Alternativen zu einer freiheitsentziehenden Unterbringung darstellen sollen, werden vor allem solche genannt, die – nach den vorherigen Darstellungen lässt sich zumeist sagen: ebenfalls – auf eine intensive und ganzheitliche Betreuung der Betroffenen setzen. Zu nennen ist die multisystemische Therapie ebenso wie die multidimensionale Therapie in Pflegefamilien.[296] Beide Maßnahmen wurden in den USA entwickelt und sind auch vorrangig dort, erstere ebenfalls in anderen englischsprachigen Ländern und in Skandinavien, in der Jugendhilfelandschaft verankert. Das Hauptziel beider Maßnahmen ist die Verminderung der Straffälligkeit. Einen vergleichbaren Ansatz – intensive Betreuung, individuelles Eingehen auf den einzelnen Jugendlichen, Einzelbetreuung – verfolgt auch die in der deutschen Jugendhilfelandschaft bereits etablierte intensive sozialpädagogische Einzelbetreuung auf der Grundlage des § 35 SGB VIII.[297] Sie stellt auf eine Eins-zu-eins-Betreuung und damit auf den Aufbau einer besonderen persönlichen Beziehung zwischen Betreutem und Betreuer ab. Insbesondere kann sie eine Hilfe für die Jugendlichen darstellen, die mit der Komplexität in einer Gruppe überfordert, aber in einem persönlicheren Setting durchaus beziehungsfähig sind.[298] Alle diese Maßnahmen setzen eine gewisse Kooperationsbereitschaft und Erreichbarkeit des Betroffenen voraus.[299] Hierin unterscheiden sie sich hinsichtlich der Zielgruppe von der geschlossenen Unterbringung, da dort ein Einlassen auf die Maßnahme zwar für einen Therapieerfolg ebenfalls für notwendig gehalten, gleichwohl erst im Laufe der Maßnahme erreicht werden soll.[300]

### *(2) Erlebnispädagogische Maßnahmen*

Eine weitere in der deutschen Jugendhilfe schon durchgeführte Maßnahme sind erlebnispädagogische Angebote bzw. Angebote mit

---

[296] S. zu beiden Maßnahmen ausführlich m. w. Nachw. *Kindler/Permien/Hoops*, ZJJ 2007, 40, 45.

[297] *Pankofer*, Freiheit hinter Mauern, 1997, S. 226; *Trenczek*, DVJJ-Journal 1994, 288, 292; zu deren Geschichte *Niemeyer*, in: Fegert/Schrapper, Handbuch Jugendhilfe – Jugendpsychiatrie, 2004, S. 163 f. m. w. Nachw.

[298] *Köhler*, in: Rüth/Pankofer/Freisleder, Geschlossene Unterbringung, S. 136, 142.

[299] *Köhler*, ebenda, S. 136, 143.

[300] s. oben C. III. 1.

erlebnispädagogischen Elementen.[301] Erlebnispädagogische Maßnahmen setzen auf eine Kombination aus alltäglichen Herausforderungen, die ein hohes Maß an Selbstkontrolle und Zusammenarbeit erfordern, sowie positiven Erfahrungen mit pädagogischen Fachkräften, die einen Beziehungsaufbau begünstigen und erzieherische Einflussnahme ermöglichen.[302] Die Jugendlichen erleben in der Distanz zu ihrem ursprünglichen Setting ihre Interessen, Fähigkeiten und Möglichkeiten neu und machen neue, konstruktive Erfahrungen mit sich selbst und anderen.[303] Gleichzeitig wird das Bedürfnis nach Freiheit und Abenteuer, Selbstbestimmung und Solidarität in den Mittelpunkt gestellt.[304] Sie werden mit ungewohnten Herausforderungen konfrontiert, die sie zuweilen mit anderen Mitgliedern einer überschaubaren Gruppe lösen müssen.[305] Dabei stellen sich Grenzerfahrungen ein, die als Probe für Herausforderungen im späteren Alltag dienen können.[306] Die Angebote richten sich an eine Zielgruppe, die sich durch Merkmale auszeichnet, die auch als Indizien für eine freiheitsentziehende Unterbringung genannt worden sind.[307] So wird auch hier mit besonders belasteten bzw. gefährdeten Jugendlichen gearbeitet, die mit anderen Hilfeformen und pädagogischen Zugängen nicht mehr erreicht werden können.[308] Als konkrete Gründe für den Einsatz erlebnispädagogischer Maßnahmen wird eine

---

[301] *Klawe/Bräuer*, Erlebnispädagogik zwischen Alltag und Alaska, 1998, S. 17; *Schröer*, DVJJ-Journal 1994, 308; *Niemeyer*, in: Fegert/Schrapper, Handbuch Jugendhilfe – Jugendpsychiatrie, 2004, S. 163, 165: „Reiseprojekte".

[302] *Kindler/Permien/Hoops*, ZJJ 2007, 40, 46; *Köhler*, in: Rüth/Pankofer/Freisleder, Geschlossene Unterbringung, S. 136, 143 f.; zur Erlebnispädagogik und ihrem Ursprung: *Heckner*, in: Landesgruppe Baden-Württemberg in der DVJJ, INFO 1999, S. 11 ff.; *Streppel*, DVJJ-Journal 1994, 353, 354, 355; vgl. zum Fehlen einer einheitlichen Definition und Diversität der einschlägigen Aspekte *Klawe/Bräuer*, Erlebnispädagogik zwischen Alltag und Alaska, 1998, S. 11 ff.

[303] *Köhler*, in: Rüth/Pankofer/Freisleder, Geschlossene Unterbringung, S. 136, 144; *Klawe/Bräuer*, Erlebnispädagogik zwischen Alltag und Alaska, 1998, S. 24.

[304] *Streppel*, DVJJ-Journal 1994, 353.

[305] *v. Wolffersdorff/Sprau-Kuhlen/Kersten*, Geschlossene Unterbringung in Heimen, 2. Aufl. 1996, S. 334.

[306] *Streppel*, DVJJ-Journal 1994, 353, 354.

[307] s. dazu oben, C. III. 2.

[308] *Klawe/Bräuer*, Erlebnispädagogik zwischen Alltag und Alaska, 1998, S. 43 ff., zu Kriterien und Kontraindikationen S. 58 ff.; s. auch *Niemeyer*, in: Fegert/Schrapper, Handbuch Jugendhilfe – Jugendpsychiatrie, 2004, S. 163, 165.

Abwendung von elterlichen und schulischen Einflüssen mit der Folge einer Desorientierung und am Ende dieser Entwicklung zu befürchtende Drogenabhängigkeit, Selbstmordversuche, Trebegängerei, Kettendelinquenz, Prostitution genannt.[309]

Erlebnispädagogische Maßnahmen werden innerhalb einer intensiven sozialpädagogischen Einzelbetreuung (§ 35 SGB VIII), einer sozialen Gruppenarbeit (§ 29 SGB VIII) oder im Rahmen der Heimerziehung (§ 34 SGB VIII) durchgeführt.[310] Insofern können erlebnispädagogische Maßnahmen nicht nur als Alternative zur geschlossenen Unterbringung beschrieben werden, vielmehr kann die Unterbringung selbst auch erlebnispädagogische Elemente enthalten bzw. mit solchen kombiniert werden.

Ebenso wie in der freiheitsentziehenden Unterbringung ist auch in erlebnispädagogischen Maßnahmen die Entwicklung keinesfalls sicher: Auch in diesen Settings ist die rigide und verbindliche Alltagsgestaltung durch Struktur und Zwang bestimmt.[311] Dies kann von den Jugendlichen als Fremdbestimmung und Schikane erlebt werden, sodass auch hier die Problematik verschärft werden kann[312] und die Jugendlichen zudem zum Teil damit überfordert sind, die während der Maßnahme gemachten Fortschritte auch in ihren Alltag zu übertragen.[313] Um dies zu erreichen, bedürfte es auch hier einer personellen Kontinuität im Anschluss an die Maßnahme.[314] Dementsprechend und weil nicht alle Jugendlichen für eine Maßnahme entfernt von ihrem gewohnten Setting – gegebenenfalls sogar im Ausland – geeignet sind, ist diese nicht immer eine brauchbare Alternative.[315] Von Fachkräften werden erlebnispädagogische Auslandsmaßnahmen aufgrund der Unberechenbarkeit

---

309 *Streppel*, DVJJ-Journal 1994, 353.

310 *Klawe/Bräuer*, Erlebnispädagogik zwischen Alltag und Alaska, 1998, S. 13, 27.

311 *Sommerfeld*, Erlebnispädagogisches Handeln, 1993, S. 104, 127, 136.

312 *v. Wolffersdorff/Sprau-Kuhlen/Kersten*, Geschlossene Unterbringung in Heimen, 2. Aufl. 1996, S. 334 f.

313 *Klawe/Bräuer*, Erlebnispädagogik zwischen Alltag und Alaska, 1998, S. 18, 170; *Sommerfeld*, Erlebnispädagogisches Handeln, 1993, S. 136.

314 *Klawe/Bräuer*, Erlebnispädagogik zwischen Alltag und Alaska, 1998, S. 122: diese werde i. d. R. nicht erreicht.

315 *v. Wolffersdorff/Sprau-Kuhlen/Kersten*, Geschlossene Unterbringung in Heimen, 2. Aufl. 1996, S. 334; *Hoops/Permien*, „Mildere Maßnahmen sind nicht möglich!“, 2006, S. 54.

der Jugendlichen mitunter zudem als zu großes Risiko gesehen[316] und die fehlende fachliche Betreuung bemängelt.[317]

Neben den genannten Kritikpunkten stellt sich zudem die Frage, ob es sich tatsächlich um eine Alternative oder nur um eine andere Form der geschlossenen Unterbringung handelt. So kann auch eine im Grundsatz offene Maßnahme durch die Ansiedlung in abgelegenen Gebieten eine „geographische Geschlossenheit" erreichen.[318] Auch Projekte wie etwa „sozialpädagogisches Segeln" arbeiten mit dem „‚geschlossenen' Charakter des Lebensraums ‚Schiff'"[319]; auch hier haben die Betroffenen nicht die Möglichkeit, sich wegzubewegen, und sind auf einen Raum beschränkt, der noch enger ist als andere geschlossene Einrichtungen.[320]

Auch wenn man die Unterbringung in entsprechenden erlebnispädagogischen Projekten als sinnvoller erachtet als eine reguläre geschlossene Unterbringung, so zeigt die Kritik, dass entsprechende Angebote zwar als Alternative in den Maßnahmenstrauß für schwierige Jugendliche aufgenommen werden können, sie aber gerade wegen ihrer speziellen Struktur und Distanz zum Alltag andere Maßnahmen wie eben eine geschlossene Unterbringung nicht komplett verdrängen können.[321] Eine umfangreichere Umsetzung mag in der Praxis auch an Personal- und Kostenaspekten

---

316 „Was mache ich denn, wenn der mir auf einem Schiff völlig ausrastet oder in Sibirien einfach wegläuft, sich verirrt und erfriert?", zit. Nach *Hoops/Permien*, „Mildere Maßnahmen sind nicht möglich!", 2006, S. 54.

317 *Klawe/Bräuer*, Erlebnispädagogik zwischen Alltag und Alaska, 1998, S. 123.

318 *Hoops*, Jugendhilfe im Dialog, Heft 4/2010, S. 2, 8; *dies./Permien*, „Mildere Maßnahmen sind nicht möglich!", 2006, S. 54; *Tischler*, Jugendhilfe im Dialog, Heft 4/2010, S. 44, 47 f.; *v. Wolffersdorff/Sprau-Kuhlen/Kersten*, Geschlossene Unterbringung in Heimen, 2. Aufl. 1996, S. 334; kritisch insofern auch *Pankofer*, Freiheit hinter Mauern, 1997, S. 228; dagegen: *Sonnen*, DVJJ-Journal 1994, 281, 282.

319 *Roeloffs/Reiter*, Zeitschrift für Erlebnispädagogik 1990, Heft 2/3, 107.

320 Die nicht vorhandene Möglichkeit, sich von den sich stellenden Aufgaben zu entziehen, sieht auch *Thiersch* (DVJJ-Journal 1994, 174, 279) als Charakteristikum erlebnispädagogischer Maßnahmen an, kritisiert hingegen gleichzeitig, dass diese Maßnahmen nicht als „verkapptes Zwangsarrangement" dienen sollen.

321 *Klawe/Bräuer*, Erlebnispädagogik zwischen Alltag und Alaska, 1998, S. 180 f. mahnen zudem die Notwendigkeit einer freiwilligen Teilnahme an, die für einen produktiven Beitrag der erlebnispädagogischen Maßnahme erforderlich sei, jedoch außer Betracht gerät, wenn entsprechende Maßnahmen nicht frühzeitig eingesetzt werden.

scheitern,[322] was allerdings nicht allein die Anwendung einer weniger effektiven Maßnahme rechtfertigen darf.

*(3) Niedrigschwellige Angebote*

Paradoxerweise ergeben sich hinsichtlich des Klientels Parallelen zwischen den Jugendlichen, für die eine geschlossene Unterbringung in der Kinder- und Jugendhilfe in Frage kommt, und denjenigen, die mit einer niedrigschwelligen Maßnahme erreicht werden sollen.[323] Beide Maßnahmen sollen eine letzte Möglichkeit bieten, Jugendlichen zu begegnen, die in anderen Maßnahmen gescheitert sind. Bei einer niedrigschwelligen Maßnahme wird dem Jugendlichen die existenzielle Absicherung (etwa Wohnraum, Essen, medizinische Versorgung, finanzielle Grundsicherung) zur Verfügung gestellt, während eine Beratung oder Betreuung durch die Fachkräfte nur auf Anfrage erbracht wird. Ziel ist es, zum einen die Verelendung als schlimmste Folge des Ausbrechens aus dem System zu verhindern und zum anderen den Weg ins Hilfesystem offen zu halten. Die Jugendlichen erlangen die Chance zu einem selbstbestimmten Leben und können so die positiven und negativen Konsequenzen ihrer speziellen Lebensführung erleben.[324] Darüber hinaus besteht die Möglichkeit, die Jugendlichen nach und nach an die Jugendhilfe zu binden, sodass nach einiger Zeit eine Entwicklung stattfinden kann; dabei ist aber auch nicht ausgeschlossen, dass Jugendliche so aggressiv, übergriffig oder selbstgefährdend agieren, dass eine Begrenzung notwendig ist, was bei engagierten und flexiblen Fachkräften allerdings auch in offenen Settings denkbar ist.[325] Dies erinnert stark an den Ansatz „Menschen statt Mauern“[326].

*(4) Fazit zu vorhandenen Alternativen*

Als zwei sich in der Diskussion um Alternativen gegenüberstehende Behandlungsstrategien lassen sich die auf Freiwilligkeit und auf Attraktion der

---

322 *Rüth*, in: Rüth/Pankofer/Freisleder, Geschlossene Unterbringung, S. 47, 49.

323 *M. Schwabe/Stallmann/Vust*, Freiraum mit Risiko, S. 24 ff. und *Permien*, ebenda im Vorwort, S. 15, *Schröer*, DVJJ-Journal 1994, 308.

324 *M. Schwabe/Stallmann/Vust*, Freiraum mit Risiko, S. 23.

325 *M. Schwabe/Stallmann/Vust*, Freiraum mit Risiko, S. 29.

326 s. dazu oben, unter A. I. 6.

Betroffenen setzenden Maßnahmen[327], die die Gefahr bergen, dass sie nicht angenommen werden und die Selbst- und Fremdgefährdung fortgesetzt wird, sowie die bewusst mit Zwang agierenden Maßnahmen benennen, welche die selbst- oder fremdgefährdende Situation zwar aufheben, aber wiederum das Risiko beinhalten, dass der Betroffene sie als Missachtung seiner Person und seiner Autonomiewünsche erlebt und sich dieser aufgezwungenen Hilfe wieder entzieht.[328]

Bei den genannten intensivpädagogischen Maßnahmen aus den USA, die insbesondere der Betreuung wiederholt straffällig gewordener Jugendlichen dient, besteht die Gefahr, dass diese Klientel aufgrund des Zusammenlebens mit jugendlichen Straftätern negativen Entwicklungsprozessen hin zu einer Straffälligkeit ausgesetzt ist.[329] Für diese Gefahr kann auf die Erwägungen verwiesen werden, die zu der Befürchtung angestellt wurden, dass sich dissoziale Jugendliche im Zusammenleben gegenseitig negativ beeinflussen.[330]

Festhalten lässt sich, dass die genannten Alternativmaßnahmen nicht für alle Jugendlichen geeignet sind, sodass es Jugendliche geben wird, bei denen Maßnahmen ohne Freiheitsentzug keine Erfolgshoffnung hätten.[331] Die Frage nach Alternativen kann deshalb grundsätzlich nicht erst in der Situation gestellt werden, in der die freiheitsentziehende Unterbringung die einzige Alternative darstellt. Vielmehr müssen auch Mechanismen betrachtet werden, wie im Vorhinein eine freiheitsentziehende Unterbringung verhindert, wie also schon frühzeitig auf die gefährdeten Jugendlichen eingewirkt werden kann.[332] Die Hilfen zur Erziehung sollen Kinder und Jugendliche mit

---

[327] *Hoops/Permien*, „Mildere Maßnahmen sind nicht möglich!“, 2006, S. 52, sprechen auch diesbezüglich von einem „Festhalten“ der Betroffenen durch die Begeisterung für etwa eine erlebnispädagogische Maßnahme, die die Jugendlichen so lange „fesselt“, „bis eine Halt gebende und haltbare, eben eine ‚haltende‘ Beziehung entstanden ist“.

[328] *Schwabe/Evers/Vust*, in: Schwabe, Zwang in der Heimerziehung?, 2008, S. 18.

[329] S. m. w. Nachw. *Kindler/Permien/Hoops*, ZJJ 2007, 40, 45.

[330] s. dazu C. III. 5. a.

[331] *Hoops/Permien*, „Mildere Maßnahmen sind nicht möglich!“, 2006, S. 120; *Reinecke*, DVJJ-Journal 1994, 296, 300.

[332] *IGfH*, Argumente gegen Geschlossene Unterbringung und Zwang in den Hilfen zur Erziehung, 2013, S. 71: „Probleme hätten sich eventuell auch anders lösen lassen“; *Reinecke* (DVJJ-Journal 1994, 296, 299) sowie *Thiersch* (DVJJ-Journal 1994, 274, 279) sehen dagegen die Gefahr, dass aufgrund der sehr kostenintensiven geschlossenen Unterbringung der Ausbau präventiver und alternativer Erziehungshilfen verhindert

besonderen Problemlagen früher und effektiver unterstützen und damit insgesamt Alternativen zur geschlossenen Unterbringung sein, deren Etablierung als Regelinstitution der Jugendhilfe so verhindert werden kann.[333, 334]

## 2. Adäquate Umsetzung geschlossener Unterbringung

### *a. Ausgestaltung der Einrichtungen*

Für eine am Bedarf der einzelnen Minderjährigen ausgerichteten Umsetzung der geschlossenen Unterbringung bedarf es zunächst einer adäquaten Gestaltung der betreffenden Einrichtung. Entsprechend dem Alter und den Bedürfnissen der Kinder und Jugendlichen soll – wie auch in offenen Einrichtungen – eine möglichst kindgerechte Lebenswelt geschaffen werden.[335] Hierfür sind etwa große Räume für Gruppenaktivitäten sowie zum Abbau motorischer Energie, ein Raum zur Entwicklung im musisch-technischen Bereich und flexible Sicherheitsvorkehrungen, die bei Bedarf gelockert werden können, zu schaffen.[336]

### *b. Arbeit in den Einrichtungen*

Ein wichtiger Faktor für eine erfolgreiche Arbeit in den Einrichtungen ist eine überschaubare Gruppengröße.[337] Darüber hinaus sind inhaltlich verhaltensstrukturierende Programme und erlebnispädagogische Aktivitäten wie

---

wird; ebenso *Kappeler*, in: Musfeld/Quindel/Schmidt, Einsprüche, 2008, S. 9, 17 ff.; *Köhler* (in: Rüth/Pankofer/Freisleder, Geschlossene Unterbringung, S. 136, 140) zweifelt hingegen daran, dass die Jugendhilfe es zu leisten vermag, durch vorherige Einwirkung in ambulanten Maßnahmen eine Klientel für freiheitsentziehende Unterbringung gar nicht erst entstehen zu lassen.

333 *Peters*, Forum Erziehungshilfen 2014, 53, 54; *Pöhner*, Die unendliche Geschichte der geschlossenen Unterbringung, S. 86; anders *Gerlich*, in: Landesgruppe Baden-Württemberg in der DVJJ, INFO 1999, S. 27, 44: die geschlossene Unterbringung muss für bestimmte Einzelfälle zu einer „normalen" Maßnahme der Jugendhilfe werden.

334 Hierfür bedarf es langfristiger, statistisch relevanter Untersuchungen sowohl der geschlossenen Unterbringung, insbesondere im Hinblick auf die im Voraus erfolgten Maßnahmen, als auch aller Alternativen, *Kindler/Permien/Hoops*, ZJJ 2007, 40, 46.

335 Fachliche Empfehlung für den Betrieb erlaubnispflichtiger Einrichtungen gemäß § 45 SGB VIII des LJHA Thüringen v. 4. Juni 2018, (https://bildung.thueringen.de/fileadmin/jugend/landesjugendhilfeausschuss/beschluesse/2018/95-18_anlage_fachliche_empfehlungen_hze.pdf [zuletzt abgerufen am 25. Januar 2026]), S. 15.

336 *Reinecke*, DVJJ-Journal 1994, 296, 300.

337 *Reinecke*, DVJJ-Journal 1994, 296, 300: max. 6–8 Kinder und Jugendliche pro Gruppe.

Erlebnisreisen und Gruppenunternehmungen sinnvoll, die eine innere Öffnung von geschlossenen Heimbereichen bewirken können.[338] Eine innere Öffnung kann auch durch die Einbindung der Außenwelt (z. B. Sportvereinen, Kirchen, Jugendfreizeitbetrieben) in den pädagogischen Prozess erfolgen.[339]

Die Bedeutung einer Bezugsperson innerhalb der Einrichtung wurde bereits erläutert.[340] Um die Beziehung zu unterstützen ist es sinnvoll, eine Bezugsbetreuungsperson und so ein stärkeres Vertrauensverhältnis unter Berücksichtigung professioneller Distanz zu etablieren; von den Betreuungspersonen sind zudem auftretende Loyalitätskonflikte zu erkennen und zu beachten.[341] Darüber hinaus ist die Betreuung der begleitenden Fachkräfte über einen langen Zeitraum für eine stabile Beziehung hilfreich.[342] Eine weitere Perspektive, insbesondere hinsichtlich des längerfristigen Erfolgs der Maßnahme, kann eine aktive Elternarbeit bieten, die die Eltern wieder als handelnde und selbstbewusste Protagonisten in der Erziehung ihres Kindes gewinnt.[343]

### c. Personal

Der Wunsch nach flexiblen und fachlich anspruchsvollen Hilfen setzt allerdings Personal voraus, welches sich mit der Zielgruppe besonders schwieriger Jugendlicher auskennt, spontan flexibel reagieren kann und den Handlungsbedarf in kritischen Situationen erkennt und gezielt umsetzt.[344] Die Anforderungen an die Mitarbeiter beinhalten unter anderem psychiatrisches Know-how, Flexibilität im Umgang mit den Jugendlichen, Kenntnis und Konsequenz in der Durchsetzung von Regeln und deren Lockerung, Rechtskenntnisse und sicheren Umgang mit Recht sowie die Fähigkeit zur Reflektion des eigenen

---

338 *v. Wolffersdorff/Sprau-Kuhlen/Kersten*, Geschlossene Unterbringung in Heimen, 2. Aufl. 1996, S. 337.

339 *Reinecke*, DVJJ-Journal 1994, 296, 300.

340 s. dazu oben, unter C. III. 5. a.

341 Fachliche Empfehlungen für den Betrieb erlaubnispflichtiger Einrichtungen gemäß § 45 SGB VIII des LJHA Thüringen (s. Teil 2 Fn. 335), S. 18.

342 *Tischler*, Jugendhilfe im Dialog, Heft 4/2010, S. 44, 51.

343 *Hoops/Permien*, „Mildere Maßnahmen sind nicht möglich!“, 2006, S. 83.

344 *M. Schwabe/Stallmann/Vust*, Freiraum mit Risiko, S. 28; *Permien/Hoops/Steger/Lüders*, Forum Erziehungshilfen 2004, 242, 243; *Deutscher Ethikrat*, Stellungnahme „Hilfe durch Zwang?“, 2018, S. 55 ff.

Handelns.[345] Um die Fachkräfte bei dieser anspruchsvollen Aufgabe angemessen zu begleiten, ist die Schaffung von Fortbildungsmöglichkeiten ebenso sinnvoll wie eine Supervision; ebenso kann ein kleiner Betreuungsschlüssel für die Qualität der Maßnahme sinnvoll sein.[346] Eine höhere Personaldichte verspricht aber nicht notwendigerweise bessere Ergebnisse, da sie auch mit einem höheren Organisationsaufwand und einer höheren Anfälligkeit für Teamkonflikte und Personalfluktuation verbunden ist.[347]

## V. Fazit und Stellungnahme: Geschlossene Unterbringung in der Kinder- und Jugendhilfe

Zusammenfassend lassen sich zunächst die Schwierigkeiten bzw. die Unmöglichkeit einer eindeutigen Indikationsstellung und die nicht eindeutig vorhersehbare Wirkung der geschlossenen Unterbringung sowie die genannten Gefahren, insbesondere diejenigen, die gerade auf dem „Ausgeliefert-Sein" und der Enge im Betreuungsverhältnis herrühren, nennen. Es gibt Standards, deren Einhaltung und weitere Definition ein Anliegen sein sollte. Ein System, das all diese Rahmenbedingungen erfüllt, wäre sicherlich mit hohen Kosten verbunden, was gleichwohl nicht dazu führen darf, dass auf billigere und qualitativ schlechtere Maßnahmen zurückgegriffen wird.[348] Kritisch zu

---

345 *Bayer* in einem Vortrag auf dem 12. Betreuungsgerichtstag Nord in Cloppenburg, 25. September 2015 (s. Teil 2 Fn. 284), Folie 9; für Details zu Einstellungsvoraussetzungen und Qualifikation s. die Fachlichen Empfehlungen für den Betrieb erlaubnispflichtiger Einrichtungen gemäß § 45 SGB VIII des LJHA Thüringen (s. Teil 2 Fn. 335), S. 23–28; *Adams*, in: Beck/Warnke/Adams/Zink-Jakobeit, Krisen im Kindes- und Jugendalter, 2005, S. 33, 76 f.: *Kappeler* (in: Musfeld/Quindel/Schmidt, Einsprüche, 2008, S. 9, 23) betont darüber hinaus die Notwendigkeit einer Weiterbildung im Bereich der Menschenrechte.

346 Eingehend *Reinecke*, DVJJ-Journal 1994, 296, 300, auch zu Anforderungen an die Ausgestaltung des Arbeitsplatzes für die Mitarbeiter.

347 Ausführlich auch zur Wirkung der Größe des Mitarbeiterteams: *v. Wolffersdorff/Sprau-Kuhlen/Kersten*, Geschlossene Unterbringung in Heimen, 2. Aufl. 1996, S. 156 ff.; insbesondere eine hohe Mitarbeiterfluktuation verhindert dabei die Kontinuität der pädagogischen Arbeit, ebenda, S. 271.

348 *V.Wolffersdorff*, in: Rüth/Pankofer/Freisleder, Geschlossene Unterbringung, S. 149, 157; *Fegert*, DVJJ-Journal 1994, 309, 310; *Adams*, in: Beck/Warnke/Adams/Zink-Jakobeit, Krisen im Kindes- und Jugendalter, 2005, S. 33, 37: mahnt schon jetzt ein den durch fehlende finanzielle Ressourcen größer werdenden Druck auf das Spannungsfeld ambulante/stationäre Hilfen an.

betrachten sind in diesem Zusammenhang auch die Anforderungen, die an die Kinder- und Jugendhilfe gestellt werden: Lösungen für die „Schwererziehbaren“ anzubieten und der damit nicht zu vereinbarende, aber dennoch vorhandene Druck, weiteres Einsparungspotential zu suchen.[349]

Zur Diskussion um ein Für und Wider der geschlossenen Unterbringung in der Kinder- und Jugendhilfe bleibt festzuhalten, dass eine Unterbringung, die mit befristeten Freiheitseinschränkungen verbunden ist, für einen kleinen Teil der Betroffenen eine sinnvolle Chance und die Möglichkeit einer positiven Entwicklung bieten kann, da bestimmte Störungsbilder durch ambulante oder offene Maßnahmen nicht angehbar sind.[350] Insofern darf also die Notwendigkeit jeglicher Form von Einschließungen nicht geleugnet werden.[351] Eine „nicht-ideologische Haltung“ sollte, wie *Schwabe* es formuliert, dabei in einer „ambivalente[n] Position zu Zwang“ bestehen, die „diesen weder verteufelt noch automatisch als mögliche oder gar richtige Methode ansieht, sondern jeden Einzelfall prüft und variationsreiche Entscheidungen riskiert“.[352] Diese Einsicht ist durch eine wachsende Bereitschaft geprägt, sich sachlich mit dem Thema auseinanderzusetzen und (weitere) Qualitätskriterien zu schaffen, die den Erfolg einer freiheitsentziehenden Unterbringung maßgeblich beeinflussen.[353]

---

349 *V.Wolffersdorff*, in: Rüth/Pankofer/Freisleder, Geschlossene Unterbringung, S. 149, 155.

350 *Bauer*, sozialmagazin 1998, 28, 34; Das bestätigen auch Betroffene selbst, s. *Permien*, in: EREV, Evaluation freiheitsentziehender Maßnahmen in der Jugendhilfe, 2006, S. 8, 28 f.; *v. Wolffersdorff*, in: Rüth/Pankofer/Freisleder, Geschlossene Unterbringung, S. 149, 156; *Stadler*, Therapie unter Zwang – ein Widerspruch?, S. 260; *Hoops*, Sozialextra 2004, 20; *M. Schwabe/Stallmann/Vust*, Freiraum mit Risiko, S. 29; *Remschmidt*, DVJJ-Journal 1994, 269, 273; *Sonnen*, DVJJ-Journal 1994, 281, 287: etwa in einer Größenordnung von 0,2 % aller Heimunterbringungen; *Thiersch*, DVJJ-Journal 1994, 274, 277: „gleichsam als Rest, gleichsam mit schlechtem Gewissen“; *Fegert*, DVJJ-Journal 1994, 309, 313, sieht gar den Bedarf an der Möglichkeit, flexibel handhabbare, vorübergehende freiheitsentziehende Maßnahmen auch bei weniger schwer beeinträchtigten Jugendlichen durchzuführen.

351 *Bauer*, sozialmagazin 1998, 28, 33.

352 *M. Schwabe*, in: Huxoll/Kotthaus, Macht und Zwang in der Kinder- und Jugendhilfe, S. 96, 110.

353 *v. Wolffersdorff/Sprau-Kuhlen/Kersten*, Geschlossene Unterbringung in Heimen, 2. Aufl. 1996, S. 11; *Hoops*, ZfJ 2004, 274, 276.

Aufgrund der Schwere der Maßnahme bedarf es für die Feststellung, ob die Unterbringung für einen bestimmten Betroffenen geeignet ist, einer akribischen und detaillierten Anamnese des Einzelfalls.[354] Auch die Entscheidung für eine Maßnahme muss sich an den individuellen Voraussetzungen des jungen Menschen, nicht an den Erwartungen und Forderungen der Öffentlichkeit orientieren.[355] Für eine derartige Einzelfallentscheidung ist entscheidend, dass das Jugendamt die konkrete Arbeitsweise der Heime berücksichtigt und die Entscheidung für eine Aufnahme seitens der Heime – die sich aufgrund der vielen Anfragen ihre Bewohner mitunter aussuchen können – nicht aus praktischen Erwägungen wie der Entfernung des Jugendamts und die mit ihm gemachten Erfahrungen, sondern aufgrund einer geeigneten Indikation erfolgt.[356] Nur wenn das Jugendamt eine (möglichst) konkrete Hilfe in Augenschein nehmen kann, ist es ihm möglich zu prognostizieren, ob der konkrete Jugendliche mit ihr erreicht wird.[357]

Wird danach eine geschlossene Unterbringung im Einzelfall notwendig, erscheint die (weitere) Anwendung flexibler Konzepte erforderlich. Denn je flexibler die Entwicklung sozialpädagogischer Betreuungsarrangements ist, desto eher scheint die Tendenz gemindert zu sein, dass für einzelne Kinder und Jugendliche keine Maßnahme mehr geeignet ist, sie somit aus dem Hilfesystem ausgegrenzt werden.[358] Obwohl die geschlossene Unterbringung für den einzelnen Jugendlichen in der Regel am Ende einer Maßnahmenkette steht, darf sie nicht Standardmaßnahme am Ende einer vorgeschriebenen Maßnahmenkette sein.[359] Auch die Zulässigkeit als Maßnahme ultima ratio

---

[354] *Hoops/Permien*, „Mildere Maßnahmen sind nicht möglich!“, 2006, S. 129; *Hoops*, Sozialextra 2004, 20, 22; *Ader/Schapper*, Forum Erziehungshilfen 2002, 27, 33: Fallverstehen.

[355] *Heckner*, in: Landesgruppe Baden-Württemberg in der DVJJ, INFO 1999, S. 11, 23; *Permien*, Erziehung zur Freiheit durch Freiheitsentzug?, S. 92; kritisch zur Orientierung der Kinder- und Jugendhilfe an extrinsischen Faktoren auch *v. Wolffersdorff*, in: Rüth/Pankofer/Freisleder, Geschlossene Unterbringung, S. 149, 154; *Menk/Schnorr/Schrapper*, Woher die Freiheit bei all dem Zwange?, S. 28 f.

[356] *Hoops*, Sozialextra 2004, 20, 22.

[357] Dafür plädiert auch *Remschmidt*, DVJJ-Journal 1994, 269, 272.

[358] S. dazu *Wolf*, in: Wolf, Entwicklungen in der Heimerziehung, 1993, S. 231, 232; eine insofern mangelhafte Umsetzung in den Ländern der ehemaligen DDR kurz nach der Wiedervereinigung bemängelt *Fegert*, DVJJ-Journal 1994, 309;

[359] *Hoops*, in: Land Brandenburg, Macht und Machtmissbrauch in der Heimerziehung?, S. 26, 28; *dies.*, Jugendhilfe im Dialog, Heft 4/2010, S. 2, 4; *dies.*, FPR 2011, 538, 539,

darf nicht so interpretiert werden, dass eine geschlossene Unterbringung erst nach dem Durchlaufen aller anderen Angebote der Jugendhilfe angezeigt ist. Als Konsequenz darf die freiheitsentziehende Maßnahme auch anderen Maßnahmen vorgezogen werden, wenn diese von vornherein als wirkungslos gewertet werden. Aufgrund der genannten Gefahren[360] ist weiterhin eine öffentliche Kontrolle, sowie zur Partizipation des Betroffenen die Einhaltung seiner Verfahrensrechte erforderlich,[361] auf die in der juristischen Betrachtung weiter einzugehen sein wird.[362]

Inzwischen geht es in der sozialwissenschaftlichen Forschung nicht mehr so sehr um die Frage, inwieweit die Existenz von freiheitsentziehenden Einrichtungen notwendig oder zulässig ist. Vielmehr wird aus den bei den Betroffenen auftretenden Problemen ein strukturelles Problem oder gar eine Krise der Kinder- und Jugendhilfe selbst abgeleitet.[363] Die Forderungen gehen dahin, dass die Kinder- und Jugendhilfe daran ansetzen muss, nicht durch alternative Maßnahmen in der konkreten Situation, sondern durch Veränderung des vorhergehenden Hilfeprozesses dafür Sorge zu tragen, dass im Idealfall freiheitsentziehende Maßnahmen auch als ultima ratio nicht

---

541; *dies./Permien*, „Mildere Maßnahmen sind nicht möglich!“, 2006, S. 121; *Köhler*, in: Rüth/Pankofer/Freisleder, Geschlossene Unterbringung, S. 136, 140; *Tischler*, Jugendhilfe im Dialog, Heft 4/2010, S. 44, 47; auch der *Deutsche Kinderschutzbund* (Positionspapier zur Geschlossenen Unterbringung im Rahmen der Kinder- und Jugendhilfe vom 16. Mai 2015 [s. Teil 2 Fn. 100], S. 5) erkennt, dass im Einzelfall Maßnahmen der geschlossenen Unterbringung verständlich sind, will daraus gleichwohl keine „gesellschaftliche Legitimation“ ableiten; die fallzuständige Fachkraft wird daher bei Stellung des Antrags für eine geschlossene Unterbringung die ihr zur Verfügung stehenden jugendhilferechtlichen Maßnahmen für erschöpft erachten, *Kindler/Permien/Hoops*, ZJJ 2007, 40, 45.

360 s. oben C. III. 6.

361 *Bayer* in einem Vortrag auf dem 12. Betreuungsgerichtstag Nord in Cloppenburg, 25. September 2015 (s. Teil 2 Fn. 284), Folie 9.

362 s. dazu unten, Teil 5, B. VII. 5.

363 *Deutscher Kinderschutzbund, e. V.*, Positionspapier zur Geschlossenen Unterbringung im Rahmen der Kinder- und Jugendhilfe vom 16. Mai 2015 (s. Teil 2 Fn. 100), S. 9; *Menk/Schnorr/Schrapper*, Woher die Freiheit bei all dem Zwange?, S. 278; so schon *v. Wolffersdorff/Sprau-Kuhlen/Kersten*, Geschlossene Unterbringung in Heimen, 2. Aufl. 1996, S.348.

mehr notwendig sind bzw. weitestgehend vermieden werden können.[364] So erscheint eine weitere Analyse „typischer Hilfekarrieren" und womöglicher Fehler in konkreten Hilfeverfahren notwendig, die gegebenenfalls Aufschluss darüber geben, an welchen Stellen angesetzt werden kann, um die Klientel für geschlossene Unterbringung zu verringern.[365]

## D. „Geschlossene Unterbringung" in der Kinder- und Jugendpsychiatrie und -psychotherapie

Wesentlich häufiger als in der Kinder- und Jugendhilfe erfolgt eine geschlossene Unterbringung heute in der Kinder- und Jugendpsychiatrie und -psychotherapie (KJPP).[366] Innerhalb der KJPP werden freiheitseinschränkende Maßnahmen insgesamt wesentlich pragmatischer als unvermeidbarer Teil einer Krisenintervention und Behandlung angesehen.[367, 368] Auch in der KJPP wird eine Beschränkung der freiheitsbeschränkenden Behandlung auf den absoluten Ausnahmefall und besonders problematische Zustände vertreten.[369] Im Vergleich zu der Unterbringung in der Kinder- und Jugendhilfe, in der

---

364 *Hoops*, Jugendhilfe im Dialog, Heft 4/2010, S. 2, 17, *dies.*, FPR 2011, 538, 541 a. E.; *dies./Permien*, „Mildere Maßnahmen sind nicht möglich!", 2006, S. 126; *Tischler*, Jugendhilfe im Dialog, Heft 4/2010, S. 44, 45; *Neugebauer*, ebenda, S. 57, 63; *Igel*, ebenda, S. 20, 30, 32: Errichtung eines frühzeitigen interdisziplinären Frühwarnsystems; *Reinecke*, DVJJ-Journal 1994, 296, 299 sieht dagegen die Gefahr, dass aufgrund der sehr kostenintensiven geschlossenen Unterbringung der Ausbau präventiver Erziehungshilfen verhindert wird.

365 *Permien*, Erziehung zur Freiheit durch Freiheitsentzug?, S. 23; *Tischler*, Jugendhilfe im Dialog, Heft 4/2010, S. 44; *Menk/Schnorr/Schrapper*, Woher die Freiheit bei all dem Zwange?, S. 209 f., 273; so auch *Sülzle-Temme* (Geschlossen untergebrachte Jugendliche, 2007, S. 141 f.), die beispielsweise vermutet, dass die in §§ 28 ff. SGB VIII zur Verfügung gestellten Hilfen nicht voll ausgeschöpft wurden.

366 *Kölch/Vogel*, Zeitschrift für Kinder- und Jugendpsychiatrie und Psychotherapie 2016, 39, 44, 45.

367 *Hoops/Permien*, „Mildere Maßnahmen sind nicht möglich!", 2006, S. 40.

368 Mitunter befassen sich die genannten Studien mit beiden Themengebieten, so etwa *Hoops/Permien*, „Mildere Maßnahmen sind nicht möglich!" (die gleichwohl einen Schwerpunkt auf die Heimerziehung legen, vgl. Kapitel 6).

369 *Fegert*, DVJJ-Journal 1994, 309, 310.

eine Unterbringung oft über sechs Monate oder länger erfolgt[370], beschränkt sich die Unterbringung in der KJPP auf einen eher kurzen Zeitraum von wenigen Wochen bzw. Monaten.[371]

Die Formen der Geschlossenheit sind dabei wie auch in der Kinder- und Jugendhilfe[372] – anders als der Begriff der Geschlossenheit suggerieren mag – nicht einheitlich und erreichen daher nicht eine Geschlossenheit im Sinne eines dauerhaften Wegsperrens. Auch in der Unterbringung in jugendpsychiatrischen Kliniken werden die Stationen, in denen eine entsprechende Unterbringung erfolgt, als „doppelt geschlossen", „geschlossen", „halb geschlossen", „geschützt" oder „fakultativ geschlossen" bezeichnet, was gleichwohl über den Umfang und die Handhabung der konkreten Freiheitsbeschränkung keine Aussage treffen soll.[373]

## I. Merkmale für eine Unterbringung in der KJPP

Für eine Behandlung in der KJPP ist eine kinder- und jugendpsychiatrische Indikationsstellung erforderlich. Eine stationäre Behandlung kommt bei schweren oder mittelgradigen Störungen in Betracht, wenn Therapien in anderen Modalitäten aussichtslos oder bereits erschöpft sind.[374] Auch hier wird dazu die Aussicht auf Besserung für notwendig gehalten.[375] Eine Klassifikation über das Diagnoseschema des ICD-10 kann nicht nur eine geschlossene Unterbringung in der Kinder- und Jugendhilfe[376], sondern vor allem eine solche in der KJPP anzeigen.[377] Indikationen für eine stationäre Aufnahme

---

370 s. zu der häufig auf längere Dauer angelegten Unterbringung in der Kinder- und Jugendhilfe oben, unter C. II.

371 *Kölch/Vogel*, Zeitschrift für Kinder- und Jugendpsychiatrie und Psychotherapie 2016, 39, 46; *Hoops/Permien*, „Mildere Maßnahmen sind nicht möglich!", 2006, S. 40.

372 S. dazu oben, unter C. II.

373 s. zu den Bezeichnungen mit entsprechenden Nachweisen *Hoops/Permien*, „Mildere Maßnahmen sind nicht möglich!", 2006, S. 29.

374 *Libal/Fegert*, in: Fegert/Schrapper, Handbuch Jugendhilfe – Jugendpsychiatrie, 2004, S. 225, 234.

375 *Libal/Fegert*, in: Fegert/Schrapper, Handbuch Jugendhilfe – Jugendpsychiatrie, 2004, S. 225, 234.

376 s. dazu oben, unter C. III. 1.

377 *Pankofer*, Freiheit hinter Mauern, 1997, S. 72; ausführlich zur Einordnung und zu den Fallgruppen: *Fegert*, in: Fegert/Schrapper, Handbuch Jugendhilfe – Jugendpsychiatrie, 2004, S. 265 ff.

sind im Vergleich zu einer ambulanten vor allem eine geringere Kooperation, geringere Schadensvermeidung und geringere Selbststeuerung beispielsweise aufgrund von akuten schizophrenen Psychosen, Manien und bei akuter Suizidalität.[378] Die psychotherapeutischen Problemfelder unterteilen sich nach Art und Schwere der Krankheit sowie nach den Behandlungszielen in die in § 3 Abs. 2 der Personalausstattung Psychiatrie und Psychosomatik-Richtlinie (kurz PPP-RL)[379] beschriebenen Behandlungsbereiche KJ 1 bis KJ 9[380]; die Unterteilung ist gleichwohl in erster Linie für den erforderlichen Personalschlüssel entscheidend.

Obwohl stationäre Interventionen in der Kinder- und Jugendpsychiatrie ebenso in offenen Settings durchgeführt werden, scheinen in einigen Konstellationen geschlossene Unterbringungen unumgänglich, um eine effektive Diagnostik, Schutz, Betreuung und Behandlung durch ärztlich-therapeutisches Handeln sicherstellen zu können.[381] So werden etwa für aufnahmepflichtige psychiatrische Versorgungskrankenhäuser geschlossene Stationen als selbstverständlich beschrieben.[382] Wird eine akute psychiatrisch

[378] *Jung*, Jugendhilfe im Dialog, Heft 4/2010, S. 33, 36.

[379] Richtlinie über die Ausstattung der stationären Einrichtungen der Psychiatrie und Psychosomatik mit dem für die Behandlung erforderlichen therapeutischen Personal gemäß § 136a Absatz 2 Satz 1 SGB V (PPP-RL) vom 19. September 2019 des Gemeinsamen Bundesausschusses (BAnz AT, 31. Dezember 2019, B6), zuletzt geändert am 18. Juni 2025 (BAnz AT 20. November 2025 B2), abrufbar unter: https://www.g-ba.de/richtlinien/113/ [zuletzt abgerufen: 25. Januar 2026].

[380] KJ1: Kinderpsychiatrische Regel- und Intensivbehandlung, KJ2: Jugendpsychiatrische Regelbehandlung, KJ3: Jugendpsychiatrische Intensivbehandlung, KJ5: Langdauernde Behandlung Schwer- und Mehrfachkranker, KJ6: Eltern-Kind-Behandlung KJ7: Tagesklinische Behandlung, KJ9: Stationsäquivalente Behandlung [die Auslassungen entsprechen dem Original].

[381] *Bundesarbeitsgemeinschaft der leitenden Klinikärzte für Kinder- und Jugendpsychiatrie (BAG-KJPP)/DGKJP*, S2k-Leitlinie zur „Prävention, Durchführung und Nachsorge von freiheitsentziehenden Unterbringungen und Maßnahmen (FUM) bei Kindern und Jugendlichen in der Psychiatrie“, S. 6 ff. (https://register.awmf.org/assets/guidelines/028-048l_S2k_Praevention-Durchfuehrung-Nachsorge-freiheitsentziehende-Unterbringung-Massnahmen_Kinder-Jugendliche-psychiatrie-psychotherapie__2025.pdf [zuletzt abgerufen: 25. Januar 2026]).

[382] *Pankofer*, Freiheit hinter Mauern, 1997, S. 72.

bedingte Eigen- oder Fremdgefährdung des Minderjährigen festgestellt[383] und kann dieser durch die konkrete Verweigerung zur ausreichenden Mitarbeit in einer offenen Station nicht auf anderem Wege bewegt werden, ist eine Unterbringung in einem geschlossenen Setting indiziert; die Feststellung der Indikation erfolgt in der Regel in der Notfallambulanz.[384] Konkret kann eine geschlossene Unterbringung etwa bei akuten psychotischen Störungen, depressiv-suizidalen Syndromen, ausgeprägten Erregungszuständen nicht psychotischer Genese (etwa Suchtmittelmissbrauch) sowie lebensbedrohlichen Umständen (etwa anorexia nervosa) angezeigt sein.[385]

Über diese Fälle einer „absoluten Indikation" hinaus kann es Fälle einer „relativen Indikation" für eine geschlossene Unterbringung in der KJPP geben. Diese besteht in einer Störung des Sozialverhaltens, bei deren Vorliegen hingegen noch die Frage gestellt werden muss, ob die Sozialverhaltensstörung ursächlich auf einer psychischen Erkrankung beruht und daher langfristig eher psychiatrisch und nur in einer geschlossenen Einrichtung beeinflussbar ist.[386]

Insbesondere in Verbindung mit der letztgenannten relativen Indikation werden als Kontraindikationen die Delegation sozialer Problemlagen an die Psychiatrie, ein Mangel an verlässlichen Partnern im sozialen Umfeld des Patienten, unklare juristische Zuständigkeiten, Widerstände im Familiensystem sowie fehlende soziale Rahmen- und Nachsorgebedingungen genannt, trotz derer zwar kurzfristig etwa aufgrund einer psychiatrischen Selbst- oder Fremdgefährdung eine Unterbringung unvermeidlich ist, die aber innerhalb der fortlaufenden Behandlungsplanung kritisch zu beachten sind.[387]

---

383 *Rüth*, FPR 2011, 554, 555 f.; *Rüth/Freisleder*, in: Beck/Warnke/Adams/Zink-Jakobeit, Krisen im Kindes- und Jugendalter, 2005, S. 13, 14 ff.

384 Zum vorstehenden: *Rüth*, in: Rüth/Pankofer/Freisleder, Geschlossene Unterbringung, S. 3, 5, 8, mit ausführlichen Beispielen; *Rüth/Freisleder*, in: Beck/Warnke/Adams/Zink-Jakobeit, Krisen im Kindes- und Jugendalter, 2005, S. 13.

385 *Hummel/Jaenecke/Humbert*, Praxis der Kinderpsychologie und Kinderpsychiatrie 2003, 719, 720; *Rüth/Freisleder*, in: Beck/Warnke/Adams/Zink-Jakobeit, Krisen im Kindes- und Jugendalter, 2005, S. 13, 14 f.

386 *Hoops/Permien*, „Mildere Maßnahmen sind nicht möglich!", 2006, S. 40.

387 *Branik*, Praxis der Kinderpsychologie und Kinderpsychiatrie 2003, 503, 505.

## II. Abgrenzung zur Unterbringung in der Kinder- und Jugendhilfe

Diese weit gefassten Indikatoren für beide Arten der Unterbringung können dazu führen, dass bei einem betroffenen Jugendlichen sowohl eine pädagogische als auch eine psychiatrische Unterbringung indiziert ist.[388] Insbesondere bei dissozialen Jugendlichen, bei denen die KJPP allenfalls „relativ indiziert" ist, kann aufgrund der sich überschneidenden Indizien für beide Unterbringungsarten keine eindeutige Indikation für einen Klinikaufenthalt festgestellt werden.[389]

Beide Formen der Unterbringung unterscheiden sich allerdings in ihrem Ansatz: die Kinder- und Jugendhilfe ist „alltagsweltlich orientiert", es geht um das Erlernen von Strukturen, während sich die KJPP durch Therapie und medizinische Diagnostik auszeichnet.[390] Eine konkrete Zuordnung der Jugendlichen in das entsprechende Hilfesystem muss zudem deshalb erfolgen, da eine Unterbringung aus pädagogischen Gründen dem Aufgabengebiet der Jugendhilfe nach SGB VIII unterfällt, während eine kinder- und jugendpsychiatrische Behandlung von dem Kostenträger nach SGB V getragen wird. Abgegrenzt werden kann nach dem überwiegenden Interventionsbedarf: bei einem überwiegend psychiatrischen Interventionsbedarf ist eine Behandlung in einer Klinik der KJPP angezeigt, während bei einem überwiegend pädagogischen Interventionsbedarf die Aufnahme in einer Einrichtung der Jugendhilfe naheliegt.[391] Zeigt das Kind beispielsweise ein oppositionelles und aggressives Verhalten oder eine allgemeine Störung des Sozialverhaltens, deutet dies nicht notwendigerweise auf eine psychische Krankheit hin; wenn eine psychiatrische Störung dagegen Auslöser für die Krisenintervention ist, ist eine Behandlung in der KJPP denkbar.[392] Die Einordnung wird dabei

---

[388] *Baving/Schmidt*, Evangelische Jugendhilfe 2003, 144, 146 f.; *Permien*, R&P 2006, 111 f.

[389] *Hoops/Permien*, „Mildere Maßnahmen sind nicht möglich!", 2006, S. 40 f., 93; *Branik*, Praxis der Kinderpsychologie und Kinderpsychiatrie 2003, 503, 510.

[390] *Pankofer*, Freiheit hinter Mauern, 1997, S. 70.

[391] *Baving/Schmidt*, Evangelische Jugendhilfe 2003, 144, 146 f.; *Hoops/Permien*, „Mildere Maßnahmen sind nicht möglich!", 2006, S. 40; zum differenzialdiagnostischen Vorgehen: *Permien*, R&P 2006, 111, 116.

[392] *Baving/Schmidt*, Evangelische Jugendhilfe 2003, 144, 146 f.; *Hoops/Permien*, „Mildere Maßnahmen sind nicht möglich!", 2006, S. 40.

keineswegs einheitlich vorgenommen und obliegt den Ärztinnen und Ärzten der KJPP.[393]

## III. Ziele und Entwicklungsmöglichkeiten

Die Behandlungsziele innerhalb der KJPP sind entsprechend der einzelnen Behandlungsbereiche, die die PPP-RL vorgibt, in deren Anlage 2 (zu § 3) dargestellt. Sie richten sich damit nach dem psychiatrischen Störungsbild und können Diagnostik, Schutz, Betreuung oder Behandlung beinhalten,[394] wobei eine reine Symptombehandlung nicht ausreicht, solange nicht auch emotionale, schulische oder soziale Beeinträchtigungen behoben werden.[395] In jugendpsychiatrischen Kliniken kann der Schwerpunkt insbesondere bei den sogenannten dissozialen Jugendlichen auch auf der Krisenintervention, Diagnostik und gegebenenfalls Begutachtung hinsichtlich der Notwendigkeit und Eignung einer weiteren geschlossenen Unterbringung in der Jugendhilfe liegen.[396]

Die Wirkungen der Behandlung und die Entwicklung des Betroffenen lassen sich nur schwer prognostizieren, was vor allem an den unterschiedlichen individuellen Voraussetzungen liegt, die die Patienten mitbringen.[397] Positive Faktoren insbesondere für einen Behandlungserfolg nach kürzerer Verweildauer sind die Kooperationsbereitschaft der Eltern, die Motivation der Jugendlichen, eine effektive Nachsorge in familiärem und sozialem Kontext sowie eine adäquate Beschulung.[398] Die breitere Akzeptanz der geschlossenen Unterbringung in der KJPP erschließt sich vor allem vor dem Hintergrund der Annahme, dass der therapeutische Sinn und Zweck der Maßnahme greifbarer ist und die Kinder und Jugendlichen diesen eher erkennen können.[399] Zudem sind auch die therapeutische Beziehung sowie die auf die spezifische

---

393 *Hoops/Permien*, „Mildere Maßnahmen sind nicht möglich!", 2006, S. 41.

394 *Bundesarbeitsgemeinschaft der leitenden Klinikärzte für Kinder- und Jugendpsychiatrie, Psychosomatik und Psychotherapie in Deutschland e. V.*, Empfehlungen zum Umgang mit freiheitsentziehenden Maßnahmen bei der Behandlung von Kindern und Jugendlichen (s. Teil 2 Fn. 381), S. 1

395 *Branik*, Praxis der Kinderpsychologie und Kinderpsychiatrie 2003, 503, 507.

396 *Permien*, R&P 2006, 111, 113.

397 *Branik*, Praxis der Kinderpsychologie und Kinderpsychiatrie 2003, 503, 507.

398 *Branik*, Praxis der Kinderpsychologie und Kinderpsychiatrie 2003, 503, 509, 511 f.

399 *Hoops/Permien*, „Mildere Maßnahmen sind nicht möglich!", 2006, S. 39 f.

Störung passende Qualifikation des Therapeuten entscheidend für eine erfolgreiche Behandlung.[400] Eine angemessene individuelle Betreuung soll dabei durch die Vorgaben hinsichtlich des Umfangs an eingesetztem Personal in der PPP-RL erreicht werden.[401]

## IV. Gefahrenpotential und Ausgestaltung der Unterbringung

### 1. Gefahrenpotential

Die geschlossene Unterbringung in der KJPP kann sich ebenso wie diejenige in der Kinder- und Jugendhilfe negativ auf die Betroffenen auswirken bzw. von diesen als negativ wahrgenommen werden. Gründe können in weitreichenden Regulierungen, der Kontrolle des Alltags, aber auch in der Einschränkung der Bewegungsfreiheit selbst liegen, die den Betroffenen die Unterbringung als bedrohlich, entmündigend oder diskriminierend erleben lassen – dies kann ebenso wie das ungleiche Machtverhältnis zu Behandlungswiderständen führen.[402] Negative Faktoren mit Auswirkung auf das zu erwartende Behandlungsergebnis können eine schwere Symptomatik, das Vorliegen einer Psychose, organische oder funktionelle Beeinträchtigungen, Störungen des Sozialverhaltens im Allgemeinen, Suchtmittelmissbrauch, zerrüttete soziale und familiäre Verhältnisse, psychische Erkrankungen der Mutter und die Kriminalität des Vaters sein.[403] Darüber hinaus ist auch eine Fokussierung auf ökonomische Faktoren wie eine möglichst kurze und kostengünstige Unterbringung negativ zu bewerten.[404] Zudem sind ebenso wie in der Kinder- und Jugendhilfe Problematiken denkbar, die sich aus der abgeschlossenen Wohn- und Lebenssituation sowie dem engen Kontakt zu den betreuenden Fachkräften ergeben, wie etwa der Missbrauch der Machtposition, sexuelle sowie anderweitige Übergriffe.[405]

---

[400] *Branik*, Praxis der Kinderpsychologie und Kinderpsychiatrie 2003, 503, 510.

[401] Zu der PsychPV als Vorgängerin zur PPP-RL: *Libal/Fegert*, in: Fegert/Schrapper, Handbuch Jugendhilfe – Jugendpsychiatrie, 2004, S. 225, 236, auch zur eingeschränkten Anwendbarkeit, S. 237.

[402] *Nitschke-Janssen/Branik*, Praxis der Kinderpsychologie und Kinderpsychiatrie 2006, 255, 256.

[403] *Branik*, Praxis der Kinderpsychologie und Kinderpsychiatrie 2003, 503, 507 m. w. Nachw.

[404] *Branik*, Praxis der Kinderpsychologie und Kinderpsychiatrie 2003, 503, 513.

[405] Zur Gefahr des pädosexuellen Missbrauchs in Institutionen: *Martinius*, in: Beck/Warnke/Adams/Zink-Jakobeit, Krisen im Kindes- und Jugendalter, 2005, S. 9 ff.

Hinsichtlich des Verhältnisses der KJPP zur Kinder- und Jugendhilfe[406] besteht zunächst die Gefahr, dass aufgrund der Kritik an der geschlossenen Unterbringung in der Kinder- und Jugendhilfe die Unterbringung in der KJPP als Alternative zu dieser eingeordnet wird; dies ist hingegen angesichts der kurzen Aufenthaltsdauer, geringerer pädagogischer Therapieangeboten sowie der hinzutretenden Gefahr, dass Kinder aufgrund mangelnder Plätze in der KJPP in der Erwachsenenpsychiatrie untergebracht werden, bedenklich.[407] Zudem könnten bei einer „relativen Indikation" die faktischen Zuweisungskriterien abweichen: wird der psychiatrische Aspekt des Problems stärker betont, wird der Betroffene in der KJPP untergebracht; wird die Dissozialität hingegen als pädagogisches Problem betrachtet, wird der Betroffene in der Kinder- und Jugendhilfe untergebracht, die der psychiatrischen Ursache möglicherweise allein nicht ausreichend begegnen kann.[408] Auch aufgrund dieser Schwierigkeiten wird statt einer trennscharfen Abgrenzung in diesen Fällen ein „koordiniertes Miteinander und gegenseitige Unterstützung in diesem Überschneidungsgebiet der Professionen" angeregt, sodass für besonders belastete Jugendliche durch Nutzung beider Systeme ein möglichst förderliches Setting geschaffen werden kann.[409]

## 2. Ausgestaltung der Unterbringung

Entsprechend der Aufgaben der Kinder- und Jugendhilfe[410] soll ein Heim dissozialen Jugendlichen einen Lebensort auf längere Zeit bieten, während die

[406] s. dazu oben, unter D. II.

[407] *Hoops/Permien*, „Mildere Maßnahmen sind nicht möglich!", 2006, S. 53; *Remschmidt*, DVJJ-Journal 1994, 269, 273 der zudem die Gefahr sieht, dass Kinder in der KJPP „fehlplatziert" werden.

[408] *Hoops/Permien*, „Mildere Maßnahmen sind nicht möglich!", 2006, S. 41; *Branik*, Praxis der Kinderpsychologie und Kinderpsychiatrie 2003, 503, 505, 511.

[409] *Fegert/Schapper*, in: Fegert/Schapper, Handbuch Jugendhilfe – Jugendpsychiatrie, 2004, S. 15, 20 ff.; *Jung*, Jugendhilfe im Dialog, Heft 4/2010, S. 33, 41; *Kölch/Vogel*, Zeitschrift für Kinder- und Jugendpsychiatrie und Psychotherapie 2016, 39, 40, 46; *du Bois*, in: Fegert/Schapper, Handbuch Jugendhilfe – Jugendpsychiatrie, 2004, S. 421, 424 betont insbesondere das Erfordernis einer vertrauensvollen Beziehung der Fachkräfte beider Systeme.

[410] s. dazu oben, unter C. I.

KJPP kurzfristig unterstützend tätig werden soll.[411] Ist die Krisenintervention durch das pädagogische Fehlverhalten angezeigt und wird der Jugendliche deshalb in einer Einrichtung der Kinder- und Jugendhilfe untergebracht, besteht dann trotzdem die Möglichkeit einer begleitenden ambulanten psychiatrischen Behandlung sowie eines kurzzeitigen Wechsels in eine geschlossene Krisenintervention der KJPP. Dies sollte keineswegs die Ausnahme sein: Auch die Kinder und Jugendlichen in der stationären Jugendhilfe zeigen vermehrt stark ausgeprägte psychische Auffälligkeiten, zudem kann eine Unterbringung in der Jugendhilfe übergangslos nach Entlassung aus der Klinik erfolgen, wenn entsprechender Bedarf besteht.[412] Gleichzeitig bedürfen selbstverständlich auch die in der KJPP untergebrachten Kinder und Jugendlichen eines erzieherischen Einwirkens.[413]

## V. Fazit zur geschlossenen Unterbringung in der KJPP

Im Ergebnis begegnet die geschlossene Unterbringung in der KJPP insbesondere aufgrund ihrer kürzeren Dauer[414] und ihrer eindeutigeren Indikation weniger Bedenken als die in der Kinder- und Jugendhilfe. Auch hier sollte hingegen nicht aus dem Blick gelassen werden, dass die Geschlossenheit ein für die Kinder unter Umständennicht nachvollziehbares, zumindest aber ein in Anbetracht der üblichen Lebensbedingungen oft unnatürliches Betreuungssetting und ein starker Eingriff in ihre Grundrechte ist[415]. Deshalb muss auch diese geschlossene Unterbringung (weiterhin) evaluiert, immer wieder – insbesondere für jeden Einzelfall – hinterfragt und die schon vorhandenen Leitlinien fortentwickelt und im Dialog zwischen den Einrichtungen weiterentwickelt werden.

---

[411] *Hoops/Permien*, „Mildere Maßnahmen sind nicht möglich!", 2006, S. 93 f., 97 f., 122, 127: „Therapie soll die Erziehung erst möglich machen".

[412] *Adam*, in: Land Brandenburg, Macht und Machtmissbrauch in der Heimerziehung?, S. 47, 48, mit Hinweis auf eine ähnliche Situation in anderen europäischen Ländern; kritisch hinsichtlich der häufig unterbleibenden Abklärung und entsprechend Durchführung einer Therapie: *Permien*, in: APK, Seelische Gesundheit und Teilhabe von Kindern und Jugendlichen braucht Hilfe!, 2011, S. 165, 167 f.

[413] *Brünger*, in: Fegert/Schapper, Handbuch Jugendhilfe – Jugendpsychiatrie, 2004, S. 391.

[414] s. dazu oben, unter C. II. und D. II.

[415] Dazu näher in Teil 3 B., C.

## E. „Geschlossene Unterbringung" behinderter Kinder und Jugendlicher

Als dritte Fallgruppe, bei der eine geschlossene Unterbringung in Betracht kommt, sind behinderte Kinder und Jugendliche zu nennen.

### I. Begriff der Behinderung

Eine Behinderung liegt nach § 2 SGB IX in Übereinstimmung mit der UN-Behindertenrechtskonvention dann vor, wenn die betreffende Person körperliche, seelische, geistige oder Sinnesbeeinträchtigungen hat, die sie in Wechselwirkung mit einstellungs- und umweltbedingten Barrieren an der gleichberechtigten Teilhabe an der Gesellschaft mit hoher Wahrscheinlichkeit länger als sechs Monate hindern werden. Diese Einschränkung der Teilhabefähigkeit kann im Falle einer geistigen Behinderung auf einer Schwäche der geistigen Kräfte in erheblichem Umfang (§ 2 EinglHV[416]) beruhen.[417] In § 1 EinglHV sind zudem die Fälle genannt, in denen körperliche Gebrechen für eine Behinderung ursächlich sind – für den genannten Personenkreis gilt die gesetzliche Vermutung der Wesentlichkeit der Beeinträchtigung. Die seelischen Störungen, die eine seelische Behinderung zur Folge haben können, sind in § 3 EinglHV genannt. Die seelische Behinderung stellt einen langfristigen oder andauernden Folgezustand einer psychiatrischen Erkrankung dar, der insbesondere bei chronisch-psychisch Kranken gegeben ist.[418] Aufgrund dieser auf individuellen Störungen und Einschränkungen beruhenden sozialen Beeinträchtigungen ist ein Zusammenwirken von sozialpädagogischer und medizinisch psychiatrischer Seite notwendig und angemessen.[419]

---

[416] Seit 1. Januar 2020 außer Kraft, § 1–3 weiterhin gültig über die statische Verweisung in § 99 SGB IX.

[417] Naturgemäß fällt bei Kindern und Jugendlichen, die sich noch in der Persönlichkeitsentwicklung befinden, die Feststellung abgegrenzter Behinderungsformen schwer, *Lempp*, Seelische Behinderung bei Kindern und Jugendlichen als Aufgabe der Jugendhilfe, 5. Aufl. 2006, S. 23.

[418] *Jordan/Maykus/Stuckstätte*, Kinder- und Jugendhilfe, 4. Aufl. 2015, S. 256; § 35a Abs. 1a S.2 SGB VIII schreibt vor, dass die zur Einordnung notwendige ärztliche Stellungnahme nach dem ICD zu erstellen ist, sodass das Gesetz indirekt auf das gesamte dortige Spektrum verweist, vgl. *Raabe*, in Hauck/Noftz, SGB VIII, Stand: 01/24, § 35a Rn. 34 ff. sowie die Aufzählung in § 3 EinglHV.

[419] *Jordan/Maykus/Stuckstätte*, Kinder- und Jugendhilfe, 4. Aufl. 2015, S. 257.

## II. Stationäre Unterbringung als Form der Hilfegewährung

Hilfe für behinderte Kinder und Jugendliche kann oftmals im familiären häuslichen Umfeld gewährt werden, in dem die Eltern die Betreuung übernehmen und hierfür sozialrechtliche Unterstützungsleistungen erhalten.[420] Ist den Eltern eine Betreuung zu Hause nicht (mehr) möglich, kommen stationäre Hilfeformen in Betracht. Diese liegen dann vor, wenn außerhalb des elterlichen Haushalts rund um die Uhr Betreuung, Begleitung und Hilfe geboten sind.[421]

Geistig oder körperlich behinderte Kinder und Jugendliche erhalten wie ebensolche Erwachsene Eingliederungshilfe nach dem 2. Teil des SGB IX.[422, 423] Nach § 90 Abs. 2 SGB IX ist es besondere Aufgabe der medizinischen Rehabilitation, eine Behinderung „abzuwenden, zu beseitigen, zu mindern, auszugleichen, eine Verschlimmerung zu verhüten oder die Leistungsberechtigten so weit wie möglich unabhängig von Pflege zu machen“. Zu den Maßnahmen der Eingliederungshilfe zählen auch vollstationäre Unterbringungen.[424] Art und Umfang der Hilfe richtet sich nach dem konkreten und individuellen Hilfebedarf im Einzelfall, § 104 SGB IX.

Gemäß §§ 2 Abs. 2 Nr. 5, 35a Abs. 1 SGB VIII ist dagegen die Kinder- und Jugendhilfe für Kinder und Jugendliche zuständig, die unter einer seelischen Behinderung leiden oder von einer solchen bedroht sind. § 35a Abs. 3 SGB VIII verweist dabei hinsichtlich der Aufgaben und Ziele der Hilfe, des Personenkreises sowie der Art der Leistung auf die Regelungen insbesondere zur Eingliederungshilfe im SGB IX. Die Hilfen für seelisch behinderte Kinder und Jugendliche können nach § 35a Abs. 2 Nr. 4 auch in Einrichtungen über Tag und Nacht oder in sonstigen Wohnformen erfolgen. Denkbar ist die

---

420 Insb. Pflegegeld (§ 37 SGB XI), Pflegesachleistungen, Leistungen zur Abdeckung von Verhinderungspflege (§ 39 SGB XI) und einen Entlastungsbetrag (§ 45b SGB XI).

421 *Dworschak*, Lebensqualität von Menschen mit geistiger Behinderung, 2004, S. 20.

422 *Jordan/Maykus/Stuckstätte*, Kinder- und Jugendhilfe, 4. Aufl. 2015, S. 258.

423 Mit dem Gesetz zur Stärkung der Teilhabe und Selbstbestimmung von Menschen mit Behinderungen (Bundesteilhabegesetz – BTHG) v. 23. Dezember 2016, BGBl. I, 3234, ist mit Wirkung vom 1. Januar 2020 die Eingliederungshilfe ins SGB IX überführt und in den dortigen § 90–150 geregelt. Hierdurch soll eine „qualitative strukturelle Weiterentwicklung“ (BT-Drucks. 18/9522, S. 196) erfolgen.

424 Vgl. BT-Drucks. 18/9522, S. 4, 200, 301; BVerwG NVwZ-RR 2012, 67, 68 Rn. 13;

Unterbringung in „normalen Einrichtungen der Kinder- und Jugendhilfe“[425], aber auch die Schaffung von „Sondereinrichtungen“ ist nicht ausgeschlossen.[426] Die Zielsetzung der stationären Unterbringung ist in der Regel nicht die „Verbesserung“ des gesundheitlichen Zustands, sondern gesellschaftliche Integration, Förderung der Autonomie und Versorgung im Alltag; in vielen derartigen Fällen besteht gar ein lebenslanger Hilfebedarf.[427] Darüber hinaus ist eine stationäre Unterbringung als Krisenintervention, etwa bei psychiatrischen Notfällen, auch in Einrichtungen der KJPP möglich.[428] Dies setzt hingegen voraus, dass die Kliniken zur individuellen Problemlösung auf die jeweilige Klientel eingestellt sind.[429] Bislang war bei Vorliegen multipler Probleme, die in die Zuständigkeit verschiedener Hilfesysteme fallen – vor allem bei Mehrfachbehinderungen –, die Abgrenzung der Zuständigkeit und die Grundlage der Hilfegewährung mitunter unklar. Bei körperlich und geistig behinderten Kindern, bei denen im Einzelfall auch Leistungen der Kinder- und Jugendhilfe in Betracht kommen, ist bislang gem. § 10 Abs. 4 S. 2 SGB VIII die Eingliederungshilfe in Anspruch zu nehmen.[430] Für seelisch behinderte Kinder besteht dagegen gem. § 10 Abs. 4 S. 1 SGB VIII ein Leistungsvorrang der Kinder- und Jugendhilfe. Diese unterschiedliche Zuständigkeit führte – insbesondere bei jüngeren Kindern – zu Unsicherheiten aufgrund von Abgrenzungsschwierigkeiten zwischen psychischen Krankheitssymptomen und Entwicklungsverzögerung oder anderen Verhaltensauffälligkeiten sowie bei Mehrfachbehinderungen. Deshalb wurde schon länger eine „Hilfe aus einer Hand“ gefordert.[431] Auch die Ausgliederung

---

[425] Ziel der Vorschrift des § 35a SGB VIII war gerade die Überwindung der Trennung von behinderten und nichtbehinderten Kindern, BT-Drucks. 12/2866, S. 30.

[426] *Wiesner*, in: Fegert/Schrapper, Handbuch Jugendhilfe – Jugendpsychiatrie, 2004, S. 179, 182; *Bundesministerium für Arbeit und Soziales*, Zweiter Teilhabebericht der Bundesregierung über die Lebenslagen von Menschen mit Beeinträchtigungen, 2016, S. 48.

[427] SG Trier, Urt. v. 14. Februar 2017 – S 3 SO 67/14 Juris Rn. 2.

[428] *Voß*, in: Bienstein/Rojahn, Selbstverletzendes Verhalten, 2013, S. 216, 222; *Rüth*, in: Rüth/Pankofer/Freisleder, Geschlossene Unterbringung, S. 3, 4.

[429] *Voß*, in: Bienstein/Rojahn, Selbstverletzendes Verhalten, 2013, S.216, 224.

[430] Auch darüber, ob es sich tatsächlich um deckungsgleiche Leistungsgegenstände handelt, kann man dagegen streiten, s. etwa SG Trier, Urt. v. 14. Februar 2017 – S 3 SO 67/14 Juris.

[431] Deutscher Verein für öffentliche und private Fürsorge e. V., NDV 2010, 467; *Wiesner*, in: Fegert/Schrapper, Handbuch Jugendhilfe – Jugendpsychiatrie, 2004, S. 179

der seelischen Behinderung aus dem originären Leistungsbereich der Hilfen zur Erziehung (§ 27 ff. SGB VIII) stieß hinsichtlich der Abgrenzbarkeit von Krankheit, Behinderung und erzieherischem Bedarf auf Kritik.[432] Dieser Problemlage hat sich das Gesetz zur Stärkung von Kinder und Jugendlichen[433] angenommen: Nach dessen Neufassung von § 10 Abs. 4, 5 SGB VIII, die am 1. Januar 2028 in Kraft tritt, werden die Leistungen des SGB VIII für junge Menschen mit seelischer Behinderung auch für junge Menschen mit körperlicher oder geistiger Behinderung, oder wenn solche drohen, vom Träger der öffentlichen Jugendhilfe gewährt.

## III. Geschlossene Unterbringung

Die Umsetzung der stationären Unterbringung kann in einem Heim der Behindertenhilfe erfolgen, welches – zumindest zum Teil – geschlossen geführt wird.[434] Eine derartige Unterbringungsform kann im Einzelfall unter anderem die Zielsetzung verfolgen, den Betroffenen daran zu hindern, sich – unwillentlich – Schaden zuzufügen oder sich zu verirren; die Ursache solcher Selbstgefährdungen liegt in der Regel in kognitiven Funktionsstörungen (Verwirrtheit, Desorientiertheit, Erregung usw.).[435] Eine solche Sicherungsmaßnahme taucht vorrangig bei Personen mit schweren geistigen Behinderungen auf, da diese gefahrträchtige Situationen und Handlungen oftmals nicht kritisch einschätzen können, wobei eine geschlossene Unterbringung immer stärker dann notwendig ist, je mobiler der Betroffene ist.[436] Bei Personen mit leichteren Behinderungsgraden kommt eine geschlossene Unterbringung demgegenüber seltener

---

m. w. Nachw.; *Fegert*, JAmt 2010, 267, 268 f., 271 f.; *Wiesner*, ZfJ 1996, 199, 200 ff.; 278, 280 ff.; Positionspapier der Arbeitsgemeinschaft für Kinder- und Jugendhilfe – AGJ, (www.agj.de/fileadmin/files/positionen/2011/Gesamtzustaendigkeit.pdf [zuletzt abgerufen: 25. Januar 2026]), S. 2; *Wiesner*, JAmt 2010, 277, 281.

432 *Jordan/Maykus/Stuckstätte*, Kinder- und Jugendhilfe, 4. Aufl. 2015, S. 260.

433 Kinder- und Jugendstärkungsgesetz (KJSG) v. 03. Juni 2021, BGBl. I, 1444.

434 *Seidel*, in: dgsgb, Freiheitseinschränkende Maßnahmen und geschlossene Unterbringung in der Behindertenhilfe, 2013, S. 5 f.

435 *Seidel*, in: dgsgb, Freiheitseinschränkende Maßnahmen und geschlossene Unterbringung in der Behindertenhilfe, 2013, S. 5; *Timm*, in: dgsgb, Freiheitseinschränkende Maßnahmen und geschlossene Unterbringung in der Behindertenhilfe, 2013, S. 11.

436 *Timm*, in: dgsgb, Freiheitseinschränkende Maßnahmen und geschlossene Unterbringung in der Behindertenhilfe, 2013, S. 11, 12.

vor, da dieser Personenkreis Selbstgefährdungen in der Regel verlässlich abwehren kann; erforderlich sein kann eine geschlossene Unterbringung dennoch, wenn etwa noch andere Problemlagen wie eine psychische Störung hinzukommen.[437]

## IV. Gefahrenpotential

Gefahrenpotential verursacht bei der Unterbringung volljähriger Behinderter vor allem eine Problemverdichtung durch den hohen Anteil besonders stark unterstützungsbedürftiger Menschen innerhalb der stationären Angebote der Behindertenhilfe, bei deren Behandlung Unsicherheiten bezüglich der Voraussetzungen und Bedingungen der Unterbringung und unterbringungsähnlicher Maßnahmen auftreten; verstärkt wird diese Problematik durch eine zunehmende Personalverknappung.[438] Gerade bei behinderten oder chronisch kranken Kindern kann die intensive, wiederholte oder gar regelmäßige Erfahrung von Zwang im Allgemeinen Auswirkungen haben, die bis zu einer posttraumatischen Belastungsstörung oder negativen Folgen für die Persönlichkeitsentwicklung reichen.[439] Darüber kann durch die Unsicherheiten hinsichtlich der Zuständigkeiten[440] und einem daraus möglicherweise resultierenden Streit eine „stigmatisierende und defizitorientierte Spirale“ verursacht werden, die dazu führt, dass sich Zuständigkeitsstreitigkeiten zu Lasten optimaler Hilfe auswirken.[441]

## V. Fazit zur geschlossenen Unterbringung behinderter Kinder und Jugendlicher

Die geschlossene Unterbringung behinderter Kinder und Jugendlicher scheint weniger Gegenwehr als die in der KJPP und bei weitem nicht so viel wie in der Kinder- und Jugendhilfe zu begegnen. Soweit man die Kritik

---

[437] *Timm*, in: dgsgb, Freiheitseinschränkende Maßnahmen und geschlossene Unterbringung in der Behindertenhilfe, 2013, S. 11.

[438] *Seidel*, in: dgsgb, Freiheitseinschränkende Maßnahmen und geschlossene Unterbringung in der Behindertenhilfe, 2013, S. 5 f., 7 f.

[439] *Deutscher Ethikrat*, Stellungnahme „Hilfe durch Zwang?“, 2018, S. 18.

[440] s. dazu oben D. II.

[441] Positionspapier der Arbeitsgemeinschaft für Kinder- und Jugendhilfe – AGJ, S. 2 f. (s. Teil 2 Fn. 433); zu unklaren Zuständigkeiten und entsprechend zweckorientierten Sachverständigengutachten s. auch *Fegert*, JAmt 2010, 267, 270.

zur Unterbringung Volljähriger in Einrichtungen der Behindertenhilfe übertragen kann, was nach dem Vorgesagten für die Zuständigkeitsfragen der Fall ist, handelt es sich hierbei um strukturelle Fehler, die nicht speziell auf die geschlossene Unterbringung bezogen sind, sondern bei allen Hilfeformen auftreten können. Gleichwohl erscheinen Unsicherheiten über das Ob und Wie der geschlossenen Unterbringung aufgrund ihrer hohen Intensität besonders bedenklich. Steigender Hilfebedarf und fehlende Mittel, insbesondere der kommunalen Haushalte, die für die Eingliederungshilfe zuständig sind, erschweren die Behebung von Problemen wie der Personalverknappung.[442]

## F. Weitere freiheitseinschränkende Maßnahmen

Neben der Diskussion um die freiheitsentziehende Unterbringung selbst stehen aktuell verstärkt die nun vom Gesetzgeber als freiheitsentziehende oder unterbringungsähnliche Maßnahme bezeichnete Handlungen im Zentrum der Diskussion. Diese werden sowohl in Einrichtungen der Kinder- und Jugendhilfe (s. unter I. 1.) wie auch in Einrichtungen der Kinder- und Jugendpsychiatrie und -psychotherapie (s. unter I. 2.) und der Behindertenhilfe (s. unter I. 3.) vorgenommen.

Die genannten Maßnahmen sind allesamt kein Spezifikum geschlossener Heime oder Stationen und können ebenso in offenen Einrichtungen erfolgen.[443] Dauer, Häufigkeit und Anlässe variieren dabei nicht je nachdem auf welchem Gebiet die Maßnahmen vorgenommen werden – Kinder- und Jugendhilfe, KJPP, Behindertenhilfe –, sehr wohl aber zwischen den einzelnen Einrichtungen.[444] Im Folgenden werden die Maßnahmen vorgestellt und ein Eindruck über die Anlässe für die entsprechenden Maßnahmen sowie ihre Ziele und Gefahren vermittelt.

---

[442] *Seidel*, in: dgsgb, Freiheitseinschränkende Maßnahmen und geschlossene Unterbringung in der Behindertenhilfe, 2013, S. 5, 6, 9 f.
[443] *Nitschke-Janssen/Branik*, Praxis der Kinderpsychologie und Kinderpsychiatrie 2006, 255, 263: in der KJPP häufigere Anwendung auf geschlossenen Stationen.
[444] *Pankofer*, Freiheit hinter Mauern, 1997, S. 137.

## I. Maßnahmen, Gründe, Ziele

### 1. Kinder- und Jugendhilfe

Die in der Kinder- und Jugendhilfe vorrangig vorgenommene, die Freiheit beeinträchtigende Maßnahme ist die Isolierung des Betroffenen im eigenen oder einem anderen Zimmer,[445] die mitunter auch als Time-Out[446], überwachte Isolierung[447] oder Auszeit[448] bezeichnet wird. Mitunter ist die Verbringung in diese Räume bzw. in die Isolation verbunden mit dem Verbot einer Kontaktaufnahme mit anderen Personen,[449] mitunter werden diese Räume aber auch aktiv genutzt, indem eine Pädagogin oder ein Pädagoge in dem Raum gemeinsam mit dem Betroffenen versucht, anhand der Konfliktsituation einen Lernprozess in Gang zu setzen.[450] Die Aufenthaltsdauer kann variieren: *Pankofer* etwa beschreibt für die von ihr betrachtete Einrichtung eine Aufenthaltsdauer zwischen einer und mehreren Stunden,[451] *Schwabe/Evers* beschreiben auch nur wenige Minuten dauernde Interventionen.[452]

Die Isolierung soll auf der einen Seite vor gewalttätigen Angriffen oder der Androhung von Gewalt gegenüber Betreuern oder anderen Jugendlichen schützen.[453] Sie wird als Grenzsetzung für hocherregte Kinder beschrieben, für die sie einen „negativen Reiz" herstellt, der einen Prozess der Verhaltensmodifikation anregen soll.[454] Sie kann zudem eine Reaktion auf eskalierende

---

[445] *Pankofer*, Freiheit hinter Mauern, 1997, S. 145.

[446] *M. Schwabe/Evers*, in: EREV, Evaluation freiheitsentziehender Maßnahmen in der Jugendhilfe, 2006, S. 56; *Adams*, in: Rüth/Pankofer/Freisleder, Geschlossene Unterbringung, S. 112, 126.

[447] *Pankofer*, Freiheit hinter Mauern, 1997, S. 137; *Fetzer/Steinert/Metzger/Fegert*, Praxis der Kinderpsychologie und Kinderpsychiatrie 2006, 754, 755.

[448] *M. Schwabe/Evers*, in: EREV, Evaluation freiheitsentziehender Maßnahmen in der Jugendhilfe, 2006, S. 56, 60.

[449] *Pankofer*, Freiheit hinter Mauern, 1997, S. 137; *Fetzer/Steinert/Metzger/Fegert*, Praxis der Kinderpsychologie und Kinderpsychiatrie 2006, 754, 755.

[450] *M. Schwabe/Evers*, in: EREV, Evaluation freiheitsentziehender Maßnahmen in der Jugendhilfe, 2006, S. 56.

[451] *Pankofer*, Freiheit hinter Mauern, 1997, S. 137.

[452] *M. Schwabe/Evers*, in: EREV, Evaluation freiheitsentziehender Maßnahmen in der Jugendhilfe, 2006, S. 56.

[453] *v. Wolffersdorff/Sprau-Kuhlen/Kersten*, Geschlossene Unterbringung in Heimen, 2. Aufl. 1996, S. 321.

[454] *M. Schwabe/Evers*, in: EREV, Evaluation freiheitsentziehender Maßnahmen in der Jugendhilfe, 2006, S. 56, 60; *Adams*, in: Rüth/Pankofer/Freisleder, Geschlossene Unterbringung, S. 112, 126, nennt das Überkommen einer Impulskontrollstörung.

Gruppensituationen sein, etwa wenn Konflikte und Machtkämpfe zwischen den Kindern und Jugendlichen und den Pädagoginnen und Pädagogen auftreten, deren Fortentwicklung durch eine räumliche Veränderung unterbrochen werden kann.[455] In dieser Funktion bewirkt sie eine präventive Deeskalation von Konflikten.[456] Darüber wird sie genutzt, um das Machtgefüge in den Einrichtungen wiederherzustellen, indem der Machtüberhang der betreuenden Fachkräfte betont wird.[457] Letzteren Zweck erfüllt auch die Verwendung als Sanktionsmöglichkeit etwa als Reaktion auf Entweichungen.[458] Gleichzeitig ist durch die Isolation auch die Verhinderung eines Entweichens in bzw. nach Konfliktsituationen möglich.[459] Die speziell eingerichteten Räume können mitunter von den Kindern und Jugendlichen auch freiwillig zur Selbstberuhigung genutzt werden.[460] Darüber hinaus wird im Einzelfall eine Isolierung genutzt, um Kinder „sicherzustellen", während etwa in der Wohngruppe Gruppenaktivitäten durchgeführt werden, an denen sie nicht teilnehmen sollen.[461]

## 2. KJPP

Auch in der KJPP werden Isolierungen angewendet[462] und gegenüber anderen freiheitsbeschränkenden Maßnahmen mitunter bevorzugt, weil sie als am

---

455 *Pankofer*, Freiheit hinter Mauern, 1997, S. 137 f.

456 *M. Schwabe/Evers*, in: EREV, Evaluation freiheitsentziehender Maßnahmen in der Jugendhilfe, 2006, S. 56, 60.

457 *M. Schwabe/Evers*, in: EREV, Evaluation freiheitsentziehender Maßnahmen in der Jugendhilfe, 2006, S. 56, 64.

458 *v. Wolffersdorff/Sprau-Kuhlen/Kersten*, Geschlossene Unterbringung in Heimen, 2. Aufl. 1996, S. 321; *Pankofer*, Freiheit hinter Mauern, 1997, S. 137 unter Hinweis auf andere, nicht jedoch die von ihr untersuchte Einrichtung.

459 *M. Schwabe/Evers*, in: EREV, Evaluation freiheitsentziehender Maßnahmen in der Jugendhilfe, 2006, S. 56, 60; *v. Wolffersdorff/Sprau-Kuhlen/Kersten*, Geschlossene Unterbringung in Heimen, 2. Aufl. 1996, S. 321.

460 *M. Schwabe/Evers*, in: EREV, Evaluation freiheitsentziehender Maßnahmen in der Jugendhilfe, 2006, S. 56, 60.

461 *v. Wolffersdorff/Sprau-Kuhlen/Kersten*, Geschlossene Unterbringung in Heimen, 2. Aufl. 1996, S. 321,

462 In den von *Fetzer/Steinert/Metzger/Fegert*, Praxis der Kinderpsychologie und Kinderpsychiatrie 2006, 754, 761, untersuchten Einrichtungen war die Isolierung die weit überwiegend angewendete Maßnahme (88,5 %); *M. Schwabe/Evers*, in: EREV, Evaluation

wenigsten einschränkend empfunden werden.[463] Darüber hinaus werden mechanische Fixierungen durchgeführt, etwa mit Gurten an verschiedenen Körperpunkten[464]; als eine freiheitseinschränkende Maßnahme kann darüber hinaus auch das einfache Festhalten des Betroffenen gelten.[465] Als freiheitsbeschränkende Maßnahme werden ebenso verabreichte Medikamente angesehen, die die Bewegungsfreiheit des Patienten einschränken, ohne hingegen eine Standardbehandlungsform für die eigentliche körperliche oder psychiatrische Krankheit des Patienten zu sein.[466] In den Kliniken und Stationen werden keineswegs alle Maßnahmen gleichermaßen angewendet, und auch die Häufigkeit divergiert stark, abhängig von der Einstellung der Klinikleitung und der pädagogisch-pflegerischen Mitarbeiter sowie von der Einrichtungs- und Stationskultur und des jeweiligen Behandlungskonzepts.[467] Anlass für eine entsprechende Maßnahme ist etwa, dass „infolge krankheitsbedingter Krisen die Wahrnehmung der Realität verzerrt ist und

---

freiheitsentziehender Maßnahmen in der Jugendhilfe, 2006, S. 56, 66, nennen die Möglichkeit, dass dann, wenn der Betreffende zuvor in der Kinder- und Jugendhilfe untergebracht war, die dort vorgesehenen Maßnahmen auch in der KJPP weitergeführt werden.

[463] *Fetzer/Steinert/Metzger/Fegert*, Praxis der Kinderpsychologie und Kinderpsychiatrie 2006, 754, 764; nicht spezifisch für Minderjährige: *National Institute for Health an Clinical Excellence* (NICE), Violence. The short-term management of disturbed/violent behaviour in in-patient psychiatric settings and emergency departments, 2005, (www.ncbi.nlm.nih.gov/books/NBK55521/pdf/Bookshelf_NBK55521.pdf [zuletzt abgerufen: 25. Januar 2026]), S. 26; differenziert *Schepker/Steinert/Jungmann/Bergmann /Fegert*, Praxis der Kinderpsychologie und Kinderpsychiatrie 2006, 802, 804, 808: keine Maßnahme ist prinzipiell „eingreifender", Patienten erleben Maßnahmen aber mitunter unterschiedlich.

[464] *Fetzer/Steinert/Metzger/Fegert*, Praxis der Kinderpsychologie und Kinderpsychiatrie 2006, 754, 755; *Dorfman/Kastner*, Pediatric Emergency Care 2004, 151.

[465] *Deutsche Gesellschaft für Psychiatrie, Psychotherapie und Nervenheilkunde*, Behandlungsleitlinie. Therapeutische Maßnahmen bei aggressivem Verhalten, 2010, S. 74.

[466] *Fetzer/Steinert/Metzger/Fegert*, Praxis der Kinderpsychologie und Kinderpsychiatrie 2006, 754, 755 f., dort auch zu der Frage der korrekten Bezeichnung.

[467] *Nitschke-Janssen/Branik*, Praxis der Kinderpsychologie und Kinderpsychiatrie 2006, 255, 263, 266; So können etwa Isolierungen nur bei Vorhandensein entsprechender Räume durchgeführt werden, *Fetzer/Steinert/Metzger/Fegert*, Praxis der Kinderpsychologie und Kinderpsychiatrie 2006, 754, 764.

Handlungsimpulse auftreten, die mit einem hohen Risiko dauerhafter und gravierender Selbstschädigung, bis hin zur Selbsttötung, verbunden sind."[468]

Die Frage, ob freiheitseinschränkende Maßnahmen lediglich eine Sicherungsmaßnahme darstellen oder ob sie auch zu Therapiezwecken genutzt werden können, ist in der allgemeinen Psychiatrie strittig.[469] In der KJPP sollen sie dagegen nicht als therapeutische Intervention durchgeführt werden, sondern der Schadensbegrenzung bei selbst- oder fremdschädigendem Verhalten oder der Befürchtung, ein solches könne eintreten, dienen.[470] Denkbar ist die Abwendung etwa bei einem akut psychotischen Patienten mit aggressiven Ausbrüchen.[471] Abzuwägen ist vor der Anwendung die Sicherheit des betroffenen Patienten, des Personals und des Umfelds mit den Rechten, Präferenzen und Bedürfnissen des Patienten.[472] Gleichzeitig ist den Betroffenen auch hier die Möglichkeit zu geben, die Maßnahmen freiwillig etwa zur Selbstberuhigung einzufordern.[473]

## 3. Behindertenhilfe

In der Behindertenhilfe werden freiheitseinschränkende Maßnahmen auf vielfältige Weise, etwa in Form von Fixierungen, Bettgittern, Ellenbogenschienen, Schutzhandschuhen, Ganzkörperanzügen, Leibgurten, Schutzdecken, Kastenbetten, Isolierungen im Zimmer oder Time-Out-Räumen, Therapietischen oder Gurten am Rollstuhl sowie sedierenden Medikamenten angewendet.[474] Auch diese Maßnahmen verfolgen mehrheitlich das Ziel, den

---

[468] *Deutscher Ethikrat*, Stellungnahme „Hilfe durch Zwang?", 2018, S. 97.

[469] Vgl. mit Nachweisen für beide Seiten: *Deutsche Gesellschaft für Psychiatrie, Psychotherapie und Nervenheilkunde*, Behandlungsleitlinie. Therapeutische Maßnahmen bei aggressivem Verhalten, 2010, S. 74 f.

[470] *Nitschke-Janssen/Branik*, Praxis der Kinderpsychologie und Kinderpsychiatrie 2006, 255, 263, 268, *Dorfman/Kastner*, Pediatric Emergency Care 2004, 151.

[471] *Vollmann*, Nervenarzt 2014, 614, 617.

[472] *Fetzer/Steinert/Metzger/Fegert*, Praxis der Kinderpsychologie und Kinderpsychiatrie 2006, 754, 756.

[473] *Fetzer/Steinert/Metzger/Fegert*, Praxis der Kinderpsychologie und Kinderpsychiatrie 2006, 754, 761; *Dorfman/Kastner*, Pediatric Emergency Care 2004, 151, halten die Anwendung der Maßnahme auf Verlangen des Patienten sogar bei Fixierungen für möglich.

[474] *Bayerisches Staatsministerium für Arbeit und Soziales, Familie und Integration*, Bericht „Stationäre Einrichtungen für Kinder und Jugendliche mit Behinderung", S. 14

Betroffenen vor Selbst- oder Fremdverletzung zu bewahren, die aufgrund seiner individuellen Störungen und der daraus bedingten Unfähigkeit, der Gefährdung selbst beizukommen, entstehen.[475] Ein solches etwa als „herausfordernd“ bezeichnetes Verhalten kann etwa durch Überforderungssituationen, Kommunikationsprobleme oder eine zugrundeliegende psychiatrische Problematik ausgelöst sein.[476] Gleichzeitig können auch die besonderen Gegebenheiten in der stationären Unterbringung ein herausforderndes Verhalten begründen: Verlassen des gewohnten Umfelds, vorgegebene Abläufe, wechselnde Betreuungspersonen.[477]

Darüber hinaus sollen einige der genannten Mittel dazu dienen, eine Fortbewegung überhaupt oder zumindest ohne Verletzungsgefahr oder ganz alltägliche Handlungen erst zu ermöglichen. Ersteres ist etwa denkbar bei der Nutzung von Gurten, ohne die sich die betroffene Person nicht im Rollstuhl halten kann. Die Ermöglichung alltäglicher Handlungen ist etwa Zweck des Einsatzes eines Therapietisches zur Nahrungsaufnahme.

## II. Kritik und Gefahrenpotential

Die beschriebenen Maßnahmen werden insbesondere für die Kinder- und Jugendhilfe kritisiert und als „Einschränkung der Menschenwürde“[478],

---

(https://www.stmas.bayern.de/imperia/md/content/stmas/stmas_inet/wohnen/finaler_s4_konformer_bericht_fem_12062019_org.pdf [zuletzt abgerufen: 25. Januar 2026), für die dort untersuchten Einrichtungen; BGH FamRZ 2013, 1646 sowie OLG Oldenburg, FamRZ 2012, 39 (Vorinstanz).

[475] *Seidel*, in: dgsgb, Freiheitseinschränkende Maßnahmen und geschlossene Unterbringung in der Behindertenhilfe, 2013, S. 5; Timm, in: dgsgb, Freiheitseinschränkende Maßnahmen und geschlossene Unterbringung in der Behindertenhilfe, 2013, S. 11, 12; *Bayerisches Staatsministerium für Arbeit und Soziales, Familie und Integration*, Bericht „Stationäre Einrichtungen für Kinder und Jugendliche mit Behinderung“ (s. Teil 2 Fn. 476), S. 17, beschreibt zudem die beruhigende Wirkung einer Isolierung.

[476] *Bayerisches Staatsministerium für Arbeit und Soziales, Familie und Integration*, Bericht „Stationäre Einrichtungen für Kinder und Jugendliche mit Behinderung“ (s. Teil 2 Fn. 476), S. 11 f., hält ein solches insbesondere bei autistischen Kindern oder solchen mit einer schweren geistigen Behinderung für wahrscheinlich.

[477] *Bayerisches Staatsministerium für Arbeit und Soziales, Familie und Integration*, Bericht „Stationäre Einrichtungen für Kinder und Jugendliche mit Behinderung“ (s. Teil 2 Fn. 476), S. 12.

[478] *Pankofer*, Freiheit hinter Mauern, 1997, S. 146; *M. Schwabe/Evers*, in: EREV, Evaluation freiheitsentziehender Maßnahmen in der Jugendhilfe, 2006, S. 56, 64.

„entwürdigend“[479] und „ethisch nicht vertretbar“[480] bezeichnet. Diese Einschätzung rührt für die Kinder- und Jugendhilfe vor allem daher, dass ein großer Teil der Betroffenen, bei denen die genannten Maßnahmen vorgenommen werden, bereits in der Vergangenheit negative Erfahrungen mit Gewalt und Zwang gemacht hat und die genannten Maßnahmen daher psychisch belastend sind, den konflikthaften Zustand, die Aggressivität und innere Widerstände eher noch steigern und schlimmstenfalls retraumatisierend wirken können.[481] Die Anwendung der Time-Out-Maßnahmen wird von den Jugendlichen, die ihre Ziele häufig nicht nachvollziehen können, zum Teil als „Zwang“, „Knast“, „Wegschließen“ und „Iso-Zelle“ bezeichnet und als schlimmste Erfahrung während der Heimunterbringung gewertet, sodass eine mögliche positive Gesamtbewertung der Unterbringungsmaßnahme gefährdet ist.[482] Es wird darüber hinaus befürchtet, dass das Vorhandensein der Maßnahmen das selbst- und fremdschädigende Verhalten zukünftig nicht verhindert, sondern dies sich nur so verändert, dass es nach außen nicht mehr auffällig ist.[483] Zudem wird kritisiert, dass die Maßnahmen nur aufgrund

---

479 *Permien*, Erziehung zur Freiheit durch Freiheitsentzug?, S. 91; *Nitschke-Janssen/Branik*, Praxis der Kinderpsychologie und Kinderpsychiatrie 2006, 255, 257, 262; *Deutscher Ethikrat*, Stellungnahme „Hilfe durch Zwang?“, 2018, S. 97.

480 So die Einstellung einzelner MitarbeiterInnen in den untersuchten Einrichtungen *M. Schwabe/Evers*, in: EREV, Evaluation freiheitsentziehender Maßnahmen in der Jugendhilfe, 2006, S. 56, 62; abgeschwächt: *Bayerisches Staatsministerium für Arbeit und Soziales, Familie und Integration*, Bericht „Stationäre Einrichtungen für Kinder und Jugendliche mit Behinderung“ (s. Teil 2 Fn. 476), S. 12: „aus ethischer Sicht schwierig“.

481 *Permien*, Erziehung zur Freiheit durch Freiheitsentzug?, S. 91; *Nitschke-Janssen/Branik*, Praxis der Kinderpsychologie und Kinderpsychiatrie 2006, 255, 257, 262; *Pankofer*, Freiheit hinter Mauern, 1997, S. 140 f.; *Kindler/Permien/Hoops*, ZJJ 2007, 40, 44; *Hoops/Permien*, „Mildere Maßnahmen sind nicht möglich!“, 2006, S. 112; eine Retraumatisierung kann ggf. durch individuelle Auszeitkonzepte verhindert werden, *M. Schwabe/Evers*, in: EREV, Evaluation freiheitsentziehender Maßnahmen in der Jugendhilfe, 2006, S. 56, 58, 61, 69; *v. Wolffersdorff/Sprau-Kuhlen/Kersten*, Geschlossene Unterbringung in Heimen, 2. Aufl. 1996, S. 3320.

482 *Hoops/Permien*, „Mildere Maßnahmen sind nicht möglich!“, 2006, S. 107, 115 f.; *Stadler*, in: EREV, Evaluation freiheitsentziehender Maßnahmen in der Jugendhilfe, 2006, S. 72, 88, 90; *Stadler*, Therapie unter Zwang – ein Widerspruch?, S. 123; *Pankofer*, Freiheit hinter Mauern, 1997, S. 226.

483 *M. Schwabe/Evers*, in: EREV, Evaluation freiheitsentziehender Maßnahmen in der Jugendhilfe, 2006, S. 56, 70.

von Mängeln in der Hilfeplanung und der Ausstattung des Umfelds notwendig würden und diese gar zu verdecken versuchten.[484] Darüber hinaus symbolisiere allein die Möglichkeit, entsprechende Maßnahmen vorzunehmen, einen „unübersehbaren Macht- und Strafanspruch der Institution", der einer partnerschaftlichen Kinder- und Jugendhilfe nicht gerecht werde.[485] Dieser Kritik wird entgegengesetzt, dass die Isolierungsmaßnahmen auch in der Kinder- und Jugendhilfe durchaus therapeutisch nutzbar und damit pädagogisch vertretbar seien.[486] Dies soll vor allem dann der Fall sein, wenn die Maßnahme genutzt wird, um einen individuellen Zugang zum Betroffenen zu finden und die Chance zur Veränderung durch Kommunikation aufgegriffen werde.[487] Gleichzeitig soll von einer entsprechenden Nutzung nicht die Unterscheidung zwischen einem „guten Einschluss" mit Begleitung und einer „schlechten Isolierung" ausgehen, da ein entsprechendes Beziehungsangebot manche Kinder überfordern könne und diese daher auf eine „nüchterne Isolierung" besser reagierten.[488] Diese Einschätzung und auch die sinnvolle Nutzung seien allerdings abhängig von der individuellen Kompetenz der beteiligten pädagogischen Fachkraft.[489]

Kritik wird auch in den Berichten über die Zustände in den Einrichtungen der Haasenburg GmbH geäußert: es wird von langfristigen Fixierungen und Unterbringungen in Auszeiträumen berichtet.[490] Die Fixierungen

---

[484] *M. Schwabe/Evers*, in: EREV, Evaluation freiheitsentziehender Maßnahmen in der Jugendhilfe, 2006, S. 56, 67.

[485] *v. Wolffersdorff/Sprau-Kuhlen/Kersten*, Geschlossene Unterbringung in Heimen, 2. Aufl. 1996, S. 319; *Hoops/Permien*, „Mildere Maßnahmen sind nicht möglich!", 2006, S. 112.

[486] *Pankofer*, Freiheit hinter Mauern, 1997, S. 144; *M. Schwabe/Evers*, in: EREV, Evaluation freiheitsentziehender Maßnahmen in der Jugendhilfe, 2006, S. 56, 57, 62.

[487] *Pankofer*, Freiheit hinter Mauern, 1997, S. 146; eine entsprechende Nutzung des dort vorgestellten „Auszeitraumes" beschreibt auch *M. Schwabe/Evers*, in: EREV, Evaluation freiheitsentziehender Maßnahmen in der Jugendhilfe, 2006, S. 56, 57.

[488] *Schwabe/Evers*, in: EREV, Evaluation freiheitsentziehender Maßnahmen in der Jugendhilfe, 2006, S. 56, 62.

[489] *Pankofer*, Freiheit hinter Mauern, 1997, S. 144; s. etwa die bei *M. Schwabe/Evers* (in: EREV, Evaluation freiheitsentziehender Maßnahmen in der Jugendhilfe, 2006, S. 56, 57 ff.) beschriebenen Konzepte einerseits zur allgemeinen Nutzung eines Auszeitraums, andererseits individuell für die Anwendung der Maßnahme bei dem einzelnen Betroffenen (S. 58).

[490] *V. Bullion*, „Auf Liegen geschnallt und diszipliniert", Süddeutsche Zeitung (online) v. 28. Juni 2013 (www.sueddeutsche.de/panorama/misshandlungen-im-jugend-

waren danach laut der Ausführungen im Untersuchungsbericht mitunter mit Schmerzen und Verletzungen verbunden und wurden eingesetzt, um Missachtung von Verhaltensanweisungen, Regelverstöße oder provokantes Verhalten zu sanktionieren.[491]

Auch für die KJPP und Behindertenhilfe besteht die Gefahr, dass dauerhafte Fixierungen im Bett oder Stuhl körperliche oder seelische Leiden auslösen oder verstärken und das Gesamtbild des körperlichen und psychischen Zustands verschlechtern.[492] Ein erschreckendes Bild offenbarten Medienberichte über einige Einrichtungen der Behindertenhilfe in Bayern. Insbesondere über die Einrichtung „Franziskushaus" in Au am Inn wird berichtet von einem systematischen „Einschluss laut Tagesplan" – der etwa vorgenommen wird, weil die Kinder sonst den Alltag in der Gruppe stören, aber auch provisorisch zur „Beruhigung und Erholung" – und einem Nachteinschluss von 19:30 Uhr bis 6:30 Uhr; zum Teil wurden hierfür an Käfige erinnernde so genannte „Kastenbetten" verwendet, die die autistischen Kinder zumeist nicht selbstständig verlassen konnten – eine Einwilligung der Sorgeberechtigten lag nicht immer vor.[493] Zwar kann nicht davon ausgegangen werden, dass die dargestellten Zustände sich flächendeckend in allen Heimen der Behindertenhilfe wiederfinden. Gleichwohl zeigen sie ein Beispiel auf, in dem freiheitseinschränkende Maßnahmen nicht nur im Einzelfall, sondern strukturell innerhalb einer Einrichtung auf bedenkliche Weise und in bedenklichem Ausmaß angewendet wurden.

---

heim-auf-liegen-geschnallt-und-diszipliniert-1.1708619 [zuletzt abgerufen: 25. Januar 2026]).

[491] *Hoffmann/Adam/Hansen/Paulat/Scharnweber/Thimm*, Bericht und Empfehlungen der unabhängigen Kommission zur Untersuchung der Einrichtungen der Haasenburg e. V., 2013, S. 85 f., 93, 115.

[492] *Kirsch*, Psychosoziale Umschau 2015, 28; *Nitschke-Janssen/Branik*, Praxis der Kinderpsychologie und Kinderpsychiatrie 2006, 255, 265: negative Auswirkungen entsprechender Maßnahmen insbesondere bei Kindern und Jugendlichen mit Sozialverhaltensstörung; s. eingehend zu einer erwachsenen Zielgruppe in der Psychiatrie: *Steinert/Birk/Flammer/Bergk*, Psychiatric Services 2013, 1012 f., 1015 f. m. w. Nachw.

[493] *Hawranek*, „Staatsanwaltschaft ermittelt in Au am Inn: Wie behinderte Kinder weggesperrt werden", BR.de v. 6. April 2016 (www.br.de/nachricht/au-franziskushaus-kinderheim-ermittlungen-100.html [zuletzt abgerufen: 25. Januar 2026]); *Ahr/Hawranek*, „Unerhörte Schreie", Die Zeit v. 21. April 2016 (Nr. 18), S. 12.

Zum Teil wird die Effektivität der beschriebenen Maßnahmen grundsätzlich bezweifelt.[494] Sie prägten im Gegenteil die Beziehung zu den handelnden Pädagogen negativ,[495] die für die positive Entwicklung während der Unterbringung allerdings eine wichtige Rolle spielten.[496] Die Möglichkeit für die betreuenden Fachkräfte, freiheitseinschränkende Maßnahmen vorzunehmen, und deren häufige und unreflektierte Anwendung birgt die Gefahr, dass die Maßnahmen zu einer Routinebehandlung verkommen oder der Bequemlichkeit und Entlastung des Betreuungspersonals geschuldet sind.[497] Darüber hinaus wird auch die Verwendung von Isolierungsmaßnahmen und Fixierungen als Strafe abgelehnt.[498]

Über die möglichen negativen Auswirkungen auf die betroffenen Kinder und Jugendlichen hinaus kann die Durchführung einer Zwangsmaßnahme auch negative Wirkungen auf andere Kinder haben, die diese Durchführung und die Reaktionen des Betroffenen beobachten; auch hierunter kann das vertrauensvolle Klima zwischen Betreuungspersonen und untergebrachten Kindern und Jugendlichen leiden.[499]

---

[494] *Nitschke-Janssen/Branik*, Praxis der Kinderpsychologie und Kinderpsychiatrie 2006, 255, 265; *Permien*, Erziehung zur Freiheit durch Freiheitsentzug?, S. 91.

[495] *Pankofer*, Freiheit hinter Mauern, 1997, S. 141 f.; *Permien*, Erziehung zur Freiheit durch Freiheitsentzug?, S. 91; *Nitschke-Janssen/Branik*, Praxis der Kinderpsychologie und Kinderpsychiatrie 2006, 255, 268.

[496] S. zur Bedeutung eines positiven Beziehungsaufbaus für eine positive Gesamtbewertung der geschlossenen Unterbringung C. III. 5. a.

[497] *Nitschke-Janssen/Branik*, Praxis der Kinderpsychologie und Kinderpsychiatrie 2006, 255, 267 m. w. Nachw.; auf eine entsprechende Entwicklung deuten auch die genannten Medienberichte hin, *Hawranek*, „Staatsanwaltschaft ermittelt in Au am Inn: Wie behinderte Kinder weggesperrt werden", BR.de v. 6. April 2016 (s. Teil 2 Fn. 495); *Ahr/Hawranek*, „Unerhörte Schreie", Die Zeit v. 21. April 2016 (Nr. 18), S. 12; *Mittler*, „Behinderte Kinder im Bett fixiert und eingeschlossen", Süddeutsche.de v. 6. April 2016 (www.sueddeutsche.de/bayern/freiheitsbeschraenkung-behinderte-kinder-im-bett-fixiert-und-eingeschlossen-1.2936979 [zuletzt abgerufen: 25. Januar 2026]).

[498] *Dorfman/Kastner*, Pediatric Emergency Care 2004, 151; *Mittler*, „Behinderte Kinder im Bett fixiert und eingeschlossen, Süddeutsche.de v. 6. April 2016 (s. Teil 2 Fn. 499); Kritisch auch *Bayerisches Staatsministerium für Arbeit und Soziales, Familie und Integration*, Bericht „Stationäre Einrichtungen für Kinder und Jugendliche mit Behinderung" (s. Teil 2 Fn. 476), S. 16.

[499] *M. Schwabe/Evers*, in: EREV, Evaluation freiheitsentziehender Maßnahmen in der Jugendhilfe, 2006, S. 56, 70.

## III. Einhaltung fachlicher Standards

Zur Verhinderung zumindest einiger der genannten Gefahren hat die Bundesarbeitsgemeinschaft der behandelnden Klinikärzte für Kinder- und Jugendpsychiatrie, Psychosomatik und Psychotherapie (BAG KJPP) Empfehlungen zum Umgang mit freiheitsentziehenden Maßnahmen bei der Behandlung von Kindern und Jugendlichen herausgegeben.[500] Darüber hinaus gibt es – allerdings nicht speziell auf Minderjährige ausgerichtete – Leitlinien für die Anwendung von Zwangsmaßnahmen bei aggressivem Verhalten in psychiatrischen Einrichtungen.[501] Das übereinstimmende Ziel dieser Leitlinien ist es, Freiheitseinschränkungen zu reduzieren bzw. ganz zu vermeiden und andere Maßnahmen der Deeskalation vorrangig auszuschöpfen.[502] Sind entsprechende Maßnahmen unumgänglich, was nur in einer begründeten Notsituation, in der eine andere Intervention nicht (mehr) in Frage kommt, der Fall sein soll – wenn etwa eine Gefahr für den Betroffenen oder eine andere Person besteht –, sollen sie möglichst kurz und so wenig eingreifend

---

[500] *Bundesarbeitsgemeinschaft der leitenden Klinikärzte für Kinder- und Jugendpsychiatrie, Psychosomatik und Psychotherapie in Deutschland e. V.*, Empfehlungen zum Umgang mit freiheitsentziehenden Maßnahmen bei der Behandlung von Kindern und Jugendlichen (s. Teil 2 Fn. 381).

[501] *Deutsche Gesellschaft für Psychiatrie, Psychotherapie und Nervenheilkunde*, Behandlungsleitlinie. Therapeutische Maßnahmen bei aggressivem Verhalten, 2010; *National Institute for Health and Clinical Excellence* (NICE), Violence. The short-term management of disturbed/violent behaviour in in-patient psychiatric settings and emergency departments, 2005 (s. Teil 2 Fn. 475).

[502] *Bundesarbeitsgemeinschaft der leitenden Klinikärzte für Kinder- und Jugendpsychiatrie, Psychosomatik und Psychotherapie in Deutschland e. V.*, Empfehlungen zum Umgang mit freiheitsentziehenden Maßnahmen bei der Behandlung von Kindern und Jugendlichen (s. Teil 2 Fn. 381), S. 1; *Deutsche Gesellschaft für Psychiatrie, Psychotherapie und Nervenheilkunde*, Behandlungsleitlinie. Therapeutische Maßnahmen bei aggressivem Verhalten, 2010, S. 7, 75; ebenso *Schepker/Steinert/Jungmann/Bergmann/Fegert*, Praxis der Kinderpsychologie und Kinderpsychiatrie 2006, 802, 805; *Fetzer/Steinert/Metzger/Fegert*, Praxis der Kinderpsychologie und Kinderpsychiatrie 2006, 754, 757, nennen als mögliche vorrangige Maßnahmen der Deeskalation Gespräche, Verweis von der Station nach draußen, kurzes Time-out im eigenen Zimmer, Spaziergang; s. auch *World Health Organization*, WHO Resource Book on Mental Health, Human Rights and Legislation, 2005, S. 64: „exceptional circumstances when these procedures are permitted".

wie möglich erfolgen.[503] Eine professionelle Betreuung setzt ergänzend die Existenz und Einhaltung einrichtungsinterner Standards und Entscheidungsalgorithmen sowie eine angemessene räumliche und sächliche Ausstattung in den einzelnen Einrichtungen voraus.[504] Darüber hinaus soll eine ärztliche Anordnung erforderlich sein, die sich an dem Grundsatz der Verhältnismäßigkeit zwischen dem Anlass und der Zwangsmaßnahme orientiert, aber ebenso die individuelle Psychopathologie, die konkrete Störungsdynamik und den biografischen Hintergrund des Betroffenen berücksichtigt.[505] Es wird zudem als notwendig angesehen, dass Mitarbeiter, die freiheitsentziehende Maßnahmen durchführen, in Techniken der Deeskalation, ethischen Fragen und wertschätzendem Umgang mit Patienten und Angehörigen geschult sind.[506] Darüber hinaus wird für mechanische Fixierungen eine ständige

---

[503] *American Academy of Child & Adolescent Psychiatry (AACAP)*, Prevention and Management of Aggressive Behavior in Psychiatric Institutions (https://www.aacap.org/aacap/Policy_Statements/2000/Prevention_and_Management_of_Aggressive_Behavior_in_Psychiatric_Institutions.aspx [zuletzt abgerufen: 25. Januar 2026]), *Deutsche Gesellschaft für Psychiatrie, Psychotherapie und Nervenheilkunde*, Behandlungsleitlinie. Therapeutische Maßnahmen bei aggressivem Verhalten, 2010, S. 7, 75; *World Health Organization*, WHO Resource Book on Mental Health, Human Rights and Legislation, 2005, S. 64 f.; *National Institute for Health an Clinical Excellence* (NICE), Violence. The short-term management of disturbed/violent behaviour in in-patient psychiatric settings and emergency departments, 2005 (s. Teil 2 Fn. 475), S. 26 (Fixierungen), S. 27 (Isolierungen).

[504] *Bundesarbeitsgemeinschaft der leitenden Klinikärzte für Kinder- und Jugendpsychiatrie, Psychosomatik und Psychotherapie in Deutschland e. V.*, Empfehlungen zum Umgang mit freiheitsentziehenden Maßnahmen bei der Behandlung von Kindern und Jugendlichen (s. Teil 2 Fn. 381), S. 3; *Tischler*, in: Verband privater Einrichtungen der Kinder- und Jugendhilfe in Schleswig-Holstein, VPE e. V., Jugendhilfe im Dialog, Heft 4/2010, S. 44, 55; *American Academy of Child & Adolescent Psychiatry (AACAP)*, Prevention and Management of Aggressive Behavior in Psychiatric Institutions (s. Teil 2 Fn. 505); ebenso *Fetzer/Steinert/Metzger/Fegert*, Praxis der Kinderpsychologie und Kinderpsychiatrie 2006, 754, 755.

[505] *Bundesarbeitsgemeinschaft der leitenden Klinikärzte für Kinder- und Jugendpsychiatrie, Psychosomatik und Psychotherapie in Deutschland e. V.*, Empfehlungen zum Umgang mit freiheitsentziehenden Maßnahmen bei der Behandlung von Kindern und Jugendlichen (s. Teil 2 Fn. 381), S. 9; *Deutsche Gesellschaft für Psychiatrie, Psychotherapie und Nervenheilkunde*, Behandlungsleitlinie. Therapeutische Maßnahmen bei aggressivem Verhalten, 2010, S. 75 f.

[506] *Bundesarbeitsgemeinschaft der leitenden Klinikärzte für Kinder- und Jugendpsychiatrie, Psychosomatik und Psychotherapie in Deutschland e. V.*, Empfehlungen zum Umgang

Überwachung etwa in Form einer Sitzwache sowie bei einem agitierten, aggressiven Patienten die gleichzeitige Gabe beruhigender Medikamente für erforderlich gehalten; die Verabreichung entsprechender Medikamente zeichne gar eine professionelle und humane Psychiatrie aus.[507]

Die zuletzt durch das Bundesministerium für Gesundheit zur systematischen Datenerhebung zu Zwangsmaßnahmen im psychiatrischen Bereich in Auftrag gegebenen Forschungsprojekte – das Projekt „Zwangsmaßnahmen im psychiatrischen Hilfesystem: Erfassung und Reduktion (ZIPHER)“ des Zentrums für Psychiatrie Südwürttemberg und das Projekt „Vermeidung von Zwangsmaßnahmen im psychiatrischen Hilfesystem“ der Bundesarbeitsgemeinschaft Gemeindepsychiatrischer Verbünde e. V. beschäftigten sich mit Zwangsmaßnahmen bei Patienten aller Altersgruppen.[508] Die erstere Untersuchung zeigte, dass – jedenfalls in den Untersuchungsregionen – mit einem einfachen Monitoringtool auf der Ebene der Amtsgerichte ein guter Überblick über die Situation von Zwangsunterbringungen erlangt werden konnte und eine differenzierte Betrachtung dieser auf kommunaler Ebene und eine regionale Bewertung in Steuergremien sinnvoll ist.[509] In letzterer Studie wurde festgestellt, dass Maßnahmen zur Vermeidung von Zwang sowie mildere oder alternative Maßnahmen die Patienten noch nicht hinreichend erreichen.[510] Es werden Empfehlungen formuliert, die insbesondere eine hinreichende Personalausstattung mit entsprechender Sachkenntnis,

---

mit freiheitsentziehenden Maßnahmen bei der Behandlung von Kindern und Jugendlichen (s. Teil 2 Fn. 381), S. 11; *Deutsche Gesellschaft für Psychiatrie, Psychotherapie und Nervenheilkunde*, Behandlungsleitlinie. Therapeutische Maßnahmen bei aggressivem Verhalten, 2010, S. 22, 75; *American Academy of Child & Adolescent Psychiatry (AACAP)*, Prevention and Management of Aggressive Behavior in Psychiatric Institutions (s. Teil 2 Fn. 505); ebenso *bvkm*, Stellungnahme zum Referentenentwurf v. 29. September 2016 (https://bvkm.de/wp-content/uploads/2019/08/stellungnahme-zum-entwurf-eines-gesetzes-zur-einfuhrung-eines-familiengerichtlichen-genehmigungsvorbehaltes-fur-freiheitsentziehende-massnahmen-bei-kindern.pdf [zuletzt abgerufen: 26. April 2026]), S. 1.

507 *Vollmann*, Nervenarzt 2014, 614, 617.

508 BT-Drucks. 18/11619, S. 3.

509 *Jenderny/Schreiter/Steinhart*, Recht & Psychiatrie 2021, 85, 88 f.

510 BAG GPV, Bericht über das Projekt Vermeidung von Zwangsmaßnahmen im psychiatrischen Hilfebereich, S. 24 f. (www.bag--gpv.de/fileadmin/downloads/ZVP_Gesamtbericht_final.pdf [zuletzt abgerufen: 25. Januar 2026]).

die Einführung von Fallkonferenzen oder Gremien zur Etablierung einer Konferenz-, Beratungs- und Konsultationsstruktur sowie Dokumentationspflichten und eine umfangreiche Datenerfassung zum Gegenstand haben.[511]

Das Bayerische Staatsministerium für Arbeit und Soziales, Familie und Integration hat auf die Berichterstattung über die Missstände in Heimen der Behindertenhilfe[512] reagiert und einen Bericht vorgelegt, in dem es die Überprüfung aller stationären Einrichtungen sowie diverse getroffene Sofortmaßnahmen vorstellt. So sollen freiheitsbeschränkende Maßnahmen zukünftig nur noch unter dem Vorbehalt einer differenzierten, aktuellen und der Anwendung der Maßnahmen vorausgehenden Einwilligungserklärung der Sorgeberechtigten, einer entsprechenden Betriebserlaubnis der Einrichtung, der Dokumentation der Maßnahmen unter Beachtung des Grundsatzes der Verhältnismäßigkeit und der vorrangigen Prüfung und Durchführung von Alternativen und einer bedarfsgerechten Ausstattung der Räume und lückenlosen Überwachung der Maßnahmen durchgeführt werden.[513] Darüber hinaus wurden Vorschläge erarbeitet, wie die Unterbringung an sich und die freiheitseinschränkenden Maßnahmen besser gestaltet werden könnten: durch eine bessere Einbindung der Kinder und Jugendlichen, eine Beteiligung der Eltern, durch Verbesserungen der strukturellen Bedingungen der Unterbringung und einer stärkeren Durchführung von Maßnahmen, die eine Einschränkung der Fortbewegungsfreiheit verringern bzw. möglichst vermeiden.[514] Ebenso wird eine wertschätzende Grundhaltung der Mitarbeiter in den Einrichtungen für wichtig gehalten, die durch Selbstreflexion,

---

511 BAG GPV, Bericht über das Projekt Vermeidung von Zwangsmaßnahmen im psychiatrischen Hilfebereich (s. Teil 2 Fn. 512), S. 24 ff.

512 s. dazu oben, unter E. IV.

513 *Bayerisches Staatsministerium für Arbeit und Soziales, Familie und Integration*, Bericht „Stationäre Einrichtungen für Kinder und Jugendliche mit Behinderung" (s. Teil 2 Fn. 476), S. 16, zum ultima-ratio-Gedanken S. 28; die Notwendigkeit und Durchführung einer Eins-zu-eins-Überwachung beschreiben schon *Fetzer/Steinert/Metzger/Fegert*, Praxis der Kinderpsychologie und Kinderpsychiatrie 2006, 754, 755; zu diesem Erfordernis jetzt auch BVerfG, FamRZ 2018, 1442, 1448.

514 *Bayerisches Staatsministerium für Arbeit und Soziales, Familie und Integration*, Bericht „Stationäre Einrichtungen für Kinder und Jugendliche mit Behinderung" (s. Teil 2 Fn. 476), S. 21.

kollegiale Beratung, Supervision und wiederkehrende Trainings in Deeskalation und fachlichen Fortbildungen gefördert wird.[515]

Übereinstimmend sehen diese Empfehlungen damit die Anwendung freiheitsbeschränkender Maßnahmen allenfalls als ultima ratio vor, nachdem stufenweise andere deeskalative Maßnahmen ausgeschöpft worden sind,[516] was auch der Handhabung in der Kinder- und Jugendhilfe entsprechen sollte und ganz überwiegend auch schon entspricht.[517] Darüber hinaus soll es klare Verhaltenskonzepte geben, an denen sich die Mitarbeiter orientieren können, um durch die Einbeziehung aller anderen beteiligten interdisziplinären Fachkräfte, durch einzelfallbezogen aufgeklärte Eltern und durch altersgemäße Einbeziehung des betroffenen Kindes oder Jugendlichen eine notwendige Intervention transparent und klar zu gestalten.[518] Weiterhin soll jeder Maßnahme eine Aufarbeitung folgen, die etwa in einer Nachbesprechung der durchgeführten Maßnahmen innerhalb des Behandlungsteams, mit den anderen Beteiligten und insbesondere dem Patienten, mit dem eine Behandlungsatmosphäre wiederhergestellt werden muss, in einer ausführlichen Dokumentation der Indikationsstellung und der Durchführung zur Qualitätssicherung und übergreifenden Evaluation bestehen kann und muss.[519]

---

515 *Caritas Behindertenhilfe und Psychiatrie e. V.*, Eine aktuelle Empfehlung, CBP-Spezial 9, Juli 2018, S. 20, 22 (www.lebenshilfe.de/fileadmin/Redaktion/PDF/Caritas_Schutz_und_Freiheit.pdf [zuletzt abgerufen: 25. Januar 2026]); ähnlich *Deutscher Ethikrat*, Stellungnahme „Hilfe durch Zwang?“, 2018, S. 56 f.

516 Ebenso *Schepker/Steinert/Jungmann/Bergmann/Fegert*, Praxis der Kinderpsychologie und Kinderpsychiatrie 2006, 802, 805; *Fetzer/Steinert/Metzger/Fegert*, Praxis der Kinderpsychologie und Kinderpsychiatrie 2006, 754, 757, *Caritas Behindertenhilfe und Psychiatrie e. V.*, Eine aktuelle Empfehlung, CBP-Spezial 9, Juli 2018, S. 20, 22 f. (s. Teil 2 Fn. 517).

517 So schon *v. Wolffersdorff/Sprau-Kuhlen/Kersten*, Geschlossene Unterbringung in Heimen, 2. Aufl. 1996, S. 319.

518 *M. Schwabe/Evers*, in: EREV, Evaluation freiheitsentziehender Maßnahmen in der Jugendhilfe, 2006, S. 56, 65; *Schepker/Steinert/Jungmann/Bergmann/Fegert*, Praxis der Kinderpsychologie und Kinderpsychiatrie 2006, 802, 808 ff.; *Caritas Behindertenhilfe und Psychiatrie e. V.*, Eine aktuelle Empfehlung, CBP-Spezial 9, Juli 2018, S. 20, 22 (s. Teil 2 Fn. 517).

519 *Fetzer/Steinert/Metzger/Fegert*, Praxis der Kinderpsychologie und Kinderpsychiatrie 2006, 754, 764 f.; *Schepker/Steinert/Jungmann/Bergmann/Fegert*, Praxis der Kinderpsychologie und Kinderpsychiatrie 2006, 802, 804 f.; *Deutsche Gesellschaft für Psychiatrie, Psychotherapie und Nervenheilkunde*, Behandlungsleitlinie. Therapeutische Maßnahmen bei aggressivem Verhalten, 2010, S. 88 ff.; *Nitschke-Janssen/Branik*, Praxis der

Diese für die KJPP einerseits und die Behindertenhilfe andererseits gefundenen Richtlinien und Empfehlungen können und sollen – soweit es sich nicht um zielgruppenspezifische Feststellungen und Vorgaben handelt – auch in den jeweils anderen Gebieten herangezogen werden. Dies gilt vor allem dann, wenn etwa psychisch kranke Betroffene in Jugendhilfeeinrichtungen untergebracht sind.[520] Darüber hinaus werden individuelle Richtlinien für jede Institution oder Einrichtung, die Isolierungen oder Fixierungen nutzt, für sinnvoll gehalten[521]; entsprechende Richtlinien sollen insbesondere Regelungen zu Umständen, Art und Ausmaß der Maßnahme, Überwachung und Dauer, Qualifikation der veranlassenden Fachkraft, Dokumentation, Fortbildungen und Qualitätsprüfungen enthalten.[522] Allerdings kann die alleinige Orientierung an allgemein festgelegten Kriterien und Handlungsabläufen aufgrund der Komplexität der Situationen und Patienten nicht in jedem Fall zu dem für den Betroffenen besten Ergebnis führen.[523] Daher darf die Ausgestaltung der Maßnahmen nach einem individuellen Konzept für den Betroffenen nicht aus dem Blick verloren werden.[524] Eine entsprechende

---

Kinderpsychologie und Kinderpsychiatrie 2006, 255, 267, 268; *M. Schwabe/Evers*, in: EREV, Evaluation freiheitsentziehender Maßnahmen in der Jugendhilfe, 2006, S. 56, 59; *World Health Organization*, WHO Resource Book on Mental Health, Human Rights and Legislation, 2005, S. 65; Vorschläge zur Ausgestaltung der Evaluation bei *M. Schwabe/Evers*, in: EREV, Evaluation freiheitsentziehender Maßnahmen in der Jugendhilfe, 2006, S. 56, 62 f., 70 (Punkt 4 a. E.); auch Zweite Teilhabebericht der Bundesregierung über die Lebenslagen von Menschen mit Beeinträchtigungen (des *Bundesministeriums für Arbeit und Soziales*, 2016) nimmt leider keine Stellung zu freiheitsentziehenden Maßnahmen bei Kindern und Jugendlichen in Einrichtungen der Behindertenhilfe.

520 *Schepker/Steinert/Jungmann/Bergmann/Fegert*, Praxis der Kinderpsychologie und Kinderpsychiatrie 2006, 802, 804 f.

521 *Bundesarbeitsgemeinschaft der leitenden Klinikärzte für Kinder- und Jugendpsychiatrie, Psychosomatik und Psychotherapie in Deutschland e. V.*, Empfehlungen zum Umgang mit freiheitsentziehenden Maßnahmen bei der Behandlung von Kindern und Jugendlichen (s. Teil 2 Fn. 381), S. 3; *Tischler*, Jugendhilfe im Dialog, Heft 4/2010, S. 44, 55.

522 *American Academy of Child & Adolescent Psychiatry (AACAP)*, Prevention and Management of Aggressive Behavior in Psychiatric Institutions (s. Teil 2 Fn. 505); in diese Richtung auch *Dorfman/Kastner*, Pediatric Emergency Care 2004, 151, 152, 154.

523 *Pankofer*, Freiheit hinter Mauern, 1997, S. 145.

524 So auch *Deutsche Gesellschaft für Psychiatrie, Psychotherapie und Nervenheilkunde*, Behandlungsleitlinie. Therapeutische Maßnahmen bei aggressivem Verhalten, 2010, S. 7.

Planung muss in der Kinder- und Jugendhilfe wichtiger Teil der Hilfeplangespräche sein.[525]

## IV. Alternative mildere Mittel?

Die Feststellung, welche Maßnahme gegebenenfalls einer Freiheitseinschränkung vorzugswürdig wäre, erfordert die eingehende Betrachtung des die Maßnahme verursachenden Verhaltens und dessen Ursachen – können diese auch auf anderem Wege behoben werden, bedarf es keiner Freiheitseinschränkung.[526]

Ist eine Freiheitseinschränkung dennoch notwendig, bestehen Ansätze, die mit der Schaffung individueller Settings arbeiten, und Maßnahmen, die den genannten verursachenden Verhaltensweisen vorbeugen bzw. diesen versuchen, ohne Zwang zu begegnen (TEACCH [Treatment and Education of Autistic and related Communication handicapped Children] und Low arousal Ansätze wie Studio 3).[527] Unabhängig von der konkreten Alternativmaßnahme ist für eine erfolgreiche Anwendung jeder Deeskalationsmaßnahme ein schlüssiges Gesamtkonzept der Einrichtung zur individuellen Minimierung von freiheitseinschränkenden Maßnahmen ausschlaggebend.[528]

Die Suche nach Alternativmaßnahmen zu Freiheitseinschränkungen ist insbesondere in der Altenpflege ein großes Thema. So hat etwa das Bundesministerium für Familie, Senioren, Frauen und Jugend 2004–2006 eine ReduFix-Studie gefördert, die unter anderem das Ergebnis hervorbrachte, dass durch eine multifaktorielle Intervention auf einen Teil von körpernahen Fixierungsmaßnahmen verzichtet werden könnte; daran anknüpfend werden Schulungen angeboten.[529] Diese Studie war auch der Auslöser für

---

[525] *M. Schwabe/Evers*, in: EREV, Evaluation freiheitsentziehender Maßnahmen in der Jugendhilfe, 2006, S. 56, 58 f.

[526] S. etwa die Fallgestaltung bei *M. Schwabe/Evers*, in: EREV, Evaluation freiheitsentziehender Maßnahmen in der Jugendhilfe, 2006, S. 56, 67 a. E.; *Timm*, in: dgsgb, Freiheitseinschränkende Maßnahmen und geschlossene Unterbringung in der Behindertenhilfe, 2013, S. 11, 14, nennt für die Betreuung etwa als Alternativen zu Bettgittern niedrigere Pflegebetten und Nachlichter, die die Gefahr von Stürzen minimieren sollen.

[527] *Caritas Behindertenhilfe und Psychiatrie e. V.*, Eine aktuelle Empfehlung, CBP-Spezial 9, Juli 2018, S. 20, 23 (s. Teil 2 Fn. 517); *Ahr/Hawranek*, „Unerhörte Schreie“, Die Zeit v. 21. April 2016 (Nr. 18), S. 12.

[528] So für Einrichtungen der Erwachsenenhilfe: BT-Drucks. 18/11619 S. 24.

[529] www.redufix.de [zuletzt abgerufen: 25. Januar 2026].

die Entwicklung des sog. „Werdenfelser Wegs", der sich ebenfalls der Vermeidung bzw. Beschränkung freiheitseinschränkender Maßnahmen auf ein unumgängliches Mindestmaß verschreibt und dabei unter anderem den Einsatz pflegerisch erfahrener Verfahrenspfleger sowie die bewusste und verantwortungsvolle Veränderung der Pflegekultur anstrebt, in der alle Beteiligten alternative Maßnahmen praktisch erproben und Freiheitseinschränkungen hinterfragen, um die Anwendung von Fixierungen zu minimieren.[530] Dieses Vorhaben wurde zunächst in der Altenpflege verfolgt, die genannten Maßnahmen werden allerdings auch auf psychiatrische Krankenhäuser und den Bereich der Behindertenhilfe – allerdings vornehmlich im Erwachsenenbereich – ausgeweitet.[531] Daran angelehnt wurde der „Jenaer Weg" und schließlich die „Pflegeinitiative Jena" entwickelt, die freiheitsentziehende Maßnahmen von betreuten Menschen reduzieren soll.[532]

Diese Initiativen können unter Berücksichtigung der vorhandenen Unterschiede und verschiedenen Problemfelder zwischen den Bereichen auch weitere wertvolle Anregungen für die Handhabung von freiheitsentziehenden Maßnahmen bei Kindern und Jugendlichen geben.

Explizit für die Prävention, Durchführung und Nachsorge von freiheitsentziehenden Unterbringungen und Maßnahmen in Kliniken für Kinder- und Jugendpsychiatrie und -psychotherapie haben unter der Federführung der Deutsche Gesellschaft für Kinder- und Jugendpsychiatrie, Psychosomatik und Psychotherapie e. V. (DGKJP) verschiedene Verbände gemeinschaftlich eine Leitlinie entwickelt.[533]

## V. Fazit zu freiheitseinschränkenden Maßnahmen

Festzuhalten ist, dass trotz aller Kritik bei einer akuten Gefahr für den Betroffenen selbst oder seine Umwelt freiheitseinschränkende Maßnahmen im Ergebnis in der sozialpädagogischen und kinderpsychologischen Fachwelt

---

530 *Kirsch/Wassermann*, BtPrax 2009, 109 ff.; *Kirsch*, Psychosoziale Umschau 2015, 28.

531 www.werdenfelser-weg-original.de/ [zuletzt abgerufen: 25. Januar 2026].

532 *Lindner*, BtPrax 2014, 216, 217; https://familie-jugend-soziales.jena.de/de/pflegeinitiative-jena [zuletzt abgerufen: 25. Januar 2026].

533 https://register.awmf.org/de/leitlinien/detail/028-048 [zuletzt abgerufen: 9. Juni 2026].

und -praxis unentbehrlich erscheinen.[534] Es ist damit wie bei der geschlossenen Unterbringung eine Debatte unter ständiger Überprüfung der sachlichen Standpunkte und individueller institutioneller Arrangements durch die Einbindung neuer Erkenntnisse und Entwicklungen erforderlich.[535]

In der allgemeinen Psychiatrie und Psychotherapie sowie in der KJPP und auch in der Behindertenhilfe wird sich – eventuell als Ausdruck einer pragmatischeren Grundhaltung – schon eingehend mit der Ausgestaltung der Maßnahmen und auch mit der strukturellen Eingliederung in die gesamte Behandlung, auch im Anschluss an die Unterbringung, beschäftigt. Hier erscheint die weitere Aktualisierung und Überprüfung der vorhandenen Richtlinien sowie die weitere Ausarbeitung regionaler, überregionaler oder auf die jeweilige Einrichtung oder den Träger beschränkter Richtlinien nach den genannten Vorbildern sinnvoll. Die Etablierung eines so festgelegten einheitlichen Konzepts, das von allen Beteiligten (Behörden, Gericht, Jugendamt) getragen wird, kann zum einen dazu dienen, die Kommunikation zu verbessern und die Last der Ausgestaltung und individuellen Anwendung der Maßnahmen von den Schultern der ausführenden Fachkräfte zu nehmen.[536] Weiterhin werden so klare Bedingungen geschaffen, die den Fachkräften Sicherheit in der Umsetzung geben und einen bewussten und qualitativ hochwertigen Umgang mit diesen Maßnahmen verwirklichen, sodass der ultima-ratio-Gedanke verwirklicht werden kann.[537]

Die Etablierung allgemeingültiger Richtlinien – einrichtungs- bzw. trägerübergreifend – wäre, auf die dortigen Bedingungen zugeschnitten, ebenfalls

---

[534] *Nitschke-Janssen/Branik*, Praxis der Kinderpsychologie und Kinderpsychiatrie 2006, 255, 268; so auch die überwiegende Meinung im Elterngespräch geführt durch das *Bayerisches Staatsministerium für Arbeit und Soziales, Familie und Integration*, Bericht „Stationäre Einrichtungen für Kinder und Jugendliche mit Behinderung" (s. Teil 2 Fn. 476), S. 24 ff.

[535] *Bayerisches Staatsministerium für Arbeit und Soziales, Familie und Integration*, Bericht „Stationäre Einrichtungen für Kinder und Jugendliche mit Behinderung" (s. Teil 2 Fn. 476), S. 31.

[536] Diesen Zweck verfolgt innerhalb der Unterbringung Volljähriger der Werdenfelser Weg, *Kirsch/Wassermann*, BtPrax 2009, 109 f., 112.

[537] *Bayerisches Staatsministerium für Arbeit und Soziales, Familie und Integration*, Bericht „Stationäre Einrichtungen für Kinder und Jugendliche mit Behinderung" (s. Teil 2 Fn. 476), S. 36.

für Maßnahmen in der Kinder- und Jugendhilfe wünschenswert.[538] Dort wird die Anwendung von freiheitseinschränkenden Maßnahmen am kontroversesten diskutiert und die Missbrauchsgefahr als (ebenfalls) hoch eingestuft. Insbesondere ließe sich so festlegen, aus welchen Gründen und auf welche Weise Maßnahmen eben nicht durchzuführen sind. Darüber hinaus ist gerade in diesem Bereich ein weiterer Austausch zwischen Einrichtungen und Trägern hinsichtlich der Frage wünschenswert, wie freiheitseinschränkende Maßnahmen durch anderweitige Handlungswege ersetzt werden können.[539]

Für erforderlich wird zudem die (weitere) Erhebung verlässlicher und vor allem empirisch valider Daten zu Einsatz, Häufigkeit, Formen und Wirkungen von freiheitseinschränkenden Maßnahmen gehalten, die eine realistischere Diskussionsgrundlage bieten können als skandalöse Einzelfallbeispiele[540] – deren Ursache selbstverständlich ebenfalls, soweit noch nicht erfolgt, zu erforschen und beheben ist. Insbesondere hinsichtlich der Situation von Kindern in den Einrichtungen der Behindertenhilfe mangelte es bislang an spezieller Forschung.[541]

---

538 Schon *v. Wolffersdorff/Sprau-Kuhlen/Kersten*, Geschlossene Unterbringung in Heimen, 2. Aufl. 1996, S. 319 erkennen die Notwendigkeit klarer Regeln.

539 So fordern schon *v. Wolffersdorff/Sprau-Kuhlen/Kersten*, Geschlossene Unterbringung in Heimen, 2. Aufl. 1996, S. 337 f. mehr Bereitschaft zum Austausch.

540 Notwendigkeit der weitergehenden Forschung hinsichtlich der Einrichtungen der Behindertenhilfe: *Bayerisches Staatsministerium für Arbeit und Soziales, Familie und Integration*, Bericht „Stationäre Einrichtungen für Kinder und Jugendliche mit Behinderung“ (s. Teil 2 Fn. 476), S. 34.

541 *Timm*, in: dgsgb, Freiheitseinschränkende Maßnahmen und geschlossene Unterbringung in der Behindertenhilfe, 2013, S. 11, 16; zu den zu untersuchenden Aspekten: *Bundesministerium für Arbeit und Soziales*, Zweiter Teilhabebericht der Bundesregierung über die Lebenslagen von Menschen mit Beeinträchtigungen, 2016, S. 388.

# Fortbewegungsfreiheit Minderjähriger und ihr verfassungsrechtlicher Schutz

## A. Grundrechte Minderjähriger und ihre Geltendmachung: Grundrechtsmündigkeit und Grundrechtsfähigkeit

Die Betrachtung, wie und in welchem Umfang die grundrechtlichen Freiheiten von Minderjährigen im Allgemeinen Schutz genießen, wird mitunter unter den Begriffen der „Grundrechtsfähigkeit" und „Grundrechtsmündigkeit" diskutiert. Während erstere die Fähigkeit beschreibt, Träger von Grundrechten sein zu können[1], soll letztere die Fähigkeit nachweisen, die Grundrechte – ähnlich der Geschäftsfähigkeit – auszuüben.[2]

1 *v. Münch/Kunig*, in: v. Münch/Kunig, GG, Band 1, 6. Aufl. 2012 (Vorauflage), Vorbem. 27 zu Art. 1--19; *Roell*, Die Geltung der Grundrechte für Minderjährige, 1984, S. 14; *Stein*, Das Recht des Kindes auf Selbstentfaltung in der Schule, 1967, S. 28; *Fehnemann*, Die Innehabung und Wahrnehmung von Grundrechten im Kindesalter, 1983, S. 14; *dies.*, RdJ 1967, 281; *Franke*, Grundrechte des Schülers und Schulverhältnis, 1974, S. 11; *v. Mutius*, Jura 1983, 30, 31; *Kuhn*, Grundrechte und Minderjährigkeit, 1965, S. 29.

2 Geschaffen wurde zumindest der Begriff von *Krüger*, FamRZ 1956, 329, als Kategorie wurde die Grundrechtsfähigkeit insbesondere vertreten von *Dürig*, in: Dürig/Herzog/Scholz (vorm. Maunz/Dürig), GG (Vorauflage, z. B. Stand 1991), Art. 19 Abs. 3, Rn. 16; zur Grundrechtsmündigkeit als Kategorie s. *Roell*, Die Geltung der Grundrechte für Minderjährige, 1984, S. 14; *Stern*, Staatsrecht, Band III/1, 1988, S. 1066 f.; *Merten*, in: Merten/Papier, HGR III, 2009, § 60 Rn. 17 ff.; *Stein*, Das Recht des Kindes auf Selbstentfaltung in der Schule, 1967, S. 28; *Franke*, Grundrechte des Schülers und Schulverhältnis, 1974, S. 13; *v. Münch/Kunig*, in: v. Münch/Kunig, GG, Band 1, 6. Aufl. 2012 (Vorauflage), Vorbem. 27 ff zu Art. 1–19; *v. Mutius*, Jura 1983, 30, 31; Erläuterung nur der Sache nach, ohne Verwendung des Begriffs: *Fehnemann*, RdJ 1967, 281, 282; Kritisch zum Begriff: *Bosch*, FamRZ 1980, 739, 749 sowie *Ipsen*, Staatsrecht II, 24. Aufl. 2021, Rn. 80.

Die Grundrechtsfähigkeit knüpft nicht an die individuelle Vernunft oder natürliche Handlungsfähigkeit an,[3] sondern soll vielmehr „eine Rechtseigenschaft des potentiellen Dürfens, nicht eine natürlich-tatsächliche Eigenschaft des aktuellen Könnens“ darstellen.[4] Sie beschreibt mithin die Grundrechtsträgerschaft, die unabhängig vom Alter und davon besteht, ob die Grundrechte konkret ausgeübt werden können.[5] Dass das Kind Träger eigener Grundrechte ist, die Grundrechtsfähigkeit also bejaht werden muss, ist damit nicht länger umstritten.[6] Teilweise wird schon eine eigene Kategorie der Grundrechtsfähigkeit als nicht erforderlich abgelehnt, weil sich schon die Rechtsfähigkeit auf alle Rechte bezieht und mithin die Grundrechte einschließt.[7]

Die Grundrechtsmündigkeit – i. S. d. Ausübungsfähigkeit von Grundrechten – als „eigene systematische Kategorie“[8] fand nur bedingt Anerkennung in der Rechtsprechung[9] und wurde auch in der Literatur abgelehnt.[10] Für

---

3 *Roell*, Die Geltung der Grundrechte für Minderjährige, 1984, S. 14.

4 *Dürig*, in: Dürig/Herzog/Scholz (vorm. Maunz/Dürig), GG (Vorauflage, Stand 1991), Art. 19 Abs. 3, Rn. 13.

5 *Hohm*, NJW 1986, 3107, 3108; *Roell*, Die Geltung der Grundrechte für Minderjährige, 1984, S. 15 ff.; *v. Mutius*, Jura 1983, 30; ausführliche Herleitung: *Roth*, Die Grundrechte Minderjähriger, 2003, Kapitel B; gleichwohl sind einige Grundrechte auf bestimmte Grundrechtsträger beschränkt, etwa Art. 8, 9 Abs. 1, 11, 12, 16 Abs. 1 u. 2, 20 Abs. 4 GG auf deutsche Staatsbürger; differenzierend *Hufen*, Staatsrecht II, 10. Aufl. 2023, § 6 Rn. 31, der zwischen der abstrakten Grundrechtsfähigkeit, die jede Person besitzt, und der für das konkrete Grundrecht festzustellenden Grundrechtsträgerschaft unterscheidet, an der es bspw. einem Ausländer für der genannten „Bürgerrechte“ fehlt.

6 S. grundlegend BVerfGE 24, 119, 144; *Hesse*, Grundzüge des Verfassungsrechts, 20. Aufl. 1995, Rn. 285; *Roell*, Die Geltung der Grundrechte für Minderjährige, 1984, S. 22; *Kittner*, AuR 1971, 280, 284; *Perschel*, RdJ 1963, 33; *Kuhn*, Grundrechte und Minderjährigkeit, 1965, S. 23, 31; *Fehnemann*, RdJ 1967, 281; *Jestaedt*, in: DFGT, 21. DFGT, 2016, S. 65, 75.

7 *Fehnemann*, Die Innehabung und Wahrnehmung von Grundrechten im Kindesalter, 1983, S. 57 f.: die Möglichkeit, ein Recht wahrzunehmen soll danach als Handlungsfähigkeit beschrieben werden, die sich von der Mündigkeit deshalb unterscheiden soll, weil diese lediglich ans Alter anknüpfe.

8 *v. Münch/Kunig*, in: v. Münch/Kunig, GG, Band 1, 6. Aufl. 2012 (Vorauflage), Vorbem. 31 zu Art. 1–-19.

9 Bejahend: BayObLG, FamRZ 1985, 737, 738; BGHZ 21, 340, 352: verfassungsrechtliche „Mündigkeit“ (Hervorh. im Orig.); BGH, NJW 1974, 1947, 1949.

10 *Knöpfel*, FamRZ 1985, 1211, 1212; *Roell*, Die Geltung der Grundrechte für Minderjährige, 1984, S. 33 f.: der Menschenrechtsgehalt der einzelnen Grundrechte lasse eine

das Kriterium der Grundrechtsmündigkeit wird vorgebracht, dass es Kindern an physischen, mentalen und/oder intellektuellen Voraussetzungen fehle, um die von den Freiheitsgrundrechten geschützte Selbstbestimmung auszuüben, und es so in der „Natur der Sache" liege, dass auch die Grundrechte nicht ohne Rücksicht auf Alter und Verstandsreife ausgeübt werden können.[11] Zum Teil wird sie als Kriterium zwar zugelassen, es wird allerdings von einer grundsätzlichen Grundrechtsunmündigkeit Minderjähriger ausgegangen,[12] die mitunter über einen Vergleich mit der vollen Geschäftsfähigkeit im bürgerlichen Recht begründet wird.[13] Diejenigen, die dagegen die Möglichkeit der Grundrechtsmündigkeit vor der Volljährigkeit bejahen, stellen mitunter auf die Einsichtsfähigkeit des Minderjährigen ab[14] oder nehmen

---

Differenzierung zwischen Mündigkeit und Unmündigkeit nicht zu; *Ipsen*, Staatsrecht II, 24. Aufl. 2021, Rn. 80: keine Anknüpfung der Rechtsausübung an ein Mindestalter.

11 *Schwerdtner*, AcP 173 (1973) 227, 228 f.; *Jestaedt*, in: DFGT, 21. DFGT, 2016, S. 65, 75; a. A. unter ausschließlich psychologischer Argumentation ausdrücklich *Lempp*, ZfJ 1974, 124, 136, der in dieser Argumentation die Bequemlichkeit der Erwachsenen gegenüber der Erziehung von Kindern zur Selbstbestimmung vermutet; ausdrücklich erwähnt wird die Grundrechtsmündigkeit im Entwurf eines Gesetzes zur Neuregelung des Rechts der elterlichen Sorge, BT-Drucks. 7/2060, S. 1: „Das Kind ist nach heutigem Rechtsbewußtsein nicht als Objekt elterlicher Fremdbestimmung anzusehen, sondern als Grundrechtsträger, der mit zunehmendem Alter grundrechtsmündig wird." (Hervorh. durch die Verfasserin)

12 *Steffen*, RdJ 1971, 143, 147: „genereller Mündigkeit" erst ab Volljährigkeit; diff: *Reuter*, Kindesgrundrechte und elterliche Gewalt, 1968, 185: Abstellen auf die Einsichts- und Urteilsfähigkeit bei „Gewissens- und lebensgestaltenden Entscheidungen"; *ders.*, FamRZ 1969, 622, 623: Grundrechtsmündigkeit nur für Selbstbestimmungsgarantien; a. A.: *Kittner*, AuR 1971, 280, 284, 286: vom „Haben einer Rechtsträgerschaft" ergäbe sich grds. eine „Vermutung des Ausübenkönnens", daher solle die Frage korrekterweise nicht lauten, ob Minderjährige grundrechtsmündig sind, sondern ob sie ggf. grundrechtsunmündig sind.

13 *Kuhn*, Grundrechte und Minderjährigkeit, 1965, S. 38 ff.; a. A.: *v. Münch/Kunig*, in: v. Münch/Kunig, GG, Band 1, 6. Aufl. 2012 (Vorauflage), Vorbem. 31 zu Art. 1–19: dies sei aufgrund der Unzulässigkeit der Ausrichtung von Grundrechtsgeltung am einfachen Recht abzulehnen; ebenso *Perschel*, RdJ 1963, 33, 34 ff.

14 *Bosch*, in Anm. zu BGH, FamRZ 1959, 200; *Schwerdtner*, AcP 173 (1973), 227, 242; *v. Mutius*, Jura 1983, 30, 31; nach *Krüger*, FamRZ 1956, 329, 331, soll „eine Reihe von Grundrechten zweifellos unabhängig von der bürgerlich-rechtlichen Volljährigkeit von dem Jugendlichen selbst ausgeübt werden können, und zwar gegebenenfalls auch gegen den Willen der Erziehungsberechtigten."

eine Güter- und Interessenabwägung vor.[15] Letzteres legt wiederum eine Differenzierung nach einzelnen Grundrechten nahe, die mitunter wie folgt vorgenommen wird: die Ausübung der Grundrechte, die an die menschliche Existenz anknüpfen, wie etwa Art. 1 Abs. 1, Art. 2 Abs. 1, Art. 2 Abs. 2 GG, soll an keine Altersgrenze gebunden sein[16]; für Grundrechte, deren Ausübung mit privatrechtlichen Rechtsgeschäften verbunden sei, zum Beispiel Art. 12 Abs. 1, Art. 14 Abs. 1 GG, folge die Grundrechtsmündigkeit dagegen den Regeln der Altersgrenzen, die sich in §§ 104 ff. BGB finden.[17]

Die Diskussion um die Grundrechtsmündigkeit ist kritisch zu betrachten, weil mit ihr bisweilen verschiedene Problemfelder vermengt werden[18]. Zum einen die Frage, ob bzw. ab wann eine grundrechtsrelevante Handlung vorgenommen werden kann, sodass es einen Bezugspunkt für einen etwaigen Grundrechtsschutz gibt.[19] In dieser Hinsicht entbehrt die Orientierung an

---

15 *Krüger*, FamRZ 1956, 329; *Perschel*, RdJ 1963, 33, 37; *Schwerdtner*, AcP 173 (1973), 227, 242 ff.: stellt darauf ab, ob die jeweilige Eingriffshandlung (auch) das Persönlichkeitsrecht des Minderjährigen berührt, dann kann er seinen Grundrechte bei Einsichtsfähigkeit selbst ausüben; a. A.; *Steffen*, RdJ 1971, 143, 145.

16 *Stein*, Das Recht des Kindes auf Selbstentfaltung in der Schule, 1967, S. 28; *Reuter*, Kindesgrundrechte und elterliche Gewalt, 1968, S. 53 ff.; *v. Mutius*, Jura 1987, 272, 274.

17 *v. Münch/Kunig*, in: v. Münch/Kunig, GG, Band 1, 6. Aufl. 2012 (Vorauflage), Vorbem. 31 zu Art. 1--19: die einfachgesetzlichen Altersgrenzen sollen herangezogen werden, da sie – ausgehend von ihrer zu vermutenden Verfassungsmäßigkeit – das für das jeweils betroffene Grundrecht ausschlaggebende Mindestalter wiedergeben werden; ebenso für eine Orientierung an den einfachgesetzlichen Altersgrenzen, denn ein „solcherart festgelegtes Alter konkretisiert das jeweilige Grundrecht“: *Fehnemann*, Die Innehabung und Wahrnehmung von Grundrechten im Kindesalter, 1983, S. 38; gegen eine Orientierung am einfachen Recht ausdrücklich *v. Mutius*, Jura 1987, 272, 274; *Schwerdtner*, AcP 173 (1973), 227, 229, 234.

18 Kritisch daher auch *Peschel-Gutzeit*, in: Staudinger, 2015 (Vorauflage), § 1626 BGB Rn. 16; *Kingreen/Poscher*, Grundrechte, 41. Aufl. 2025, Rn. 212 ff.; *Hufen*, Staatsrecht II, 10. Aufl. 2023, § 6 Rn. 41 hält den Begriff „Grundrechtsmündigkeit“ bei entsprechender Differenzierung gar für „eher überflüssig“.

19 Entsprechend umschreibt die Grundrechtsmündigkeit *v. Mutius*, Jura 1987, 272, 274; *Starck*, in: v. Mangoldt/Klein/Starck (Vorauflage), GG, Band 1, 7. Aufl. 2018, Art. 1 Rn. 210, unterscheidet insofern zwischen der materiellen Ausübung der Grundrechte, die individuell bestimmt werden muss und der Grundrechtsmündigkeit, die sich über die Prozessfähigkeit bestimmt; ebenso: *Hertwig*, FamRZ 1987, 124; *Jestaedt/Reimer*, in: Kahl/Waldhoff/Walter, Bonner Kommentar zum Grundgesetz, 195. Aktual. 2018, Art. 6 Abs. 2 und 3, Rn. 107 bezeichnet diese Frage als *Grundrechtsreife bzw.*

generellen Altersgrenzen einer normativen Grundlage,[20] sodass jede Handlung eines Kindes, die in den Schutzbereich eines Grundrechts fällt, unabhängig von dessen Alter, grundrechtlich geschützt ist.[21] Davon zu unterscheiden ist die prozessuale Geltendmachung einer Grundrechtsverletzung durch einen Minderjährigen selbst – oder eben dessen Vertreter –, für die die Frage gestellt wird, ob je nach Ausgestaltung des jeweils geltend gemachten Grundrechts eine von der Volljährigkeit abweichende Altersstufe einschlägig sein kann.[22] Drittens geht es um die Frage, die mitunter als Grundrechtsmündigkeit im weiteren Sinne bezeichnet wird[23]: ergibt sich ein Konflikt zwischen der Grundrechtsposition des Kindes und der Elternrechtsposition seiner Eltern?[24]

---

*Grundrechtswahrnehmungsfähigkeit* in tatsächlicher Hinsicht; anders *Stern*, Staatsrecht, Band III/1, 1988, S. 1066, der als die *Grundrechtswahrnehmungs- bzw. ausübungsfähigkeit* die Frage betrachtet, ob ein Grundrecht gegen die Staatsgewalt auch tatsächlich geltend gemacht werden kann.

20 kritisch zu der Anwendung der Altersgrenzen des BGB schon aus normhierarchischen Gründen auch *Perschel*, RdJ 1963, 33, 34 ff.

21 BVerfGE 47, 46, 74; *Hohm*, NJW 1986, 3107, 3110 f.

22 s. etwa: BVerfGE 1, 87, 89; 28, 243, 254 f.; BVerwGE 7, 66, 67: „Grundrechtsmündigkeit im eigentlichen Sinne"; *v. Mutius*, Jura 1983, 30, 31: „spezifisch öffentlich-rechtliche Handlungs- bzw. Prozessfähigkeit"; *Steffen*, RdJ 1971, 143, 149: Erhebung der Verfassungsbeschwerde ausschließlich bei Volljährigkeit; *Kingreen/Poscher*, Grundrechte, 41. Aufl. 2025, Rn. 217 f.: halten eine „gewisse altersgemäße Grenzziehungen aus Gründen einer geordneten Rechtspflege" für unabdingbar; zudem plädieren sie für eine ausschließliche Verwendung des Begriffs Grundrechtsmündigkeit in diesem Zusammenhang.

23 Zur Unterscheidung: *Peschel-Gutzeit*, in: Staudinger, 2015 (Vorauflage), § 1626 Rn. 16; dagegen *Stein*, Das Recht des Kindes auf Selbstentfaltung in der Schule, 1967, S. 28, der diese Problematik ausdrücklich nicht für ein Problem der Grundrechtsmündigkeit hält.

24 *v. Münch/Kunig*, in: v. Münch/Kunig, GG, Band 1, 6. Aufl. 2012 (Vorauflage), Vorbem. 31 zu Art. 1--19: das „aus dem Erziehungsrecht folgende [...] Entscheidungsrecht [engt] die Reichweite des Grundrechtsschutzes für Minderjährige und damit auch deren Möglichkeit zur selbstständigen Erlangung von Rechtsschutz ein"; sowie in der 5. Auflage: *v. Münch*, in: v. Münch/Kunig, GG, Band 1, 5. Aufl. 2000 (Vorauflage), Vorbem. 14 zu Art. 1--19: „Die Anerkennung der Grundrechtsmündigkeit verstärkt also das Selbstbestimmungsrecht des Kindes im Verhältnis zu seinen Eltern"; ebenso: *Jestaedt*, in: DFGT, 21. DFGT, 2016, S. 65, 75; *Steffen*, RdJ 1971, 143, 145; kritisch zu der Verortung des Problems der Grundrechtsmündigkeit (allein) im Verhältnis Eltern/Kind: *Kittner*, AuR 1971, 280, 286 *Ossenbühl*, Das elterliche Erziehungsrecht im Sinne des Grundgesetzes, 1981, S. 57; *v. Mutius*, Jura 1987, 272, 274.

Unter dieser Perspektive scheint auch der BGH die Grundrechtsmündigkeit zu thematisieren: Ausdruck der Grundrechtsmündigkeit ist eine „selbstständige Entscheidungsbefugnis“ oder „echtes Mitspracherecht“ des Minderjährigen.[25]

Für die vorliegende Arbeit aktualisiert sich das Problem der Grundrechtsmündigkeit damit an der folgenden Fragestellung: Begrenzen die Freiheitsrechte des Kindes – und hier insbesondere sein Recht auf Fortbewegungsfreiheit – das Elternrecht und kann sich – und wenn ja in welchen Fällen – das Recht des Kindes auf Fortbewegungsfreiheit durchsetzen? Dieser Frage soll hingegen erst zu einem späteren Zeitpunkt nachgegangen werden[26], da vorgreiflich festgestellt werden soll, wie und in welchem Umfang die Fortbewegungsfreiheit verfassungsrechtlich geschützt ist.

## B. Struktur des verfassungsrechtlichen Freiheitsschutzes

### I. Art. 2 Abs. 2 S. 2 GG und Art. 104 GG

Verfassungsrechtlich ergibt sich der Schutz der Freiheit der Person aus Art. 2 Abs. 2 S. 2 GG und Art. 104 GG. Art. 2 Abs. 2 S. 2 GG erklärt die Freiheit der Person für „unverletzlich“. Art. 2 Abs. 2 S. 3 GG normiert einen Gesetzesvorbehalt, der eine Beschränkung nur aufgrund eines förmlichen Gesetzes zulässt.[27] Art. 104 GG nimmt die in Art. 2 Abs. 2 S. 2 GG verwendete Formulierung „Freiheit der Person“ auf und differenziert zwischen verschiedenen Eingriffen in die Freiheit der Person. Er wiederholt in Abs. 1 S. 1 das Erfordernis eines förmlichen Gesetzes und ergänzt als Voraussetzung für eine Freiheitsbeschränkung die Beachtung der in dem Gesetz vorgeschriebenen Formen. Über die Zulässigkeit und Fortdauer einer Freiheitsentziehung hat nach Abs. 2 S. 1 ein Richter zu entscheiden, mit der Ausnahme des S. 2, dass seine Entscheidung bei vorläufigen Maßnahmen der Exekutive zumindest unverzüglich herbeizuführen ist. Damit legt Art. 104 GG die maßgebenden und entscheidenden Rechte des Betroffenen bei Eingriffen in die persönliche

---

25 BGH, NJW 1974, 1947, 1949.

26 S. unten, unter D. IV. 3.

27 Art. 2 Abs. 2 S. 2 GG und Art. 104 GG schützen mit der Freiheit der Person damit ein identisches Rechtsgut und stehen im systematischen Bezug, BVerfGE 109, 133, 157; 128, 326, 372.

Freiheit fest und definiert verstärkend und ergänzend zu Art. 2 Abs. 2 S. 2 GG die verfahrensrechtlichen Voraussetzungen für einen Eingriff.[28]

## II. Schutzbereich

Art. 2 GG und Art. 104 GG sind als Jedermann-Grundrechte formuliert, sodass in Anbetracht der dargestellten allgemeinen Grundrechtsfähigkeit Grundrechtsträger auch Minderjährige und sonst Geschäftsunfähige wie alle anderen natürlichen Personen sind.[29] Sie bilden einen einheitlichen Schutzbereich, für dessen Eröffnung lediglich die grundsätzlich bestehende Fähigkeit zur Fortbewegung notwendig ist; kann die tatsächliche Fortbewegung nur mit fremder Hilfe erfolgen, ist dies unschädlich.[30] Schwieriger gestaltet sich die Definition des sachlichen Schutzbereichs. Dem Wortlaut des Art. 2 Abs. 2 S. 2 GG nach erscheint auch dieser zunächst weit.[31]

Hilfreich für die Definition des Schutzbereichs ist die Betrachtung des historischen Ursprungs und der Funktion beider Normen. Art. 2 Abs. 2 S. 2 GG und Art. 104 GG knüpfen an den vor allem in der englischen Verfassungstradition ausgeprägten „habeas corpus“-Gedanken an: Nach diesem werden Festnahmen und ähnliche, mit körperlichem Zwang verbundene Freiheitsbeschränkungen durch die öffentliche Gewalt begrenzt und verfahrensrechtlichen Anforderungen unterworfen.[32] Der Richtervorbehalt,

---

[28] BVerfGE 10, 302, 323; *Mehde*, in: Dürig/Herzog/Scholz, GG, Bd. VI, 108. EL 2025, Art. 104 Rn. 1; *Gusy*, in: Huber/Voßkuhle, GG, Band 3, 8. Aufl. 2024, Art. 104 Rn. 12; *Hantel*, JuS 1990, 865, 866; Zu den Begrifflichkeiten s. sogleich unter C. II.

[29] BVerfGE 10, 302, 309; 58, 208, 224; BVerfG, FamRZ 2018, 1442, 1446; *Di Fabio*, in: Dürig/Herzog/Scholz, GG, Bd. I, 108. EL 2025, Art. 2 Abs. 2 S. 2, Rn. 21; *Erdsiek*, NJW 1960, 1385, 1386.

[30] *Di Fabio*, in: Dürig/Herzog/Scholz, GG, Bd. I, 108. EL 2025, Art. 2 Abs. 2 Satz 2 Rn. 21; *Schulze-Fielitz*, in: Dreier, GG, Band I, 3. Aufl. 2013, Art. 2 II Rn. 100.

[31] *Kunig/Kämmerer*, in: v. Münch/Kunig, GG, Band 1, 7. Aufl. 2021, Art. 2 Rn. 140; *Jarass*, in: Jarass/Pieroth, 16. Aufl. 2020, Art. 2 Rn. 112; *Stern*, Staatsrecht, Band IV/1, 2006, § 106, S. 1092.

[32] *Jarass*, in: Jarass/Pieroth, 16. Aufl. 2020, Art. 2 Rn. 110; ausführlich zur geschichtlichen Entwicklung: *Gusy*, in: Huber/Voßkuhle GG, Band 3, 8. Aufl. 2024, Art. 104 Rn. 2 ff.; *Schulze-Fielitz*, in: Dreier, GG, Band III, 3. Aufl. 2018, Art. 104 Rn. 1 ff.; *Hantel*, JuS 1990, 865 f.; *Kern*, in: Neumann/Nipperdey/Scheuner, Die Grundrechte, Band 2, 1954, S. 51, 68.

der erstmalig im Verfassungstext von Herrenchiemsee auftaucht,[33] ist ebenso wie die grundgesetzlichen Freiheitsrechte insgesamt als Antithese gegen die nationalsozialistische Praxis erlassen, willkürliche Freiheitsentziehungen ohne richterliche Kontrolle zu verhängen.[34] Die Gewährleistung der Freiheit der Person geht also auf den Gedanken zurück, den Einzelnen vor einem Einsperren durch die öffentliche Gewalt zu schützen.[35] Aufgrund

---

33 Vgl. dagegen Art. 3 Abs. 3 des Herrenchiemseer Entwurfs: „Jeder von der öffentlichen Gewalt Festgenommene ist auf Verlangen, spätestens am Tag nach der Festnahme, dem zuständigen Richter vorzuführen."; Art. 114 der Verfassung des Deutschen Reichs vom 11. August 1919, der lediglich einen Gesetzesvorbehalt sowie eine Mitteilungs- und Anhörungspflicht enthält sowie Art. 138 der Verfassung des Deutschen Reichs vom Jahre 1849, der zwar den Vorbehalt eines „richterlichen, mit Gründen versehenen Befehls" enthielt, allerdings ausdrücklich nur für die Verhaftung; anders noch im diesem zugrundeliegenden Entwurf des Verfassungsausschusses und dem der ersten Lesung. Dort hieß es noch allgemein: „Niemand darf seinem gesetzlichen Richter entzogen werden", vgl. *Bergsträsser*, Die Verfassung des Deutschen Reiches vom Jahre 1849, 1913, S. 75 f. (Hervorhebungen durch die Verfasserin).

34 *Otto*, Das Staatsverständnis des Parlamentarischen Rates, 1971, S. 70, 72; *Gusy*, in: Huber/Voßkuhle GG, Band 3, 8. Aufl. 2024, Art. 104 Rn. 6; *Kern*, in: Neumann/Nipperdey/Scheuner, Die Grundrechte, Band 2, 1954, S. 51, 68; Gleichwohl findet sich der Schutz der Fortbewegungsfreiheit vor unauthorisierten Eingriffen der öffentlichen Gewalt schon etwa in § 138 der Verfassung des deutschen Reiches v. 28. März 1849, RGBl. 1849, S. 101 („Paulskirchenverfassung"/ „Frankfurter Reichsverfassung"; Schutz vor „Verhaftung") sowie Art. 114 der Verfassung des Deutschen Reiches vom 31. Juli 1919, RGBl. 1919, 1383 („Weimarer Reichsverfassung"; ausdrücklich: „Beeinträchtigung oder Entziehung der persönlichen Freiheit durch die öffentliche Gewalt"); allgemein zur freiheitsorientierten Ideologie des Grundgesetzes als Gegenstück zu totalitären Zwangssystemen: *v. Mangoldt*, Schriftlicher Bericht über den Abschnitt I. Die Grundrechte, Anlage zum stenographischen Bericht der Neunten Sitzung des Parlamentarischen Rates am 6. Mai 1949, S. 5; *Süsterhenn*, Rede in der zweiten Sitzung des Parlamentarischen Rates am 8. September 1948, Stenographischer Bericht, 1. Band, Nr. 2, S. 17, 20; *Seebohm*, Rede in der dritten Sitzung des Parlamentarischen Rates am 9. September 1948, Stenographischer Bericht, 1. Band, Nr. 3, S. 46; *Brockmann*, ebenda S. 55.

35 BVerfGE 10, 302, 322; *Doemming/Füsslein/Matz*, JöR 1 (1951) 63: „Schutz vor außerstrafrechtlicher Beschränkung der persönlichen Freiheit, indem er beispielsweise die zwangsweise Unterbringung in einem Irrenhaus, die Schutzhaft, die Zwangsstellung von Geschlechtskranken, die Unterbringung von gefährdeten Jugendlichen einer richterlichen Kontrolle unterwirft".

dieser historischen Anknüpfung[36] spricht das Bundesverfassungsgericht vom „besonderen Gewicht“ des Grundrechts und vom „hohen Rechtsgut“, das nur „aus besonders gewichtigen Gründen“ eingeschränkt werden dürfe, die sich in erster Linie im Strafrecht und Strafverfahrensrecht finden.[37] Unter Betrachtung dieser Entstehungsgeschichte und ursprünglichen Funktion umfasst der gemeinsame Schutzbereich lediglich den Schutz der körperlichen Bewegungsfreiheit.[38] Hierfür spricht auch eine systematische Betrachtung von Art. 2 Abs. 2 S. 2 GG und der Parallelgarantie des Art. 104 GG, der als konkrete Eingriffe „Festhalten“, „Gewahrsam“, „Festnahme“ und „Haft“ nennt.

Das Bundesverfassungsgericht definiert die körperliche Bewegungsfreiheit als das Recht, „einen Ort oder Raum aufzusuchen oder sich dort aufzuhalten“.[39] Die Möglichkeit, „sich unbegrenzt überall aufzuhalten und überall hin bewegen zu dürfen“ erfahre hingegen keinen Schutz.[40] Vielmehr müsse der Ort, an den sich die betroffene Person bewegen will, auch tatsächlich und rechtlich zugänglich sein.[41] Die körperliche Bewegungsfreiheit wird nach dieser Rechtsprechung durch die Begrenzung auf einen bestimmten Ort wesentlich eingeschränkt, sodass auch die Möglichkeit, sich von einem bestimmten Ort wegzubewegen, ganz gleich, in welche Richtung oder mit

---

36 Ausführlich: *Pohlreich*, in: Kahl/Waldhoff/Walter, Bonner Kommentar zum Grundgesetz, 199. Aktual. 2019, Art. 104 Rn. 1 ff.

37 BVerfGE 22, 180, 219; 58, 208, 224; 65, 317, 322; 70, 297, 307; BVerfG, FamRZ 2018, 1442, 1446; *Mommsen*, Die Grundrechte des deutschen Volkes, 1969, S. 24, bezeichnet die „Unverletzlichkeit der persönlichen Freiheit“ gar als „das heiligste Recht des deutschen Bürgers“.

38 BVerfGE 94, 166, 198; 96, 10, 21; BVerfG, FamRZ 2018, 1442, 1446; BVerwGE 6, 354, 355; Schon nach dem Herrenchiemseer Entwurf gewährleiste die Bestimmung „die persönliche Bewegungsfreiheit im engeren Sinn“, *Doemming/Füsslein/Matz*, JöR NF 1 (1951) 63, dazu: *Gusy*, NJW 1992, 457 f.; *Kunig/Kämmerer*, in v. Münch/Kunig, GG, Band 1, 7. Aufl. 2021, Art. 2 Rn. 130, *Kunig/Saliger*, ebenda, Band 2, 7. Aufl. 2021, Art. 104 Rn. 9; *Hantel*, JuS 1990, 865, 866; *ders.*, Der Begriff der Freiheitsentziehung in Art. 104 Abs. 2 GG, 1988, S. 3; *Stepanek-Bühringer*, in: Huber/Voßkuhle, GG, Band 1, 8. Aufl. 2024, Art. 2 Rn. 455; *Jarass*, in: Jarass/Pieroth, 16. Aufl. 2020, Art. 2 Rn. 110, 112.

39 BVerfGE 94, 166, 198; 105, 239, 248; dazu: *Gusy*, NJW 1992, 457.

40 BVerfGE 94, 166, 198; 96, 10, 21.

41 BVerfGE 94, 166, 198; 105, 239, 248; dazu: *Gusy*, NJW 1992, 457; zur Kritik an diesem Merkmal: *Di Fabio*, in: Dürig/Herzog/Scholz, GG, Bd. I, 108. EL 2025, Art. 2 Abs. 2 Satz 2 Rn. 26.

welchem Ziel, dem Schutzbereich unterfällt.[42] Die physische Möglichkeit der eigenständigen Fortbewegung ist nicht ausschlaggebend, sodass es für eine Freiheitsbeschränkung ausreicht, wenn der Betroffene etwa von Hilfsmitteln oder -personen getrennt wird.[43]

Neben dieser positiven Freiheit wird der Schutz einer negativen Freiheit diskutiert. Die negative Bewegungsfreiheit soll die Möglichkeit schützen, an dem Ort zu bleiben, an dem man sich befindet, und jeden Ort zu meiden, den man meiden will.[44] Für die Annahme auch einer solchen Schutzdimension spricht, dass die positive und negative Gewährung der Fortbewegungsfreiheit zwei Seiten einer Medaille sind, die nur gemeinsam einen umfassenden Schutz bieten.[45] Zudem kann das Gebot, sich an einem bestimmten Ort aufzuhalten, als Bündel unendlich vieler Verbote betrachtet werden, zum selben Zeitpunkt einen anderen Ort aufzusuchen.[46] Zum Teil wird dieser Ansatz aber mit Blick auf die Entwicklung der Normen aus dem „habeas corpus"-Gedanken als historisch-teleologisch unzulässige Ausweitung des Schutzbereichs kritisiert.[47] Ein Eingriff wird mitunter jedenfalls dann verneint, wenn zur Durchsetzung einer die negative Freiheit beschränkenden Verpflichtung – also etwa die Weisung sich fortzubewegen – kein unmittelbarer Zwang eingesetzt wird.[48] Da die Einordnung mithin überwiegend auf der Eingriffsebene erfolgt, soll auch hier die abschließende Würdigung der unter die negative Bewegungsfreiheit fallenden Maßnahmen an späterer Stelle erfolgen.[49] Das Grundrecht der Freiheit der Person bietet demnach einen Schutz vor unmittelbaren Handlungen, die die Möglichkeit verhindern, einen Ort, dessen Erreichen an sich physisch-real möglich und rechtlich

---

42 BVerfGE 94, 166, 198; *Hantel*, JuS 1990, 865, 866.

43 *Rauschert*, RdJ 1960, 369, 370.

44 Zur Diskussion: *Di Fabio*, in: Dürig/Herzog/Scholz, GG, Bd. I, 108. EL 2025, Art. 2 Abs. 2 Satz 2 Rn. 27; bejahend: *Rixen*, in: Sachs, GG, 10. Aufl. 2024, Art. 2 Rn. 230.

45 *Murswiek/Rixen*, in: Sachs, GG, 8. Aufl. 2018 (Vorauflage), Art. 2 Rn. 231.

46 *Rixen*, in: Sachs, GG, 10. Aufl. 2024, Art. 2 Rn. 231; *Hanraths*, VR 1992, 243, 244.

47 *Schulze-Fielitz*, in: Dreier, GG, Band I, 3. Aufl. 2013, Art. 2 II Rn. 98; *Di Fabio*, in: Dürig/Herzog/Scholz, GG, Bd. I, 108. EL 2025, Art. 2 Abs. 2 Satz 2 Rn. 27.

48 BVerfGE 22, 21, 26; s. zum Erfordernis der Zwangseinwirkung unten, C, IV. 1.

49 s. dazu unter C. I., E. II. 1.

zulässig wäre, aufzusuchen, dort zu verbleiben oder sich von diesem zu entfernen.[50]

## C. Fürsorgliche Beschränkung der Fortbewegungsfreiheit als Eingriff in Art. 2 Abs. 2 S. 2, 104 GG

Um den Schutz der Art. 2 Abs. 2 S. 2, 104 GG zu aktivieren, bedarf es einer Einordnung der Einwirkung auf die Fortbewegungsfreiheit als Eingriff. Hierfür werden zunächst die allgemeinen Elemente eines Eingriffs in die Rechte aus Art. 2 Abs. 2 S. 2, 104 GG genannt (s. nachfolgend unter I.) dargestellt. Aufgrund der sich aus Art. 104 GG ergebenden Besonderheit – allgemeine Voraussetzungen für Freiheitseingriffe in Abs. 1, besondere Voraussetzungen für Freiheitsentziehungen in Abs. 2 – müssen diese Eingriffe wiederum in Freiheitsentziehungen und sonstige Freiheitseingriffe unterteilt werden (s. unter II.). Darüber hinaus stellt sich in Ansehung von Abs 2 S. 3 und Abs. 3 des Art. 104 GG die Frage, ob dieser auf fürsorgerische Beschränkungen der Fortbewegungsfreiheit überhaupt anwendbar ist (s. dazu unter III.). Weiterhin stellt sich das Problem, ob ein Freiheitseingriff auch dann vorliegen kann, wenn der Betroffene in die Maßnahme eingewilligt hat (s. unter IV.) und ob ein Eingriff auch dann noch möglich ist, wenn die Fortbewegungsfreiheit schon einmal entzogen wurde, mithin innerhalb einer fortbestehenden Freiheitsentziehung i. S. d. Art. 104 Abs. 2 GG (s. dazu unter V.).

### I. Allgemeine Voraussetzungen für einen Eingriff

Grundrechtsdogmatisch liegt nach dem „klassischen Eingriffsbegriff" ein Grundrechtseingriff vor, wenn „ein rechtsförmiger Vorgang [...] unmittelbar und gezielt (final) durch ein vom Staat verfügtes, erforderlichenfalls zwangsweise durchzusetzendes Ge- oder Verbot, also imperativ, zu einer Verkürzung grundrechtlicher Freiheit führt".[51] Ein Eingriff in die Art. 2 Abs. 2 S. 2, 104 GG stellt damit jede Beeinträchtigung der körperlichen Bewegungsfreiheit,

---

[50] BVerfG NStZ 2011, 529, 530; *Degenhart*, in: Sachs, GG, 10. Aufl. 2024, Art. 104 Rn. 4; *Gusy*, in: Huber/Voßkuhle, GG, Band 3, 8. Aufl. 2024, Art. 104 Rn. 17; *Schulze-Fielitz*, in: Dreier, GG, Band I, 3. Aufl. 2013, Art. 2 II Rn. 99.

[51] BVerfGE 105, 279, 300.

zunächst ohne Rücksicht auf ihre Art oder ihren Intensitätsgrad oder das eingesetzte Mittel, dar – abgestellt werden soll allein auf den Erfolg.[52] Betrachtet man die Genese des Grundrechtsschutzes der Freiheit der Person, der das Anliegen umsetzt, vor Verhaftung, Festnahmen und vergleichbarem staatlichen Handeln Schutz zu bieten[53], soll es zur Annahme eines Eingriffs in die Fortbewegungsfreiheit eines mit diesen Fallgruppen vergleichbaren unmittelbaren Einwirkens auf die Person bedürfen.[54] Ein „vergleichbares Einwirken" wird bei einer Einschränkung der körperlichen Bewegungsfreiheit mittels Zwang angenommen, der gleichsam Voraussetzung für einen Eingriff in Art. 2 Abs. 2 S. 2 GG und Art. 104 GG ist.[55] Nach allgemeiner Definition liegt Zwang dann vor, wenn die Handlungsimpulse der betroffenen Person von außen beherrscht werden[56] bzw. der Wille der betroffenen Person überwunden wird.[57] Danach kann die Einwirkung auf die dem Zwang ausgesetzte Person anhand verschiedener Maßnahmen erfolgen. Denkbar ist etwa das Einwirken auf die Person in Form einer physischen Sicherung, wie der Beschränkung auf ein geschlossenes Gebäude durch Verschließen der Tür, Festhalten etc.[58] In einer solchen physischen Sicherung liegt ein äußerer Zwang, der mit dem für den strafrechtlichen Gewaltbegriff verwendeten Konzept der vis absoluta[59] verglichen werden kann: Der Widerstand

---

52 *Mehde*, in: Dürig/Herzog/Scholz, GG, Bd. VI, 108. EL 2025, Art. 104 Rn. 63; *Kunig/Kämmerer*, in: v. Münch/Kunig, GG, Band 1, 7. Aufl. 2021, Art. 2 Rn. 138 f.; *Hoffmann*, DVBl. 1967, 751, 752.

53 s. dazu oben, unter B.

54 BVerfGE 22, 21, 26; E 57, 9, 23 ff.; 105, 239, 247; *Schulze-Fielitz*, in: Dreier, GG, Band I, 3. Aufl. 2013, Art. 2 II Rn. 104; *Radtke*, in: BeckOK-GG, 64. Edition, Stand: 15. Juni 2025, Art. 104 Rn. 2; *Jarass*, in: Jarass/Pieroth, GG, 16. Aufl. 2020, Art. 2 Rn. 114a verneint daher einen Eingriff bei bloßen Vorbereitungsmaßnahmen.

55 *Hantel*, Der Begriff der Freiheitsentziehung in Art. 104 Abs. 2 GG, 1988, S. 19; *ders.*, JuS 1990, 865, 866; *Ziekow*, Über Freizügigkeit und Aufenthalt, 1997, 464; BVerfGE 22, 21, 26; *Radtke*, in: BeckOK-GG, 64. Edition, Stand: 15. Juni 2025, Art. 104 Rn. 2; *Tiemann*, NVwZ 1987, 10, 12.

56 Duden Online, s. „Zwang" (www.duden.de/rechtschreibung/Zwang [zuletzt abgerufen: 25. Januar 2026]).

57 *Deutscher Ethikrat*, Stellungnahme „Hilfe durch Zwang?", 2018, S. 8, 27.

58 *Jarass*, in: Jarass/Pieroth, 16. Aufl. 2020, Art. 2 Rn. 114a f.

59 *Sinn*, in: MünchKomm StGB, 5. Aufl. 2025, § 240 Rn. 29 f.; ausführlich: *Gutmann*, Freiwilligkeit als Rechtsbegriff, 2001, S. 68 ff.; *Weber*, Rechtswörterbuch, 24. Aufl. 2022, s. „Gewalt, Gewaltdelikte".

der Person ist gänzlich ausgeschlossen. In entsprechendem Umfang kann auch anders als durch mechanische Sicherung unmittelbarer Zwang bewirkt werden, etwa durch die Gabe von Medikamenten, unter deren Wirkung sich der Betroffene ebenfalls nicht wegbewegen kann.[60]

Nach der genannten allgemeinsprachlichen Definition könnte Zwang allerdings auch in psychischer Form, etwa durch Observation, Einschüchterung oder Androhung von Sanktionen erfolgen. Diese Form von Zwang ließe sich wiederum mit dem strafrechtlichen Konstrukt der vis compulsiva vergleichen: der Betreffende fügt sich dem Täter, weil er den Einsatz physischen Zwangs beenden oder vermeiden will.[61] Psychischer Zwang im allgemeinen Sinne kann etwa vorliegen in einer Bestimmung des Betroffenen, einen bestimmten Ort nicht zu verlassen, aber auch im Gebot, sich an einen bestimmten Ort zu bewegen, jeweils mit oder ohne Androhung von Konsequenzen bei Nichtbefolgen, etwa der Anwendung von unmittelbarem körperlichen Zwang oder negativen Folgen.

Eine entsprechende Einordnung auch psychischen Zwangs als Grundrechtseingriff[62] in Kombination mit der Annahme einer negativen Bewegungsfreiheit, führte zu einem sehr weiten Gewährleistungsumfang, der zum Teil als zu weitgehend betrachtet[63] und auf unterschiedlichem Wege eingeschränkt wird. Zunächst wird – unabhängig davon in welcher Form auf den Betroffenen eingewirkt wird – auf den Zweck der in Frage stehenden Maßnahme abgestellt: Danach liegt ein Eingriff vor, wenn die Maßnahme die Bewegungsfreiheit primär beschränken soll, ist die Beschränkung lediglich Nebenfolge eines anderen Primärzwecks, ist ein Eingriff nicht gegeben.[64]

60 *Jarass*, in: Jarass/Pieroth, 16. Aufl. 2020, Art. 104 Rn. 11; *Radtke*, in: BeckOK-GG, 64. Edition, Stand: 15. Juni 2025, Art. 104 Rn. 4; *Schulze-Fielitz*, in: Dreier, GG, Band III, 3. Aufl. 2018, Art. 104 Rn. 25; *Degenhart*, in: Sachs, GG, 10. Aufl. 2024, Art. 104 Rn. 5.

61 *Sinn*, in: MünchKomm StGB, 5. Aufl. 2025, § 240 Rn. 29 f.; ausführlich: *Gutmann*, Freiwilligkeit als Rechtsbegriff, 2001, S. 68 ff.; *Weber*, Rechtswörterbuch, 24. Aufl. 2022, s. „Gewalt, Gewaltdelikte".

62 Dafür plädiert *Mehde*, in: Dürig/Herzog/Scholz, GG, Bd. VI, 108. EL 2025, Art. 104 Rn. 67.

63 *Rixen*, in: Sachs, GG, 10. Aufl. 2024, Art. 2 Rn. 232.

64 *Gusy*, NJW 1992, 457, 459; *Rixen*, in: Sachs, GG, 10. Aufl. 2024, Art. 2 Rn. 233; *Kunig*, in: v. Münch/Kunig, GG, Band 1, 6. Aufl. 2012 (Vorauflage), Art. 2 Rn. 74, 76; *Pieroth/Schlink*, Grundrechte, Rn. 443, 445; *Rauschert*, RdJ 1960, 369, 370.

Ein Eingriff soll auch dann nicht vorliegen, wenn die Anwesenheit in einem bestimmten Raum lediglich Nebenfolge des Umstandes darstellt, dass die betroffene Person eine Handlung vornehmen muss, die nur an diesem Ort möglich ist.[65] Hiergegen ist freilich einzuwenden, dass die Berücksichtigung von Zwecken, Motivationen und Mitteln der Schutzrichtung der Freiheitsgrundrechte widerspricht, Schutz vor Beeinträchtigungen der körperlichen Bewegungsfreiheit schlechthin zu bieten sollen und daher nur der Erfolg der Maßnahme maßgebend ist.[66] Zudem trägt die Unterscheidung nicht nach dem Zweck des Eingriffs der Schwere Rechnung, die eine Maßnahme gegebenenfalls gerade aufgrund ihres Eingriffs in die Bewegungsfreiheit, sei dieser auch nicht Primärzweck, gewinnt. Hinzu kommt, dass der Zweck einer Maßnahme nicht immer klar abgegrenzt werden kann.[67] Eine Freiheitsbeschränkung als Teil einer psychiatrischen Behandlung kann etwa zur Vornahme gewisser Therapien genutzt werden, die gleichzeitig aber gerade die Abschottung von der Außenwelt als Teil der Behandlung erfordern. Entsprechend kann die Frage nach dem Grundrechtseingriff nicht davon abhängen, ob die Maßnahme zum Besten der betroffenen Person vorgenommen wird.[68] Zudem ist nicht ersichtlich, aus welchen Gründen eine exakt gleiche Maßnahme aufgrund von subjektiven Zielsetzungen des Beeinträchtigenden unter Umständen unterschiedlich bewertet werden sollte.[69] Dem Abstellen auf den Zweck der Handlung steht auch die Tatsache entgegen, dass der

---

65 *Gusy*, in: Huber/Voßkuhle, GG, Band 3, 8. Aufl. 2024, Art. 104 Rn. 19a; *ders.*, NJW 1992, 457, 460, nennt als Beispiel die Pflicht des Schülers zum Erscheinen beim Schulunterricht, die Pflicht des Wahlvorstands im Wahlraum bzw. -gebäude zu verbleiben sowie die Pflicht des Wachsoldaten den entsprechenden Raum nicht zu verlassen; ebenso *Rauschert*, RdJ 1960, 369, 370.

66 BVerwG, NJW 1982, 536; *Mehde*, in: Dürig/Herzog/Scholz, GG, Bd. VI, 108. EL 2025, Art. 104 Rn. 63; *Schlink/Schattenfroh*, in: Fegert/Späth/Salgo, Freiheitsentziehende Maßnahmen in der Jugendhilfe und Kinder- und Jugendpsychiatrie, 2001, S. 73, 85; dagegen *Hoffmann*, DVBl. 1970, 473, 475; *Koschwitz*, Die kurzfristige polizeiliche Freiheitsentziehung, 1969, S. 42 f.

67 *Jarass*, in: Jarass/Pieroth, 16. Aufl. 2020, Art. 2 Rn. 114a; in diese Richtung auch *Di Fabio*, in: Dürig/Herzog/Scholz, GG, Bd. I, 108. EL 2025, Art. 2 Abs. 2 Satz 2 Rn. 30.

68 *Czerner*, AcP 202 (2002), 72, 86: Der Grundsatz „der Zweck heiligt die Mittel" gilt hier nicht; *Mehde*, in: Dürig/Herzog/Scholz, GG, Bd. VI, 108. EL 2025, Art. 104 Rn. 63.

69 *Di Fabio*, in: Dürig/Herzog/Scholz, GG, Bd. I, 108. EL 2025, Art. 2 Abs. 2 Satz 2 Rn. 30.

primäre Zweck einer freiheitsbeschränkenden Maßnahme oft gar nicht die Freiheitsbeschränkung selbst ist.[70]

Vormals wurde eine Einschränkung dadurch vorgenommen, dass für einen Eingriff unmittelbarer (körperlicher) Zwang notwendig ist[71], sodass alle Formen des rein psychischen Zwangs keinen Eingriff in Art. 2 Abs. 2 S. 2 und 104 GG darstellen. Dies ließe sich dadurch begründen, dass nur dann tatsächlich eine mit den ursprünglichen Anwendungsfeldern der grundrechtlichen Freiheitsrechte vergleichbare Einwirkung auf den Betroffenen vorliegt, ließe hingegen außer Acht, dass auch nicht-körperliche Maßnahmen eine erhebliche Einschränkung der Bewegungsfreiheit veranlassen, und damit eine ähnliche Wirkung entfalten können.

Davon abweichend wird heute ganz überwiegend vertreten, dass der psychische Zwang dem körperlichen Zwang dann gleichstehe, wenn die Einwirkung auf die betroffene Person so stark ist, dass sie sich dadurch veranlasst sieht, den ihr „rechtlich eingeräumten Spielraum zur körperlichen Bewegung nicht wahrzunehmen."[72] Bejaht werden muss dies zumindest in den Fällen, in denen mit großer Wahrscheinlichkeit bei Nichtbefolgung sofortiger unmittelbarer Zwang zulasten der körperlichen Bewegungsfreiheit zu erwarten ist.[73] So geht das Bundesverfassungsgericht davon aus, dass grundsätzlich auch solche Maßnahmen einen Grundrechtseingriff darstellen können, die eine mittelbare oder faktische Wirkung entfalten, wenn sie durch Zielsetzung und Wirkung einem direkten Eingriff gleichkommen.[74] Hier finden sich Elemente aus dem klassischen Eingriffsbegriff wieder, nach dem ein Ge- oder Verbot ausreicht, welches aber erforderlichenfalls mit Zwang durchgesetzt werden

---

70 *Jarass*, in: Jarass/Pieroth, 16. Aufl. 2020, Art. 2 Rn. 114a; *Schulze-Fielitz*, in: Dreier, GG, Band I, 3. Aufl. 2013, Art. 2 II Rn. 104.

71 so noch BVerfGE 22, 21, 26: „unmittelbarer Zwang"; *Jarass*, in: Jarass/Pieroth, 16. Aufl. 2020, Art. 2 Rn. 110.

72 BVerwGE 62, 325, 326; *Kunig/Kämmerer*, in: v. Münch/Kunig, GG, Band 1, 7. Aufl. 2021, Art. 2 Rn. 186; *Mehde*, in: Dürig/Herzog/Scholz, GG, Bd. VI, 108. EL 2025, Art. 104 Rn. 67; ähnlich auch *Ziekow*, Über Freizügigkeit und Aufenthalt, 1997, S. 464.

73 *Schulze-Fielitz*, in: Dreier, GG, Band I, 3. Aufl. 2013, Art. 2 II Rn. 104; *Kunig/Kämmerer*, in: v. Münch/Kunig, GG, Band 1, 7. Aufl. 2021, Art. 2 Rn. 139: „faktischer Zwang"; *Jarass*, in: Jarass/Pieroth, 16. Aufl. 2020, Art. 2 Rn. 114a: Eingriff bei Androhung unmittelbaren Zwangs.

74 BVerfGE 105, 252, 273; 105, 279, 300 f.; 110, 177, 191.

kann. Wird eine Maßnahme angedroht, deren Durchsetzung mit unmittelbarem körperlichem Zwang keinesfalls sicher ist und die auf die betroffene Person also keine einem unmittelbaren körperlichen Zwang vergleichbare Wirkung hat, soll kein Freiheitseingriff vorliegen.[75]

Eine Verbindung zwischen einem Ge- oder Verbot und dessen Vollstreckung in der Art, dass schon ersteres einen Freiheitseingriff darstellt, wird auch dann angenommen, wenn dem Verweilen oder Verbringen an einem bestimmten Ort eine rechtlich verbindliche Anordnung zugrunde liegt, bei deren Nichtbefolgung mit empfindlichen Konsequenzen zu rechnen ist, da dann die Anordnung mit der nachfolgenden Vollziehung durch ihre rechtliche Bindungswirkung einen einheitlichen Vorgang bildet.[76]

Unter Zugrundelegung dieser Annahmen kann auch die Pflicht bewertet werden, an einem bestimmten Ort zu erscheinen: Diese verursachte dann selbst grundsätzlich keinen Eingriff in die Fortbewegungsfreiheit der Person, sofern nicht bei Nichtbefolgung mit körperlichem Zwang zu rechnen ist.[77]

## II. Abgrenzung von Freiheitsentziehungen und Freiheitsbeschränkungen i. e. S.

### 1. Die Struktur der Freiheitseingriffe in Art. 2 Abs. 2 und Art. 104 GG

In Art. 2 Abs. 2 GG und Art. 104 GG werden für die Einschränkung der Freiheit unterschiedliche Begriffe verwendet, deren Verhältnis zur Bestimmung der Voraussetzungen des jeweiligen Grundrechtseingriffs erforderlich ist. Art. 2 Abs. 2 S. 3 GG verwendet zunächst den Begriff des „Eingriffs in das Recht der persönlichen Freiheit“. Art. 104 Abs. 1 GG spricht dagegen in S. 1 von einer „Beschränkung der Freiheit“, in S. 2 vom „Festhalten“. Sowohl Art. 104 Abs. 2 S. 1 und 2 als auch Art. 104 Abs. 4 GG sprechen von einer „Entziehung der Freiheit“, während in Art. 104 Abs. 2 S. 3 GG der

---

75 BVerwGE 6, 354, 355; *Koschwitz,* Die kurzfristige polizeiliche Freiheitsentziehung, 1969, S. 35.

76 *Kunig/Kämmerer,* in: v. Münch/Kunig, GG, Band 1, 7. Aufl. 2021, Art. 2 Rn. 139; *Koschwitz,* Die kurzfristige polizeiliche Freiheitsentziehung, 1969, S. 36; *Schulze-Fielitz,* in: Dreier, GG, Band I, 3. Aufl. 2013, Art. 2 II Rn. 104 u. *ders.,* in: Dreier, GG, Band III, 3. Aufl. 2018, Art. 104 Rn. 27; a. A.: BVerfGE 22, 21, 26; *Di Fabio,* in: Dürig/Herzog/Scholz, GG, Bd. I, 108. EL 2025, Art. 2 Abs. 2 S. 2 Rn. 32: Abstellen auf die Durchsetzung eines Gebots.

77 *Kunig/Saliger,* in: v. Münch/Kunig, GG, Band 2, 7. Aufl. 2021, Art. 104 Rn. 9.

Begriff „Gewahrsam" und in Art. 104 Abs. 3 GG die Begriffe „Festnahme" und „Haft" genannt werden. Da Art. 104 GG den Art. 2 Abs. 2 S. 2 GG in verfahrensrechtlicher Hinsicht ergänzen soll[78], stellen die dort genannten hoheitlichen Maßnahmen Konkretisierungen des in Art. 2 Abs. 2 S. 3 GG verallgemeinernden „Eingriffes" dar. Freiheitsbeschränkungen, -entziehungen, Festhalten, Gewahrsam und Haft sind damit spezielle Eingriffe in die Freiheit.[79]

Art. 104 GG beschreibt in Abs. 1 Voraussetzungen für Freiheitsbeschränkungen und in den weiteren Absätzen Voraussetzungen für Freiheitsentziehungen. Entsprechend stellt das „Festhalten" in Abs. 1 S. 2 einen Unterfall einer Freiheitsbeschränkung dar, während Gewahrsam, Festnahme und Haft als Unterfälle der Freiheitsentziehung zu werten sind.[80] Die schon in Art. 2 Abs. 2 S. 2 GG festgelegten Garantien aus Art. 104 Abs. 1 GG müssen auch für die in dessen Abs. 2 bis 4 genannten Eingriffe gelten. Der Begriff der Freiheitsbeschränkungen i. w. S. ist mithin der Oberbegriff für die in Art. 104 GG beschriebenen Eingriffe, da nur so die Rechtsgarantien des Art. 104 Abs. 1 GG für alle Eingriffe zur Anwendung kommen.[81] Diese Einordnung der Freiheitsbeschränkung bedeutet wiederum, dass jede Freiheitsentziehung als spezieller Freiheitseingriff zugleich auch eine Freiheitsbeschränkung ist.[82] Ein „Eingriff" nach Art. 2 Abs. 2 S. 2 GG und eine „Beschränkung" nach Art. 104 Abs. 1 GG müssen aufgrund des gemeinsamen Schutzguts sowie der identischen Voraussetzungen identisch sein, sodass jeder Freiheitseingriff

---

78 Statt vieler: *Gusy*, in: Huber/Voßkuhle, GG, Band 3, 8. Aufl. 2024, Art. 104 Rn. 12.

79 So auch: *Hantel*, Der Begriff der Freiheitsentziehung in Art. 104 Abs. 2 GG, 1988, S. 65.

80 Zum Verhältnis der einzelnen Unterfälle des Art. 104: *Hantel*, Der Begriff der Freiheitsentziehung in Art. 104 Abs. 2 GG, 1988, S. 64 ff.

81 *Hantel*, JuS 1990, 865, 868; *Gusy*, in: Huber/Voßkuhle, GG, Band 3, 8. Aufl. 2024, Art. 104 Rn. 18; *Radtke*, in: BeckOK-GG, 64. Edition, Stand: 15. Juni 2025, Art. 104 Rn. 2; auch die im parlamentarischen Rat beschriebenen Anwendungsfälle stellen Freiheitsentziehungen dar, *Doemming/Füsslein/Matz*, JöR NF 1 (1951) 63; das BVerfG überprüft Freiheitsentziehungen nicht nur am Maßstab des Art. 2 und 3, sondern ebenfalls an Abs. 1, BVerfGE 14, 174, 186 f.; 15, 303, 308; 16, 211, 213.

82 *Kunig/Saliger*, in: v. Münch/Kunig, GG, Band 2, 7. Aufl. 2021, Art. 104 Rn. 10, 25; *Gusy*, NJW 1992, 457, 458.

im Sinne des Art. 2 Abs. 2 S. 3 GG zumindest eine Freiheitsbeschränkung im Sinne des Art. 104 Abs. 1 S. 1 darstellt.[83]

Im verfassungsrechtlichen Zusammenhang ist die Abgrenzung zwischen einer Freiheitsentziehung und einer Freiheitsbeschränkung i. e. S. aufgrund der unterschiedlichen rechtlichen Voraussetzungen relevant: nur bei einer Freiheitsentziehung liegt die grundsätzliche Anordnungskompetenz nach Art. 104 Abs. 2 GG beim Richter. Die Exekutive hat nach Art. 104 Abs. 2 S. 2 GG unverzüglich eine richterliche Entscheidung einzuholen. Die verfassungsrechtlich vorgeschriebene Kompetenzabgrenzung zwischen Judikative und Exekutive erfolgt also an der Grenze der verfassungsrechtlichen Definition einer Freiheitsentziehung als Unterfall der Freiheitsbeschränkung i. w. S.,[84] der – allgemein gesprochen – besonders *schwere* Eingriffe benennt.[85] Wenn also eine *Entziehung* und eine *Beschränkung* der Freiheit nur unter unterschiedlichen rechtlichen Voraussetzungen möglich sind, können beide Maßnahmen nicht identisch sein; bei der Feststellung einer Eingriffshandlung müssen sie klar abgegrenzt werden.[86] Zudem greift das BGB den Begriff „freiheitsentziehend" einfachgesetzlich in § 1631b wieder auf, für den sich die Frage stellen lässt, inwieweit sich dessen Wortlaut mit dem verfassungsrechtlichen Begriff deckt oder decken muss.[87]

## 2. Allgemeinsprachliche Abgrenzung

Schon die Wortbedeutung[88] der Begriffe Freiheitsbeschränkung und Freiheitsentziehung suggeriert ein Stufenverhältnis: Wird eine Sache oder ein Recht „beschränkt", bleibt zumindest ein Restbestand desselben bestehen,

---

83 *Tilch/Arloth*, Deutsches Rechts-Lexikon, Band 1, A-F, 3. Aufl. 2001, s. ‚Freiheit der Person'.

84 *Radtke*, in: BeckOK-GG, 64. Edition, Stand: 15. Juni 2025, Art. 104 Rn. 2; *Jarass*, in: Jarass/Pieroth, GG, 16. Aufl. 2020, Art. 2, Rn. 114 f., Art. 104 Rn. 10.

85 *Hantel*, Der Begriff der Freiheitsentziehung in Art. 104 Abs. 2 GG, 1988, S. 66.

86 *Gusy*, in: Huber/Voßkuhle, GG, Band 3, 8. Aufl. 2024, Art. 104 Rn. 18; *ders.*, NJW 1992, 457, 458.

87 S. zu dem einfachgesetzlichen Freiheitsentziehungsbegriff unten in Teil 5, B. IV. 2.; *Pohlreich*, in: Kahl/Waldhoff/Walter, Bonner Kommentar zum Grundgesetz, 199. Aktual. 2019, Art. 104, Rn. 28: verfassungsrechtlicher Begriff muss sich mit dem einfachgesetzlichen nicht decken.

88 Für eine Orientierung am Wortlaut: *Lisken*, NJW 1982, 1268, 1269.

bzw. nutzbar.[89] Eine Entziehung stellt hingegen die stärkste Form einer Beeinträchtigung unter Wegnahme jeglicher Nutzungsmöglichkeit dar.[90] Eine Beschränkung ist also ein Weniger gegenüber einer vollständigen Entziehung, die wiederum eine höhere Intensität der Einschränkung aufweist.[91] Allgemein anerkannt ist in Ableitung daraus die Differenzierung anhand des Merkmals der Intensität: Eine Freiheitsbeschränkung i. e. S. zeichnet sich durch eine geringere Intensität als eine Freiheitsentziehung aus.[92] Alle Eingriffe, die nicht einen so hohen Intensitätsgrad erreichen, dass sie eine Freiheitsentziehung darstellen, sind lediglich als Freiheitsbeschränkungen i. e. S. zu bewerten und lösen damit nur die Folgen des Art. 104 Abs. 1 GG, nicht jedoch die der Abs. 2 und 3 aus.[93] Mit dem Abgrenzungskriterium der Intensität wird das Merkmal der Schwere[94] des Eingriffs gleichgesetzt. Die Orientierung an der Intensität des Eingriffs lässt sich auf den Telos der Norm – Erforderlichkeit eines Richtervorbehalts als Kompensation für einen besonders schweren Eingriff in das Grundrecht der Freiheit – zurückführen.

### 3. Abgrenzungskriterien

Keine Einigkeit besteht hinsichtlich der Merkmale, die diese Intensität ausmachen sollen. Die häufig genannten Kriterien lassen sich einteilen in eine Differenzierung auf zeitlicher (s. unter a.), räumlicher (s. unter b.) oder sachlicher (s. unter c.) Ebene.[95]

---

89 Vgl. die Bedeutungen des Wortes „beschränken", in: Duden Online (www.duden.de/rechtschreibung/beschraenken [zuletzt abgerufen: 25. Januar 2026]).

90 Duden Online, s. „entziehen", Bedeutung 1 b, c (www.duden.de/rechtschreibung/entziehen [zuletzt abgerufen: 25. Januar 2026]).

91 *Hantel*, Der Begriff der Freiheitsentziehung in Art. 104 Abs. 2 GG, 1988, S. 128.

92 BVerfGE 10, 302, 323; 105, 239, 248; BVerfG, NStZ 2011, 529, 530 f.; BVerwGE 62, 325, 326; *Jarass*, in: Jarass/Pieroth, GG, 16. Aufl. 2020, Art. 2 Rn. 114a; *Hantel*, JuS 1990, 865, 868, 870; *ders.*, Der Begriff der Freiheitsentziehung in Art. 104 Abs. 2 GG, 1988, S. 138 ff.

93 *Hantel*, Der Begriff der Freiheitsentziehung in Art. 104 Abs. 2 GG, 1988, S. 65.

94 Für eine Abgrenzung u. a. anhand diesen Merkmals: AG Recklinghausen, FamRZ 1988, 653, 656.

95 Aufgliederung nach *Radtke*, in: BeckOK-GG, 64. Edition, Stand: 15. Juni 2025, Art. 104 Rn. 3.

### a. Abgrenzung auf zeitlicher Ebene

Als Kriterium zur Abgrenzung wird überwiegend das Merkmal der Dauer der Einwirkung auf die Bewegungsfreiheit genannt. Für die Annahme einer Freiheitsentziehung wird dann eine gewisse (Mindest-)Dauer der Beschränkung vorausgesetzt.[96] Je kurzfristiger die Maßnahme, desto eher ist sie nur eine Freiheitsbeschränkung i. e. S., je länger hingegen ihre Dauer, desto eher erreicht sie die Intensität einer Freiheitsentziehung.[97] Zum Teil werden, um Ergebnisse auszuschließen, die vom Zweck der Norm eindeutig nicht gewollt waren, Maßnahmen aus dem Anwendungsbereich ausgeschlossen, die nur einen ganz flüchtigen Moment andauern und dadurch von nur gänzlich unbedeutender Dauer sind.[98]

Für dieses Kriterium könnte die teleologische Erwägung sprechen, dass bei kurzfristigen Maßnahmen der Exekutive die Einholung einer vorherigen bzw. unverzügliche Herbeiführung einer richterlichen Genehmigung häufig nicht möglich ist, sodass der von Art. 104 Abs. 2 GG intendierte präventive Rechtsschutz nicht gelingen kann.[99] In diese Richtung äußert sich auch der Regierungsentwurf zum FreihEntzG a. F.[100], nach dem eine Freiheitsbeschränkung nur vorübergehende Bedeutung hat und „vielfach schon erledigt" ist, wenn sie vor den Richter gebracht werden könnte.[101] Gegen diese Begründung lässt sich hingegen einwenden, dass nach Art. 104

---

96 BVerfG, NJW 2004, 3697, 2018, 2619, 2621; BGHZ 145, 297, 303; AG Recklinghausen, FamRZ 1988, 653, 656; *Jarass*, in: Jarass/Pieroth, GG, 16. Aufl. 2020, Art. 2 Rn. 114, Art. 104 Rn. 11; *Schulze-Fielitz*, in: Dreier, GG, Band III, 3. Aufl. 2018, Art. 104 Rn. 25: mehrere Stunden; *Gusy*, in: Huber/Voßkuhle, GG, Band 3, 8. Aufl. 2024, Art. 104 Rn. 21 (als Faustregel, die mit Einzelfallbezug angewendet werden soll); zur praktischen Relevanz der Dauer als Kriterium für Intensität: *Gusy*, NJW 1992, 457, 458.

97 Für die Abschiebehaft, die auf Grund der Dauer und Intensität der Maßnahme als Freiheitsentziehung qualifiziert wurde: BVerfGE 105, 239, 250; gegen die Abgrenzung anhand der Dauer: *Moritz*, NJW 1977, 796.

98 *Koschwitz*, Die kurzfristige polizeiliche Freiheitsentziehung, 1969, S. 39 nennt als Beispiel das Anhalten eines Autos zur Passkontrolle m. w. Nachw. in Fn. 99; *Baumann*, Unterbringungsrecht, 1966, S. 9 f.; *Schnickmann*, MDR 1976, 363, 366.

99 I. Erg. ablehnend: *Hantel*, Der Begriff der Freiheitsentziehung in Art. 104 Abs. 2 GG, 1988, S. 135 f.: Gewährung präventiven Rechtsschutzes auch für kurze Maßnahmen nicht schlechthin ausgeschlossen; anders ggf. bei polizeilichen Standardmaßnahmen.

100 Gesetzes über das gerichtliche Verfahren bei Freiheitsentziehungen v. 29. Juni 1956 (Freiheitsentziehungsgesetz), BGBl. I, 599.

101 BT-Drucks. 2/169, S. 7.

Abs. 2 S. 2 GG bei einer Freiheitsentziehung „unverzüglich" eine richterliche Genehmigung eingeholt werden soll. Daraus folgt, dass der Gesetzgeber selbst die während des mit „unverzüglich" gekennzeichneten Zeitraums erfolgten Maßnahmen als Freiheitsentziehungen erachtet.[102] Zudem ist die Tatsache, dass Freiheitsbeschränkungen i. e. S. in der Regel kürzer sind als Freiheitsentziehungen[103], noch kein Indiz dafür, dass die Dauer umgekehrt auch zur Abgrenzung herangezogen werden muss bzw. zur Abgrenzung geeignet ist. Darüber hinaus bietet der Richtervorbehalt nicht nur präventiven, sondern auch nachträglichen Rechtsschutz[104], sodass es für die Notwendigkeit einer richterlichen Überprüfung unerheblich ist, ob die betreffende Maßnahme schon erledigt ist oder fortbesteht.

Ferner stellt sich die Frage, welcher zeitliche Maßstab zur Bestimmung der Dauer angelegt werden soll. Zum Teil wird die Zeitspanne „mehrere Stunden"[105] genannt, in der eine Freiheitsbeschränkung, aber noch keine Freiheitsentziehung vorliegen soll. An einer schlüssigen Begründung mangelt es aber ebenso wie an einer Konkretisierung des Begriffs „einige Stunden". Das Bundesverfassungsgericht verweist auf eine „mehr als kurzzeitige Zeitdauer", die in der Regel dann anzunehmen ist, wenn die Dauer von einer halben Stunde überschritten wird.[106] Hinzu kommt, dass auch ein sehr kurzzeitiger Eingriff für den Einzelnen so schwerwiegend sein kann, dass er im Vergleich zu anderen längerfristigen Maßnahmen eine deutlich höhere Intensität aufweist[107] (z. B. kurze Fixierungen ohne jegliche Bewegungsmöglichkeit).

Zudem wäre das Kriterium zur Abgrenzung von Freiheitsbeschränkung und -entziehung nur geeignet, wenn sich die Dauer im Voraus bestimmen ließe. Zu Beginn einer Maßnahme ist deren Dauer aber zuweilen nur schwer

---

[102] *Koschwitz*, Die kurzfristige polizeiliche Freiheitsentziehung, 1969, S. 39 f.; *Czerner*, AcP 202 (2002), 72, 86; BVerwG, NJW 1982, 536.

[103] *Reichard*, Gesetz über das gerichtliche Verfahren bei Freiheitsentziehungen, 1956, S. 30.

[104] *Pohlreich*, in: Kahl/Waldhoff/Walter, Bonner Kommentar zum Grundgesetz, 199. Aktual. 2019, Art. 104, Rn. 68.

[105] *Schulze-Fielitz*, in: Dreier, GG, Band III, 3. Aufl. 2018, Art. 104 Rn. 25; *Jarass*, in: Jarass/ Pieroth, GG, 16. Aufl. 2020, Art. 104 Rn. 11: „mehr als 4-stündige Unterbringung in einer Haftzelle ist eine Freiheitsentziehung".

[106] BVerfG, FamRZ 2018, 1442, 1446; NJW 2004, 3697; NStZ 2011, 529, 531.

[107] Ablehnend daher auch *Rauschert*, RdJ 1960, 369, 370.

bis gar nicht konkret prognostizierbar.[108] Ist dies nicht der Fall bzw. dauert eine Maßnahme länger an als ursprünglich geplant, wandelte sich die Maßnahme, während sie andauert, zu einem nicht näher bezeichneten Zeitpunkt von einer zunächst vorliegenden Freiheitsbeschränkung i. e. S. in eine Freiheitsentziehung um. Dies führte dann dazu, dass die Freiheitsentziehung, über deren Zulässigkeit der Richter gemäß Art. 104 Abs. 2 S. 1 Alt. 1 GG vor ihrem Beginn entscheiden soll, erst während ihrer Vornahme überhaupt zu einer Freiheitsentziehung würde. Für die Notwendigkeit einer richterlichen Entscheidung muss hingegen ex ante absehbar sein, dass die Maßnahme eine Intensität erreicht, die eine Freiheitsentziehung begründet.[109] Steht also die Dauer zu Beginn einer Maßnahme noch nicht fest, lässt sich mit diesem Kriterium nicht ermitteln, ob die Maßnahme einer richterlichen Genehmigung bedarf oder nicht.[110] Es lässt somit das für eine Verfahrensvorschrift erforderliche Maß an Bestimmtheit vermissen.[111]

### *b. Abgrenzung auf räumlicher Ebene*

#### *(1) Freiheitsentziehung i. S. v. § 2 FreihEntzG a. F. bzw. § 415 FamFG*

Zum Teil wurde insbesondere unter Geltung des Gesetzes über das gerichtliche Verfahren bei Freiheitsentziehungen (FreihEntzG)[112] eine Orientierung an der in § 2 FreihEntzG a. F. getroffenen Legaldefinition einer Freiheitsentziehung vorgeschlagen.[113] Diese sollte nach Ansicht des damaligen Gesetzgebers abschließend sein.[114] Danach lag eine Freiheitsentziehung bei der „Unterbringung einer Person gegen ihren Willen oder im Zustande der Willenlosigkeit in einer Justizvollzugsanstalt, einem Haftraum, einer

---

108 *Gusy*, NJW 1992, 457, 459.

109 *Gusy*, in: Huber/Voßkuhle, GG, Band 3, 8. Aufl. 2024, Art. 104 Rn. 21.

110 *Gusy*, NJW 1992, 457, 459.

111 So auch *Gusy*, in: Huber/Voßkuhle, GG, Band 3, 8. Aufl. 2024, Art. 104 Rn. 21; *Kunig/Saliger*, in: v. Münch/Kunig, GG, Band 2, 7. Aufl. 2021, Art. 104 Rn. 25.

112 Gesetz v. 29. Juni 1956 (BGBl. I, 599); aufgehoben durch das FGG-ReformG v. 17. Dezember 2008 (BGBl. I, 2586).

113 BVerwGE 62, 325, 329; BVerwG, JR 1958, 153, 154; BGH, NJW 1982, 753, 755; BGHZ 35, 1, 7; *Gusy*, NJW 1992, 457, 459; *Maaß*, NVwZ 1985, 151, 155; *Saage*, JR 1956, 282, 283; BVerfG 10, 302, 328 will § 2 FreihEntzG a. F. „heranziehen", macht sich jedoch die Legaldefinition damit noch nicht zu eigen.

114 BT-Drucks. 2/169, S. 8 zum § 1 des Entwurfs, späteren § 2 FreihEntzG a. F.

abgeschlossenen Verwahranstalt, einer abgeschlossenen Anstalt der Fürsorge, einer abgeschlossenen Krankenanstalt oder einem Teil einer Krankenanstalt" vor. Abgesehen von dem schon als notwendig bewerteten Willenselement sollte eine Freiheitsentziehung nur bei der Unterbringung einer Person in einem abgeschlossenen Raum oder Gebäude der genannten Art vorliegen.[115] § 415 Abs. 2 FamFG hat diese Definition der Freiheitsentziehung weitestgehend übernommen.[116] Danach liegt eine Freiheitsentziehung vor, „wenn einer Person gegen ihren Willen oder im Zustand der Willenlosigkeit insbesondere in einer abgeschlossenen Einrichtung, wie einem Gewahrsamsraum oder einem abgeschlossenen Teil eines Krankenhauses, die Freiheit entzogen wird".

Die Beschränkung auf die genannten Anstalten wird durch die Ergänzung „insbesondere" aufgehoben; auf den Begriff der „Unterbringung" wird zur Abgrenzung von den Unterbringungssachen verzichtet.[117] Letzteres führte hingegen dazu, dass die Definition der Freiheitsentziehung nun mithilfe des wortgleichen „Freiheit entziehen" erfolgt. Abgesehen davon ist die Orientierung des Begriffs der Freiheitsentziehung an § 2 Abs. 1 FreihEntzG a. F. bzw. § 415 Abs. 2 FamFG weiterer Kritik ausgesetzt. Die genannten Definitionen legen – trotz der Ergänzung des Wortes „insbesondere" in § 415 Abs. 2 FamFG – nahe, dass sich eine Freiheitsentziehung hauptsächlich auf den Einschluss in den genannten Einrichtungen beschränkt. Maßnahmen, die außerhalb dieser Einrichtungen stattfinden, können jedoch eine vergleichbare Intensität entwickeln.[118] Weiterhin stellt sich die Frage, ob Art. 104 Abs. 2 S. 4 GG dem Gesetzgeber das Recht gibt, einfachgesetzlich zu regeln, was unter einer Freiheitsentziehung zu verstehen ist. Hiergegen spricht, dass

---

115 Hierzu *Gusy*, NJW 1992, 457, 458; Nach Art. 2 Abs. 2 FreihEntzG a. F. findet das Gesetz keine Anwendung auf die Unterbringung einer Person durch ihren aufenthaltsbestimmungsberechtigten gesetzlichen Vertreter, vgl. *Baumann*, Unterbringungsrecht, 1966, S. 8.

116 Eine inhaltliche Änderung geht mit der Neuregelung nicht einher, BT-Drucks. 16/6308, S. 290 f.

117 BT-Drucks. 16/6308 S. 290; § 415 Abs. 2 FamFG ist hingegen nicht anwendbar auf eine Unterbringung nach § 1631b BGB, die eine Kindschaftssache nach §§ 151 Nr. 6 und 7, 167, 312 ff FamFG, sowie einer solchen nach § 1906 Abs. 1 BGB, die eine Unterbringungssache i. S. v. §§ 312 ff. FamFG darstellt.

118 *Kunig/Saliger*, in: v. Münch/Kunig, GG, Band 2, 7. Aufl. 2021, Art. 104 Rn. 25; *Koschwitz*, Die kurzfristige polizeiliche Freiheitsentziehung, 1969, S. 29.

die in Art. 104 Abs. 2 GG vorgesehenen Rechtsgarantien nicht zur Disposition des Gesetzgebers stehen, sondern alle drei Gewalten, mithin auch die Legislative gleichermaßen binden.[119] Die Aussagen des § 2 FreihEntzG a. F. und § 415 Abs. 2 FamFG können aufgrund ihres einfachgesetzlichen Rangs in der Normenhierarchie keinen unmittelbaren verfassungsrechtlichen Prüfungsmaßstab bilden.[120] § 2 FreihEntzG a. F. und § 415 Abs. 2 FamFG stellen daher lediglich eine nähere gesetzliche Ausgestaltung des Verfahrens der richterlichen Entscheidung dar, aus der gefolgert werden kann, dass der Gesetzgeber jedenfalls diese Fälle der Unterbringung als Freiheitsentziehung behandelt – eine erschöpfende Definition des verfassungsrechtlichen Begriffs der Freiheitsentziehung bieten sie dagegen nicht.[121]

*(2) Abgrenzung nach dem räumlichen Umfang der Beschränkung*

Aufgrund der Normhierarchie ist eine strikte Auslegung des verfassungsrechtlichen Freiheitsentziehungsbegriffs anhand des einfachgesetzlichen ausgeschlossen. Allerdings kann das hinter der genannten Definition stehende Konzept näher betrachtet werden: danach ist eine Freiheitsentziehung der allseitige Ausschluss der Bewegungsfreiheit durch Begrenzung auf einen eng umgrenzten Bereich.[122] Eine Abgrenzung nach diesem Konzept orientiert sich

---

119 Zum § 2 FreihEntzG a. F.: *Baumann*, Unterbringungsrecht, 1966, S. 8; *Hantel*, Der Begriff der Freiheitsentziehung in Art. 104 Abs. 2 GG, 1988, S. 59 f., 97, der gleichwohl mit *Saage*, JR 1956, 282, für einen Gleichlauf des Freiheitsentziehungsbegriffs nach § 2 FreihEntzG a. F. und Art. 104 GG plädiert, S. 98; *Hantel*, JuS 1990, 865, 869; zur Bindung der Legislative: BVerfGE 10, 302, 323; *Moritz*, NJW 1977, 796; *Schnickmann*, MDR 1976, 363, 365; auch zur Konsequenz für die eine Freiheitsentziehung verkennenden Gesetze: BGHZ 82, 261, 263.

120 Vgl. Art. 93 Abs. 1 Nr. 4a GG, § 90 Abs. 1 BVerfGG.

121 *Saage*, Beilage zum Bundesanzeiger Nr. 122 vom 29. Juni 1960, S. 1, 4; Freilich wird ein etwaiger Freiheitsentziehungsbegriff die in § 415 Abs. 2 FamFG genannten Maßnahmen erfassen, sodass im Ergebnis der Gesetzesbegriff „partiell erweitert, partiell eingeschränkt“ wird, so *Gusy*, in: Huber/Voßkuhle, GG, Band 3, 8. Aufl. 2024, Art. 104 Rn. 20. Zu einer von anderen Erwägungen losgelösten Betrachtung kann er hingegen nicht dienen.

122 Zu diesem dem § 415 Abs. 2 FamFG zugrundeliegenden Konzept: *Gusy*, in: Huber/Voßkuhle, GG, Band 3, 8. Aufl. 2024, Art. 104 Rn. 20; Allgemein für das Kriterium der Beschränkung auf einen engen Raum: *Degenhart*, in: Sachs, GG, 10. Aufl. 2024, Art. 104 Rn. 5; *Mehde*, in: Dürig/Herzog/Scholz, GG, Bd. VI, 108. EL 2025, Art. 104 Rn. 64; *Kunig/Saliger*, in: v. Münch/Kunig, GG, Band 2, 7. Aufl. 2021, Art. 104 Rn. 25;

an der zuvor dargestellten sprachlichen Differenzierung, die allein auf den Erfolg einer Maßnahme, also auf die Auswirkungen, die das Tun eines Dritten auf die körperliche Bewegungsfreiheit hat, abstellt. Danach soll immer dann, wenn die körperliche Bewegungsfreiheit vollkommen ausgeschlossen ist – insofern ließe sich von einem „Totalentzug" sprechen[123] –, das heißt keine Möglichkeit der Bewegung zurückbleibt, eine Freiheitsentziehung vorliegen. Bleibt hingegen die Möglichkeit der körperlichen Bewegung zu einem nicht vollkommen unerheblichen Teil erhalten – es wird diesbezüglich von einer „Teilsuspension" gesprochen[124] –, liegt nur eine Freiheitsbeschränkung vor.

Die Orientierung an der Beschränkung auf einen „eng umgrenzten Bereich" könnte suggerieren, dass eine Freiheitsentziehung nicht vorläge, wenn der Betroffene sich innerhalb eines recht weitläufigen Bereichs relativ frei bewegen kann – dies muss hingegen bei einigen nach dem Telos der Norm eindeutig als Freiheitsentziehung anzusehenden Fällen, etwa der Strafhaft, wenn die Einrichtung nur ausreichend groß ist, sehr wohl der Fall sein. Eindeutiger sind die mitunter vom Bundesverfassungsgericht geprägten Formulierungen, die körperliche Bewegungsfreiheit müsse für die Annahme einer Freiheitsentziehung *allseitig*[125] und *umfassend*[126] aufgehoben sein, die körperliche Bewegungsfreiheit muss durch staatliche Maßnahmen mithin „nach jeder Richtung hin aufgehoben"[127] werden. Entsprechend soll eine Freiheitsentziehung auch bei der Beschränkung auf ein Gebäude oder einen Gebäudekomplex vorliegen.[128] Das Merkmal ist insbesondere hinsichtlich seiner objektiven und vorherigen Feststellbarkeit zur Abgrenzung geeignet: Eine Freiheitsbeschränkung soll in dem Ausschluss der Möglichkeit liegen,

---

*Jarass*, in: Jarass/Pieroth, GG, 16. Aufl. 2020, Art. 104 Rn. 11; *Burghart*, in: Leibholz/Rinck, GG, 95. Lieferung 6/2025, Art. 2 Rn. 580; *Koschwitz*, Die kurzfristige polizeiliche Freiheitsentziehung, 1969, S. 43; *Hantel*, Der Begriff der Freiheitsentziehung in Art. 104 Abs. 2 GG, 1988, S. 139; *Moritz*, NJW 1977, 796.

123 So *Hantel*, Der Begriff der Freiheitsentziehung in Art. 104 Abs. 2 GG, 1988, S. 128.

124 *Hantel*, Der Begriff der Freiheitsentziehung in Art. 104 Abs. 2 GG, 1988, S. 128.

125 BVerfG, NStZ 2011, 529, 530; BVerfGE 105, 239, 248; BGHZ 145, 297, 303.

126 *Kunig/Saliger*, in: v. Münch/Kunig, GG, Band 2, 7. Aufl. 2021, Art. 104 Rn. 25.

127 BVerfGE 94, 166, 198; ebenso BVerfG, FamRZ 2018, 1442, 1446.

128 *Hantel*, Der Begriff der Freiheitsentziehung in Art. 104 Abs. 2 GG, 1988, S. 87 schließt selbst sehr weiträumige und eine gelockerte Anstaltsunterbringung in den Freiheitsentziehungsbegriff ein.

einen Ort oder Raum aufzusuchen und sich dort aufzuhalten, während eine Freiheitsentziehung im Ausschluss der Möglichkeit, den Aufenthaltsort zu verlassen, liegt.[129]

Mitunter wird hinsichtlich der Intensität des Eingriffs auf das Maß an verbleibender Fortbewegungsfreiheit trotz einer Beschränkung differenziert.[130] Danach wäre eine Freiheitsentziehung erst anzunehmen, wenn nur ein geringer Restbestand an Bewegungsfreiheit verbleibt. Für diese Sichtweise spricht, dass dann, wenn die betroffene Person aufgrund der getroffenen Maßnahme völlig außerstande ist, sich überhaupt noch nach eigenem Belieben zu bewegen, ihr Recht auf Fortbewegungsfreiheit in seiner Grundsubstanz tangiert ist.[131] Allein die Möglichkeit, dass die Fortbewegungsfreiheit innerhalb einer schon bestehenden Beschränkung noch stärker eingeschränkt werden kann, kann hingegen zur Bewertung der ursprünglichen Maßnahme nicht herangezogen werden, sondern eröffnet vielmehr die Frage, wie eine solche „weitere Beschränkung" bewertet werden muss.[132]

### c. Abgrenzung auf sachlicher Ebene

#### (1) Abgrenzung nach der Erforderlichkeit einer richterlichen Anordnung

Möglich wäre, das einfachgesetzliche Erfordernis einer richterlichen Entscheidung über Zulässigkeit und Dauer einer Freiheitsentziehung und die daraus folgende Beschränkung der Exekutive auf lediglich vorläufige und kurzfristige Maßnahmen zur Bestimmung einer Freiheitsentziehung heranzuziehen.[133]

---

[129] *Gusy*, NJW 1992, 457, 459; *ders.*, in: Huber/Voßkuhle, GG, Band 3, 8. Aufl. 2024, Art. 104 Rn. 20; *Rüping*, in: Kahl/Waldhoff/Walter, Bonner Kommentar zum Grundgesetz, 135. Aktual. 2008 (Voraufl.), Art. 104 Rn. 65; *Hantel*, Der Begriff der Freiheitsentziehung in Art. 104 Abs. 2 GG, 1988, S. 139 nennt als hoheitliches Verbot, einen bestimmten Ort aufzusuchen den polizeilichen Platzverweis.

[130] So etwa *Hantel*, Der Begriff der Freiheitsentziehung in Art. 104 Abs. 2 GG, 1988, S. 139, wenngleich nicht ersichtlich wird, wofür der verbleibende Raum Bedeutung haben soll.

[131] *Pohlreich*, in: Kahl/Waldhoff/Walter, Bonner Kommentar zum Grundgesetz, 199. Aktual. 2019, Art. 104, Rn. 30, fordert aus diesem Grund eine richterliche Genehmigung auch bei weiteren Freiheitsentziehungen innerhalb eines genehmigten Freiheitsentziehungsverhältnisses.

[132] S. dazu sogleich unter Teil 3, C. V.

[133] *Koschwitz*, Die kurzfristige polizeiliche Freiheitsentziehung, 1969, S. 39; BVerwGE 4, 196, 199.

Ist für die Maßnahme eine richterliche Genehmigung erforderlich, handelt es sich danach um eine Freiheitsentziehung, bedarf es dieser nicht, liegt lediglich eine Freiheitsbeschränkung vor. Zum einen stellt dies jedoch einen Zirkelschluss dar: Die Exekutive soll aus eigener Entscheidungskompetenz gerade nur Maßnahmen vornehmen, die keine Freiheitsentziehung darstellen; nur diese dürfen ihr legislativ übertragen werden. Die einfachgesetzliche Übertragung von Befugnissen kann zudem nicht als Grundlage zur Auslegung des Art. 104 GG als Verfassungsnorm dienen. Weiterhin bliebe außer Acht, dass die Exekutive sehr wohl auch Freiheitsentziehungen vornehmen kann, für deren Rechtmäßigkeit der Art. 104 Abs. 2 S. 2 GG eine unverzügliche richterliche Genehmigung erfordert.[134]

*(2) Abgrenzung anhand des Zwecks der Maßnahme*

Auch für die Einordnung einer Maßnahme als Freiheitsentziehung könnte – ebenso wie hinsichtlich der Feststellung eines Eingriffs an sich – die Frage Berücksichtigung finden, ob der vorrangige Zweck der Maßnahme die Beschränkung der Fortbewegungsfreiheit ist.[135] Die Maßnahme stellt danach nur dann eine Freiheitsentziehung dar, wenn ihr unmittelbarer Zweck ein finaler Eingriff in das Grundrecht der Freiheit der Person ist. Eine Freiheitsentziehung liege danach dagegen nicht vor, wenn die Maßnahme auf einen anderen Hauptzweck gerichtet sei, die Beschränkung der Bewegungsfreiheit also lediglich eine (ungewollte) Nebenfolge des eigentlich angestrebten Ziels ist – dann liegt allenfalls eine Freiheitsbeschränkung vor. Abgestellt wird mitunter darauf, ob die Maßnahme einen „rechtlich selbstständige[n] Ausschluss der Möglichkeit, den Aufenthaltsort zu verlassen" begründet.[136]

---

[134] Das erkennt auch *Koschwitz*, Die kurzfristige polizeiliche Freiheitsentziehung, 1969, S. 39 und lehnt deshalb grds. die Orientierung am Merkmal der Dauer ab.

[135] *Lampe*, MDR 1974, 535, 536; *W. Hoffmann*, DVBl. 1967, 751, 752; *R. Hoffmann*, DVBl. 1970, 473, 475; in diese Richtung wohl auch *Kleinknecht*, NJW 1964, 2181, 2183; BVerwGE 62, 325, 327 lehnt eine Freiheitsentziehung für Maßnahmen ab, die zur Durchsetzung eines Verhaltens dienen, zu dem der Betroffene verpflichtet ist.

[136] So *Gusy*, in: Huber/Voßkuhle, GG, Band 3, 8. Aufl. 2024, Art. 104 Rn. 23; *ders.*, NJW 1992, 457, 460; ähnlich *Radtke*, in: BeckOK-GG, 64. Edition, Stand: 15. Juni 2025, Art. 104 Rn. 4: keine Freiheitsentziehung bei Vollzug einer hoheitlichen Maßnahme, die nicht selbst eine Freiheitsentziehung intendiert – anders allenfalls bei sehr langer Vollzugsdauer.

Entsprechend kann diese Abgrenzung vor allem für die Einordnung des Vollzugs einer Maßnahme bemüht werden, die für sich ebenfalls eine Freiheitsentziehung oder -beschränkung darstellen kann oder nicht. Stellt die Maßnahme selbst eine Freiheitsentziehung dar, bedarf es im Grunde einer gesonderten Einordnung des Vollzugs als eine solche nicht, da ohnehin eine richterliche Entscheidung getroffen wird. Begründet wird diese Abgrenzung mit dem systematischen Zusammenhang zwischen Art. 104 GG einerseits und Art. 2 Abs. 2 S. 2 GG andererseits.[137]

Für die Vertreter, die die Beschränkung der Freiheit als Hauptzweck der Maßnahme schon zum Merkmal für eine Einordnung als Grundrechtseingriff machen, hilft dieses Kriterium zur Unterscheidung von Freiheitsbeschränkung und Freiheitsentziehung nicht weiter. Gleichzeitig ließe sich der Abgrenzung anhand des Zwecks der Maßnahme zum Teil die gleiche Kritik entgegensetzen wie bei dessen Heranziehung als Kriterium für das Vorliegen eines Grundrechtseingriffs: mangelnde Abgrenzbarkeit, Unabhängigkeit der Intensität von der Zweckrichtung sowie Bedenken hinsichtlich der Orientierung an den Zielsetzungen des Handelnden für den Umfang des Grundrechtsschutzes.[138]

#### *(3) Abgrenzung anhand des eingesetzten Mittels*

Zum Teil wird zur Abgrenzung auf das angewandte Mittel abgestellt. Eine Freiheitsentziehung soll danach ausschließlich beim Festhalten einer Person mit „technischen Mitteln" oder mithilfe „unmittelbaren Zwangs" vorliegen.[139] Die Unterscheidung, ob die Anwendung unmittelbaren Zwangs schon als Kriterium für einen Freiheitseingriff an sich oder als Abgrenzungskriterium zwischen Freiheitsentziehung und -beschränkung herangezogen wird, ist dabei oft indifferent. Auch hier wurde eine Zwangsanwendung schon als Merkmal für einen Eingriff in die Freiheitsrechte vorausgesetzt, allerdings auch hinsichtlich medikamentösem und teilweise psychischem Einwirken

---

[137] *Gusy*, in: Huber/Voßkuhle, GG, Band 3, 8. Aufl. 2024, Art. 104 Rn. 23.

[138] s. dazu oben, unter C. I.

[139] *Hampel*, FamRZ 1963, 537, 542; *Maaß*, NVwZ 1985, 151, 155; *Kirchhof*, JuS 1975, 509, 512 mit Fn. 43; so wohl auch *Grass*, in einer Anm. zu OLG Neustadt, NJW 1962, 1776; für eine Abgrenzung anhand der Zwangswirkung einer Maßnahme wohl auch *Di Fabio*, in: Dürig/Herzog/Scholz, GG, Bd. I, 108. EL 2025, Art. 2 Abs. 2 Satz 2 Rn. 31.

bejaht. Hier ließe sich nun wiederum anführen, dass das angewendete Mittel für die Feststellung eines Freiheitseingriffs gerade nicht entscheidend sein soll, dieser vielmehr vom Erfolg – Beschränkung der Bewegungsfreiheit – abhängt.[140] Hierfür spricht, dass beim Abstellen auf das eingesetzte Mittel, der Umfang des Grundrechtsschutzes von der Wahl der konkreten aus mehreren zur Verfügung stehenden staatlichen Handlungsformen abhinge.[141] Entsprechend wird die Abgrenzung anhand des eingesetzten Mittels vielfach abgelehnt.[142] Daran anknüpfend lässt sich argumentieren, dass dann, wenn man – wie hier[143] – auf eine räumliche Einschränkung abstellt, jedes Mittel, das den Schutzbereich durch seine Zwangswirkung eröffnet, auch grundsätzlich geeignet sein muss, um eine Freiheitsentziehung zu begründen. Das Bundesverfassungsgericht unterstellt dagegen nur „ähnliche Eingriffe" wie Verhaftung und Festnahme dem Schutzbereich des Art. 104 GG.[144] Hierfür spricht eine systematische Betrachtung: die in Art. 104 Abs. 2 S. 3 und Abs. 3 S. 1 genannten Maßnahmen des Gewahrsams und der Festnahme stellen Unterfälle der Freiheitsentziehung dar, denen mögliche andere Freiheitsentziehungen in ihrer Intensität und damit in der Art und Weise der Herbeiführung der Beschränkung entsprechen sollen.[145] Ebenso lässt sich anhand der historischen Auslegung argumentieren: die dem historischen „habeas corpus"-Schutz unterfallenden Maßnahmen sind allesamt solche, die mit unmittelbarem physischen Zwang herbeigeführt werden.

Von der strengen Orientierung der Freiheitsentziehung an der Ausübung körperlichen Zwangs muss es dagegen eine Ausnahme geben: da der Maßstab die Intensität der Einwirkung ist, kann es keinen Unterschied machen, wenn zwar aktuell keine physische Begrenzung vorliegt, aber eine physische

140 *Mehde*, in: Dürig/Herzog/Scholz, GG, Bd. VI, 108. EL 2025, Art. 104 Rn. 63; *Kunig/Saliger*, in: v. Münch/Kunig, GG, Band 2, 7. Aufl. 2021, Art. 104 Rn. 25; *Gusy*, NJW 1992, 457, 459; *ders.*, in: Huber/Voßkuhle, GG, Band 3, 8. Aufl. 2024, Art. 104 Rn. 20, 22.

141 *Gusy*, NJW 1992, 457, 459.

142 *Mehde*, in: Dürig/Herzog/Scholz, GG, Bd. VI, 108. EL 2025, Art. 104 Rn. 67; im Ergebnis auch *Rauschert*, RdJ 1960, 369, 370.

143 s. dazu oben, unter C. II. 3. c. (3).

144 BVerfGE 22, 21, 26.

145 *Hantel*, Der Begriff der Freiheitsentziehung in Art. 104 Abs. 2 GG, 1988, S. 130 ff.

Zwangsanwendung unmittelbar bei Nichtbefolgen einer Weisung droht.[146] So ist etwa in den Fällen, in denen der Verbleib an einem umschränkten Ort erreicht werden soll, eine Freiheitsentziehung dann anzunehmen, wenn die Person durch Festhalten oder Einsperren am Verlassen gehindert wird, aber auch, wenn eine körperliche Begrenzung zu erwarten ist, sobald sie den Ort zu verlassen versucht.[147]

*(4) Abgrenzung nach der diskriminierenden Wirkung einer Maßnahme*
Die besondere Intensität eines Eingriffs könnte gleichfalls dadurch bedingt werden, dass eine Maßnahme für die betroffene Person eine besonders diskriminierende Wirkung hat. Damit würde eine Bewertung nicht mehr anhand eines äußeren objektiven Kriteriums vorgenommen, sondern allein anhand der subjektiven Intensität, die eine Maßnahme aufgrund ihrer negativen Auswirkungen auf die Person hat.[148] Hierfür könnte sprechen, dass hoheitliches Handeln, welches in die Richtung der üblichen unter den „habeas corpus"-Schutz fallenden Maßnahmen geht, mit dem Stigma der Strafe behaftet ist, welches noch verstärkt wird, wenn der Kontakt zur Außenwelt wesentlich eingeschränkt wird.[149] Berücksichtigung kann unter diesem Gesichtspunkt auch finden, dass eine solche Maßnahme besonders geeignet ist, die gesamten Lebensumstände und die gesamte Lebensführung der betroffenen Person zu beschränken bzw. zu verändern.[150] Hier könnte dann auch die Dauer der Maßnahme mittelbar eine Rolle spielen, wenn eine lange Beschränkung die diskriminierende Wirkung verstärkt; zudem könnte der Zweck der Maßnahme entscheidend sein, wenn man davon ausginge, dass etwa eine

---

[146] *Koschwitz*, Kurzfristige Freiheitsentziehung, S. 32; *Hantel*, Der Begriff der Freiheitsentziehung in Art. 104 Abs. 2 GG, 1988, S. 140: dann wird die Freiheit der Willensentschließung beschränkt im Unterschied zur Beschränkung der aktuellen Willensbetätigung bei unmittelbarer physischer Zwangseinwirkung.

[147] *Hantel*, Der Begriff der Freiheitsentziehung in Art. 104 Abs. 2 GG, 1988, S. 140, nennt als Beispiel den Betroffenen, der „freiwillig" neben einem Polizeibeamten zur Dienststelle geht.

[148] *Hantel*, Der Begriff der Freiheitsentziehung in Art. 104 Abs. 2 GG, 1988, S. 142.

[149] *Hantel*, Der Begriff der Freiheitsentziehung in Art. 104 Abs. 2 GG, 1988, S. 141 f. mit dem Hinweis, dass die diskriminierende Wirkung eines hoheitlichen rechtswidrigen Freiheitseingriffs schon durch die Gewährung einer billigen Entschädigung offenbar wird.

[150] *Hantel*, JuS 1990, 865, 870.

Freiheitsstrafe diskriminierender ist als die freiheitsentziehende Unterbringung in einem Krankenhaus.[151]

Bei diesem Abgrenzungskriterium muss berücksichtigt werden, dass ein und dieselbe Maßnahme von unterschiedlichen Personen subjektiv anders wahrgenommen wird. Es führt zudem zu einer starken Rechtsunsicherheit, da die subjektive Wahrnehmung der Maßnahme von einem objektiven Empfängerhorizont ex ante schwierig zu ermitteln ist. Darüber hinaus besteht die Gefahr, dass bei individueller Bewertung eine Ungleichbehandlung ohne rechtfertigenden Grund erfolgt. Diesen Kritikpunkten könnte abgeholfen werden, wenn nicht auf die betroffene Einzelperson und ihre speziellen Befindlichkeiten, sondern vielmehr auf die diskriminierende Wirkung der Maßnahme für eine Vergleichsgruppe abgestellt wird, der diese Person angehört.

In diese Richtung – Abstellen auf eine Vergleichsgruppe – geht auch die im einfachen Recht zu § 1631b Abs. 1 BGB vertretene Orientierung der Freiheitsentziehung an die Altersüblichkeit der Maßnahme. Dort soll eine Unterbringung, die lediglich mit solchen Beeinträchtigungen der Freiheit verbunden ist, die für das Alter des Kindes üblich sind, nicht als eine „Unterbringung […], die mit Freiheitsentziehung verbunden ist", gelten.[152] Gemeint sind Freiheitsbeschränkungen, die im Rahmen der allgemeinen Erziehungs- und Aufsichtspflicht liegen[153] und so zwangsläufig auch mit der Unterbringung von Minderjährigen in Einrichtungen einhergehen (begrenzte Ausgangszeiten, Ausgehverbote, Hausarbeitsstunden, Stuben- bzw. Hausarrest).[154] Die Grenze zwischen Freiheitsentziehung und -beschränkung verschiebt sich dann mit zunehmendem Kindesalter, was zu einer unterschiedlichen Bewertung ein

---

151 So: *Hantel*, Der Begriff der Freiheitsentziehung in Art. 104 Abs. 2 GG, 1988, S. 143.

152 BT-Drucks. 8/2788, S. 51; *Helle*, ZfJ 1986, 40, 44 f.: Abgrenzung anhand einer bestimmten Altersgrenze; im Ergebnis offen gelassen bei *Schlink/Schattenfroh*, in: Fegert/Späth/Salgo, Freiheitsentziehende Maßnahmen in der Jugendhilfe und Kinder- und Jugendpsychiatrie, 2001, S. 73, 86, da das Problem hinsichtlich einer geschlossenen Unterbringung statistisch irrelevant sei, die erst ab einem Alter erfolge, in dem von einer Freiheitsentziehung ausgegangen werden könne; s. dazu unten, Teil 5, B. IV. 2. d.

153 *Huber*, in: MünchKomm BGB, 9. Aufl. 2025, 1631b Rn. 5; *Jans/Happe*, Gesetz zur Neuregelung des Rechts der elterlichen Sorge, S. 104; s. dazu unten, Teil 5, A.

154 BT-Drucks. 8/2788, S. 38; OLG Celle, NJW 2014, 163.

und derselben Maßnahme führen kann.[155] Die Orientierung der Einordnung als Freiheitsentziehung oder Freiheitsbeschränkung an schematischen Altersgrenzen wird dagegen als Versuch gewertet, eine geschlossene Unterbringung rechtlich zu erleichtern.[156] Mitunter wird die Differenzierung nach der Altersüblichkeit der Maßnahme für § 1631b Abs. 1 BGB ebenfalls abgelehnt, weil sie zur Abgrenzung mangels eines objektiven Maßstabs der Altersüblichkeit nicht geeignet ist und suggeriere, dass eine Freiheitsentziehung in einem jungen Alter weniger einschneidend sei.[157]

In der verfassungsrechtlichen Diskussion um die Abgrenzung von Freiheitsentziehung und -beschränkung im Rahmen des Art. 104 GG lässt sich die Unterscheidung anhand der Altersüblichkeit der Maßnahme nicht finden. Gründe hierfür lassen sich nur vermuten. Zum einen könnte dies daran liegen, dass die Maßnahmen, an die bei dem Begriff Freiheitsentziehung aufgrund von Historie und Systematik gedacht wird – Haft, Gewahrsam etc. –, überwiegend bei Volljährigen vorgenommen werden. Auf der anderen Seite sind die entsprechenden Maßnahmen auch nicht in einem bestimmten Alter „angemessen" oder „üblich". Zudem werden die freiheitsbeschränkenden Maßnahmen, die in einem bestimmten Alter üblich sein mögen – Hochstuhl, Laufstall –, gewöhnlich von Fürsorgepersonen wie den Eltern, Vormündern oder von diesen Angewiesenen vorgenommen, die möglicherweise zugleich Grundrechtsverpflichtete sind (näher dazu Teil 3. D. IV.-V.). Die entsprechende Diskussion wird daher – wie auch in der Literatur – in den Ausführungen zum einfachen Recht weitergeführt.

### 4. Zusammenfassende Bewertung

Aufgrund der Klarheit des Abgrenzungskriteriums ist zur Definition der Freiheitsentziehung an der räumlichen Beschränkung auf einen umgrenzten Ort anzusetzen. Aufgrund des Telos der Norm[158] kann als Grundlage und

---

155 OLG Celle, NJW 2014, 163; *Huber*, in: MünchKomm BGB, 9. Aufl. 2025, 1631b Rn. 5; *Rohmann*, FPR 2011, 561, 562.

156 *Schlink/Schattenfroh*, in: Fegert/Späth/Salgo, Freiheitsentziehende Maßnahmen in der Jugendhilfe und Kinder- und Jugendpsychiatrie, 2001, S. 73, 86.

157 *Beermann*, FPR 2011, 535, 536; *Veit/Schmidt*, in: BeckOK-BGB, 76. Edition, Stand: 1. November 2025, § 1631b Rn. 13.1;

158 s. als Beispiel der Freiheit des Menschen als Freiheit vom Staat: *Otto*, Das Staatsverständnis des Parlamentarischen Rates, 1971, S. 69 ff., Sicherung der persönlichen Bewegungsfreiheit „von obrigkeitlicher Festnahme und Gefangenschaft", S. 72.

Beispiel für eine einschlägige Intensität die öffentliche Verwahrung genannt werden.[159] Da jedoch auch andere Maßnahmen eine gleichwertige Intensität auslösen können, müssen auch diese in den Begriff der Freiheitsentziehung einbezogen werden.[160]

Die über die räumliche Beschränkung hinausgehenden Kriterien können kumulativ als Indizien für eine besonders hohe Intensität zur Bewertung einer Maßnahme dienen. Gleichwohl begegnen sie grundlegender Kritik. Die Orientierung an dem einfachgesetzlichen Erfordernis einer richterlichen Anordnung scheitert an einem Zirkelschluss. Auch der Zweck der Maßnahme und die diskriminierende Wirkung entbehren insbesondere mangels der Möglichkeit einer objektiven Feststellung einer für die Beurteilung entscheidenden Relevanz. Allein die Berücksichtigung des Mittels ist – soweit hiervon noch nicht die Einordnung als Eingriff abhängig gemacht wird – möglich und zugleich erforderlich, damit die Beschränkung auf einen engen räumlichen Bereich mit einer Intensität erfolgt, die den historischen Anwendungsfeldern sowie den in Abs. 2 S. 3 und Abs. 3 S. 1 genannten Maßnahmen entspricht.

Obwohl das Vorliegen einer Freiheitsentziehung auf diese Weise anhand objektiver Kriterien festgestellt werden kann – was zu einer für eine Verfahrensvorschrift erforderliche Rechtssicherheit und Bestimmtheit führt –, kommt man nicht umhin, die Maßnahme anhand des Einzelfalls zu bewerten.[161] Insbesondere unter Bezugnahme auf das Bundesverfassungsgericht[162], welches eine Freiheitsentziehung ebenfalls nur dann annimmt, wenn die Maßnahme nicht nur von kurzfristiger Dauer ist, kommt man wohl nicht umhin, auch das zeitliche Kriterium zu berücksichtigen. Aufgrund der daran

159 So geht auch BVerfGE 10, 302, 310 f. unzweifelhaft davon aus, dass bei einer geschlossenen Unterbringung eine Freiheitsentziehung vorliegt; s.a. *Hantel*, Der Begriff der Freiheitsentziehung in Art. 104 Abs. 2 GG, 1988, S. 132: Freiheitsentziehung bedarf einer „Form hoheitlicher zwangsweiser Verwahrung".

160 So auch *Kunig/Saliger*, in: v. Münch/Kunig, GG, Band 2, 7. Aufl. 2021, Art. 104 Rn. 25; *Koschwitz*, Die kurzfristige polizeiliche Freiheitsentziehung, 1969, S. 29.

161 So auch: *Hantel*, JuS 1990, 865, 870; *ders.*, Der Begriff der Freiheitsentziehung in Art. 104 Abs. 2 GG, 1988, S. 144, 176 ff.; auch das BVerfG äußert sich nur ganz allgemein zu den Voraussetzungen, entscheidet aber einzelfallbezogen: BVerfGE 94, 166, 198; 105, 239, 248.

162 Zuletzt BVerfG, FamRZ 2018, 1442, 1446.

geäußerten, berechtigten Kritik, insbesondere der Ungeeignetheit zur vorherigen Einordnung einer Maßnahme, soll sich der Ansicht angeschlossen werden, die nur ganz flüchtige Maßnahmen ausschließt. Eine Freiheitsentziehung liegt dementsprechend vor bei zwangsweiser Beschränkung der körperlichen Bewegungsfreiheit einer Person insbesondere durch hoheitliche Verwahrung oder durch Maßnahmen, die aufgrund der ebenfalls räumlichen Beschränkung auf einen begrenzten Raum sowie des angewendeten Mittels hinsichtlich ihrer Intensität einer zwangsweisen hoheitlichen Verwahrung gleichkommen.[163]

## III. Keine Beschränkung des Schutzes auf straf- und ordnungsrechtliche Eingriffe

Der Wortlaut des Art. 104 Abs. 1 und 2 GG definiert die möglichen Eingriffe zunächst allein anhand der recht weit gefassten Begriffe „Freiheitsbeschränkung“ und „Freiheitsentziehung“. Die Nennungen der Polizei in Art. 104 Abs. 2 S. 3 GG sowie der vorläufigen Festnahme aufgrund einer strafbaren Handlung in Art. 104 Abs. 3 GG geben Aufschluss darüber, dass die Freiheitsentziehung durch den Staat aufgrund strafrechtlicher Verfolgung der originäre Anwendungsfall des Art. 104 GG ist.[164] Dementsprechend könnte gefolgert werden, dass ausschließlich straf- und ordnungsrechtliche Freiheitsentziehungen in den sachlichen Anwendungsbereich des Art. 104 Abs. 2 GG fallen. Die Übertragung der Garantien aus Art. 104 GG auf Eingriffe, die einen fürsorglichen Charakter haben, scheidet hingegen nicht schon deshalb aus, weil der Gesetzgeber in erster Linie strafrechtliche Freiheitsbeschränkungen und -entziehungen im Blick gehabt hat.[165] Entsprechend wird auch schon in

---

[163] Ähnlich: *Hantel*, Der Begriff der Freiheitsentziehung in Art. 104 Abs. 2 GG, 1988, S. 177 f.

[164] Auch in dem Entwurf des Grundgesetzes durch die Fachausschüsse (Stand 18. Oktober 1948; Parlamentarischer Rat, Drucksache Nr. 203) wird in Art. 3 Abs. 2 GG, der später in Art. 2 Abs. 2 S. 3 eingegangen ist, sowie Art. 3 Abs. 3 GG, der die Vorlage für den späteren Art. 104 GG bildete vorwiegend von Festhalten, Festnahme und Haft gesprochen.

[165] In dem Grundgesetzentwurf der Fachausschüsse (vgl. Teil 2 Fn. 165) finden sich sodann auch die Formulierungen „oder sonst in seiner persönlichen Freiheit beschränkt“ (Art. 3 Abs. 2 a. E.) und „bei jeder anderen [...] Freiheitsentziehung“ (Art. 3 Abs. 4); s. dazu ausdrücklich auch die Ausführungen von *Zinn* in der Vierten Sitzung des

der ersten Lesung des Grundgesetzes darauf hingewiesen, dass die Absätze 2 und 3 des damaligen Art. 136 GG, die Art. 104 Abs. 3 und 4 GG entsprechen, die Tätigkeit der Polizei bei der Strafverfolgung erfassen, während Art. 136 Abs. 1 GG, der wortgleich ist mit Art. 104 Abs. 2 GG, Fürsorgetätigkeiten der Polizei erfassen sollte[166] – die Nennung der Polizei spricht damit nicht für eine Beschränkung auf straf- und ordnungsrechtliche Maßnahmen. Auch in den Diskussionen auf dem Verfassungskonvent in Herrenchiemsee werden ausdrücklich auch außerstrafrechtliche Beschränkungen der Freiheit einer richterlichen Kontrolle unterworfen, obwohl in dessen Grundgesetzentwurf in dem entsprechenden Art. 3 Abs. 3 auch von „Festnahme" die Rede ist.[167] So wird auch die Entstehungsgeschichte teilweise als Argument für eine Geltung für jeden Freiheitseingriff, auch für solche mit fürsorgerischem Charakter, angeführt, da die formellen Regelungen dazu dienen sollten, das erschütterte Vertrauen der Öffentlichkeit durch die kritische Prüfung jeder Freiheitsentziehung zurückzugewinnen.[168] Demnach spricht der Telos der Norm für eine solche Wirkung: durch die richterliche Kontrolle sollten willkürliche Freiheitsentziehungen durch die Staatsgewalt verhindert werden[169] – die Gefahr willkürlicher Freiheitsentziehungen besteht hingegen im fürsorgerischen ebenso wie im straf- und ordnungsrechtlichen Bereich. Für die umfassende Geltung des Art. 104 Abs. 2 GG in allen Rechtsbereichen ist

---

Ausschusses für Grundsatzfragen am 23. September 1948, Dokument Nr. 5, in: Der Parlamentarische Rat 1948--1949, Akten und Protokolle, Band 5/I, 1993, S. 80.

166 *Laforet*, Beitrag in der 25. Sitzung des Hauptausschusses am 9. Dezember 1948, Dokument Nr. 25, in: Der Parlamentarische Rat 1948–1949, Akten und Protokolle, Band 14/I, 2009, S. 747.

167 S. Verfassungskonvent auf Herrenchiemsee, Bericht des Unterausschusses I, Dokument Nr. 6, in: Der Parlamentarische Rat 1948–1949, Akten und Protokolle, Band 2, 1981, S. 219; *Verfassungsausschuss der Ministerpräsidenten-Konferenz der westlichen Besatzungszonen*, Bericht über den Verfassungskonvent auf Herrenchiemsee vom 10. bis 23. August 1948, S. 21; *Doemming/Füsslein/Matz*, JöR NF 1 (1951) 63.

168 *Kroll*, Personensorge und Freiheitsentzug, 1967, S. 15 ff.

169 *Hantel*, Der Begriff der Freiheitsentziehung in Art. 104 Abs. 2 GG, 1988, S. 67; OLG Köln, NJW 1955, 320; *Becker*, NJW 1952, 50; *Franke*, NJW 1959, 1561; *Roß*, NJW 1959, 2283, 2285; vgl. dazu *v. Mangoldt*, Schriftlicher Bericht über den Abschnitt I. Die Grundrechte, Anlage zum stenographischen Bericht der Neunten Sitzung des Parlamentarischen Rates am 6. Mai 1949, S. 5, 7; allgemein zu dieser Funktion von Grundrechten: *Nawiasky*, Die Grundgedanken des Grundgesetzes für die Bundesrepublik Deutschland, S. 18 f.

abschließend die immense Bedeutung der Fortbewegungsfreiheit genannt, die eine Beschränkung des Schutzes ausschließen muss.[170]

## IV. Der entgegenstehende Wille des Betroffenen

### 1. Als Voraussetzung für die Freiheitsbeschränkung

Ein Eingriff in die Freiheitsgrundrechte liegt nur dann vor, wenn eine Maßnahme gegen den Willen der betroffenen Person erfolgt.[171] Darüber hinaus soll die Ausübung des eingriffsbegründenden Zwangs nur denkbar sein, wenn der Betroffene einen natürlichen Willen zur Fortbewegung entwickeln kann. Letztere Anforderung wirft die Frage auf, ob gegenüber Personen, die einen natürlichen Fortbewegungswillen nicht bilden können – etwa Kleinstkindern, die sich nicht einmal durch Robben oder Krabbeln fortbewegen können[172], oder deren natürliche Willensbildung etwa im Fall einer Bewusstlosigkeit ausgeschlossen ist – ein Eingriff in die Fortbewegungsfreiheit überhaupt möglich ist.[173]

Im Strafrecht wird ebenso zur Tauglichkeit eines Tatopfers einer Freiheitsberaubung gestritten: zwar soll grundsätzlich eine Freiheitsberaubung nur gegenüber demjenigen möglich sein, der in der Lage ist, einen natürlichen Willen zur Ortsveränderung zu bilden, allerdings soll es ausreichen, wenn eine potentielle Bewegungsfreiheit vorliegt, unabhängig davon, ob das Opfer

---

[170] *Kroll*, Personensorge und Freiheitsentzug, 1967, S. 15; so auch *Kern*, in: Neumann/Nipperdey/Scheuner, Die Grundrechte, Band 2, 1954, S. 51, 93 ff.; im Ergebnis ebenso *Rauschert*, RdJ 1960, 369, 370; *H. Müller*, Rpfleger 1953, 553, 555; *Hantel*, Der Begriff der Freiheitsentziehung in Art. 104 Abs. 2 GG, 1988, S. 138: Fortbewegungsfreiheit als notwendige Basis für die Ausübung aller Grundrechte.

[171] BVerfGE 105, 239, 248; BVerfG FamRZ 2018, 1442, 1446; *Gusy*, in: Huber/Voßkuhle, GG, Band 3, 8. Aufl. 2024, Art. 104 Rn. 19; *Mehde*, in: Dürig/Herzog/Scholz, GG, Bd. VI, 108. EL 2025, Art. 104 Rn. 61; *Schulze-Fielitz*, in: Dreier, GG, Band III, 3. Aufl. 2018, Art. 104 Rn. 25; *Degenhart*, in: Sachs, GG, 10. Aufl. 2024, Art. 104 Rn. 4; *Radtke*, in: BeckOK-GG, 64. Edition, Stand: 15. Juni 2025, Art. 104 Rn. 3; *Kunig/Saliger*, in: v. Münch/Kunig, GG, Band 2, 7. Aufl. 2021, Art. 104 Rn. 8; *Hantel*, Der Begriff der Freiheitsentziehung in Art. 104 Abs. 2 GG, 1988, S. 67.

[172] Inwiefern ein Kind einen einfachen, auf eine Ortsveränderung gerichteten Willen bilden und äußern/umsetzen kann, ist von den entwicklungsbedingten Fähigkeiten des Kindes abhängig, *Wieck-Noodt*, in: MünchKomm StGB, 5. Aufl. 2025, § 239 Rn. 14.

[173] Dafür wohl: *Kunig/Saliger*, in: v. Münch/Kunig, GG, Band 2, 7. Aufl. 2021, Art. 104 Rn. 8: „dass die Person einen selbstständigen Willen entfalten kann, ist nicht vorausgesetzt".

hiervon Gebrauch machen kann oder möchte.[174] Das dieser Ansicht entgegengestellte Argument der strafrechtlichen Vorverlagerung[175] kann für den verfassungsrechtlichen Freiheitsschutz nicht ausschlaggebend sein. Vielmehr ist auf den mehrfach erwähnten hohen Wert der Fortbewegungsfreiheit sowie auf zwei die Tatbestände eines fehlenden natürlichen Willens ergänzenden Umstände abzustellen: Zum einen kann bei bewusstlosen Personen der natürliche Wille jederzeit wieder einsetzen, sodass nach vorgenannter Ansicht spätestens unmittelbar ab diesem Zeitpunkt ein Freiheitseingriff möglich wäre, was die zeitliche Abgrenzung unsicher und schwierig machte. Zum anderen ist auch zu dem Zeitpunkt, in dem eine natürliche Willensbildung ausgeschlossen ist, eine Beschränkung der Bewegungsfreiheit denkbar, etwa bei der Unterbindung von Reflexhandlungen durch körpernahe Fixierungen sowie durch Beschränkungen auf einen Raum etwa bei Schlafwandelnden. In diesen Fällen wird auch ohne natürlichen Fortbewegungswillen Zwang ausgeübt und der für einen Eingriff erforderliche Erfolg – Beschränkung der Bewegungsfreiheit – erreicht. Für das Eingreifen des Grundrechtsschutzes wird zudem zwar eine grundsätzliche Fähigkeit zur Fortbewegung gefordert, nicht aber notwendigerweise, dass diese willensgesteuert ist.[176]

Hierfür spricht auch, dass Träger des Grundrechts jede natürliche Person ist, „die sich grundsätzlich physisch frei oder mit fremder Hilfe fortbewegen kann".[177] Von einer notwendigen willensgesteuerten Fortbewegung ist dagegen nicht die Rede. Der natürliche Fortbewegungswille ist demnach zumindest nicht Voraussetzung für einen Freiheitseingriff. Gleichwohl legt die obige Orientierung der Freiheitsbeschränkung am Erfolg einer Maßnahme nahe, dass der Betroffene zumindest zur (Fort-)Bewegung fähig sein muss, sei es auch mit fremder Hilfe oder nicht getragen vom natürlichen Willen.

---

174 BGHSt 14, 314, 316; 32, 183, 188.

175 Zum Meinungsstreit m. w. Nachw.: *Wieck-Noodt*, in: MünchKomm StGB, 5. Aufl. 2025, § 239 Rn. 12 ff.

176 Ebenso *Rauschert*, NJW 1960, 369, 370; anders wohl *Koschwitz*, Die kurzfristige polizeiliche Freiheitsentziehung, 1969, S. 30: „Freiheit ‚eigenwilliger' Bewegung entzogen".

177 *Schulze-Fielitz*, in: Dreier, GG, Band I, 3. Aufl. 2013, Art. 2 II Rn. 100; *Müller-Franken*, in: Stern/Becker, Grundrechte-Kommentar, 4. Aufl. 2024, Art. 104 Rn. 49; ähnlich BVerfGE 94, 166, 198 (Rn. 114): geschützt ist die tatsächlich gegebene körperliche Bewegungsfreiheit; *Koschwitz*, Die kurzfristige polizeiliche Freiheitsentziehung, 1969, S. 30: „Freiheit ‚eigenwilliger' Bewegung entzogen".

Eine Freiheitseinschränkung liegt damit nicht nur vor, wenn die Maßnahme gegen, sondern auch, wenn sie ohne den Willen des Betroffenen erfolgt.[178]

## 2. Möglichkeit der Einwilligung

Die Funktion der Art. 2 Abs. 2 S. 2 und 104 GG als Abwehrrecht gegen den Staat bedingt, dass ein Eingriff in die Fortbewegungsfreiheit grundsätzlich dann nicht vorliegt, wenn eine Maßnahme mit Einwilligung des Betroffenen erfolgt.[179] Die Maßnahme verliert mit der Einwilligung ihren für eine Einordnung als Freiheitsbeschränkung ausschlaggebenden Zwangscharakter – die Freiheitsbeschränkung ist damit tatbestandlich ausgeschlossen.[180] Ein Eingriff in Art. 2 Abs. 2 S. 2 und 104 GG liegt demnach vor, wenn eine Maßnahme ohne eine wirksame Einwilligung vorgenommen wird – die gesonderte Feststellung eines entgegenstehenden Willens bedarf es nach dem Vorhergesagten dagegen nicht.

## 3. Einwilligungsfähigkeit

Die Einwilligung kann allerdings nur von demjenigen erteilt werden, der „einwilligungsfähig“ ist. Welcher Maßstab für diese Einwilligungsfähigkeit angelegt werden kann, ist zunächst fraglich. Ginge man bei der Einwilligung von einer rechtlich verbindlichen Erklärung aus, könnte man zur Feststellung, ob ein entsprechender Wille vorliegt, von der allgemeinen Geschäftsfähigkeit ausgehen, die nach §§ 104, 106 BGB klar zu bestimmen ist. Gegen diesen Ansatz wird aber angeführt, dass es nicht um eine

---

[178] *Gusy*, in: Huber/Voßkuhle, GG, Band 3, 8. Aufl. 2024, Art. 104 Rn. 19; *Mehde*, in: Dürig/Herzog/Scholz, GG, Bd. VI, 108. EL 2025, Art. 104 Rn. 61; *Hufen*, Staatsrecht II, 10. Aufl. 2023, § 21 Rn. 8; *Schulze-Fielitz*, in: Dreier, GG, Band III, 3. Aufl. 2018, Art. 104 Rn. 25; *Hantel*, Der Begriff der Freiheitsentziehung in Art. 104 Abs. 2 GG, 1988, S. 67; *Erdsiek*, NJW 1960, 1385, 1387; indifferent: *Radtke*, in: BeckOK-GG, 64. Edition, Stand: 15. Juni 2025, Art. 104 Rn. 3 a. Anf.: gegen, a. E.: gegen oder ohne; *Schulze-Fielitz*, in: Dreier, GG, Band I, 3. Aufl. 2013, Art. 2 II Rn. 98: gegen, Rn. 101: gegen oder ohne.

[179] *Di Fabio*, in: Dürig/Herzog/Scholz, GG, Bd. I, 108. EL 2025, Art. 2 Abs. 2 Satz 2 Rn. 18; *Hantel*, Der Begriff der Freiheitsentziehung in Art. 104 Abs. 2 GG, 1988, S. 67 f.; *Schulze-Fielitz*, in: Dreier, GG, Band III, 3. Aufl. 2018, Art. 104 Rn. 28; *Mehde*, in: Dürig/Herzog/Scholz, GG, Bd. VI, 108. EL 2025, Art. 104 Rn. 61.

[180] BVerfGE 105, 239, 248; *Schulze-Fielitz*, in: Dreier, GG, Band III, 3. Aufl. 2018, Art. 104 Rn. 28; *Di Fabio*, in: Dürig/Herzog/Scholz, GG, Bd. I, 108. EL 2025, Art. 2 Abs. 2 Satz 2 Rn. 18.

rechtsgeschäftlich bedeutsame Erklärung, sondern um die Einwilligung in die Vornahme von tatsächlichen Handlungen gehe, die in Rechtsgüter des Betroffenen eingreifen.[181]

Von anderer Seite wird dagegen der natürliche Fortbewegungswille zum Zeitpunkt der Einschränkungshandlung oder während ihrer (voraussichtlichen) Dauer für ausschlaggebend gehalten.[182] Dieser liegt immer dann vor, wenn eine Person sich bewusstseinsgesteuert in irgendeine Richtung mit beliebigem Ziel und Motiv fortbewegt.[183] Nimmt man diesen natürlichen Fortbewegungswillen nun als Grundlage für die Einwilligungsfähigkeit, führte dies allerdings dazu, dass die Einwilligung eines jeden Kleinkinds, welches einen natürlichen Willen zur Fortbewegung entwickeln kann, beachtlich wäre und einen Grundrechtseingriff ausschließen würde. Allein die Tatsache, dass ein Kind sich hinsichtlich einer Fortbewegung einen Willen bilden kann, bedeutet jedoch noch nicht, dass es auch überblicken kann, was es bedeutet, wenn diese eingeschränkt wird. Dass der natürliche Fortbewegungswille als Maßstab nicht ausreichen kann, wird damit offenbar. Der Betroffene muss vielmehr zumindest seinen natürlichen Willen auf die Einschränkung der Freiheit beziehen.[184]

Zwischen diesem natürlichen Willen hinsichtlich der Einschränkung der Freiheit und dem ebenfalls vertretenen Erfordernis der Einsichtsfähigkeit als Maßstab der Einwilligungsfähigkeit[185] besteht allenfalls eine begriffliche Differenz. Die Verwendung des Begriffs des natürlichen Willens in dem Sinne dient daher nur zur Abgrenzung vom rechtsgeschäftlichen Willen – zweckdienlicher ist es, auf den Begriff der Einsichtsfähigkeit abzustellen.

---

181 BGH, NJW 1964, 1177.

182 BVerfGE 10, 302, 309; *Gusy*, in: Huber/Voßkuhle, GG, Band 3, 8. Aufl. 2024, Art. 104 Rn. 19a; ausdrücklich nur für das Unterbringungsrecht nach dem Verfahren der freiwilligen Gerichtsbarkeit: *Schulze-Fielitz*, in: Dreier, GG, Band III, 3. Aufl. 2018, Art. 104 Rn. 28; für Betreute: BayObLGZ 1996, 34, 35; *Mehde*, in: Dürig/Herzog/Scholz, GG, Bd. VI, 108. EL 2025, Art. 104 Rn. 61; *Fink*, in: FS Salgo, 2016, S. 137, 149.

183 *Rauschert*, RdJ 1960, 369, 370; *Müller-Franken*, in: Stern/Becker, Grundrechte-Kommentar, 4. Aufl. 20124, Art. 104 Rn. 49 Fn. 201: willensgesteuerte Aufenthaltsveränderung notwendig.

184 *Rüping*, in: Kahl/Waldhoff/Walter, Bonner Kommentar zum Grundgesetz, 135. Aktual. 2008 (Voraufl.), Art. 104 Rn. 62.

185 So wohl noch *Dürig*, in: Dürig/Herzog/Scholz (vorm.: Maunz/Dürig), GG, Bd. I, 85. EL 2018 (Vorauflage), Art. 104 Rn. 10.

### a. Einsichtsfähigkeit als Einwilligungsfähigkeit

Zuvor wurde festgestellt, dass ein Freiheitseingriff vorliegt, wenn die Maßnahme gegen den Willen des Betroffenen, aber auch, wenn sie ohne den Willen des Betroffenen, das heißt ohne die Einwilligung des Betroffenen, erfolgt.[186] Das heißt, ein Eingriff kann auch in einer Handlung liegen, die *mit* dem natürlichen Fortbewegungswillen erfolgt, solange die betreffende Person nicht einsichtsfähig ist. Ohne den Willen des Betroffenen erfolgt eine Maßnahme also immer dann, wenn er nicht in der Lage ist, einen beachtlichen Willen zu bilden.[187] Insofern ergibt die Formulierung, ein Freiheitseingriff liege vor, wenn die Fortbewegungsfreiheit „ohne oder gegen den Willen" des Betroffenen beschränkt wird, nur dann Sinn, wenn der natürliche Wille zur Einschränkung der Freiheit gemeint ist.

### b. Vorliegen der Einsichtsfähigkeit

Im Gegensatz zu beispielsweise den Altersgrenzen zur Bestimmung der (beschränkten) Geschäftsfähigkeit ist die Einsichtsfähigkeit keine formale Kategorie. Vielmehr muss sich diese auf einen bestimmten Inhalt, hier die Beschränkung der Freiheit, beziehen. Die betroffene Person muss aufgrund ihrer Einsichtsfähigkeit in der Lage sein, die Bedeutung des Eingriffs zu erkennen und einen zu beachtenden, zustimmenden Willen zu bilden.[188] Die Kriterien für das Vorliegen der Einsichtsfähigkeit müssen daher flexibel bestimmt werden. Für die Feststellung der Einsichtsfähigkeit lassen sich Anleihen aus dem Strafrecht, insbesondere der strafrechtlichen Unterkategorie der Heileingriffe, machen.

Im Strafrecht wird mithilfe des Instituts der tatbestandsausschließenden Einwilligung eine Strafbarkeit abgelehnt, wenn in den Eingriff eingewilligt wurde: Notwendig ist dafür neben der Disponibilität des geschützten Rechtsguts und der Verfügungsbefugnis über dieses die Einwilligungsfähigkeit, die zu bejahen ist, wenn der Einwilligende nach seiner geistigen und sittlichen Reife imstande ist, Bedeutung und Tragweite des Rechtsgutsverzichts zu

---

186 s. dazu oben, unter C. IV. 1.

187 Zu letzterem eindringlich *Rauschert*, RdJ 1960, 369, 370.

188 BayObLGZ 54, 298, 302; grds. zu Voraussetzungen der Einwilligung in Grundrechtseingriffe: *Jarass*, in: Jarass/Pieroth, GG, 16. Aufl. 2020, Vorbem. 36 vor Art. 1; *Eppelt*, Grundrechtsverzicht und Humangenetik, 1999, S. 41; *Belling*, FuR 1990, 75 f.

erfassen und diesen sachgerecht zu beurteilen.[189] Das Vorliegen der individuellen Einsichts- und Urteilsfähigkeit kann dabei je nach Rechtsgut und Schwere bzw. Reversibilität des Eingriffs unterschiedlich sein.[190] Es bedarf einer ausreichenden geistigen und sittlichen Reife, um Wesen, Bedeutung und Tragweite des fraglichen Eingriffs zu erkennen und sachgerecht zu beurteilen.[191] Bei Minderjährigen unter dem 14. Lebensjahr wird eine Einsichtsfähigkeit nicht grundsätzlich verneint, später kann sie – je nach Schwere des Eingriffs – eher vorliegen.[192] Volljährige sind grundsätzlich einsichtsfähig, wenn nicht gegenteilige Anhaltspunkte, wie etwa eine geistige Krankheit, dagegen sprechen.[193]

Die Einwilligung in Heilbehandlungen ist damit insbesondere für den Ausschluss der Strafbarkeit des Arztes wegen Körperverletzung relevant. Darüber hinaus bestimmt zivilrechtlich für den Behandlungsvertrag § 630d BGB die Notwendigkeit der Einwilligung, ohne die eine Heilbehandlung grundsätzlich mangelhaft ist. Soweit der Patient einwilligungsunfähig ist, muss die Einwilligung eines „hierzu berechtigten" eingeholt werden. Hierbei soll es grundsätzlich auf die Einwilligung des gesetzlichen Vertreters ankommen, allerdings soll das Kind dann selbst einwilligen können, wenn es einwilligungsfähig ist, was von seiner individuellen Einsichts- und Urteilsfähigkeit abhängt.[194] Die erforderliche Einsichtsfähigkeit zur Einwilligung in Heilbehandlungen soll sich danach bestimmen, ob die minderjährige Person aufgrund ihrer geistigen und sittlichen Reife in der Lage ist, die Bedeutung und Tragweite des Eingriffs zu erkennen, die sich anhand von Art, Umfang und Risiken des geplanten Eingriffs bemisst.[195] Daneben ist auch das Altern

---

189 BGHSt 4, 88; 5, 362.

190 RGSt 41, 392, 394; BGHSt 12, 379, 382; *Roxin/Greco*, Strafrecht AT I, 5. Aufl. 2020, § 13 Rn. 40 ff.; *Eppelt*, Grundrechtsverzicht und Humangenetik, 1999, S. 41.

191 *Rengier*, Strafrecht AT, 16. Aufl. 2024, § 23 Rn. 15.

192 *Rengier*, Strafrecht AT, 14. Aufl. 2024, § 23 Rn. 16; zum Schwangerschaftsabbruch: *Wörner*, in: MünchKomm StGB, 5. Aufl. 2025, § 218a Rn. 19 m. w. Nachw.

193 *Roxin/Greco*, Strafrecht AT I, 5. Aufl. 2020, § 13 Rn. 84 ff.; BGH, NJW 1978, 1206; BGHSt 4, 88, 90 u. BGH NStZ 2004, 87, 88 verneinen die Urteilsfähigkeit bei einem Angetrunkenen.

194 *Amend-Traut*, in: BeckOGK-BGB, Stand: 1. November 2025, § 1626, Rn. 119 ff., s. dort auch zu den zwischenzeitlichen Bestrebungen einer gesetzlichen Regelung, Rn. 119.1.

195 BGHZ 29, 33; *Amend-Traut*, in: BeckOGK-BGB, Stand: 1. November 2025, § 1626, Rn. 119, 121; *Peschel-Gutzeit*, NZFam 2014, 433, 435; *Kern*, NJW 1994, 753, 755: ein „kleiner" Eingriff ist einfacher zu beurteilen.

zu berücksichtigen, sodass eine Einsichtsfähigkeit wahrscheinlicher ist, je näher die Grenze der Volljährigkeit rückt.[196]

Fraglich ist, inwieweit die getroffenen Erkenntnisse für die Freiheitsbeschränkung fruchtbar gemacht werden können. Denn sowohl die Einwilligung im Strafrecht als auch die in Heilbehandlungen als Untergruppe erfolgen gegenüber Privaten, um deren Strafbarkeit auszuschließen. Dennoch bestimmt auch hier die Einsichtsfähigkeit die Grenze, ab der eine Person Eingriffe in ihre Rechtsgüter aufgrund ihres eigenen Willens legalisieren kann. Insofern können die zuvor gefundenen Kriterien auch auf die Einsichtsfähigkeit zur Einwilligung in eine Freiheitsbeschränkung übertragen werden, soweit nicht grundrechtliche Besonderheiten der Übertragung entgegenstehen. Es müsste dann die Bedeutung des betroffenen Rechtsguts dessen generelle Disponibilität zulassen, die mit der Annahme des entgegenstehenden Willens als Voraussetzung für einen Freiheitseingriff gegeben ist. Darüber hinaus ist der individuelle Reifegrad ausschlaggebend, der sich in einer Einsichts- und Urteilsfähigkeit bezogen auf das Wesen, die Bedeutung und Tragweite des konkreten Eingriffs sowie die Bedeutung des betroffenen Grundrechts niederschlägt.[197]

Entsprechend wird auch für die Einwilligung in eine Freiheitsbeschränkung vorausgesetzt, dass der Betroffene einen Einblick in die Art und die Schwere des Eingriffs sowie dessen Vor- und Nachteile hat, was wiederum auch hier voraussetzen soll, dass die betroffene Person das Für und Wider der Beeinträchtigung geistig nachvollziehen kann.[198] Hier spricht das höhere Alter der Person ebenfalls für ein höheres Maß an Einsichtsfähigkeit[199], sodass hier ebenfalls eine Einsichtsfähigkeit „in aller Regel ab Vollendung des

---

[196] *Amend-Traut*, in: BeckOGK-BGB, Stand: 1. November 2025, § 1626, Rn. 121; *Kern*, NJW 1994, 753, 755; anders: *Merten*, in: Merten/Papier, HGR III, 2009, § 73 Rn. 16.

[197] *Rauschert*, RdJ 1960, 369, 371; *Hantel*, Der Begriff der Freiheitsentziehung in Art. 104 Abs. 2 GG, 1988, S. 197; BVerfG NJW 1964, 1177 f.; *Huber*, in: Merten/Papier, HGR II, 2006, § 49 Rn. 14 ff.; *Roell*, Die Geltung der Grundrechte für Minderjährige, S. 32 ff.; *Hohm*, NJW 1986, 3108, 3110; ausführlich *Bethge*, Die verfassungsrechtliche Zulässigkeit des Grundrechtsverzichts, 2014, S. 132 ff.

[198] BGH, NJW 1964, 1177; 1178; BayObLGZ 1996, 34, 36.

[199] BVerfGE 47, 46, 74.

14. Lebensjahres“ vorliegen soll[200], was hingegen keiner Einzelfallprüfung entbehrt.[201] Ist eine Person volljährig, muss aufgrund der mit der Volljährigkeit verbundenen eigenen Rechtsausübung auch hier grundsätzlich von ihrer Einwilligungsfähigkeit ausgegangen werden. Die Einsichtsfähigkeit kann dann infolge eines Krankheitszustandes, insbesondere bei psychischer Krankheit, entfallen.[202] Bei bewusstlosen und komatösen Personen entfällt die Einsichtsfähigkeit, da sie zu einer Bewertung der konkreten Situation und Maßnahme nicht in der Lage sind, auf deren Grundlage sie sich einen Willen bilden könnten.

Eine Einwilligung kann freilich nur dann Berücksichtigung finden, wenn sie auf einer autonomen Entscheidung beruht.[203] Die betroffene Person muss die Einwilligung mithin freiwillig erklären, woran es jedenfalls bei Täuschung, Drohung oder Zwang sowie bei in Aussicht gestellten Vorteilen oder gewichtigen Nachteilen fehlt.[204] Insbesondere die Fälle, in denen ein Freiheitseingriff aufgrund psychischen Zwangs angenommen wir, dürfen nicht fälschlicherweise als Einwilligung gewertet werden. Leistet die betroffene Person keine Gegenwehr und fügt sich vermeintlich freiwillig der Maßnahme, weil sie zum Beispiel ansonsten körperliche Zwangseinwirkungen befürchten muss und mithin dem eigenen Gefühl nach keine

---

[200] *Hantel*, Der Begriff der Freiheitsentziehung in Art. 104 Abs. 2 GG, 1988, S. 197.

[201] So geht etwa *Rauschert*, RdJ 1960, 369, 371, vielmehr davon aus, dass die Einwilligung bei Kindern „keine große praktische Bedeutung“ haben wird, weil sie in der Regel nicht einsichtsfähig sein werden. Noch weitergehend *Erdsiek*, NJW 1960, 1385, 1387, der unabhängig von der Einwilligung eines Kindes eine richterliche Kontrolle für notwendig hält.

[202] BVerfG, NJW 1998, 1774, 1775; *Bethge*, Die verfassungsrechtliche Zulässigkeit des Grundrechtsverzichts, 2014, S. 135.

[203] *Sachs/Mann*, in: Sachs, GG, 10. Aufl. 2024, Vorbem. 56 vor Abschnitt I; *Schulze-Fielitz*, in: Dreier, GG, Band III, 3. Aufl. 2018, Art. 104 Rn. 28;*Jarass*, in: Jarass/Pieroth, 16. Aufl. 2020, Art. 2 Rn. 116, Vorbem. 35 f. vor Art. 1: freie Entscheidung; BVerfG NJW 1964, 1177, 1178: freiwillig; *Erdsiek*, NJW 1960, 1385, 1387: insbesondere bei Unsicherheiten hinsichtlich des Einflusses der Sorgeberechtigten kann eine richterliche Entscheidung zur Feststellung der Wirksamkeit einer Einwilligung erforderlich sein.

[204] BVerfGE 128, 282, 301; NJW 1964, 1177, 1178; BVerwGE 119, 123, 127; *Sachs/Mann*, in: Sachs, GG, 10. Aufl. 2024, Vorbem. 56 zu Abschnitt I;*Jarass*, in: Jarass/Pieroth, GG, 16. Aufl. 2020, Vorbem. 36 vor Art. 1; *Bethge*, Die verfassungsrechtliche Zulässigkeit des Grundrechtsverzichts, 2014, S. 134; *Eppelt*, Grundrechtsverzicht und Humangenetik, 1999, S. 42, 47 f.

echte Wahl hat, liegt mangels autonomer Entscheidung trotzdem ein Freiheitseingriff vor.[205]

## 4. Einwilligung und Sorgerecht

Wird mit den vorherigen Ausführungen grundsätzlich auch die Einwilligung eines Minderjährigen für möglich gehalten, stellt sich sodann die Frage, ob zusätzlich oder ersetzend die Einwilligung seines gesetzlichen Vertreters möglich oder notwendig ist. Diese Einwilligungskompetenz soll zunächst dahingestellt bleiben, beruht ihre Lösung doch auf der noch ungeklärten Rolle der Eltern bei wachsenden Selbstbestimmungsbefugnissen des Kindes. An späterer Stelle wird hierauf zurückzukommen sein.[206]

## 5. Rechtsfolgen der Einwilligung

### *a. Grundsatz*

Willigt eine einsichtsfähige Person in die Maßnahme ein, begründet diese schon begrifflich keine Freiheitsbeschränkung. Ein Eingriff in Art. 2 Abs. 2 S. 2 GG und Art. 104 GG ist ausgeschlossen. Die Maßnahme bedarf daher weder einer gesetzlichen Grundlage noch einer richterlichen Genehmigung. Willigt der Einsichtsfähige nicht ein, findet die Durchsetzung einer Maßnahme, die ihn in seiner Fortbewegungsfreiheit beschränkt, also gegen oder ohne seinen Willen statt und löst eine Zwangseinwirkung aus. Eine Freiheitsbeschränkung i. S. d. Art. 2 Abs. 2 S. 2 GG und Art. 104 GG liegt dann grundsätzlich vor. Auch der Verzicht auf physischen Widerstand gegen eine Maßnahme kann nicht als Einwilligung gewertet werden, soweit sich hieraus keine konkludente Einwilligung ergibt.[207]

Im Gegensatz zu etwa einem Heileingriff als mitunter einmaligen kurzzeitigen Eingriff in die körperliche Unversehrtheit handelt es sich bei den Eingriffen in die Fortbewegungsfreiheit zumeist um Maßnahmen, die auf eine im Vergleich längere Dauer angelegt sind – plakativ zu nennen ist hier sicher die Freiheitsstrafe; aber auch auf die Unterbringung in einem

---

[205] *Hantel*, Der Begriff der Freiheitsentziehung in Art. 104 Abs. 2 GG, 1988, S. 68; *Eppelt*, Grundrechtsverzicht und Humangenetik, 1999, S. 42, 47 f.

[206] S. dazu unten, Teil 3, E. II.

[207] *Sachs/Mann*, in: Sachs, GG, 10. Aufl. 2024, Vorbem. 55 vor Abschnitt I; BVerfGE 128, 282, 300 f.; 129, 269, 280.

psychiatrischen Krankenhaus trifft dies zu. Um für die gesamte Maßnahme den Eingriffscharakter ablehnen zu können, muss die Einwilligung über die gesamte Dauer der Maßnahme bestehen bleiben.[208] Willigt der Betroffene also zu Beginn einer Maßnahme in diese ein, sodass zu diesem Zeitpunkt kein Freiheitseingriff vorliegt, und entscheidet er sich zu einem späteren Zeitpunkt um, ist ab diesem Moment ein Freiheitseingriff gegeben, sodass die Maßnahme entweder umgehend beendet werden oder eine Rechtfertigung entsprechend der Art. 2 Abs. 2 S. 2 und 104 GG vorliegen muss; handelt es sich um eine Freiheitsentziehung, muss mithin unverzüglich eine richterliche Entscheidung herbeigeführt werden, wie sich aus Art. 104 Abs. 2 S. 2 GG ergibt.[209] Gleiches muss gelten, wenn der vormals einsichtsfähige Betroffene während des Vollzugs der von seiner Einwilligung gedeckten Maßnahme seine Einsichtsfähigkeit verliert, die Einwilligung also nicht länger Gültigkeit besitzt.

Die Schlussfolgerung, dass im Fall einer wirksamen Einwilligung des Betroffenen in die jeweilige Maßnahme eine richterliche Genehmigung grundsätzlich nicht mehr erforderlich sei, wäre hingegen verfehlt. Vielmehr ergibt sich aus Art. 104 GG nur das verfassungsrechtliche Mindestmaß an Schutz. Der Gesetzgeber kann Maßnahmen treffen, um den grundrechtlichen Freiheitsschutz ausreichend zu verwirklichen – und ist gegebenenfalls im Wege einer sich zumindest aus Art. 2 Abs. 2 S. 2 GG ableitenden Schutzpflicht für die Freiheit der Person auch dazu verpflichtet. So kann er grundsätzlich auch das Erfordernis einer richterlichen Genehmigung losgelöst von der in Art. 104 Abs. 2 GG genannten Freiheitsentziehung anordnen.

Unabhängig davon gibt es Fälle, in denen es auf die Einwilligung des Betroffenen für die Einordnung als Freiheitsentziehung nicht ankommt, weil ihm die Entscheidungsfreiheit hinsichtlich seines Aufenthalts abgenommen wird. So ist es zwar theoretisch denkbar, wenn auch unwahrscheinlich, dass

---

208 EGMR, NJW-RR 2006, 308, 310 (Rn. 76); *Rauschert*, RdJ 1960, 369, 371; *Gusy*, in: Huber/Voßkuhle, GG, Band 3, 8. Aufl. 2024, Art. 104 Rn. 19a.

209 Ließe man die Einwilligung über das Vorhandensein der tatsächlichen Zustimmung hinaus gelten, läge ein unzulässiger Grundrechtsverzicht vor, *Hantel*, Der Begriff der Freiheitsentziehung in Art. 104 Abs. 2 GG, 1988, S. 68; *Sachs/Mann*, in: Sachs, GG, 10. Aufl. 2024, Vorbem. 55 vor Abschnitt I.

ein Straftäter in eine Gefängnisstrafe einwilligt. Hier begründet aber das Strafurteil den staatlichen Strafanspruch, der sodann mit der Freiheitsstrafe durchgesetzt wird.[210] In diesem Fall ist der Wille des Betroffenen unerheblich: auch wenn dieser zunächst einwilligt und im Laufe des Vollzugs der Freiheitsstrafe seine Meinung ändert, käme eine Freilassung nicht in Betracht. Die Maßnahme erfolgt ohne Ansehen des Willens des Betroffenen, in obiger Terminologie lässt sich dies als Freiheitsbeschränkung „ohne den Willen" des Betroffenen werten, der hinsichtlich der Frage, ob die Maßnahme durchgeführt wird oder nicht, ohne Bedeutung ist.

### *b. Relevanz einer mutmaßlichen Einwilligung*

Bei eilbedürftigen ärztlichen Heileingriffen am bewusstlosen Patienten wird im Strafrecht eine Einwilligung auch dann bejaht, wenn im Sinne eines Wahrscheinlichkeitsurteils anzunehmen ist, dass der Verletzte auch in diesen Eingriff in seine körperliche Unversehrtheit eingewilligt hätte.[211] Andernfalls wäre der Arzt gezwungen, um sich nicht strafbar zu machen, die Behandlung nicht vorzunehmen. Dadurch hätte der Patient aber mitunter schwerwiegende Nachteile zu erleiden.

Übertragen auf Freiheitsbeschränkungen liegt ein signifikanter Unterschied zu den Heileingriffen schon darin, dass bei einer Nichtvornahme der Maßnahme dem Betroffenen regelmäßig kein unmittelbarer lebensbedrohlicher Nachteil droht. Hinzu kommt, dass die Konstruktion einer mutmaßlichen Einwilligung nicht erforderlich ist: Liegt eine Einwilligung nicht vor, liegt zwar ein Eingriff in die Bewegungsfreiheit vor, der dann aber gerechtfertigt sein kann, wenn die Voraussetzungen der Art. 2 Abs. 2 und 104 GG eingehalten werden. Ist dem nicht so, ist ein Eingriff rechtswidrig und keine Konstellation denkbar, in der er trotzdem vorgenommen werden müsste.[212]

---

[210] *Di Fabio*, in: Dürig/Herzog/Scholz, GG, Bd. I, 108. EL 2025, Art. 2 Abs. 2 Satz 2 Rn. 19.

[211] *Eschelbach*, in: BeckOK-StGB, 67. Edition, Stand: 1. November 2025, § 228 Rn. 28; eine solche mutmaßliche Einwilligung ist auch in anderen Bereichen bekannt, vgl. z. B. zu § 203 StGB: BGHSt 35, 246, 249.

[212] Vgl. BayObLGZ 1996, 34, 36.

## V. Bewertung „weiterer" Freiheitsbeschränkungen bzw. Freiheitsentziehungen

Das Problem der Einordnung und der Auswirkungen einer „weiteren" freiheitsbeschränkenden Maßnahme innerhalb eines bestehenden Freiheitsentziehungsverhältnisses stellt sich insbesondere bei einer sehr weiträumigen Freiheitsentziehung. Eine solche liegt zum Beispiel bei einer großen Strafvollzugsanstalt oder einer sehr weitläufigen Heilanstalt vor, in denen dann Beschränkungen auf einen engeren Raum als Disziplinarmaßnahmen bzw. Maßnahmen zur Ruhigstellung von nicht anders kontrollierbaren Patienten notwendig werden können. Diese zusätzliche Beschränkung auf einen sehr viel kleineren als den ursprünglich gedachten Raum bis hin zur vollkommenen Aufhebung der Bewegungsfreiheit kann für die betreffende Person eine weitaus stärkere Wirkung als die ursprüngliche Beschränkung auf einen relativ weitläufigen Bereich haben. Die Beschränkung erhält damit noch einmal eine besondere Intensität.

Begrifflich liegt es nahe, dass die Freiheit nur einmal „entzogen" werden kann: In einer neuerlichen Einschränkung, auch wenn sie außerhalb des gegebenen Settings objektiv eine Freiheitsentziehung darstellen würde, könnte danach also keine erneute Freiheitsentziehung liegen. Dann wäre sie ohne Einhaltung der Anforderungen des Art. 104 Abs. 2, 3 möglich, soweit die ursprüngliche Freiheitsentziehung zulässig ist.[213] Gegen das Erfordernis einer neuerlichen Genehmigung für solche Maßnahmen spricht auch die alleinige Unterscheidung des Art. 104 GG in Freiheitsbeschränkung und Freiheitsentziehung. Innerhalb der Freiheitsentziehung wird hingegen nicht hinsichtlich der Intensität unterschieden. Trotzdem wird mitunter eine zusätzliche Freiheitsentziehung angenommen, die eine erneute Genehmigung erforderlich macht.[214]

---

[213] BVerfGE 98, 169, 198; *Gusy*, in: Huber/Voßkuhle, GG, Band 3, 8. Aufl. 2024, Art. 104 Rn. 20, Fn. 32; BVerfG, NJW 1994, 1339; *Klüsener/Rausch*, NJW 1993, 617, 623; differenzierend: *Mehde*, in: Dürig/Herzog/Scholz, GG, Bd. VI, 108. EL 2025, Art. 104 Rn. 60: Einordnung der Maßnahme als weitere Freiheitsentziehung, wenn sie aufgrund ihrer Intensität als nicht mehr von der Genehmigung umfasst angesehen werden muss.

[214] *Denninger*, Kritische Justiz 1969, 379, 384; *Pohlreich*, in: Kahl/Waldhoff/Walter, Bonner Kommentar zum Grundgesetz, 199. Aktual. 2019, Art. 104, Rn. 30; So wohl auch Gusy, NJW 1992, 457, 460, 463, der das Problem lediglich nennt, im Anschluss aber von der Genehmigung einer „weiteren" Freiheitsentziehung spricht.

Praktisch unproblematisch sind die Fälle, in denen der Richter bei seiner Entscheidung zur ursprünglichen Freiheitsentziehung die neuerlichen Einschränkungen ausdrücklich berücksichtigt hat. Die weiteren Beschränkungen wurden dann ebenfalls genehmigt, sodass dem Erfordernis des Art. 104 Abs. 2 GG Rechnung getragen ist. Auch in den Fällen, in denen die Maßnahmen der Ermöglichung der ursprünglichen Unterbringung dienen – und insofern in der ursprünglichen Genehmigung enthalten sind – bedarf es keiner erneuten Genehmigung: Die zusätzliche Beschränkung stellt sich dann lediglich als Vollzug der Unterbringung dar, der mit der ursprünglichen Entscheidung genehmigt wurde.[215]

Darüber hinaus ließe sich eine Genehmigungspflicht dann verneinen, wenn die weiteren Beschränkungen zwar nicht wie zuvor schon für den konkreten Fall konkret vorgesehen, aber allgemein durch eine „Anstaltsordnung" und einen „Anstaltszweck" gedeckt sind und damit nicht ohne rechtliche Grundlage erfolgen.[216] Grundsätzlich erfordert eine Freiheitsentziehung nicht nur eine rechtliche Grundlage, sondern gem. Art. 104 Abs. 2 GG auch eine richterliche Entscheidung. Insofern ließe sich argumentieren, dass die richterliche Genehmigung einer Freiheitsentziehung in einer Einrichtung, in der eine entsprechende „Anstaltsordnung" angewendet wird, sich hieraus ergebende Maßnahmen zumindest dann abdeckt, wenn die Notwendigkeit ihrer Anwendung schon zum Zeitpunkt der Genehmigung besteht. Dies würde allerdings voraussetzen, dass der Richter nicht nur die konkrete Umsetzung der Freiheitsentziehung, also die konkrete Einrichtung, sondern auch die Anstaltsordnung und die dort vorgesehenen Maßnahmen kennt und bewusst mit einbezieht. Dies kann allerdings nur angenommen werden, wenn sich dies aus der richterlichen Entscheidung ergibt – dann besteht kein Unterschied zu den Fällen im vorgenannten Absatz.

---

[215] KG, NJW 1971, 1091; BVerfG, NJW 1994, 1339 für den Arrest im Strafvollzug; *Dürig*, in: Dürig/Herzog/Scholz (vorm.: Maunz/Dürig), GG, 85. EL 2018 (Vorauflage), Art. 104 Rn. 8; *Burghart*, in: Leibholz/Rinck, GG, 95. Lieferung 6/2025, Art. 2, Rn. 580; BVerfGE 130, 76, 111; *Gusy*, in: Huber/Voßkuhle, GG, Band 3, 8. Aufl. 2024, Art. 104 Rn. 20, Fn. 32.

[216] BVerfG, NJW 1994, 1339; *Gusy*, in: Huber/Voßkuhle, GG, Band 3, 8. Aufl. 2024, Art. 104 Rn. 20, Fn. 32, Rn. 24c; *Dürig*, in: Dürig/Herzog/Scholz (vorm.: Maunz/Dürig), GG, 85. EL 2018 (Vorauflage), Art. 104 Rn. 8.

Für alle anderen Fälle, in denen entsprechende weitergehende Maßnahmen nicht bereits in der Genehmigung enthalten sind, lässt sich Folgendes festhalten: Hält man es für die Annahme einer Freiheitsentziehung für unschädlich, dass eine gewisse Fortbewegungsfreiheit bestehen bleibt, muss diese auch durch weitergehende Maßnahmen beschränkt oder entzogen werden können. Insofern ist die betreffende Maßnahme isoliert zu betrachten, unabhängig von dem Setting, in dem sie erfolgt. Handelt es sich hierbei um eine Freiheitsentziehung, die von der ursprünglichen Genehmigung nicht wie beschrieben gedeckt ist, muss gem. Art. 104 Abs. 2 GG eine gesonderte richterliche Entscheidung herbeigeführt werden.

## D. Verfassungsrechtliche Vorgaben für die Beschränkung der Freiheit durch Sorgeberechtigte

Die fürsorgliche Beschränkung der Fortbewegungsfreiheit von Minderjährigen wird häufig nicht durch (unmittelbares) Handeln staatlicher Stellen, sondern durch die vorrangig mit der Fürsorge betrauten Sorgeberechtigten erfolgen. Deren Verhältnis gegenüber demjenigen, dessen Freiheit beschränkt wird, ist allerdings zivilrechtlich ausgestaltet. Dennoch haben sowohl Eltern als auch ein Vormund und ein Pfleger eine für das Verhältnis zwischen zwei Privaten unübliche Machtposition über eine andere Person, die alleine hingegen noch nicht notwendigerweise eine Grundrechtsbindung bewirkt.[217] Hier stellt sich in Anbetracht des hohen Guts der Freiheit des Betroffenen und dessen Schutz über Art. 2 Abs. 2 S. 2 und 104 GG die Frage, wie sich dieser verfassungsrechtliche Schutz auf die von der Fürsorgeperson veranlassten Freiheitsbeschränkungen und -entziehungen auswirkt. Insbesondere ein mögliches verfassungsrechtliches Erfordernis einer richterlichen Genehmigung aus Art. 104 Abs. 2 S. 1 GG hätte einen großen Einfluss auf die Ausgestaltung des einfachen Rechts. Insofern ist der Streit über eine Anwendbarkeit des Art. 104 Abs. 2 S. 1 GG in Fürsorgeverhältnissen nicht deswegen obsolet, weil nach § 1631b BGB für die Eltern und aufgrund von § 1795 Abs. 1 BGB für den Vormund bzw. den Ergänzungspfleger (§ 1809 BGB) eine richterliche Genehmigung für Freiheitsentziehungen erforderlich ist.

---

[217] *Hillgruber* in: BeckOK-GG, 64. Edition, Stand: 15. November 2025, Art. 1 Rn. 87.

Geht man davon aus, dass Kinder, die aufgrund ihres Alters einer Fürsorgeperson bedürfen, überhaupt über eine Freiheit verfügen, die beschränkt werden kann (s. dazu unter I.), ist die Übertragung des grundrechtlichen Freiheitsschutzes in diese Verhältnisse grundsätzlich auf verschiedenen Wegen denkbar: Zum einen ließe sich die Frage stellen, inwieweit Grundrechte als Abwehrrechte des Einzelnen auch gegenüber Fürsorgepersonen wie Eltern, Vormündern oder Pflegern[218] gelten, entweder, weil Art. 104 Abs. 2 GG seine Wirkung nicht auf Grundrechtsadressaten beschränkt (dazu unter II.) oder aber die Fürsorgepersonen trotz des zivilrechtlich ausgestalteten Verhältnisses Grundrechtsadressaten sein können (dazu für den Vormund unter V.3.). Darüber hinaus können auch Handlungen eines (nicht direkt grundrechtsverpflichteten) Dritten, die grundrechtssensible Bereiche berühren, grundrechtliche Wirkungen entfalten (s. dazu unter III.). Besonders gelagert ist allerdings die Berührung grundrechtsrelevanter Bereiche im Eltern-Kind-Verhältnis: die Position, die Eltern gegenüber ihren Kindern innehaben, ist mit Art. 6 Abs. 2 S. 1 GG selbst verfassungsrechtlich begründet; wie die Kindesgrundrechte in diesem Verhältnis berücksichtigt sind, muss insofern vor dem Hintergrund dieses Regelung dargestellt werden (s. unter IV.). Die genannten Wirkweisen des verfassungsrechtlichen Freiheitsschutzes gegenüber Dritten werden daher insbesondere im Verhältnis zwischen dem Kind und staatlich bestellten Fürsorgepersonen – also Vormund oder Pfleger – diskutiert (dazu unter V.), um abschließend zu betrachten, ob die für das Eltern-Kind-Verhältnis gefundenen Prämissen diesen Schlussfolgerungen standhalten (VI.).

## I. Verbleibende Freiheit?

Mitunter wird die Frage nach der Anwendbarkeit der Art. 2 Abs. 2 S. 2, 104 GG schon deshalb gar nicht gestellt, weil innerhalb „von der Vernunft gebotener und [...] von der Rechtsordnung ausgestatteter Rechtsverhältnisse

---

[218] Zu betrachten ist in diesem Zusammenhang ausschließlich die Ergänzungs- sowie die Ersatzpflegschaft, andere Pflegschaften kommen zur Ausführung einer Freiheitsentziehung nicht in Betracht, da sie entweder lediglich Vermögensangelegenheiten betreffen, sich nicht oder zumindest nicht konkret auf Personen beziehen oder aus anderen Gründen eine Freiheitsentziehung nicht in Betracht kommt.

[...] von vorhandener Freiheit keine Rede sein kann“[219] und deshalb dem Minderjährigen unter elterlicher Sorge ebenso wie dem unter Betreuung stehenden Erwachsenen aufgrund bürgerlich-rechtlicher Vorschriften die Entscheidung über ihre Freiheit weitgehend entzogen sei.[220] Dies soll dazu führen, dass die Beschränkung der Freiheit eines Minderjährigen durch seine Sorgeberechtigten schon keine Freiheitsentziehung sein kann.[221] Soweit sich diese Ansicht nicht auf mangelnde Grundrechtsgeltung in diesen Verhältnissen und einen damit begründeten Ausschluss von Freiheitseinschränkungen i. S. d. Art. 2 Abs. 2 S. 2, 104 GG beruft, sondern jedwede Beschränkung der Freiheit im Eltern-Kind-Verhältnis mangels vorhandener Freiheit ausgeschlossen sein soll, steht dem heute nicht nur § 1631b BGB entgegen, der gerade von einer Freiheitsentziehung durch die Eltern ausgeht. Vielmehr vernachlässigt diese Ansicht die Bedeutung der Bewegungsfreiheit des Kindes, die allein durch das Vorliegen eines Sorgeverhältnisses nicht von vornherein beschränkt sein kann, sodass auch Sorgeberechtigte grundsätzlich durch ihr Handeln Freiheitsbeschränkungen und -entziehungen vornehmen können.[222] Die Zweckrichtung, die die beschriebene Einschränkung verfolgt – für die Eltern insbesondere die Berücksichtigung der Bedeutung des grundrechtlichen Erziehungsrechts[223] – wird daher nicht durch einen schon begrifflichen Ausschluss der Freiheitsentziehung erreicht, sondern muss vielmehr

---

[219] AG Hamburg, FamRZ 1961, 393, 395; ähnlich *Dunz*, JZ 1960, 475, 476: „die sich aus der Minderjährigkeit ergebenden Beschränkungen der allgemeinen Freiheitsrechte [sind] ursprünglicher Art“.

[220] AG Wennigsen/Deister, FamRZ 1960, 364; AG Wennigsen/Deister, FamRZ 1960, 411; *Ficht*, ZfJ 1960, 328; *Eppelt*, Grundrechtsverzicht und Humangenetik, 1999, S. 45 f.

[221] *Schlink/Schattenfroh*, in: Fegert/Späth/Salgo, Freiheitsentziehende Maßnahmen in der Jugendhilfe und Kinder- und Jugendpsychiatrie, 2001, S. 73, 85; So auch *Marloh*, FamRZ 1956, 264 f.: Einschränkende Auslegung der verfassungsrechtlichen zugunsten der familienrechtlichen Normen; wohl im Ergebnis ebenso *Müller*, Rpfleger 1953, 553, 556.

[222] Ablehnend daher auch *Roell*, Die Geltung der Grundrechte für Minderjährige, 1984, S. 46; unter Annahme einer Freiheitsentziehung wurde auch schon früher ein richterliches Genehmigungserfordernis zumindest in Vormundschaftsverhältnissen angenommen, OLG Hamm, NJW 1960, 2239; AG Wennigsen, FamRZ 1962, 40; anders noch AG Wennigsen, FamRZ 1960, 364 u. 411.

[223] *Schlink/Schattenfroh*, in: Fegert/Späth/Salgo, Freiheitsentziehende Maßnahmen in der Jugendhilfe und Kinder- und Jugendpsychiatrie, 2001, S. 73, 85.

Ausgangspunkt sein für die Feststellung der Wirkung von Art. 2 Abs. 2 S. 2 und 104 GG in Privatrechtsverhältnissen und deren Verhältnis zum Elternrecht aus Art. 6 Abs. 2 GG.

## II. Geltung von Art. 104 Abs. 2 S. 1 GG für alle Freiheitsentziehungen

Es stellt sich die Frage, ob Art. 104 Abs. 2 GG nicht unbeschränkt für alle Freiheitsentziehungen und nicht nur für Grundrechtseingriffe durch die öffentliche Gewalt gilt. Dann wäre zumindest eine richterliche Genehmigung unmittelbar bei jeder Freiheitsentziehung erforderlich, auch bei jenen, die in Privatrechtsverhältnissen erfolgen, etwa durch Vormund, Betreuer, Pfleger, Pflegeeltern, Eltern etc.[224] – eine Einordnung dieser Fürsorgepersonen in die Gruppe der Grundrechtsadressaten wäre dann unerheblich. Im Unterschied zur Weimarer Reichsverfassung (Art. 114 Abs. 1) und zum Herrenchiemseer Entwurf (Art. 3 Abs. 3) findet sich in Art. 104 GG der Begriff der öffentlichen Gewalt als Urheber einer Freiheitsentziehung nicht wieder. Diese inhaltliche Änderung taucht erstmalig in den Protokollen des Parlamentarischen Rates (hier noch in Art. 3) auf, wurde jedoch schon durch einen Unterausschuss eingeführt; die Absicht hinter dieser Änderung lässt sich nur mittelbar feststellen, da Protokolle des Unterausschusses nicht vorhanden sind.[225]

Ebenfalls als Hinweis für die vollumfängliche Geltung von Art. 104 Abs. 2 S. 1 GG in allen Bereichen könnte die historische Betrachtung angeführt werden[226], die eine kritische Prüfung aller Freiheitsentziehungen nahelegt. Zum Anwendungsumfang des Art. 104 GG, insbesondere die Erstreckung auf Freiheitsentziehungen durch private Dritte wird in der Diskussion zum Grundgesetz keine Stellung genommen. Hiermit lässt sich die Übertragung auf Vormund, Betreuer und Pfleger noch nicht abschließend ablehnen. Vielmehr ließe sich in Erwägung ziehen, dass der unbeschränkte Wortlaut

---

[224] So *Di Fabio*, in: Dürig/Herzog/Scholz, GG, Bd. I, 108. EL 2025, Art. 2 Abs. 2 Satz 2 Rn. 39; hinsichtlich der Vormundschaft für Erwachsene und Minderjährige *Wolff*, DöV 1951, 313, 316; so wohl auch *Schumacher*, FamRZ 1991, 280, 282, für den Vormund, den er ausdrücklich nicht als öffentliche Gewalt einordnet; eine direkte Anwendung wird auch angedeutet bei *Engelfried*, Unterbringungsrecht in der Praxis, 3. Aufl. 2024, S. 40, sowie *ders.*, Betrifft JUSTIZ 2014, 35, 36.

[225] Zu dieser Erkenntnis gelangt auch BVerfGE 10, 302, 319.

[226] s. dazu oben, unter B. I.

gerade für so eindeutig gehalten wurde, dass eine nähere Stellungnahme zum Wirkungskreis nicht für notwendig gehalten wurde. Mehrfach wird in diesem Zusammenhang auf die Äußerungen des Abgeordneten *Zinn* im Unterausschuss hingewiesen, der proklamierte, dass es künftig „keinerlei Freiheitsentziehungen auf die Dauer ohne Tätigwerden eines Richters"[227] mehr geben solle.[228] Mag diese Aussage auch eine gewisse Vehemenz der Ablehnung von richterlich nicht genehmigten Freiheitsentziehungen ausdrücken, betraf sie im Kontext betrachtet lediglich die begrenzte Anwendung des Art. 104 Abs. 2 GG für „kriminelle Fälle" wie sie von anderer Seite vertreten wurde.[229] Das Augenmerk bei der Schaffung der Vorschrift lag auf straf- und ordnungsrechtlichen Beschränkungen und – soweit an diese überhaupt gedacht wurde – fürsorglichen Freiheitsentziehungen, die überwiegend staatliche Aufgabe waren.[230] Hierauf deutet auch der Blick auf die Abs. 2 S. 3 und 3, die ausschließlich von konkreten Freiheitseingriffen durch die öffentliche Hand sprechen.[231]

Der Schlüssel zur Festlegung des Umfangs der unmittelbaren Geltung des Art. 104 Abs. 2 GG findet sich in der teleologischen Argumentation: Art. 104 Abs. 2 S. 1 GG ist mit der Intention eingeführt worden, willkürliche Freiheitsentziehungen, wie sie während der Willkürherrschaft des Nazi-Regimes an der Tagesordnung waren, zukünftig zu verhindern, und richtet sich insofern unmittelbar nur gegen die öffentliche Gewalt.[232] Der uneindeutige Wort-

---

[227] Vierte Sitzung des Ausschusses für Grundsatzfragen, 23. September 1948, Dokument Nr. 5, in: Der Parlamentarische Rat, Akten und Protokolle, Band 5/I, 1993, S. 80.

[228] S. etwa *Erdsiek*, NJW 1960, 1385, 1386.

[229] S. die Äußerungen der Abgeordneten *Laforet* und *Kleindinst* in der Siebten Sitzung des Ausschusses für Verfassungsgerichtshof und Rechtspflege, 6. Dezember 1948, Dokument Nr. 57, in: Der Parlamentarische Rat 1948–1949, Akten und Protokolle, Band 13/II, 2002, S. 1440 ff.; sowie *Laforet* in der Achten Sitzung des Ausschusses für Verfassungsgerichtshof und Rechtspflege, 7. Dezember 1948, Dokument Nr. 58, ebenda S. 1473 f, 1479 f.

[230] S. schon unter C. III.; s. auch *Lang-Hinrichsen*, JR 1959, 321, 323; *Otto*, Das Staatsverständnis des Parlamentarischen Rates, 1971, S. 71 ff.: Art. 3 des Herrenchiemseer Entwurfs gewährleiste die persönliche Bewegungsfreiheit vor Einschränkung durch staatliche Behörden.

[231] BGHZ 17, 108, 113 f.

[232] *Gusy*, in: Huber/Voßkuhle, GG, Band 3, 8. Aufl. 2024, Art. 104 Rn. 17; *Hantel*, JuS 1990, 865, 866; *Helle*, ZfJ 1986, 40, 42; *Reichard*, Gesetz über das gerichtliche Verfahren

laut ist hingegen kein Einzelfall, wenn man beachtet, dass Art. 13 GG, der nach seinem Abs. 2 ebenfalls eine richterliche Anordnung für Eingriffe vorsieht, ebenfalls nicht seinem Wortlaut, wohl aber seinem Telos nach auf die öffentliche Gewalt beschränkt ist.[233] Die Beschränkung der direkten Geltung auf Freiheitsentziehungen durch die öffentliche Gewalt entspricht auch der Konstruktion von Art. 2 Abs. 2 S. 2 GG und Art. 104 GG: Art. 104 GG enthält formelle Garantien für die Ausgestaltung eines unter dem Vorbehalt des Art. 2 Abs. 2 S. 3 GG möglichen Eingriffs in Art. 2 Abs. 2 S. 2 GG.[234] Eine Beschränkung der Freiheit durch eine Privatperson stellt allerdings allenfalls dann einen Eingriff in Art. 2 Abs. 2 S. 2 GG dar[235], wenn diese ausnahmsweise als Grundrechtsverpflichteter auftritt. Eine direkte Anwendung des Art. 104 Abs. 2 GG auf alle Freiheitsentziehungen auch durch solche, die der Wirkung des Art. 2 Abs. 2 S. 2 und 104 GG grundsätzlich nicht unterfallen, lässt sich daher nicht annehmen.[236]

## III. Wirkdimensionen der Freiheitsgrundrechte

Da damit eine Grundrechtswirkung Voraussetzung für die Geltung von Art. 2 Abs. 2 S. 2, 104 GG ist, stellt sich die Frage, ob und auf welche Weise der verfassungsrechtliche Freiheitsschutz in Sorgeverhältnissen wirken kann. Im Allgemeinen kommt eine Wirkung in drei Dimensionen in Betracht: zunächst

---

bei Freiheitsentziehungen, 1956, S. 16: Schöpfer des Bonner Grundgesetzes erstrebten Schutz nicht der Freiheit schlechthin, sondern deren „deren wesentlicher Erscheinungsformen unter dem Blickwinkel des Problems ‚Staat und Bürger'".

233 Hierauf weist *Roß*, NJW 1959, 2283, 2285, hin.

234 *Battis/Gusy*, Einführung in das Staatsrecht, 6. Aufl. 2018, Rn. 440; *Hantel*, JuS 1990, 865, 866; *Schulze-Fielitz*, in: Dreier, GG, Band III, 3. Aufl. 2018, Art. 104 Rn. 17: Art. 104 GG gibt mithin Schranken-Schranken für Art. 2 Abs. 2 S. 2 GG vor; NJW 1992, 457, 459.

235 Hierzu und ablehnend zur Konstruktion einer Eingriffsbefugnis: *Canaris*, AcP 184 (1984), 201, 230.

236 So verstehen lassen sich aber *Salgo*, FPR 2011, 546, 547 sowie *Beermann*, FPR 2011, 535; Ebenfalls für eine Beschränkung des Art. 104 GG auf die öffentliche Gewalt, zu der der Vormund nicht zählte, entschied sich der Gesetzgeber mit Schaffung des Gesetzes über das gerichtliche Verfahren bei Freiheitsentziehungen v. 29. Juni 1956 (Freiheitsentziehungsgesetz), BGBl. I, 599, indem er zudem bei Handeln der öffentlichen Gewalt bei der Feststellung, ob eine Freiheitsentziehung vorliegt oder nicht auf den gesetzlichen Vertreter abgestellt hat.

im Rahmen der originären Abwehrfunktion der Grundrechte unmittelbar (dazu unter 1.) oder im Wege der mittelbaren Drittwirkung (unter 2.) oder als Schutzpflicht des Staates (unter 3.).

## 1. Unmittelbare Wirkung als Abwehrrechte

Die Freiheitsrechte des Grundgesetzes stellen „individuelle Rechte, Menschen- und Bürgerrechte" dar, „die den Schutz konkreter, besonders gefährdeter Bereiche menschlicher Freiheit zum Gegenstand haben".[237] Die Frage nach den Grundrechtsadressaten (oder Grundrechtsverpflichteten) beantwortet sich zunächst durch Art. 1 Abs. 3 GG: Die „Grundrechte binden Gesetzgebung, vollziehende Gewalt und Rechtsprechung als unmittelbar geltendes Recht".[238] Hieraus ergibt sich die „klassische" Grundrechtsfunktion: Die Grundrechte gewähren in erster Linie Abwehrrechte des Einzelnen gegen staatliche Eingriffe[239], sie sollen „die Freiheitssphäre des einzelnen vor Eingriffen der öffentlichen Gewalt [...] sichern".[240] Ausdrücklich grundrechtsverpflichtet ist mithin nur der Staat als öffentliche Gewalt gegenüber dem Bürger.[241] Auch hinsichtlich des Grundrechts auf Fortbewegungsfreiheit liefert die historische Betrachtung nicht nur zur Feststellung des sachlichen Schutzbereiches Hinweise. Sie gibt auch Aufschluss über den Adressatenkreis des Grundrechts: Das Recht auf körperliche Bewegungsfreiheit soll den Einzelnen vor einem Einsperren durch die öffentliche Gewalt schützen.[242] Adressat sind entsprechend der Abwehrfunktion der Grundrechte auch hier

---

[237] BVerfGE 50, 290, 337.

[238] Mit „nachfolgende Grundrechte" sind die in Art. 93 Abs. 1 Nr. 4a genannten Rechte, also ebenfalls der Art. 104 GG gemeint, *Hillgruber* in: BeckOK-GG, 64. Edition, Stand: 15. November 2025, Art. 1 Rn. 77; *Herdegen*, in: Dürig/Herzog/Scholz, GG, Bd. I, 108. EL 2025, Art. 1 Abs. 3 Rn. 10.

[239] Vgl. für Art. 2 GG: *Rixen*, in: Sachs, GG, 10. Aufl. 2024, Art. 2 Rn. 18.

[240] BVerfGE 7, 198, Rn. 25; *Kroll*, Personensorge und Freiheitsentzug, 1967, S. 19.

[241] *Lücke*, JZ 1999, 377.

[242] BVerfGE 10, 302, 322; *Doemming/Füsslein/Matz*, JöR 1 (1951) 63: „Schutz vor außerstrafrechtlicher Beschränkung der persönlichen Freiheit, indem er beispielsweise die zwangsweise Unterbringung in einem Irrenhaus, die Schutzhaft, die Zwangsstellung von Geschlechtskranken, die Unterbringung von gefährdeten Jugendlichen einer richterlichen Kontrolle unterwirft".

primär staatliche Stellen.[243] Ein hoheitlicher Eingriff ist damit jedenfalls den Schranken des Art. 2 Abs. 2 S. 3 GG bzw. Art. 104 Abs. 1 S. 1 GG unterworfen.

Die Geltung von Grundrechten als Abwehrrechte beschränkt sich allerdings nicht ausschließlich auf bestimmte Bereiche, Funktionen oder Handlungsformen, sondern gilt umfassend für alle Formen staatlicher Aufgabenwahrnehmung – sie binden die staatliche Gewalt insgesamt.[244] Hinsichtlich der Frage, wann eine solche Aufgabenwahrnehmung der staatlichen Gewalt vorliegt, lässt der Normtext des Art. 1 Abs. 3 GG zweierlei Deutungen zu: auf der einen Seite ist eine formell-institutionelle Betrachtungsweise denkbar, nach der immer dann von einem Tätigwerden der „öffentlichen Gewalt" auszugehen ist, wenn eindeutig staatliche Organe handeln; auch eine materiell-funktionelle Einordnung kommt in Betracht, indem darauf abgestellt wird, dass der Handelnde hoheitliche Funktionen erfüllt.[245] Obwohl im Wortlaut des Art. 1 Abs. 3 GG nicht zwischen privatem und öffentlichem Tätigwerden des Staates differenziert wird, soll der Bürger vor hoheitlichem Handeln allerdings umfassend geschützt sein. Es kann daher nicht darauf ankommen, ob der Staat ihm in Form eines staatlichen Organs oder auf andere Weise gegenübertritt. Entsprechend reicht es aus, wenn die betreffende Handlung entweder formell oder materiell der Staatsgewalt zugeordnet werden kann.[246]

Der Schutz der Grundrechte endet also nicht, wenn der Staat seine hoheitlichen Aufgaben in Privatrechtsform ausübt – die Grundrechte kommen im Privatrecht zumindest dann unmittelbar zur Geltung, wenn der Staat sich des Privatrechts zur Erfüllung unmittelbar öffentlicher Zwecke bedient.[247] Die Frage nach der Grundrechtsgeltung in privatrechtlichen Beziehungen

---

[243] *Gusy*, in: Huber/Voßkuhle, GG, Band 3, 8. Aufl. 2024, Art. 104 Rn. 2 ff., 17; *Kunig/Kämmerer*, in: v. Münch/Kunig, GG, Band 1, 7. Aufl. 2021, Art. 2 Rn. 136; ausführlich zur geschichtlichen Entwicklung: *Schulze-Fielitz*, in: Dreier, GG, Band III, 3. Aufl. 2018, Art. 104 Rn. 1 ff.; *Hantel*, JuS 1990, 865 f.; *Kern*, in: Neumann/Nipperdey/Scheuner, Die Grundrechte, Band 2, 1954, S. 51, 68.

[244] *Dreier*, in: Dreier, GG, 3. Aufl. 2013, Art. 1 III Rn. 31; *Hillgruber*, in: BeckOK-GG, 64. Edition, Stand: 15. November 2025, Art. 1 Rn. 80.

[245] *Höfling*, in: Sachs, GG, 10. Aufl. 2024, Art. 1 Rn. 85.

[246] *Höfling*, in: Sachs, GG, 10. Aufl. 20224, Art. 1 Rn. 86 m. w. Nachw.

[247] BGHZ 29, 76, 80; 33, 230, 233; 52, 325, 329; 65, 284, 287; 91, 84, 96 f.; 154, 146, 150; *Hillgruber*, in: BeckOK-GG, 64. Edition, Stand: 15. November 2025, Art. 1 Rn. 85; Für eine subjektiv-absolute Wirkung: *Kroll*, Personensorge und Freiheitsentzug, 1967, S. 19; m. w. Nachw. in Fn. 35; *Schnapp/Kaltenborn*, JuS 2000, 937, 938: dabei soll nicht

stellt sich dabei insbesondere in folgenden Konstellationen: Der Staat kann dem Einzelnen als Anbieter von Leistungen am Markt gegenübertreten (Staat als Unternehmer), sich selbst Mittel für Verwaltungshandlungen am Markt beschaffen (fiskalische Hilfsgeschäfte) sowie sich im Rahmen des so genannten „Verwaltungsprivatrechts"[248] zur Erfüllung öffentlicher Aufgaben zivilrechtlicher Organisationsformen (formelle Privatisierung[249]), zivilrechtlicher Handlungsformen oder dazwischengeschalteter Dritter etwa durch Indienstnahme, Verwaltungshilfe oder Beleihung (funktionelle Privatisierung) bedienen.[250] Für die Fälle der funktionellen Privatisierung kommt eine Grundrechtsgeltung nur dann in Frage, wenn der für den Staat Handelnde Dritten gegenüber hoheitliche Befugnisse besitzt und wahrnimmt.[251] Unter anderem durch das Bundesverfassungsgericht wird dagegen eine Unterscheidung nach dem verfolgten Zweck abgelehnt und eine umfassende Grundrechtsbindung für staatliches Handeln auch in Privatrechtsform angenommen.[252] Lehnte man eine Grundrechtsgeltung mit dem Argument ab, der Staat würde sich aus seiner hoheitlichen Sphäre herausbegeben und dem Bürger auf Augenhöhe begegnen, könnte sich der Staat durch eine „Flucht ins Privatrecht" der Grundrechtsgeltung entziehen.[253]

---

auf den Status der betreffenden Person, sondern an die Art der ausgeübten Tätigkeit angeknüpft werden.

248 Kritisch zu dem Begriff: *Erichsen/Ebber*, Jura 1999, 373, 375.

249 *Kirchhof*, in: Mauz/Dürig, GG, 78. EL September 2016, Art. 83 Rn. 101, zu den Voraussetzungen Rn. 102, im Falle einer materiellen Privatisierung gibt der Staat bisher wahrgenommene Aufgaben wie etwa das Postwesen ab, die damit keine Staatsaufgaben mehr sind, Rn. 100.

250 *Herdegen*, in: Dürig/Herzog/Scholz, GG, Bd. I, 108. EL 2025, Art. 1 Abs. 3 Rn. 126 ff.

251 Für Beliehene *Kingreen/Poscher*, Grundrechte, 41. Aufl. 2025, Rn. 262; *Schnapp/Kaltenborn*, JuS 2000, 937, 938.

252 BVerfGE 98, 365, 395; 128, 226, 244: Grundrechtsgeltung für „von der öffentlichen Hand beherrschte[n] gemischtwirtschaftliche[n] Unternehmen"; E 138, 296, 328; dazu *Herdegen*, in: Dürig/Herzog/Scholz, GG, Bd. I, 108. EL 2025, Art. 1 Abs. 3 Rn. 56, 130 f.; zu der Frage der Grundrechtsbindung von privatrechtlichen juristischen Personen mit staatlicher Beteiligung, *Hillgruber*, in: BeckOK-GG, 64. Edition, Stand: 15. November 2025, Art. 1 Rn. 86 m. w. Nachw.

253 *Hufen*, Staatsrecht II, 10. Aufl. 2023, § 7 Rn. 11 ff.; *v. Münch/Kunig*, in: v. Münch/Kunig, GG, Band 1, 6. Aufl. 2012 (Vorauflage), Vorbem. 20 zu Art. 1–19 GG; *Schwabe*, Die sogenannte Drittwirkung der Grundrechte, 1971, S. 155.

## 2. Recht auf Fortbewegungsfreiheit als drittwirkendes Recht im Verhältnis zu anderen Grundrechtsberechtigten

### a. *Die (Dritt-)Wirkung von Grundrechten zwischen Privaten*

Ganz vereinzelt wird bzw. wurde auch unabhängig von der Wahrnehmung einer öffentlichen Aufgabe für das Verhältnis zwischen Privaten eine unmittelbare Grundrechtsgeltung – zumindest in Bezug auf einzelne Grundrechte – vertreten, die sich aus der unmittelbaren Grundrechtsbindung aller Zivilnormen ergeben soll.[254] Auch Art. 1 Abs. 3 GG soll der Grundrechtsverpflichtung Privater nicht entgegenstehen.[255] Überwiegend wird dies hingegen abgelehnt: Eine unmittelbare Grundrechtsverpflichtung im Verhältnis zwischen Privaten würde dieses stark verrechtlichen und den grundrechtlichen Maßstäben von Eingriff und Eingriffsrechtfertigung unterwerfen.[256] Die Grundrechte als Freiheitsrechte der Bürger gegen den Staat würden zudem in Pflichten der Bürger umgedeutet, nähme man eine unmittelbare Drittwirkung an.[257]

Dass Private mithin nach überwiegender Meinung nicht direkte Grundrechtsadressaten sind, steht dagegen nicht jedweder Wirkung der

---

[254] BAGE 1, 185, 193 geändert durch BAGE 48, 122, 131 ff, 138; *Krüger*, FamRZ 1956, 329, 330; *Nipperdey*, DVBl. 1958, 445, 446 f. begründet dies mit der Möglichkeit Dritter, Grundrechte zu gefährden; *Lücke*, JZ 1999, 377 f., liest in das Wort „Geltung" in Art. 19 Abs. 3 GG nicht ausschließlich eine Berechtigung, sondern auch eine Verpflichtung hinein; kritisch insb. zu letztgenannter Argumentation: *de Wall/Wagner*, JZ 2011, 734, 736 sowie *Schnapp/Kaltenborn*, JuS 2000, 937, 940; *Schwabe*, Die sogenannte Drittwirkung der Grundrechte, 1971, plädiert für eine Abschaffung der Unterscheidung zwischen privatem und öffentlichem Recht, zusammenfassend auf S. 154 ff., Rechtskollisionen im Privatrecht seien auch staatlich legitimierte oder zumindest staatlich gebilligte Gewalt (S. 17), jede Beeinträchtigung der Freiheitssphäre eines Grundrechtsinhabers rührt daher von staatlicher Rechtsmacht her (S. 45), nach seiner Konstruktion gilt Art. 104 GG in Fürsorgeverhältnissen damit direkt (S. 50 ff., 56 f.); kritisch zu Schwabe: *Canaris*, AcP 184 (1984), 201, 218.

[255] *Lücke*, JZ 1999, 377.

[256] *Roth*, Die Grundrechte Minderjähriger, 2003, S. 92; *Canaris*, AcP 184 (1984), 201, 219; *ders.*, Grundrechte und Privatrecht, 1999, S. 34 f.; *Schnapp/Kaltenborn*, JuS 2000, 937, 940; unmittelbare Wirkung entfalten ausnahmsweise die Garantie der Unantastbarkeit der Menschenwürde sowie die Koalitionsfreiheit, Art. 9 Abs. 3 GG gem. dessen S. 2, *Hillgruber* in: BeckOK-GG, 64. Edition, Stand: 15. November 2025, Art. 1 Rn. 87.2.

[257] *Leisner*, Grundrechte und Privatrecht, S. 357; *De Wall/Wagner*, JZ 2011, 734, 736: Freiheit = Freiheit zur Willkür.

Grundrechte auch im Verhältnis zwischen Privaten entgegen: Die Grundrechte sind nicht nur Abwehrrechte gegen den Staat, sondern sollen auch eine objektive Werteordnung und verfassungsrechtliche Grundentscheidung für die gesamte Rechtsordnung bilden, die in einem gewissen Umfang auch in das Privatrecht einwirken soll.[258] Einfallstor für die Prüfung der Grundrechte auch in privatrechtlichen Verhältnissen sind dabei vor allem die wertausfüllungsfähigen und -bedürftigen Begriffe und Generalklauseln im einfachen Recht, welche im Lichte des Grundgesetzes ausgelegt werden müssen.[259] Diese „Ausstrahlungswirkung ins Privatrecht"[260] wirkt vor allem in Ansehung der primären Grundrechtsfunktion als subjektive Freiheits- bzw. Abwehrrechte gegen öffentliche Gewalt: Die Gerichte sind in einer Auseinandersetzung zwischen Privaten an die Grundrechte gebunden, die sie im Wege einer verfassungskonformen Auslegung und Anwendung von Normen zu berücksichtigen haben; die staatsgerichteten Grundrechte entfalten auf diese Weise eine mittelbare Drittwirkung auf die in Streit stehenden Privatrechtsverhältnisse.[261]

---

[258] BVerfGE 7, 198, 205; 73, 261, 269; 103, 89, 100; *Bethge*, in: Handbuch der Grundrechte, § 72 Rn. 9; *Kroll*, Personensorge und Freiheitsentzug, 1967, S. 19, m. w. Nachw. in Fn. 35.

[259] BVerfGE 7, 198, 204 ff.; 73, 261, 269; 103, 89, 100; BVerfG NJW 2003, 2815; *de Wall/Wagner*, JZ 2011, 734, 736; *Grengel/Roth*, ZRP 2013, 12, 13; kritisch zum Ansatzpunkt und Umfang der Drittwirkung *Leisner*, Grundrechte und Privatrecht, S. 361 ff.

[260] *Rixen*, in: Sachs, GG, 10. Aufl. 2024, Art. 2 Rn. 37.

[261] Insofern begründet die „mittelbare Drittwirkung" von Grundrechten keinen über die allgemeinen Grundrechtswirkungen hinausgehenden Effekt, dazu *Hillgruber* in: BeckOK-GG, 64. Edition, Stand: 15. November 2025, Art. 1 Rn. 88.1; kritisch daher insbesondere zum Begriff und der Konstruktion an sich: *Canaris*, AcP 184 (1984), 201, 211 ff., *ders.*, JZ 1987, 993; zur terminologischen Verwirrung hinsichtlich der Frage nach dem Grundrechtsadressaten und der nach der Unmittelbarkeit der Grundrechtsgeltung und ferner einer mangelnden Unterscheidung zwischen Ausstrahlungswirkung und Superrevisionsproblematik *ders.*, Grundrechte und Privatrecht, 1999, S. 35 f. sowie *Schwabe*, AöR 100 (1975) 442, 469 f.; s.a. *Jarass*, in: Badura/Dreier, FS 50 Jahre BVerfG II, 35, 41. Nach *Battis/Gusy* (Einführung in das Staatsrecht, 6. Aufl. 2018, Rn. 368) wären die Grundrechte in ihrer Schutzpflichtdimension anwendbar, betrachtete man bei judikativem Handeln den Dritten als „Urheber der Beeinträchtigung", was im Ergebnis allerdings keinen Unterschied zur Anwendung der abwehrrechtlichen Dimension machen soll.

### b. *Übertragung der mittelbaren Drittwirkung auf die grundrechtliche Sicherung der Fortbewegungsfreiheit*

Betrachtet man Art. 2 Abs. 2 S. 2 GG in Ansehung dieser mittelbaren Drittwirkung, weist auch er gewisse Schutzgehalte sowie die objektive Wertentscheidung zugunsten der Möglichkeit des Menschen auf, seinen Körper dorthin zu tragen, wohin er mag, die für alle Bereiche des Rechts gilt.[262] Fraglich ist dagegen, ob und vor allem mit welcher Folge die Konstruktion der mittelbaren Drittwirkung auch im Rahmen des Art. 104 GG anwendbar ist, oder ob dieser etwa als Prozessgrundrecht einen Sonderfall darstellt und gegebenenfalls keine Auswirkungen innerhalb von Privatrechtsverhältnissen hat.[263] Mitunter wird die mittelbare Drittwirkung der Grundrechte zunächst nur für die Grundrechte angenommen, die das Grundgesetz im Grundrechtsabschnitt zusammenfasst, also Art. 1–19 GG.[264] Dies sollte einer Übertragung auf Art. 104 GG hingegen nicht entgegenstehen, zeigt doch die historische Betrachtung, dass die Garantien, die heute in Art. 104 GG zu finden sind, innerhalb des Verfahrens zur Schaffung des Grundgesetzes zunächst im Grundrechtsabschnitt zu finden waren und mehr aus ästhetischen denn inhaltlichen Gründen vom Grundrechtskatalog in den jetzigen Abschnitt über die Rechtsprechung überführt wurden.[265] Entsprechend wird auch der Art. 104 GG als „unmittelbar geltendes Recht“ i. S. d. Art. 1 Abs. 3 GG[266] und damit als materielles Grundrecht[267] klassifiziert, was ebenfalls für eine gleiche Wirkung wie die klassischen Grundrechte sprechen könnte.

---

[262] BVerfGE 10, 302, 322; *Kunig/Kämmerer*, in: v. Münch/Kunig, GG, Band 1, 7. Aufl. 2021, Art. 2 Rn. 136; *Jarass*, in: Jarass/Pieroth, GG, 16. Aufl. 2020, Art. 2 Rn. 110.

[263] So: *Hantel*, Der Begriff der Freiheitsentziehung in Art. 104 Abs. 2 GG, 1988, S. 67.

[264] *Hager*, JZ 1994, 373, 374.

[265] S. dazu auch die Diskussion in der Vierten Sitzung des Ausschusses für Grundsatzfragen am 23. September 1948, Dokument Nr. 5, in: Der Parlamentarische Rat 1948–1949, Akten und Protokolle, Band 5/I, 1993, S. 80 ff.; so auch *Wolff*, DöV 1951, 313.

[266] BVerfGE 10, 302, 329; BVerwGE 1, 229, 231; 4, 196, 197; *Wolff*, DÖV 1951, 313; *Kunig/Saliger*, in: v. Münch/Kunig, GG, Band 2, 7. Aufl. 2021, Art. 104 Rn. 4.

[267] BVerwGE 1, 229, 231; 4, 196, 197; *Becker*, NJW 1952, 50; *Hantel*, JuS 1990, 865, 866; *Lang-Hinrichsen*, JR 1959, 321, 322; *Kern*, in: Neumann/Nipperdey/Scheuner, Die Grundrechte, Band 2, 1954, S. 51, 71; *Kroll*, Personensorge und Freiheitsentzug, 1967, S. 17 Fn. 32 m. w. Nachw.; *Zinn*, Schriftlicher Bericht über den Abschnitt IX. Die Rechtsprechung, Anlage zum stenographischen Bericht der Neunten Sitzung des Parlamentarischen Rates am 6. Mai 1949, S. 43, 49: „im Kern grundrechtsartigen Charakter“.

Für die Annahme einer mittelbaren Drittwirkung, die auf den Grundrechten als Elemente einer objektiven Ordnung beruht, muss das in Rede stehende Grundrecht allerdings *in dieser Funktion seinem Wesen nach* gegenüber einer dritten Person anwendbar sein.[268] Dies mag – betrachtet man die Zielsetzung der mittelbaren Drittwirkung, die in der Durchsetzung der Grundrechte als allgemeine Wertordnung liegt – insoweit anzunehmen sein, als Art. 104 GG an der allgemeinen, wertentscheidenden Funktion des Art. 2 Abs. 2 S. 2 GG partizipieren soll.[269] In dieser wertsystematischen Hinsicht hat Art. 104 GG allerdings keine über Art. 2 Abs. 2 S. 2 GG hinausgehende Bedeutung, sodass insoweit im Rahmen der mittelbaren Drittwirkung kein höherer Schutz der Fortbewegungsfreiheit erreicht wird.

Über diese wertbildende Funktion hinaus zeichnet sich Art. 104 GG hingegen insbesondere durch seine formellen Vorgaben, insbesondere den Richtervorbehalt in Abs. 2 aus. Hier stellt sich schon die Frage, welchen Effekt etwa letztgenannter innerhalb der Konstruktion der Drittwirkung haben soll. Eine „mittelbare" Geltung von verfahrensrechtlichen Vorgaben, die für den Fall eines unmittelbaren Grundrechtseingriffs gemacht werden, ergibt innerhalb der Auslegung von Generalklauseln und wertausfüllungsbedürftigen Begriffen des einfachen Rechts sowie bei der Abwägung gegenüberstehender Interessen durch den Richter keinen Sinn. Insofern ist Art. 104 GG hinsichtlich seiner formellen Vorgaben in dieser Funktion seinem Wesen nach nicht anwendbar.

### 3. Verfassungsrechtlicher Schutz der Fortbewegungsfreiheit als grundrechtliche Schutzpflicht des Staates

#### *a. Grundrechtliche Schutzpflichten des Staates*

Neben ihrer „traditionellen" Wirkweise als Abwehrrechte gegen den Staat entfalten Grundrechte allerdings noch eine andere, ebenfalls staatsgerichtete Wirkung: der Staat ist über die Pflicht, die Grundrechte seiner Bürger nicht zu verletzen, hinaus nicht nur dazu aufgefordert, den grundrechtlichen Schutz durch Auslegung und Anwendung des Rechts zu gewähren, er muss im Einzelfall auch dafür Sorge tragen, dass grundrechtlich geschützte Rechtsgüter durch private Dritte, nichtdeutsche staatliche Stellen oder Naturgewalten

[268] *Lücke*, JZ 1999, 377, 383.
[269] BVerfGE 10, 302, 323.

nicht verletzt oder gefährdet werden.[270] Ihre Grundlage findet diese objektive Schutzpflicht ebenfalls in der in den Grundrechten sichtbar werdenden objektiven Wertentscheidung zugunsten bestimmter Rechtsgüter sowie in der vornehmlichen Aufgabe des Staates, die Rechte seiner Bürger vor Übergriffen durch Dritte zu schützen.[271] Der Grundrechtsberechtigte hat mithin nicht nur ein Recht auf staatliches Unterlassen, sondern ebenfalls ein positives Recht gegen den Staat, dass dieser „die Rechtsordnung in Bezug auf das Verhältnis gleichgeordneter Rechtssubjekte untereinander auf eine bestimmte Weise ausgestaltet und handhabt."[272]

Während sich die mittelbare Drittwirkung allerdings (hauptsächlich) an den Richter richtet, der den Einfluss der Grundrechte in Auseinandersetzungen zwischen Privaten zu berücksichtigen hat, verpflichtet die grundrechtliche Schutzpflicht damit den Privatrechtsgesetzgeber. Durch die Grundrechte als Abwehrrechte ist dieser ohnehin gehindert, durch verfassungswidrige einfachrechtliche Gesetze die Grundrechte der Normadressaten zu verletzen.[273] Umgekehrt steht mit der Schutzpflichtdimension das staatliche Unterlassen durch das Fehlen von verfassungsrechtlich erforderlichen Regelungen bzw. das Zurückbleiben bestehender Regelungen hinter dem verfassungsrechtlich

---

270 BVerfGE 7, 198, 205 ff.; 39, 1, 42 ff.; 45, 187, 254 f.; 46, 160, 164; 49, 89, 142; 53, 30, 57; 96, 56, 64; 103, 89, 100; 142, 313, 337; *Guckelberger*, JuS 2003, 1151, 1155; *Bethge*, in: Handbuch der Grundrechte, § 72 Rn. 9; *Canaris*, AcP 184 (1984), 201, 225 f.; *ders.*, Grundrechte und Privatrecht, 1999, S. 38 ff., 75; *Manssen*, Staatsrecht II, 20. Aufl. 2024, Rn. 55; *Herdegen*, in: Mauz/Dürig, GG, 78. EL September 2016, Art. 1 Abs. 3 Rn. 64, unterstellt auch die mittelbare Drittwirkung der Grundrechte der Schutzpflichtdimension; *Ziekow*, Über Freizügigkeit und Aufenthalt, S. 572 ff., fasst sowohl die Schutzpflicht als auch die mittelbare Drittwirkung unter einem materialen Reaktionsanspruch des grundrechtsberechtigten Bürgers gegenüber dem Staat zusammen.

271 BVerfGE 142, 313, 337; *Guckelberger*, JuS 2003, 1151, 1155; eingehend zu unterschiedlichen Ansätzen der dogmatischen Herleitung: *Unruh*, Zur Dogmatik der grundrechtlichen Schutzpflichten, 1996, S. 26 ff. sowie *Alexy*, Theorie der Grundrechte, 3. Aufl. 1996, S. 410 ff.

272 *Alexy*, Theorie der Grundrechte, 3. Aufl. 1996, S. 411, dort auch zur notwendigen Grenzziehung zur unmittelbaren Drittwirkung, S. 412; s.a. *Jarass*, in: Badura/Dreier, FS 50 Jahre BVerfG, S. 35, 40.

273 S. etwa BVerfGE 72, 122,138 ff.; 75, 201, 217; 84, 9, 17 ff.; 84, 168, 178 ff.; 87, 114, 135 ff.; *de Wall/Wagner*, JZ 2011, 734, 739; ähnlich wohl auch hinsichtlich der allgemeinen Geltung von Grundrechten im Privatrechtsverkehr die Kritik zum Lüth-Urteil des BVerfG von *Schwabe*, AöR 100 (1975), 442, 446, 450.

erforderlichen Standard auf dem Prüfstand.[274] Hierbei handelt es sich wie bei der Frage nach der mittelbaren Drittwirkung um eine Form der originären Geltung von Grundrechten für den Gesetzgeber – hier eben in deren Schutzgebotsfunktion.[275]

Die Erfüllung einer bestehenden Schutzpflicht kann durch Strafvorschriften, aber auch durch verwaltungstechnische Standards, Kontrollen oder privatrechtliche Normen erfolgen[276] und hängt von den tatsächlichen und rechtlichen Möglichkeiten ab.[277] Dem Staat steht bei der Auswahl der geeigneten Maßnahme ein weiter „Einschätzungs-, Wertungs- und Gestaltungsspielraum" zu,[278] er hat die ihm zur Verfügung stehenden Mittel so effektiv wie möglich zum Schutz des grundrechtlich geschützten Rechtsguts anzuwenden, ohne dass ein konkreter Maßstab für die Erfüllung einer Schutzpflicht festgelegt werden kann.[279] Die Schutzpflicht des Staates muss dabei „um so ernster genommen werden, je höher der Rang des in Frage stehenden Rechtsgutes innerhalb der Wertordnung des Grundgesetzes anzusetzen ist".[280] Insbesondere wenn durch ihre Erfüllung nicht in (Grund-)Rechtspositionen Dritter eingegriffen werden muss und damit keine qualifizierte Legitimation notwendig ist, ist die Handlungspflicht des Staates besonders stark.[281] Muss zur Erfüllung des staatlichen Schutzauftrags in Grundrechte Dritter eingegriffen

---

[274] *Canaris*, Grundrechte und Privatrecht, 1999, S. 81; *Alexy*, Theorie der Grundrechte, 3. Aufl. 1996, S. 403 fasst auch diese Rechte auf normative Leistungen des Staates unter den Begriff des Leistungsrechts.

[275] *Canaris*, AcP 184 (1984), 201, 229; dieser auch kritisch zu *Schwabe*, Probleme der Grundrechtsdogmatik, 1977, S. 213, der auch in diesen Fällen lediglich die Abwehrfunktion der Grundrechte für ausschlaggebend hält; *Erichsen/Ebber*, Jura 1999, 373, 374: „Grundrechtliche Freiheit" als dem Staat zu „positiver Verwirklichung aufgegebener Zweck".

[276] *Jarass*, in: Badura/Dreier, FS 50 Jahre BVerfG, 35, 40.

[277] *Alexy*, Theorie der Grundrechte, 3. Aufl. 1996, S. 414; *Unruh*, Zur Dogmatik der grundrechtlichen Schutzpflichten, 1996, S. 74.

[278] BVerfGE 142, 313, 337; 77, 170, 214 f.; s.a. BVerfGE 66, 39, 59.

[279] *Unruh*, Zur Dogmatik der grundrechtlichen Schutzpflichten, 1996, S. 80 ff.; *Alexy*, Theorie der Grundrechte, 3. Aufl. 1996, S. 421 f.

[280] BVerfGE 39, 1, 42; s.a. BVerfGE 49, 89, 142.

[281] *Unruh*, Zur Dogmatik der grundrechtlichen Schutzpflichten, 1996, S. 80.

werden, kann sich aus der Schutzpflicht eine Rechtfertigung im Sinne einer „Schutzermächtigung“ ergeben.[282]

Hinsichtlich der Frage, wann der Gesetzgeber tätig werden muss, um eine Schutzpflicht zu erfüllen, also gleichsam das Fehlen einer Schutzvorschrift verfassungswidrig wäre, hat sich das Bundesverfassungsgericht[283] dem in der Literatur entworfenen Untermaßverbot angeschlossen, nach dem eine verfassungswidrige Rechtslage dann vorliegt, wenn das verfassungsrechtlich gebotene Schutzminimum unterschritten wird[284]; wann das der Fall ist, soll „wesentlich von der Art des betroffenen Rechtsguts und der Möglichkeit zu privatautonomem Selbstschutz abhängen“.[285] Der Staat ist allerdings nicht nur verpflichtet, nicht verfassungsrechtlich gerechtfertigte Eingriffe Dritter in grundrechtliche Schutzgüter gesetzlich zu verbieten (primäre Schutzpflicht), er muss diese Eingriffsverbote auch effektiv durchsetzen (sekundäre Schutzpflicht).[286]

### *b. Übertragung des Schutzpflichtenkonzepts auf die grundrechtliche Sicherung der Fortbewegungsfreiheit, Art. 104 Abs. 2 GG*

Selbst wenn man nicht für alle Grundrechte eine staatliche Schutzpflicht gegen rechtswidrige Angriffe Dritter annehmen möchte,[287] muss zumindest aufgrund der Bedeutung des Rechtsguts Fortbewegungsfreiheit in der Werteordnung der Grundrechte – wie im Rahmen der mittelbaren Drittwirkung im Hinblick auf dessen „Unverletzlichkeit“ – grundsätzlich auch eine staatliche Schutzpflicht für dieses Recht angenommen werden, die auch bei zivilrechtlich begründeten Einwirkungen die Berücksichtigung des Grundsatzes der

---

[282] *Jarass*, in: Badura/Dreier, FS 50 Jahre BVerfG, 35, 40.
[283] BVerfGE 88, 203, 254 ff.
[284] *Canaris*, AcP 184 (1984), 201, 228; *ders.*, Grundrechte und Privatrecht, 1999, S. 39 f. m. w. Nachw.; zu den Anforderungen an eine entsprechende Argumentationsschwelle, deren Überschreitung eine Rechtspflicht zum Handeln begründet: ebenda, S. 43 ff.; mitunter wird die Unterscheidung Übermaßgebot/Untermaßgebot für überflüssig gehalten, da sich nichts anderes aus der üblichen Abwägungsentscheidung ergeben würde, *Hain*, DVBl. 1993, 982, 983; dem zustimmend wohl *Unruh*, Zur Dogmatik der grundrechtlichen Schutzpflichten, 1996, S. 87.
[285] *Unruh*, Zur Dogmatik der grundrechtlichen Schutzpflichten, 1996, S. 83.
[286] *Rixen*, in: Sachs, GG, 10. Aufl. 2024, Art. 2 Rn. 27.
[287] so allerdings *Unruh*, Zur Dogmatik der grundrechtlichen Schutzpflichten, 1996, S. 75.

Verhältnismäßigkeit erfordert.[288] Unstreitig ergibt sich danach aus der in Art. 2 Abs. 2 S. 2 GG enthaltenen Wertentscheidung die grundrechtliche Schutzpflicht, zugunsten der Fortbewegungsfreiheit eine förmliche Rechtsordnung zu schaffen, die Freiheitsbeschränkungen und -entziehungen berechenbar und kontrollierbar hält.[289]

Fraglich ist allerdings auch hier, ob dieses Schutzpflichtkonzept den Privatrechtsgesetzgeber über die in Art. 104 GG enthaltene wertentscheidende Funktion hinaus auch an dessen formelle Vorgaben im Falle eines Grundrechtseingriffs bindet und so etwa in Anbetracht des Art. 104 Abs. 2 GG dazu verpflichtet, Genehmigungsverfahren für alle Freiheitsentziehungen – auch solche durch Dritte – zu schaffen.[290] Wie die Erläuterungen zur mittelbaren Drittwirkung gezeigt haben[291], erfordern die formellen Garantien des Art. 104 GG trotz der Teilnahme am Wertekanon des Art. 2 Abs. 2 S. 2 GG nur dann verpflichtend eine formelle Regelung, wenn ein Dritter als Grundrechtsverpflichteter in Art. 2 Abs. 2 S. 2 GG eingreift. Würde man aus Art. 104 Abs. 2 GG in Verbindung mit der Schutzgebotskonzeption das verpflichtende Erfordernis einer richterlichen Genehmigung auch bei Beeinträchtigungen durch Dritte konstruieren, die selbst keine Grundrechtsadressaten sind, würden diese dennoch wie eben solche behandelt.[292] Dem stünde entgegen, dass auch die Schutzpflicht des Gesetzgebers lediglich aus der wertschöpfenden

---

[288] *Kunig/Saliger*, in: v. Münch/Kunig, GG, Band 1, 7. Aufl. 2021, Art. 104 Rn. 7; *Gusy*, in: Huber/Voßkuhle, GG, Band 3, 8. Aufl. 2024, Art. 104 Rn. 17; *Gernhuber/Coester-Waltjen*, Familienrecht, 7. Aufl. 2020, § 7 Rn. 11; zu Besonderheiten bei der Annahme sog. Besonderer Gewaltverhältnisse: *Hantel*, Der Begriff der Freiheitsentziehung in Art. 104 Abs. 2 GG, 1988, S. 89 ff., 185 ff.; Allgemein zu den Schutzpflichten des Staates gegen rechtswidrige Eingriffe Dritter: BVerfGE 39, 1, 42; 46, 160, 164.

[289] *Kunig/Saliger*, in: v. Münch/Kunig, GG, Band 2, 7. Aufl. 2021, Art. 104 Rn 5, 7; *Rixen*, in: Sachs, GG, 10. Aufl. 2024, Art. 2 Rn. 14; *Hufen*, Staatsrecht II, 10. Aufl. 2023, § 21 Rn. 13: So stellen „Eingriffe in die persönliche Freiheit [...] wichtige Fälle von Rechtsverletzungen im Sinne von §§ 823/826 BGB dar und führen in der Regel zu individuellen Schadensersatzansprüchen".

[290] Dies lässt sich nicht allein aus der Anerkennung einer Drittwirkung herleiten, vgl. für die Freizügigkeit: *Ziekow*, Freizügigkeit und Aufenthalt, S. 581.

[291] S. dazu oben, unter D. III. 2.

[292] Dementsprechend bezweifelt auch *Schulze-Fielitz* (in: Dreier, Grundgesetz, Band III, 3. Aufl. 2018, Art. 104 Rn. 68 f.) eine „umstandslos unmittelbare" Anwendung der auf staatliches Handeln zugeschnittenen Verfahrensgarantien des Art. 104 GG und rechtfertigt damit einige in Anbetracht einer direkten Anwendung des Art. 104 GG

Funktion von Grundrechten hergeleitet werden kann, die sich hingegen nicht auf die formellen Garantien des Art. 104 GG erstreckt.[293] Zwar ist der Privatrechtsgesetzgeber aus dem Wertegehalt des Art. 104 GG wie auch aus dem des Art. 2 Abs. 2 S. 2 GG verpflichtet, eine Freiheitsbeschränkungen und -entziehungen durch Dritte möglichst unterbindende Rechtsordnung zu schaffen – die Entscheidung über das Wie dieses Schutzes obliegt hingegen dem Gesetzgeber selbst, der über die Zweckdienlichkeit und Gebotenheit von Schutzmaßnahmen zu befinden hat.[294]

Gegebenenfalls ließe sich allerdings aus dem Wertegehalt des Art. 2 Abs. 2 S. 2 GG sowie dem des Art. 104 GG die Pflicht zur Schaffung einer richterlichen Genehmigung herleiten,[295] wenn nach dem zuvor genannten Untermaßgebot[296] ein adäquater Schutz vor Freiheitsentziehungen anders nicht erreicht werden kann. In Anbetracht der Autonomie des Gesetzgebers[297], den Freiheitsschutz zu regeln, steht die Umdeutung einer allgemeinen Schutzpflicht zugunsten der Freiheit in eine derart konkrete Pflicht zur Regelung eines Genehmigungserfordernisses in Frage. Die Normen des einfachen Rechts müssen lediglich in ihrer Gesamtheit und ihrem Zusammenwirken einen effizienten Grundrechtsschutz bieten.[298] Die Konkretisierung der Schutzpflicht für einen bestimmten Bereich zu dem Erfordernis einer konkreten Maßnahme soll jedenfalls nur dann in Betracht kommen, wenn ein gewichtiges Bedürfnis für den Schutz des betreffenden Grundrechts gerade durch diese Maßnahme besteht.[299] Die Fortbewegungsfreiheit hat der Gesetzgeber aber bereits über andere Regelungen geschützt, etwa als Schutzgut des § 823 Abs. 1 BGB sowie über § 239 StGB.

---

auftretenden Unstimmigkeiten der einfachgesetzlichen Regelungen der §§ 1631b, 1904 BGB.

293 S. die entsprechenden Erläuterungen zur mittelbaren Drittwirkung unter D. III. 2.

294 S. allg. zur Verantwortung staatlicher Organe für die Ausgestaltung von Schutzmaßnahmen: BVerfGE 39, 1, 44 f.; 46, 160, 164 f.; 56, 54, 80 f.; 77, 170, 214 f.; 79, 174, 202; 88, 203, 254, 262; 92, 26, 46; 96, 56, 64 f.; *Ziekow*, Freizügigkeit und Aufenthalt, S. 584; *Canaris*, AcP 184 (1984), 201, 227; *ders.*, Grundrechte und Privatrecht, 1999, S. 44.

295 So wohl *Kunig/Saliger*, in: v. Münch/Kunig, GG, Band 2, 7. Aufl. 2021, Art. 104 Rn. 7.

296 s. dazu oben, unter D. III. 3. a.

297 Zur Verdichtung des Handlungsspielraums auf eine bestimmte Handlungspflicht kommt es meistens nicht, *Manssen*, Staatsrecht II, 20. Aufl. 2024, Rn. 60.

298 *Canaris*, Grundrechte und Privatrecht, 1999, S. 82.

299 *Canaris*, Grundrechte und Privatrecht, 1999, S. 74.

Im Ergebnis kann daher für die Schutzgebotsfunktion des Art. 104 GG festgehalten werden, dass die formellen Vorgaben – die dem Art. 104 GG als Verfahrensgrundrecht besondere Bedeutung verleihen – dort originär nicht zum Tragen kommen. Die Ausübung der Schutzpflicht bezogen auf die materiellen Inhalte der Norm konkretisiert sich nur dann zu einer Pflicht des Gesetzgebers, eine den formellen Garantien entsprechende Regel zu schaffen, wenn ein gewichtiges Bedürfnis für einen so konkreten Schutz des Rechtsguts existiert, das nicht schon durch die bestehenden Regelungen befriedigt werden kann.

## IV. Verfassungsrechtlicher Schutz der Fortbewegungsfreiheit im Eltern-Kind-Verhältnis

Welche dieser genannten Wirkdimensionen zum Schutz der kindlichen Fortbewegungsfreiheit im Eltern-Kind-Verhältnis zum Tragen kommt, ergibt sich aus der Konstruktion von Elternrecht (unter 1.) und staatlichem Wächteramt (unter 2.) sowie der sich daraus ergebenden Rolle der Grundrechte des Kindes in diesem Verhältnis (unter 3.).

### 1. Das verfassungsrechtliche Elternrecht als Grundlage der Elternautonomie

#### *a. Inhalt und Umfang des Elternrechts*

Die Befugnisse von Eltern sind auf eine eigene verfassungsrechtliche Position aus Art. 6 Abs. 2 S. 1 BGB zurückzuführen, der ihr Recht auf Pflege und Erziehung ihrer Kinder grundrechtlich garantiert. Eltern im Sinne des Art. 6 GG sind die natürlichen und rechtlichen Eltern des Kindes.[300] Art. 6 Abs. 2 S. 1 GG stellt wie auch Abs. 1 eine wertentscheidende Grundsatznorm[301] dar und begründet einen Abwehranspruch der Eltern gegen Eingriffe des Staates[302] sowie eine Institutsgarantie der elterlichen Verantwortung für die Pflege und Erziehung der Kinder.[303] Die Anerkennung der Elternverantwortung und der damit verbundenen Rechte findet ihre Rechtfertigung im Bedürfnis

---

[300] *Jarass*, in: Jarass/Pieroth, 16. Aufl. 2020, Art. 6 Rn. 46.

[301] BVerfGE 24, 119, 149 f.; 37, 217, 240.

[302] BVerfGE 7, 320, 323; 24, 119, 138; 31, 194, 204; 47, 46, 70; 56, 363, 382.

[303] *Jestaedt/Reimer*, in: Kahl/Waldhoff/Walter, Bonner Kommentar zum Grundgesetz, 195. Aktual. 2018, Art. 6 Abs. 2 und 3, Rn. 152 f.

des Kindes nach Schutz und Hilfe, um sich zu einer eigenverantwortlichen Persönlichkeit zu entwickeln.[304] Art. 6 Abs. 2 GG ist damit primär auf die Rechte und Interessen des Kindes zurückzuführen,[305] zu dessen Ausübung das Kind alleine nicht in der Lage ist und zu der es deshalb Unterstützung und Beistand bedarf.[306] Dem Elternrecht liegt der Gedanke zugrunde, dass die Eltern dieser Funktion am besten gerecht werden, da vermutet wird, dass ihnen „das Wohl des Kindes mehr am Herzen liegt als irgendeiner anderen Person oder Institution."[307] Das elterliche Erziehungsrecht „gewährleistet am ehesten, daß das Kind zu einer eigenverantwortlichen Persönlichkeit heranwächst undfähig ist, in einer Gemeinschaft zu leben."[308] Die Formulierung, Pflege und Erziehung seien „das *natürliche* Recht der Eltern" veranlasst dazu, das Elternrecht als vorstaatliches Recht aufzufassen; so statuiert auch das Bundesverfassungsgericht, das Elternrecht sei „den Eltern nicht vom Staate verliehen worden [...], sondern von diesem als vorgegebenes Recht anerkannt".[309] Dies stellt hingegen nicht in Abrede, dass der innerstaatliche Geltungsgrund des Elternrechts Art. 6 Abs. 2 S. 1 GG ist und damit die Sicherung des Elternrechts mit Grundrechtscharakter auf diesem staatlichen Konstitutionalisierungsakt beruht; ein darüber hinausgehendes vorkonstitutionelles naturrechtliches Elternrecht steht dem nicht entgegen, ist für die Betrachtung des verfassungsrechtlichen Elternrechts aber nicht von Bedeutung.[310]

---

[304] BVerfGE 7, 198, 205; 24, 119, 144; 61, 358, 371 f.; 72, 155, 172; *Heilmann*, NJW 2014, 2904; *Ossenbühl*, Das elterliche Erziehungsrecht im Sinne des Grundgesetzes, 1981, S. 51.

[305] BVerfGE 24, 119, 144; 59, 360, 382; 72, 155, 172; 75, 201, 218 f.; *Jestaedt/Reimer*, in: Kahl/Waldhoff/Walter, Bonner Kommentar zum Grundgesetz, 195. Aktual. 2018, Art. 6 Abs. 2 und 3, Rn. 90; *Böckenförde*, in: Essener Gespräche 14 (1980), S. 54, 60.

[306] *Lipp*, Freiheit und Fürsorge, 2000, S. 38.

[307] BVerfGE 59, 360, 376; 61, 358, 371; *Reuter*, AcP 192 (1992), 108, 111 ff., beschreibt insofern einen für die „Vereinbarkeit von Kindesinteresse und Elternautonomie [seinerzeit] günstigen Wandel der Realität" (S. 114).

[308] BVerfGE 61, 358, 372; *Hörnle/Huster*, JZ 2013, 328, 330.

[309] BVerfGE 59, 360, 376; 60, 79, 88.

[310] *Erichsen/Reuter*, Elternrecht – Kindeswohl – Staatsgewalt, 1985, S. 27; *Jestaedt/Reimer*, in: Kahl/Waldhoff/Walter, Bonner Kommentar zum Grundgesetz, 195. Aktual. 2018, Art. 6 Abs. 2 und 3, Rn. 176 ff.; *Merten*, in: Merten/Papier, HGR II, 2006, § 35 Rn. 62;

Geschützt sind dem Wortlaut nach Pflege und Erziehung des Kindes. Unter „Pflege" fällt die Gesamtheit aller Maßnahmen, die der Sorge des Kindes sowohl im Sinne der Erhaltung der physischen Existenz als auch im Sinne der psychischen und intellektuellen Entwicklung gelten. Erziehung ist indes die Summe der Einwirkungen, die das Kind zur größtmöglichen Entfaltung seiner Persönlichkeit im Rahmen der sozialen Gemeinschaft befähigen.[311] Sowohl Personen- als auch Vermögenssorge sind umfassend geschützt.[312] Die Eltern können die „Pflege und Erziehung ihrer Kinder nach ihren eigenen Vorstellungen frei gestalten"[313], indem sie Erziehungsinhalte, -ziele und -methoden gemäß ihren eigenen Vorstellungen von einem guten Leben und einer gelungenen Persönlichkeit bestimmen können und müssen.[314] Diese grundsätzliche Freiheit begegnet indes einer formellen Zielvorgabe in der Begründung und Rechtfertigung des Elternrechts: Unterstützung bei der Freiheits- und Persönlichkeitsentfaltung des Kindes, seine Hinführung zu Selbstbestimmung und Selbstverantwortung. Übergeordnetes Ziel elterlichen Erziehungshandelns soll damit die „gesunde körperliche und seelische Entwicklung des Kindes und [...] seine rechte Einordnung in die Gesellschaft"[315] sein.

In dem Recht der Eltern, konkrete Erziehungsziele selbst zu setzen und damit das Leitbild des Grundgesetzes individuell zu interpretieren und

---

für ein vorkonstitutionelles naturrechtliches Elternrecht wohl: AG Wennigsen/Deister, FamRZ 1960, 364, 365.

311 So: *Jestaedt/Reimer*, in: Kahl/Waldhoff/Walter, Bonner Kommentar zum Grundgesetz, 195. Aktual. 2018, Art. 6 Abs. 2 und 3, Rn. 267 m. w. Nachw, Rn. 266: auf eine eindeutige Abgrenzung kommt es jedoch nicht an, da Pflege und Erziehung gleichermaßen geschützt sind.

312 S. zur Vermögenssorge *Jestaedt/Reimer*, in: Kahl/Waldhoff/Walter, Bonner Kommentar zum Grundgesetz, 195. Aktual. 2018, Art. 6 Abs. 2 und 3, Rn. 273.

313 BVerfGE 24, 114, 143; Art. 6 Abs. 2 begründet damit eine einseitige Bestimmungsmöglichkeit über das Kind in Fragen von Pflege und Erziehung, *Jestaedt/Reimer*, in: Kahl/Waldhoff/Walter, Bonner Kommentar zum Grundgesetz, 195. Aktual. 2018, Art. 6 Abs. 2 und 3, Rn. 67; ausführlich zum Kriterium der Herrschaft über das Kind: *Böckenförde*, in: Essener Gespräche 14 (1980), S. 54, 60 ff. und Fn. 28; ein ungebundener Machtanspruch gegenüber den Kindern wird jedoch nicht vermittelt.

314 *Hörnle/Huster*, JZ 2013, 328, 330.

315 BVerfGE 24, 119, 148; im Gegensatz zur WRV macht das GG keine konkreten inhaltlichen Wertvorgaben.

umzusetzen[316], manifestiert sich der Vorrang der Eltern vor anderen Erziehungsträgern und kollektiven Erziehungsformen.[317] Denn Sinn und Zweck des grundgesetzlichen Elternrechts ist es auch, als Gegenbewegung zu der nationalsozialistischen „Praxis, die Kinder dem erzieherischen Einfluß der Eltern zu entziehen", dem Staat das Aufgreifen der Erziehung des Kindes als herkömmliche elterliche Aufgabe zu verwehren.[318] Das Elternrecht begrenzt gleichwohl die staatliche Tätigkeit auf dem Gebiet der Kindespflege und Kindererziehung nur, verdrängt sie aber nicht vollständig, sodass der Staat neben den Eltern als sekundärer Funktionsträger verbleibt.[319]

### b. Die Pflichtenbindung und Kindeswohlorientierung als tatbestandliche Begrenzung des Elternrechts

Die Grundlage des Art. 6 Abs. 2 S. 1 GG in der Schutz- und Hilfebedürftigkeit des Kindes erfordert eine Prägung des Elternrechts durch dessen Bedürfnisse.[320] Schon sprachlich stellt das Grundgesetz daher das Recht und die Pflicht der Eltern in Art. 6 Abs. 2 S. 1 in eine unlösbare Verbindung nebeneinander. Hinzu kommt, dass eine „Verfassung, welche die Würde des Menschen in den Mittelpunkt des Wertsystems stellt, [...] bei der Ordnung zwischenmenschlicher Beziehungen grundsätzlich niemandem Rechte an der Person eines anderen einräumen [kann], die nicht zugleich pflichtgebunden sind und die Menschenwürde des anderen respektieren."[321] Das in ihm enthaltene Pflichtelement macht das Elternrecht gegenüber allen Grundrechten besonders.

---

316 *Jestaedt/Reimer,* in: Kahl/Waldhoff/Walter, Bonner Kommentar zum Grundgesetz, 195. Aktual. 2018, Art. 6 Abs. 2 und 3, Rn. 294 m. w. Nachw.

317 BVerfGE 47, 46, 70; *Jestaedt/Reimer,* in: Kahl/Waldhoff/Walter, Bonner Kommentar zum Grundgesetz, 195. Aktual. 2018, Art. 6 Abs. 2 und 3, Rn. 294.

318 *v. Mangoldt,* Schriftlicher Bericht über den Abschnitt I. Die Grundrechte, Anlage zur Neunten Sitzung des Parlamentarischen Rates am 6. Mai 1949, S. 5, 10; *Brockmann,* Rede in der Dritten Sitzung des Parlamentarischen Rates am 9. September 1948, Stenographischer Bericht, 1. Band, Nr. 3, S. 55; *Gernhuber/Coester-Waltjen,* Familienrecht, 7. Aufl. 2020, § 6 Rn. 17.

319 *Gernhuber/Coester-Waltjen,* Familienrecht, 7. Aufl. 2020, § 6 Rn. 17.

320 *Böckenförde,* in Essener Gespräche 14 (1980), S. 54, 64; *Lettmaier,* in: Staudinger, 2020, § 1626 BGB Rn. 87.

321 BVerfGE 24, 119, 144; dazu *Sommer,* Das Verhältnis von Familiengericht und Jugendamt, S. 78 f.; *Hörnle/Huster,* JZ 2013, 328, 330; *Peschel-Gutzeit,* in: Familienrechtskommission des Juristinnenbundes, Neues elterliches Sorgerecht, 1977, S. 93 ff.; *Jestaedt,*

Es ist ein „Grundrecht im Interesse des Kindes",[322] sodass alle auf das Kind gerichteten Befugnisse, welche die Eltern im Rahmen ihres Elternrechts erlangen, mit der Pflicht korrespondieren, die Pflege und Erziehung auch auszuüben und zwar zum Wohl des Kindes.[323] Ein Grundrechtsschutz entfaltet sich für die Eltern mithin nur, wenn bei weitester Anerkennung ihrer Selbstverantwortlichkeit ihr Handeln überhaupt noch als Pflege und Erziehung gewertet werden kann.[324] Die Verknüpfung des Rechts und der Pflicht in Art. 6 Abs. 2 S. 1 GG tritt allerdings nicht erst als eine das Grundrecht der Eltern begrenzende Schranke hinzu, sondern stellt einen „wesensbestimmenden Bestandteil des Elternrechts" dar,[325] sodass schon der Schutzbereich des Grundrechts begrenzt ist auf Pflege- und Erziehungshandlungen, die dem Kindeswohl entsprechen.[326] Dieses in sich begrenzte Elternrecht wird vom Bundesverfassungsgericht damit treffender als Elternverantwortung bezeichnet.[327] Insofern erfolgt aber auch keine Abwägung zwischen Kindeswohl und Elternrecht,[328] da ein Handeln der Eltern immer (nur) dann vom Elternrecht

in: DFGT, 21. DFGT, 2016, S. 65, 71: „Kindes*wohl* und Kindes*würde* fallen insoweit in eins" (Hervorh. im Orig.).

322 BVerfGE 24, 119, 144; 59, 360, 382; 72, 122, 137; 75, 201, 218 f.; *Jestaedt/Reimer*, in: Kahl/Waldhoff/Walter, Bonner Kommentar zum Grundgesetz, 195. Aktual. 2018, Art. 6 Abs. 2 und 3, Rn. 71; *Böckenförde*, in: Essener Gespräche 14 (1980), S. 54, 60.

323 *Roth*, Die Grundrechte Minderjähriger, 2003, S. 114 m. w. Nachw.; *Lettmaier*, in: Staudinger, 2020, § 1626 BGB Rn. 85, 87.

324 BVerfGE 24, 119, 143, die Vernachlässigung eines Kindes ist gerade nicht geschützt; *Hörnle/Huster* (JZ 2013, 328, 332 f.) stellen insbesondere auf die Begleitumstände („weiche Kriterien") ab und halten vereinzelt Eingriffe für tolerierbar; *Merten* (in: Merten/Papier, HGR II, 2006, § 60 Rn. 5) nennt als Beispiel die Unterweisung einer Kindes in Prostitution.

325 BVerfGE 24, 119, 143; 56, 363, 381 f.; 68, 176, 190; 72, 155, 172; *Jestaedt*, in: DFGT, 21. DFGT, 2016, S. 65, 70: „Grenze des sachlichen Schutzbereichs".

326 BVerfGE 24, 119, 143; 59, 360, 377; *Knöpfel*, FamRZ 1985, 1211, 1214; *Heilmann*, ZfJ 2000, 41, 50.

327 BVerfGE 24, 119, 143; 56, 363, 381 f.; 72, 155, 172; zustimmend *Bussmann*, Verbot familialer Gewalt, S. 11; *Dethloff/Maschwitz*, FPR 2012, 190, 191; *Ossenbühl*, Das elterliche Erziehungsrecht im Sinne des Grundgesetzes, 1981, S. 51; die Bezeichnung als Elternverantwortung wird teilweise als missverständliche Einengung und Verkürzung verstanden *Roth*, Die Grundrechte Minderjähriger, 2003, S. 115 f. m.w.N, der befürchtet, dass das Elternrecht sich dann im Pflichtmoment erschöpfe.

328 *Ossenbühl*, Das elterliche Erziehungsrecht im Sinne des Grundgesetzes, 1981, S. 55.; *Böckenförde*, in: Essener Gespräche 14 (1980), S. 54, 62.

gedeckt ist, wenn das elterliche Handeln dem Kindeswohl entspricht.[329] Damit ist das Kindeswohl auch Anknüpfungspunkt der staatlichen Kontrolle und muss zentraler Betrachtungspunkt sein für die verfassungsrechtlichen und einfachgesetzlichen Überlegungen.[330]

Elternrecht und Kindeswohl stehen hingegen schon deshalb nicht in einem Gegensatz zueinander,[331] weil die Konkretisierung des Kindeswohls den Eltern selbst obliegt, die diesbezüglich ein Interpretationsprimat[332] oder -monopol[333] besitzen. Maßgeblich dafür, ob eine Handlung dem Kindeswohl entspricht, ist nicht die Sicht eines objektiven, verständigen Dritten, sondern muss anhand der von den Eltern festgelegten Erziehung überprüft werden.[334] Der Staat ist darauf beschränkt, die Kindeswohl-Bestimmung der Eltern einer Unvertretbarkeitskontrolle zu unterziehen.[335] Innerhalb dieser Grenzen sind die Eltern befugt, jedes Mittel einzusetzen um die angestrebte Pflege und Erziehung durchzusetzen.[336] Die Pflicht der Eltern, auf die Pflege und Erziehung ihres Kindes fördernd einzuwirken, gibt ihnen damit zugleich die Möglichkeit, diese Pflege und Erziehung nach ihren Wünschen auszugestalten.[337]

Hierauf fußt wiederum eine beschränkte Eingriffsbefugnis des Staates: Wäre das Elternrecht ein vollkommen fremdnütziges Recht, würde dies bedeuten, dass das Recht anderen zugewiesen werden könnte, die besser

---

329 *Jestaedt/Reimer*, in: Kahl/Waldhoff/Walter, Bonner Kommentar zum Grundgesetz, 195. Aktual. 2018, Art. 6 Abs. 2 und 3, Rn. 125 ff.; *Roell*, Die Geltung der Grundrechte für Minderjährige, 1984, S. 51.

330 *Heilmann*, ZfJ 2000, 41, 42.

331 *Hörnle/Huster*, JZ 2013, 328, 330.

332 *Bussmann*, Verbot familialer Gewalt, S. 12; *Ossenbühl*, Das elterliche Erziehungsrecht im Sinne des Grundgesetzes, 1981, S. 64.

333 *Roth* (Die Grundrechte Minderjähriger, 2003, S. 118) will den Eltern gar eine „Definitionskompetenz" zusprechen, während *Schwab* (FamRZ 2007, 1, 4) der Ansicht ist, der Staat beanspruche eine Definitionsmacht über das Kindeswohl, das „er unter Bezug auf wechselnde psychologische Theorien mit wechselnden Inhalten füllt"; *Heiß*, NZFam 2015, 491: „Beteiligung an der Deutungs- und Ausgestaltungshoheit".

334 *Hörnle/Huster*, JZ 2013, 328, 331.

335 Dazu sogleich unter 2.; *Jestaedt/Reimer*, in: Kahl/Waldhoff/Walter, Bonner Kommentar zum Grundgesetz, 195. Aktual. 2018, Art. 6 Abs. 2 und 3, Rn. 96.

336 *Ernst/Höflich*, in: M. Schwabe, Zwang in der Heimerziehung?, 2008, S. 173: im Verhältnis von Eltern zu ihren Kindern gilt insofern das Gewaltmonopol des Staates nicht.

337 *Erichsen/Reuter*, Elternrecht – Kindeswohl – Staatsgewalt, 1985, S. 32.

für das Kind sorgen.[338] Dies ist aber gerade nicht der Fall: der Staat hat nicht entgegen dem Elternwillen für eine bestmögliche Entwicklung des Kindes zu sorgen.[339] Das Kind hat mithin keinen Anspruch auf die besten Eltern[340], die es mangels eines einheitlichen Maßstabs auch nicht geben kann. Innerhalb der Orientierung am Kindeswohl ist das Elternrecht mithin ein echtes Selbstbestimmungsrecht.[341] Insoweit sind Pflege und Erziehung Dritten – wie etwa dem Staat – gegenüber auch eigennützig,[342] bieten sie doch den Eltern eine Gelegenheit zur Selbstverwirklichung und Daseinserfüllung durch die Elternschaft.[343]

## 2. Aufgaben und Grenzen des staatlichen Wächteramts

Schon die Pflichtgebundenheit des Elternrechts zeigt, dass die Eltern die mit ihm gewährten Handlungsbefugnisse nicht grenzenlos ausüben können. Denn das Kind als Grundrechtsträger hat gerade aufgrund seines Alters und der naturgemäßen Hilfsbedürftigkeit und Abhängigkeit und zur Verhütung von Verletzungen des verfassungsrechtlich verankerten Kindeswohls[344] einen Anspruch gegen den Staat auf Schutz und Beistand bei drohenden

---

338 *Gernhuber/Coester-Waltjen*, Familienrecht, 7. Aufl. 2020, § 58 Rn. 31.

339 BVerfGE 60, 79, 91; 107, 104, 117 f.

340 *Ossenbühl*, Das elterliche Erziehungsrecht im Sinne des Grundgesetzes, 1981, S. 68 Fn. 3: die „These, das Kind habe einen verfassungsgesicherten Rechtsanspruch auf „bestmögliche Erziehung" – was man sich auch immer darunter vorstellen mag – und die Eltern hätten eine entsprechende Pflicht [...] ist nicht nur nicht praktikabel, sondern auch dem Sinn und Zweck der Familienerziehung feindlich, weil sie der staatlichen Ingerenz Tür und Tor öffnet."; ebenso *Schmitt-Kammler*, Elternrecht und schulisches Erziehungsrecht nach dem Grundgesetz, 1983, S. 26; *Hörnle/Huster*, JZ 2013, 328, 330; *Peschel-Gutzeit*, in: FS Coester-Waltjen, 2015, S. 173, 174.

341 *Jestaedt*, in: DFGT, 21. DFGT, 2016, S. 65, 71.

342 *Coester*, Das Kindeswohl als Rechtsbegriff, 1983, S. 206 f.; *Gernhuber/Coester-Waltjen*, Familienrecht, 7. Aufl. 2020, § 58 Rn. 31.

343 *Gernhuber/Coester-Waltjen*, Familienrecht, 7. Aufl. 2020, § 58 Rn. 31; *Ossenbühl*, Das elterliche Erziehungsrecht im Sinne des Grundgesetzes, 1981, S. 52 f.; *Erichsen/Reuter*, Elternrecht – Kindeswohl – Staatsgewalt, 1985, S. 32; *Lüderitz*, AcP 178 (1978), 263, 267 ff., *Robbers*, in: Huber/Voßkuhle, GG, Band 1, 8. Aufl. 2024, Art. 6 Rn. 188; anders: *Ossenbühl*, DÖV 1977, 381, 384: kein Grundrecht zur Selbstverwirklichung.

344 BVerfGE 10, 59, 84; 24, 119, 144; *Heilmann*, ZfJ 2000, 41, 43.

Gefahren.[345] Der Staat ist verpflichtet, die Pflege und Erziehung des Kindes sicherzustellen.[346] Diese Pflicht des Staates wird in der Regel nicht akut, weil angenommen wird, dass die primär verantwortlichen Eltern als „diejenigen, die einem Kind das Leben geben, von Natur aus bereit und berufen sind, die Verantwortung für seine Pflege und Erziehung zu übernehmen" und ihre Pflicht, für das Kind zu sorgen, aus natürlicher Elternliebe und Pflichtbewusstsein nach Kräften angemessen erfüllen.[347] Art. 6 Abs. 2 GG begründet insofern ein „Subsidiaritätsverhältnis" zwischen elterlicher und staatlicher Erziehung.[348] Da die Sorge für das Kind „zuvörderst" Pflicht und Recht der Eltern ist, wäre es nicht nur unnötig, sondern auch unstatthaft, wenn sich staatliche Autoritäten jederzeit einmischen und in das Familienleben eingreifen könnten. Der Staat „wacht" insofern gemäß Art. 6 Abs. 2 S. 2 GG über die dem Kindeswohl entsprechende Ausübung des Elternrechts[349] und ist zum helfenden Einschreiten (erst) dann verpflichtet, wenn die Eltern ihrer Pflege- und Erziehungsverantwortung nicht gerecht werden können oder wollen.[350] In diesen Fällen – und nur dann – hat der Staat[351] die Verpflichtung, die Kinder vor Gewalt sowie vor Verwahrlosung und Vernachlässigung zu schützen und ihnen gegen jeden beizustehen, der ihr Wohl gefährdet, einschließlich ihrer eigenen Eltern; im äußersten Fall muss er das Kind von

---

345 BVerfGE 24, 119, 144; 72, 122, 134; 72, 155, 172; 75, 201, 218; 99, 145, 156; *Roth*, Die Grundrechte Minderjähriger, S. 93 m. w. Nachw.

346 BVerfGE 24, 119, 144.

347 BVerfGE 24, 119, 150; 56, 363, 384; 60, 79, 94; 75, 201, 219; 79, 51, 63 f.; 99, 216, 232.

348 *Hertwig*, FamRZ 1987, 124; BVerfGE 24, 119, 135: Art. 6 GG ist der Ausgangspunkt für die staatliche Reglementierung des Eltern-Kind-Verhältnisses.

349 BVerfGE 24, 119, 144.

350 *Roth*, Die Grundrechte Minderjähriger, 2003, S. 114; *Jestaedt/Reimer*, in: Kahl/Waldhoff/Walter, Bonner Kommentar zum Grundgesetz, 195. Aktual. 2018, Art. 6 Abs. 2 und 3, Rn. 377, 379; *Hörnle/Huster*, JZ 2013, 328, 331: staatliche Intervention nur in „Extremfällen elterlichen Versagens"; *Reuter*, AcP 192 (1992), 108, 149: „rechtliche Grenzkontrolle"; *Ossenbühl*, Das elterliche Erziehungsrecht im Sinne des Grundgesetzes, 1981, S. 68: „Erziehungsreserve" und „Schutzfunktion".

351 *Heilmann*, ZfJ 2000, 41, 44: Träger des Wächteramts ist jeder Teil des Staates, Bund/Länder/Kommunen, Legislative/Exekutive/Judikative, Freie Träger werden bei der Wahrnehmung des staatlichen Wächteramts lediglich als Erfüllungsgehilfen des Staates tätig.

seinen Eltern und der Familie trennen (Art. 6 Abs. 3 GG)[352] und die Pflege und Erziehung des Kindes auf andere Weise sicherstellen, etwa indem er „Ersatzeltern" bestellt.[353]

Richtpunkt für den Auftrag des Staates aus Art. 6 Abs. 2 S. 2 GG ist dabei immer das Wohl des Kindes.[354] Aufgrund des Elternvorrangs, der staatlichen Neutralität und der Freiheit der Eltern, die Erziehung ihrer Kinder unter Definition des Kindeswohls zunächst so zu gestalten wie es ihnen beliebt, darf der Staat erst eingreifen, wenn eine elterliche Maßnahme unter keinem Gesichtspunkt mehr als Konkretisierung des Kindeswohls verstanden werden kann, sondern eine Gefährdung desselben darstellt.[355] Mit dem Wächteramt hat der Staat mithin die Aufgabe, Verletzungen des Kindeswohls durch die Eltern zu verhüten.[356] Solange die Eltern ihrer Pflicht zur Erziehung im Sinne des Art. 6 Abs. 2 S. 1 nachkommen, hat der Staat kein Recht, sich in die elterliche Erziehung einzumischen.[357] Die Eingriffsbefugnis des Staates erschließt sich dabei aus der Orientierung des Elternrechts am Kindeswohl: eine Erziehung, die das Kindeswohl gefährdet, kann nicht mehr als solche gelten und wird durch das Elternrecht nicht mehr geschützt. In der Pflichtgebundenheit des Elternrechts liegt mithin der Grad, über dessen Einhaltung der Staat gegenüber den Eltern wacht. Durch die Wahrnehmung des Wächteramts gewährleistet er, dass die Innenbeziehung im Eltern-Kind-Verhältnis tatsächlich altruistisch ausgerichtet ist.[358] Diese Grenze zwischen Kindeswohl und Kindesschädigung negativ zu definieren obliegt dem Staat – der Notwendigkeit eine positive Definition des Kindeswohls herbeizuführen ist er hingegen enthoben.[359]

---

352 BVerfGE 24, 119; 144; *Roth*, Die Grundrechte Minderjähriger, 2003, S. 94; *Heilmann*, ZfJ 2000, 41, 44: „staatliche Schutzpflicht zugunsten des Kindes".

353 *Fleisch*, Die verfassungsrechtliche Stellung des leiblichen Vaters, 1987, S. 54, 79.

354 BVerfGE 10, 59, 84; 24, 119, 144.

355 *Ossenbühl*, Das elterliche Erziehungsrecht im Sinne des Grundgesetzes, 1981, S. 73 f.; *Jestaedt*, in: DFGT, 21. DFGT, 2016, S. 65, 73 f.; *Hörnle/Huster*, JZ 2013, 328, 332: „Gefahrenabwehr im Ausnahmefall".

356 BVerfGE 7, 320, 323; 10, 59, 84; 24, 119, 144 f.

357 BVerfGE 7, 320, 323.

358 *Walter/Wilms*, NStZ 2004, 600, 602.

359 *Erichsen/Reuter*, Elternrecht – Kindeswohl – Staatsgewalt, 1985, S. 53: „Die Entscheidungskompetenz der Eltern endet indessen dort, wo es nicht mehr um die Ermessensfrage geht, ob etwas ‚gut' oder ‚besser' für das Kind ist, sondern darum, ob sich das

Um seiner gefahrenvorsorgenden und -abwehrenden Aufgabe nachzukommen, sind staatliche Stellen „befugt und gehalten", durch Beobachtungs- und Informationsbeschaffungsmaßnahmen eine mögliche Gefährdung abzuschätzen.[360] Wird eine negative Entwicklung festgestellt, kann der Staat den Eltern freiwillige Erziehungshilfen anbieten, um eine Verschlechterung der Situation zu verhindern und ein Einschreiten auf der Grundlage des staatlichen Wächteramts von vornherein überflüssig zu machen.[361] Hierin aktualisiert sich die Kontroll- und Sicherungsverantwortung des Staates, die auch eine Pflicht zur Unterstützung der Eltern begründet, ihr Elternrecht möglichst selbst wahrzunehmen.[362] Die Vornahme prophylaktischer Maßnahmen gegen den Elternwillen, die das Kind im Hinblick auf eine unmittelbar bevorstehende Beeinträchtigung oder Gefahr schützen sollen,[363] stellt dagegen ebenso einen Eingriff in Art. 6 Abs. 2 S. 1 GG dar wie Informationsbeschaffungseingriffe, die über die passiven Informationsbeschaffungs- und Beobachtungsmaßnahmen hinaus in den Rechtskreis der Eltern eingreifen.

Die aktive Gefahrenabwehraufgabe des Staates aktualisiert sich dagegen erst dann, wenn die Eingriffsschwelle einer Kindeswohlgefährdung erreicht ist; dafür bedarf es einer gegenwärtigen Gefahr, die bei der weiteren Entwicklung der Dinge eine erhebliche Schädigung des geistigen, seelischen oder körperlichen Wohls des Kindes mit ziemlicher Sicherheit voraussehen

---

Verhalten der Eltern überhaupt noch am Kindeswohl orientiert oder aber diesem geradewegs zuwiderläuft."; *Böckenförde*, in: Essener Gespräche 14 (1980), S. 54, 77 f.: die Festlegung dessen, was jedenfalls nicht mehr dem Wohl des Kindes entspricht, soll sich an einem Maßstab orientieren, der „als sicheres Gedankengut in der allgemeinen Überzeugung Anerkennung gefunden hat"; *Gernhuber*, FamRZ 1973, 229, 233: „Es gibt dagegen keinen allgemeinen positiven Standard, der alle wissenschaftlich ausgewiesenen Forderungen in das Recht des Kindes trägt, und keinen negativen Standard, der alle Verhaltensweisen Kindern gegenüber disqualifiziert, die von einer der um das Kind bemühten Wissenschaften negativ akzentuiert wurden."

360 *Jestaedt/Reimer*, in: Kahl/Waldhoff/Walter, Bonner Kommentar zum Grundgesetz, 195. Aktual. 2018, Art. 6 Abs. 2 und 3, Rn. 390; *Erichsen/Reuter*, Elternrecht – Kindeswohl – Staatsgewalt, 1985, S. 49; *Böckenförde*, in: Essener Gespräche 14 (1980), S. 73, 78 f.

361 *Heilmann*, ZfJ 2000, 41, 45; *Ossenbühl*, Das elterliche Erziehungsrecht im Sinne des Grundgesetzes, 1981, S. 74.

362 BVerfGE NJW 2017, 1295, 1296 f.

363 *Burgi*, in: Friauf/Höfling, Berliner Kommentar zum GG, 22. EL 2007, Art. 6 Rn. 157.

lässt.[364] Aufgrund seiner ihm durch das Wächteramt zukommenden Schutz- und Verhütungsfunktion darf der Staat dagegen nicht erst abwarten, bis eine Beeinträchtigung des Kindeswohls schon eingetreten, ein Schaden also schon entstanden ist.[365] Das Vorliegen einer Kindeswohlgefährdung muss dafür aus der Sicht eines objektiven Beobachters unter Gesamtbetrachtung[366] der Situation des spezifischen Kindes bewertet werden.[367] Angesichts der Schwierigkeiten bei der Abtrennung von Gefahr und Schaden im Hinblick auf das Kindeswohl und im Hinblick auf den Schutzzweck des Wächteramts wird bereits für ein Einwirken des Staates auf die Eltern in einem frühen Stadium plädiert.[368] Erforderlich ist allerdings zumindest das Vorliegen begründeter Anhaltspunkte für eine erhebliche Gefährdung.[369] Die Gefährdung kann auf einer missbräuchlichen Ausübung der elterlichen Sorge, einer Vernachlässigung des Kindes, aber auch auf unverschuldetem Versagen der Eltern beruhen – in jedem Fall muss sie durch den geplanten Eingriff in ihre Rechte zu beheben sein.[370]

Die im Rahmen der aktiven Gefahrenabwehr gewählten Maßnahmen des Staates haben aufgrund des Vorrangs der elterlichen Erziehung immer dem Prinzip der Verhältnismäßigkeit zu folgen.[371] Maßnahmen sind daher verfassungswidrig, wenn sie kein legitimes Ziel verfolgen, ihr Ziel auch mit milderen Maßnahmen zu erreichen ist oder die Relation zwischen dem verfolgten Zweck und dem eingesetzten Mittel nicht verhältnismäßig ist.[372] Generelle Maßnahmen sind insofern etwa nur gerechtfertigt, wenn

---

[364] BVerfG FamRZ 2012, 1127, 1129; NJW 2010, 2333, 2334 f.; BGH NJW 1956, 1434; FamRZ 2017, 212, 213.

[365] *Erichsen/Reuter*, Elternrecht – Kindeswohl – Staatsgewalt, 1985, S. 54; *Ossenbühl*, Das elterliche Erziehungsrecht im Sinne des Grundgesetzes, 1981, S. 72, 75.

[366] *Hörnle/Huster*, JZ 2013, 328, 333.

[367] *Erichsen/Reuter*, Elternrecht – Kindeswohl – Staatsgewalt, 1985, S. 54 f.; *Heilmann*, NJW 2014, 2904; *Hörnle/Huster*, JZ 2013, 328, 331: gerade nicht objektiv zu bewerten ist hingegen die positive Bestimmung des Kindeswohls, die allein den Eltern obliegt.

[368] *Erichsen/Reuter*, Elternrecht – Kindeswohl – Staatsgewalt, 1985, S. 54.

[369] *Reuter*, AcP 192 [1992], 108, 116.

[370] *Jestaedt/Reimer*, in: Kahl/Waldhoff/Walter, Bonner Kommentar zum Grundgesetz, 195. Aktual. 2018, Art. 6 Abs. 2 und 3, Rn. 403 ff., 426.

[371] BVerfGE 24, 119, 145.

[372] BVerfGE 24, 119, 142.

Einzeleingriffe nicht ausreichen.[373] Aus dem Prinzip der Verhältnismäßigkeit und dem Ziel des Wächteramts, vorrangig die Erziehungsfähigkeit der Eltern wiederherzustellen, folgt, dass der Staat zunächst auf Maßnahmen zurückzugreifen hat, die auf Wiederherstellung eines verantwortungsbewussten Verhaltens der Eltern gerichtet sind.[374] Auch daraus ergibt sich der Vorrang von (freiwilliger) Hilfe vor dem Eingriff[375]; eine effektive Sicherstellung des staatlichen Wächteramts setzt zudem zunächst Maßnahmen der sachnächsten staatlichen Fachinstitution, mithin des Jugendamts, voraus.[376] Nur wenn sich eine niedrigschwellige Hilfe aus Gründen des Kindeswohls als unmöglich erweist, greift das auf den Extremfall beschränkte Recht des Staates zur eigenen Übernahme von Pflege und Erziehung des Kindes.[377]

### 3. Berücksichtigung der staatsgerichteten Grundrechte des Kindes im Eltern-Kind-Verhältnis: Konfliktlage als Form der Grundrechtskollision?

Hinsichtlich der Frage, wie sich die Grundrechte des Kindes nun in dieses Verhältnis einfügen, ist zunächst festzuhalten, dass Eltern ihrem Kind gegenüber jedenfalls nicht unmittelbar grundrechtsverpflichtet sind.[378] Das Kind könnte allerdings als Grundrechtsträger dem Staat als Grundrechtsverpflichtetem gegenüber einen Schutzanspruch haben, der dem ebenfalls als

---

373 BVerfGE 7, 320, 323 f.; 24, 119, 145.

374 BVerfGE 24, 119, 145; *Heilmann*, ZfJ 2000, 41, 45, 48; *Ollmann*, FamRZ 1992, 388, 389; *Heiderhoff* in: v. Münch/Kunig, GG, Band 1, 7. Aufl. 2021, Art. 6 Rn. 181; *Jestaedt/Reimer*, in: Kahl/Waldhoff/Walter, Bonner Kommentar zum Grundgesetz, 195. Aktual. 2018, Art. 6 Abs. 2 und 3, Rn. 377 f., 426; *Ossenbühl*, Das elterliche Erziehungsrecht im Sinne des Grundgesetzes, 1981, S. 74; *Hohmann-Dennhardt*, FPR 2008, 476, 477.

375 *Heilmann*, ZfJ 2000, 41, 45; *Ossenbühl*, Das elterliche Erziehungsrecht im Sinne des Grundgesetzes, 1981, S. 74.

376 *Heilmann*, ZfJ 2000, 41, 45, 48 unter Bezugnahme auf *Coester*, FamRZ 1991, 253, 258: Bei fehlendem elterlichen Einverständnis – erst dann wird das staatliche Wächteramt aktiv – kann das Jugendamt außerhalb gerichtlich angeordneter Maßnahmen in den Fallkonstellationen der §§ 8 Abs. 3, 42 und 43 SGB VIII, aber auch nach § 50 Abs. 3 SGB VIII tätig werden.

377 *Jestaedt/Reimer*, in: Kahl/Waldhoff/Walter, Bonner Kommentar zum Grundgesetz, 195. Aktual. 2018, Art. 6 Abs. 2 und 3, Rn. 379, 438, jeweils m. w. Nachw.

378 Anders unter Annahme einer unmittelbaren Drittwirkung der Grundrechte des Kindes gegenüber den Eltern *Roell*, Die Geltung der Grundrechte für Minderjährige, 1984, S. 23 f.

Abwehrrecht gegen den Staat bestehenden Elternrecht „gegenübersteht".[379] In der herkömmlichen Grundrechtsdogmatik sieht sich der Staat in einem entsprechenden Dreieck, in dem ein Bürger als Opfer ein eingreifendes Handeln des Staates aufgrund einer Schutzpflicht fordert, während ein anderer als Störer ein Handeln des Staates aufgrund eines Abwehrrechts verhindern möchte, vor der Aufgabe, beide Grundrechte zu koordinieren.[380] Eine derartige Grundrechtskollision erfordert dagegen gerade nicht, dass sich zwei Grundrechtsberechtigte als Verpflichtete gegenüber stehen; vielmehr genügt es, dass es einen beiderseits Verpflichteten gibt, dem die gleichzeitige vollständige Erfüllung seiner Pflichten beiden Berechtigten gegenüber unmöglich ist.[381] Die Grundrechte des jeweiligen Dritten stellen nach dem Bundesverfassungsgericht ebenso wie andere mit Verfassungsrang ausgestattete Rechtsgüter Verfassungsschranken auch vorbehaltlos gewährleisteter Grundrechte dar.[382] Dass die Eltern als Private gegenüber dem Kind nicht grundrechtsverpflichtet sind, heißt also noch nicht, dass die Grundrechte der Eltern mit denen des Kindes gegenüber dem grundrechtsverpflichteten Staat nicht in Kollision stehen können.

Die Grundrechte des Kindes können mithin ein Eingreifen des Staates erfordern, während auf der anderen Seite die Grundrechte der Eltern einem Eingreifen entgegenstehen.[383] Es stellt sich die Frage, ob diese Kollisionslage auch zwischen den Grundrechten des Kindes und dem den Eltern obliegenden Elternrecht bestehen kann. Steht etwa der Staat als Legislative vor der Aufgabe, einfachgesetzliche Regelungen für das Verhältnis Eltern/Kind zu schaffen, um grundrechtliche Interessen des minderjährigen Kindes zu

---

379 BVerfGE 24, 119; 79, 51, 63; 99, 145, 156; *Heilmann*, ZfJ 2000, 41, 43; kritisch: *Heilmann*, NJW 2014, 2904.

380 Zu diesem anschaulichen Bild *Jestaedt*, in: DFGT, 21. DFGT, 2016, S. 65, 67.

381 Allgemein: BVerfGE 97, 169, 176; 99, 185, 196; 101, 361, 388; *Roth*, Die Grundrechte Minderjähriger, 2003, S. 126; *ders.*, Faktische Eingriffe, 1994, S. 457, 462.

382 Ständige Rechtsprechung des BVerfG, s. E 28, 243, 261 sowie 107, 104, 118; 108, 282, 297 m. w. Nachw.

383 *Jestaedt/Reimer*, in: Kahl/Waldhoff/Walter, Bonner Kommentar zum Grundgesetz, 195. Aktual. 2018, Art. 6 Abs. 2 und 3, Rn. 112; *Roth*, Die Grundrechte Minderjähriger, 2003, S. 125, m. w. Nachw. in Fn. 218; Als Beispiel ist hier die Inobhutnahme des Staates zu nennen, der Sie sind dann gerechtfertigt, wenn sie durch das staatliche Wächteramt gedeckt sind, dazu sogleich; Einfachgesetzlich wird der Konflikt teilweise gelöst, s. die Beispiele bei *Jestaedt*, a. a. O., Rn. 132.

gewährleisten, die aber Interessen der Eltern tangieren, die durch das Elternrecht geschützt sind, wird auch dieses Verhältnis mitunter als „Kollisionslage“ bezeichnet.[384]

Läge auch darin eine klassische Grundrechtskollision, hätten Gericht und Gesetzgeber die Aufgabe, eine Lösung anhand der allgemeinen Grundsätze für Grundrechtskollisionen zu finden: Die beiden kollidierenden Grundrechte würden anhand einer praktischen Konkordanz[385] zu einem nach beiden Seiten hin schonenden Ausgleich gebracht.[386] Im Zweifel erfolgte die Lösung der Kollisionslage über das Prinzip der Güter- und Interessenabwägung:[387] Bei Ungleichartigkeit der grundrechtlich geschützten Güter müsste das weniger bedeutende Recht dem bedeutenderen weichen.[388] Die Lösung soll dabei immer unter Berücksichtigung der jeweiligen Situation und Interessenlagen der Parteien erfolgen, um verschiedenen thematischen

---

384 BayObLG, FamRZ 1985, 737, 738; *Roth*, Die Grundrechte Minderjähriger, 2003, S. 125, Fn. 218; *Roell*, RdJB 1988, 381, 384; *Kuhn*, Grundrechte und Minderjährigkeit, 1965, S. 60 ff., der den Schluss zieht, dass die Grundrechte des Kindes nur zum Zwecke der Erziehung sowie zum Schutze Dritter eingeschränkt werden können (S. 71). Letzteres ist grds. zutreffend, denn nur dann unterfällt das Handeln der Eltern dem Elternrecht – tut es dies nicht kann allerdings von einer Kollision schon nicht die Rede sein.; wohl auch *Steffen*, RdJB 1971, 143, 144 f.; differenzierend nach der Objektivierbarkeit des Grundrechtsinhalts: *Schmitt-Kammler*, Elternrecht und schulisches Erziehungsrecht nach dem Grundgesetz, 1983, S. 24 f.; kritisch: *Kirchhof*, in: Praxis des neuen Familienrechts, 1978, S. 171, 180: „allenfalls formal eine Grundrechtskollision“; a. A.: *Ossenbühl*, Das elterliche Erziehungsrecht im Sinne des Grundgesetzes, 1981, S. 61, 66; *Stein*, Das Recht des Kindes auf Selbstentfaltung in der Schule, 1967, S. 28 ff.; *Franke*, Grundrechte des Schülers und Schuldverhältnis, 1974, S. 16.

385 Allgemein: BVerfGE 83, 130, 142 f.; *Roth*, Faktische Eingriffe, 1994, S. 457 f.; *Hesse*, Grundzüge des Verfassungsrechts, 20. Aufl. 1995, Rn. 72, 318; ausdrücklich für das Verhältnis Elternrecht/Kindesgrundrechte: *Roth*, Die Grundrechte Minderjähriger, 2003, S. 127, 153; *Krüger*, FamRZ 1956, 329, 331; *Fink*, in: FS Salgo, 2016, S. 137, 148; *Beermann*, FPR 2011, 535: Art. 6 Abs. 2 S. 1 GG tritt hinter dem höherrangigen Grundrecht des Kindes auf Freiheit seiner Person aus Art. 2 Abs. 2 S. 2 GG zurück.

386 BVerfGE 28, 243, 260 f; 39, 1, 43; 41, 29, 50; 93, 1, 21; *Roth*, Die Grundrechte Minderjähriger, 2003, S. 127; so sah es auch § 97 Einleitung des PrALR vor: „Sind die in Collision kommenden Rechte von gleicher Beschaffenheit, so muß jeder der Berechtigten von dem seinen so viel nachgeben, als erforderlich ist, damit die Ausübung beyder zugleich bestehen könne.“

387 *Krüger*, FamRZ 1956, 329, 331.

388 BVerfGE 28, 243, 261; *Merten*, in: Merten/Papier, HGR IV, 2011, § 95 Rn. 34.

Konfliktszenarien gerecht zu werden.[389] Für die teilweise vertretene Kollision von Elternrecht und Kindesgrundrechten soll dies Folgendes bedeuten: das Selbstbestimmungsrecht des Kindes verdrängte grundsätzlich die Ausübung des Elternrechts, das folglich nur dann Vorrang vor der Grundrechtsausübung durch den Minderjährigen habe, wenn im Einzelfall die konkrete Vermutung besteht, dass der Minderjährige die Vor- und Nachteile seines Handelns nicht überschaut, sodass zum Schutz des Minderjährigen ein Handeln der Eltern geboten wäre.[390] Das Elternrecht solle dagegen dann zurücktreten, wenn es zur unauflösbaren Konfrontation mit gegenläufigen Kindesgrundrechten kommt,[391] was insbesondere dann der Fall sei, wenn der Staat in Wahrnehmung seines Wächteramts zur Erfüllung von Schutzansprüchen des Kindes in das Elternrecht eingreifen muss.[392]

Fraglich ist hingegen, ob der Grundrechtsschutz für Kinder grundrechtsdogmatisch „potentiell in Kollision mit dem [...] Elternrecht" stehen kann.[393] Die Besonderheit des Verhältnisses Eltern-Kind-Staat liegt nämlich darin, dass die Interessen aller Akteure auf dasselbe Ziel, Sicherung des Kindeswohls, ausgerichtet sind.[394] Wie bereits dargestellt ist das Kindeswohl im Verhältnis zum Elternrecht nicht erst eine von außen hinzutretende Schranke, sondern bestimmt dessen Umfang.[395] Aufgrund seiner Pflichtgebundenheit ist das Elternrecht nicht wie sonstige Rechte ‚eigennützig', zur Interessenbefriedigung des Rechtsinhabers geschaffen,[396] sodass sich nicht wie üblicherweise in einem grundrechtlichen Dreiecksverhältnis

---

389 *Bethge*, in: Handbuch der Grundrechte, § 72 Rn. 76.

390 *Roell*, Die Geltung der Grundrechte für Minderjährige, 1984, S. 52.

391 *Roth*, Die Grundrechte Minderjähriger, 2003, S. 153; speziell zu Art. 2 Abs. 2 S. 2 GG: *Beermann*, FPR 2011, 535, 536.

392 *Roth*, Die Grundrechte Minderjähriger, 2003, S. 125 f.

393 So im Gegensatz zur 5. Aufl.: *v. Münch/Kunig*, in: v. Münch/Kunig, GG, Band 1, 6. Aufl. 2012 (Vorauflage), Vorbem. 27 ff zu Art. 1–19.

394 *Jestaedt*, in: DFGT, 21. DFGT, 2016, S. 65, 67, 75: „These vom *effektiven Schutzgleichlauf von Elterngrundrecht und Kindesgrundrechten*" (Hervorh. im Orig.).

395 s. dazu oben, unter D. IV. 1. b.

396 *Schmitt Glaeser*, Das elterliche Erziehungsrecht in staatlicher Reglementierung, 1980, S. 53; *Lipp*, Freiheit und Fürsorge, 2000, S. 39; *Jestaedt/Reimer*, in: Kahl/Waldhoff/Walter, Bonner Kommentar zum Grundgesetz, 195. Aktual. 2018, Art. 6 Abs. 2 und 3, Rn. 364.

gleichartige Selbstbestimmungsbefugnisse gegenüberstehen.[397] Die durch das Elternrecht geschützten Handlungen der Eltern sind nicht Gegenpol zu den Grundrechten des Kindes, sondern begründen vielmehr eine Schutzposition für das Kind,[398] indem die Eltern etwa präsumtive Schäden vom Kind abhalten – notfalls auch Schädigungen durch das Kind selbst.[399] Elternrecht und Kindesgrundrechte laufen mithin parallel.[400] Das Elternrecht ist mithin eine fremdnützige Rechtsstellung um des Kindes Willen,[401] ein „fiduziarisches, ein dienendes Grundrecht".[402] Die Frage, wie sich die Kindesgrundrechte zu dem Elternrecht verhalten, beantwortet sich mithin nicht als Lösung einer Grundrechtskollision, sondern ausschließlich anhand der „inhaltlichen Bindung und Begrenzung elterlichen Erziehungsrechts".[403] Da der Schutz des Kindes also den Eltern innerhalb ihres Elternrechts überantwortet ist, ergeben sich aus den Kindesgrundrechten für dieses Verhältnis keine in Inhalt oder Umfang über die Elternverantwortung hinausgehenden staatsgerichteten Schutzansprüche.[404]

---

[397] *Gernhuber/Coester-Waltjen*, Familienrecht, 6. Aufl. 2010 (Vorauflage), § 7 Rn. 7: die Annahme eines echten Widerstreits zwischen Elternrecht und Freiheitsrechten des Kindes basiere auf einer fälschlichen Wahrnehmung des Verhältnisses von Fürsorge und Freiheitsbedürfnis; *Ossenbühl*, Das elterliche Erziehungsrecht im Sinne des Grundgesetzes, 1981, S. 69: die Schutzpflicht des Staates und die damit verbundene grundsätzliche Wahrnehmung von Grundrechtspositionen des Kindes „kann nicht bedeuten, daß der Staat in einer grotesken Umkehrung der Grundrechtsidee die – gegen ihn gerichteten – Kindesgrundrechte plötzlich gegen das elterliche Erziehungsrecht einsetzen könnte".

[398] *Jestaedt*, in: DFGT, 21. DFGT, 2016, S. 65, 67.

[399] *Roell*, Die Geltung der Grundrechte für Minderjährige, 1984, S. 49; kritisch: *Reuter*, Kindesgrundrechte und elterliche Gewalt, 1986, S. 42 f.: elterliche Einzelakte, die dem Kinde die Freiheit entziehen, können nicht als Entfaltung der Freiheit gedacht sein.

[400] *Britz*, FamRZ 2015, 793, 795.

[401] BVerfGE 59, 360, 376 f.; *Ossenbühl*, Das elterliche Erziehungsrecht im Sinne des Grundgesetzes, 1981, S. 51 m. w. Nachw., 68; *Britz*, FamRZ 2015, 793, 794; *Lettmaier*, in: Staudinger, 2020, § 1626 Rn. 87; *von Bock*, Das Elterliche Recht auf körperlichen Zugriff, 2011, S. 161; *Jestaedt*, in: Coester-Waltjen/Lipp/Schumann/Veit, Alles zum Wohle des Kindes?, 2. Familienrechtliches Forum, 2012, S. 13, 21; *ders.*, in: DFGT, 21. DFGT, 2016, S. 65, 70.

[402] BVerfGE 59, 360, 377; 61, 358, 372; *Ossenbühl*, DÖV 1977, 381, 384: dienendes Grundrecht.

[403] *Ossenbühl*, Das elterliche Erziehungsrecht im Sinne des Grundgesetzes, 1981, S. 55.

[404] *Jestaedt*, in: DFGT, 21. DFGT, 2016, S. 65, 75 f.

Möchte man insofern dennoch von einer „Kollision“ sprechen, handelt es sich zumindest nicht um eine herkömmliche zwischen den Grundrechten des Kindes und dem Elterngrundrecht, die sich im Wege der praktischen Konkordanz lösen lässt.[405] Vielmehr sind in dieser Konstellation zweierlei „Kollisionen“ denkbar[406]: Zum einen die Kollision zweier grundrechtlich geschützter Interessen des Minderjährigen, von denen die Eltern zur Erfüllung des einen Interesses das andere einschränken müssen.[407] Genannt sei hier etwa das Festhalten des Kindes – eine Beschränkung seiner Freiheit – zur Verhinderung des Auf-die-Straße-Laufens und gegebenenfalls folgender Verletzungen – Schutz seiner körperlichen Unversehrtheit. Zum anderen ist eine Kollision auf tatsächlicher Ebene zwischen dem Willen des Kindes und dem Willen der Eltern möglich. Die Lösung dieser „Kollisionen“ ergibt sich aus der Verfassung selbst: ohne eine Abwägung werden sie einseitig zugunsten des Elternrechts aufgelöst, welches sich am Kindeswohl orientiert.[408] Das

---

405 *Jestaedt*, in: DFGT, 21. DFGT, 2016, S. 65, 67: zumindest erforderte dieses Konstrukt starke Einschränkungen; *Erichsen/Reuter*, Elternrecht – Kindeswohl – Staatsgewalt, 1985, S. 27; *Schüler-Springorum*, FamRZ 1961, 296, 297; *Gernhuber*, FamRZ 1962, 89, 91 f.; *Ossenbühl*, Das elterliche Erziehungsrecht im Sinne des Grundgesetzes, 1981, S. 61; *ders.*, DÖV 1977, 381, 384: „dialektisches Verhältnis“; kritisch zu den Tendenzen in der neueren Rechtsprechung des BVerfG: *Heilmann*, NJW 2014, 2904: „Es ist auch bedenklich, dass die Grundrechte des Kindes und das pflichtgebundene (!) Grundrecht der Eltern sich in Kinderschutzfällen neuerdings – verfassungsdogmatisch und mit Blick auf die bisherige Senatsrechtsprechung überraschend – „gegenüber-„stehen sollen“; *Jestaedt/Reimer* (in: Kahl/Waldhoff/Walter, Bonner Kommentar zum Grundgesetz, 195. Aktual. 2018, Art. 6 Abs. 2 und 3, Rn. 113) differenzieren in Fallgruppen.

406 Das BVerfG spricht von einer „Interessenkollision“, BVerfGE 72, 122, 137; 75, 201, 218.

407 *Von Bock*, Das elterliche Recht auf körperlichen Zugriff, 2011, S. 118; In diese Richtung zur Fremdunterbringung auch *Britz*, FamRZ 2015, 793, 794: auf der einen Seite muss der Staat das Kind vor einer gefährdenden Unterbringung bewahren, auf der anderen Seite können seine Grundrechte gegebenenfalls auf eine Trennung des Kindes von seinen Eltern abzielen; anders wohl *Kuhn*, Grundrechte und Minderjährigkeit, S. 133, der eine Kollision zweier Grundrechte desselben Trägers als „schlechterdings“ unmöglich ausschließt.

408 *Jestaedt/Reimer*, in: Kahl/Waldhoff/Walter, Bonner Kommentar zum Grundgesetz, 195. Aktual. 2018, Art. 6 Abs. 2 und 3, Rn. 125 (anders für positionsbezogene Grundrechte); insoweit auch *Roth*, Die Grundrechte Minderjähriger, 2003, S. 130; *Hörnle/Huster*, JZ 2013, 328, 332: asymmetrische Abwägungssituation; teilweise wird zwar grundrechtsdogmatisch eine Kollision angenommen, die aber immer einseitig zugunsten des Elternrechts zu lösen sein soll, LG Augsburg, FamRZ 1961, 323, 324.

Elternrecht wird aus diesem Grund als verfassungsimmanente Schranke der Kindesgrundrechte bezeichnet[409]: Entspricht das Handeln der Eltern dem Kindeswohl und ist damit vom Elternrecht gedeckt, nehmen die Eltern die grundrechtlichen Interessen des Kindes wahr, die dem elterlichen Handeln nicht gegenüber stehen können. Soweit und solange das Elternrecht reicht, steht ihm kein Recht des Kindes entgegen, ein entgegenstehender Kindeswille ist unbeachtlich.[410]

Diese Implementierung der Kindesgrundrechte im Elternrecht wird mitunter in der Weise dargestellt, dass die Eltern, solange ihr Kind noch nicht über die hinreichende Reife verfügt, dessen Freiheiten treuhänderisch wahrnehmen.[411] Dieser Vergleich zu einem Treuhandverhältnis ist innerhalb des Art. 6 Abs. 2 S. 1 GG auch so weit korrekt, dass die Eltern fremde Rechte ausüben, dies erfolgt allerdings im Namen des Kindes selbst. Das Elternrecht stellt damit ein Mittel dar, um Persönlichkeitsrechte des Kindes überhaupt erst „zu entfalten".[412] Zudem treten die Eltern im Rechtsverkehr für das Kind als dessen Vertreter auf, das Kind bleibt dagegen selbst Träger dieser Rechte.[413]

Diese starke Position der Eltern rechtfertigt sich dadurch, dass die Kindesgrundrechte rechtspraktisch bereits im Elternrecht angelegt sind,[414] das

---

409 *Ossenbühl*, Das elterliche Erziehungsrecht im Sinne des Grundgesetzes, 1981, S. 70; *Reinicke*, Der Zugang des Minderjährigen zum Zivilprozeß, 1989, S. 78: Sorgerechtsregelungen des BGB als verfassungsgemäße Schranke der Kindesgrundrechte.

410 *Jestaedt*, in: Coester-Waltjen/Lipp/Schumann/Veit, Alles zum Wohle des Kindes?, 2. Familienrechtliches Forum, 2012, S. 13, 21: Kindesgrundrechte sind dem Elternrecht immanent.

411 BVerfGE 59, 360, 377; 61, 358, 372; 64, 180, 189; *Ossenbühl*, DÖV 1977, 381, 384; *Rixen*, NJW 2013, 257, 258; *Jestaedt/Reimer*, in: Kahl/Waldhoff/Walter, Bonner Kommentar zum Grundgesetz, 195. Aktual. 2018, Art. 6 Abs. 2 und 3, Rn. 71 ff.; dagegen ausdrücklich: *Fehnemann*, Die Innehabung und Wahrnehmung von Grundrechten im Kindesalter, S. 40, Fn. 76; weitergehend: *Reuter*, Kindesgrundrechte und elterliche Gewalt, 1968, S. 185: Ausübung der Grundrechte des Minderjährigen sei grundsätzlich Sache der Erziehungsberechtigten; dagegen: *Roell*, Die Geltung der Grundrechte für Minderjährige, 1984, S. 66: Elternrecht beinhalte nicht das Recht der Eltern zur Ausübung der Grundrechte des Minderjährigen.

412 *Hertwig*, FamRZ 1987, 124.

413 *Jestaedt/Reimer*, in: Kahl/Waldhoff/Walter, Bonner Kommentar zum Grundgesetz, 195. Aktual. 2018, Art. 6 Abs. 2 und 3, Rn. 131.

414 *Peschel-Gutzeit*, in: Staudinger, 2015 (Vorauflage), § 1626 BGB Rn. 18; *Kuhn*, Grundrechte und Minderjährigkeit, 1965, S. 66.

Elternrecht mithin gewissermaßen durch die Rechte des Kindes geprägt ist.[415] Zu nennen ist hier zunächst wieder die Orientierung des Elternrechts am Kindeswohl, das die Eltern zudem verpflichtet, bei der Ausübung ihres Elternrechts die Persönlichkeit sowie die wachsende Selbstständigkeit des Kindes zu beachten.[416] Insofern sind die Erwägungen, die zur Lösung einer angenommenen Grundrechtskollision zugrunde gelegt werden, nicht falsch: Aus der sich in der Pflichtgebundenheit offenbarenden Fremdnützigkeit des Elternrechts folgt, dass die Entscheidungsmacht der Eltern nur so weit und so lange reicht, wie das Kind nicht zur Selbstbestimmung in der Lage ist und daher noch der Erziehung und Pflege der Eltern bedarf.[417] Das Erziehungsbedürfnis des Kindes und seine Selbstbestimmungsfähigkeit stehen sich also gegenüber und begrenzen sich; mithin wird die Erziehungsbefugnis der Eltern, die sich aus dem Erziehungsbedürfnis des Kindes ergibt, ebenfalls durch dessen wachsende Selbstbestimmungsfähigkeit begrenzt.[418] Je mehr der Minderjährige selbst für seinen Schutz sorgen kann, nimmt sein Selbstbestimmungsrecht zu, sodass die Fremdbestimmungsbefugnisse der Eltern mit sinkender Pflege- und Erziehungsbedürftigkeit zurückgehen.[419] Das Elternrecht macht sich letztlich selbst überflüssig, da es seinem „Wesen und Zweck nach zurücktreten [muss], wenn das Kind ein Alter erreicht hat, in dem es eine genügende Reife zur selbstständigen

---

415 *Böckenförde,* in Essener Gespräche 14 (1980), S. 54, 64; *Steffen,* RdJ 1971, 143, 145: „so beeinflussen Erziehungsrechte zwar materiell die Grundfreiheiten des Kindes, werden aber von ihnen beherrscht".

416 S. dazu oben, unter D. IV. 1. b.; *Coester,* in: FS Salgo, 2016, S. 13, 16: „Der vom BVerfG verwandte Kindeswohlbegriff ist nur eine missverständliche) Kurzbezeichnung für die „Jedermanns-Rechte" aus Art. 1 ff. GG, soweit dieser „Jedermann" ein Kind ist".

417 *Lettmaier,* in: Staudinger, 2020, § 1626 BGB Rn. 88 f.; *Roell,* Die Geltung der Grundrechte für Minderjährige, 1984, S. 21: Das Selbstbestimmungsrecht des Kindes soll schon in den frühen Lebensjahren des Kindes große Bedeutung haben.

418 BVerfGE 59, 360, 382; *Lettmaier,* in: Staudinger, 2020, § 1626 BGB Rn. 88 f.; a. A.: *Knöpfel* FamRZ 1985, 1211, 1213 f. je m. w. Nachw.

419 BVerfGE 59, 360, 382; *Jestaedt,* in: DFGT, 21. DFGT, 2016, S. 65, 72; *Gernhuber,* FamRZ 1962, 89, 92; *Diederichsen,* FamRZ 1978, 461, 462 f.; *Hertwig,* FamRZ 1987, 124: „Problem der Grenzziehung zwischen der Entscheidungsmacht der Eltern und dem allmählich erstarkenden Selbstbestimmungsrecht des Jugendlichen".

Beurteilung der Lebensverhältnisse [...] erlangt hat".[420] Diese Reife müssen die Eltern bei der Ausübung ihres Elternrechts berücksichtigen, sodass sich der Schutzbereich des Art. 6 Abs. 2 S. 1 GG und damit auch die (potentiellen) Eingriffe im Laufe der altersgemäßen Entwicklung verringern.[421] Dies ergibt sich allerdings ebenfalls nicht aus einer Kollision von Elternrecht und Selbstbestimmungsrecht des Kindes, sondern vielmehr aus dem Gewährleistungsumfang des Elternrechts, der sich anhand der wachsenden Selbstbestimmungsfähigkeit des Kindes bestimmt. Mit anderen Worten: Beschränken die Eltern ihr Kind in einem für sein Alter und seinen Entwicklungsstand vollkommen unangemessenen Maß, kann in dem Handeln der Eltern schon keine Pflege und Erziehung mehr gesehen werden, womit es nicht von Art. 6 Abs. 2 GG geschützt ist.[422] Dagegen wird die wachsende Selbstbestimmung des Kindes das Elternrecht nie vollkommen aufheben[423], es kann aber dessen inhaltliche Ausgestaltung stark beeinflussen[424]: kann beispielsweise ein fast Volljähriger weitestgehend selbstverantwortlich handeln, bleiben die Eltern trotzdem dazu verpflichtet, die Entwicklung

---

420 BVerfGE 59, 360, 387; dazu: *Erichsen/Reuter*, Elternrecht – Kindeswohl – Staatsgewalt, 1985, S. 36, *Münder*, JAmt 2008, 294, 296.

421 *Grunewald*, Die De-Individualisierung des Erziehungsgedankens im Jugendstrafrecht, 2003, S. 215.

422 BVerfGE 24, 119, 143; 59, 360, 377; *Erichsen/Reuter*, Elternrecht – Kindeswohl – Staatsgewalt, 1985, S. 36.

423 *Steffen*, RdJB 1971, 143, 145; s. auch BVerfGE 59, 360, 382: Erlöschen der zurückgedrängten Rechtsbefugnisse erst mit Volljährigkeit.

424 *Roell*, Die Geltung der Grundrechte für Minderjährige, 1984, S. 52; *Böckenförde*, in Essener Gespräche 14 (1980), S. 54, 67: Elternrecht wird gegenstandslos; *Schwerdtner*, NJW 1999, 1525, 1526: Selbstbestimmung „verdrängt grds. die Ausübung des Elternrechts, es sei denn, daß zum Schutz der Minderjährigen ein Handeln der Eltern geboten wäre"; *Ossenbühl*, Das elterliche Erziehungsrecht im Sinne des Grundgesetzes, 1981, S. 55: der insofern die Tatsache für bezeichnend hält, dass bei der umfassenden Untersuchung zur Grundrechtskollision von *Bethge* (Zur Problematik von Grundrechtskollisionen, 1977), elterliches Erziehungsrecht und Grundrechtsmündigkeit nicht vorkommen, S. 56: „situations- und personengerechte Ausübung des elterlichen Erziehungsrechts"; *Jestaedt*, in: DFGT, 21. DFGT, 2016, S. 65, 77: das grundrechtlich gewährleistete Recht der Eltern, das Kind zu erziehen „entfällt", sie werden ihres Elternrechts dennoch nicht „verlustig".

beobachtend zu verfolgen und unterstützend tätig zu werden.[425] Ferner bleiben sie dazu berechtigt, ihre elterlichen Befugnisse in der von ihnen zu bestimmenden Art und Weise auszuüben – eben bis zur Grenze des Art. 6 Abs. 2 S. 2 GG. Eine Grundrechtsmündigkeit des Kindes gegenüber seinen Eltern, die sich an konkreten Altersgrenzen derart orientiert, dass ab einem bestimmten Alter den Eltern keine Bestimmungsmacht mehr zukommt,[426] kann es demnach nicht geben. Eine solche Konstruktion ist im Eltern-Kind-Verhältnis zudem entbehrlich, da sich die unter diesem Problemkreis auftretenden Fragestellungen schon durch die Struktur des Art. 6 Abs. 2 GG selbst lösen lassen.[427]

Darüber hinaus sind „Inhalt und Schutzobjekt des Art. 6 Abs. 2 GG gerade die Aufgabe und Befugnis der Eltern, ihr Kind aus der Hilflosigkeit und Unmündigkeit" eben zu jener „Selbstverantwortung und Selbstbestimmung [hin] zu führen".[428] Die Erziehung der Eltern muss also eine Hilfe für das Kind darstellen, „um sich zu einer eigenverantwortlichen Persönlichkeit innerhalb der sozialen Gemeinschaft zu entwickeln, wie sie dem Menschenbilde des Grundgesetzes entspricht",[429] also kurzgefasst ein „lebenstüchtiger Mensch" zu werden.[430] Auch dieses Ziel erfordert es denknotwendig, dem Kind mit wachsendem Alter mehr Selbstbestimmungsbefugnisse zuzudenken.[431] Hinsichtlich des dargestellten Umfangs der staatlichen Aufsicht und

---

425 In diese Richtung auch *Perschel*, RdJ 1963, 33, 37, *Umbach*, in: FS Geiger, 1989, S. 359, 373 f. („Unterstützungs- und Beistandsrecht" für religionsmündiges Kind), *Kirchhof*, in: Praxis des neuen Familienrechts, 1978, S. 171, 178 (Gesamtverantwortung der Eltern für das Kind) sowie *Ossenbühl*, Das elterliche Erziehungsrecht im Sinne des Grundgesetzes, 1981, S. 56 (situationsgerechte Ausübung eines fortbestehenden Elternrechts); a. A. unter unklarer Argumentation: *Schmitt-Kammler*, Elternrecht und schulisches Erziehungsrecht nach dem Grundgesetz, 1983, S. 23.

426 So wohl aber HessStGH Wiesbaden, NJW 1966, 31, 32.

427 *Jestaedt/Reimer*, in: Kahl/Waldhoff/Walter, Bonner Kommentar zum Grundgesetz, 195. Aktual. 2018, Art. 6 Abs. 2 und 3, Rn. 125 f.

428 *Ossenbühl*, Das elterliche Erziehungsrecht im Sinne des Grundgesetzes, 1981, S. 53.

429 BVerfGE 24, 119, 144.

430 *Ossenbühl*, Das elterliche Erziehungsrecht im Sinne des Grundgesetzes, 1981, S. 58, der auf die ausdrückliche Nennung dieses Ziels in Art. 120 WRV verweist: „Die Erziehung des Nachwuchses zur leiblichen, seelischen und gesellschaftlichen Tüchtigkeit ist oberste Pflicht und natürliches Recht der Eltern…"

431 Ausführlich zur einfachrechtlichen Umsetzung *Reinicke*, Der Zugang des Minderjährigen zum Zivilprozeß, 1989, 17 ff.

des staatlichen Eingriffs in die tatsächliche Ausgestaltung der elterlichen Erziehung ändert dagegen auch diese Zielsetzung nichts: auf welche Weise dieses Ziel erreicht wird, ist den Eltern innerhalb ihrer Elternverantwortung selbst überlassen.

Der Wertegehalt der Grundrechte des Kindes drückt sich damit auch besonders in den Grenzen des Elternrechts aus. Der zentrale Grundrechtsinhalt, der „objektivierbar" und daher dem „Interpretationsprimat" der Eltern entzogen sein soll, bildet insoweit eine Gewährleistungsschranke des Elternrechts.[432] Zu nennen sind hier etwa das Menschenwürdegrundrecht aus Art. 1 Abs. 1 S. 1 GG sowie das Recht auf Leben, Art. 2 Abs. 2 S. 1 Alt. 1 GG.[433] In der Systematik des Art. 6 GG finden diese Erwägungen Berücksichtigung innerhalb der Negativdefinition des Kindeswohls durch den Staat: Ein Eingriff in die Menschenwürde oder das Leben des Kindes entspricht nie dem Kindeswohl und ist damit nicht vom Elternrecht gedeckt[434]: er löst stets das staatliche Wächteramt aus. Das staatliche Wächteramt hat insofern „menschenwürdeschützende Funktion", soll also im Eltern-Kind-Verhältnis die Menschenwürde des Kindes sichern und sie schützen, mithin überwachen, sodass das Kind nicht bloßes Objekt elterlichen Verhaltens ist;[435] es dient damit der Wahrung der Kindesgrundrechte.[436]

---

[432] *Schmitt-Kammler*, Elternrecht und schulisches Erziehungsrecht nach dem Grundgesetz, 1983, S. 24; *Perschel*, RdJ 1963, 33, 37 unterscheidet die Grundrechte dagegen danach, wie schwerwiegend die Folgen sind, die eine Grundrechtsausübung hat; nach *Roell*, Die Geltung der Grundrechte für Minderjährige, 1984, S. 50, kann ein Grundrecht nur dann durch einen anderen wahrgenommen werden, wenn nicht die Selbstbestimmung als solche geschützt wird und ein weiterer Grund hinzukommt, der im Schutz des Minderjährigen liegen muss.

[433] *Jestaedt/Reimer*, in: Kahl/Waldhoff/Walter, Bonner Kommentar zum Grundgesetz, 195. Aktual. 2018, Art. 6 Abs. 2 und 3, Rn. 110: elterliche Befugnisse entsprechen „nur als menschenwürdekonforme Einwirkungsrechte den Tatbestandsvoraussetzungen des Art. 6 Abs. 2 S. 1 GG".

[434] *Hörnle/Huster*, JZ 2013, 328, 333, bezeichnen diese in jedem Fall das staatliche Wächteramt auslösenden Umstände als „harte Kriterien".

[435] *Fleisch*, Die verfassungsrechtliche Stellung des leiblichen Vaters, 1987, S. 56; *Heilmann*, NJW 2014, 2904.

[436] *Heilmann*, NJW 2014, 2904, 2907.

Das Wächteramt soll hingegen „keinen Titel dafür dar[stellen], die Eltern an die Grundrechte zu binden."[437] Daher geben die Grundrechte des Kindes dem Staat auch keine über das Wächteramt hinausgehende Eingriffsbefugnis.[438] Vielmehr verpflichten die Grundrechte des Kindes den Staat, (nur) dann in das Eltern-Kind-Verhältnis zum Schutz des Kindes einzugreifen, wenn dem Kind „bei den Eltern aufgrund elterlichen Erziehungsversagens oder gar direkt von den Eltern Gefahren drohen".[439] Diese Schutzverantwortung des Staates ist ein seltener Fall „einer textlich verankerten grundrechtlichen Schutzpflicht".[440] Darüber hinaus „legitimieren Grundrechte des Kindes den Staat im Rahmen seines Wächteramts nicht, das Kind gegen seine Eltern im Bereich ihrer Pflege und Erziehung dadurch zu schützen, daß das Elternrecht beeinträchtigt wird."[441] Art. 6 Abs. 2 GG bietet damit „allen für die Auflösung des Grundrechtskonflikts notwendigen Aspekten Raum und setzt sie miteinander in Verhältnis".[442] Die Grundrechte des Kindes werden mithin innerhalb der Ausübung des staatlichen Wächteramts, die sich wiederum an der Pflichtgebundenheit des Elternrechts orientiert, „voll berücksichtigt" und bedürfen „darüber hinaus keiner zusätzlichen Betrachtung mehr".[443] Dieses diffizile System der Rechte und Pflichten im Dreiecksverhältnis Eltern/Kind/Staat – insbesondere in Ansehung von Pflichtgebundenheit und Wächteramt – trägt

---

437 *Starck*, in: v. Mangoldt/Klein/Starck (Vorauflage), GG Band 1, 7. Aufl. 2018, Art. 1 Rn. 210.

438 *Ossenbühl*, Das elterliche Erziehungsrecht im Sinne des Grundgesetzes, 1981, S. 69 f.

439 *Britz*, FamRZ 2015, 793, 794.

440 BVerfGE 133, 59, 74; *Britz*, FamRZ 2015, 793, 794; *Unruh*, Zur Dogmatik der grundrechtlichen Schutzpflicht, 1996, S. 28: „konkrete Schutzpflicht"; *Heilmann*, ZfJ 2000, 41, 44: „staatliche Schutzpflicht zugunsten des Kindes"; *Jestaedt*, in: DFGT, 21. DFGT, 2016, S. 65, 80; eingehend zum Schutzpflichtgedanken in Art. 6 Abs. 2 S. 2 GG unter Ablehnung einer allgemeinen grundrechtlichen Schutzpflicht: *Jeand'Heur*, Verfassungsrechtliche Schutzgebote zum Wohl des Kindes und staatliche Interventionspflichten aus der Garantienorm des Art. 6 Abs. 2 S. 2 GG, 1993, S. 90 ff.

441 *Fleisch*, Die verfassungsrechtliche Stellung des leiblichen Vaters, 1987, S. 56.

442 *Jestaedt/Reimer*, in: Kahl/Waldhoff/Walter, Bonner Kommentar zum Grundgesetz, 195. Aktual. 2018, Art. 6 Abs. 2 und 3, Rn. 125.

443 *Schmitt Glaeser*, Das elterliche Erziehungsrecht in staatlicher Reglementierung, 1980, S. 56; vgl. *Jestaedt/Reimer*, in: Kahl/Waldhoff/Walter, Bonner Kommentar zum Grundgesetz, 195. Aktual. 2018, Art. 6 Abs. 2 und 3, Rn. 127; anders: *Roth*, Die Grundrechte Minderjähriger, 2003, S. 127: keine Verwirklichung der Kindesgrundrechte ausschließlich im Wächteramt.

dafür Sorge, dass das Kind eben nicht zum Objekt, zu einem bloßen Mittel herabgewürdigt wird[444] und damit die Menschenwürde nicht berührt wird.[445]

### 4. Freiheitsentziehungen durch die Eltern im Spiegel des Elternrechts

Die Eltern dürfen also aufgrund ihres Elternrechts auch in verfassungsrechtlich garantierte Bereiche des Kindes vordringen, solange dies innerhalb der Grenzen des Kindeswohls erfolgt. Überschreiten die Eltern die Grenze dessen, was als Pflege und Erziehung als tolerierbar gilt, wird das staatliche Wächteramt aktiviert. Unter diesen Prämissen ist nun die Einschränkung der körperlichen Bewegungsfreiheit des Kindes durch seine Eltern zu betrachten.

---

[444] Eine zusätzliche Kinderschutzklausel als Staatszielbestimmung hält *Coester-Waltjen* (in: v. Münch/Kunig, GG, Band 1, 6. Aufl. 2012 [Vorauflage], Art. 6 Rn. 1) angesichts der Grundrechtsberechtigung des Kindes für unsachgemäß, als gesondertes Kindesgrundrecht für systemwidrig, weil Kinder ohnehin grundrechtsfähig sind, und als Gegenpol zum Elternrecht überflüssig, weil Art. 6 bereits eine ausreichende und abgewogene Regelung in Achtung einerseits der Familienautonomie, andererseits der Schutzbedürftigkeit des Kindes getroffen hat; auch *Schmahl* (Kinderrechtskonvention, S. 37) hält eine qualitative Verbesserung der Rechte von Kindern auf innerstaatlicher Ebene durch Einführung eines Kindergrundrechts für fraglich; *Jestaedt* (in: DFGT, 21. DFGT, 2016, S. 65, 83 f., 87 f. sowie schon in: Coester-Waltjen/Lipp/Schumann/Veit, Alles zum Wohle des Kindes?, 2. Familienrechtliches Forum, 2012, S. 13, 36 f. ) mahnt zudem eindrücklich, ein aus Art. 6 Abs. 2 GG abgeleitetes elterngerichtetes Kindesgrundrecht führe ebenso wie explizit im Verfassungstext verankerte Kindesgrundrechte, die nicht allein Bestehendes textlich explizierten, zu einem dem Staat anhand gegebenen Interventionstitel in das Eltern-Kind-Verhältnis und zu eine Akzentverschiebung im sensibel austarierten System des Art. 6 GG – ebenso *G. Kirchhof*, ZRP 2007, 149, 152; ähnlich *Wiesner*, JAmt 2010, 277, 282. Politisch kann man ein solches für notwendig erachten, muss sich hingegen im Klaren darüber sein, dass unabhängig von der konkreten Ausgestaltung ein schleichender Eingriff in die Eltern- und Familienautonomie zu befürchten ist (*Gernhuber/Coester-Waltjen*, Familienrecht, 7. Aufl. 2020, § 6 Rn. 33). Diese Wirkung hätte auch die Verankerung eines Rechts des Kindes auf die Entwicklung zu einer freien, eigenverantwortlichen und gemeinschaftsfähigen Persönlichkeit in Art. 2 GG, die *Münder* befürwortet (JAmt 2008, 294, 299; *ders.*, JAmt 2008, 299, 302). Die jüngeren Entwürfe wollen vor diesem Hintergrund die Rechtsstellung der Eltern beizubehalten bzw. zu stärken und eine Schwächung der Rechtsstellung der Kinder zu vermeiden (*Heiderhoff*, in: v. Münch/Kunig, GG, Band 1, 7. Aufl. 2021, Art. 6 Rn. 26).

[445] Vgl. *Dürig*, AöR 81 (1956), 117, 127.

Eine mögliche Schutzpflicht des Staates, die sich zumindest aus der wertentscheidenden Funktion der Art. 2 Abs. 2 S. 2 und 104 GG herleitet[446], kann damit innerhalb der beschriebenen Konstruktion des Verhältnisses Eltern-Kind-Staat keine eigene Eingriffsbefugnis in das Elternrecht begründen.[447] Denn Art. 6 Abs. 2 S. 2 GG stellt eine spezielle, vorrangige staatliche Schutzpflicht dar, die – wie zuvor erläutert – ebenfalls einen Schutz vor übermäßiger Einschränkung grundrechtlich geschützter Belange durch die Eltern bietet.[448] Bei der Feststellung, wann diese spezielle Schutzpflicht, mithin das staatliche Wächteramt aktiviert ist, weil ein Verhalten der Eltern unter keinen Umständen mehr als Pflege und Erziehung durch die Eltern angesehen werden kann, können die sich aus Art. 2 Abs. 2 S. 2 und 104 GG ergebenden Wertentscheidungen Einfluss nehmen. Anders als dies etwa bei dem Grundrecht auf Menschenwürde aus Art. 1 Abs. 1 S. 1 GG anzunehmen ist,[449] ist nicht bei jedem Eingriff in einen grundrechtssensiblen Bereich der Fortbewegungsfreiheit zugleich die Schwelle des Wächteramts erreicht. Dies würde ansonsten bedeuten, dass keine Freiheitseinschränkung vom Elternrecht gedeckt wäre. Gleichwohl kann ein besonders starker Eingriff in die Fortbewegungsfreiheit des Kindes Kindeswohlbelange derart berühren, dass unter den genannten Bedingungen wächteramtliche Befugnisse ausgelöst werden. Die Wertentscheidung der Art. 2 Abs. 2 S. 2 und 104 GG muss zudem im Rahmen der mittelbaren Drittwirkung Berücksichtigung bei der Auslegung unbestimmter Rechtsbegriffe innerhalb der Regelungen finden, die das staatliche Wächteramt einfachgesetzlich ausgestalten.[450] Die Eingriffsbefugnis des Staates muss sich hingegen immer aus dem Wächteramt ergeben.

---

446 s. dazu oben, unter D. III. 3. b.

447 A. A.: *Fink*, in: FS Salgo, 2016, S. 137, 147; wohl auch *Engelfried*, Betrifft JUSTIZ, 2014, 35, 36 f., der allerdings fälschlicherweise davon ausgeht, dass dann, wenn die Garantien des Art. 104 GG nicht im Eltern-Kind-Verhältnis wirken, grundrechtliche Garantien gänzlich unbeachtlich sind.

448 s. dazu oben, unter D. IV. 3.; A. A.: *Beermann*, FPR 2011, 545: Art. 6 Abs. 2 S. 1 GG tritt hinter dem höherrangigen Freiheitsgrundrecht des Kindes aus Art. 2 Abs. 2 S. 2 GG zurück.

449 *Hörnle/Huster*, JZ 2013, 328, 333: Diese Eingriffe gelten insofern als „harte Kriterien", die in jedem Fall das staatliche Wächteramt auslösen.

450 S. dazu oben, unter D. III. 2. a.

## V. Verfassungsrechtlicher Schutz der Fortbewegungsfreiheit im Vormundschaftsverhältnis

Handeln Vormünder oder Pfleger, dringen sie – gleichsam wie die Eltern – in grundrechtssensible Bereiche des Kindes ein. Es gilt daher festzustellen, welchen verfassungsrechtlichen Vorgaben eine Freiheitseinschränkung durch den Vormund oder Pfleger unterworfen ist. Dafür wird zunächst die Frage betrachtet, ob sich eine Freiheitsentziehung schon aus der Begründung dieser Fürsorgeverhältnisse ergeben kann (sogleich unter 1.) und wo sich der Unterschied zu dem staatlichen Einwirkungen im Eltern-Kind-Verhältnis befindet (dazu unter 2.), bevor anschließend die möglichen Geltungsformen der Art. 2 Abs. 2 und insbesondere 104 Abs. 2 GG in den genannten Fürsorgeverhältnissen dargestellt (dazu unter 3. und 4.) und eine Entscheidung hinsichtlich ihres Geltungsumfangs auf der Grundlage der Bundesverfassungsgerichtsentscheidung vom 10. Februar 1960 (dazu unter 5.) getroffen wird.

### 1. Freiheitsentziehung durch Begründung von Fürsorgeverhältnissen

Die Tatsache, dass im Rahmen der Vormundschaft und Pflegschaft die Ermächtigung einer Privatperson, eine andere Person in ihrer Freiheit zu beschränken, auf der Übertragung von Befugnissen seitens des Staates basiert[451], könnte dazu verleiten, den Eingriff in das Freiheitsrecht des Betroffenen schon in dieser Übertragung von Rechten durch den Staat zu sehen.[452] Da der die Befugnis übertragende Staat dann selbst in die Grundrechte des Betroffenen eingreifen würde, erübrigte sich die Frage nach dem Vorliegen und der Herleitung einer Grundrechtsverpflichtung der die Freiheit entziehenden Fürsorgeperson. Die Übertragung der Befugnis – also die Bestellung von Vormund und Pfleger – wäre dann selbst an Art. 2 Abs. 2 S. 3 GG, vor allem an den formellen Voraussetzungen des Art. 104 GG, zu messen.

Um einen Eingriff in Art. 2 Abs. 2 S. 2, 104 Abs. 1, 2 GG schon in der Bestellung der Fürsorgeperson zu sehen, muss sich der Entzug der Fortbewegungsfreiheit allerdings schon konkret aus dieser Bestellung ergeben. Daran mangelt es hingegen, wenn mit der Bestellung lediglich die abstrakte Möglichkeit für die Fürsorgeperson geschaffen wird, die Freiheit des

---

[451] S. zur Grundlage des Bestellerprinzips im Vormundschaftsrecht Mot IV 1034 f.

[452] In diese Richtung zur Betreuung: *Schwab*, in: FS Frank, 2008, S. 492, 503.

Fürsorgebedürftigen zu beschränken oder zu entziehen; in diesen Fällen kann mithin nicht schon in der Bestellung von Vormund oder Pfleger eine Freiheitsentziehung gesehen werden. Die unmittelbare Freiheitsbeschränkung durch die Bestellung ließe sich hingegen allenfalls für die Fürsorgeverhältnisse bejahen, bei denen konkrete Aufgabenkreise übertragen werden, wie bei der Betreuung (§ 1815 Abs. 1 BGB) oder der Ergänzungspflegschaft, die nur soweit geht, wie der Fürsorgebedarf reicht, bzw. wie die elterliche Sorge oder Vormundschaft beschränkt ist.[453] Wird beispielsweise ein Pfleger mit dem Aufgabenfeld Aufenthaltsbestimmung zu dem Zweck bestellt, eine freiheitsentziehende Unterbringung herbeizuführen, ist möglicherweise Art und Ausmaß der Freiheitsentziehung schon bei der Bestellung des Pflegers ersichtlich. Dieser Zusammenhang fehlt hingegen etwa bei der Vormundschaft, die eine umfassende Fürsorge des Vormunds für seinen Mündel begründet,[454] ohne dass bei der Bestellung Aussagen zu konkreten Maßnahmen getroffen werden. Obwohl bei der Pflegschaft theoretisch eine umfassende Fürsorge im Rahmen der Ersatzpflegschaft denkbar ist, erstreckt sie sich praktisch in der Regel auf beschränkte Bereiche in Form einer Ergänzungspflegschaft.[455] Eine einheitliche Einordnung der Bestellung als Freiheitsentziehung ist mithin nicht für alle Fürsorgeverhältnisse denkbar.

Auch hinsichtlich derjenigen Fürsorgeverhältnisse, die einen engen Aufgabenkreis haben, ist die Vorverlagerung des Freiheitseingriffs fraglich. So ist, wie beschrieben, der Umfang der Wirkungskreise bei Pflegschaften sehr unterschiedlich und auch bei der Betreuung ist es nicht ausgeschlossen, dem Betreuer etwa die Entscheidung über eine Unterbringung als einzige, oder eine von wenigen Angelegenheiten zuzuweisen[456], genauso gut kann er allerdings für einen weitreichenden Aufgabenkreis bestellt werden, bis zur Übertragung aller Angelegenheiten des Betreuten (§ 1815 Abs. 1 i. V. m.

---

453 *Gernhuber/Coester-Waltjen*, Familienrecht, 7. Aufl. 2020, § 77 Rn. 36; *Lipp*, Freiheit und Fürsorge, 2000, S. 16: Umfang der Betreuung nach dem individuellen Unterstützungsbedarf.

454 Mot IV 1044.

455 *Gernhuber/Coester-Waltjen*, Familienrecht, 7. Aufl. 2020, § 77 Rn. 28--30.

456 Absicht des Betreuungsgesetzgebers war es, „möglichst eng an den konkreten Betreuungsbedarfslagen orientierte Aufgabenbeschreibungen zu erreichen", *Bienwald*, in: Staudinger, 2017, § 1896 BGB Rn. 169.

§ 1814 Abs. 1 S. 1 BGB: „ganz").[457] Die notwendige Bestimmtheit der mit der Betreuer- bzw. Pflegerbestellung einhergehenden Wirkungen auf die Fortbewegungsfreiheit müsste insofern im Einzelfall geprüft werden. Dem steht entgegen, dass die Beurteilung, ob eine Freiheitsentziehung schon bei der Bestellung vorliegt, nur bei einheitlicher Beurteilung – zumindest hinsichtlich einzelner Fürsorgeverhältnisse – sinnvoll erscheint. Überdies muss selbst bei Übertragung eines engen Aufgabenkreises – etwa Entscheidung über die Unterbringung – noch ein konkretes Tätigwerden des Betreuers oder Pflegers hinzutreten, damit die Fortbewegungsfreiheit tatsächlich beschränkt wird, etwa die tatsächliche Veranlassung einer freiheitsentziehenden Unterbringung. Insofern mangelt es auch hier der Bestellung an der für einen Eingriff notwendigen Konkretheit.

Die Einordnung der Bestellung einer Fürsorgeperson als Freiheitsentziehung würde die Diskussion um die Geltung des Art. 104 Abs. 2 S. 1 GG auch nur dann auflösen, wenn dessen formelle Voraussetzungen mit der Bestellung bereits erfüllt wären. Zwar erfolgt die Bestellung eines Vormunds oder Betreuers durch familien- bzw. betreuungsgerichtliche Entscheidung (§§ 1773 Abs. 1 BGB [Vormund]; §§ 1814 Abs. 1 S. 1, 1816 Abs. 1 BGB [Betreuer]). Da hingegen auch eine funktionelle Zuständigkeit des Rechtspflegers in Frage kommt, § 3 Nr. 2a RPflG, und der Richter nur in Ausnahmefällen nach § 6 RPflG i. V. m. § 14 Abs. 1 Nr. 2 RPflG, etwa wenn die Verhältnismäßigkeit der Sorgerechtsentziehung von der konkreten Person des zu bestellenden Vormunds abhängt,[458] ist eine Entscheidung durch einen Richter im verfassungsrechtlichen Sinne nicht gewährleistet und der Richtervorbehalt aus Art. 104 Abs. 2 GG nicht erfüllt.[459] Im Rahmen der Vormundschaft wäre daher ohnehin eine richterliche Entscheidung notwendig, würde man die Freiheitsentziehung durch einen Vormund als Fall von Art. 104 Abs. 2 S. 1 GG einordnen. Die Vorverlagerung einer Freiheitsentziehung kann damit schon den angestrebten Zweck – vereinfachte Erfüllung bzw. Übergehung

[457] *Brinckmann/Gräbsch*, Geschlossene Unterbringung psychisch Kranker, 2013, § 1 Rn. 14.
[458] BVerfG 2015, 208, 210.
[459] so schon *Giese*, Grundgesetz für die Bundesrepublik Deutschland, Art. 104 Nr. 3; *Saage*, Beilage zum Bundesanzeiger Nr. 122 vom 29. Juni 1960, S. 1, 4, 7; *Pohlreich*, in: Kahl/Waldhoff/Walter, Bonner Kommentar zum Grundgesetz, 199. Aktual. 2019, Art. 104, Rn. 69.

der Voraussetzungen des Art. 104 Abs. 2 GG – gar nicht erfüllen.[460] In der Bestellung einer Fürsorgeperson kann mithin noch keine Freiheitsentziehung gesehen werden, sodass die durch die Fürsorgeperson vorgenommenen Freiheitsentziehungen isoliert an den Voraussetzungen von Art. 2 Abs. 2 S. 3 und 104 Abs. 2 GG zu messen sind, sofern diese Anwendung finden.

### 2. Keine Geltung des Art. 6 Abs. 2 GG

Die im Eltern-Kind-Verhältnis dargestellte Orientierung der Elternverantwortung an Art. 6 Abs. 2 GG und Implementierung der Kindesgrundrechte bleibt der Betrachtung von Vormundschafts- und Pflegschaftsverhältnis verwehrt. Denn die einfache Rechtsordnung bestimmt, wer den Schutz des Art. 6 Abs. 2 GG genießt.[461] Im Gegensatz zu den Eltern unterfallen damit Vormund und Pfleger dem persönlichen Schutzbereich des Art. 6 Abs. 2 S. 1 GG nicht. Auch die Tatsache, dass der Vormund dem persönlichen Schutzbereich des Art. 6 Abs.3 GG unterfallen mag[462], ändert hieran nichts, denn der Begriff der „Eltern" in Art. 6 Abs. 2 GG ist gerade nicht synonym mit dem der „Erziehungsberechtigten" in Abs. 3 zu verstehen.[463] Demnach besitzen weder die Pflegeeltern[464] noch der Vormund ein Elternrecht aus Art. 6 Abs. 2 GG.[465] Nimmt der Vormund als Pflegeperson das Kind in seinen Haushalt

---

460 *Schulze-Fielitz* (in: Dreier, Grundgesetz, Band III, 3. Aufl. 2018, Art. 104 Rn. 69) sieht in der einer solchen vorherigen gerichtlichen Entscheidung wie z. B. der Bestellung eines Betreuers eine „Vorbereitung" der Entscheidung über die Freiheitsentziehung, die im Zusammenschau mit § 1906 BGB so einer mehrstufigen Kontrolle unterliegt was wiederum eine nicht strikte Handhabung der Höchstfristen des Art. 104 Abs. 2, 3 GG rechtfertigen soll.

461 *Badura*, in: Dürig/Herzog/Scholz, GG, Bd. II, 108. EL 2025, Art. 6 Rn. 99 ff.

462 *V.Coelln/Fontana*, in: Sachs, GG, 10. Aufl. 2024, Art. 6 Rn. 98; *Badura*, in: Dürig/Herzog/Scholz, GG, Bd. II, 108. EL 2025, Art. 6 Rn. 101.

463 *Jestaedt/Reimer*, in: Kahl/Waldhoff/Walter, Bonner Kommentar zum Grundgesetz, 195. Aktual. 2018, Art. 6 Abs. 2 und 3, Rn. 458.

464 BVerfGE 79, 51, 60.

465 BVerfG 19, 323, 329; strittig ist die Anwendung des Art. 6 Abs. 2 GG auf Großeltern, die ebenfalls Vormünder des betreffenden Kindes sind: das BVerfG begründet dies mit damit, dass die Großeltern dann „anstelle der Eltern für die Erziehung und Pflege des Kindes verantwortlich" seien, BVerfGE 34, 165, 200. Dem setzt *Jestaedt/Reimer* (in: Kahl/Waldhoff/Walter, Bonner Kommentar zum Grundgesetz, 195. Aktual. 2018, Art. 6 Abs. 2 und 3, Rn. 248) entgegen, dass dann auch Vormund und Pfleger dem Grundrechtsschutz unterfallen müssten, was das BVerfG gerade ablehnt (BVerfGE 10,

auf, genießt diese aus Pflegeeltern und Pflegekindern bestehende Pflegefamilie verfassungsrechtlichen Schutz über Art. 6 Abs. 1 GG.[466] Dieser schützt zwar den Familienverband, nicht aber das Handeln der Pflegeeltern gegenüber den Kindern. Der Vormund nimmt zwar ebenfalls elterliche Aufgaben wahr, tritt aber gleichwohl nicht in die grundrechtliche Stellung der Eltern ein,[467] und auch der Pfleger ist in Anknüpfung daran a maiore ad minus nicht Elternteil gemäß Art. 6 Abs. 2 GG. Damit wird schon deutlich, dass das verfassungsrechtliche Verhältnis zwischen Vormund und Mündel grundlegend anderen Regeln folgt als das zwischen Kind und Eltern.

### 3. Unmittelbare Grundrechtsgeltung im Vormundschaftsverhältnis?

#### *a. Die Vormundschaft als öffentlich-rechtliche Aufgabe …*

Eine unmittelbare Grundrechtsverpflichtung von Fürsorgepersonen kommt entsprechend der dargestellten Wirkdimensionen von Freiheitsgrundrechten in Frage, wenn diese dem Staat zuzuordnen sind. Eine entsprechende formell-institutionelle Zuordnung käme allenfalls hinsichtlich der Amtsvormundschaft in Betracht, wenn man diese als typisches staatliches Organ auffasst. Insgesamt könnte aber auch eine materiell-funktionelle Zuordnung dies nahelegen: Vormundschaft und Pflegschaft erfüllen – ebenso wie die Betreuung – zunächst die Aufgabe des Staates, dafür Sorge zu tragen, dass Personen, die aufgrund ihres Alters oder Entwicklungsstandes und der damit einhergehenden mangelnden Reife oder Einsichtsfähigkeit schutzbedürftig sind, eine Fürsorgeperson zur Seite gestellt wird, die ihre fehlenden Befugnisse ausgleicht.[468] Hinsichtlich der Fürsorgeverhältnisse für Minderjährige ergibt sich diese Verpflichtung aus der die „Wächterfunktion“ aus Art. 6 Abs. 2 S. 2 GG erfüllenden Aufgabe, den Ausfall der elterlichen Erziehung

302, 328) und zudem der Begriff der Eltern dann mit dem der Erziehungsberechtigten deckungsgleich wäre.

[466] BVerfGE 68, 176, 187; dazu *Salgo*, Pflegekindschaft und Staatsintervention, 1987, S. 199 ff, 203 f.

[467] BVerfGE 10, 302, 328; zu Großeltern, als Vormünder s. Teil 3 Fn. 469.

[468] BVerfGE 10, 302, 311; 54, 251, 268 f.; *Wiesner*, in: Hansbauer, Neue Wege in der Vormundschaft?, 2002, S. 41 f., 50; *Veit*, in: Staudinger, 2020, Vorbem. 17 f. zu §§ 1773 ff. BGB; ebenso zur Betreuung: *Schwab*, in: FS Frank, 2008, S. 492, 504.

auszugleichen.[469] Die Wahrnehmung der Wächterfunktion hat aufgrund ihrer Ausrichtung auf den Staat öffentlich-rechtlichen Charakter.[470] Auf dieser Grundlage ließe sich, nicht zuletzt unter Zugrundelegung der Interessentheorie, die Vormundschaft als Wahrnehmung öffentlich-rechtlicher Interessen verstehen und damit im öffentlichen Recht einordnen.[471] Für eine entsprechende Einordnung könnte in Anlehnung an die Subordinationstheorie auch die zwischen Privaten unübliche Bestimmungsmacht sprechen, die der Vormund gegenüber dem Kind innehat.[472]

### *b. … mit bewusst privatrechtlicher Ausgestaltung*

Die Vormundschaft ist durch ihre Verortung im BGB allerdings privatrechtlich ausgestaltet. Dies allein mag für sich allenfalls als Indiz ihrer Einordnung dienen, sie ist hingegen kein Zufall: die Zuordnung zum Privatrecht folgt vielmehr einem historischen Ursprung. So oblag sie als „familienrechtliche Gewalt der Verwandtschaft“ über vaterlose Minderjährige, unverheiratete Frauen und „Wahnsinnige“ im römischen und germanischen Recht der Familie und wurde übernommen durch den nächsten männlichen Blutsverwandten unter Oberaufsicht der gesamten Verwandtschaft.[473] Die Mitwirkung des Staates – Bestellung des Vormunds durch staatlichen Akt und die staatliche Aufsicht – entwickelte sich erst nach und nach und weitete sich vor allem im Mittelalter zu einer verstärkten staatlichen Aufsicht aus; gleichzeitig entstanden zu dieser Zeit auch die ersten „modernen“ Vormundschaftsordnungen.[474] Bis ins 18. Jahrhundert nahm diese Tendenz der Verstaatlichung zu, sodass der Vormund eher die Stellung eines „Mandatsträger[s]

---

469 *Wolf*, in: Hansbauer, Neue Wege in der Vormundschaft?, 2002, S. 91, 92; *Zenz*, ebenda, S. 107, 118 f.

470 *Gondolf*, Die Vormundschaft und Pflegschaft für Minderjährige, 2008, S. 26 f.

471 Ähnlich für die Betreuung: *Tietze*, Ambulante Zwangsbehandlungen im Betreuungsrecht, 2005, S. 66 f.

472 *V.Sachsen Gessaphe*, Der Betreuer als gesetzlicher Vertreter für eingeschränkt Selbstbestimmungsfähige, 1999, S. 61; *Kasten/Rapsch*, NVwZ 1986, 708.

473 *Lettmaier*, in: MünchKomm BGB, 9. Aufl. 2024, Vorbem. zu §§ 1773 ff. Rn. 7 ff.; *Tietze*, Ambulante Zwangsbehandlungen im Betreuungsrecht, 2005, S. 62; *Peters*, Die Betreuung Volljähriger, 1992, S. 94 ff.

474 *Tietze*, Ambulante Zwangsbehandlungen im Betreuungsrecht, 2005, S. 62.

der öffentlichen Gewalt", der Mündel mehr die eines „Pflegebefohlenen des Staates" einnahm.[475]

Im 19. Jahrhundert war der staatliche Einfluss im Rahmen des Vormundschaftsrechts wieder rückläufig[476] und das Verhältnis zwischen Vormund und Mündel wurde etwa in der preußischen Vormundschaftsordnung und auch im BGB als privatrechtliches Verhältnis unter staatlicher Aufsicht gestaltet.[477] Die privatrechtliche Ausgestaltung wird dabei bewusst als Gegenentwurf zur streng polizeirechtlichen Ausgestaltung der Vormundschaft im preußischen Allgemeinen Landrecht betrachtet.[478]

### *c. Abgrenzungskriterien*

Nun könnte genau diese bewusst privatrechtliche Wahrnehmung einer sozialstaatlichen fürsorglichen Aufgabe eben jene „Flucht ins Privatrecht" darstellen, die dem zuvor geschilderten Gedanken einer unmittelbaren Grundrechtsgeltung im Privatrecht in bestimmten Fällen zugrunde liegt: der Staat entledigt sich seiner Pflichten durch Übertragung auf Private, soll sich dadurch aber nicht der Bindung an die Grundrechtsgarantien etwa aus Art. 2 Abs. 2 S. 2, 3, 104 Abs. 2 S. 1 GG entziehen können.[479] Durch das „untrennbare Zusammenfallen" von öffentlich-rechtlichem Schutzgedanken und privatrechtlicher Konstruktion könnte dann trotz des an sich privatrechtlich ausgestalteten Verhältnisses zwischen Vormund und Mündel eine unmittelbare Grundrechtsgeltung anzunehmen sein, wenn man

---

[475] *Tietze*, Ambulante Zwangsbehandlungen im Betreuungsrecht, 2005, S. 62; *Dernburg*, Das Bürgerliche Recht, IV. Band, 4. Aufl. 1908, § 96, S. 232 f.; s. dazu auch BT-Drucks. 11/4528, S. 44.

[476] *Tietze*, Ambulante Zwangsbehandlungen im Betreuungsrecht, 2005, S. 62 f.

[477] Mot IV 1008 f.; BGHZ 17, 108, 116; *Lipp*, Freiheit und Fürsorge, 2000, S. 120; *Hansbauer*, in: Hansbauer, Neue Wege in der Vormundschaft?, 2002, S. 13, 25; *Windel*, BtPrax 1999, 46, 48; *Grengel/Roth*, ZRP 2013, 12, 13; *Henke*, FamRZ 1959, 7, 8; *Tietze*, Ambulante Zwangsbehandlungen im Betreuungsrecht, 2005, S. 62 f.; zur Entwicklung *Dernburg*, Das Bürgerliche Recht, IV. Band, 4. Aufl. 1908, § 96, S. 347 ff.; *Dölle*, Familienrecht, Band II, 1965, S. 646 f.

[478] Mot IV 1023: Im preuß. ALR war der Mündel Pflegebefohlener, der Vormund Bevollmächtigter des Staates; *Windel*, BtPrax 1999, 46, 48; *Grengel/Roth*, ZRP 2013, 12, 13; *Henke*, FamRZ 1959, 7, 8.

[479] S. dazu oben, unter D. III. 1.; AG Garmisch-Partenkirchen, BtPrax 1999, 207, 208; *Schumacher*, FamRZ 1991, 280, 282.

davon ausgeht, dass der Vormund eine an sich öffentlich-rechtliche Aufgabe erfüllt[480] und sein Handeln der öffentlichen Gewalt zuzurechnen ist.[481] Dieser Interpretation ist es zuzuordnen, wenn der Vormund mitunter als „Quasi-Beliehener" bezeichnet wird.[482]

Die Zuordnung einer Rechtsbeziehung ins öffentliche Recht oder Privatrecht kommt ebenfalls zum Tragen, wenn es darum geht, ob eine aus ihr resultierende Streitigkeit dem Verwaltungsrechtsweg oder der ordentlichen Gerichtsbarkeit zuzuordnen ist sowie bei der Frage, ob sich eine Haftung im Falle eines Fehlverhaltens aus zivilrechtlichen oder öffentlich-rechtlichen Tatbeständen ergibt. Sie erfolgt dort anhand der folgenden vier Theorien, die nicht nur ausschließlich, sondern vermehrt auch kumulativ angewendet werden können[483], um für die recht vielfältigen Anwendungsbereiche eine interessengerechte Lösung zu erzielen.

Die sog. Interessentheorie bestimmt die Zuordnung danach, ob die das Rechtsverhältnis beherrschenden Normen vorwiegend die öffentlichen Interessen oder Allgemeininteressen – dann Einordnung ins öffentliche Recht – oder diejenigen Privater, also Individualinteressen zum Gegenstand haben – im letztgenannten Fall erfolgt danach eine Einordnung ins Privatrecht.[484] Kritisch ist diese Einordnung allerdings deshalb zu betrachten, da

---

480 *Lettmaier*, in: MünchKomm BGB, 9. Aufl. 2024, Vorbem. zu §§ 1773 ff. Rn. 24: öffentlich-rechtlicher Einschlag gibt den Ton an; ähnlich *Kroll*, Personensorge und Freiheitsentzug, 1967, S. 22; *Schwab*, Die sogenannte Drittwirkung der Grundrechte, 1971, plädiert für eine Abschaffung der Unterscheidung zwischen privatem und öffentlichem Recht bei der Frage der Grundrechtsgeltung, zusammenfassend auf S. 154 ff.; kritisch: *Schwabe* (AöR 100 [1975], 442, 455), der dieses Kriterium sowohl für undeutlich als auch für wenig sachgerecht hält: wenn die Grundrechte gegen staatliche Ermächtigung Privater Schutzwirkung entfalten, dann erst Recht, wenn diese eigene Zwecke verfolgen. Für eine Anknüpfung an die wahrzunehmende Aufgabe anders als den Status der Person: *Schnapp/Kaltenborn*, JuS 2000, 937, 938.

481 S. *Kroll*, Personensorge und Freiheitsentzug, 1967, S. 22: unmittelbare Geltung für Freiheitsentziehungen in Erfüllung „zumindest materiell-öffentlicher Aufgaben; *Gusy*, NJW 1992, 457, 458: wenn „staatliche Maßnahme".

482 *Schwabe*, AöR 100 (1975), 442, 456; *Schumacher*, FamRZ 1991, 280, 282.

483 s. etwa bei BGHZ 63, 119, 121 f.; 97, 312, 314.

484 BVerfGE 58, 300, 344; BGHZ 27, 278, 283; BVerwGE 1, 308, 310; 5, 325, 327; 19, 308, 312; 13, 307, 309; 47, 229, 230; 47, 247, 249 f.; Die Interessentheorie beruft sich auf eine entsprechende Unterscheidung, die im römischen Recht in den Digesten angedeutet wird (Ulpian, Digesten 1.1.1.2): Publicum ius est quod ad statum rei Romanae spectat;

sie scheitert, sobald Normen sowohl dem Allgemeininteresse, als auch dem Interesse der Bürger kumulativ dienen und sie darüber hinaus in den Fällen versagt, in denen eine Abgrenzung beider Interessen an sich nicht gelingt, bzw. sich entsprechende Interessen nicht präzise genug definieren lassen.[485] Hiernach wäre zunächst eine Einordnung der Vormundschaft als Wahrnehmung eines öffentlich-rechtlichen Interesses denkbar, wenn allein auf das Element des staatlichen Wächteramts abgestellt wird.

Von den Vertretern der sog. Subjektions- bzw. Subordinationstheorie wird eine Unterscheidung anhand des Verhältnisses der betroffenen Rechtssubjekte vorgeschlagen: Befinden diese sich in einem Subordinationsverhältnis, handelt es sich bei den zugrundeliegenden Vorschriften also um Subordinationsrecht, ist das Rechtsverhältnis dem öffentlichen Recht zuzuordnen; handelt es sich um ein Koordinationsverhältnis und mithin um Koordinationsrecht, befindet man sich in einem Privatrechtsverhältnis.[486] Auch diese Einordnung trifft gleichwohl auf Kritik. Ihr wird zum einen ein überholtes Staatsverständnis vorgeworfen: Der Staat trete dem Bürger keinesfalls immer in einem Über-/Unterordnungsverhältnis gegenüber, auch nicht auf Gebieten, in denen die Einordnung in das öffentliche Recht unstreitig ist.[487] Zudem liegt auch etwa bei Verwaltungsabkommen zwischen Bund und Ländern, zwischen Ländern oder zwischen Gemeinden ein Gleichordnungsverhältnis vor und dennoch werden diese dem Verwaltungsrecht zugeordnet.[488] Darüber hinaus könne ein Über-/Unterordnungsverhältnis gerade auch in solchen Beziehungen vorkommen, die klassisch – und unstreitig – dem Privatrecht zuzuordnen sind, etwa im Arbeitsrecht.[489] Hinsichtlich des Verhältnisses Vormund/Mündel lässt

---

privatum quod ad singolorum utilitatem (Das öffentliche Recht behandelt die Verhältnisse des Gemeinwesens; das private [Recht] [behandelt] den Nutzen des Einzelnen); vgl. auch zur Unterscheidung und Überschneidung beider Rechtsgebiete: *Savigny*, System des heutigen Römischen Rechts, Erster Band, 1840, S. 22 f.

485 *Pabst*, in: MünchKomm ZPO, 6. Aufl. 2022, § 13 GVG Rn. 8; *Ipsen/Koch*, JuS 1992, 809, 810.

486 BVerfGE 7, 342, 355; 97, 312, 314; RGZ 167, 281, 284; BGHZ 3, 292, 294; 14, 222, 226 f.

487 *Ipsen/Koch*, JuS 1992, 809, 811 f.

488 *Pabst*, in: MünchKomm ZPO, 6. Aufl. 2022, § 13 GVG Rn. 9.

489 *Siegert*, Die Zwangsbefugnisse des Betreuers, 2006, S. 53; *Ipsen/Koch*, JuS 1992, 809, 811.

sich insofern ein Vergleich mit dem Verhältnis Eltern/Kind anstellen: auch zwischen Eltern und Kind besteht ein dem zwischen Vormund und Mündel entsprechendes Über-/Unterordnungsverhältnis, dennoch kann dieses Verhältnis nur schwerlich dem öffentlichen Recht zugerechnet werden.[490] Gegen eine echte Subordination in der Form, wie sie zwischen originär staatlichen Stellen und Bürgern besteht, spricht im Verhältnis Vormund/ Kind auch dessen einfachgesetzliche Ausgestaltung. Zunächst lässt sich hier der sich aus § 1779 Abs. 2 BGB ergebende Vorrang des Vorrang eines ehrenamtlichen Einzelvormunds anführen, welche dem Ziel einer persönlichen Beziehung zwischen Vormund und Mündel Rechnung tragen soll. Zwar führt dieser Vorrang nicht dazu, dass der Vormund die tatsächliche Betreuung und Erziehung des Kindes selbst wahrnimmt, vielmehr ist die professionell organisierte Vormundschaft der Regelfall.[491] Nach § 1795 Abs. 1 BGB ist der Vormund verpflichtet, die Pflege und Erziehung des Mündels persönlich zu fördern und zu gewährleisten, wenn er den Mündel nicht in seinem Haushalt pflegt und erzieht. Der Vormund nimmt anstelle der Eltern Hilfe zur Erziehung für das Kind in Anspruch, das im Heim oder in einer Pflegestelle betreut wird; auch die Hilfen zur Erziehung des SGB VIII verlangen allerdings ein hohes Maß an Partizipation und Kooperation des Sorgeberechtigten hinsichtlich der Planung und Gestaltung von Hilfen im Hilfeplanverfahren. Der Vormund muss weiter die Interessen des Minderjährigen gegenüber den Fachkräften des Sozialen Dienstes, Einrichtungen bzw. Pflegeeltern und gegebenenfalls den Eltern adäquat vertreten.[492] Die Erfüllung dieser Aufgabe setzt voraus, dass der Vormund den Minderjährigen und dessen Interessen kennt, was nur dann möglich ist, wenn er in regelmäßigem Kontakt zu diesem steht.[493] Um dieses Ziel

---

490 *Siegert*, Die Zwangsbefugnisse des Betreuers, 2006, S. 52.

491 *Hansbauer*, in: Hansbauer, Neue Wege in der Vormundschaft?, 2002, S. 13, 28 f.; *Wiesner*, in: Hansbauer, Neue Wege in der Vormundschaft?, 2002, S. 41, 46.

492 Zum vorstehenden *Wiesner*, in: Hansbauer, Neue Wege in der Vormundschaft?, 2002, S. 41, 47, 51.

493 *Wiesner*, in: Hansbauer, Neue Wege in der Vormundschaft?, 2002, S. 41, 47; *Wolf*, ebenda, S. 91, 93; *Wöll*, ebenda, S. 151, 156.

zu erreichen sollte mit der Einführung eines Regelkontaktes (§ 1790 Abs. 3 BGB)[494] die persönlich geführte Vormundschaft sichergestellt werden.[495]

Die Subjektstheorie verfolgt eine formell-institutionelle Einordnung und orientiert sich zunächst daran, welche Rechtssubjekte an einem Rechtsverhältnis beteiligt sind. Sind dies Träger öffentlicher Gewalt, also insbesondere juristische Personen des öffentlichen Rechts, wie Bund, Länder und Gemeinden oder sonstige Körperschaften und Anstalten des öffentlichen Rechts, liegt ein öffentlich-rechtliches Rechtsverhältnis vor; sind lediglich Bürger oder juristische Personen des Privatrechts beteiligt, handelt es sich um ein bürgerlich-rechtliches Rechtsverhältnis. Da auch bei dieser Theorie für sich genommen – ähnlich wie bei der Subjektionstheorie – unbeachtet bleibt, dass Träger öffentlicher Gewalt auch an bürgerlich-rechtlichen Rechtsverhältnissen beteiligt sein können, wird sie in der Weise modifiziert, dass nur dann ein öffentlich-rechtliches Rechtsverhältnis vorliegt, wenn als Berechtigter oder Verpflichteter der für das Rechtsverhältnis entscheidenden Normen notwendig ein Träger öffentlicher Gewalt stehen muss, weil die erwachsenden Rechte ausschließlich einem Träger öffentlicher Gewalt in seiner spezifisch hoheitlichen Funktion zustehen und die Pflichten nur diesen binden können; berechtigen und verpflichten die streitentscheidenden Normen dagegen „beliebige Personen“ oder „jedermann“, handelt es sich um ein Privatrechtsverhältnis – insofern wird diese Form der Zuordnung als modifizierte Subjekts- oder auch Sonderrechts- bzw. Zuordnungstheorie vertreten.[496]

Diese Theorie bedient sich allerdings eines Zirkelschlusses, setzt sie doch zur Einordnung der betreffenden Rechtsnormen einen Träger öffentlicher Gewalt als Zuordnungssubjekt bereits voraus.[497] Insofern ist sie zur Einordnung des Vormundschaftsverhältnisses unzweckmäßig: Zwar berechtigen und verpflichten die Regelungen des Vormundschaftsrechts nicht jedermann, sondern primär den Vormund, allerdings müsste man diesen schon

---

[494] Durch das Gesetz zur Änderung des Vormundschafts- und Betreuungsrechts v. 29. Juni 2011, BGBl. I, 1306.

[495] BT-Drucks. 17/3617 S. 13.

[496] BGHZ 66, 229, 237 f.; 97, 312, 314; *Sodan*, in: Sodan/Ziekow, VwGO, 6. Aufl. 2025, § 40 Rn. 302; *Pabst*, in: MünchKomm ZPO, 6. Aufl. 2022, § 13 GVG Rn. 10 ff.

[497] *Kasten/Rapsch*, NVwZ 1986, 708, 710.

im Vorhinein als Träger öffentlich-rechtlicher Gewalt subsumieren, um das Vormundschaftsrecht dem öffentlichen Recht zuzuweisen – der bemängelte Zirkelschluss steht einem Erkenntnisgewinn an dieser Stelle entgegen. Darüber hinaus wären für die Einordnung der Vormundschaft die Regelungen zur Sorgeverantwortung ausschlaggebend, die sich für den Vormund nach § 1795 BGB an denen der Eltern orientieren. Letztere sind hingegen keine Träger der öffentlichen Gewalt, sodass nach dieser Theorie ein Privatrechtsverhältnis vorläge.

Über diese auf formelhaften Kriterien beruhenden Theorien lässt sich u. a. unter Betrachtung des historischen Hintergrunds nach der sog. Traditionstheorie eine Abgrenzung herbeiführen.[498] Diese stellt auf die übliche Qualifikation des betreffenden Verwaltungshandels ab und geht davon aus, dass im Zweifel diese bisherige rechtliche Einordnung auch weiterhin zugrunde zu legen ist, soweit nicht erhebliche Gründe für einen Wandel der Zuordnung sprechen.[499] Die Anwendbarkeit der Traditionstheorie findet ihre Grenze freilich in den Fällen, in denen eine entsprechende historisch begründete Zuordnung nicht zu entdecken ist; zudem wird ihr entgegengesetzt, dass bei einem gesellschaftlichen Wandel und geänderten Bedürfnissen und Anforderungen nicht ohne Weiteres von einer Weiterführung der historischen Zuordnung ausgegangen werden könne.[500] Ein möglicherweise eingetretener Wandel kann gleichwohl auch in der Möglichkeit einer Abweichung von einer entsprechenden Zuordnung bei Hinzutreten erheblicher Gründe Niederschlag finden. Möchte man hier Anleihen tätigen, ist auch aufgrund der historisch bewussten Entwicklung der Vormundschaft hin zum Privatrecht[501] das Verhältnis zwischen Vormund und Mündel als ein rein privatrechtliches einzustufen.

### 4. Mittelbare Grundrechtswirkungen im Vormundschaftsverhältnis

Die Befürwortung einer unmittelbaren Grundrechtsgeltung wird mitunter auf den Gedanken gestützt, dass der Staat einer Privatperson durch die

---

498 *Wysk*, VwGO, 4. Aufl. 2025, § 40 VwGO Rn. 125; *Siegert*, Die Zwangsbefugnisse des Betreuers, 2006, 49.

499 *Maurer/Waldhoff*, Allgemeines Verwaltungsrecht, 21. Aufl. 2024, § 3 Rn. 15.

500 *Sodan*, in: Sodan/Ziekow, VwGO, 6. Aufl. 2025, § 40 VwGO Rn. 319.

501 s. dazu oben, unter D. V. 3.

Übertragung von Befugnissen die Legitimation verschafft, in grundrechtssensible Bereiche einer anderen Person vorzudringen. Dieses Machtverhältnis zwischen Vormund und Mündel muss – weil es an das öffentliche Recht erinnert[502] – zumindest im Rahmen einer möglichen mittelbaren Grundrechtswirkung Berücksichtigung finden. Wie zuvor dargelegt[503], handelte es sich bei einer mittelbaren Wirkung allerdings keinesfalls um eine Form der Grundrechtsgeltung gegenüber dem Vormund, sondern vielmehr um ein Einwirken in das Vormundschaftsverhältnis über die originäre Grundrechtsgeltung gegenüber dem Staat.

In der aktuelleren Kommentarliteratur werden insbesondere die Garantien des Art. 104 Abs. 2–4 GG als in Privatrechtsverhältnisse, so auch in der Vormundschaft im „Wege der Drittwirkung“, ausstrahlend beschrieben.[504] Um eine mittelbare Drittwirkung hingegen anzunehmen, bedürfte es eines unbestimmten Rechtsbegriffs oder einer Generalklausel, in deren Auslegung die grundrechtliche Wertung Berücksichtigung finden kann. Worin dieser Anknüpfungspunkt im Falle einer Freiheitseinschränkung durch den Vormund liegen soll, ist nicht ersichtlich. Zudem wurde zuvor bereits festgestellt, dass eine mittelbare Drittwirkung der formellen Garantien des Art. 104 Abs.2–4 GG gerade nicht möglich ist.

Niederschlag können die Grundrechte allerdings auch und besonders im Vormundschaftsverhältnis über die dem Staat obliegenden Schutzpflichten finden. So hat der Staat eine besondere Schutzpflicht für Personen, die ihr Selbstbestimmungsrecht als Kern der Menschenwürde nicht eigenständig ausüben können.[505] Im Vormundschaftsrecht aktualisieren sich grundrechtliche Schutzpflichten auf mehrerlei Weise: Zunächst ist die Vormundschaft selbst Ausdruck einerseits einer speziellen Schutzpflicht aus Art. 6 Abs. 2 S. 2 GG[506] und andererseits – wie die Betreuung – einer allgemeinen, sich aus dem Recht auf freie Entfaltung der Persönlichkeit, dem Recht auf Leben und körperliche Unversehrtheit sowie der Menschenwürde und dem

---

502 *V.Sachsen Gessaphe*, Der Betreuer als gesetzlicher Vertreter für eingeschränkt Selbstbestimmungsfähige, 1999, S. 61.

503 s. dazu oben, unter D. III. 2. a.

504 So *Radtke*, in: BeckOK-GG, 64. Edition, Stand: 15. Juni 2025, Art. 104 Rn. 6.

505 *Hoffmann*, NZFam 2015, 985, 988.

506 s. dazu oben, unter D. V. 3. a.

Gleichheitssatz ergebenden Schutzpflicht, für das Kind „Lebensbedingungen zu sichern, die für seine Entwicklung und sein gesundes Aufwachsen erforderlich sind“[507] und damit im Falle der Vormundschaft, eine Hilfsperson zur Seite zu stellen, die sie unterstützt. Gleichzeitig gehen die Schutzpflichten des Staates aber über die Bereitstellung von Hilfspersonen hinaus. Neben der sich aus der Bedeutung des betroffenen Rechtsguts ohnehin ergebenden starken Schutzbedürfnisses für die Fortbewegungsfreiheit besteht innerhalb des Vormundschaftsverhältnisses ein gewichtiges Schutzbedürfnis, weil der grundrechtsverpflichtete Staat mit der Übertragung der vormundschaftlichen Befugnisse eben erst die privatrechtliche Eingriffsbefugnis in die Fortbewegungsfreiheit schafft. Im Vergleich zu dem ohnehin bestehenden Schutzbedürfnis vor sonstigen Eingriffen Dritter handelt der Vormund hier gleichsam mit staatlicher Ermächtigung.

### 5. Das Urteil des Bundesverfassungsgerichts vom 10. Februar 1960[508] – Erfordernis einer richterlichen Genehmigung nach Art. 104 Abs. 2 GG

Bei der Klärung der Frage, wie Maßnahmen des Vormunds verfassungsrechtlich einzuordnen sind und konkret, ob und wie der Art. 104 Abs. 2 GG auf den Vormund anwendbar ist, lässt sich eine grundlegende Entscheidung des Bundesverfassungsgerichts vom 10. Februar 1960 anführen. Bis zu dieser Entscheidung stellte sich unter anderem der Bundesgerichtshof auf den Standpunkt, Art. 104 GG beziehe sich nur auf Freiheitsentziehungen durch die öffentliche Gewalt, zu der der gesetzliche Vertreter eben nicht zählte, sodass die Anwendung auf diesen insgesamt ausgeschlossen sei.[509]

---

507 BVerfG NJW 2017, 1295, 1297 Rn. 39 ff.; BVerfGE 24, 119, 144; 55, 171, 179; 57, 361, 382; 133, 59, 74; *Lipp*, FamRZ 2013, 913, 915 f., der die Pflicht des Staates einen Menschen, der sich nicht selbst schützen kann, vor sich selbst zu schützen für das Betreuungsrecht aus Art. 1 Abs. 1, 3 Abs. 1 GG ableitet.

508 BVerfGE 10, 302.

509 BGHZ 17, 108; *Franke*, NJW 1959, 1561; *ders.*, DRiZ 1960, 17; OLG Köln, NJW 1955, 320; eine richterliche Genehmigung forderten dagegen schon LG Wiesbaden, NJW 1955, 1842 m. abl. Anm. *Pentz*, NJW 1956, 270; ausführlich zum Streitstand über die Anwendung des Art. 104 GG im Privatrecht vor dem Urteil des BVerfG insb.: *Kroll*, Personensorge und Freiheitsentzug, 1967, S. 5 ff., 15 ff.

### a. Fallgestaltungen

Dem Beschluss des BVerfG lagen zwei Fallgestaltungen zugrunde, in denen eine bereits erfolgte Unterbringung volljähriger Mündel auf Veranlassung des Vormunds fortgeführt wurde. In einem Fall stellte der Vormund selbst bei Gericht den Antrag, über die Rechtmäßigkeit der Unterbringung zu entscheiden, der hingegen mit der Begründung abgelehnt wurde, hierfür gäbe es keine rechtliche Grundlage. In dem anderen Fall erstellte das Gericht eine „Bescheinigung", dass der Vormund zur Unterbringung des Mündels berechtigt sei. Die Mündel rügten, dass ihre Einweisung ohne richterliche Entscheidung erfolgt sei.[510]

### b. Die Entscheidung des Gerichts

Das Gericht stellte zunächst fest, dass ein Eingriff in die persönliche Freiheit nicht dadurch ausgeschlossen sei, dass die Betroffenen nicht voll geschäftsfähig waren, da auch im Rahmen des straf- und zivilrechtlichen Freiheitsschutzes (§ 239 StGB, § 823 BGB) auf den natürlichen Willen des Verletzten abgestellt werde.[511] Sodann bejahte es die grundsätzliche Anwendung des Art. 104 Abs. 2 GG auf Freiheitsentziehungen mit fürsorgerischem Charakter, da der aufgrund dieser Norm gewährleistete Freiheitsschutz nicht lediglich strafrechtliche Freiheitsentziehungen und Festnahmen mit Interesse der öffentlichen Ruhe erfassen solle.[512]

Für die Frage der Geltung des Art. 104 Abs. 2 GG auch für Vormünder betont das Bundesverfassungsgericht zunächst den starken öffentlich-rechtlichen Einschlag des Vormundschaftsrechts, der sich insbesondere aus der Grundlage der Vormundschaft im öffentlichen Interesse an der Fürsorge schutzbedürftiger Einzelner ergäbe – die Einordnung in das bürgerliche Recht lasse sich hingegen dadurch begründen, dass es sich um die Wahrnehmung privater Angelegenheiten handele.[513] Die seit Jahrhunderten bestehende Zuordnung der Vormundschaft über Volljährige als „Teil der öffentlichen

---

510 Die Darstellung der Fälle ist dem Urteil des BVerfG entnommen, BVerfGE 10, 302, 304.

511 BVerfGE 10, 302, 309; dies entspricht auch den oben festgestellten Voraussetzungen eines Freiheitseingriffs.

512 BVerfGE 10, 302, 324; vgl. dazu die Ausführungen oben, unter C. III.

513 BVerfGE 10, 302, 311.

Fürsorge“ spreche für eine Wirkung des Art. 104 Abs. 2 S. 1 und 2 GG auch für Freiheitsentziehungen durch den Vormund.[514] Diesem Ergebnis stünde auch nicht die Besonderheit entgegen, dass die Fürsorge im Rahmen eines personalen Gewaltverhältnisses ausgeübt wird.[515] Die personale Gewalt des Vormunds diene gerade dem Schutz des Mündels, der auch im Verhältnis zum Vormund Anspruch auf Rechtsschutz habe. Der Staat werde zum Schutz des Mündels gegen Missbrauch der Gewalt durch diverse Aufsichts- und Kontrollbefugnisse eingeschaltet; dieser Schutz könne dem Mündel nicht dort versagt werden, wo ein so hohes Rechtsgut wie die Freiheit betroffen ist, deren Schutzgarantien sich sogar aus der Verfassung ergeben.[516] Die Wirksamkeit von Art. 104 Abs. 2 S. 1 und 2 GG werde auch nicht dadurch in Frage gestellt, dass die Unterbringung nach dem geltenden Recht als privatrechtliche Aufenthaltsbestimmung des Vormunds und nicht als unmittelbarer Akt öffentlicher Fürsorge ausgestaltet ist.[517] Dieser vormals vertretenen Meinung stellt sich das Bundesverfassungsgericht mit dem Argument entgegen, dass diese Einordnung des Begriffs der Unterbringung zu widersprüchlichen Ergebnissen führe: ein Handeln in Ausübung öffentlicher Gewalt müsse jedenfalls dann bejaht werden, wenn der Staat die Vormundschaft durch Beamte führen lasse.[518]

Das Urteil entfaltet gemäß § 31 BVerfGG eine Bindungswirkung für die Verfassungsorgane des Bundes und der Länder sowie alle Gerichte und Behörden, die sich auch auf die tragenden Gründe der Entscheidung erstreckt.[519] Der Entscheidung wurde überwiegend ein Auftrag an den Gesetzgeber entnommen, die nach Art. 104 Abs. 2 GG als notwendig festgestellte gerichtliche Entscheidung zu regeln.[520] Wie konkret diese verfassungsrechtliche Vorgabe ausgestaltet werden soll, lässt sich dem Urteil hingegen nicht entnehmen. In Betreuungsverhältnissen wurde es zur Erfüllung des vorbeugenden Grundrechtsschutzes des Art. 104 Abs. 2 GG mitunter als ausreichend erachtet,

514 BVerfGE 10, 302, 324.
515 BVerfGE 10, 302, 324.
516 BVerfGE 10, 302, 324.
517 BVerfGE 10, 302, 324.
518 BVerfGE 10, 302, 324.
519 *Böning*, NJW 1960, 1374.
520 Vgl. anstatt vieler mit Regelungsvorschlägen: *Böning*, NJW 1960, 1374, 1375.

in der gerichtlichen Festlegung des Aufgabenumfangs des Betreuers die ausdrückliche Feststellung aufzunehmen, dass aufgrund der beschränkten Eigenverantwortlichkeit eine Unterbringung des Betroffenen möglich sein soll.[521] Noch weiter geht die Schaffung eines eigenen Genehmigungstatbestands für konkrete Freiheitsentziehungen, wie er in Folge des Urteils in den zum Zeitpunkt der Entscheidung dem Bundestag vorliegenden Entwurf eines Familienrechtsänderungsrechts[522] aufgenommen wurde. Vereinzelt wurde gar die Beschränkung des Genehmigungserfordernisses auf die Unterbringung mit Freiheitsentziehung als Fehler angesehen, da bei Verneinung einer Freiheitsentziehung aufgrund des Einverständnisses des Unterzubringenden bei engen Betreuungsverhältnissen nicht sicher festgestellt werden könne, ob das Einverständnis aus eigenem Entschluss oder unter Beeinflussung der Betreuungsperson gegeben wurde; auch Unterbringungsfälle, die aus diesem Grund nicht unter Art. 104 GG fallen, bedürften zum Schutz der Betroffenen eine Genehmigungs-, zumindest aber ein Anzeigeerfordernis geben.[523]

Tatsächlich wurde in Folge des Urteils durch das Gesetz zur Vereinheitlichung und Änderung familienrechtlicher Vorschriften vom 11. August 1961[524] ein einfachgesetzlicher Genehmigungsvorbehalt für eine freiheitsentziehende Unterbringung durch einen Vormund in § 1800 Abs. 2 a. F. BGB eingeführt, der aufgrund des damals einheitlichen Instituts der Vormundschaft sowohl Minderjährige als auch Volljährige erfasst, § 1897 a. F. BGB.

### c. *Auswirkungen der Entscheidung*

Für die Relevanz der Entscheidung für die hiesige Fragestellung soll zunächst erörtert werden, inwiefern sich die Argumentation in den zuvor festgelegten Umfang der Grundrechtsgeltung im Vormundschaftsverhältnis einfügt (dazu unter (1)). Im Anschluss daran soll die Bedeutung des Urteils für die

---

521 *Lipp*, Freiheit und Fürsorge, S. 140; eine entsprechende Formulierung enthielten die Entscheidungen zur Entmündigung bzw. Anordnung einer Zwangspflegschaft zum Zeitpunkt des Urteils allerdings nicht, ebenda, S. 140 Fn. 142 unter Verweis auf den Bericht des Bundesverfassungsgerichts, BVerfGE 19, 302, 307 f.

522 BT-Drucks. 3/530.

523 *Erdsiek*, NJW 1960, 1385, 1386.

524 Gesetz v. 11. August 1961, BGBl. I, 1221, s. näher dazu auch unten, unter Teil 5, B. IV. 1. b.

Bedeutung der Entscheidung auch für die Vormundschaft für Minderjährige diskutiert werden (sogleich unter (2)).

### *(1) Interpretation des Urteils als unmittelbare oder mittelbare Grundrechtswirkung*

Für eine Feststellung, welche Aussage die Entscheidung des Bundesverfassungsgerichts über die Geltung des Art. 104 Abs. 2 GG im Vormundschaftsverhältnis trifft, für welche der dargestellten Geltungsweise des Art. 104 Abs. 2 GG sich das Bundesverfassungsgericht also ausspricht, bedarf es einer Eingliederung der Entscheidung in die obigen Ausführungen zur Grundrechtsgeltung. Die verfassungsrechtliche Herleitung seiner Schlussfolgerungen hat das Bundesverfassungsgericht nämlich weitestgehend offen gelassen.[525] Aufschluss darüber, ob das Urteil eher in die Richtung einer direkten Geltung[526] weisen soll oder die Annahme einer sich konkretisierenden Schutzpflicht[527] näherliegt, könnten schon die das Ergebnis einleitenden Worte des Gerichts geben: Es spricht von der „Bedeutung der Gewährleistung des Art. 104 Abs. 2 S. 1 GG auch im Bereich des Vormundschaftsrechts" sowie der „Wertentscheidung der Verfassung", die sich aus Art. 2 Abs. 2 S. 2 GG ergibt und für alle Bereiche des Rechts gelten soll.[528] Diese Formulierungen, die an die Begründungen für eine mittelbare Drittwirkung und Schutzpflicht erinnern, mögen auch zu einer entsprechenden Einordnung der Entscheidung als solche für eine mittelbare Drittwirkung des Art. 104 Abs. 2 S. 2 GG in der Literatur[529] geführt haben. Eine Einordnung des Vormunds als öffentliche Gewalt, die eine direkte, unmittelbare Grundrechtswirkung begründen würde, nimmt das Gericht hingegen nicht ausdrücklich vor; allerdings hält es eine Einordnung ins zivile oder öffentliche Recht zwar nicht für maßgeblich, aber betont den „Gedanken der öffentlichen Fürsorge, der das gesamte

---

525 Ebenso *Lipp*, FamRZ 2013, 913, 917; *ders.*, JZ 2006, 661, 664; *Windel*, BtPrax 1999, 46, 48.

526 s. dazu oben, unter D. V. 3.

527 s. dazu oben, unter D. V. 4.

528 BVerfGE 10, 302, sowie S. 322: „objektive Wertentscheidung".

529 *Grengel/Roth*, ZRP 2013, 12, 13; „Drittwirkung": *Rauschert*, RdJ 1960, 269; dagegen: *Reinicke*, Der Zugang des Minderjährigen zum Zivilprozeß, 1989, S. 85: unmittelbare Geltung

Vormundschaftsrecht bestimmt".[530] Den Mündel hält es im Vergleich zu demjenigen, dem „unmittelbar durch die öffentliche Gewalt" die Freiheit entzogen wird, für ebenso schutzwürdig.[531] Das Abstellen auf die Schutzwürdigkeit und den „Gedanken der öffentlichen Fürsorge" als Wertungsargument sprechen ebenfalls für eine Schutzpflicht.[532] Vergleichbar einer „Flucht ins Privatrecht" klingt hingegen das Argument des Gerichts, der „Staat kann sich von der Grundrechtsbindung nicht dadurch befreien, daß er einen Privatmann zur Wahrung einer öffentlichen Aufgabe bestellt und ihm die Entscheidung über den Einsatz staatlicher Machtmittel überläßt."[533] Ausschlaggebend für die Einordnung ist hier der Anknüpfungspunkt, auf dem das Bundesverfassungsgericht seine Entscheidung aufbaut: Es betont zunächst die Bedeutung des Art. 2 Abs. 2 S. 2 GG und seine Stellung als verfassungsrechtliche Grundsatznorm und damit objektive Wertentscheidung, die für alle Bereiche des Rechts gilt; an dieser Funktion soll auch Art. 104 Abs. 2 GG teilnehmen.[534] Damit ist auch die Argumentationsgrundlage des Bundesverfassungsgerichts die einer mittelbaren Wirkung, konkret einer Schutzpflichtwirkung, für die auch der von ihm angestellte Vergleich mit den Aufsichts- und Kontrollbefugnissen im Vormundschaftsverhältnis spricht.[535] Hiergegen spricht auch nicht, dass die hoheitliche Stellung des Vormunds gegenüber dem Mündel auf staatlichem Hoheitsakt beruht.[536] Denn dieser Unterschied zu einem beliebigen Dritten kann sich gerade im Umfang der staatlichen Schutzpflicht innerhalb des Vormundschaftsverhältnisses ausdrücken.

Mag auch nicht mit abschließender Gewissheit festzustellen sein, welche dogmatische Herleitung das Bundesverfassungsgericht der Geltung des Art. 104 Abs. 2 GG innerhalb der damaligen Erwachsenenvormundschaft zugrunde legen wollte, zeigt die vorliegende Analyse doch, dass die Grundlage

---

530 BVerfGE 10, 302, 326.

531 BVerfGE 10, 302, 325.

532 *Hoffmann/Klie*, Freiheitsentziehende Maßnahmen im Betreuungs- und Kindschaftsrecht, 2. Aufl. 2012, 7. Kapitel Rn. 5, Fn. 10: hinsichtlich der Wirkung des Art. 104 GG zumindest unentschlossen zwischen direkter oder Schutzpflichtwirkung.

533 BVerfGE 10, 302, 327; so wohl auch *Erdsiek*, NJW 1960, 1385, 1386.

534 BVerfGE 10, 302, 322.

535 BVerfGE 10, 302, 324.

536 Auf diese Argumentation des Gerichts verweist *Emmerlich* (SPD), Protokoll des Rechtsausschusses, Nr. 56/8. Wahlperiode, S. 38.

seiner Argumentation – Art. 2 Abs. 2 S. 2 GG als objektive Wertentscheidung – wie auch die dann folgenden Formulierungen die Annahme einer eng konkretisierten Schutzpflicht nahelegen. Diese führte dazu, dass der Gesetzgeber für eine freiheitsentziehende Unterbringung durch den damaligen Vormund für Erwachsene aufgrund dessen Machtstellung gegenüber dem Mündel, die durch einen Hoheitsakt begründet ist, ein Genehmigungserfordernis schaffen musste. In dieser Interpretation steht die Entscheidung des Bundesverfassungsgerichts auch nicht als Gegensatz, sondern vielmehr als Fortführung der bisherigen Rechtsprechung des Bundesgerichtshofs, in der dieser ausschließlich eine unmittelbare Geltung des Art. 104 Abs. 2 GG für Vormünder ausschließt.[537]

*(2) Diskussion über die Übertragung der Urteilsgründe auf die Minderjährigenvormundschaft*

Die Übertragung der Urteilsgründe auch auf eine Vormundschaft für Minderjährige wurde schon im Anschluss an das Urteil in Literatur[538] und Rechtsprechung[539] eingehend diskutiert. Sie entzündete sich an der Aussage des Gerichts, die „Verschränkung öffentlichen und privaten Rechts" trete „am deutlichsten" bei der Vormundschaft über Volljährige zutage, „da der Staat hier aus fürsorgerischen Gründen den Status der vollen Geschäftsfähigkeit durch die Entmündigung aufhebt und den Vormund einsetzt, das heißt Gewalt begründet und begrenzt".[540] Gleichwohl wird das Urteil auch heute noch mitunter ohne Diskussion auf die Vormundschaft übertragen.[541]

Die damaligen Fürsprecher einer entsprechenden Übertragung der Argumentation des Verfassungsgerichts auch auf minderjährige Mündel hielten trotz des stärker als bei Erwachsenen hervortretenden Erziehungszwecks, der ungleichen Art der Einleitung der Vormundschaft und dem Umfang der Befugnisse des Vormunds die wesentliche Argumentation des Gerichts für

---

[537] BGH, NJW 1955, 867, 868.

[538] *Franke*, NJW 1960, 1369; *Böning*, NJW 1960, 1374; *Erdsiek*, NJW 1960, 1385; insb. ausführlich die Dissertation von *Krull*, Personensorge und Freiheitsentzug, 1967.

[539] OLG Hamm, NJW 1960, 2239; AG Wennigsen/Deister, FamRZ 1960, 364 m. Anm. *Bosch* u. 411; AG Hamburg, FamRZ 1961, 393.

[540] BVerfGE 10, 302, 326.

[541] So noch *Degenhart*, in: Sachs, GG, 7. Aufl. 2014 (Vorauflage), Art. 104 Rn. 8.

anwendbar: zwischen Vormund und Mündel bestehe ein Gewaltverhältnis, demnach sei auch hier das Genehmigungserfordernis einschlägig.[542] Trotz der genannten Unterschiede sei die Vormundschaft für Voll- und Minderjährige hinsichtlich der Art der Bestellung, wie auch in der Gestaltung des Amts und dessen Zielen, der Fürsorge für den Mündel, strukturell gleich.[543] Auch hier seien die „öffentlich-rechtlichen Bestandteile derart ausgeprägt",[544] dass auch in dieser Konstellation dem Minderjährigen der aus Art. 104 Abs. 2 GG erwachsende Rechtsschutz nicht verwehrt werden könne.[545]

Eine andere Ansicht lehnte einen Gleichlauf aufgrund der Unterschiede zwischen einer Vormundschaft für Erwachsene und für Kinder, die im Unterschied zur ersteren Erziehungszwecke verfolgt, ab, sodass sie für die Vormünder von Minderjährigen eine richterliche Entscheidung im Falle einer Freiheitsentziehung für nicht notwendig hielt.[546] Vereinzelt sollte danach unterschieden werden, ob die Freiheitsentziehung aus Erziehungszwecken erfolgt: zumindest dann bedürfe es keiner Genehmigung.[547] Abgestellt wurde insofern auf die stärkere persönliche Beziehung zwischen Vormund und Mündel, die dem Eltern-Kind-Verhältnis nachgebildet ist.[548] Diese Gleichschaltung zwischen Eltern und Vormund wurde mitunter gar damit begründet, dass dem Vormund ebenso wie den Eltern der Vorrang des Art. 6 Abs. 2 GG gegenüber Art. 2, 104 GG zugutekommen soll, da zwischen denjenigen Kindern,

---

542 *Erdsiek*, NJW 1960, 1385, 1386; OLG Hamm, NJW 1960, 2239; AG Wennigsen, FamRZ 1960, 364 m. Anm. *Bosch*; *Böning*, NJW 1960, 1374, 1378; *Saage*, Beilage zum Bundesanzeiger Nr. 122 vom 29. Juni 1960, S. 1, 3; a. A.: *Helle*, ZfJ 1986, 40, 42.

543 *Saage*, Beilage zum Bundesanzeiger Nr. 122 vom 29. Juni 1960, S. 1, 3, *Reinicke*, Der Zugang des Minderjährigen zum Zivilprozeß, 1989, S. 86.

544 *Hantel*, Der Begriff der Freiheitsentziehung in Art. 104 Abs. 2 GG, 1988, S. 195.

545 OLG Hamm, NJW 1960, 2239; AG Wennigsen/Deister, FamRZ 1960, 364, 365; *Böning*, NJW 1960, 1374, 1378; *Erdsiek*, NJW 1960, 1385, 1386; *Franke*, NJW 1960, 1369, 1370; *ders.*, NJW 1961, 955, 956, der sogar noch weitergehend aufgrund des Gedanken des Grundrechtsschutzes auch eine Genehmigung bei Unterbringung durch die Eltern für angemessen hält.

546 *Kroll*, Personensorge und Freiheitsentzug, 1967, S. 11 ff.; *Dunz*, JZ 1960, 475, 476; *Schüler-Springorum*, FamRZ 1961, 296, 299; *Ficht*, ZfJ 1960, 328, 330; *Rauschert*, RdJ 1960, 369, 372.

547 AG Hamburg, FamRZ 1961, 393, 394 f.

548 Mot IV 1096; BVerfGE 10, 302, 328; *Gernhuber/Coester-Waltjen*, Familienrecht, 7. Aufl. 2020, § 74 Rn. 1; *Veit*, in: Staudinger, 2020, Vorbem. 20 ff. zu §§ 1773 ff. BGB.

deren Eltern sorgeberechtigt sind und denen, bei denen die elterliche Sorge durch einen Vormund wahrgenommen wird, nicht unterschieden werden solle.[549] Letzterer Begründungsansatz ist, wenn man davon ausgeht, dass der Vormund – allenfalls mit der Ausnahme der Großeltern als Vormund[550] – an der Schutzwirkung des Art. 6 Abs. 2 GG nicht teilnimmt[551], nicht (länger) einschlägig.

*(3) Übertragung auf Betreuung und Vormundschaft heute*

Betrachtet man nun nach heutiger Rechtslage die Betreuung, ließe sich zunächst in Betracht ziehen, dass der Gesetzgeber mit der Trennung von Vormundschaft für Minderjährige und Betreuung durch das Betreuungsgesetz[552] eine Differenzierung im Sinne einer unterschiedlichen Behandlung von Erwachsenen und Minderjährigen selbst herbeiführen wollte. Gleichzeitig lässt dies aber auch die Frage offen, ob die vom Bundesverfassungsgericht aufgestellten Grundsätze heute noch gelten, oder ob eine strenge oder gegebenenfalls weniger strenge Orientierung an den Verfassungsgrundsätzen erfolgen muss. Für eine Änderung könnte das Ansinnen des Betreuungsgesetzes sprechen, mit dem ein flexibles Fürsorgeinstitut orientiert am Bedarf des Betreuten geschaffen werden sollte. Einem Erwachsenen sollte nur noch in den Bereichen eine Fürsorgeperson bestellt werden, in denen Unterstützung auch tatsächlich notwendig ist; die vollständige Entmündigung mit der Folge der Geschäftsunfähigkeit oder beschränkten Geschäftsfähigkeit wurde aufgrund ihrer diskriminierenden und stigmatisierenden Wirkung abgeschafft.[553] Ziel des Betreuungsgesetzes war es ferner, die Betreuung so auszugestalten, dass sie keine anonyme Verwaltung durch den Betreuer bedeutete, sondern vielmehr ein an das tatsächliche individuelle Betreuungsbedürfnis angepasstes Fürsorgeverhältnis, das in seiner Ausführung geprägt ist durch eine persönliche Verwaltung von Fällen, eine stärkere Berücksichtigung der

---

549 *Rauschert*, RdJ 1960, 369, 372.

550 BVerfGE 34, 165, 200; 136, 382, 386.

551 *Veit*, in: Staudinger, 2020, § 1793 BGB, Rn. 4; anders: *Burghart*, in: Leibholz/Rinck, GG, 90.Lieferung 8/2023, Art. 6 Rn. 557.

552 Gesetz zur Reform des Rechts der Vormundschaft und Pflegschaft für Volljährige (BtG) v. 21. September 1990, BGBl. I, 2002.

553 Vgl. BT-Drucks. 11/4528, 38 f., 49 f.

verbleibenden Fähigkeiten und Wünsche des Betreuten und einen möglichst restriktiven Eingriff in dessen Rechte.[554] Hieraus könnte sich ergeben, dass der Betreuer nunmehr verstärkt auf Seiten des Betreuten steht und damit nicht mehr wie staatliche Stellen selbst in dessen Rechte eingreift.

Folgte man der aktuellen Rechtsprechung des Bundesgerichtshofs kann von einer anderen Bewertung des Betreuungsverhältnisses hingegen nicht ausgegangen werden. Dieser hatte sich vor Einführung des § 1906a a. F. BGB mehrfach mit der Frage auseinanderzusetzen, ob eine medizinische Zwangsbehandlung eines Betreuten genehmigungspflichtig bzw. -fähig ist oder ob der Betreuer eine solche innerhalb seines eigenen Ermessens vornehmen darf, ob es hierzu einer (gesonderten) Ermächtigungsgrundlage bedarf und wie eine solche auszusehen hätte.[555] Zuletzt bejahte der Bundesgerichtshof in einer Entscheidung vom 20. Juni 2012 das Erfordernis einer konkreten Ermächtigungsgrundlage und sah eine solche nicht als gegeben an.[556] Hinsichtlich des letzten Aspekts wendete er sich unter Abkehr seiner zwischenzeitlichen Rechtsprechung[557] im Ergebnis wieder einer früheren Ansicht[558] zu. Innerhalb dieser Fragestellung nahm der Bundesgerichtshof auch ausdrücklich zu der verfassungsrechtlichen Einordnung des Betreuungsverhältnisses Stellung. So legte er zu Recht dar, verfassungsrechtliche Vorgaben richteten sich grundsätzlich nur an den Träger der öffentlichen Gewalt, ihr Schutz greife allerdings ebenso ein, wenn der Staat sich einer Privatperson bediene, um öffentliche Aufgaben wahrzunehmen.[559] Diese Argumentation wendete er allerdings gleichsam auf den Betreuer an, dem er die Grundrechte ebenfalls entgegenhielt, da dieser ein öffentliches Amt wahrnehme.[560] Ein grundrechtsrelevanter Eingriff eines Betreuers erfordere insofern dieselbe Kontrolle, wie wenn der Staat die Maßnahme, in die der Betreuer einwilligt, selbst angeordnet hätte.[561] Es müssten daher, um dem formellen Gesetzesvorbehalt gerecht zu werden, auch für einen Eingriff des Betreuers in die Rechte des Betreuten die

---

554 BT-Drucks. 11/4528, S. 49.
555 BGHZ 145, 297; 166, 141; 193, 337; BGH, FamRZ 2008, 866.
556 BGHZ 193, 337.
557 BGHZ 166, 141; BGH, FamRZ 2008, 866.
558 BGHZ 145, 297.
559 BGHZ 145, 297, 304.
560 BGHZ 145, 297, 304; 193, 337, 347; BGH, FamRZ 2008, 866, 867.
561 BGHZ 193, 337, 348.

Grundzüge der Eingriffsvoraussetzungen in einem formellen Gesetz geregelt werden.[562] Für diese Schlussfolgerung wird auf die dargestellte Entscheidung des Bundesverfassungsgerichts von 1960 verwiesen.[563]

Zudem berief sich der Bundesgerichtshof 2012 explizit bezüglich des Erfordernisses einer Ermächtigungsgrundlage zur Durchführung einer Zwangsbehandlung während einer Unterbringung auf die Entscheidung des Bundesverfassungsgerichts vom 12. Oktober 2011. Dort forderte dieses eine verfassungsmäßige, gesetzliche Grundlage für eine Zwangsbehandlung einer im Maßregelvollzug untergebrachten Person.[564] Der Bundesgerichtshof geht allerdings bewusst[565] noch einen Schritt weiter. Im Gegensatz zu den Fällen des Bundesgerichtshofs, in denen es um die vom Betreuer initiierte Zwangsbehandlung ging, entschied das Bundesverfassungsgericht über eine solche durch eine originär staatliche Stelle. Der Bundesgerichtshof hält die Rechtsprechung dennoch für einschlägig, da es keinen Unterschied machen könne, wenn der Betreuer eingreife.[566] Seine Schlussfolgerung, der Betreuer unterliege einer Grundrechtsverpflichtung ebenso wie originär staatliche Stellen, weil er ein öffentliches Amt wahrnehme, ergibt sich aus der Entscheidung des Bundesverfassungsgerichts jedenfalls nicht[567], da es gar keine Stellung nimmt zum Betreuungsverhältnis.[568]

---

[562] BGHZ 145, 297, 304; BGH, FamRZ 2008, 866, 867; das Vorliegen einer entsprechenden Rechtsgrundlage lehnt er in BGHZ 193, 337, 352 ab, sodass nach damaliger Rechtslage ein Betreuer keine Zwangsbehandlung in einer geschlossenen Einrichtung veranlassen durfte. Der Gesetzgeber hat hierauf reagiert und eine heute in § 1906a BGB zu findende Rechtsgrundlage geschaffen.

[563] BGHZ 145, 297, 304, 308; 193, 337, 347.

[564] BVerfG, FamRZ 2011, 1927.

[565] BGHZ 193, 337, 339.

[566] BGHZ 193, 337, 339.

[567] Eine entsprechende Differenzierung bzw. Stellungnahme zu den unterschiedlichen Fallgestaltungen und Argumentation zur Übertragung auf das Betreuungsverhältnis fehlen auch überwiegend in der vom BGH zitierten, sich auf das BVerfG beziehenden Rspr., vgl. LG Ludwigsburg, FamRZ 2012, 739; AG Bremen, NJW 2012, 1090; LG Bremen, BtPrax 2012, 171; anders: AG Frankfurt a.M., FamRZ 2012, 1084, 1085 sowie sehr kurz LG Stuttgart, FamRZ 2012, 1086.

[568] Das BVerfG geht auch nicht schon früher – der BGH verweist insofern auf FamRZ 1998, 895 – von einem staatlichen Eingriff durch den Betreuer aus. Soweit er diesen Begriff dort nutzt, geschieht dies innerhalb allgemeiner Ausführung zum Wesen und zur Einschränkbarkeit des Art. 2 Abs. 2 S. 2 GG. In einer Entscheidung im Jahr 2014

## 6. Stellungnahme zur verfassungsrechtlichen Einordnung des Vormundschaftsverhältnisses

Im Betreuungsrecht wird der verschärften – weil unmittelbaren – Grundrechtsgeltung im Betreuungsverhältnis, wie der Bundesgerichtshof sie vertritt, keinesfalls einstimmig gefolgt. Vielmehr wird dem in der Literatur entgegengesetzt, der Betreuer sei eine private Fürsorgeperson, die keine Staatsgewalt ausübe.[569] Gestützt wird diese Annahme auf einen Widerspruch für den Fall, dass man die Grundrechte des Betroffenen dem Betreuer unmittelbar gegenüber stelle: Die Aufgabe des Betreuers sei es nicht vorrangig, die Rechte des Betroffenen von staatlicher Seite zu beschränken, vielmehr nehme er die Rechte des Betroffenen gerade auch gegenüber dem Staat wahr.[570] Entsprechend seien auch im einfachen Recht die Regelungen zur Betreuung ausgestaltet. So stellte etwa § 1906 a. F. BGB nicht nur keine Ermächtigungsgrundlage für eine Zwangsbehandlung dar, sondern auch nicht für eine Unterbringung: Die Grundlage für diese sei die Anordnung des Betreuers, die Genehmigungspflicht schränke die Handlungsfreiheit des Betreuers und nicht die Freiheit des Betreuten ein.[571]

Diese Schlussfolgerung muss im Vormundschaftsverhältnis erst recht gelten.[572, 573] Das Vormundschaftsverhältnis ist insofern noch stärker als das Betreuungsverhältnis von einer Ambivalenz der Zweckrichtungen geprägt,

---

war das BVerfG dagegen auch mit der Bewertung einer Zwangsbehandlung durch den Betreuer befasst – auch hier spricht es hingegen von einem Grundrechtseingriff durch die vorinstanzlichen Entscheidungen.

569 *Lipp*, FamRZ 2013, 913, 916; *ders.*, JZ 2006, 661, 663; *Schwab*, in: FS Frank, 2008, S. 491, 504: Betreuerhandeln soll nicht an den Grundsätzen der Erforderlichkeit und Verhältnismäßigkeit gemessen werden.

570 *Lipp*, JZ 2006, 661, 663, *ders.*, Freiheit und Fürsorge, 2000, S. 118 ff.

571 *Lipp*, JZ 2006, 661, 663; der BGH stimmt dieser Feststellung ebenfalls zu – die Ausführungen, wie diese mit seinen übrigen Prämissen zusammenpasst bleiben unklar.

572 Dagegen für eine unmittelbare Grundrechtsgeltung wie gegenüber sonstiger staatlicher Gewalt: *Pohlreich*, in: Kahl/Waldhoff/Walter, Bonner Kommentar zum Grundgesetz, 199. Aktual. 2019, Art. 104, Rn. 35.

573 Soweit der BGH seine Erwägungen unter Berufung auf die BVerfGE 10, 302 darauf stützt, dass im Verhältnis Betreuer/Betroffener nichts anderes gelten könne, als im Verhältnis Vormund/Mündel (BGHZ 193, 337, 347), lässt er unerwähnt, dass es in der Entscheidung gerade auch um ein Erwachsenenschutzverhältnis geht und daher umgekehrt allenfalls die Übertragung auf den Minderjährigenvormund fraglich ist.

die mit einer vorrangigen Berücksichtigung des öffentlich-rechtlichen Zwecks nicht entsprechend gewürdigt wird. Der Vormund verwirklicht entsprechend seiner Funktion als Sorgeverantwortlicher in allen Sorgebereichen die Selbstbestimmung und damit die Interessen des Mündels, der aufgrund seines Alters und Entwicklungsstandes dazu noch nicht in der Lage ist. Der Vormund nimmt damit in verfassungsrechtlicher Hinsicht zunächst dieselbe Aufgabe wahr wie die Eltern: Er unterstützt das Kind in der Wahrnehmung seiner grundrechtlichen Interessen und nimmt diese dort wahr, wo das Kind dies noch nicht kann; nur diesen Interessen des Mündels ist der Vormund verpflichtet.[574] Zur Wahrnehmung dieser Interessen bedarf das Verhältnis zwischen Vormund und Kind eines Schutzes, der – da er der Verwirklichung der Freiheitsgrundrechte des Mündels dient – gerade auch gegenüber staatlichen Eingriffen bestehen muss.[575] Da der Vormund damit hilft, die Grundrechtsberechtigung des Kindes erst durchzusetzen, wäre es paradox, sein Verhältnis zum Kind wiederum als öffentlich-rechtlich einzuordnen, mit der Folge, dass er zudem grundrechtsverpflichtet wäre; denn so würde der Vormund mit Maßnahmen, die in den grundrechtssensiblen Bereich des Kindes vordringen, in Grundrechte eingreifen und diese nicht verwirklichen.[576] Um eine ausnahmsweise Geltung der Grundrechte auch im Privatrecht anzunehmen, müsste der Vormund dem Kind wie der Staat selbst als dessen Ausführungsperson gegenübertreten, was nach dem zuvor Gesagten gerade nicht der Fall ist.[577] In Anerkennung seiner Sonderstellung und in Wahrnehmung seines Wächteramts hat sich der Gesetzgeber entschieden, die „Surrogate elterlicher Sorge“ bewusst nicht ins öffentliche Recht zu verlagern, sondern privatrechtlich auszugestalten.[578] Die privatrechtliche Ausgestaltung des Verhältnisses zwischen Vormund und Mündel ist auch Ausdruck eines bewusst

---

574 *Kunkel*, in: Oberloskamp, Vormundschaft, 4. Aufl. 2017 (Vorauflage), § 16 Rn. 84.

575 Für die Betreuung *Lipp*, Freiheit und Fürsorge, S. 55; *Tietze*, Ambulante Zwangsbehandlungen im Betreuungsrecht, 2005, S. 68 f.

576 Ebenso für die Betreuung: *Tietze*, Ambulante Zwangsbehandlungen im Betreuungsrecht, 2005, S. 69; vgl. *Lipp*, JZ 2006, 661, 663.

577 So auch *Siegert*, Die Zwangsbefugnisse des Betreuers, 2006, S. 81.

578 *Gernhuber/Coester-Waltjen*, Familienrecht, 7. Aufl. 2020, § 73 Rn. 1; *Savigny*, System des heutigen Römischen Rechts, Erster Band, 1840, S. 361: Vormundschaft als „Surrogat der väterlichen Gewalt“ bzw. „künstliche Nachhülfe“.

subsidiären Auftretens des Staates im Bereich familiärer Angelegenheiten.[579] Insofern stellt die privatrechtliche Ausgestaltung der Vormundschaft keine „Flucht" des Staates dar, sondern istvielmehr notwendig, um dem nicht selbst voll handlungsfähigen Kind einen selbstständig und eigenverantwortlich handelnden Partner zur Seite zu stellen, dessen Orientierungspunkt allein die Kindesinteressen sind. Eine unmittelbare Grundrechtsgeltung kann für das privatrechtliche Verhältnis zwischen Vormund und Kind damit auch nicht ausnahmsweise angenommen werden.

In dieser Weise ist auch die Vormundschaft einfachgesetzlich ausgestaltet. Die Regelungen zum Umfang der Personensorge des Vormunds in §§ 1789, 1790, 1795 Abs. 2 BGB berechtigen und verpflichten diesen ähnlich wie die Eltern. Zudem hat sich auch – wie bei den Eltern – jegliches Handeln des Vormunds am Kindeswohl zu orientieren, § 1790 Abs. 1 BGB, wobei er – anders als die Eltern – ausschließlich fremdnützig agiert.[580] Dies beinhaltet, dass der Vormund nicht ohne weiteres einseitig bestimmungsbefugt ist, sondern ebenso wie die Eltern die wachsenden Befugnisse des Kindes berücksichtigen muss, § 1790 Abs. 2 BGB.[581] Der Vormund erlangt insofern eine elternähnliche Stellung. Aus dieser ergibt sich auch der im Verhältnis zum Staat für den Vormund streitende Grundsatz der Selbstständigkeit[582]: er handelt eigenverantwortlich und innerhalb seiner Pflichten weitestgehend unabhängig von gerichtlichen oder behördlichen Weisungen, § 1790 Abs. 1 BGB.[583] Im Unterschied zu den Eltern ergibt sich diese Selbstständigkeit allerdings nicht aus einer eigenen verfassungsrechtlichen Stellung, sondern vielmehr aus deren Notwendigkeit zur bestmöglichen Wahrung des Mündelwohls.[584] Auch in den Aufgabenbereich des Vormunds darf damit nur dann eingegriffen werden, wenn dieser seine Pflichten verletzt, da ansonsten eine „Atmosphäre des Mißtrauens" entsteht, die

---

579 *Siegert*, Die Zwangsbefugnisse des Betreuers, 2006, S. 59; *Tietze*, Ambulante Zwangsbehandlungen im Betreuungsrecht, 2005, S. 63.

580 *Jestaedt/Reimer*, in: Kahl/Waldhoff/Walter, Bonner Kommentar zum Grundgesetz, 195. Aktual. 2018, Art. 6 Abs. 2 und 3, Rn. 246.

581 S. zum Eltern-Kind-Verhältnis oben, unter D. IV. 3.

582 Mot IV 1010, 1022 ff.

583 S.a. BGHZ 17, 108, 116; *Windel*, BtPrax 1999, 46, 48.

584 *Lettmaier*, in: MünchKomm BGB, 9. Aufl. 2024, Vorbem. zu § 1773 ff. Rn. 22.

einem familienrechtlich ausgestalteten Verhältnis abträglich wäre.[585] Auch in dieser Selbstständigkeit des Vormunds manifestiert sich der im Kern privatrechtliche Charakter der Vormundschaft.[586] Eine entsprechende Handlungsfreiheit, die sich nicht wie bei einem Grundrechtseingriff an den Grundsätzen der Erforderlichkeit und Verhältnismäßigkeit orientieren muss, ist notwendig, um eine angemessene Gestaltung der Fürsorge für eine Person zu garantieren.[587]

Um der Ambivalenz zwischen öffentlich-rechtlicher Zielsetzung und privatrechtlicher Ausgestaltung Rechnung zu tragen, wird gemeinhin innerhalb der Einordnung des Vormundschaftsrechts eine Zweiteilung vorgenommen: Öffentlich-rechtlich ausgeprägt sind allein das Verhältnis zwischen Familiengericht und Vormund sowie die Maßnahmen und Pflichten aus diesem Verhältnis wie die Bestellung, Entlassung, Beratung, Aufsicht und Genehmigungsvorbehalte, sowie in die andere Richtung die Pflicht zur Berichterstattung, Auskunft und Rechnungslegung.[588] Dies ergibt sich daraus, dass das Familiengericht mit der Bestellung des Vormunds wächteramtliche Pflichten erfüllt und damit das öffentliche Interesse an der Fürsorge für das schutzbedürftige Kind wahrnimmt.[589] Wollte man hingegen nicht nur die Maßnahmen zwischen Familiengericht und Vormund, sondern auch diejenigen, die der Vormund gegenüber seinem Mündel vornimmt, als Ausübung öffentlicher Gewalt verstehen, würden Vormundschaften insgesamt öffentlich-rechtlich, sodass die vom Gesetzgeber bewusste privatrechtliche Ausgestaltung nur noch etwas Äußerliches wäre.[590] Nicht allein die hoheitliche Bestellung des Vormunds kann ausschlaggebend sein für den Charakter des Verhältnisses.[591] Obwohl das Verhältnis zwischen Vormund und Mündel

---

585 *Henke*, FamRZ 1959, 7, 8.
586 *Windel*, BtPrax 1999, 46, 48.
587 Für die Betreuung *Schwab*, in: FS Frank, 2008, S. 491, 504.
588 *Veit*, in: Staudinger, 2020, Vorbem. 19 zu §§ 1773 ff. BGB; *Maurer*, FamRZ 1960, 468, 471; ebenso für das Betreuungsrecht *Grengel/Roth*, ZRP 2013, 12, 13.
589 *Veit*, in: Staudinger, 2020, Vorbem. 17 zu §§ 1773 ff. BGB.
590 *Lipp*, Freiheit und Fürsorge, S. 120.
591 *Tietze*, Ambulante Zwangsbehandlungen im Betreuungsrecht, 2005, S. 63; *Maurer*, FamRZ 1960, 468, 471.

in diesem öffentlich-rechtlichen Rechtsverhältnis begründet ist, wird es daher überwiegend ausschließlich privatrechtlich qualifiziert werden.[592]

Diese Einordnung ließe sich allenfalls in Frage stellen, wenn man die unterschiedlichen Formen des Vormundschaftsverhältnisses differenziert: der Einzelvormund wird entsprechend obiger Argumentation recht unstreitig als privatrechtlich eingeordnet, während für den Amtsvormund – angelehnt an die frühere Rechtsprechung des Bundesgerichtshofs[593] – mitunter vertreten wurde, dieser handele gegenüber dem Mündel öffentlich-rechtlich.[594] Für eine Einordnung als öffentlich-rechtliches Verhältnis und damit für eine Grundrechtsgeltung spräche hier der Vergleich zwischen Maßnahmen des Amtsvormunds und solchen einer Behörde: für einen Laien tritt in beiden Fällen ein Behördenvertreter auf – warum das Tätigwerden des einen an den Grundrechten gemessen werden muss, dasjenige des anderen nicht, mag nicht unmittelbar einleuchten. Tatsächlich greifen im Rahmen der Amtsvormundschaft öffentlich-rechtliche und privatrechtliche Regelungen auf besonders enge Weise ineinander.[595] Auch hier gilt es, die Ausgestaltung der Amtsvormundschaft näher zu betrachten: auf die Amtsvormundschaft sind gem. § 56 Abs. 1 SGB VIII dieselben BGB-Vorschriften anzuwenden wie bei der Einzelvormundschaft.[596] Das Tätigwerden aller Vormünder richtet sich damit nach denselben zivilrechtlichen Bestimmungen, die ihnen dieselben Befugnisse gewähren und Verpflichtungen auferlegen. Darüber hinaus soll auch hier eine persönliche Beziehung zwischen Vormund und Mündel

---

592 *Veit*, in: Staudinger, 2020, Vorbem. 20 ff. zu §§ 1773 ff. BGB; *Lettmaier*, in: MünchKomm BGB, 9. Aufl. 2024, Vorbem. zu §§ 1773 ff. Rn. 22, 24; *Grengel*, Zwangsmaßnahmen des Betreuers, 2009, S. 145 f.; *Grengel/Roth*, ZRP 2013, 12, 13; *Maurer*, FamRZ 1960, 468, 470 f.; *Tietze*, Ambulante Zwangsbehandlungen im Betreuungsrecht, 2005, S. 64; so auch *Henke*, FamRZ 1959, 7, 8; sowie der damalige Bundesminister der Justiz sowie das Bayerische Staatsministerium der Justiz, die Regierung des Landes Baden-Württemberg und die Landesregierung des Landes Nordrhein-Westfalen in Stellungnahmen zum Verfahren vor dem BVerfG, BVerfGE 10, 302, 305 f. (s. zu dem Verfahren oben, unter D. V. 5.).

593 BGHZ 9, 255, 257.

594 *Windel*, BtPrax 1999, 46, 48; *Maurer*, FamRZ 1960, 468, 471; Annahme einer Grundrechtsgeltung: *Kirchhof*, in: Praxis des neuen Familienrechts, 1978, S. 171, 176.

595 *Kunkel*, in: Oberloskamp, Vormundschaft, 4. Aufl. 2017 (Vorauflage), § 16 Rn. 23.

596 *Gondolf*, Die Vormundschaft und Pflegschaft für Minderjährige, 2008, S. 27.

sichergestellt werden.[597] Der Vormund erlangt gegenüber dem Mündel auch als Amtsvormund rechtlich eine elternähnliche Stellung, die er entsprechend dem Vorgesagten selbstständig ausübt.[598] Sein Tätigwerden ist im Verhältnis zu dem Mündel allein privatrechtlich zu beurteilen,[599] sodass es einer Unterscheidung zwischen Amts- und anderen Vormündern hinsichtlich der Einordnung ins öffentliche oder private Recht nicht bedarf.[600]

Wagt man schon hier einen ersten Ausblick auf das einfache Recht, hätte eine unmittelbare Grundrechtsgeltung im Vormundschaftsrecht zur Folge, dass jeder Eingriff in einen grundrechtsrelevanten Bereich durch den Vormund einer speziellen Ermächtigungsgrundlage bedürfte.[601] Vor allem bliebe es dann nicht bei einer richterlichen Genehmigung für freiheitsentziehende Unterbringungen bzw. andere freiheitsentziehende Maßnahmen in der Unterbringung nach § 1631b BGB; vielmehr wäre eine Genehmigung für ausnahmslos alle Freiheitsentziehungen, die der Vormund veranlasst, notwendig, direkt aus Art. 104 Abs. 2 GG.[602] Soweit der Vormund die tatsächliche Pflege und Erziehung anderen Pflegepersonen übertragen hat, wäre auch bei einer Freiheitsentziehung durch diese eine richterliche Genehmigung erforderlich. Denn die von den Pflegepersonen wahrgenommenen Alltagssorgeangelegenheiten beruhen dann auf § 1688 BGB und leiten sich damit schon dem Wortlaut der Norm nach vom eigentlichen Sorgerechtsinhaber ab.

Abschließend kann festgehalten werden, dass ein Eingriff in Art. 2 Abs. 2 S. 2 104 GG durch den Vormund selbst gegenüber dem Kind ausscheidet, da diese Beziehung privatrechtlich ausgestaltet ist und auch keine Sondersituation einer Grundrechtsgeltung im Privatrechtsverhältnis vorliegt. Der Vormund ist damit gegenüber dem Kind nicht unmittelbar grundrechtsverpflichtet. Gleichwohl ist es möglich, dass der Vormund durch eine

---

597 BT-Drucks. 17/3617 S. 13.

598 *Walther*, in: Wiesner/Wapler, SGB VIII, 6. Aufl. 2022, § 55 Rn. 6.

599 *Krüger*, JZ 1955, 634, 635.

600 *Schwabe*, AöR 100 (1975), 442, 455; *Krüger*, JZ 1955, 634, 635.

601 Kritisch insofern fürs Betreuungsrecht *Lipp*, FamRZ 2013, 913, 916.

602 Zu § 1800 Abs. 2 BGB a. F. *Hampel*, FamRZ 1963, 537, 542: dem Begriff der Unterbringung kommt gegenüber dem der Freiheitsentziehung keine gesonderte Bedeutung zu, sodass jede Freiheitsentziehung einer damals vormundschaftlichen Genehmigung bedürfen sollen; Zu dieser Problematik auch *Kroll*, Personensorge und Freiheitsentzug, 1967, S. 25 ff.

Freiheitseinschränkung in den grundrechtssensiblen Bereich des Kindes vorstößt. Er ist daher verpflichtet, bei jedem Tätigwerden die Interessen des Kindes und konkret das Kindeswohl zu berücksichtigen.

### 7. Auswirkungen der staatlichen Schutzpflichten im Vormundschaftsverhältnis

Mittelbar entfalten die Grundrechte in ihrer Schutzpflichtdimension Wirkungen in jedem Verhältnis zwischen Privaten.[603] Im Vormundschaftsverhältnis aktualisieren sich die Schutzpflichten darüber hinaus in besonderer Weise, da der Vormund durch staatliche Übertragung besondere Bestimmungsbefugnisse über eine andere Person –das Kind – erhält, die zwischen privaten Dritten ansonsten unüblich sind. An dieser Konstruktion ändert grundsätzlich die Entscheidung des Bundesverfassungsgerichts vom 10. Februar 1960 auch nichts. Denn die Entscheidung ist nach hiesiger Interpretation ebenfalls nur als Betonung der Schutzpflichtwirkung zu verstehen, die das Bundesverfassungsgericht für die damalige Vormundschaft für Erwachsene in Form eines Genehmigungserfordernisses konkretisiert.

Im Rahmen des Vormundschaftsverhältnisses kommen dabei zweierlei Schutzpflichten zum Tragen, die gleichsam den Gestaltungsfreiraum darstellen, innerhalb dessen der Gesetzgeber das Vormundschaftsrecht ausgestalten kann.[604] Zum einen die zuvor genannte: Der Vormund nimmt grundrechtssensible Handlungen vor, die eine Kontrolle durch den Staat erforderlich machen. Der Staat ist damit verpflichtet, bei der Ausgestaltung der Vormundschaft verstärkt die Bedeutung der durch Handlungen des Vormunds möglicherweise tangierten Grundrechte des Kindes zu beachten.[605] Zum anderen beruht das Institut der Vormundschaft selbst auf der Ausübung einer staatlichen Schutzpflicht: der Staat nimmt die sekundäre Erziehungsverantwortung durch die Bereitstellung eines „Elternersatzes" in Form des Vormunds wahr, der diese Stellung auch möglichst effektiv ausüben können muss.

---

[603] S. dazu oben, unter D. V. 4.

[604] Vgl. *Wolf*, in: Hansbauer, Neue Wege in der Vormundschaft?, 2002, S. 91, 92; *Wiesner*, ebenda, S. 181, 186.

[605] Für den Betreuer: *v. Sachsen Gessaphe*, Der Betreuer als gesetzlicher Vertreter für eingeschränkt Selbstbestimmungsfähige, 1999, S. 61.

Der erstgenannte Schutz des Mündels schlägt sich innerhalb der Ausgestaltung der Vormundschaft etwa darin nieder, dass der Vormund durch das Familiengericht beraten und beaufsichtigt wird (§ 1802 BGB), diesem gegenüber zur Berichterstattung über die persönlichen Verhältnisse des Mündels verpflichtet ist (§ 1863 BGB) und von diesem wegen Nichteignung oder aufgrund von pflichtwidrigem Verhalten entlassen werden kann (§ 1804 BGB). Anders als im Verhältnis zu den Eltern ist der Staat innerhalb der Regelungen zum Vormundschaftsverhältnis nicht an den Art. 6 Abs. 2 S. 1 GG gebunden und damit stärker als im Eltern-Kind-Verhältnis kontroll- und eingriffsbefugt.[606] Kontrollmechanismen des Staates gegenüber dem Vormund können also nicht als Beschränkung der Vormundschaft, sondern vielmehr als deren Ausgestaltung verstanden werden. Für entsprechende Regelungen ist – im Gegensatz zu einer Regelung innerhalb der elterlichen Sorge – mithin keinesfalls erst das Vorliegen der Voraussetzungen des staatlichen Wächteramts erforderlich.

Gleichwohl ist es auch Aufgabe des Staates, eine funktionierende Vormundschaft zu gewährleisten, was eine zurückhaltende Einwirkung in das Vormundschaftsverhältnis erfordern kann. Eine entsprechende Zurückhaltung begründet sich in der Selbstständigkeit des Vormunds, deren Spannungsverhältnis zu etwa der Aufsichtspflicht des Gerichts sich in der Auslegung und Anwendung des § 1802 BGB widerspiegelt.[607]

Für die Eingriffspflichten und -befugnisse des Staates in das Vormundschaftsverhältnis bedeutet das Folgendes: Der Staat hat in Ansehung der sich aus den Grundrechten ergebenden Schutzpflichten bei der Ausgestaltung des Vormundschaftsverhältnisses, wie auch der so geschaffenen Kontrollmechanismen, besonders darauf zu achten, dass der Vormund daran gehindert ist, über Gebühr, etwa ohne Berücksichtigung bzw. nicht in Wahrnehmung der Interessen des Kindes, in grundrechtssensible Bereiche einzugreifen. Diese Schutzpflicht nimmt er bereits durch die einfachgesetzlichen Eingriffsbefugnisse, insbesondere § 1802 BGB wahr. Nur

[606] So auch *Heilmann/Salgo* (in: Hansbauer, Neue Wege in der Vormundschaft?, 2002, S. 181, 186), die eine Herleitung der Kontrollpflichten des Staates damit nicht aus dem Wächteramt, sondern aus dem Sozialstaatsprinzip vorschlagen.

[607] S. dazu *Heitmann/Katzenstein/Lohse*, in: Kaiser/Schnitzler/Schilling/Sanders, 4. Aufl. 2021, § 1837 Rn. 15 ff.

innerhalb dieser darf er aufgrund der Selbstständigkeit des Vormunds in ein konkretes Vormundschaftsverhältnis eingreifen. Möchte er dagegen das Vormundschaftsverhältnis anders ausgestalten, etwa indem weitere Eingriffsbefugnisse geschaffen werden, ist er im Unterschied zu einer Regelung des Eltern-Kind-Verhältnisses grundsätzlich nicht beschränkt. Eine Grenze ergibt sich hingegen dadurch, dass sich die Einschränkung nicht negativ auf das Kind auswirken darf, denn das Kindeswohl gebietet es die sich aus dem Ausfall der Eltern ergebenden Folgen möglichst gering zu halten.[608] Dies erfordert ebenso wie die Notwendigkeit, dass der Vormund die Pflege und Erziehung des Kindes tatsächlich persönlich fördern und gewährleisten können muss, § 1790 BGB, dass dem Vormund eine gewisse Handlungsfreiheit verbleiben muss.

Es verbleibt also die Frage, ob auch für den (Minderjährigen-)Vormund ein Genehmigungsvorbehalt bei Freiheitsentziehungen verfassungsrechtlich erforderlich ist. Zwar besteht auch hier für den Gesetzgeber wie auch alle anderen staatlichen Organe eine Schutzpflicht hinsichtlich der Fortbewegungsfreiheit, entsprechend der Darstellung von Schutzpflichten und ihrer Folgen ergibt sich hingegen kein direktes Bedürfnis einer richterlichen Genehmigung aus Art. 104 Abs. 2 S. 1 GG, da dessen formelle Garantien allerdings zunächst nur bei einem Eingriff durch einen unmittelbar Grundrechtsverpflichteten gelten.[609] Ein Genehmigungserfordernis wäre allein aus Art. 104 Abs. 2 S. 1 GG in seiner Schutzpflichtdimension damit nur dann notwendig, wenn sich die Schutzpflicht in der Form konkretisiert hat, dass das Freiheitsgrundrecht des Kindes nicht mehr anders als durch eine vorherige richterliche Genehmigung gewährleistet werden können.

## VI. Folgen für die Wirkung des Art. 104 GG im Eltern-Kind-Verhältnis?

Unter Zugrundelegung der Entscheidung des Bundesverfassungsgerichts und der hierzu ergangenen Reaktionen in der Literatur und Rechtsprechung soll noch einmal die Frage der Wirkweise des Art. 104 Abs. 2 im Eltern-Kind-Verhältnis betrachtet werden. Denn in Folge des Urteils und auch zuvor

[608] *Jestaedt/Reimer*, in: Kahl/Waldhoff/Walter, Bonner Kommentar zum Grundgesetz, 195. Aktual. 2018, Art. 6 Abs. 2 und 3, Rn. 392, 426.

[609] S. zu dem Vorhergehenden oben, unter D. III. 3. b.

wurde die direkte Anwendung des Art. 104 Abs. 2 GG und damit die Erforderlichkeit einer richterlichen Entscheidung für Freiheitsentziehungen auch im Rahmen der elterlichen Sorge (damals: elterliche Gewalt) bejaht.[610] In der Entscheidung selbst wurde dies ausdrücklich offengelassen. So schreibt das Bundesverfassungsgericht:

> Möglicherweise könnten bei Unterbringung Minderjähriger durch die Eltern andere Gesichtspunkte maßgebend sein als bei der Unterbringung Volljähriger durch den Vormund.[611]

Auch an anderer Stelle beschränkt sich das Bundesverfassungsgericht nicht ausdrücklich auf die in Frage stehende Vormundschaftskonstellation, wenn es feststellt, dass „Art. 104 Abs. 2 S. 1 GG [...] mit Verfassungskraft [bestimmt], daß allein der Richter über die Statthaftigkeit einer jeden Freiheitsentziehung zu entscheiden hat."[612]

Für das Erfordernis einer richterlichen Genehmigung auch bei einer freiheitsentziehenden Unterbringung durch die Eltern wird ebenfalls der Gedanke eines umfassenden Grundrechtsschutzes genannt.[613] Angeführt wird dabei – unter Bejahung einer direkten Anwendung des Art. 104 GG auch im Rahmen der Minderjährigenvormundschaft – der Art. 3 Abs. 1 GG, der es verbiete, Minderjährigen, deren Personensorge bei den Eltern liegt, einen geringeren Schutz angedeihen zu lassen.[614] Denn für das betroffene Kind sei es unerheblich, von wem die Unterbringung erfolgt, da es in allen Fällen einem Eingriff gleicher Schwere ausgesetzt ist. Darüber hinaus schlage die Vorstellung, die Eltern hätten eine engere Beziehung zu ihrem Kind und üben daher die Anstaltsunterbringung in der Regel zum Wohle des Kindes aus, gerade in den Unterbringungsverhältnissen fehl: die Unterbringung beträfe zu einem hohen Prozentsatz Kinder aus zerrütteten Verhältnissen,

---

610 OLG Hamburg, ZfJ 1953, 171; OLG Frankfurt, NJW 1953, 1187; *Franke*, NJW 1960, 1369, 1370 (Genehmigung bei Unterbringung zu Heilzwecken erforderlich); *Guggumos*, FamRZ 1960, 478; ebenso auch in neuerer Zeit noch *Hoffmann/Trenczek*, JAmt 2011, 177; dagegen: *Rauschert*, RdJ 1960, 369, 372; *Maurer*, FamRZ 1960, 468, 470; *Anders*, FamRZ 1960, 475, 477; *Böning*, NJW 1960, 1374, 1378; *Becker*, ZfJ 1961, 1, 8 ff.

611 BVerfGE 10, 302, 328.

612 BVerfGE 10, 302, 310.

613 *Franke*, NJW 1960, 955, 956.

614 *Erdsiek*, NJW 1960, 1385, 1386; ähnlich *Guggumos*, FamRZ 1960, 478.

von geschiedenen Eltern, aus unehelichen Beziehungen oder schwer erziehbare Kinder.[615] Auch in neuerer Zeit wurde eine Geltung des Art. 104 Abs. 2 S. 1 GG auf der Grundlage vertreten, dass jede geschlossene Unterbringung Freiheitsentziehung sei, sodass der Art. 104 Abs. 2 S. 1 GG auch dann Geltung beanspruchen müsse, wenn sie auf Betreiben der Sorgeberechtigten, also auch der Eltern, erfolgt.[616]

Mitunter wird in zeitlicher Folge des Urteils ein differenzierender Ansatz vertreten, der das Genehmigungsbedürfnis bei unter elterlicher Sorge stehenden Kindern auf die Fälle beschränkt, in denen die Kinder nicht zu Erziehungszwecken untergebracht werden.[617] Erfolge eine Unterbringung daher etwa zu Heilzwecken, bedürften auch Eltern hierfür einer richterlichen Genehmigung. Begründet wird dies damit, dass die Eltern im Rahmen der Erziehung in der Regel keiner staatlichen Kontrolle bedürfen.[618] Für die Unterbringung zu Heilzwecken sei dagegen nicht ersichtlich, warum ein Minderjähriger einen geringeren Schutz erfahren sollte als ein Erwachsener.[619] Im Unterschied zu Eingriffen in die körperliche Unversehrtheit seien Freiheitsbeschränkungen und -entziehungen aus Erziehungsgründen alltägliche und notwendige Mittel zum Schutz und zur Beaufsichtigung des Minderjährigen.[620] Dass auch das Bundesverfassungsgericht der Meinung sei, dass eine Maßnahme aus Erziehungsgründen aus dem Anwendungsbereich des Art. 104 GG ausgenommen ist, wird an der folgenden Äußerung festgemacht[621]:

> Keine Rolle spielt für die hier zu entscheidenden Fälle der Einwand, daß unerträgliche Abgrenzungsschwierigkeiten zwischen echten Erziehungsmaßnahmen und

---

615 *Erdsiek*, NJW 1960, 1385, 1386.

616 *Salgo*, FPR 2011, 546, 547; *Schlink/Schattenfroh*, in: Fegert/Späth/Salgo, Freiheitsentziehende Maßnahmen in der Jugendhilfe und Kinder- und Jugendpsychiatrie, 2001, S. 73, 86.

617 AG Hamburg, FamRZ 1963, 312; NJW 1961, 2160, 2161; *Böning*, NJW 1960, 1374, 1378; *Franke*, NJW 1960, 1370, 1372; dagegen: *Kroll*, Personensorge und Freiheitsentzug, 1967, S. 58 f.

618 *Franke*, NJW 1960, 1369, 1370; *Hansbauer*, in: Hansbauer, Neue Wege in der Vormundschaft?, 2002, S. 13, 28 ff., 34.

619 *Franke*, NJW 1960, 1369, 1370; *Erdsiek*, NJW 1960, 1385.

620 *Rauschert*, RdJ 1960, 369, 372.

621 AG Hamburg, FamRZ 1961, 393, 395.

Freiheitsentziehung im Sinne des Art. 104 GG entstehen könnten, wenn auch Freiheitsentziehungen durch den Vormund richterlicher Genehmigungspflicht unterworfen würden, denn gegenüber dem volljährigen Mündel hat der Vormund im allgemeinen keine Erziehungsaufgaben.[622]

Von anderer Seite wurde diese Frage unter dem Geltungsumfang des Elternrechts diskutiert: Für die Anwendung des Art. 104 Abs. 2 GG bliebe dann kein Raum, wenn der Sorgeberechtigte sein Recht aus Art. 6 Abs. 2 GG ableite.[623] Denn aus dem dort kodifizierten Elternrecht folge auch die Befugnis der Eltern, in die räumliche Bewegungsfreiheit des Kindes einzugreifen[624] – eine grundrechtsverletzende Handlung komme durch die innerhalb ihres Grundrechts auf Erziehung handelnden Eltern nicht in Betracht.[625] Mag im Einzelfall ein Schutz grundrechtlich verbürgter Interessen des Kindes notwendig sein, folge dieser nicht aus Art. 104 GG, sondern allenfalls aus der Garantie des Art. 6 Abs. 2 S. 2 GG und dessen einfachgesetzlicher Ausgestaltung.[626] Die Frage der Geltung des Art. 104 GG wird mithin auch hier anhand des Systems der Grundrechte beantwortet: Eine Einschränkung der Freiheit im durch Art. 6 Abs. 2 GG geschützten Bereich „ist weder ‚gerechtfertigte' Freiheitsberaubung noch ausnahmsweise zulässige Freiheitsbeschränkung (Art. 104 GG), sondern keine tatbestandsmäßige Grundrechtsverletzung".[627]

Letzterer Ansicht ist weitgehend zuzustimmen, entspricht sie auch dem zuvor gefundenen Ergebnis zur Wirkung der Grundrechtsgeltung im Eltern-Kind-Verhältnis: Die Grundrechte finden allenfalls innerhalb des Systems des Art. 6 Abs. 2 GG Berücksichtigung und bestimmen den sachlichen Schutzbereich von dessen S. 1.[628] Unter zwei Gesichtspunkten ist diese Ansicht zu

---

622 BVerfGE 10, 302, 327 f.

623 LG Augsburg, FamRZ 1961, 323, 324; AG Wennigsen/Deister, FamRZ 1960, 364, 365 u. 411; *Böning*, NJW 1960, 1374, 1378; *Groß*, RdJ 1962, 39, 40 f.; *Hampel*, FamRZ 1963, 537, 540; *Rauschert*, RdJ 1960, 369, 372; *ders.*, in Anm. zu AG Hamburg, RdJ 1961, 319.

624 AG Wennigsen/Deister, FamRZ 1960, 364, 365 m. zust. Anm. Bosch, S. 411.

625 *Schüler-Springorum*, FamRZ 1961, 296 ff.

626 AG Hamburg, FamRZ 1961, 393, 394 f.; AG Wennigsen/Deister, FamRZ 1960, 364, 365.

627 *Saage*, Beilage zum Bundesanzeiger Nr. 122 vom 29. Juni 1960, S. 1, 3; *Schüler-Springorum*, FamRZ 1961, 296 ff., der diese Schlussfolgerung allerdings nur vom „pädagogischen" Bereich spricht und offenlässt, ob auch pflegerisches Tätigwerden erfasst werden soll.

628 S. dazu oben, unter D. IV. 3.; ebenso *Lipp*, Freiheit und Fürsorge, S. 29 f., 121.

korrigieren. Zum einen geht Art. 6 Abs. 2 S. 1 GG den Grundrechten des Kindes vor, soweit man hier von einer Kollision sprechen kann.[629] Insofern ist es vor allem verfehlt, zwischen etwa einer Freiheitseinschränkung aus Erziehungszwecken und einer aus Heilzwecken zu differenzieren: beide unterfallen grundsätzlich dem elterlichen Recht auf Pflege und Erziehung des Kindes, sodass nach dem zuvor Gesagten dann eine Grundrechtkollision mit dem Elternrecht schon nicht in Frage kommt. Auch außerhalb des Schutzbereiches des Art. 6 Abs. 2 S. 1 GG – etwa dann, wenn die Handlung der Eltern unter keinen Gesichtspunkten mehr als Pflege und Erziehung angesehen werden kann – ist nach hier vertretener Ansicht allerdings eine direkte Grundrechtsgeltung zwischen Kindern und Eltern abzulehnen. Vielmehr aktualisiert sich dann die spezielle Schutzpflicht des Art. 6 Abs. 2 S. 2 GG in der Weise, dass der Staat eingreifen muss, was etwa heißen kann, dass er die von den Eltern veranlasste „fehlerhafte" Freiheitseinschränkung beseitigen muss. Auf diese Weise werden die Grundrechte des Kindes durch die Grenzen des Art. 6 Abs. 2 S. 2 GG verwirklicht. Insofern kann Art. 6 Abs. 2 GG auch nicht als Schranke des Art. 104 Abs. 2 S. 1 GG betrachtet werden[630], vielmehr ist für dessen Anwendung im Eltern-Kind-Verhältnis kein Raum.

## VII. Verortung der Problematik der Grundrechtsmündigkeit

Eine Frage ist nun in den vorherigen Ausführungen noch offengeblieben: Wie verhält es sich in Ansehung der gefundenen Ergebnisse nun mit der Kategorie der Grundrechtsmündigkeit? Aus der allgemeinen Grundrechtsfähigkeit eines jeden Menschen ergibt sich, dass auch ein Kind, sobald es zu grundrechtsrelevantem Verhalten – hier zur Fortbewegung – in irgendeiner Weise fähig ist, die Möglichkeit haben muss, diese Grundrechte auch gegenüber dem Staat geltend zu machen.[631] In der Darstellung des Verhältnisses von Elternrecht und Kindesgrundrechten wurde dargestellt, dass die Selbstbestimmung des Kindes hier von tragender Relevanz ist: Zum einen ist die mangelnde

---

629 Zu der Frage, ob zwischen Elternrecht und Kindesgrundrechten eine Kollision vorliegen kann s. ebenfalls oben, unter D. IV. 3.

630 So aber AG Wennigsen/Deister, FamRZ 1960, 364, 365 m. zust. Anm. Bosch sowie *Erdsiek*, NJW 1960, 1385, 1386.

631 *Jestaedt/Reimer*, in: Kahl/Waldhoff/Walter, Bonner Kommentar zum Grundgesetz, 195. Aktual. 2018, Art. 6 Abs. 2 und 3, Rn. 109.

Möglichkeit des Kindes Notwendigkeit für die Bestimmungsmacht der Eltern, die mit der Wahrnehmung des Elternrechts Selbstbestimmungs- und damit Grundrechte des Kindes verwirklichen, weil das Kind sie entwicklungsbedingt (noch) nicht selbst verwirklichen kann. Auf der anderen Seite gilt es für die Eltern, die wachsende Selbstbestimmungsmöglichkeit des Kindes zu beachten. Insofern gehört die Problematik der Grundrechtsmündigkeit sehr wohl in den thematischen Umkreis des elterlichen Erziehungsrechts.[632] Dadurch entsteht nicht im Sinne einer „Atomisierung des Eltern-Kind-Verhältnisses" ein „Konglomerat an speziellen Berechtigungen"[633]. Denn die steigende Selbstbestimmung des Kindes führt entsprechend der vorherigen Ausführungen nicht dazu, dass sich das Kind, sobald es aufgrund seines Alters oder seines individuellen Reifegrades selbstbestimmungsbefugt ist, gegen seine Eltern durchsetzt. Nach außen hin bleiben die Eltern zunächst grundsätzlich handlungsbefugt. Relevanz entwickelt eine mögliche eigenständige Reife des Minderjährigen dagegen auf der einen Seite hinsichtlich des Inhalts möglichen elterlichen Handelns: sie müssen die Wünsche und Eigenarten des betreffenden Kindes berücksichtigen und – soweit dies dem Kindeswohl am besten entspricht – auch danach handeln. Übergehen die Eltern einen zur Selbstbestimmung fähigen Minderjährigen, kann dies auf der anderen Seite Relevanz hinsichtlich der Grenzen des Elternrechts haben. Der Staat kann dann regulierend einwirken und im äußersten Fall in das Elternrecht eingreifen. Dazu ist er allerdings nur innerhalb der Grenzen seines Wächteramts befugt, keinesfalls schon bei jeder Übergehung. Lässt sich die Grundrechtsmündigkeit damit hier verorten, bringt sie für das Gegenüber von Kindern und Eltern allerdings auch keinen Mehrwert und ist daher hier als Kategorie überflüssig.[634] Geht es um Maßnahmen der Eltern, ist die Frage

---

[632] *Jestaedt*, in: DFGT, 21. DFGT, 2016, S. 65, 75; In diese Richtung geht auch der Entwurf eines Gesetzes zur Neuregelung des Rechts der elterlichen Sorge, BT-Drucks. 7/2060, S. 1: „Das Kind ist nach heutigem Rechtsbewußtsein nicht als Objekt elterlicher Fremdbestimmung anzusehen, sondern als Grundrechtsträger, der mit zunehmendem Alter grundrechtsmündig wird."; dagegen: Ossenbühl, Das elterliche Erziehungsrecht im Sinne des Grundgesetzes, 1981, S. 57.

[633] Diese Befürchtung hegt *Ossenbühl*, Das elterliche Erziehungsrecht im Sinne des Grundgesetzes, 1981, S. 57.

[634] *Jestaedt/Reimer*, in: Kahl/Waldhoff/Walter, Bonner Kommentar zum Grundgesetz, 195. Aktual. 2018, Art. 6 Abs. 2 und 3, Rn. 106: „verunklarend und verwirrend"; kritisch

nach der wachsenden Selbstbestimmungsfähigkeit des Kindes sowie des Umfangs und der Grenzen ihrer Befugnisse damit durch die Konstruktion des Elternrechts vorgegeben.

## VIII. Fazit: Schutzverpflichtung des Staates bei Freiheitseinschränkungen durch Sorgeberechtigte

Betrachtet man die hier gefundenen Ergebnisse im Hinblick auf die noch ausstehende Bewertung der einfachgesetzlichen Ausgestaltung von Rechten und Pflichten des Sorgeberechtigten, bedeutet das Folgendes: Nehmen Sorgeberechtigte eine Freiheitseinschränkung vor, muss diese zunächst auch als solche gewertet werden, da nicht allein aus der Tatsache, dass ein Minderjähriger unter elterlicher Sorge steht, seine Freiheit schon per se eingeschränkt ist. Um hieraus zu folgern, dass in der entsprechenden Maßnahme auch ein Grundrechtseingriff liegt, müssten Eltern und Vormund allerdings unmittelbar grundrechtsverpflichtet sein. Eine unmittelbare Geltung im Sinne eines Abwehrrechts begründet das Grundrecht auf Fortbewegungsfreiheit wie alle Grundrechte allerdings ausschließlich gegen die öffentliche Gewalt, im Privatrecht mithin nur, wenn sich in vereinzelten Ausnahmefällen der Staat seiner Grundrechtsbindung durch die Wahrnehmung originär staatlicher Aufgaben in Privatrechtsform entbindet. Eine entsprechende Einordnung kann weder für das Verhältnis zwischen Eltern noch zwischen Vormund und Kind vorliegen. Allein hinsichtlich letzterem mag dies streitig sein, leitet sich jedoch aus der Einordnung des Verhältnisses zwischen Vormund und Mündel im Privatrecht und aus der Stellung des Vormunds auf Seiten des Mündels ab, die den Zweck verfolgt, dessen Selbstbestimmungsrechte zu verwirklichen.[635]

Maßnahmen von Eltern oder Vormund können damit keinen Eingriff in das Grundrecht der Fortbewegungsfreiheit darstellen, was gleichwohl

---

zu dem Begriff auch *Stern*, Staatsrecht, Band III/1, 1988, S. 1065; *Diederichsen*, FamRZ 1978, 461, 462 f.: „Scheinproblem".

635 Die Frage, ob eine Grundrechtsgeltung hier schon aufgrund eines „besonderen Gewaltverhältnisses" ausgeschlossen sein könnte (vgl. dazu *Krüger*, FamRZ 1956, 329: Grundrechtseinschränkung nur, soweit sich die Gewaltverhältnisse aus dem GG ergeben), wurde innerhalb der vorherigen Ausführungen nicht thematisiert, da diese Konstruktion aufgrund ihrer allenfalls geringen Bedeutung in der aktuellen Grundrechtsdiskussion auch hier abgelehnt wird.

nicht heißt, dass dieses nicht dennoch Wirkungen im Verhältnis Eltern/Vormund-Kind zeigt. Denn neben der Abwehrfunktion verpflichten die Grundrechte den Staat auch, seine Bürger vor Beeinträchtigungen Dritter zu schützen. Innerhalb der Betrachtung der einfachgesetzlichen Grundlagen für eine Freiheitseinschränkung durch die Sorgeberechtigten ist daher zu berücksichtigen, ob das dargestellte Grundrechtsverhältnis ausreichend gewürdigt wurde. Die Verpflichtung des Staates, dies zu tun, ergibt sich hinsichtlich der Eltern aus der speziellen Schutzpflicht des Art. 6 Abs. 2 S. 2 GG. Bei der Frage, ob und wie der Staat im Eltern-Kind-Verhältnis handeln darf, kann daher eine unverhältnismäßige Einschränkung der Fortbewegungsfreiheit durch die Eltern ausschlaggebend sein. Ein Eingreifen ist allerdings nur dann gerechtfertigt, wenn die Handlung der Eltern unter keinen Umständen mehr als Pflege und Erziehung des Kindes gewertet werden kann. Um einen wirksamen Schutz zu gewährleisten, kann der Staat allerdings auch schon vorherige Informations- oder Kontrollmaßnahmen[636] ergreifen. Für Handlungen des Vormunds ergibt sich die Schutzpflicht des Staates gegenüber dem Kind unmittelbar aus Art. 2 Abs. 2 S. 2 GG sowie den materiellen Garantien des Art. 104 GG. Das heißt, dass er auch die Möglichkeit des Vormunds, unverhältnismäßig in die Fortbewegungsfreiheit des Minderjährigen einzugreifen, ausschließen muss. Dabei muss der Staat allerdings nicht, wie im Eltern-Kind-Verhältnis, abwarten, bis die Maßnahme des Vormunds nicht mehr zumutbar ist. Rein verfassungsrechtlich ist dem Staat damit eine weitere Eingriffsschwelle als gegenüber den Eltern eröffnet, zu beachten ist lediglich die Prämisse, dass der Vormund als Elternersatz nicht derart eingeschränkt werden darf, dass er nicht mehr handlungsfähig ist.

## E. Rolle der Sorgeberechtigten bei einer Freiheitseinschränkung durch öffentlich-rechtliche Gewalt

Fraglich ist dagegen die Rolle der Eltern, wenn es um einen hoheitlichen Eingriff in die Freiheitsgrundrechte des Minderjährigen geht. Da ein solcher

[636] S. ausführlich zu diesen unter Teil 5, B. V. 2. c. (1).

Eingriff dann ausscheidet, wenn die Maßnahme nicht gegen den Willen des Betroffenen erfolgt[637], stellt sich die Frage, ob und inwieweit Eltern neben oder anstelle eines minderjährigen Betroffenen in einen solchen Eingriff einwilligen können.

## I. Eingriff in das Elternrecht

Das Verhältnis Eltern-Staat wurde schon innerhalb des Elternrechts bei der Frage, wie weit das Wächteramt des Staates reicht, erörtert: Dem Staat ist, solange die Eltern innerhalb ihres Elternrechts handeln, jegliches Tätigwerden in Bezug auf das Kind verwehrt. Er kann erst dann eingreifen, wenn die betreffenden Handlungen unter keinen Umständen mehr als Pflege und Erziehung des Kindes gewertet werden können. Dann aktualisiert sich das Wächteramt und der Staat kann (und muss) gegen den Willen der Eltern tätig werden. Denkbar ist allerdings noch eine andere Konstellation staatlichen Handelns: Der Staat kann auch tätig werden, wenn die Eltern sich mit dem staatlichen Handeln einverstanden erklären. Durch dieses Einverständnis wird dann zumindest ein Eingriff in das Elternrecht ausgeschlossen.

## II. Einwilligungskompetenz in hoheitliche Eingriffe

Fraglich ist dagegen, ob die Eltern oder der Vormund in hoheitliche Maßnahme einwilligen können. Zunächst kann auf den Willen und das Einverständnis der Eltern oder des Vormunds abgestellt werden, wenn der Betroffene eine entsprechende Einsichtsfähigkeit nicht besitzt und damit selbst nicht einwilligen könnte (dazu sogleich unter 1.). Noch weitergehend ließe sich unabhängig von der Einsichtsfähigkeit des Betroffenen immer auf die Einwilligung der Eltern abstellen (dazu unter 2.) Auf der anderen Seite ließe sich immer auf den Willen des Betroffenen abstellen, sodass eine Einwilligung nur durch diesen selbst in Frage kommt, wenn er einsichtsfähig ist (dazu unter 3.). Vermittelnd könnte zumindest im Fall seiner Einsichtsfähigkeit die Einwilligung des Minderjährigen allein oder kumulativ mit der des gesetzlichen Vertreters relevant sein (dazu unter 4.).

---

637 S. dazu oben, unter C. IV. 3.

### 1. Einwilligungskompetenz des gesetzlichen Vertreters bei nicht einsichtsfähigen Minderjährigen

Fehlt dem minderjährigen Rechtsgutsträger die nötige Einsichtsfähigkeit, sodass er selbst keine die Zwangseinwirkung ausschließende Einwilligung abgeben kann, könnte die Einwilligungskompetenz sorgeberechtigten Dritten zugesprochen werden. Möchte man hier erneut eine Parallele zu ärztlichen Heileingriffen ziehen, lässt sich festhalten, dass dort in den Fällen, in denen der Minderjährige aufgrund mangelnder Einsichtsfähigkeit nicht selbst einwilligen kann, ausnahmslos die Einwilligung des gesetzlichen Vertreters ausschlaggebend ist.[638] Entsprechend wird auch hinsichtlich der Einwilligung in eine Einschränkung der Fortbewegungsfreiheit vertreten, dass zumindest dann, wenn der Betroffene nicht einsichtsfähig ist, sein gesetzlicher Vertreter in die Maßnahme einwilligen kann.[639]

### 2. Einwilligungskompetenz der Eltern unabhängig von der Einsichtsfähigkeit

Noch weitergehend ließe sich – ebenso wie vereinzelt auch hinsichtlich medizinischer Heileingriffe[640] – vertreten, dass unabhängig von einer möglichen Einsichtsfähigkeit bei Minderjährigen immer allein der Wille der Eltern bzw. des Vormunds ausschlaggebend sei.[641] Hinsichtlich der Freiheitseinschränkung wird diese Entscheidung darauf gegründet, dass dann, wenn die Eltern „auf Grund der ihnen bürgerlich-rechtlich verliehenen Gewalt" dazu ermächtigt sind, etwa das Kind in einer geschlossenen Anstalt unterzubringen, ihr Wille auch hinsichtlich einer Maßnahme durch die öffentliche Gewalt den Willen des ihnen anbefohlenen Kindes bzw. Mündels substituieren.[642] Die „elterliche

---

[638] *Kern*, NJW 1994, 753, 756; *Paeffgen/Zabel*, in: Kindhäuser/Neumann/Paeffgen/Saliger, StGB, 6. Aufl. 2023, § 228, Rn. 70 unter Bezugnahme auf § 1626 Abs. 1 BGB.

[639] So *Hantel*, Der Begriff der Freiheitsentziehung in Art. 104 Abs. 2 GG, 1988, S. 198.

[640] *Scherer*, FamRZ 1997, 589, 594 f.; ähnlich *Lorenz*, NZFam 2017, 782, 785 f.: Die Eltern müssen eingebunden werden, da trotz der steigenden Selbstbestimmungsfähigkeit das Elternrecht nicht aufhört und der Konflikt zwischen Wohl und Wille des Kindes im verfassungsrechtlichen Elternrecht vorgezeichnet ist.

[641] *Wolff*, DÖV 1951, 313, 316; *Maurer*, FamRZ 1960, 468, 472, der dies allerdings wohl aus einem grundsätzlichen Ausschluss der Einsichtsfähigkeit bei Minderjährigen folgert.

[642] *Dürig*, in: Dürig/Herzog/Scholz (vorm.: Maunz/Dürig), GG, 85. EL 2018 (Vorauflage), Art. 104 Rn. 11; *Rauschert*, RdJ 1960, 369, 372.

Gewalt", die mit dem Art. 6 Abs. 2 GG verfassungsrechtliche Anerkennung findet, soll ebenso wie die „ihr entsprechende vormundschaftliche Gewalt" der öffentlichen Gewalt in diesem Fall „vorgelagert" sein.[643] Der Vorrang der elterlichen Erziehungsentscheidung vor dem Selbstbestimmungswillen des Kindes sei dem Elternrecht immanent.[644] Die grundrechtlichen Belange der Minderjährigen werden ausreichend durch die immanenten Grenzen des Elternrechts sowie das staatliche Wächteramt geschützt.[645]

Auf diese Weise wurde die frühere durch den Bundesgerichtshof[646] wie auch einige Oberlandesgerichte[647] getroffene Rechtsprechung interpretiert, die – im Gegensatz zu der späteren, zuvor dargestellten Entscheidung des Bundesverfassungsgerichts[648] – ein Genehmigungserfordernis bei einer geschlossenen Unterbringung durch den Vormund ablehnte. Diese Schlussfolgerung soll auch Grundlage für die in mehreren Gesetzen positiv-rechtlich festgelegte Rechtslage sein: so gehen etwa § 2 FreihEntzG a. F. sowie einige Landesgesetze, die Grundlage für die öffentlich-rechtliche Unterbringung psychisch Kranker sind, davon aus, dass der Wille des Sorgeberechtigten für die Einwilligung ausschlaggebend sein soll. Diese positiv rechtliche Festlegung kann allerdings allenfalls Indiz für die ihr zugrundeliegenden verfassungsrechtlichen Wertungen sein. Darüber hinaus wird mitunter gefordert, die entsprechenden Normen zumindest in der Art verfassungskonform auszulegen, dass die Einwilligung des gesetzlichen Vertreters nur dann relevant sein kann, wenn der Betroffene nicht einsichtsfähig ist.[649]

### 3. Keine Einwilligungskompetenz des gesetzlichen Vertreters unabhängig von der Einsichtsfähigkeit

Dem wird entgegengesetzt, dass für die Einwilligung in eine grundrechtsrelevante Maßnahme eine höchstpersönliche Entscheidung des Betroffenen

643 *Dürig*, in: Dürig/Herzog/Scholz (vorm.: Maunz/Dürig), GG, 85. EL 2018 (Vorauflage), Art. 104 Rn. 11.

644 *Scherer*, FamRZ 1997, 589, 594.

645 *Scherer*, FamRZ 1997, 589, 595.

646 BGHZ 17, 108.

647 BayObLG, FamRZ 1960, 202; BayObLGZ 1951, 523, 527; 1954, 298; OLG Köln, NJW 1955, 320; OLG Frankfurt, NJW 1958, 874.

648 s. dazu unter D. IV. 5.

649 *Hantel*, Der Begriff der Freiheitsentziehung in Art. 104 Abs. 2 GG, 1988, S. 198.

notwendig sei, sodass unabhängig von der Einsichtsfähigkeit des Minderjährigen eine Einwilligungskompetenz der Eltern nicht in Frage kommt.[650] Ist der Betroffene einsichtsfähig und willigt nicht in eine Maßnahme ein oder ist der Betroffene nicht einsichtsfähig und kann daher in die Maßnahme nicht einwilligen, begründet diese einen Grundrechtseingriff, der entsprechend gerechtfertigt sein muss.[651] Die Entscheidung eines Dritten sei für eine einen Grundrechtseingriff ausschließende Einwilligung nicht ausreichend.[652]

Begründet wird dieser Standpunkt damit, dass der nicht voll Geschäftsfähige den Grundrechtsschutz nicht deshalb verlieren kann, weil anstatt auf seinen eigenen Willen auf den Willen des gesetzlichen Vertreters abgestellt wird.[653] Da es gerade nicht um eine rechtsgeschäftliche Handlung geht, könne die Einwilligung nicht davon abhängen, ob der Betroffene zu rechtsgeschäftlichem Handeln in der Lage oder in seiner Geschäftsfähigkeit beschränkt sei.[654] Gestützt wird diese Schlussfolgerung mitunter auf das dargestellte Urteil des Bundesverfassungsgerichts, dem entnommen wird, dass auf den Willen des Geschäftsunfähigen, nicht auf den des Vormunds abzustellen sei.[655] Die vor dem Urteil angenommene „stellvertretende Einwilligung" – wie sie auch § 2 FEntzG sowie einige Landesgesetze festlegten – wird nach dem Urteil teilweise für verfassungswidrig gehalten.[656]

### 4. Alleinige oder kumulative Einwilligungskompetenz bei Einsichtsfähigkeit

Für einen vermittelnden Ansatz sind zwei Szenarien denkbar: Zum einen könnte man auf die alleinige Einwilligung des nun einsichtsfähigen Minderjährigen abstellen. Für diese Sicht ließe sich anführen, dass das

650 *Schulze-Fielitz*, in: Dreier, GG, Band I, 3. Aufl. 2013, Art. 2 II Rn. 103.
651 *Schwab*, FamRZ 2015, 1357, 1359.
652 *Schulze-Fielitz*, in: Dreier, GG, Band I, 3. Aufl. 2013, Art. 2 II Rn. 103; *Jarass*, in: Jarass/Pieroth, GG, 16. Aufl. 2020, Art. 2 Rn. 116, Art. 104 Rn. 13; *Müller-Franken*, in: Stern/Becker, Grundrechte-Kommentar, 4. Aufl. 2024, Art. 104 Rn. 26; *Gusy*, in: Huber/Voßkuhle, GG, Band 3, 8. Aufl. 2024, Art. 104 Rn. 19; *ders.*, NJW 1992, 457, 462.
653 *Hantel*, Der Begriff der Freiheitsentziehung in Art. 104 Abs. 2 GG, 1988, S. 197.
654 *Hantel*, Der Begriff der Freiheitsentziehung in Art. 104 Abs. 2 GG, 1988, S. 197.
655 *Franke*, NJW 1962, 1755, 1756.
656 *Rauschert*, RdJ 1960, 369, 372; a. A.: *Hampel*, FamRZ 1963, 537, 543; *Franke*, NJW 1962, 1755, 1759, der die damaligen Vorschriften allerdings für missverständlich hält.

Selbstbestimmungsrecht des Minderjährigen in diesem Fall dem Elternrecht vorgehe und die Entscheidungskompetenz der Dispositionsbefugnis der Eltern damit gänzlich entzogen ist.[657]

Dagegen ließe sich das weitergehende Erfordernis einer die Einwilligung des einsichtsfähigen Betroffenen ergänzenden Einwilligung des gesetzlichen Vertreters konstruieren. Nur beim kumulativen Vorliegen beider Einwilligungen wäre dann die Eingriffswirkung der Maßnahme ausgeschlossen.[658] Diese Konstruktion wäre angelehnt an das für medizinische Heileingriffe mitunter vertretene gemeinsame Zustimmungserfordernis; ebenso denkbar wäre insofern ein Vetorecht der Eltern bzw. ein Vetorecht des Kindes hinsichtlich der Entscheidung des jeweils anderen Teils, gegebenenfalls in abgestufter Orientierung am Alter bzw. Reifegrad des jeweils Betroffenen.[659]

Für Erwachsene wird die Frage nach der Relevanz der Einwilligung eines Betreuers bei einem einsichtsfähigen Betroffenen schon durch das Verhältnis zwischen Einsichtsfähigkeit und Betreuungsbedürftigkeit vorgegeben: ist der Betroffene einsichtsfähig, also in der Lage, in einem bestimmten Bereich, etwa der Entscheidung über eine freiheitsentziehende Unterbringung, einen von der Krankheit unbeeinflussten freien Willen zu bilden, ist er innerhalb dieses Bereichs nicht betreuungsbedürftig; ist ein Betreuer für diesen Bereich bestellt, wird die Einsichtsfähigkeit daher nicht vorliegen, oder andernfalls wäre die Betreuung in diesem Bereich umgehend aufzuheben.[660] Hier kommt eine Einwilligung des Betreuers also allenfalls bei fehlender Einsichtsfähigkeit in Betracht, denn nur dann kann für den Betroffenen ein Betreuer für diesen Bereich bestellt werden.

---

657 *Müller*, MedR 2011, 339, 344.

658 In diese Richtung ließe sich mit viel Kreativität die Aussage interpretieren, die Einwilligung allein des gesetzlichen Vertreters reiche nicht aus, *Jarass*, in: Jarass/Pieroth, 16. Aufl. 2020, Art. 2 Rn. 116.

659 Zum Streitstand jeweils m. w. Nachw.: *Belling/Eberl/Michlik*, Selbstbestimmungsrecht, 1994, S. 107 f., 117 ff; *Götz*, in: Coester-Waltjen/Lipp/Schumann/Veit, Zwangsbehandlung bei Selbstgefährdung, 14. Göttinger Workshop zum Familienrecht 2015, 2016, S. 65, 75 ff.; sowie eingehend *Brückner*, Das medizinische Selbstbestimmungsrecht Minderjähriger, 2014, S. 85 ff.

660 *Schneider*, in: MünchKomm BGB, 9. Aufl. 2024, § 1831 Rn. 21.

## 5. Erforderlichkeit einer Differenzierung

Um eine Entscheidung hinsichtlich der Einwilligungskompetenz zu treffen, lohnt es zunächst ein Bewertungskriterium heranzuziehen: Allgemein für alle Grundrechte kann für die Frage, inwiefern eine Einwilligung durch einen Dritten in einen Eingriff möglich ist, die Auslegung der jeweiligen Grundrechtsbestimmung relevant sein.[661] Hinsichtlich des Schutzes der Bewegungsfreiheit muss dann erneut die Bedeutung der Freiheitsgrundrechte in ihrer abwehrrechtlichen Dimension im Allgemeinen und des Schutzes der Fortbewegungsfreiheit im Besonderen angeführt werden. Hier ließe sich nun erneut ein Vergleich mit dem Eingriff in die körperliche Unversehrtheit durch ärztliche Heilmaßnahmen anstellen, für den die Möglichkeit einer Einwilligung durch Dritte weit überwiegend zugelassen wird, wenn auch die konkrete Ausgestaltung dieser Einwilligungskompetenz strittig bleibt.

Dieser Vergleich kann aber gleichwohl die Frage aufwerfen, wie es um die Notwendigkeit einer Dritteinwilligung bestellt ist. Unabhängig davon, in welchem Umfang die Einwilligungskompetenz der Eltern bei ärztlichen Heileingriffen befürwortet wird, wird nicht angezweifelt, dass es eine gewisse Notwendigkeit für diese gibt, um die Durchführung von gegebenenfalls gesundheits- oder gar lebenserhaltenden Maßnahmen an Minderjährigen zu gewährleisten. Denn dem Minderjährigenentsteht bei der Nichtvornahme der Maßnahme ein empfindlicher Nachteil an den ebenfalls grundrechtlich geschützten Rechtsgütern Leben bzw. Körper und Gesundheit. Selbstredend ist auch in den Fällen, in denen der Minderjährige aufgrund einer drohenden Selbstgefährdung in einer geschlossenen psychiatrischen Klinik untergebracht werden soll, bei Nichtvornahme der Maßnahme mit einer Verletzung grundrechtlich geschützter Rechtsgüter zu rechnen. Hielte man eine elterliche Einwilligung für verfassungsrechtlich unbeachtlich, bedeutet dies gleichwohl nicht, dass die Maßnahme nicht vorgenommen werden kann. Vielmehr würde die Maßnahme dann einen Grundrechtseingriff darstellen, der entsprechend zu rechtfertigen wäre. Für eine Freiheitsentziehung etwa bedürfte es dann nach Art. 2 Abs. 2 S. 3, 104 Abs. 1 S. 1 GG einer gesetzlichen Grundlage sowie nach Art. 104 Abs. 2 S. 1 GG einer richterlichen Entscheidung. Darüber hinaus stünde es den Eltern frei, die Maßnahme

---

[661] *Sachs*, in: Sachs, GG, 10. Aufl. 2024, Vorbem. 55 zu Abschnitt I.

innerhalb ihrer Elternverantwortung selbst vorzunehmen. Hieraus könnte geschlussfolgert werden, dass im Gegensatz zu medizinischen Eingriffen für freiheitseinschränkende Maßnahmen keine Notwendigkeit dafür besteht, die Höchstpersönlichkeit des Freiheitsrechts zu übergehen, indem ein anderer darüber bestimmt.[662]

Daran angelehnt ließe sich für einen möglichen Vergleich mit der Einwilligung in ärztliche Heilmaßnahmen die jeweilige Wirkung der Einwilligung betrachten. Die Einwilligung in Heilmaßnahmen stellt straf- und zivilrechtlich eine Rechtfertigung hinsichtlich der ansonsten vom Arzt begangenen Körperverletzung sowie deliktischer Handlung dar.[663] Im Vertragsrecht ist das Einholen einer wirksamen Einwilligung durch den Arzt eine vertragliche Pflicht, die im Falle eines Verstoßes eine Haftung des Arztes auslösen kann.[664] Verfassungsrechtlich ist dagegen strittig, ob bei Vorliegen einer wirksamen Einwilligung – unabhängig davon, ob diese durch den Betroffenen selbst oder seinen gesetzlichen Vertreter erklärt wird – ein Grundrechtseingriff vorliegt, der durch die Einwilligung gerechtfertigt ist[665], oder ob die Maßnahme schon nicht als Eingriff qualifiziert werden kann.[666] Für die Lösung im Wege einer Rechtfertigung mag sprechen, dass auch bei einer Heilmaßnahme die Einwirkung auf den Körper bestehen bleibt, unabhängig davon, ob der Betroffene oder ein Vertreter sich mit dieser einverstanden erklärt hat. Hinsichtlich eines Eingriffs in die Fortbewegungsfreiheit wird dagegen bei dem durch die Einwilligung veranlassten Wegfall des Eingriffselements „Zwang" das Rechtsgut nicht mehr tangiert. Vielmehr kann es gerade Ausdruck der (negativen) Fortbewegungsfreiheit sein, sich von einem Ort nicht wegzubewegen, einer Begrenzung auf diesen Ort also zuzustimmen. Eine entsprechende Einordnung liegt auch nahe, wenn man sich auf die Suche

---

662 *Kern*, NJW 1994, 753, 757.

663 *Zorn*, Das Recht der elterlichen Sorge, 3. Aufl. 2016, Rn. 309; *Kraatz*, NStZ-RR 2016, 233.

664 Diese ehemals strittige Schlussfolgerung ergibt sich heute aus dem Wortlaut des § 630d BGB und der Gesetzesbegründung zum diesen einführenden Patientenrechtegesetz ausdrücklich vor BT-Drucks. 17/10488, S. 23.

665 Zu dieser Einordnung m. w. Nachw.: *Schulze-Fielitz*, in: Dreier, GG, Band I, 3. Aufl. 2013, Art. 2 II Rn. 55 f.

666 Dafür *Di Fabio*, in: Dürig/Herzog/Scholz, GG, Bd. I, 108. EL 2025, Art. 2 Abs. 2 Satz 2 Rn. 69.

nach Parallelen ins Strafrecht begibt. Dort stellt die „Einwilligung“ in eine Freiheitsberaubung ein tatbestandsausschließendes Einverständnis dar, weil die hierfür erforderliche Freiheitseinschränkung ein Handeln ohne Zustimmung des Betroffenen voraussetzt.[667] Für ein entsprechendes Einverständnis soll dort das Abstellen auf den gesetzlichen Vertreter nicht möglich sein, sodass Eltern aufgrund ihres Sorgerechts zwar selbst zur Vornahme von Maßnahmen gegen den Willen des Kindes befugt sein mögen, dessen Willen aber nicht hinsichtlich der Maßnahmen Dritter substituieren.[668]

Der Diskussion zugrunde gelegt wurden – vor allem in deren zeitlicher Folge – die Rechtsprechung der Oberlandesgerichte sowie des Bundesgerichtshofs und auch des Bundesverfassungsgerichts hinsichtlich der Frage, ob Art. 104 Abs. 2 GG auf alle Handlungssubjekte oder nur auf die öffentlicher Gewalt anwendbar ist[669], und ob Maßnahmen des Vormunds als solche der öffentlichen Gewalt zu werten sind.[670] Zu der Einordnung eines unstreitig hoheitlichen Handelns, mit dem die Sorgeberechtigten aber einverstanden sind, nehmen die Gerichte nicht ausdrücklich Stellung. Die ihnen zugrundeliegenden Fallgestaltungen lassen sich allenfalls als Vorfrage bezeichnen, nämlich ob eine freiheitsentziehende Unterbringung von der Handlungsmacht eines Vormunds umfasst ist[671], denn davon wäre die Einwilligung in hoheitliches Handeln zumindest abhängig; auch diese Frage bejaht indes selbst das Bundesverfassungsgericht, macht die vormundschaftlichen Handlungen allerdings von einer richterlichen Genehmigung abhängig. Sehr wohl hält das Bundesverfassungsgericht aber fest, dass die Abgrenzung zwischen staatlichem Handeln und Handeln der Fürsorgeperson schwierig erscheint, wenn letztere sich zur Durchsetzung ihrer Entscheidung etwa zugunsten einer freiheitsentziehenden Unterbringung ohnehin staatlicher

---

667 *Sternberg-Lieben*, in: Tübinger Kommentar, StGB, 31. Aufl. 20125, Vorbem. zu den §§ 32 ff., Rn. 42; *Sonnen*, in: Kindhäuser/Neumann/Paeffgen/Saliger, StGB, 6. Aufl. 2023, § 239 Rn. 20; *Kühl/Heger*, in: Lackner/Kühl, StGB, 30. Aufl. 2023, § 239 Rn. 5; *Müller*, MedR 2011, 339, 340 f.; *Merten*, in: Merten/Papier, HGR III, 2009, § 73 Rn. 10 ff.: „grundrechtlich geforderter Staatsabwehrwille“.

668 *Sternberg-Lieben*, in: Tübinger Kommentar, StGB, 31. Aufl. 2025, Vorbem. zu den §§ 32 ff., Rn. 45; a. A.: *Roxin/Greco*, Strafrecht AT I, 5. Aufl. 2020, § 13 Rn. 92.

669 Dazu der BGH, NJW 1955, 867, 868, der sich der letzteren Ansicht anschließt.

670 Hiergegen spricht sich ausdrücklich der BGH, NJW 1955, 867, 868, aus.

671 S. BayObLGZ 1954, 298, 300.

Gewalt bedienen könnte – diese Möglichkeit wurde auch hinsichtlich der Eltern genannt. Ob die Eltern mithin selbst die Initiative zu einer freiheitsentziehenden Unterbringung etwa in einem psychiatrischen Krankenhaus ergreifen oder ob unmittelbar eine Behörde diese veranlasst und die Eltern dem zustimmen, macht hinsichtlich der Eingriffsintensität für das Kind keinen Unterschied – beide Fälle kann man insofern als durch das elterliche Erziehungsrecht abgedeckt und gerechtfertigt ansehen, sodass eine anderweitige verfassungsrechtliche Rechtfertigung nicht mehr notwendig wäre. Mitunter wird diesbezüglich danach unterschieden, ob die Sorgeberechtigten die staatliche Maßnahme nur passiv dulden oder aktiv an dieser mitwirken.[672] Eine derartige Unterscheidung ergibt sich allerdings ohnehin daraus, dass die Einwilligung bzw. die Äußerung des Einverständnisses ein „Mehr“ darstellt gegenüber einem einfachen „Inkaufnehmen“ der Maßnahme. Stimmen die Eltern einer Maßnahme ausdrücklich zu, übernehmen sie damit die Verantwortung für das Vorgehen, sodass der hoheitliche Charakter der Maßnahme zurücktritt. Die Maßnahme wird damit zu einer solchen des Elternrechts, der Staat wird innerhalb der von den Eltern zugelassenen Handlungen nur noch Mitwirkender.

Diese Lösung könnte wiederum kritisch betrachtet werden, als mit dem Abstellen allein auf den Willen des Sorgeberechtigten zumindest in verfassungsrechtlicher Hinsicht für den Minderjährigen von einer Freiheit, die unabhängig vom Sorgeberechtigten besteht, keine Rede sein kann.[673] Darüber hinaus wurde bei der Beurteilung der Einwilligungsfähigkeit gerade nicht auf den rechtsgeschäftlichen, sondern auf den natürlichen Willen abgestellt.[674] Dieser wird auch Kindern zuerkannt, denen die Entscheidung über ihre persönliche Freiheit dann weitgehend entzogen wäre, wenn man hinsichtlich der Entscheidungskompetenz allein auf die sorgeberechtigten Eltern abstellen würde.

---

672 *Franke*, NJW 1962, 1755, 1756, 1758 f., der eine Genehmigung „jedenfalls nach Art. 104 Abs. 2 GG“ allerdings auch dann nicht für erforderlich hält, wenn die Eltern die Maßnahme nur dulden.

673 S. zu der Frage, ob überhaupt innerhalb von Sorgeverhältnissen dem Betroffenen eine verfassungsrechtliche Freiheit verbleibt oben, unter D. I.

674 Kritisch in diese Richtung auch *Gusy*, NJW 1992, 457, 462: auf die Geschäftsfähigkeit kommt es gerade nicht an.

Auch nach vorgenanntem Tatbestandsausschluss bei übereinstimmendem Elternwillen muss die den natürlichen Willen tragende Einsichtsfähigkeit des Kindes nicht unbeachtet bleiben, sondern findet sich zunächst in den dargestellten Mechanismen des Eltern-Kind-Verhältnisses wieder, die auch den Grenzen einer elterlichen Einwilligungskompetenz zugrunde liegen müssen. Das Elternrecht ist durch die wachsenden Selbstbestimmungsrechte des Kindes derart beschränkt, dass dann, wenn die Eltern diese über Gebühr einschränken, die innere Grenze des Elternrechts erreicht wird, entsprechendes elterliches Handeln von diesem nicht mehr gedeckt ist und das staatliche Wächteramt aktiviert wird. Die Eltern haben auch die wachsende Selbstbestimmungsfähigkeit zu berücksichtigen, sodass das Elternrecht damit gleichsam Ausdruck des Kindeswohls ist, was im Verhältnis zu einem der Maßnahme gegebenenfalls entgegenstehenden Willen des Kindes Vorrang haben muss.[675] Entsprechend müsste auch die elterliche Einwilligungsentscheidung in eine hoheitliche Maßnahme überprüft werden: Berücksichtigen Eltern die gewachsene Selbstbestimmung nur unzureichend, kann ein wächteramtliches Tätigwerden erforderlich sein.

Darüber hinaus erlangt der natürliche Wille des Kindes in den Konstellationen Bedeutung, in denen die Eltern sich mit der Maßnahme nicht einverstanden erklären. Denn für diese Fälle kann es nicht bei der alleinigen Entscheidungskompetenz der Eltern verbleiben. Die besondere Konstellation der Einwilligung in die Fortbewegungsfreiheit, die das einem Eingriff in selbige zugrundeliegende Zwangselement aufhebt und damit verfassungsrechtlich nicht erst eine Rechtfertigung eines Eingriffs, sondern ein tatbestandsausschließendes Einverständnis darstellt, bedingt, dass ein einsichtsfähiger Minderjähriger in dieser Konstellation mit seiner Einwilligung den Tatbestand des Grundrechtseingriffs ausschließt. Denn wenn ein einsichtsfähiger Minderjähriger in eine Maßnahme einwilligt, fehlt für die Berücksichtigung des Willens der Eltern ein Anknüpfungspunkt. Sind die Eltern mit der entsprechenden Maßnahme nicht einverstanden, verbleibt es zwar bei einem zu rechtfertigenden Eingriff ins Elternrecht, in die Fortbewegungsfreiheit des Kindes wird dagegen nicht eingegriffen.

---

[675] In diese Richtung hinsichtlich Eingriffen in die körperliche Intensität: *Lorenz*, NZFam 2017, 782, 785 f. sowie *Kern*, NJW 1994, 753, 756.

## III. Fazit

Das den Eingriff in die Fortbewegungsfreiheit begründende Element der Zwangseinwirkung liegt im verfassungsrechtlichen Sinne demnach nicht vor, wenn entweder die Eltern in eine hoheitliche Maßnahme einwilligen und sie damit zu einer solchen ihrer Elternverantwortung machen oder wenn der einsichtsfähige Minderjährige in die Maßnahme selbst einwilligt. Nur wenn weder die Eltern noch der einsichtsfähige Minderjährige ihr Einverständnis äußern, stellt die Maßnahme einen Grundrechtseingriff dar, der entsprechend der Art. 2 Abs. 2 S. 3, 104 Abs. 1, 2 GG und den Grundsätzen der Verhältnismäßigkeit zu rechtfertigen ist. Für den Fall, dass der Minderjährige, aber nicht die Eltern ihr Einverständnis mit der Maßnahme erklären, verbleibt zwar für eine Einwilligung der Eltern kein Raum, allerdings liegt dann ein rechtfertigungsbedürftiger Eingriff in das Elternrecht vor.

# Schutz kindlicher Fortbewegungsfreiheit aus völker- und menschenrechtlicher Perspektive

Nicht nur das deutsche Grundgesetz legt einen besonderen Wert auf den Schutz der (kindlichen) Fortbewegungsfreiheit. Auch europa- und völkerrechtliche Rechtsquellen sehen einen Schutz der Fortbewegungsfreiheit vor. Welche Auswirkungen diese Bestimmungen für das deutsche Recht haben, ist abhängig von der jeweiligen Rechtsquelle, deren Regelungsumfang und vor allem ihrem Geltungsbereich.

## A. EMRK

### I. Schutz kindlicher Fortbewegungsfreiheit in der EMRK

Art. 5 der Europäischen Menschenrechtskonvention[1, 2] regelt in seinem Abs. 1 erschöpfend die Fälle, in denen in die Freiheit eingegriffen werden

---

1 Europäische Konvention zum Schutz der Menschenrechte und Grundfreiheiten, Konvention Nr. 005 des Europarats (EMRK), v. 4. November 1950, ratifiziert durch Gesetz v. 7. August 1952 (BGBl. II, 685, ber. S. 953; Neubek.: BGBl. II 2002, 1054); Ausführlich zu den Freiheitsregelungen der EMRK s. *Hantel*, Der Begriff der Freiheitsentziehung in Art. 104 Abs. 2 GG, 1988, S. 71 ff., 76 f.

2 Art. 5: Recht auf Freiheit und Sicherheit
(1) Jede Person hat das Recht auf Freiheit und Sicherheit. Die Freiheit darf nur in den folgenden Fällen und nur auf die gesetzlich vorgeschriebene Weise entzogen werden:
a) rechtmäßige Freiheitsentziehung nach Verurteilung durch ein zuständiges Gericht;
b) rechtmäßige Festnahme oder Freiheitsentziehung wegen Nichtbefolgung einer rechtmäßigen gerichtlichen Anordnung oder zur Erzwingung der Erfüllung einer gesetzlichen Verpflichtung;
c) rechtmäßige Festnahme oder Freiheitsentziehung zur Vorführung vor die zuständige Gerichtsbehörde, wenn hinreichender Verdacht besteht, dass die betreffende Person eine Straftat begangen hat, oder wenn begründeter Anlass zu der Annahme besteht,

kann.[3] Wie auch Art. 2 Abs. 2 GG erfasst Art. 5 EMRK ebenfalls nur die körperliche Bewegungsfreiheit, was sich schon aus den in Abs. 1 S. 2 genannten Voraussetzungen und den dort genannten Fällen „Haft“ und „Festnahme“ ergibt, die nur diese Freiheit eingrenzen.[4] Eine Freiheitsentziehung i. S. d. Art. 5 EMRK soll allgemein eine Maßnahme der öffentlichen Gewalt sein,

---

dass es notwendig ist, sie an der Begehung einer Straftat oder an der Flucht nach Begehung einer solchen zu hindern;
d) rechtmäßige Freiheitsentziehung bei Minderjährigen zum Zweck überwachter Erziehung oder zur Vorführung vor die zuständige Behörde;
e) rechtmäßige Freiheitsentziehung mit dem Ziel, eine Verbreitung ansteckender Krankheiten zu verhindern, sowie bei psychisch Kranken, Alkohol- oder Rauschgiftsüchtigen und Landstreichern;
f) rechtmäßige Festnahme oder Freiheitsentziehung zur Verhinderung der unerlaubten Einreise sowie bei Personen, gegen die ein Ausweisungs- oder Auslieferungsverfahren im Gange ist.
(2) Jeder festgenommenen Person muss innerhalb möglichst kurzer Frist in einer ihr verständlichen Sprache mitgeteilt werden, welches die Gründe für ihre Festnahme sind und welche Beschuldigungen gegen sie erhoben werden.
(3) Jede Person, die nach Absatz 1 Buchstabe c von Festnahme oder Freiheitsentziehung betroffen ist, muss unverzüglich einem Richter oder einer anderen gesetzlich zur Wahrnehmung richterlicher Aufgaben ermächtigten Person vorgeführt werden; sie hat Anspruch auf ein Urteil innerhalb angemessener Frist oder auf Entlassung während des Verfahrens. Die Entlassung kann von der Leistung einer Sicherheit für das Erscheinen vor Gericht abhängig gemacht werden.
(4) Jede Person, die festgenommen oder der die Freiheit entzogen ist, hat das Recht zu beantragen, dass ein Gericht innerhalb kurzer Frist über die Rechtmäßigkeit der Freiheitsentziehung entscheidet und ihre Entlassung anordnet, wenn die Freiheitsentziehung nicht rechtmäßig ist.
(5) Jede Person, die unter Verletzung dieses Artikels von Festnahme oder Freiheitsentziehung betroffen ist, hat Anspruch auf Schadensersatz.

3 *Peukert*, in: Frowein/Peukert, EMRK-Kommentar, 3. Aufl. 2009, Art. 5 Rn. 1; ergänzend bestimmt Art. 1 des Protokoll Nr. 4 zur Konvention v. 16. September 1963, dass die Freiheit nicht aufgrund der Unfähigkeit, eine vertragliche Verpflichtung zu erfüllen, entzogen werden darf.

4 *Hantel*, Der Begriff der Freiheitsentziehung in Art. 104 Abs. 2 GG, 1988, S. 71; *Herzog*, AöR 86 (1961), 194, 202 f.; *Trechsel*, EuGRZ 1980, 514, 515; *Dörr*, in: Dörr/Grote/Marauhn, EMRK/GG, Band I, 3. Aufl. 2022, Kap. 13 Rn. 28 f.; *Peukert*, in: Frowein/Peukert, EMRK-Kommentar, 3. Aufl. 2009, Art. 5 Rn. 9; eine darüber hinausgehende Bedeutung des ebenfalls genannten Rechts auf Sicherheit wird abgelehnt von *Hantel*, Der Begriff der Freiheitsentziehung in Art. 104 Abs. 2 GG, 1988, S. 71; indifferent: *Herzog*, AöR 86 (1961), 194, 201; unter Verweis auf die neuere Rechtsprechung des

durch die jemand gegen oder ohne seinen Willen an einem bestimmten, begrenzten Ort für gewisse Dauer festgehalten wird.[5] Hier soll, wie auch bei einer Freiheitsentziehung nach Art. 104 Abs. 2 GG[6], das Ausmaß und die Intensität der Einschränkung für die Abgrenzung zu einer bloßen Freiheitsbeschränkung entscheidend sein; als Indizien hierfür werden wiederum die Art und Weise, die Dauer und die konkreten Auswirkungen der Maßnahme genannt.[7]

Eine bloße Freiheitsbeschränkung ist hingegen nicht durch Art. 5 EMRK geschützt, der nur von Freiheitsentziehungen spricht. Darin offenbart sich der Unterschied zum Grundgesetz. Wird die Freiheit entzogen, hat dies rechtmäßig, das heißt entsprechend der innerstaatlichen Rechtsgrundlagen, sowie willkürfrei und verhältnismäßig zu erfolgen.[8] Aus fürsorglichen Gründen kommt eine Freiheitsentziehung speziell „bei Minderjährigen zum Zweck überwachter Erziehung oder zur Vorführung vor die zuständige Behörde" (lit. d), sowie allgemein „bei psychisch Kranken, Alkohol- oder Rauschgiftsüchtigen" (lit. e) in Betracht. Art. 5 Abs. 2 EMRK bestimmt darüber hinaus spezielle Verfahrensgarantien. Augenfällig ist, dass im Gegensatz zum Grundgesetz die Freiheitsentziehungen aus den genannten Gründen eine richterliche Entscheidung nicht erfordern. Vielmehr muss die betroffene Person nach Abs. 4 selbst beantragen, dass ein Gericht über die Rechtmäßigkeit der Freiheitsentziehung entscheidet.

Die genannten Vorgaben beziehen sich auf Freiheitsentziehungen durch die öffentliche Gewalt[9], geben hingegen keine Auskunft über die Rolle der Eltern. Das Verhältnis zwischen Eltern, Kind und Staat findet normativen

---

EGMR jedoch angenommen von *Peukert*, in: Frowein/Peukert, EMRK-Kommentar, 3. Aufl. 2009, Art. 5 Rn. 6 ff., m. w. Nachw. in Fn. 15.

5 EGMR, EuGRZ 2008, 582, Ziff. 74; EGMR, EUGRZ 1983, 633 m. zust. Anm. *Hofmann*, 644, 645; *Peukert*, in: Frowein/Peukert, EMRK-Kommentar, 3. Aufl. 2009, Art. 5 Rn. 1.

6 S. oben, unter Teil 3, C. II.

7 EGMR-E 4, 171, 183 (Rn. 67); *Dörr*, in: Dörr/Grote/Marauhn, EMRK/GG, Band I, 3. Aufl. 2022, Kap. 13 Rn. 128; eine Abgrenzung nach Natur oder Wesen der hoheitlichen Maßnahme wird hingegen abgelehnt, *Peukert*, in: Frowein/Peukert, EMRK-Kommentar, 3. Aufl. 2009, Art. 5 Rn. 10, 11.

8 *Harrendorf/König/Voigt*, in: Meyer-Ladewig/Nettesheim/v. Maumer, EMRK, 5. Aufl. 2023, Art. 5, Rn. 14 f.

9 EGMR, EuGRZ 2008, 582, Ziff. 74; EGMR, EUGRZ 1983, 633 m. Anm. *Hofmann*, 644, 645; *Peukert*, in: Frowein/Peukert, EMRK-Kommentar, 3. Aufl. 2009, Art. 5 Rn. 1.

Niederschlag in Art. 8 EMRK[10], der mit dem Recht auf Achtung des Familienlebens auch die Integrität familiärer Beziehungen schützt. Vor allem sichert Art. 8 EMRK das Zusammensein von Eltern und Kind; insbesondere darf das Kind von seinen Eltern nicht getrennt werden, solange eine Trennung nicht nach Abs. 2 gerechtfertigt, also angemessen, verhältnismäßig und daher in einer demokratischen Gesellschaft zulässig ist.[11] Die Tatsache, dass es eine für das Heranwachsen des Kindes günstigere Umgebung gibt, reicht allerdings nicht aus.[12] Auch wenn es nicht ausdrücklich genannt ist, so gilt das elterliche Erziehungsrecht als grundlegender Bestandteil des Schutzguts Familienleben.[13] Auch aus Art. 2 S. 2 des 1. Zusatzprotokolls zur EMRK ergibt sich zwar kein positives subjektives Recht der Eltern. Es ist allerdings anerkannt, dass der Staat bei der Gestaltung des Bildungswesens an das Elternrecht gebunden ist.[14] Das so konstruierte Erziehungsrecht der Eltern beinhaltet nach Maßgabe des EGMR die Kinder aufzuklären, sie zu beraten und ihnen gegenüber die natürlichen elterlichen Funktionen als Erziehende auszuüben.[15] Es richtet sich allerdings allein gegen den Staat, Hinweise auf die Lösung von Konflikten zwischen Eltern und Kind gibt es nicht.[16]

Konkret mit der Rolle von Eltern und Staat bei der Unterbringung eines Kindes in einer psychiatrischen Klinik nach der EMRK hatte sich der EGMR in einer Entscheidung von 1988 zu befassen.[17] Der Entscheidung lag ein

---

[10] Art. 8: Recht auf Achtung des Privat- und Familienlebens
(1) Jede Person hat das Recht auf Achtung ihres Privat- und Familienlebens, ihrer Wohnung und ihrer Korrespondenz.
(2) Eine Behörde darf in die Ausübung dieses Rechts nur eingreifen, soweit der Eingriff gesetzlich vorgesehen und in einer demokratischen Gesellschaft notwendig ist für die nationale oder öffentliche Sicherheit, für das wirtschaftliche Wohl des Landes, zur Aufrechterhaltung der Ordnung, zur Verhütung von Straftaten, zum Schutz der Gesundheit oder der Moral oder zum Schutz der Rechte und Freiheiten anderer.

[11] EGMR, NJW 2017, 2173, 2175, Rn. 88; *Nettesheim*, in: Meyer-Ladewig/Nettesheim/v. Maumer, EMRK, 5. Aufl. 2023, Art. 8 Rn. 67, 116.

[12] EGMR, NJW 2017, 2173, 2175, Rn. 89 ff.

[13] EGMR-E 4, 171, 182 (Rn. 61); *Grabenwarter/Pabel*, EMRK, 7. Aufl. 2021, § 22 Rn. 19.

[14] *Grabenwarter/Pabel*, EMRK, 7. Aufl. 2021, § 22 Rn. 104.

[15] EGMR, NJW 1977, 487, 488; *Grabenwarter/Pabel*, EMRK, 7. Aufl. 2021, § 22 Rn. 104.

[16] *Grabenwarter/Pabel*, EMRK, 7. Aufl. 2021, § 22 Rn. 104 für Konflikte innerhalb der Ausbildung.

[17] EGMR-E 4, 171.

Sachverhalt zugrunde, in dem ein Kind zunächst von den Sozialbehörden mit Zustimmung der Mutter, anschließend auf Betreiben der Mutter selbst in einem psychiatrischen Krankenhaus untergebracht wurde.[18] Strittig war vor allem, ob die Entscheidung über die Unterbringung der Mutter als Inhaberin der elterlichen Sorge, dem Chefarzt der psychiatrischen Klinik oder der Sozialbehörde zugeordnet werden konnte.[19] Das Gericht wertete die Unterbringung als Maßnahme der sorgeberechtigten Mutter, weil auch nur ihr die Befugnis zustehe, über die Unterbringung in einem Krankenhaus zu entscheiden.[20] Handelt es sich um eine Maßnahme im Kindesinteresse in Ausübung der elterlichen Sorge, liegt eine Freiheitsentziehung i. S. d. Art. 5 EMRK damit nicht vor.[21]

## II. Relevanz der EMRK für das deutsche Recht

Aus völkerrechtlicher Sicht sind die Rechte der EMRK grundsätzlich für diejenigen Staaten verbindlich, die sie ratifiziert haben. Stellt der EGMR einen Verstoß gegen die EMRK fest, hat der jeweilige Vertragsstaat das Urteil gem. Art. 46 Abs. 1 EMRK zu befolgen und dafür zu sorgen, dass der Verstoß behoben wird und sich eine Verletzung nicht wiederholt; die Wirkung eines Urteils für andere Vertragsstaaten – mit einer ähnlichen wie der Verletzung zugrunde liegenden Rechtslage – ist umstritten, durch Orientierung an dem Urteil wirken diese Staaten aber zumindest einer eigenen Verurteilung durch den EGMR entgehen.[22]

Die Umsetzung der EMRK auf nationaler Ebene obliegt den Vertragsstaaten selbst.[23] In Deutschland erlangen völkerrechtliche Verträge, die nach Art. 59 GG ratifiziert wurden, den Rang eines innerstaatlichen, förmlichen

---

18 EGMR-E 4, 171, 172 (Rn. 13), 173 (Rn. 19), 175 (Rn. 34).

19 EGMR-E 4, 171, 182 (Rn. 62).

20 EGMR-E 4, 171, 182 (Rn. 63).

21 EGMR-E 4, 171, 184 f. (Rn. 72 f.).

22 *Dethloff/Maschwitz*, FPR 2012, 190, 193; ausführlich zum Streitstand: *Rohleder*, Grundrechtsschutz im europäischen Mehrebenen-System, 2009; insofern wird von einer Orientierungswirkung gesprochen, s. etwa *Grabenwarter/Pabel*, EMRK, 7. Aufl. 2021, § 16 Rn. 8 f.

23 *Cremer*, Die UN-Kinderrechtskonvention, 2012, S. 16; *ders.*, AnwBl 2011, 159, 161.

Bundesgesetzes.[24] Damit genießen sie etwa Geltungsvorrang vor dem Landesrecht, Art. 31 GG; bei einer Kollision mit anderen deutschen Bundesgesetzen ist eine Lösung im Wege Gleichordnung zu finden. Die allgemeine Einordnung der EMRK als einfaches Bundesgesetz wird ergänzt durch den verfassungsrechtlich verbürgten Grundsatz der völkerrechtsfreundlichen Auslegung, die sich auch auf das Grundgesetz bezieht.[25] Inhalt und Entwicklungsstand der EMRK sind damit auch bei der Interpretation der Grundrechte des Grundgesetzes in Betracht zu ziehen, sodass die EMRK in ihrer Auslegung durch den EGMR eine normative Leitfunktion erhält.[26] Vor allem soll die EMRK eine Auslegungshilfe hinsichtlich der Verhältnismäßigkeit von Grundrechtseingriffen bieten.[27] Diese Einordnung erfolgt allerdings nur, solange es nicht zu einer Einschränkung oder Minderung des Grundrechtsschutzes nach dem Grundgesetz kommt.[28] Damit sind die völkerrechtlichen Vereinbarungen von den Gerichten und Behörden der Bundesrepublik im Rahmen einer methodisch vertretbaren Auslegung zu beachten und anzuwenden.[29]

Die Einordnung als einfaches Bundesgesetz bedeutet hingegen nicht unbedingt, dass die Bestimmungen auch immer unmittelbar Anwendung finden. Eine unmittelbare Anwendung kommt vielmehr nur dann in Betracht, wenn die entsprechende Bestimmung selbst als „self-executing" zu verstehen ist, also ohne etwaige Zwischenschritte unmittelbar Rechte und Pflichten erzeugen

---

24 BVerfGE 19, 342, 347; 74, 358, 370; 111, 307, 317; *Hantel*, Der Begriff der Freiheitsentziehung in Art. 104 Abs. 2 GG, 1988, S. 71; *Frowein*, in: Frowein/Peukert, EMRK-Kommentar, 3. Aufl. 2009, Einführung, Rn. 7; *Ruffert*, EuGRZ 2007, 245, 246.

25 BVerfGE 74, 358, 370; 111, 307, 317, 329; 128, 326, 370 ff.; *Schmahl*, EuR, Beiheft 1, 2008, S. 7, 36; *Cremer*, Die UN-Kinderrechtskonvention, 2012, S. 20; *ders.*, AnwBl 2011, 159, 164.

26 BVerfGE 74, 358, 370; 82, 106, 115; 83, 119, 128; 111, 307, 317; BVerfG, NJW 2001, 2245, 2246; zur Notwendigkeit dieser Auslegung und zum Einfluss von Urteilen des EGMR s. *Ruffert*, EuGRZ 2007, 245, 247 f., 248 ff.

27 BVerfGE 111, 307, 324; 128, 326, 389.

28 Vgl. Art. 53 EMRK; BVerfGE 74, 358, 370; 111, 307, 329; *Schmahl*, EuR, Beiheft 1, 2008, S. 7, 36.

29 BVerfGE 82, 106, 120; s. auch *Hantel*, Der Begriff der Freiheitsentziehung in Art. 104 Abs. 2 GG, 1988, S. 71; *Koschwitz*, Die kurzfristige polizeiliche Freiheitsentziehung, 1969, S. 165; *Herzog*, AöR 86 (1961), 194, 196 ff.

kann und vor allem ein ausreichendes Maß an Bestimmtheit aufweist.[30] Dies ist für Art. 5 EMRK der Fall, der insbesondere in den Abs. 2–5 so konkrete Rechte verbürgt, dass der Einzelne sich hierauf gegenüber Gerichten und Behörden berufen kann. Darüber hinaus verbleibt auch eine mittelbare Wirkung durch die Verpflichtung der Staatsorgane ihnen als Rechtsanwender Wirksamkeit zu verschaffen.[31] Nach der Lehre von der positiven Verpflichtung ergeben sich zudem aus der EMRK Schutzpflichten der Vertragsstaaten, vergleichbar den aus dem Grundgesetz entwickelten, sodass zur Umsetzung der EMRK-Rechte auch vor allem die legislativen Staatsorgane handlungsverpflichtet sind.[32]

## B. UN-Kinderrechtskonvention

### I. Schutz kindlicher Fortbewegungsfreiheit in der UN-KRK

Konkrete Vorgaben sowohl hinsichtlich des Schutzes der Fortbewegungsfreiheit von Kindern wie auch hinsichtlich der Rolle der Eltern und des allgemeinen Kindesschutzes, macht das Übereinkommen über die Rechte des Kindes (UN-KRK).[33] Der Schutz der Fortbewegungsfreiheit findet dort Niederschlag v. a. in Art. 37 UN-KRK[34]. Durch die Limitierung des Wortlauts auf Freiheitsentziehungen erinnert er stark an Art. 5 EMRK. Art. 37

---

[30] *Heintschel v.Heinegg*, in: BeckOK-GG, 64. Edition, Stand: 15. November 2025, Art. 25 Rn. 18; *Cremer*, AnwBl 2011, 159, 163; *Payandeh*, JuS 2009, 212, 214 m. w. Nachw.

[31] *Heintschel v.Heinegg*, in: BeckOK-GG, 64. Edition, Stand: 15. November 2025, Art. 25 Rn. 18; *Cremer*, AnwBl 2011, 159, 165.

[32] EGMR, EuGRZ 2008, 582, 590 (Rn. 100 ff).

[33] Übereinkommen der Vereinten Nationen vom 20. November 1989 über die Rechte des Kindes, angenommen durch Resolution 44/25 der UN-Vollversammlung; in Kraft seit dem 2. September 1990, deutsche Zustimmung durch das Gesetz v. 17. Februar 1992 (BGBl. II, 121) Bekanntmachung v. 10. Juli 1992 (BGBl. II, 990), Inkrafttreten für Deutschland am 5. April 1992; Rücknahme der Vorbehalte zum Übereinkommen durch Beschluss des Bundesrats v. 26. März 2010, Kabinettsbeschluss v. 3. Mai 2010 und Übergabe des Rücknahmeschreibens an die UN am 15. Januar 2010.

[34] Artikel 37: Verbot der Folter, der Todesstrafe, lebenslanger Freiheitsstrafe, Rechtsbeistandschaft
Die Vertragsstaaten stellen sicher,
a) dass kein Kind der Folter oder einer anderen grausamen, unmenschlichen oder erniedrigenden Behandlung oder Strafe unterworfen wird. Für Straftaten, die von Personen vor Vollendung des achtzehnten Lebensjahrs begangen worden sind, darf

lit. b S. 1 UN-KRK bestimmt zunächst allgemeine Anforderungen, die durch spezifisch auf die Situation von Kindern zugeschnittenen Voraussetzungen in S. 2 ergänzt werden.[35] Nach S. 1 darf die Freiheit nicht rechtswidrig oder willkürlich entzogen werden. Ersteres verlangt, dass die Freiheitsentziehung mit den Gesetzen des Vertragsstaats in Einklang steht und letzteres, dass die Anwendung der entsprechenden Gesetze nicht unverhältnismäßig erfolgt und die Gesetze ihrerseits „auf angemessenen und vernünftigen Erwägungen beruhen".[36] Darüber hinaus darf nach S. 2 die Freiheitsentziehung nur als letztes Mittel und für die kürzeste angemessene Zeit angewendet werden. Die Durchführung einer Freiheitsentziehung muss menschlich und mit Achtung vor der dem Menschen innewohnenden Würde und unter Berücksichtigung der Bedürfnisse von Personen des entsprechenden Alters erfolgen, Art. 37 lit. c UN-KRK. Zudem besteht im Falle einer Freiheitsentziehung das Recht auf „umgehenden Zugang zu einem rechtskundigen oder anderen geeigneten Beistand" sowie das Recht, die „Freiheitsentziehung bei einem Gericht oder einer anderen zuständigen, unabhängigen und unparteiischen Behörde anzufechten", Art. 37 lit. d UN-KRK. Der Begriff Freiheitsentziehung wurde näher noch nicht konkretisiert. Grundsätzlich sollen die Art. 37 lit. b bis d

---

weder die Todesstrafe noch lebenslange Freiheitsstrafe ohne die Möglichkeit vorzeitiger Entlassung verhängt werden;
b) dass keinem Kind die Freiheit rechtswidrig oder willkürlich entzogen wird. Festnahme, Freiheitsentziehung oder Freiheitsstrafe darf bei einem Kind im Einklang mit dem Gesetz nur als letztes Mittel und für die kürzeste angemessene Zeit angewendet werden;
c) dass jedes Kind, dem die Freiheit entzogen ist, menschlich und mit Achtung vor der dem Menschen innewohnenden Würde und unter Berücksichtigung der Bedürfnisse von Personen seines Alters behandelt wird. Insbesondere ist jedes Kind, dem die Freiheit entzogen ist, von Erwachsenen zu trennen, sofern nicht ein anderes Vorgehen als dem Wohl des Kindes dienlich erachtet wird; jedes Kind hat das Recht, mit seiner Familie durch Briefwechsel und Besuche in Verbindung zu bleiben, sofern nicht außergewöhnliche Umstände vorliegen;
d) dass jedes Kind, dem die Freiheit entzogen ist, das Recht auf umgehenden Zugang zu einem rechtskundigen oder anderen geeigneten Beistand und das Recht hat, die Rechtmäßigkeit der Freiheitsentziehung bei einem Gericht oder einer anderen zuständigen, unabhängigen und unparteiischen Behörde anzufechten, sowie das Recht auf alsbaldige Entscheidung in einem solchen Verfahren.

35 *Schmahl*, KRK, 2. Aufl. 2017, Art. 37 Rn. 8.

36 *Schmahl*, KRK, 2. Aufl. 2017, Art. 37 Rn. 7.

UN-KRK relevant sein für alle Erscheinungsformen des Freiheitsentzugs durch hoheitliche Stellen.[37] Für Art. 37 lit. b S. 2 UN-KRK ist in der authentischen englischen Sprachfassung allerdings bewusst von „arrest, detention or imprisonment of a child" die Rede, also nur von konkreten strafrechtlichen Sanktionen[38] und auch die deutschen Sprachfassung nennt neben der Freiheitsentziehung deren spezielle strafrechtliche Ausgestaltungen Festnahme und Freiheitsstrafe. Daraus und aus dem Zusammenhang mit § 37 lit. a S. 2 KRK, der sich explizit auf den Umgang mit Straftaten bezieht, könnte gefolgert werden, dass für andere Freiheitsentziehungen die besonderen Voraussetzungen des lit. b S. 2 nicht gelten und aufgrund einer Gesamtbetrachtung auch durch lit. b S. 1 nicht erfasst werden. Die Beschränkung auf strafrechtliche Sanktionen gilt allerdings nur für die besonderen Voraussetzungen des Art. 37 lit. b S. 2 UN-KRK – alle anderen Freiheitsentziehungen sind von diesen nicht abhängig, unterfallen aber sehr wohl dem Art. 37 lit. b S. 1 UN-KRK.[39] Dieser beschränkte Anwendungsbereich des S. 2 wird mitunter kritisiert[40], beruht aber gegebenenfalls darauf, dass insbesondere bei kleinen Kindern eine erhebliche Beschränkung derselben zu ihrem Schutz notwendig ist.[41]

Wird der Staat in Bezug auf das Kind tätig, im Rahmen der Fürsorge etwa durch eine freiheitsentziehende Unterbringung, ist freilich wie in allen Zusammenhängen das Wohl des Kindes vorrangig zu berücksichtigen, unabhängig davon, ob öffentliche oder private Einrichtungen der sozialen Fürsorge, Gerichte, Verwaltungsbehörden oder Gesetzgebungsorgane betroffen sind; Art. 3 Abs. 1 UN-KRK normiert insofern ein Kernanliegen der gesamten Konvention.[42] Die Vertragsstaaten haben darüber hinaus sicherzustellen, dass die Institutionen, Dienste oder Einrichtungen, die mit der Fürsorge oder dem Schutz von Kindern betraut sind, den von den Behörden festgelegten Normen entsprechen, „insbesondere im Bereich der Sicherheit und der Gesundheit,

---

37 *Schmahl*, KRK, 2. Aufl. 2017, Art. 37 Rn. 1.

38 *Schmahl*, KRK, 2. Aufl. 2017, Art. 37 Rn. 8.

39 *Schmahl*, KRK, 2. Aufl. 2017, Art. 37 Rn. 8.

40 *Schmahl*, KRK, 2. Aufl. 2017, Art. 37 Rn. 9; auch der BGH bezieht sich in seiner Entscheidung zur zivilrechtlichen Unterbringung nach § 1631b S. 2 BGB (FamRZ 2012, 1556, 1558) auf den gesamten Art. 37 lit. b UN-KRK.

41 *Wapler*, Kinderrechte und Kindeswohl, 2015, S. 509.

42 *Lorz/Sauer*, MRM 2011, 5, 8.

sowie hinsichtlich der Zahl und der fachlichen Eignung des Personals und das Bestehen einer ausreichenden Aufsicht", Art. 3 Abs. 3 UN-KRK.

Die Fürsorge für Kinder gewährleisten die Vertragsstaaten dabei immer unter Berücksichtigung der Rechte und Pflichten seiner Eltern, seines Vormunds oder anderer für das Kind verantwortlicher Personen, Art. 3 Abs. 2 UN-KRK. Die Bedeutung der Elternrechte wird darüber hinaus auch in Art. 5 UN-KRK statuiert, nach dem die Vertragsstaaten die Aufgaben, Rechte und Pflichten der Eltern und des Vormunds, „das Kind bei der Ausübung der in diesem Übereinkommen anerkannten Rechte in seiner Entwicklung entsprechenden Weise angemessen zu leiten und zu führen", zu achten haben. Art. 18 Abs. 1 S. 2, 3 UN-KRK legen darüber hinaus fest, dass für die Erziehung und Entwicklung eines Kindes in erster Linie die Eltern oder der Vormund verantwortlich sind, die als Grundanliegen das Wohl des Kindes zu beachten haben. Die Vertragsstaaten müssen nach Art. 18 Abs. 2 UN-KRK die Eltern und den Vormund in angemessener Weise bei der Erfüllung ihrer Aufgabe, das Kind zu erziehen, unterstützen, sowie „für den Ausbau von Institutionen, Einrichtungen und Diensten für die Betreuung von Kindern" sorgen. Zur Wahrung der Rechte der Eltern schützt die UN-KRK auch vor einer Trennung des Kindes von seinen Eltern gegen deren Willen, Art. 9 Abs. 1 UN-KRK, die nur zulässig ist, wenn sie „zum Wohl des Kindes notwendig ist", etwa weil „das Kind durch die Eltern mißhandelt oder vernachlässigt wird [...]." Wird das Kind von seinen Eltern getrennt und steht auch eine – insofern vorrangige[43] – andere innerfamiliäre Betreuungsmöglichkeit, die mit dem Kindeswohl vereinbar ist, nicht zur Verfügung, hat das Kind nach Art. 20 Abs. 1 UN-KRK Anspruch auf den besonderen Schutz und Beistand des Staates, der nach Abs. 2 andere, außerfamiliäre Formen der Betreuung schaffen und überwachen muss, die einer familiären Betreuung so nah wie möglich kommen und vorrangig der Wiedereingliederung in die Familie dienen; die Unterbringung in Kinderbetreuungseinrichtungen ist nach Art. 20 Abs. 3 S. 1 KRK („oder falls erforderlich") ultima ratio.[44] Die Vertragsstaaten sollen zudem eine Höchstdauer von Aufenthalten in Kinderheimen bestimmen und Maßnahmen zur Verfügung stellen, um die Kinder in die Gesellschaft,

---

[43] *Schmahl*, KRK, 2. Aufl. 2017, Art. 20/21 Rn. 2, 6.

[44] *Schmahl*, KRK, 2. Aufl. 2017, Art. 20/21 Rn. 6, 11.

die Familie oder Pflegefamilie zu integrieren.[45] Art. 25 UN-KRK garantiert darüber hinaus in Fällen, in denen das „Kind von den zuständigen Behörden wegen einer körperlichen oder geistigen Erkrankung zur Betreuung zum Schutz der Gesundheit oder zur Behandlung untergebracht worden ist", eine „regelmäßige Überprüfung der dem Kind gewährten Behandlung sowie aller anderen Umstände, die für seine Unterbringung von Belang sind." Erfasst sind nicht ausdrücklich Unterbringungen von privater Seite, also auf Betreiben der Eltern, des Vormunds oder Pflegers; diese sollen jedoch insbesondere aus teleologischen Erwägungen mit einbezogen werden.[46]

## II. Relevanz der UN-Kinderrechtskonvention im deutschen Recht

Die UN-KRK entfaltet als völkerrechtlicher Vertrag grundsätzlich dieselben Wirkungen wie die EMRK. Sie ist damit zunächst eine Zielbestimmung für die Vertragsstaaten (Art. 2 Abs. 1, Art. 4 UN-KRK), die diesen hingegen keine konkreten Maßnahmen vorgibt, sodass es der Handlungsfreiheit der Vertragsstaaten überlassen ist, welche geeigneten Maßnahmen sie ergreifen, um den Zielvorgaben der UN-Kinderrechtskonvention zu genügen.[47] Von der Bundesrepublik ist sie durch ein Bundesgesetz in nationales Recht umgesetzt worden und damit wie alle völkerrechtlichen Verträge über Art. 59 Abs. 2 S. 1 GG auf der Ebene des Bundesrechts verbindlich.[48] Im Verhältnis zum anderen Bundesrecht wirkt die Konvention im Gleichlauf, im Verhältnis zum Grundgesetz erlangt sie keinen Vorrang, kann aber als Auslegungshilfe für die Bestimmung von Inhalt und Reichweite der Grundrechte und rechtsstaatlichen Grundsätze des Grundgesetzes herangezogen werden, sofern dies nicht zu einer Einschränkung oder Minderung des Grundrechtsschutzes nach dem GG führt.[49] Dabei ist keine „schematische Parallelisierung" erforderlich, vielmehr sollen ihre Wertungen dort aufgenommen werden, wo es methodisch vertretbar und mit den Vorgaben des Grundgesetzes vereinbar ist.[50]

---

45 *Schmahl*, KRK, 2. Aufl. 2017, Art. 20/21 Rn. 12.

46 *Schmahl*, KRK, 2. Aufl. 2017, Art. 25 Rn. 1.

47 OVG Lüneburg, NVwZ-RR 2013, 165 (LS.) = BeckRS 2012, 57834.

48 BGBl. II 1992, S. 122.

49 BVerfGE 111, 307, 317; 128, 282, 306; 128, 326, 368 m. w. Nachw.; *Fahl*, NZFam 2014, 155, 157; *Becker*, NVwZ 2005, 289, 290.

50 BVerfGE 111, 307, 317; 128, 326, 371 f.

Auch die Anwendung der UN-KRK ist mittelbar oder unmittelbar denkbar.[51] So bestimmt etwa Art. 3 Abs. 1 UN-KRK einen unmittelbaren Vorrang des Kindeswohls, während dessen Abs. 2 und 3 einer Umsetzung durch die Vertragsstaaten erfordern.[52] Auch Art. 20 KRK verfügt über eine ausreichende normative Dichte und damit im Sinne einer unmittelbaren Geltung Anspruchscharakter,[53] an dem es wiederum etwa Art. 6 Abs. 2 UN-KRK fehlt.[54] Die nicht unmittelbar geltenden, so genannten „non-self-executing"-Bestimmungen sind damit mittelbar von den Vertragsstaaten zu beachten und gegebenenfalls im Wege der Gesetzgebung oder Rechtsprechung zu konkretisieren.[55] Unabhängig davon, ob es sich um eine „self-executing"-Bestimmung handelt, oder nicht, sollen alle Normen der KRK damit ebenfalls justitiabel sein.[56]

Auch hinsichtlich fürsorglicher Freiheitsentziehungen gilt es staatlicherseits, das Kernanliegen der Konvention, die Berücksichtigung des Kindeswohls, Art. 3 Abs. 1 UN-KRK zu verwirklichen. Gleichwohl ergibt sich dieser Aspekt im deutschen Rechtskreis schon aus Art. 6 Abs. 2 GG. Dies stimmt mit der allgemeinen Einschätzung überein, dass für die deutsche Rechtsordnung ein Substanzgewinn etwa im Kindesschutz nicht angenommen wird, da die Bestimmungen der UN-KRK nicht über den grundgesetzlichen status quo hinausreichten.[57]

## C. UN-Behindertenrechtskonvention

### I. Schutz der kindlichen Fortbewegungsfreiheit in der UN-BRK

Die UN-Behindertenrechtskonvention[58] statuiert in Art. 14 Abs. 1 lit. a, die Pflicht der Vertragsstaaten für Menschen mit Behinderung gleichberechtigt

---

51 *Lorz/Sauer*, MRM 2011, 5, 11.

52 *Lorz/Sauer*, MRM 2011, 5, 8.

53 *Cremer*, Die UN-Kinderrechtskonvention, 2012, S. 18; *ders.*, AnwBl 2011, 159, 163.

54 *Lorz/Sauer*, MRM 2011, 5, 7.

55 *Schmahl*, KRK, 2. Aufl. 2017, Einleitung Rn. 27.

56 *Cremer*, Die UN-Kinderrechtskonvention, 2012, S. 18.

57 *Jestaedt*, in: DFGT, 21. DFGT, 2016, S. 65, 90; *Wapler*, Kinderrechte und Kindeswohl, 2015, S. 234 ff.

58 Übereinkommen der Vereinten Nationen vom 13. Dezember 2006 über die Rechte von Menschen mit Behinderungen (UN-BRK), in Kraft seit dem 2. September 1990,

mit anderen das Recht auf persönliche Freiheit und Sicherheit zu gewährleisten. Durch das Ziel der gleichberechtigten Teilhabe von Menschen mit Behinderungen am allgemeinen Menschenrechtsschutz konkretisiert sich der Inhalt des Rechts mit Blick auf andere Menschenrechtskonventionen.[59] Insbesondere im Hinblick auf Art. 5 EMRK handelt es sich bei Art. 14 UN-BRK ebenfalls um den Schutz der Fortbewegungsfreiheit.[60] Ein Eingriff in diese Fortbewegungsfreiheit liegt bei einer Einschränkung oder Entziehung der Bewegungsfreiheit durch staatliche oder dem Staat zuzurechnende Stellen vor, gleichzeitig begründet die Regelung aber auch eine Schutzpflicht des Staates vor Einschränkungen der Bewegungsfreiheit durch private Dritte.[61]

Dieses subjektive Recht auf persönliche Freiheit und Sicherheit wird konkretisiert bzw. ergänzt[62] durch lit. b, nach dem Menschen mit Behinderung gleichberechtigt mit anderen die Freiheit nicht rechtswidrig oder willkürlich entzogen werden darf und jede Freiheitsentziehung, die tatsächlich vorgenommen wird, im Einklang mit dem Gesetz erfolgt. Auch unter Berücksichtigung des Art. 14 UN-BRK ist eine Freiheitsentziehung damit nicht per se zu beanstanden, sondern unter den genannten Vorgaben möglich. Ein besonderes Augenmerk erfordert allerdings die Vorgabe, dass eine Freiheitsentziehung, die allein auf der Behinderung beruht, nicht zulässig ist. Eine Freiheitsentziehung ist allerdings auch für Menschen mit Behinderung nicht gänzlich ausgeschlossen, vielmehr kann sie aus denselben Gründen wie bei Menschen ohne Behinderung gerechtfertigt sein, etwa weil der Betroffene sonst eine Gefahr für sich oder die Allgemeinheit darstellt; der Grundsatz der Verhältnismäßigkeit ist in beiden Fällen zu beachten.[63] Bei der Ausgestaltung der Freiheitsentziehung etwa in einer Unterbringung müssen zudem die

---

deutsche Zustimmung durch das Gesetz v. 21. Dezember 2008 (BGBl. II, 1419), Inkrafttreten für Deutschland am 26. März 2009.

59 *Baufeld*, R&P 2009, 167, 170.

60 *Baufeld*, R&P 2009, 167, 170; *Rothfitz*, Die Konvention der Vereinten Nationen zum Schutz der Rechte von Menschen mit Behinderungen, 2010, S. 341.

61 *Rothfitz*, Die Konvention der Vereinten Nationen zum Schutz der Rechte von Menschen mit Behinderungen, 2010, S. 346.

62 *Rothfitz*, Die Konvention der Vereinten Nationen zum Schutz der Rechte von Menschen mit Behinderungen, 2010, S. 340.

63 *Baufeld*, R&P 2009, 167, 171; *Rothfitz*, Die Konvention der Vereinten Nationen zum Schutz der Rechte von Menschen mit Behinderungen, 2010, S. 349.

sich durch die Behinderung ergebenden Besonderheiten organisatorischer, räumlicher und struktureller Art beachtet werden.[64]

Die Pflicht der Vertragsstaaten, Schutz und Unterstützung behinderter Kinder vor Verbergung, Aussetzung, Vernachlässigung und Absonderung sicherzustellen, findet sich in Art. 23 Abs. 3 UN-BRK, der damit eine spezielle Schutzpflicht begründet, die auch bei der Frage der Zulässigkeit oder Notwendigkeit einer Unterbringungsmaßnahme zum Tragen kommen kann. Die Trennung des Kindes von seinen Eltern ist nach Art. 23 Abs. 4 UN-BRK in Anlehnung an Art. 9 Abs. 1 UN-KRK unter den Vorbehalt einer gerichtlich nachprüfbaren, rechtmäßigen und die Notwendigkeit für das Kindeswohl feststellenden Behördenentscheidung gestellt und nicht allein aufgrund der Behinderung des Kindes zulässig. Eine darüber hinausgehende besondere Berücksichtigung des Eltern-Kind-Staat-Verhältnisses ergibt sich dagegen aus der UN-BRK nicht. Dies liegt daran, dass es sich bei der UN-BRK nicht um ein spezifisch auf Kinder ausgerichteten Vertrag handelt und im Gegensatz zu allgemeinen Menschenrechtskodifikationen nicht einen umfassenden Schutz bietet, sondern allein solche Rechte schützt, die das Ziel der Gleichstellung der besonderen Personengruppe der Menschen mit Behinderungen erzielen.

## II. Relevanz der UN-Behindertenrechtskonvention im deutschen Recht

Auch bei der UN-BRK handelt es sich um einen völkerrechtlichen Vertrag, der über die allgemeine Zielbestimmung für die Vertragsstaaten (Art. 4 Abs. 1 UN-BRK) hinaus als einfaches Bundesgesetz sowohl unmittelbar als auch mittelbar wirken kann. Insbesondere hat das Bundesverfassungsgericht in einer Entscheidung zu den verfassungsrechtlichen Voraussetzungen für die Zwangsbehandlung eines im Maßregelvollzug Untergebrachten auf die völkerrechtskonforme Auslegung der Verfassung unter Berücksichtigung der UN-BRK verwiesen, die damit als „Auslegungshilfe für die Bestimmung von Inhalt und Reichweite der Grundrechte herangezogen werden kann".[65]

---

64 Vgl. EGMR, Price./. The United Kingdom, Urteil v. 10. Juli 2001, 33394/96, Rn. 24.
65 BVerfGE 111, 307, 317 ff.; 128, 282, 306.

## D. EU-Grundrechtecharta

### I. Schutz kindlicher Fortbewegungsfreiheit in der GRC

Auch die EU-Grundrechtecharta[66] stellt mit Art. 6 GRC den Freiheitsschutz ins Zentrum ihrer Menschenrechte. Dieser findet sein Vorbild in Art. 5 EMRK[67], ist hingegen sprachlich wesentlich weiter gefasst als dieser und Art. 2 Abs. 2 S. 2 und 104 GG. Auch er umfasst allerdings nur die körperliche Bewegungsfreiheit, in die durch staatliche Maßnahmen, die gegen oder ohne Willen des Betroffenen diese beschränken, eingegriffen wird.[68] Insbesondere aufgrund des Gleichlaufs mit Art. 5 EMRK sowie der Annahme, dass ein Eingriff in Art. 6 GRC bei „Festnahmen und sonstigen Freiheitsentziehungen"[69] gegeben sein soll, beschränkt sich der Schutz allerdings ebenfalls auf letztere. Damit entspricht er im Umfang seiner Rechte, wie auch nach Art. 52 Abs. 3 GRC in Bedeutung und Tragweite Art. 5 EMRK.[70] An dem so statuierten Schutz nehmen Kinder grundsätzlich teil, wenn auch wiederum ihr Schutz eine Beschränkung der Fortbewegungsfreiheit erforderlich machen kann.[71]

Über diese allgemeine Freiheit hinaus beinhaltet die GRC auch spezielle Rechte unmittelbar zugunsten von Kindern. So bestimmt etwa Art. 24 GRC einen Anspruch auf Schutz und Fürsorge, das Recht auf Anhörung und Berücksichtigung ihrer Meinung entsprechend ihrem Alter und Reifegrad (Abs. 1), den Maßstab des Kindeswohls als Richtschnur für Entscheidungen (Abs. 2) sowie eine persönliche Beziehung und direkten Kontakt mit beiden Eltern (Abs. 3).[72] Die genannten Rechte stützen sich auf die UN-KRK.[73] Sind Eltern berechtigt, Rechte des Kindes geltend zu machen, bezieht sich das

---

66 ABl. 2000 C 364/1, 2010 C 83/02, 82/389.

67 *Knecht*, in: Becker/Hatje/Schoo/Schwarze, EU-Kommentar, 4. Aufl. 2019, Art. 6 GRC Rn. 1.

68 *Knecht*, in: Becker/Hatje/Schoo/Schwarze, EU-Kommentar, 4. Aufl. 2019, Art. 6 GRC Rn. 4; *Bergmann*, in: Bergmann/Dienelt, Ausländerrecht, 15. Aufl. 2025, Art. 6 GRC Rn. 1.

69 *Bergmann*, in: Bergmann/Dienelt, Ausländerrecht, 15. Aufl. 2025, Art. 6 GRC Rn. 1.

70 *Bergmann*, in: Bergmann/Dienelt, Ausländerrecht, 15. Aufl. 2025, Art. 6 GRC Erläuterungen des GR-Konvents; allgemein zur Auslegung der GRC-Rechte anhand der EMRK *Schorkopf*, in: Grabitz/Hilf/Nettesheim, Das Recht der Europäischen Union, 84. EL Januar 2025, Art. 6 EUV Rn. 46 ff.

71 *Wapler*, Kinderrechte und Kindeswohl, 2015, S. 509.

72 *Dethloff/Maschwitz*, FPR 2012, 190, 192.

73 Erläuterungen des Präsidiums des Europäischen Konvents, ABl. 2007 Nr. C 303/25.

auch auf die Rechte aus Art. 24 GRC, eine selbstständige Wahrnehmung der genannten Rechte ist nach Abs. 1 S. 3 allerdings möglich, soweit nach Alter und Reifegrad die notwendige Einsichtsfähigkeit vorliegt.[74] Die Wahrnehmung kann damit unabhängig von den Eltern erfolgen, die Rechte sind dennoch ausschließlich staats- bzw. unionsgerichtet und damit nicht das Verhältnis zu den Eltern bestimmend.[75]

Über diesen speziellen Kindesschutz hinaus findet sich der Schutz des Familienlebens in Art. 7, 9 und 33 GRC. Die Rechte aus Art. 7 GRC sollen dabei denen aus Art. 8 EMRK entsprechen, sodass auf die dortigen Ausführungen verwiesen wird.[76] Art. 33 GRC bestimmt eine Schutzpflicht zugunsten der wirtschaftlichen, sozialen und rechtlichen Aspekte der Familie; die Rechte aus Art. 7 sind allerdings als speziellere Rechte vorrangig.[77] Angelehnt an Art. 2 des 1. ZP zur EMRK schützt Art. 14 Abs. 3 Hs. 2 die Rechte von Eltern in der öffentlichen Schule. Auch dieses Recht ist fremdnützig und in enger Abstimmung mit Art. 24 GRC auszulegen; es tritt mit zunehmendem Alter zugunsten des eigenständigen Bestimmungsrechts des Kindes zurück.[78]

## II. Bindungswirkung der EU-Grundrechtecharta

Die Grundrechtecharta formuliert selbst in Art. 51 Abs. 1 GRC ihre uneingeschränkte Geltung für die Organe und Einrichtungen der Union – die Mitgliedstaaten sind hingegen ausschließlich bei der Anwendung sowie der Umsetzung primären oder sekundären Unionsrechts an die Grundrechtecharta gebunden, das heißt etwa dann, wenn das deutsche Recht durch Unionsgrundrechte determiniert ist.[79] Macht die Union hinsichtlich der Umsetzung von Unionsrecht zwingende Vorgaben, ist die Umsetzung der Mitgliedsstaaten nur an den Chartagrundrechten, wegen der Öffnung der nationalen Rechtsordnung zugunsten der Unionsgewalt nach Art. 79 Abs. 2

[74] *Jarass*, Charta der Grundrechte der EU, 4. Aufl. 2021, Art. 24 GRC Rn. 9.

[75] *Kingreen*, in: Calliess/Ruffert, EUV/AEUV, 6. Aufl. 2022, Art. 24 EU-GRCharta Rn. 6.

[76] *Nusser*, in: Bergmann/Dienelt, Ausländerrecht, 15. Aufl. 2025, Art. 7 GRC Erläuterungen des GR-Konvents.

[77] *Jarass*, Charta der Grundrechte der EU, 4. Aufl. 2021, Art. 33 GRC Rn. 9, 13.

[78] *Kingreen*, in: Calliess/Ruffert, EUV/AEUV, 6. Aufl. 2022, Art. 14 EU-GRCharta Rn. 15.

[79] *Dethloff/Maschwitz*, FPR 2012, 190, 192; *Kingreen/Poscher*, Grundrechte, 41. Aufl. 2025, Rn. 80.

GG dagegen nicht an den eigenen nationalen Grundrechten zu messen.[80] Macht das Unionsrecht keine Vorgaben, gelten die mitgliedsstaatlichen Grundrechte.[81] In den Bereichen, in denen den nationalen Organen ein Ermessensspielraum bei der Umsetzung verbleibt, ist der Umfang der Geltung strittig. Nach dem EuGH sind die Mitgliedsstaaten an eigene Grundrechte, die einen höheren Schutzstandard eröffnen, nur gebunden, wenn weder das Schutzniveau der Unionsgrundrechte noch Vorrang, Einheit und Wirksamkeit des Unionsrechts beeinträchtigt werden.[82] Das Bundesverfassungsgericht befürwortet hingegen eine umfassende Orientierung an mitgliedsstaatlichen Grundrechten.[83]

## E. Zusammenfassung

Zusammenfassend ist damit zunächst die Relevanz der genannten Rechtsquellen eingeschränkt. Die Grundrechtecharta ist nur bei Anwendung und Umsetzung von Unionsrecht als Maßstab zu berücksichtigen. Im Bereich des nationalen Familienrechts erlangt ihre Gewährleistung von Kinderrechten damit allenfalls marginale Bedeutung, da das materielle Familienrecht wie auch das zugehörige Verfahrensrecht nicht in die Kompetenz der EU fällt.[84]

Die genannten völkerrechtlichen Verträge sind bei der Auslegung von Grundrechtsbestimmungen bzw. insbesondere bei der Feststellung der Verhältnismäßigkeit zu berücksichtigen und erfordern durch ihren Rang als einfaches Bundesgesetz einen Gleichlauf mit dem sonstigen einfachen Recht. Bedeutend ist darüber hinaus die Verpflichtung des Gesetzgebers, völker- bzw. unionsrechtskonformes Recht zu schaffen, die sich hingegen vor allem dann aktualisiert, wenn die entsprechenden Regelungen ein über das ohnehin durch das Grundgesetz gewährte hinausgehende Schutzniveau schaffen. Hinsichtlich des Schutzes der Fortbewegungsfreiheit ist zunächst festzuhalten, dass anders als im Grundgesetz im Völkerrecht ein spezieller

80 *Kingreen/Poscher*, Grundrechte, 36. Aufl. 2020, Rn. 82 ff.

81 *Kingreen/Poscher*, Grundrechte, 36. Aufl. 2020, Rn. 88; *Kingreen*, JZ 2013, 801, 802 f.

82 EuGH, EuZW 2013, 302, Rn. 29.

83 BVerfG, NJW 2013, 1499, Rn. 91; zust. *Kingreen*, JZ 2013, 801, 802 ff.; *Ohler*, NVwZ 2013, 1433, 1437; *Thym*, NVwZ 2013, 889, 891 ff.

84 *Dethloff/Maschwitz*, FPR 2012, 190, 192.

Schutz nur für Freiheitsentziehungen, nicht hingegen für Freiheitsbeschränkungen vorgesehen ist. Die genannten völkerrechtlichen Rechtsordnungen und auch die GRC treffen – wie dargestellt – überwiegend ausschließlich Regelungen hinsichtlich des Schutzes der Fortbewegungsfreiheit gegenüber der öffentlichen Gewalt. Insofern sind sie mithin mit Art. 2 Abs. 2 S. 2 und 104 GG vergleichbar.

Die gemeinschaftsrechtlichen Vorgaben für eine freiheitsentziehende Unterbringung sind damit zusammenfassend folgende: Spezifische Regelungen hinsichtlich einer Unterbringung als Fürsorgemaßnahme durch eine Behörde sieht die UN-KRK vor. Erfolgt eine Unterbringung aufgrund einer körperlichen oder geistigen Erkrankung zur Betreuung, zum Schutz der Gesundheit oder zur Behandlung, hat das betroffene Kind das Recht auf eine regelmäßige Überprüfung (Art. 25 UN-KRK); dies soll unabhängig davon gelten, durch wen die Unterbringung initiiert wurde. Dem Staat obliegt die Kontrolle der Einrichtungen, die mit der Fürsorge und Schutz der Kinder betraut sind (Art. 3 Abs. 3 UN-KRK). Eine möglicherweise mit dieser Unterbringung verbundene Freiheitsentziehung darf nur aus fürsorglichen Gründen zum Zweck überwachter Erziehung, zur Vorführung vor die zuständige Behörde oder bei psychisch Kranken, Alkohol- oder Rauschgiftsüchtigen (Art. 5 EMRK), nicht rechtswidrig oder willkürlich (Art. 37 lit. b UN-KRK, Art. 14 Abs. 1 lit. b UN-BRK) und nur als letztes Mittel und für die kürzeste angemessene Zeit (Art. 37 lit. b UN-KRK) vorgenommen werden. Eine Freiheitsentziehung allein begründet durch eine Behinderung ist ausgeschlossen (Art. 14 lit. b UN-BRK). Wird eine Freiheitsentziehung notwendig, ist sie menschlich und mit Achtung vor der dem Menschen innewohnenden Würde und unter Berücksichtigung der Bedürfnisse von Personen des entsprechenden Alters durchzuführen (Art. 37 lit. c UN-KRK). Eine (vorhergehende) richterliche Entscheidung ist, anders als von Art. 104 Abs. 2 GG vorgesehen, nicht notwendig. Der Betroffene hat allenfalls die Möglichkeit, die Überprüfung der Rechtmäßigkeit einer Freiheitsentziehung zu beantragen (Art. 5 Abs. 4 EMRK, Art. 37 lit. d UN-KRK).

Hinsichtlich der Frage, unter welchen Voraussetzungen eine Freiheitsentziehung möglich ist, sind diese im Überblick dargestellten Regelungen konkreter formuliert als diejenigen im Grundgesetz. Fraglich ist, ob damit auch ein größerer Schutzumfang verbunden ist. Im Hinblick auf das Erfordernis einer richterlichen Überprüfung einer Maßnahme bleiben die Regelungen sogar hinter den Vorgaben des Grundgesetzes zurück. Die sonstigen Regelungen, die eine restriktive Handhabung der Freiheitsentziehung vorgeben, können im Rahmen einer allein anhand des Grundgesetzes zu rechtfertigenden Freiheitsentziehung im Rahmen der Verhältnismäßigkeit des Eingriffs Berücksichtigung finden. Damit ist mit den konkreten Vorgaben der gemeinschaftsrechtlichen Rechtsquellen zwar kein höheres Schutzniveau gegenüber dem Grundgesetz erreicht. Gerade derart konkrete Vorgaben können allerdings einen Ansatzpunkt sowohl für die Abwägung innerhalb der o.g. Verhältnismäßigkeitsprüfung als auch für die mögliche Konkretisierung der unspezifischen grundgesetzlichen Schutzpflichten geben.

Die genannten Normen reglementieren weit überwiegend allein Maßnahmen der öffentlichen Gewalt und haben insofern keine unmittelbaren Auswirkungen auf nichtstaatliche Handlungsobjekte – wie etwa das Erfordernis einer Überprüfung der Unterbringung auch bei einer solchen durch Eltern oder Vormund. Gleichwohl können sich aus den einzelnen Regelungen auch Schutzpflichten für den Staat ergeben, Verhältnisse zwischen Privaten auf eine konkrete Art und Weise zu regeln.[85] Wird der Staat in Bezug auf einen Minderjährigen tätig, genießen – wie im System des Grundgesetzes – auch im Völker- und Europarecht die Rechte der Eltern einen Vorrang, den der Staat bei seinem Tätigwerden beachten muss (Art. 8 EMRK; Art. 3 Abs. 2, 5 18 Abs. 2 UN-KRK, Art. 7 EU-GRC). Dabei ist nicht nur das staatliche Handeln (Art. 3 Abs. 1 UN-KRK, Art. 24 EU-GRC), sondern auch das insofern relevante Elternrecht kindeswohlorientiert (z. B. Art. 14 Abs. 3 EU-GRC).

Wird das Kind durch die Eltern in einer psychiatrischen Einrichtung untergebracht, hat der EGMR die Einschränkung der Rechte des Kindes schon früh mit dem Elternrecht begründet.[86] Die neuere Rechtsprechung gewichtet die Kindesinteressen stärker und verweist vermehrt auf die UN-KRK und die „dort verbürgten Rechte als Maßstab für den Standard, den der nationale Gesetzgeber gewährleisten soll".[87] Gleichwohl bietet diese Konstruktion im Konfliktfall nur einen allgemeinen Anhaltspunkt, die Auflösung der vielfältigen Spannungslagen zwischen dem staatlichen Erziehungsauftrag und der elterlichen Erziehungsverantwortung ist weitgehend den Mitgliedsstaaten

85 S. zur EMRK etwa *Grabenwerter/Pabel*, EMRK, 6. Aufl. 2016, § 19 Rn. 9.
86 EGMR-E 4, 171, 181 f.
87 s. dazu eingehend *Dethloff/Maschwitz*, FPR 2012, 190, 193

vorbehalten.[88] Durch die Kindeswohlorientierung sowohl des Elternrechts wie auch des Wächteramts und die dargestellte Berücksichtigung der Kindergrundrechte[89] stellt das differenzierte System von Eltern- und Kinderrechten des Grundgesetzes gegenüber den genannten gemeinschaftsrechtlichen Regelungen kein geringeres Schutzniveau dar.

---

88 *Kingreen*, in: Calliess/Ruffert, EUV/AEUV, 6. Aufl. 2022, Art. 14 EU-GRCharta Rn. 16.
89 s. dazu oben, unter Teil 3, D. IV.

# Fürsorgliche Beschränkung der Fortbewegungsfreiheit durch Sorgeberechtigte

## A. Grundfall: Freiheitsbeschränkungen durch die Eltern im eigenen Haushalt

### I. Ausdruck kindeswohlorientierter Elternautonomie

#### 1. Grundsatz der Elternautonomie im BGB

Das einfache Recht fasst die elterlichen Befugnisse in dem komplexen subjektiven Recht[1] der elterlichen Sorge zusammen: gemäß § 1626 Abs. 1 S. 1 BGB haben die Eltern die Pflicht und das Recht für das minderjährige Kind zu sorgen. Die Regelungen der elterlichen Sorge in den §§ 1626–1698b BGB stellen eine einfachgesetzliche Ausgestaltung von Art. 6 Abs. 2 dar, sind mit diesem allerdings nicht identisch.[2] Die elterliche Sorge umfasst nach Abs. 1 S. 2 sowohl die Personen- als auch die Vermögenssorge und beinhaltet sowohl Schutz- als auch Fürsorgepflichten.[3] Aus der Formulierung „die Pflicht und das Recht" ergibt sich, dass die Eltern ihre Sorge nicht nur autonom ausüben dürfen, sie sind zur Ausübung auch verpflichtet, insofern

1 *Lettmaier*, in: Staudinger, 2020, § 1626 BGB Rn. 111; *Döll*, in: Erman, 17. Aufl. 2023, § 1626 Rn. 1.

2 BVerfGE 84, 168, 180; *Reuter*, Kindesgrundrechte und elterliche Gewalt, 1968, S. 96; *Gernhuber/Coester-Waltjen*, Familienrecht, 7. Aufl. 2020, § 6 Rn. 29; *Bullmann*, in: jurisPK-BGB, 11. Aufl. 2026, § 1626 Rn. 6; *Veit/Schmidt*, in: BeckOK-BGB, 76. Edition, Stand: 1. November 2025, § 1626 Rn. 8.

3 *Huber*, in: MünchKomm BGB, 9. Aufl. 2024, § 1626 Rn. 6; *Veit/Schmidt*, in: BeckOK-BGB, 76. Edition, Stand: 1. November 2025, § 1626 Rn. 2, 8; *Bullmann*, in: jurisPK-BGB, 11. Aufl. 2026, § 1626 Rn. 6, 13.

trifft die Eltern – entsprechend der verfassungsrechtlichen Grundlage – eine Erziehungsverantwortung.[4]

Als Ausdruck des verfassungsrechtlichen Elternrechts üben die Eltern ihre elterliche Sorge autonom aus, ohne grundsätzlich mit staatlichen Eingriffen rechnen zu müssen. Diese Freiheit erstreckt sich sowohl auf die Wahl der konkreten Erziehungsziele als auch der -methoden.[5] Als Teil der umfassenden Befugnisse, die § 1626 BGB den Eltern gibt, sind in § 1631 Abs. 1 BGB die Pflicht und das Recht zur Pflege, Erziehung, Beaufsichtigung und Aufenthaltsbestimmung des Kindes konkretisiert. Die Verwendung des Wortes „insbesondere" macht deutlich, dass diese Aufzählung nicht als eine erschöpfende gelten kann; eine vollständige und abschließende Konkretisierung des Inhalts der Personensorge ist nicht möglich.[6]

## 2. Definition durch das Kindeswohl

Schon in den Materialien zum BGB besaß die damalige noch „elterliche Gewalt" nicht den eigennützigen Charakter eines Herrschaftsrechts, sondern galt als pflichtgebundenes, dem Minderjährigen dienendes Schutzrecht.[7] Trotz des mit ihm verbundenen Pflichtgehalts wurde das Personensorgerecht der Eltern als Herrschaftsrecht begriffen und das Kind zum Objekt eines subjektiven Rechts gemacht.[8] Zur Verdeutlichung des eigentlichen Wesens der Eltern-Kind-Beziehung wurde mit dem Gesetz zur Neuregelung des Rechts der elterlichen Sorge (SorgeRG)[9] der Begriff der elterlichen Gewalt durch den der elterlichen Sorge ersetzt.[10] Diese Änderung war Ausdruck einer unbedingten Rechtssubjektivität des Kindes auch in den Rechtsverhältnissen

---

4 BVerfGE 10, 59, 67, 76 ff.; 24, 119, 143.

5 *Gernhuber/Coester-Waltjen*, Familienrecht, 7. Aufl. 2020, § 58 Rn. 29 f.; *Lüderitz*, AcP 178 (1978), 263, 274; ausführliche Darstellung und Begründung: *Benkert*, Die „bösen" Kinder, 2004, S. 141 ff, 145 ff.

6 Mot IV 750; *Salgo*, in: Staudinger, 2020, § 1631 BGB Rn. 9 f.; *Huber*, in: MünchKomm BGB, 9. Aufl. 2024, § 1626 Rn 32.

7 Mot IV 724.

8 *Gernhuber/Coester-Waltjen*, Familienrecht, 7. Aufl. 2020, § 58 Rn. 23.

9 Gesetz zur Neuregelung des Rechts der elterlichen Sorge (SorgeRG) v. 24. Juli 1979 (BGBl. I, 1061).

10 BT-Drucks. 8/2788, S. 36.

des Familienrechts sowie der Anerkennung der Selbstverantwortung des Kindes, die es zu respektieren, zu schützen und zu fördern galt.[11]

Obwohl die elterliche Sorge nach wie vor ein subjektives Recht der Eltern begründet, welches sie grundsätzlich autonom ausüben, sind sie in ihren Handlungen doch nicht unbeschränkt frei. Vielmehr ist die Personensorge als Pflichtrecht – ebenso wie das verfassungsrechtliche Elternrecht – schon in sich beschränkt; die Eltern haben für die Erhaltung, Förderung und Entwicklung des Kindes zu sorgen und die elterlichen Befugnisse zum Wohl des Kindes auszuüben.[12] Durch den Pflichtcharakter wird dem Gleichgewicht zwischen dem Recht der Eltern auf Pflege und Erziehung ihrer Kinder und dem Interesse des Kindes an einer ungestörten körperlichen und geistigen Entwicklung zu einer eigenverantwortlichen Persönlichkeit innerhalb der Gesellschaft Ausdruck verliehen.[13]

Die Pflichterfüllung definiert mithin den Inhalt der elterlichen Sorge, die zur Förderung des geistigen und seelischen Wohls des Kindes auszuüben ist.[14] Diese Förderung setzt wiederum ein bestimmendes Handeln der Eltern voraus, mit dem sie sich gegenüber den Kindern durchsetzen können.[15] Bezüglich der Präzisierung des geistigen und seelischen Wohls des Kindes können wiederum in nur wenigen Punkten bestimmte Aussagen getroffen werden, die allgemeine Anerkennung finden. Hierunter lassen sich der Wert höherer Bildung im Rahmen der Eignung und Neigung des Kindes, das Aufwachsen in einer harmonischen Umgebung und die gewaltfreie Erziehung fassen.[16] Darüber hinaus bleibt das Wohl des Kindes unbestimmt. Es ist den

---

11 BT-Drucks. 7/2060, S. 13, 8/111, S. 13.

12 BGHZ 66, 334, 337; *Gernhuber/Coester-Waltjen*, Familienrecht, 7. Aufl. 2020, § 58 Rn. 25, § 62 Rn. 1; *Huber*, in: MünchKomm BGB, 9. Aufl. 2024, § 1626 Rn. 7; *Veit/Schmidt*, in: BeckOK-BGB, 76. Edition, Stand: 1. November 2025, § 1626 Rn. 2; *Bullmann*, in: jurisPK-BGB, 11. Aufl. 2026, § 1626 Rn. 13; *Gernhuber*, FamRZ 1962, 89, 92 f.; *Benkert*, Die „bösen" Kinder, 2004, S. 20.

13 BVerfGE 24, 119, 144; vgl. auch Mot IV 724: „dem Interesse des Kindes dienendes Schutzinstitut".

14 *Zorn*, Das Recht der elterlichen Sorge, 3. Aufl. 2016, S. 156.

15 *Benkert*, Die „bösen" Kinder, 2004, S. 13, 20.

16 *Gernhuber/Coester-Waltjen*, Familienrecht, 7. Aufl. 2020, § 58 Rn. 33; letztere wurde inzwischen konkret in § 1631 Abs. 2 BGB normiert.

Eltern nicht nur als Richtpunkt und Pflicht vorgegeben, sondern auch zur inhaltlichen Konkretisierung für den Einzelfall überantwortet.[17]

### 3. Einordnung von Freiheitsbeschränkungen und -entziehungen als Maßnahme der elterlichen Sorge

Die insofern sehr weiten Befugnisse der Eltern führen dazu, dass ihnen grundsätzlich innerhalb ihrer elterlichen Sorge auch die Beschränkung und die Entziehung der persönlichen Bewegungsfreiheit des Kindes möglich sind. Dies wird umso deutlicher, wenn entsprechende Maßnahmen zur Durchsetzung der Kindesinteressen und zum ausreichenden Schutz und Beaufsichtigung des Kindes ein notwendiges und wesentliches alltägliches Mittel sind.[18] Denn den Eltern entwächst aus ihrer Sorge nicht nur das Recht bestimmte Maßnahmen vorzunehmen, vielmehr haben sie auch die Pflicht, das Kind vor Gefährdungssituationen zu bewahren.[19] So ist es ihnen nicht nur erlaubt, sondern sogar geboten, ein Kind zum Beispiel an einer roten Ampel oder vor einem offenen Feuer festzuhalten, wenn es noch zu klein ist, um die Gefährdungssituation selbst erkennen zu können.[20] Denkbar sind hier Fallgestaltungen wie das Verschließen der Tür, damit das Kind nachts das Haus nicht verlässt, das Festhalten in einer Gefahrensituation, etwa an einer roten Ampel oder wenn das Fallen vom Wickeltisch droht, oder das Befestigen eines Kleinkindes in seinem Buggy oder Autokindersitz mithilfe eines Gurtes. In diesen Fällen dürfte es unstrittig sein, dass die Maßnahmen der Eltern prinzipiell durch das Alter des Kindes und die jeweilige Situation angezeigt sein werden.

---

17 *Gernhuber/Coester-Waltjen*, Familienrecht, 7. Aufl. 2020, § 58 Rn. 34; *Ossenbühl*, Das elterliche Erziehungsrecht im Sinne des Grundgesetzes, 1981, S. 64; *Benkert*, Die „bösen" Kinder, 2004, S. 83; *Zorn*, Das Recht der elterlichen Sorge, 3. Aufl. 2016, S. 155; *Erichsen/Reuter*, Elternrecht – Kindeswohl – Staatsgewalt, 1985, S. 36, 51–53; *Coester*, in: Staudinger, 2020, § 1666 BGB Rn. 11.

18 AG Hamburg, FamRZ 1961, 393, 394 f.

19 Zum Pflichtrecht der Eltern s. oben Teil 3, D. IV. 1. b.

20 BGH, NJW 1976, 1684 (sog. „Grillgeräte-Entscheidung"): Nicht unbedingtes Fernhalten von jedem Gegenstand, der bei unsachgemäßem Umgang gefährlich sein könnte, sondern erhöhte Aufsichtspflicht, die sich auf Aufklärung und Information erstreckt; zu konkreten Beispielen: *Salgo*, in: Staudinger, 2020, § 1631 BGB Rn. 47.

Aber nicht nur zum Schutz des Kindes, sondern auch im Rahmen seiner Erziehung sind Freiheitsbeschränkungen denkbar. Dieser unbestimmte Rechtsbegriff, dessen exakte Definition an den zahllosen Facetten von Erziehungsaufgaben scheitert, wurde etwa beschrieben als „Sorge für die körperliche, geistige und seelische Entwicklung des Kindes, das planmäßige Einwirken auf die Bildung seiner noch unfertigen, in der Entwicklung begriffenen Persönlichkeit.“[21] Die Eltern können damit innerhalb ihrer Erziehungsbefugnis aus dem gesamten Repertoire pädagogischer Maßnahmen wählen: So können die Eltern dem Kind etwa Weisungen erteilen oder Verbote auferlegen,[22] ihm Dinge erklären, es ermahnen und ihm Annehmlichkeiten entziehen.[23] Andere Komponenten der Personensorge wie Pflege und Aufenthaltsbestimmung lassen sich dabei nur schwer von den Erziehungsaufgaben der Eltern trennen, sodass eine konkrete Einordnung schwerfallen kann, aufgrund der umfassenden elterlichen Rechte aber auch nicht notwendig ist.[24] Durch das Recht zur Aufenthaltsbestimmung, § 1631 Abs. 1 BGB können Eltern den Aufenthalt positiv bestimmen – etwa bei der Entscheidung, wo das Kind lebt oder sich sonst aufhält – aber auch negativ, etwa durch Ausgehverbote, Festlegung von Ausgehzeiten, Verbote sich an einen bestimmten Ort zu bewegen oder durch Wegnahme des Personalausweises zur Unterbindung von Auslandsreisen.[25] Ein Beispiel für diese vielfältigen Anknüpfungspunkte einer Maßnahme bildet der Hausarrest, der einerseits dazu dienen kann, das Kind vor dem zu schützen, was es außerhalb des Elternhauses erwartet – z. B. wenn es gefährdet ist, zur Nachtzeit Drogen zu konsumieren – andererseits können die Eltern einen Hausarrest als Erziehungsmittel anordnen, beispielsweise um ein vorheriges unerwünschtes Verhalten zu bestrafen, im obigen Beispiel etwa einen vorherigen Drogen- oder Alkoholkonsum, auch wenn eine Wiederholung des unerwünschten Verhaltens nicht zu erwarten ist. Durchgesetzt wird der Hausarrest durch die Bestimmung des Aufenthalts

---

21 *Donau*, in: Staudinger[10/11], § 1631 BGB Rn. 24.

22 *Kerscher*, in: BeckOGK-BGB, Stand: 1. November 2025, § 1631 Rn. 24.

23 *Kemper*, in: Schulze u. A., BGB, 12. Aufl. 2024, § 1631 Rn. 4.

24 *Benkert*, Die „bösen“ Kinder, 2004, S. 13.

25 *Kerscher*, in: BeckOGK-BGB, Stand: 1. November 2025, § 1631 Rn. 64; *Wenz*, in: RGRK, § 1631 Rn. 6.

durch die Eltern: Das Kind hat sich für eine bestimmte Zeit im Elternhaus aufzuhalten und von dort nicht zu entfernen.

Eine besondere Situation stellt die Pflege behinderter Kinder im Elternhaus dar. Abhängig von deren Entwicklungsstand bzw. den Wirkungen ihrer Behinderung können hier Maßnahmen notwendig sein, die bei anderen Kindern im gleichen Alter undenkbar wären. In Betracht kommen die Fixierung etwa an einem Rollstuhl, im Bett oder am Stuhl, zum Beispiel bei einem Kind, das an Epilepsie erkrankt ist, oder aus einem anderen Grund seine Körperbewegungen nicht oder nicht immer kontrollieren kann und daher gefährdet ist durch Stürze verletzt zu werden. Über diese im Kindesschutz begründeten Maßnahmen hinaus sind auch Maßnahmen denkbar, die zur pflichtgemäßen Erfüllung von Pflegeaufgaben notwendig sind, wie das Festhalten beim Waschen, Anziehen oder Füttern.

Wie die genannten Maßnahmen dabei in die Begrifflichkeiten Freiheitsentziehung und Freiheitsbeschränkung i. e. S. i. S. d. Art. 104 GG einzuordnen sind ist dabei zunächst unerheblich. Solange die Eltern sich innerhalb ihrer elterlichen Befugnisse bewegen und das Kind im Elternhaus lebt, können sie die genannten Maßnahmen vornehmen.

## II. Grenzen

### 1. Kein Anwendungsfall des § 1631b BGB

Die dargestellten Maßnahmen finden keine Grenze in dem Genehmigungserfordernis des § 1631b BGB, der sich mit der Anwendung freiheitsentziehenden Maßnahmen im Rahmen der elterlichen Sorge befasst. Auch hier macht es vorerst keinen Unterschied, ob mit den genannten Maßnahmen die noch zu definierende Schwelle zu einer Freiheitsentziehung überschritten ist.[26] Denn der Anwendungsbereich der Norm ist nach aktueller Rechtslage schon deshalb nicht eröffnet, weil das Merkmal der Unterbringung bei einem Kind, welches im elterlichen Haushalt lebt, nicht vorliegt.[27]

---

26 S. dazu unten, unter B. IV. 2.

27 *Huber*, in: MünchKomm BGB, 9. Aufl. 2024, § 1631b Rn. 2; *Helle*, ZfJ 1986, 40, 42; zum Merkmal der Unterbringung sogleich, unter B. IV. 2. a.

## 2. Kein Anwendungsfall des § 1631 Abs. 2 BGB

Gegebenenfalls könnten die genannten Maßnahmen allerdings von § 1631 Abs. 2 BGB erfasst und damit unzulässig sein, wenn sie gegen das Recht des Kindes auf eine gewaltfreie Erziehung verstoßen. Diese im Spannungsfeld zwischen dem Erziehungsrecht der Eltern und der ungestörten Entwicklung des Kindes angesiedelte Vorschrift[28] wiederholt den in § 1626 Abs. 1 S. 1 BGB verfassten Pflichtrechtscharakter des elterlichen Sorgerechts, indem die zulässigen Erziehungsmittel eingeschränkt werden[29]: eine Erziehung, die mit Gewalt verbunden ist, ist als nicht mit dem Kindeswohl vereinbar von der elterlichen Sorge nicht umfasst.[30]

Bei der Schaffung des BGB sah § 1631 Abs. 2 BGB a. F. die Anwendung von Zuchtmitteln durch den Vater sogar mit Unterstützung des Vormundschaftsgerichts noch explizit vor. Auch nach dessen Aufhebung durch das GleichberG[31] war ein Recht der Eltern auf körperliche Züchtigung zunächst kraft Gewohnheitsrecht weiterhin anerkannt. Mit der Erklärung der Unzulässigkeit von entwürdigenden Erziehungsmaßnahmen im Abs. 2 durch das SorgeRG 1979[32] vollzog sich hinsichtlich der zwangsweisen Einwirkung auf Kinder durch ihre Personensorgeberechtigten eine Kehrtwende. Der Begriff der entwürdigenden Erziehungsmaßnahmen ist unbestimmt. Hierunter wurden, wenn überhaupt, nur unangemessene Körperstrafen gefasst, sowie „andere Maßnahmen, die das Ehr- und Selbstwertgefühl des Kindes in einem vom Anlaß der Erziehungsmaßnahme nicht zu rechtfertigendem Maße verletzen".[33] Konkretisiert wurden entwürdigende

---

28 *Salgo*, in: Staudinger, 2020, § 1631 BGB Rn. 2; *Kerscher*, in: BeckOGK-BGB, Stand: 1. November 2025, § 1631 Rn. 7.

29 *Kerscher*, in: BeckOGK-BGB, Stand: 1. November 2025, § 1631 Rn. 24; laut *Salgo* (in: Staudinger, 2020, § 1631 BGB Rn. 29) wird der Vertretbarkeitsrahmen „verengt". Der Gesetzgeber wollte hingegen mit der Normierung des Gewaltverbots eine Klarstellung des schon zuvor geltenden Umfangs der elterlichen Sorge schaffen BT-Drucks. 12/6343, S. 7 f., 13/8511, S. 74; *Benkert*, Die „bösen" Kinder, 2004, S. 162: Verbot eines Erziehungsmittels.

30 BT-Drucks. 13/4899, S. 151 f., 168; BT-Drucks. 13/8511, S. 74.

31 Gesetz über die Gleichberechtigung von Mann und Frau auf dem Gebiete des bürgerlichen Rechts (Gleichberechtigungsgesetz – GleichberG) v. 18. Juni 1957 (BGBl. I, 609).

32 Gesetz zur Neuregelung des Rechts der elterlichen Sorge (SorgeRG) v. 24. Juli 1979 (BGBl. I, 1061).

33 Bericht der Abgeordneten Dr. Stark und Dr. Schwenk, BT-Drucks. 8/2788, S. 33 ff.

Erziehungsmaßnahmen durch das KindRG 1997[34] als insbesondere körperliche und seelische Misshandlungen, die damit konkret verbotene Maßnahmen darstellen.

Mit dem Gesetz zur Ächtung der Gewalt in der Erziehung[35] wurde dem § 1631 Abs. 2 BGB der Satz „Kinder haben ein Recht auf gewaltfreie Erziehung“ vorangestellt. Der Gesetzgeber versteht dieses Recht selbst gleichwohl nicht als einklagbares Recht im Sinne eines Anspruchs, sondern strebt – wie auch mit der Vorgängervorschrift – eine Bewusstseinsänderung bei den Eltern an.[36] S. 1 kann dabei zunächst weit verstanden werden: wie dargestellt kann etwa anhand des strafrechtlichen Gewaltbegriffs physischer und psychischer Zwang zur Überwindung eines geleisteten oder erwarteten Widerstands als Gewalt gelten.[37]

Zugleich wird aber anerkannt, dass Zwang im Kindesalter integraler Bestandteil von Pflege und Erziehung ist[38] und es damit Maßnahmen gibt, die zwar den Widerstand des Kindes durch physische oder psychische Einwirkungen überwinden, die aber dennoch zulässig sein sollen. Dogmatisch wird diese Lösung auf unterschiedlichem Wege hergeleitet. Zum einen wird dieses Ergebnis durch Aufspaltung der elterlichen Sorge in Erziehung, Pflege, Beaufsichtigung und Aufenthaltsbestimmung erreicht. Das Gewaltverbot soll danach nur für die Erziehung gelten, nicht hingegen für elterliches Handeln bei der Pflege, Beaufsichtigung und Aufenthaltsbestimmung.[39] Dieser Ansatz stößt dagegen auf Kritik, da das Institut der elterlichen Sorge ein einheitliches sei.[40]

Den Ausschluss „objektiv erforderliche[r] und effektive[r] Maßnahmen der Gefahrenabwehr“, zu denen die Eltern aufgrund ihrer Aufsichtspflicht befugt

---

34 Gesetz zur Reform des Kindschaftsrechts (Kindschaftsrechtsreformgesetz – KindRG) v. 16. Dezember 1997 (BGBl. I, 2942, I 1998, 946).

35 Gesetz zur Ächtung der Gewalt in der Erziehung v. 2. November 2000 (BGBl. I, 1479)

36 BT-Drucks. 14/1247, S. 6 f.

37 Bundeszentrale für politische Bildung, Recht A-Z, 2011, s. „Gewalt“.

38 *M. Schwabe/Stallmann/Vust*, Freiraum mit Risiko, 2013, S. 29; *M. Schwabe*, in: M. Schwabe, Zwang in der Heimerziehung 2008, 44 ff; *Deutscher Ethikrat*, Stellungnahme „Hilfe durch Zwang?“, 2018, S. 135 f.

39 *Lorenz*, NZFam 2017, 782, 783.

40 *Salgo*, in: Staudinger, 2020, § 1631 BGB, Rn. 84.

und sogar verpflichtet sind[41], aus dem Verbot kann ebenso durch eine vom Gesetzgeber schon vorgesehene[42] Anknüpfung an den S. 2 erreicht werden. Die dort genannten Verbote körperlicher Bestrafung, seelischer Verletzungen und entwürdigender Maßnahmen, sollen definieren, was in S. 1 unter Gewalt verstanden wird – Gewalt nach S. 1 ist damit nicht deckungsgleich mit dem strafrechtlichen Gewaltbegriff, sondern beschränkt sich auf die in S. 2 genannten Maßnahmen der körperlichen Bestrafung und seelischen Misshandlung.[43] Eine körperliche Bestrafung liegt vor, wenn es der Zweck der körperlichen Einwirkung ist, das Verhalten des Kindes zu sanktionieren.[44] Seelische Verletzungen liegen in einem Verhalten, welches das Kind in seinem seelischen Wohlergehen derart beeinflusst, dass seine Selbstachtung in unverhältnismäßiger Weise verletzt wird.[45] Eine entwürdigende Maßnahme verletzt das Ehr- und Selbstwertgefühl des Kindes in einem vom Anlass der Erziehungsmaßnahme nicht zu rechtfertigendem Maß.[46] Das Gewaltverbot erstreckt sich damit grundsätzlich auf alle Bereiche der elterlichen Sorge: Maßnahmen, die eine körperliche Bestrafung, seelische Verletzung und andere entwürdigende Maßnahmen darstellen, sind unzulässig.[47]

Liegt etwa nicht eine körperliche Bestrafung, sondern eine körperliche Erhaltung vor, etwa weil die Eltern durch Festhalten des Kindes das Laufen auf die Straße oder den Sturz von der Wickelkommode verhindern, das Kind an der roten Ampel festhalten, das Kleinkind in Gitterbett und Laufstall verbringen oder bei einer handgreiflichen Auseinandersetzung von gleichaltrigen dazwischentreten, ist trotz körperlicher Einwirkung auf das Kind der Anwendungsbereich nicht eröffnet.[48] Aber auch Gewaltanwendungen zum

---

41 *Salgo*, in: Staudinger, 2020, § 1631 BGB Rn. 85; *Veit/Schmidt*, in: BeckOK-BGB, 76. Edition, Stand: 1. November 2025, § 1631 Rn. 10 ff.

42 BT- Drucks. 14/1247, S. 7.

43 BT- Drucks. 14/1247, S. 7 f.; *Kerscher*, in: BeckOGK-BGB, Stand: 1. November 2025, § 1631 Rn. 84; *Veit/Schmidt*, in: BeckOK-BGB, 76. Edition, Stand: 1. November 2025, § 1631 Rn. 18.

44 *Huber*, in: MünchKomm BGB, 9. Aufl. 2024, § 1631 Rn. 18; *Kerscher*, in: BeckOGK-BGB, Stand: 1. November 2025, § 1631 Rn. 89.

45 *Kerscher*, in: BeckOGK-BGB, Stand: 1. November 2025, § 1631 Rn. 91.

46 BT-Drucks. 8/2788, S. 35.

47 *Salgo*, in: Staudinger, 2020, § 1631 BGB Rn. 83; a. A.: *Hoyer* FamRZ 2001, 521, 524.

48 BT-Drucks. 14/1247, S. 5; *Kerscher*, in: BeckOGK-BGB, Stand: 1. November 2025, § 1631 Rn. 89; *Knödler*, ZKJ 2007, 58, 65, der auch auf die vorhandene Notstandslage nach

Vollzug zulässiger Sorgemaßnahmen sollen denkbar sein, etwa wenn Eltern das Kind zur Durchsetzung von Ge- und Verboten fest am Arm packen, weil andere Maßnahmen keinen Erfolg erzielen.[49] Zulässig ist eine solche Anwendung körperlicher Gewalt allerdings nur dann, wenn sie strikt am Kindeswohl orientiert[50] und verhältnismäßig ist.[51]

Es verbleibt die Frage, ob ein Hausarrest, der überwiegend einen sanktionierenden Charakter hat, als körperliche Bestrafung eingeordnet werden muss. Dies ließe sich gegebenenfalls annehmen, weil er durch psychischen oder tatsächlichen Zwang das Kind körperlich dazu zwingt, sich an einem bestimmten Ort aufzuhalten. Hiergegen spricht allerdings, dass diese Kriterien aus dem strafrechtlichen Gewaltbegriff entlehnt sind, an dem sich § 1631 Abs. 2 BGB gerade nicht orientieren möchte. Darüber hinaus deuten die in der Gesetzesbegründung zunächst in Erwägung gezogenen Begriffe körperliche Misshandlung und körperliche Züchtigung, sowie die Nennung von Ohrfeigen und Prügel daraufhin, welche Maßnahmen der Gesetzgeber mit dem Ausdruck „körperliche Bestrafungen" verbieten wollte.[52] Der Hausarrest zählt nicht darunter.[53]

### 3. Grenze des § 1666 BGB

Obwohl Freiheitsbeschränkungen und -entziehungen damit innerhalb der elterlichen Befugnisse denkbar sind, ist gleichwohl möglich, dass mit ihnen die Grenze der Kindeswohlgefährdung überschritten und ein entsprechendes staatliches Eingreifen möglich und nötig ist.[54] Dies wäre u. a. der Fall, wenn die Maßnahme gegen das Verbot einer gewaltfreien Erziehung

---

§ 34 StGB bei einer strafrechtlichen Betrachtung zugrunde liegt, auf die sich § 1631 Abs. 2 BGB aber gerade nicht stützen soll.

49 *Veit/Schmidt*, in: BeckOK-BGB, 76. Edition, Stand: 1. November 2025, § 1631 Rn. 27, nennt etwa die Situation im Supermarkt, in der das Kind über den gewünschten Schokoriegel einen Wutanfall kriegt und sich mit gutem Zureden nicht mehr beruhigen lässt.

50 *Veit/Schmidt*, in: BeckOK-BGB, 76. Edition, Stand: 1. November 2025, § 1631 Rn. 22.

51 *Salgo*, in: Staudinger, 2020, § 1631 BGB Rn. 85; *Coester*, in: Staudinger, 2020, § 1666 BGB Rn. 97; *Huber/Scherer*, FamRZ 2001, 797, 799.

52 BT-Drucks. 14/1247, S. 4, 7 f.

53 ebenso *Salgo*, in: Staudinger, 2020, § 1631 BGB Rn. 89.

54 *Huber*, in: MünchKomm BGB, 9. Aufl. 2024, § 1631b Rn. 1; *Salgo*, in: Staudinger, 2020, § 1631b BGB Rn. 13.

verstößt,[55] weil mit der Maßnahme sehr wohl eine körperliche Bestrafung – etwa Festbinden am Stuhl allein zu Strafzwecken –, seelische Verletzung – etwa Führen eines älteren Kindes in der Öffentlichkeit an einer Leine – oder eine andere entwürdigende Wirkung verbunden wäre und diese als Anlass dafür gesehen werden muss, dass auch in Zukunft eine erhebliche Schädigung des Kindeswohls droht.

Darüber hinaus kann eine Freiheitsbeschränkung oder -entziehung auch in anderen Fällen zu einer Kindeswohlgefährdung führen. Es ist etwa möglich, dass die Maßnahme Ausdruck oder Mittel eines zugrundeliegenden kindeswohlgefährdenden Verhaltens ist. So ist denkbar, dass Eltern durch das Einsperren des Kindes in seinem Zimmer eine unzulässige Umgangsbeschränkung oder eine unbegründete Ausgehbeschränkung[56] durchsetzen wollen. Gleichzeitig kann ein Einsperren auch Ausdruck einer „Overprotection" durch die Eltern sein, die ihr Kind so von Außeneinflüssen abschirmen oder soziale Kontakte unterbinden wollen.[57] Darüber hinaus kann die Abschottung aber auch als – gegebenenfalls ungewollte – Folge eines Einschlusses zu einer Kindeswohlgefährdung auftreten, genauso wie das Abhalten vom Schulbesuch[58]. Überaus bedenklich sind darüber hinaus Wirkungen, die dem Kind elementare Grundbedürfnisse verwehren, wenn ihm etwa Nahrung, frische Luft, die Möglichkeit zur Körperpflege vorenthalten werden, aber auch andere Formen der Vernachlässigung.[59] Zudem können körpernahe Beschränkungen wie etwa Fixierungen zu Verletzungen führen.

Auch unabhängig von den beschriebenen mittelbaren Wirkungen einer freiheitsbeschränkenden oder -entziehenden Maßnahme und deren Gründen kann ein Indiz für eine Kindeswohlgefährdung auch schon originär in der Maßnahme selbst liegen. Aufgrund der dargestellten Bedeutung der grundrechtlich geschützten Fortbewegungsfreiheit und dessen mittelbare

---

55 DIJuF-Rechtsgutachten, JAmt 2010, 236, 237.

56 S. zu der Frage, wann solche vorliegen: *Lugani*, in: MünchKomm BGB, 8. Aufl. 2020 (Vorauflage), § 1666 Rn. 86 f., 90.

57 Zur Overprotection und Abschottung als Form der Kindeswohlgefährdung s. *Coester*, in: Staudinger, 2020, § 1666 BGB, Rn. 121, 137 ff.; OLG Köln, FamRZ 1996, 1027, 1028; zur Bedeutung sozialer Kontakte s.a.: BayObLG, FamRZ 1997, 387, 388.

58 S. dazu *Coester*, in: Staudinger, 2020, § 1666 BGB Rn. 137.

59 *Volke*, in: MünchKomm BGB, 9. Aufl. 2024, § 1666 Rn. 67 ff.; OLG Hamm, NJW 1950, 393, 394.

Einwirkungen auch im Eltern-Kind-Staat-Verhältnis[60] überschreiten die Eltern mit einer unverhältnismäßigen Einschränkung der Fortbewegungsfreiheit ihre Befugnisse. Die Fortbewegungsfreiheit kann dabei selbst als Grundbedürfnis betrachtet werden, ist aber ebenso elementarer Bestandteil der Selbstverwirklichung und Selbstständigkeit eines Kindes, die die Eltern gerade zu befördern haben.[61]

Die Beurteilung von Freiheitsbeschränkungen und -entziehungen stößt dabei auf dieselben Unsicherheiten wie die Beurteilung jeden elterlichen Handels anhand des § 1666 BGB, dessen Formulierung als Generalklausel eine richterliche Konkretisierung im Einzelfall im Zweifel unter Hinzuziehung sachverständiger Hilfe erfordert.[62] Ob eine Kindeswohlgefährdung vorliegt, ist mithin auch bei einer Einschränkung der Fortbewegungsfreiheit abhängig von der Maßnahme, vom Kind und von der jeweiligen Situation.[63] Das sich eine schematische Einordnung bestimmter Maßnahmen verbietet, zeigt sich schon anhand der beschriebenen an einen bestimmten Gesundheitszustand des Kindes anknüpfenden Beschränkungen, die für das Alter der Kinder übliche Maßnahmen in ihrer Intensität weit übersteigen können und dennoch teilweise bis zur Volljährigkeit und darüber hinaus angewendet werden und im jeweiligen Einzelfall auch innerhalb des Kindeswohls geboten, aber im Normalfall eines gesunden Kindes undenkbar sein können. Zumindest ist die Zulässigkeit von freiheitsbeschränkenden oder -entziehenden Maßnahmen im Rahmen der elterlichen Pflege und Erziehung allerdings einer strengen Verhältnismäßigkeitsprüfung zu unterziehen.[64] So soll etwa das Bettgitter, das das Kind vor einem Sturz aus dem Bett sichern soll, eine rechtmäßige

---

60 s. dazu oben, unter Teil 3, D. IV. 3.

61 Zur Berücksichtigung der Selbstständigkeit eines älteren Kindes i. R. d. Aufenthaltsbestimmung: *Kerscher*, in: BeckOGK-BGB, Stand: 1. November 2025, § 1631 Rn. 75; *Salgo*, in: Staudinger, 2020, § 1631 BGB Rn. 56.

62 *Coester*, Das Kindeswohl als Rechtsbegriff, S. 162 f.; *ders.*, NZFam 2016, 577, 578 f.

63 *Müller*, MedR 2011, 339, 343, Fn. 47.

64 BVerfG, FamRZ 2007, 1627; *Fink*, in: Heilmann, Praxiskommentar Kindschaftsrecht, 3. Aufl. 2025, § 1631b BGB Rn. 1; zur Beurteilung elterlicher Maßnahmen anhand des Verhältnismäßigkeitsgrundsatzes *Gernhuber/Coester-Waltjen*, Familienrecht, 7. Aufl. 2020, § 58 Rn. 49; *Hoffmann*, JAmt 2009, 473, 476; *Huber/Scherer*, FamRZ 2001, 797, 799.

Maßnahme sein, das Einsperren eines Jugendlichen in seinem Zimmer von Freitag nach Schulschluss bis Montag zum Schulbeginn hingegen nicht.[65]

## B. Freiheitsbeschränkungen und -entziehungen außerhalb des Elternhauses

### I. Möglichkeit und Notwendigkeit der Unterbringung durch die Eltern

Im Rahmen ihres umfassenden Sorgerechts haben die Eltern auch die Möglichkeit, ihr Kind unterzubringen. Man spricht sowohl dann als auch bei der Unterbringung durch andere Sorgeberechtigte von einer zivilrechtlichen Unterbringung. Entgegen der allgemeinsprachlichen Bedeutung des Begriffs Unterbringung, der zunächst nur die Beschaffung einer Unterkunft für einen Menschen[66] oder die Verschaffung von Obdach bedeutet,[67] ist im Kontext des Eltern-Kind-Verhältnisses eine Unterbringung im Sinne einer Fremdplatzierung zu verstehen, also der Zuweisung eines Aufenthaltsortes außerhalb des Elternhauses, sei es in einer Institution oder einer anderen Familie.[68] Diese ist grundsätzlich ebenso wie das Verschaffen von Obdach innerhalb des Elternhauses Teil des Personensorgerechts in Form des Aufenthaltsbestimmungsrechts.[69] Für eine Unterbringung kann es verschiedenste Gründe geben, denen gemein ist, dass die Eltern die Kinder nicht mehr im eigenen Elternhaus versorgen können, wollen oder dürfen. Dies kann unzählige Ursachen haben, die zum einen bei den Eltern (mangelnde Erziehungseignung, Unwillen das Kind zu betreuen), aber auch bei dem Kind

---

65 DIJuF-Rechtsgutachten, JAmt 2010, 236, 237.

66 *Köbler*, Juristisches Wörterbuch, 18. Aufl. 2022, s. „Unterbringung".

67 *Bienwald*, in: Staudinger, 2017, § 1906 und § 1906a BGB Rn. 9.

68 *Huber*, in: MünchKomm BGB, 9. Aufl. 2024, § 1631b Rn. 2; *Salgo*, in: Staudinger, 2020, § 1631b BGB Rn. 11; *Trenczek/Beckmann*, in: Münder/Meysen/Ternczek, 9. Aufl. 2022, § 42 SGB VIII Rn. 31; *Helle*, ZfJ 1986, 40, 42; *Fink*, in: FS Salgo, 2016, S. 137, 142; so auch: *bpb*, Recht A-Z, 3. Aufl. 2015, s. ‚Unterbringung': zwangsweiser verfügte vorübergehende oder dauernde Aufenthalt von schuldunfähigen Straftätern, körperlich oder geistig kranken Personen, Seuchenverdächtigen, Kindern und Jugendlichen u. a. in einer Anstalt.

69 *Bienwald*, in: Anm. zu OLG Bremen, FamRZ 2013, 1227, 1228; *Kerscher*, in: BeckOGK-BGB, Stand: 1. November 2025, § 1631 Rn. 65; *Salgo*, in: Staudinger, 2020, § 1631b BGB Rn. 11.

(Verhaltensauffälligkeiten, körperliche oder geistige Behinderung, psychische Störungen, die den Eltern eine Erziehung in der Familie unmöglich macht) liegen können.[70]

Die Formen einer Fremdplatzierung sind ebenso vielfältig wie die ihr zugrunde liegenden Ursachen. Denkbar ist zunächst die Unterbringung in einer anderen Familie, etwa bei Freunden oder Verwandten[71] oder in einem Internat oder sonst auswärts zu Zwecken des Schulbesuchs oder der Berufsausbildung.[72] Zudem kann im Rahmen der Gesundheitsfürsorge eine Fremdplatzierung notwendig werden, etwa in einem Krankenhaus, einer psychiatrischen Klinik, einem Sanatorium oder an einem sonstigen Kurort.[73] Herrscht bei der Betreuung im Elternhaus ein Erziehungsdefizit, kann eine Fremdplatzierung in einer Einrichtung der Kinder- und Jugendhilfe erfolgen, etwa bei Pflegepersonen i. S. v. § 44 SGB VIII oder in einem Heim i. S. v. § 34 SGB VIII.[74] Darüber hinaus wird mitunter auch die nur kurzfristige Betreuung des Kindes außer Haus unter den Begriff der Unterbringung subsumiert, etwa in einem Kindergarten, kurzfristig bei Verwandten oder in einem Krankenhaus zwecks Durchführung einer Operation.[75] Die Unterbringung durch die Eltern kann mithin mit einer Inanspruchnahme der Jugendhilfe erfolgen, ihr kann aber auch ein privat vereinbartes Pflegeverhältnis zugrunde liegen.[76]

---

70 Zu geschlechtsspezifischen Indikationen eingehend *Pankofer*, in: Rüth/Pankofer/Freisleder, Geschlossene Unterbringung, S. 81, 95, *Hoops*, FPR 2011, 538, 541.

71 OLG Frankfurt, FamRZ 1996, 1351, 1352 (Großeltern).

72 *Gernhuber/Coester-Waltjen*, Familienrecht, 7. Aufl. 2020, § 59 Rn. 14; *Salgo*, in: Staudinger, 2020, § 1631b BGB Rn. 11; § 1631 Rn. 53; *Veit/Schmidt*, in: BeckOK-BGB, 76. Edition, Stand: 1. November 2025, § 1631 Rn. 15.1; *Huber*, in: MünchKomm BGB, 9. Aufl. 2024, § 1631 Rn. 11.

73 *Kerscher*, in: BeckOGK-BGB, Stand: 1. November 2025, § 1631 Rn. 65; *Veit/Schmidt*, in: BeckOK-BGB, 76. Edition, Stand: 1. November 2025, § 1631 Rn. 15.1.

74 *Salgo*, in: Staudinger, 2020, § 1631b BGB Rn. 11, § 1631 Rn. 53; *Kerscher*, in: BeckOGK-BGB, Stand: 1. November 2025, § 1631 Rn. 65; *Veit/Schmidt*, in: BeckOK-BGB, 76. Edition, Stand: 1. November 2025, § 1631 Rn. 15.1; *Unzner*, FPR 2003, 321.

75 *Salgo*, in: Staudinger, 2020, § 1631b BGB Rn. 11 sowie § 1631 Rn. 53; *Gernhuber/Coester-Waltjen*, Familienrecht, 7. Aufl. 2020, § 59 Rn. 22.

76 Auch hier ist allerdings meistens gem. § 44 Abs. 1 SGB VIII eine Pflegeerlaubnis erforderlich; darüber hinaus sind „schwarze" Pflegestellen denkbar, *Salgo*, in: Staudinger, 2019, § 1688 BGB Rn. 3.

Ist das Kindeswohl im Haushalt der Eltern gefährdet, sind sie im Rahmen ihres Gefährdungsabwendungsprimats sogar verpflichtet, für eine Fremdplatzierung zu sorgen, andernfalls können und müssen Maßnahmen nach § 1666 BGB ergriffen werden.[77] Gleichzeitig kann aber auch in der Fremdunterbringung selbst eine Kindeswohlgefährdung begründet sein,[78] zum Beispiel weil der Ort der Unterbringung ungeeignet ist oder das Kind aus seinem gewohnten Umfeld herausgerissen wird.

## II. Freiheitsbeschränkungen und Freiheitsentziehungen durch und während der Unterbringung

Die Unterbringung kann so ausgestaltet sein, dass die Kinder dort im Grunde leben, wie im Elternhaus und auch dort Beschränkungen unterworfen sind, die innerhalb einer gewöhnlichen Pflege und Erziehung notwendig und zumindest innerhalb des Elternhauses auch zulässig sind. Damit kommt es vor, dass die Pflegeperson – ebenso wie dies für die Eltern dargestellt wurde – die Fortbewegungsfreiheit des Kindes einschränken muss. Wie in Teil 2 dieser Arbeit dargestellt, gibt es zudem Fälle, in denen eine darüberhinausgehende, besondere Beschränkung der Fortbewegungsfreiheit für notwendig gehalten wird. Darüber hinaus kann auch mit der Unterbringung selbst, wie in Teil 2 ebenfalls beschrieben, eine Freiheitsentziehung einhergehen.

## III. Sorgerechtliche Befugnis zur Vornahme freiheitsbeschränkender und freiheitsentziehender Maßnahmen während der Unterbringung

Im letzten Fall kann die Unterbringung und damit auch die mit ihre verbundene Freiheitsentziehung von den Eltern ausgehen. Gleichwohl kann die elterliche Sorge den Eltern auch nach § 1666 BGB entzogen und ganz auf einen Vormund oder teilweise auf einen Pfleger übertragen worden sein. Die freiheitsentziehende Unterbringung ist dann auf deren Sorgebefugnisse zurückzuführen. Darüber hinaus hat jede Unterbringung zwar grundsätzlich keine unmittelbaren rechtlichen Auswirkungen auf die Stellung der Eltern

---

[77] *Gernhuber/Coester-Waltjen*, Familienrecht, 7. Aufl. 2020, § 59 Rn. 14.

[78] *Kerscher*, in: BeckOGK-BGB, Stand: 1. November 2025, § 1631 Rn. 68; *Gernhuber/Coester-Waltjen*, Familienrecht, 7. Aufl. 2020, § 59 Rn. 14; AG München, FamRZ 2002, 690, 691: Unterbringung in einem Internat gegen den Willen des Kindes.

als Sorgeberechtigte, löst aber in jedem Fall eine faktische Sorgerechtseinbuße aus, da die tatsächlichen Einwirkungsmöglichkeiten der Eltern auf ihre Kinder minimiert werden. Im Lebensumfeld eines untergebrachten Kindes befinden sich nun neben den Eltern notwendigerweise noch andere Personen, die die Pflege, Versorgung und tatsächliche Betreuung gewährleisten.[79] Das Alltagsgeschehen der Kinder findet nicht mehr mit den Eltern statt, den grundlegenden Bedürfnissen der Kinder wird durch einen Dritten entsprochen. Auch Vormund oder Pfleger betreuen das Kind in aller Regel nicht selbst, sondern beauftragen ein Heim oder eine Pflegefamilie mit der Betreuung. Diese Pflegeperson bedarf jedoch zur sinnvollen Wahrnehmung ihrer Aufgaben eines gewissen Handlungsspielraums, um dem Kind pflegerisch und erzieherisch gerecht zu werden.[80] Sorgebefugnisse können und müssen deshalb von der sorgeberechtigten Person auf die Pflegeperson übertragen werden.

## 1. Disposition kraft Gesetz, § 1688 BGB

§ 1688 Abs. 1 BGB sieht die Berechtigung der Pflegeperson vor, in Angelegenheiten des täglichen Lebens zu entscheiden sowie den Inhaber der elterlichen Sorge in solchen Angelegenheiten zu vertreten, wenn das Kind für längere Zeit in Familienpflege[81] untergebracht ist. Der Anwendungsbereich wird in Abs. 2 auf die Personen ausgedehnt, die die Erziehung und Betreuung eines Kindes im Rahmen der Hilfen nach den §§ 34, 35 und 35a Abs. 1 S. 2 Nr. 3 und 4 SGB VIII übernommen haben.[82] Voraussetzung ist immer ein Getrenntleben des Kindes von seinen Eltern „für längere Zeit". Entscheidend ist die prognostische Beurteilung über die voraussichtliche Dauer der Unterbringung des Kindes, sodass § 1688 BGB schon ab dem ersten Tag bei der Pflegeperson greift.[83] Die Betreuungsperson wird nicht selbst Sorgerechts-

---

[79] BT-Drucks. 13/4899, S. 155.

[80] *Groß*, FPR 2004, 411, 414.

[81] Gemeint sein kann jedoch nur Vollzeitpflege nach § 33 SGB VIII, nicht hingegen Tagespflege, *Salgo*, in: Staudinger, 2019, § 1688 BGB Rn. 18.

[82] Ebenso berechtigt sind diejenigen, bei denen sich das Kind aufgrund einer Verbleibensanordnung nach § 1632 Abs. 4 BGB oder nach § 1682 BGB aufhält (Abs. 4).

[83] *Salgo*, in: Staudinger, 2019, § 1688 BGB Rn. 15; *Kemper*, in: Schulze u. A., BGB, 12. Aufl. 2024, § 1688 Rn. 2.

inhaber, sondern vertritt diesen lediglich bei der Sorgerechtsausübung.[84] Die Inhaber der elterlichen Sorge bleiben weiterhin die Eltern, oder falls ein solcher bestellt wurde, ein Vormund oder Pfleger. Für § 1688 BGB ergibt sich dies zunächst aus dem Wortlaut („den Inhaber der elterlichen Sorge [...] zu vertreten") sowie aus Abs. 3 S. 1.[85]

Übertragen wird die tatsächliche Ausübung der Personen- und Vermögenssorge, konkret eine Handlungsbefugnis bezüglich der Angelegenheiten des täglichen Lebens. Hierunter zählen Alltäglichkeiten, die keine weiteren bleibenden Auswirkungen auf die Entwicklung des Kindes haben.[86] Eine Angelegenheit ist nicht erfasst, wenn von ihr sonstige Folgen zu erwarten sind, die für die Entwicklung des Kindes bedeutsam sein könnten, seine Entwicklung nachhaltig prägen und in ihren Folgen nicht ganz einfach zu beseitigen sind.[87] Für Entscheidungen von erheblicher Bedeutung und Reichweite kommen allenfalls zusätzliche einzelfallbezogene Ermächtigungen und Vollmachten in Betracht (§ 1688 Abs. 3 BGB), ansonsten stehen sie weiterhin dem bisherigen Inhaber der elterlichen Sorge zu.[88] Zu diesen grundlegenden Entscheidungen, die die Pflegeperson nach § 1688 nicht treffen darf, gehören hingegen auch die Behandlung in der Kinder- und Jugendpsychiatrie, einer Klinik, einem Krankenhaus, sowie die mit einer Freiheitsentziehung verbundene Unterbringung in der Kinder- und Jugendhilfe und der Kinder- und Jugendpsychiatrie.[89] Aber nicht nur die Unterbringung an sich, auch darüber hinausgehende freiheitsentziehende Maßnahmen während der Unterbringung können entsprechend dem zuvor Gesagten für das Kind so bedeutende Auswirkungen haben, dass sie nicht mehr als Angelegenheiten des täglichen Lebens i. S. d. § 1688 Abs. 1 BGB gelten können. Auch bei Kindern mit Behinderungen oder chronischen Erkrankungen werden immer wieder Maßnahmen notwendig, bei denen es sich nicht mehr um

---

84 *Gernhuber/Coester-Waltjen*, Familienrecht, 7. Aufl. 2020, § 68 Rn. 20; *Veit/Schmidt*, in: *BeckOK-BGB*, 76. Edition, Stand: 1. August 2025, § 1688 Rn. 8; *Salgo*, in: Staudinger, 2019, § 1688 BGB Rn. 11.

85 *Veit/Schmidt*, in: BeckOK-BGB, 76. Edition, Stand: 1. August 2025, § 1688 Rn. 8.

86 *Hennemann*, in: MünchKomm BGB, 9. Aufl. 2024, § 1688 Rn. 6.

87 *Hennemann*, in: MünchKomm BGB, 9. Aufl. 2024, § 1688 Rn. 6.

88 *Hennemann*, in: MünchKomm BGB, 9. Aufl. 2024, § 1688 Rn. 9.

89 *Salgo*, in: Staudinger, 2019, § 1688 BGB Rn. 27.

medizinische Routinemaßnahmen handelt, über die die Pflegeeltern nach § 1688 Abs. 1 BGB entscheiden können.[90]

## 2. Richterlich kontrollierter Dispositionsakt der Eltern, § 1630 Abs. 3 BGB

Eine Erweiterung der Befugnisse über den § 1688 hinaus kommt über § 1630 Abs. 3 BGB in Betracht, der die freiwillige, jederzeit widerrufliche Übertragung von Angelegenheiten der elterlichen Sorge auf Pflegeeltern regelt. Der persönliche Anwendungsbereich des § 1630 Abs. 3 BGB erfasst hingegen nur Pflegeverhältnisse familienähnlicher Art[91], für die eine Heimunterbringung damit in aller Regel nicht eröffnet ist.[92] Für den Vormund gilt seit dem 1. Januar 2023 der § 1777 BGB, der eine Übertagung auch von Befugnissen des Vormund auf die Pflegeperson vorsieht, wobei Angelegenheiten deren Regelung für das Kind von erheblicher Bedeutung sind nur von der Pflegeperson und dem Vormund gemeinsam wahrgenommen werden dürfen, Abs. 2.

Die Übertragung erfolgt nach pflichtgebundenem Ermessen auf Antrag der Eltern[93] oder der Pflegeperson, mit Zustimmung der Eltern, § 1630 Abs. 3 S. 2 BGB.[94] Durch die Übertragung wird die Pflegeperson tatsächlich Inhaber der elterlichen Sorge und erhält die Rechte und Pflichten eines Pflegers, Abs. 3 S. 3, die Eltern werden insoweit von der Ausübung der elterlichen Sorge ausgeschlossen, Abs. 1.[95] Die Pflegeperson ist damit ermächtigt, soweit ihr das Sorgerecht übertragen wurde, alle Handlungen vorzunehmen, die auch Eltern erlaubt sind. Hierzu zählen in entsprechendem Umfang auch

---

90 *Salgo*, in: Staudinger, 2019, § 1688 BGB Rn. 27.

91 *Lettmaier*, in: Staudinger, 2020, § 1630 BGB Rn. 61.

92 Eine Ausnahme mag allenfalls bei Kleinstheimen bestehen, die in familienähnlichen Strukturen organisiert sind und dadurch zwischen Kind und Pflegeperson eine familienähnliche Verbindung besteht.

93 Bei Antragstellung durch die Eltern soll als ungeschriebene Voraussetzung die Einwilligung der Pflegeeltern erforderlich sein, *Groß*, FPR 2004, 411, 414; *Huber*, in: MünchKomm BGB, 9. Aufl. 2024, § 1630 Rn. 23.

94 Eine Zustimmung des Vormunds oder Pflegers soll hingegen nicht erforderlich sein, da es auch der Zustimmung des Kindes selbst nicht bedarf, *Groß*, FPR 2004, 411, 414 unter Verweis auf §§ 1673 Abs. 2 S. 2, 1773 Abs. 1 2. Alt BGB.

95 *Huber*, in: MünchKomm BGB, 9. Aufl. 2024, § 1630 Rn. 28; *Rakete-Dombek/Berning*, in: Kaiser/Schnitzler/Schilling/Sanders, 4. Aufl. 2021, § 1630 Rn. 21; *Lettmaier*, in: Staudinger, 2020, § 1630 Rn. 93.

freiheitsbeschränkende und -entziehende Maßnahmen. In diese Maßnahmen können die Eltern eingreifen, indem sie einen Antrag auf Rückübertragung der Befugnisse beantragen – hierfür ist kein besonderer Grund erforderlich, eine Rückübertragung wird allerdings nur dann erfolgen, wenn diese nicht selbst zu einer Kindeswohlgefährdung führt.[96] Ein gerichtliches Vorgehen ist bei einer durch die Maßnahmen verursachten Kindeswohlgefährdung zudem nach § 1666 BGB möglich, der Maßnahmen nun unmittelbar gegen die das Sorgerecht innehabende Pflegeperson erlaubt.[97]

### 3. Privatrechtsgeschäftliche Übertragung

Da der § 1630 Abs. 3 BGB allenfalls für einen geringen Teil der vorliegenden Fälle Bedeutung hat und der § 1688 BGB keine freiheitsentziehenden Maßnahmen überträgt, erlangt für die Vornahme auch dieser Maßnahmen ein privatrechtlicher Pflegevertrag Bedeutung. Ein solcher basiert darauf, dass die Inhaber der elterlichen Sorge keinesfalls verpflichtet sind, alle Sorgebefugnisse immer persönlich auszuüben. Selbst im Alltag ist eine Übertragung an andere Betreuungspersonen denkbar und notwendig.[98] Bei freiwilliger Inpflegegabe können mithilfe eines formlos wirksamen privatrechtlichen Pflegevertrags mit der Pflegeperson bzw. der Einrichtung die Rechte und Pflichten der Pflegeperson und des Personensorgeberechtigten während des Pflegeverhältnisses geregelt und eine Vollmacht zur Ausübung bestimmter Sorgebefugnisse erteilt werden.[99] Gerade bei einer Vormundschaft, bei der der Vormund in der Regel nicht selbst pflegt und erzieht, oder in den Fällen, in denen die (rest-)sorgeberechtigten Eltern nicht bereit oder in der Lage sind,

---

96 *Huber*, in: MünchKomm BGB, 9. Aufl. 2024, § 1630 Rn. 30; *Lettmaier*, in: Staudinger, 2020, § 1630 BGB Rn. 99; *Veit/Schmidt*, in: BeckOK-BGB, 76. Edition, Stand: 1. November 2025, § 1630 Rn. 50; *Gleißl-Suttner*, FamRZ 1982, 122, 124.

97 *Schwab*, in: Gutachten zum 54. DJT 1982, A 94: über den Verweis §§ 1915 Abs. 1, 1837 Abs. 4 BGB; *Volke*, in: MünchKomm BGB, 9. Aufl. 2024, § 1666 Rn. 44; dagegen bezieht sich *Coester* (in: Staudinger, 2020, § 1666 BGB Rn. 20) wohl nur auf Pflegeeltern, die ihre Befugnisse aus § 1688 BGB ableiten.

98 *Salgo*, in: Staudinger, 2020, § 1631 BGB Rn. 15.

99 Zu den verschiedenen Gestaltungsmöglichkeiten, sowie zum Streit über die Rechtsnatur und die Vertragspartner: *Veit*, in: Staudinger, 2020, § 1793 BGB Rn. 100 ff.; *Bohnert*, ZKJ 2012, 471, 472.

sich um die Angelegenheiten des Kindes zu kümmern,[100] kann eine umfangreiche Übertragung von Befugnissen sinnvoll sein. Übertragen werden mit einer solchen Vereinbarung hingegen ausschließlich Befugnisse zur Sorgerechtsausübung, nicht hingegen die Substanz der elterlichen Sorge selbst, da diese höchstpersönlich und durch die Eltern unübertragbar ist.[101] Die Eltern bzw. Vormund oder Pfleger bleiben selbst uneingeschränkt sorgeberechtigt und -verpflichtet sowie vorrangig entscheidungsbefugt.[102]

Die Probleme einer solchen Übertragung zeigen sich am Beispiel der Heime der Haasenburg[103]: Vor der Aufnahme eines Kindes dort wurde den Eltern ein formularmäßiger 45-seitiger Betreuungsvertrag vorgelegt, der sprachlich so gestaltet war, dass er bei den Eltern höhere intellektuelle Fähigkeiten zur Lektüre voraussetzte. Neben allgemeinen Erläuterungen und der Vorstellung des pädagogischen Konzepts bestätigen die Eltern in 10 Regelungsbereichen durch Unterschrift ihr Einverständnis, dass die Einrichtung eigene Erziehungsentscheidungen im pädagogischen Alltag treffen darf. Zwar konnten die Eltern Passagen aus der Vereinbarung streichen, üblicherweise erfolgte eine entsprechende Individualisierung allerdings nicht.[104] Von den Eltern erforderte diese Zustimmung nicht nur die entsprechenden intellektuellen Voraussetzungen, sondern darüber hinaus eine zeitliche Investition und eine Reflektion der eigenen Erziehungsvorstellungen. Ob eine Auseinandersetzung mit den einzelnen Punkten stattfand, kann nur gemutmaßt werden, aufgrund des Umfangs und der Ausgestaltung des Vertrags und der Tatsache, dass die Eltern von möglichen Individualisierungen keinen Gebrauch machten, kann dies jedoch bezweifelt werden.

---

[100] *Meysen*, JAmt 2005, 105, 111.

[101] *Gernhuber/Coester-Waltjen*, Familienrecht, 7. Aufl. 2020, § 68 Rn. 2; *Hoffmann*, JAmt 2015, 6 f.; *dies.*, FamRZ 2011, 1544, 1545; *Schwab*, in: Gutachten zum 54. DJT 1982, A 90.

[102] *Hoffmann*, FamRZ 2011, 1544, 1545; *Münch*, in: Münch, Familienrecht, 4. Aufl. 2023, § 11 Rn. 34; *Schwab*, in: Gutachten zum 54. DJT 1982, A 90 f.; *Gernhuber/Coester-Waltjen*, Familienrecht, 7. Aufl. 2020, § 68 Rn. 3.

[103] Die Zustände dort wurden in Kapitel 2 dargestellt, s. zur freiheitsentziehenden Maßnahmen dort F. II. und allgemein C. III. 6.

[104] Zum Vorhergesagten *Hoffmann/Adam/Hansen/Paulat/Scharnweber/Thimm*, Bericht und Empfehlungen der unabhängigen Kommission zur Untersuchung der Einrichtungen der Haasenburg e. V., 2013, S. 68 f.

Einer sehr umfassenden Übertragung von sorgerechtlichen Vertretungs- und Entscheidungsbefugnissen, durch die dem Sorgeberechtigten faktisch nur noch ein kleiner Teil der Ausübung verbleibt, ist schon deshalb problematisch, weil den Sorgeberechtigten gerade keine Dispositionsbefugnis über die elterliche Sorge im Ganzen zusteht.[105] Zudem ergäbe sich durch eine weitreichende Übertragung für die Betreuungsperson quasi ein „Freifahrtsschein" hinsichtlich der Erziehungsmaßnahmen. Dies kann dazu führen, dass die Eltern sich nicht länger zuständig fühlen und daher auch eine Kontrolle nicht für notwendig halten, die Betreuungsperson aber auch bedenkliche Maßnahmen unter Berufung auf die Ermächtigung der Eltern ausführt und wenig hinterfragt. Dem steht entgegen, dass eine Sorgerechtsvollmacht weiterhin erfordert, dass die Eltern aufgrund des an sich bei ihnen verbleibenden Sorgerechts aktiv am Leben des Kindes teilhaben, die Sorgerechtsausübung überwachen, Entscheidungen begleiten, regulierend einschreiten und dazu mit dem Bevollmächtigten kooperieren.[106] Eine „Generalübertragung" ist insbesondere dann kritisch zu betrachten, wenn sie vom Jugendamt initiiert und gegebenenfalls mithilfe eines von ihm vorgegebenen Vordrucks durchgeführt wird.[107] Voraussetzung für die Zulässigkeit einer solchen Übertragung wäre jedenfalls, dass die Sorgerechtsinhaber sich über den Umfang, die Tragweite ihrer Erklärung bewusst sind und deren Inhalt und Bedeutung verstanden haben.[108]

Eine Kontrolle einer an sich durch die Elternautonomie gedeckten Übertragung von Sorgebefugnissen ist nur im Rahmen einer Negativkontrolle als Ausfluss des staatlichen Wächteramts, Art. 6 Abs. 2 S. 2 GG, zulässig.[109] Die Erteilung einer Sorgerechtsvollmacht und die Sorgerechtsausübung auf Grundlage einer solchen Vollmacht unterliegen damit keiner Kontrolle,

---

105 DIJuF-Rechtsgutachten, JAmt 2002, 346, 347, ein Unterschied zur Vormundschaft bestehe insofern, als dass die Bestellung jederzeit widerrufen werden kann, § 168 S. 2 BGB.

106 *Hoffmann*, JAmt 2015, 6, 9 f.; *dies.*, FamRZ 2011, 1544, 1545, 1549; *Veit/Schmidt*, in: BeckOK-BGB, 76. Edition, Stand: 1. November 2025, § 1626 Rn. 6.1.

107 *Meysen*, JAmt 2005, 105, 111 hält eine solche Übertragung wegen Verstoßes gegen die guten Sitten für nichtig, § 138 Abs. 1 BGB.

108 *Meysen*, JAmt 2005, 105, 111.

109 Zur Sorgeübertragung auf den anderen Elternteil mittels Vollmacht *Geiger/Kirsch*, FamRZ 2009, 1879, 1883.

soweit nicht Anhaltspunkte für eine Kindeswohlgefährdung im Sinne von § 1666 BGB erkennbar sind. Bei der Übertragung durch einen Vormund kommt dessen Entlassung in Betracht.[110]

Wird in dem Pflegeverhältnis das Wohl des Kindes gar gefährdet, und sind die Eltern nicht in der Lage, die Gefahr – etwa durch Anpassung oder Widerrufs des Pflegevertrags[111] oder durch Beendigung des Pflegeverhältnisses – abzuwenden, stehen dem Gericht Maßnahmen nach § 1666 BGB offen. Eine Sorgerechtseinschränkung kann gleichwohl nur gegenüber den Sorgerechtsinhabern erfolgen, hier also gegenüber den Eltern. Andere Maßnahmen, etwa Ge- und Verbote können hingegen nach § 1666 Abs. 4 BGB Wirkungen gegen Dritte entfalten, so etwa für den vorliegenden Fall gegen die Pflegeperson.[112] Da die Eltern weiterhin Sorgerechtsinhaber sind, bleiben sie im Rahmen ihrer Gefahrenabwendungsverpflichtung Garant für das Kindeswohl und haben daher auch die Verpflichtung, die Betreuungsperson zu überwachen und Befugnisse der Betreuungsperson einzuschränken, um Maßnahmen nach § 1666 BGB abzuwenden; hierfür bedarf es regelmäßiger Kontakte zwischen Eltern und Kind und Eltern und Betreuungsperson.[113]

Darüber hinaus wird auch die Zulässigkeit der Übertragung bestimmter Einzelbefugnisse bezweifelt. So wird etwa vertreten, dass grundlegende bzw. wesentliche Entscheidungen i. S. d. §§ 1687, 1688 BGB in jedem Fall bei den Eltern verbleiben.[114] Eine Übertragung von weitergehenden Befugnissen ist grundsätzlich nur durch gerichtliche Entscheidung zulässig. Als grundlegend wird u. a. die Beantragung von Hilfen nach § 27 Abs. 1 SGB VIII angesehen,[115] insbesondere von solchen, die – falls noch nicht geschehen – zu einer

---

110 *Veit*, in: Staudinger, 2020, § 1793 BGB Rn. 99.

111 *Gernhuber/Coester-Waltjen*, Familienrecht, 7. Aufl. 2020, § 68 Rn. 3.

112 *Coester*, in: Staudinger, 2020, § 1666 Rn. 20; *Veit/Schmidt*, in: BeckOK-BGB, 76. Edition, Stand: 1. November 2025, § 1666 Rn. 12.

113 *Hoffmann*, in: BeckOGK-BGB, Stand: 1. Oktober 2025, § 1773 Rn. 19; *Hoffmann*, JAmt 2015, 6, 7 ff.

114 *Kerscher*, in: BeckOGK-BGB, Stand: 1. November 2025, § 1631 Rn. 14; Zur Diskussion über den Umfang der Pflegefamilie zukommenden Befugnisse aus einer vermuteten Bevollmächtigung: bei freiwilliger Inpflegegabe *Schwab*, in: Gutachten zum 54. DJT 1982, A 88 f.

115 *Meysen*, JAmt 2005, 105, 111; DIJuF-Rechtsgutachten, JAmt 2002, 346, 347; 2011, 82, 83; *Schmid-Wapler*, in: Wiesner/Wapler SGB VIII, 6. Aufl. 2022, § 27 Rn. 11; DIJuF-Rechtsgutachten, JAmt 2002, 346, 347: verbleibende Verantwortungsbereiche haben einen

Unterbringung außerhalb des Elternhauses führen.[116] Dieser Ansicht kann deshalb nicht zugestimmt werden, da dann eine Übertragung von Sorgebefugnissen durch einen Pflegevertrag auf die Fälle beschränkt wäre, in denen der Anwendungsbereich des § 1688 Abs. 1 BGB, etwa aufgrund der kurzen Dauer der Pflege, nicht eröffnet wäre. Innerhalb des Anwendungsbereichs wäre eine Übertragung jedenfalls überflüssig, da die Angelegenheiten des täglichen Lebens schon qua Gesetz der Pflegeperson oblägen. Ein Pflegevertrag wäre dann allenfalls als Einschränkung i. S. d. § 1688 Abs. 3 BGB sinnvoll. Teilweise wird dagegen die Zulässigkeit einer Übertragung von der Mitwirkungsmöglichkeit oder -wirklichkeit der Herkunftseltern abhängig gemacht, sodass etwa im Innenverhältnis ein auf den Einzelfall bezogenes Einverständnis des Vollmachtgebers vorausgesetzt wird.[117] Eine solche Einschränkung erscheint deshalb zweckmäßig, da sie gleichlaufend ist mit der zuvor dargestellten Unzulässigkeit einer zu pauschalen Übertragung von Befugnissen. Hinsichtlich freiheitsentziehender Maßnahmen bedeutet das, dass eine Übertragung zwar grundsätzlich auch für die Maßnahmen möglich ist, die nicht zu den Angelegenheiten des täglichen Lebens zählen. Allerdings müssen Anlass und Umfang der Maßnahmen durch die Eltern weitestgehend vorgegeben sein, sodass eine weitreichende Genehmigung nicht schon dann erteilt werden kann, wenn noch gar kein Grund für freiheitsentziehende Maßnahmen absehbar ist.

## IV. Die Vorschrift des § 1631b BGB

Für den Fall, dass die Unterbringung selbst mit einer Freiheitsentziehung verbunden ist oder innerhalb einer Einrichtung freiheitsentziehende Maßnahmen vorgenommen werden, findet § 1631b BGB Anwendung.[118] Auf Grundlage der historischen Entwicklung der entsprechenden Genehmigungstatbestände im BGB (dazu 1.) und einer begrifflichen Klärung, wann der

positiven Effekt für die Beziehung zur Herkunftsfamilie und damit die Möglichkeit einer Rückführung.

116 *Hoffmann*, FamRZ 2011, 1544, 1548; DIJuF-Rechtsgutachten, JAmt 2015, 33.

117 *Schwab*, in: Gutachten zum 54. DJT 1982, A 89; für die Beantragung von Hilfen: *Hoffmann*, FamRZ 2011, 1544, 1548; DIJuF-Rechtsgutachten, JAmt 2015, 33.

118 *Erichsen/Reuter*, Elternrecht – Kindeswohl – Staatsgewalt, 1985, S. 82: präventives Verbot mit Erlaubnisvorbehalt.

Anwendungsbereich des § 1631b BGB eröffnet ist (dazu 2.), werden zunächst die Genehmigungsvoraussetzungen (dazu unter 3.) und das Verhältnis zu § 1666 BGB dargestellt (dazu unter 4.).

## 1. Geschichtliche Entwicklung des § 1631b BGB

### *a. Rechtslage vor Einführung eigener Unterbringungstatbestände im BGB*

Vor Inkrafttreten des Grundgesetzes war insbesondere die Frage, ob der Vormund zur geschlossenen Unterbringung des Mündels einer vormundschaftlichen Genehmigung bedurfte, umstritten.[119] Die Diskussion wurde mit Inkrafttreten des Grundgesetzes, dessen Art. 2 Abs. 2 S. 2 und 104 GG Regelungen für Freiheitsentziehungen und -beschränkungen beinhalteten, neu entfacht.[120] Diese Unklarheiten führten zu unterschiedlichen Regelungen der Unterbringung in den Ländergesetzen, sowie einer uneinheitlichen Gesetzesinterpretation in Rechtsprechung und Schrifttum.[121] Durch den Art. 104 Abs. 2 S. 2 GG sahen sich insbesondere die Länder in der Pflicht, die Unterbringung in Unterbringungsgesetzen zu regeln. Diese bezogen allerdings nicht die Unterbringung durch den Gewalthaber ein, da der Bundesgerichtshof noch 1955 betonte, dass ein bestellter Vormund nach den Vorschriften des bürgerlichen Rechts zur Einweisung eines Mündels in einer geschlossenen Anstalt auch ohne gerichtliche Genehmigung befugt sei.[122] Stillschweigend wird also davon ausgegangen, dass es hier keiner gerichtlichen Genehmigung bedarf. Trotz der damit scheinbar eindeutigen Rechtslage verblieben weiterhin rechtspolitische Bedenken hinsichtlich dieser Handhabung.[123] So hielt anders als der Bundesgerichtshof das Bundesverfassungsgericht in dem bereits dargestellten Urteil[124] zumindest für den Erwachsenenvormund eine Genehmigung für erforderlich. Die Anwendung des Art. 104 GG auf den

---

[119] Dagegen: *Kipp*, in: Enneccerus/Kipp/Wolff, Lehrbuch des Bürgerlichen Rechts, zweiter Band, zweite Abteilung: Das Familienrecht, 2. Aufl. 1914, § 113, S. 421 Fn. 8; dafür: *Dernburg*, Das Bürgerliche Recht, IV. Band, 4. Aufl. 1908, § 114, S. 297.

[120] BVerfGE 10, 302, 314; *Engler*, in: Staudinger[10/11], § 1800 BGB Rn. 21.

[121] S. dazu mit Nachw., *Franke*, NJW 1959, 1561.

[122] BGHZ 17, 108.

[123] *Vilmar*, SchlHA 1957, 6 f.: Grundrecht der Freiheit dürfe dem richterlichen Schutz nicht entzogen werden.

[124] BVerfGE 10, 302, s. dazu ausführlich unter Teil 3, D. V. 5.

gesetzlichen Vertreter eines Kindes und das daraus folgende Erfordernis einer richterlichen Genehmigung der durch diesen veranlassten Unterbringungen blieb weiterhin umstritten.[125]

Das Gesetz über das gerichtliche Verfahren bei Freiheitsentziehung vom 29. Juni 1956[126] enthielt Vorschriften über das Verfahren für bundesgesetzlich materiell-rechtlich geregelte Unterbringungen, für die das jeweilige Bundesgesetz selbst das Verfahren nicht regelt (§ 1).[127] Es enthält in § 3 einen Richtervorbehalt für eine Freiheitsentziehung und kann so als einfachgesetzliche Ausgestaltung des Art. 104 Abs. 2 GG betrachtet werden.[128] Wann eine Freiheitsentziehung vorliegt, wird allerdings nicht abstrakt, sondern anhand von verschiedenen Unterbringungsformen definiert. So liegt eine Freiheitsentziehung etwa bei einer Unterbringung in einer abgeschlossenen Verwahranstalt, einer abgeschlossenen Anstalt der Fürsorge, einer abgeschlossenen Krankenanstalt oder einem abgeschlossenen Teil einer Krankenanstalt vor. Nach § 2 Abs. 2 FreihEntzG sollte bei einer unter elterlicher Gewalt, Vormundschaft oder Pflegschaft stehenden Person der Wille desjenigen maßgebend sein, dem die gesetzliche Vertretung in den persönlichen Angelegenheiten zusteht. Damit wurde die Meinung aufgegriffen, dass die Unterbringung durch einen oder mit Einverständnis eines Gewalthabers keiner gerichtlichen Genehmigung bedurfte.[129] Ein Referentenentwurf, der vorsah, dass auch Eltern oder Vormund zur Einweisung des Kindes oder Mündels in eine geschlossene Anstalt prinzipiell nur mit Genehmigung des Vormundschaftsgerichts berechtigt sein sollten,[130] wurde nicht umgesetzt. Damit sind die Unterbringungen nicht erfasst, die der Inhaber des Aufenthaltsbestimmungsrechts veranlasst bzw. denen er zustimmt.[131]

---

125 s. dazu unter Teil 3, D. VI.; s. zur Diskussion auch: *Engler*, in: Staudinger[10/11], § 1800 BGB Rn. 21 m. w. Nachw.

126 FreihEntzG (BGBl. I 1956, 599).

127 S. Aufzählung bei *Reichard*, Gesetz über das gerichtliche Verfahren bei Freiheitsentziehungen, 1956, S. 33, 56.

128 *Reichard*, Gesetz über das gerichtliche Verfahren bei Freiheitsentziehungen, 1956, S. 7.

129 Zitiert nach BVerfGE 10, 302, 316.

130 *Wolff*, DÖV 1951, 313, 316.

131 *Engler*, in: Staudinger[10/11], § 1800 BGB Rn. 26, der bei einer Duldung einer behördlichen Unterbringung durch den Vormund dennoch eine vormundschaftsgerichtliche Genehmigung fordert.

### *b. Einführung des § 1800 Abs. 2 a. F. BGB durch das Gesetz zur Vereinheitlichung und Änderung familienrechtlicher Vorschriften*

Das Gesetz zur Vereinheitlichung und Änderung familienrechtlicher Vorschriften vom 11. August 1961 (FamRÄndG)[132] geht auf einen Entwurf der Bundesregierung[133] zurück. Ziel des gesamten Gesetzgebungsvorhabens war die Wiederherstellung der Rechts- und Gesetzeseinheit, welche mit dem Gesetz über die Gleichberechtigung von Mann und Frau auf dem Gebiete des bürgerlichen Rechts[134] trotz vorheriger Zielsetzung noch nicht erfolgt war. Der ursprüngliche Entwurf des Gesetzes[135] sah eine Regelung zur Unterbringung noch nicht vor. Die Ergänzung des § 1800 BGB um einen zweiten Absatz war eine von zahlreichen Änderungen, die der Rechtsausschuss auf Anregung des Bundesjustizministeriums vornahm.[136] Der neue § 1800 Abs. 2 BGB, der in der Fassung des Rechtsausschusses Gesetz geworden ist, hatte folgenden Wortlaut:

> [1]Eine Unterbringung des Mündels, die mit Freiheitsentziehung verbunden ist, ist nur mit Genehmigung des Vormundschaftsgerichts zulässig; das Vormundschaftsgericht soll den Mündel vor der Entscheidung hören. [2]Ohne die Genehmigung ist die Unterbringung nur zulässig, wenn mit dem Aufschub Gefahr verbunden ist; die Genehmigung ist unverzüglich nachzuholen. [3]Das Gericht hat die Genehmigung zurückzunehmen, wenn das Wohl des Mündels die Unterbringung nicht mehr erfordert.

Die Begründung des Rechtsausschusses zur Einführung des neuen Absatzes bezieht sich insbesondere auf das dargestellte Urteil des Bundesverfassungsgerichts vom 10. Februar 1960. Der Anschluss an den § 1800 BGB, der die Rechte und Pflichten des Vormunds regelt, bringe laut Rechtsausschuss klar zum Ausdruck, dass eine geschlossene Unterbringung nur durch den Vormund erfolgen könne, dem die Personensorge und damit das

---

[132] BGBl. I 1961, 1221.
[133] BT-Drucks. 3/530.
[134] Gesetz vom 18. Juni 1957, BGBl. I, 609.
[135] BT-Drucks. 3/530.
[136] BT-Drucks. 3/zu2812, S. 8.

Aufenthaltsbestimmungsrecht zustehen.[137] Das Genehmigungserfordernis erstreckt die Vorschrift bewusst auch auf den minderjährigen Mündel;[138] eine Begründung hierfür ist aus den Gesetzesmaterialien hingegen nicht ersichtlich. Eine Erstreckung des Genehmigungserfordernisses gleichermaßen auf minderjährige Mündel entspricht gleichwohl der damaligen Einheitlichkeit des Rechtsinstituts Vormundschaft. Auch die zuvor dargestellten Erwägungen für die Übertragung der bundesverfassungsgerichtlichen Feststellungen auch auf minderjährige Mündel liegen der einheitlichen Ergänzung des § 1800 BGB zugrunde.[139] Bei der Feststellung des Gesetzgebers, der Gedanke der Vormundschaft sei von der öffentlichen Fürsorge getragen, sodass das Amt des Vormunds eine staatliche Einrichtung ist, wurde nicht zwischen einer Vormundschaft über Voll- oder Minderjährige unterschieden.[140]

Teilweise wurde auch nach Einführung des § 1800 Abs. 2 BGB die Meinung weitergeführt, eine Genehmigung sollte dann nicht erforderlich sein, wenn die Unterbringung zu Erziehungszwecken erfolgt.[141] Dem wurde entgegengesetzt, dass eine solche Unterscheidung weder in das Urteil des Bundesverfassungsgerichts hineingelesen werden könne,[142] noch Gründe ersichtlich seien, aufgrund derer eine Freiheitsentziehung aus erzieherischen Gründen anders bewertet werden sollte, als eine solche beispielsweise aus Heilungszwecken oder wenn ein erzieherisches Einwirken auf das Kind vollkommen

---

137 Schriftlicher Bericht des Rechtsausschusses, Ber. der Abgeordn. Schwarzhaupt, BT-Drucks. 3/zu2812, S. 8.

138 Schriftlicher Bericht des Rechtsausschusses, Ber. der Abgeordn. Schwarzhaupt, BT-Drucks. 3/zu2812, S. 8; zust. unter Hinweis auf die Vormundschaft über Minderjährige als „Teil der öffentlichen Fürsorge" *Hampel*, FamRZ 1963, 537, 540.

139 FamRÄndG v. 11. August 1961, BGBl. I, 1221; 6. Sitzung des Unterausschusses „Familienrechtsänderungsgesetz" des Rechtsausschusses des BT v. 1. Dezember 1960, S. 4/5; BT-Drucks. 3/2226, S. 30; dazu: *Kroll*, Personensorge und Freiheitsentzug, 1967, S. 10.

140 BayObLG, NJW 1963, 2372; teilweise wurde vertreten, die Unterbringung aufgrund Freiwilliger Erziehungshilfen nach dem JWG aus dem Anwendungsbereich des § 1800 Abs. 2 BGB herauszunehmen, was darauf zurückgeführt wird, dass der Minderjährige soweit das Erziehungsrecht von Eltern, Vormund oder Pfleger reicht, gar keine Freiheit zur Aufenthaltsbestimmung besitze, *Prahl*, NJW 1964, 530, 531; *Arnold*, FamRZ 1963, 484 f.

141 AG Hamburg, FamRZ 1963, 312; *Arnold*, FamRZ 1963, 484; *Schnitzerling*, RdJ 1962, 4, 5.

142 *Hampel*, FamRZ 1963, 537, 541.

ausgeschlossen sei; beide beeinträchtigen die Bewegungsfreiheit gleich stark.[143] Entsprechend wird in § 1800 Abs. 2 BGB keine Unterscheidung nach Art der Unterbringung gemacht.

Eine Ausweitung der Vorschrift auf die Eltern lehnte der Gesetzgeber an dieser Stelle ausdrücklich ab, weil sich die Tatbestände der elterlichen Unterbringung von der Vormundschaft „vor allem im Rechtsgrund wesentlich unterscheiden".[144] Dem Ausschluss der Eltern aus dem Genehmigungserfordernis stünde auch der Art. 104 Abs. 2 GG nicht entgegen, weil dieser nur Freiheitsentziehungen durch öffentliche Gewalt einschließe.[145]

### *c. Einführung des § 1631b durch das SorgeRG (1979)*

#### *(1) Kontroversen im Gesetzgebungsverfahren*

Die Motivation zur Reform im Gesetz zur Neuregelung des Rechts der elterlichen Sorge bestand in der vom Gesetzgeber erkannten Notwendigkeit, die kindschaftsrechtlichen Regelungen zum Verhältnis zwischen Eltern und Kindern – insbesondere ihrer gegenseitigen Rechte und Pflichten – den fortschreitenden gesellschaftlichen Entwicklungen und dem veränderten Eltern-Kind-Verhältnis anzupassen, denen sie nicht mehr entsprachen.[146] Die zunehmende Selbstverantwortung der heranwachsenden Kinder sollte hervorgehoben und der Schutz gefährdeter Kinder verbessert werden.[147] Ausdruck dessen war vor allem die Ersetzung des Begriffs der elterlichen Gewalt durch den der elterlichen Sorge, um die Elternverantwortung gegenüber dem Kind stärker zu betonen.[148] Als Leitbilder für das neue Eltern-Kind-Verhältnis dienen zudem die neu geschaffenen bzw. veränderten §§ 1618a, 1626 Abs. 2

---

[143] *Hampel*, FamRZ 1963, 537, 541.

[144] Schriftlicher Bericht des Rechtsausschusses, Ber. der Abgeordn. *Schwarzhaupt*, BT-Drucks. 3/zu2812, S. 8; fast wortgleich schon BVerfGE 10, 302, 328; zust. BayObLG, NJW 1963, 2372; *Dunz*, NJW 1961, 2137, 2141; *Hampel*, FamRZ 1963, 537, 539 f.; *Lauterbach*, in: Palandt, 21. Aufl., § 1631 BGB Rn. 4: das Aufenthaltsbestimmungsrecht „beruht auf dem natürlichen Verhältnis der Eltern zu ihren Kindern und tritt unmittelbar kraft Gesetz ein".

[145] *Lauterbach*, in: Palandt, 21. Aufl., § 1631b BGB Rn. 4.

[146] BT-Drucks. 7/2060, S. 13; so auch *Coester-Waltjen*, ZRP 1977, 177, 178.

[147] BT-Drucks. 7/2060, S. 1; BT-Drucks. 8/111, S. 1; so auch der Rechtsausschuss in seiner Beschlussempfehlung BT-Drucks. 8/2788, S. 1.

[148] BT-Drucks. 7/2060, S. 13, 14; BT-Drucks. 8/2788, S. 36.

und 1631 Abs. 2 BGB n. F.. Der Wunsch nach einer „partnerschaftlichen Familie“ findet insbesondere Ausdruck im § 1618a BGB n. F., der die Verpflichtung von Eltern und Kind zu gegenseitigem Beistand und gegenseitiger Rücksichtnahme formuliert und auf die Bedeutung der Verantwortung füreinander als Grundlage des gesamten Familienrechts hinweist.[149] Der § 1626 Abs. 2 BGB n. F. verpflichtet die Eltern, das eigenverantwortliche Handeln des Kindes zu berücksichtigen, Fragen der elterlichen Sorge mit ihm zu besprechen und Einvernehmen anzustreben und somit die wachsenden Fähigkeiten des Kindes zu selbstständigem und verantwortungsbewusstem Handeln anzuerkennen und zu berücksichtigen.[150] Auch in Angelegenheiten der Ausbildung und des Berufs müssen die Eltern nach dem seit der Fassung des Rechtsausschusses § 1631a BGB n. F. auf die Neigung und Eignung des Kindes Rücksicht nehmen. Das eingeführte Verbot der entwürdigenden Erziehungsmaßnahmen in § 1631 Abs. 2 BGB soll zur Entwicklung von Selbstachtung und Selbstwertgefühl beitragen und so dazu dienen, den Eintritt ins Erwachsenenalter selbstständig und eigenverantwortlich zu gestalten; das elterliche Ermessen solle nicht eingeengt, sondern lediglich verdeutlicht werden.[151] Zudem soll es in der Gesellschaft den Sinn für die Unterscheidung zwischen Erziehungsmaßnahmen und solchen Handlungen schärfen, die für die Erziehung ungeeignet sind, in der Öffentlichkeit aber mitunter immer noch als selbstverständlich angesehen werden.[152] Zur Konkretisierung der einfachgesetzlichen Ausgestaltung des staatlichen Wächteramts wurde zudem der § 1666 BGB wesentlich verändert, der aufgrund wertausfüllungsbedürftiger Begriffe in der vorherigen Fassung weitestgehend durch die Ausgestaltung der Rechtsprechung getragen wurde.

Gerade diese Verrechtlichung des Eltern-Kind-Verhältnisses war es, die in Fachwelt, Öffentlichkeit und Parlament zu einer regen Diskussion zwischen denjenigen führte, die eine Emanzipation des Kindes betonten, und

---

[149] *Diederichsen*, NJW 1980, 1, 2.

[150] Vgl. BT-Drucks. 8/2788, S. 34.

[151] BT-Drucks, 8/2788, S. 35, 48; *Diederichsen*, NJW 1980, 1, 3 hält die Vorschrift für gelungen.

[152] BT-Drucks. 8/2788, S. 48.

denen, die dem Elternrecht besondere Bedeutung zumaßen.[153] Die Gegner der Reform stießen sich insbesondere an den dem ersten Entwurf vorangestellten Vorbemerkungen, das Kind könne nach dem aktuellen Rechtsbewusstsein nicht mehr als „Objekt elterlicher Fremdbestimmung" angesehen werden. Vielmehr sei es Grundrechtsträger und mit zunehmendem Alter grundrechtsmündig, sodass ihm – entsprechend seiner Einsichtsfähigkeit – vom Gesetz die Möglichkeit gegeben werden müsse, bei der Durchführung elterlicher Sorgemaßnahmen mitzuwirken.[154] Weiterhin wurde die Notwendigkeit einer großen Reform des Kindschaftsrechts, wie sie der Gesetzesentwurf enthielt, angezweifelt, da das geltende Recht sich im Großen und Ganzen bewährt hätte.[155] Die gesamte Begründung des Gesetzentwurfs sei zudem von tiefem Misstrauen gegen die Erziehungsbereitschaft und Erziehungsfunktion der Eltern und einem falschen Familienverständnis geprägt. Die Vorschriften, die auch intakte Familien betreffen, seien für die Familie schädlich und schwächten die Erziehungsbereitschaft und -funktion der Eltern und die Einheit der Familie; die Bindung in der Familie müsse gefestigt werden und dürfe nicht durch ein allzu frühes Anrufen des Vormundschaftsgerichts aufgerissen werden.[156] Die Befürworter des Gesetzes setzten dem entgegen,

---

153 S. Protokolle des Rechtsausschusses zur Auseinandersetzung insbesondere hinsichtlich der Neuregelung des § 1666 BGB: Nr. 4, 8--11, 14, 17, 36, 39--41, 43, 44, 46, 50, 52--58 aus dem Jahr 1979; *Jans/Happe*, Gesetz zur Neuregelung des Rechts der elterlichen Sorge, 1980, S. VII, 3; hierzu auch die Stellungnahme der Abgeordneten *Rüdiger*, abgedruckt in Das Parlament, Nr. 25/79, S. 9; *Coester-Waltjen*, ZRP 1977, 177, die die Entwürfe aufgrund einer nicht ausreichenden Berücksichtigung des Kindeswohls als nicht befriedigend empfindet; *Diederichsen*, FamRZ 1978, 461, hält grundsätzlich die Erweiterung der Eingriffsmöglichkeiten des Staates zum Schutze von Kindern für richtig, den eingeschlagenen Weg über die generelle Abschaffung des Verschuldenserfordernisses und die Konfrontation sämtlicher Eltern mit Eingriffen des Vormundschaftsgerichts aber für falsch und sieht die Kernprobleme eher in der Jugendhilfe; das *Zentralkomitee deutscher Katholiken*, FamRZ 1977, 610, sowie *Bosch*, FamRZ 1973, 489, 507, befürchten eine Aushöhlung des Elternrechts bzw. der Elternstellung; hiergegen *Knöpfel*, FamRZ 1977, 600, der diese Gefahr nicht sieht, soweit der Begriff des Kindeswohls wie bisher beibehalten wird.

154 BT-Drucks. 7/2060, S. 1.

155 Vertreter der Fraktion der CDU/CSU im Rechtsausschuss, BT-Drucks. 8/2788, S. 2.

156 Stellungnahme des baden-württembergischen Justizministers *Eyrich*, Das Parlament, Nr. 25/79, S. 10; Stellungnahme des Justizministers von Schleswig-Holstein *Schwarz*, Das Parlament, Nr. 27/79, S. 6; so auch die Stellungnahme des Zentralkomitees

dass sich wohlwollende, fürsorgliche Eltern in dem Gesetz bestätigt sehen müssten, welches ihre Interessen und die Interessen des Kindes gleichermaßen berücksichtige.[157]

Das Gesetz wurde am 18. Mai 1979 vom Bundestag gegen die Stimmen der CDU/CSU verabschiedet, von der die Anrufung des Vermittlungsausschusses empfohlen wurde.[158] Der Bundesrat verwies das Gesetz in seiner Sitzung vom 1. Juni an den Vermittlungsausschuss, um eine stärkere Berücksichtigung des Elternrechts aus Art. 6 GG im Gesetzestext prüfen zu lassen.[159] Der Vermittlungsausschuss lehnte die Änderungswünsche des Bundestags bis auf kleinere redaktionelle Änderungen ab.[160] Das Gesetz wurde nach einem erneuten Einspruch des Bundesrates, den der Bundestag zurückwies, mit Datum vom 18. Juli 1979 verabschiedet und ist am 1. August 1980 in Kraft getreten.[161]

Diese Kontroverse zwischen den Verfechtern eines ausgedehnten Elternrechts und den Befürwortern einer Emanzipation der Kinder kam insbesondere dadurch zum Ausdruck, dass die Begründung des letzten Entwurfs zeitweise vom Gesetzestext abgeteilt wurde und nicht mehr Gegenstand der Verhandlungen war. Erst im abschließenden Bericht des Rechtsausschusses[162] wurde unter Gegenüberstellung mit der Gegenansicht auf die Begründung zurückgegriffen. Unter der Prämisse dieser Auseinandersetzung muss die Begründung und die gesamte Diskussion betrachtet werden. Obwohl insbesondere die im Entwurf verhältnismäßig weite und relativ unbestimmte

---

deutscher Katholiken, abgedruckt in FamRZ 1977, 610; dagegen die Begründung zum ersten Fraktionsentwurf [BT-Drucks. 8/111. S. 13], die die Absicht bezeichnet, „die Familie, ihre Einheit und Selbstverantwortlichkeit zu respektieren, zu schützen und zu fördern".

157 Stellungnahme des Abgeordneten *Schwenk* (SPD), Das Parlament, Nr. 27/79, S. 5; Stellungnahme des Bundesjustizministers *Vogel*, Das Parlament, Nr. 27/79, S. 7; Stellungnahme der nordrhein-westfälischen Justizministerin *Donnepp*, ebenda, S. 9: „Dies ist [...] eine Reform für das Kind, nicht gegen die Eltern"; so auch *Knöpfel*, FamRZ 1977, 600, 602; zur gesamten Diskussion ausführlich: *Brokamp*, Die Verrechtlichung der Eltern-Kind-Beziehung in hundert Jahren BGB, 2002, S. 138 ff.

158 s. hierzu auch die Stellungnahme der hessischen Staatsministerin für Bundesangelegenheiten *Rüdiger*, Das Parlament, Nr. 25/79, S. 9

159 BT-Drucks. 8/2788, S. 33.

160 Vgl. Plenarprotokoll 8/161, S. 12869 D.

161 BGBl. I 1979, 1061.

162 BT-Drucks. 8/2788.

Fassung des § 1666 BGB im Zentrum des Konflikts stand, blieb auch die Frage der vormundschaftlichen Genehmigung einer Unterbringung des Kindes, welche mit Freiheitsentziehung verbunden ist, umstritten.[163]

### *(2) Neuregelungen der Unterbringung*

Als Maßnahme der näheren Ausgestaltung des staatlichen Wächteramts wurden – neben der Änderung in § 1666 BGB – in für das Kindeswohl besonders wichtigen Bereichen eigene Tatbestände geschaffen.[164] Hierunter fällt neben der Regelung zur Rücksichtnahme auf Eignung und Neigung des Kindes bei Ausbildung und Berufswahl in § 1631a BGB[165] auch die neu geschaffene Regelung zur Unterbringung des Minderjährigen durch seine Sorgeberechtigten, die mit Freiheitsentziehung verbunden ist in § 1631b BGB. Der neu geschaffene § 1631b BGB enthielt folgenden Wortlaut:

> [1]Eine Unterbringung des Kindes, die mit Freiheitsentziehung verbunden ist, ist nur mit Genehmigung des Vormundschaftsgerichts zulässig. [2]Ohne die Genehmigung ist die Unterbringung nur zulässig, wenn mit dem Aufschub Gefahr verbunden ist; die Genehmigung ist unverzüglich nachzuholen. [3]Das Gericht hat die Genehmigung zurückzunehmen, wenn das Wohl des Kindes die Unterbringung nicht mehr erfordert.

Durch den Verweis des Vormundschaftsrechts auf das Kindschaftsrecht (§ 1800 Abs. 1 BGB alte Fassung) wurde eine zusätzliche explizite Regelung der Unterbringung hier überflüssig. Der § 1800 Abs. 2 BGB fiel daher weg; der Abs. 1 wurde verkürzt und lautete dann: „Das Recht und die Pflicht des Vormunds, für die Person des Mündels zu sorgen, bestimmen sich nach §§ 1631 bis 1633."[166]

---

[163] *Jans/Happe*, Gesetz zur Neuregelung des Rechts der elterlichen Sorge, 1980, S. 11; vgl. insbesondere die Diskussion im Rechtsausschuss, Protokoll Nr. 56, S. 38 ff., 57, S. 22 ff., 41, S. 30 ff.

[164] BT-Drucks. 8/2788, S. 37.

[165] *Diederichsen* (FamRZ 1978, 461, 463) hält die Regelung für ebenso unnütz wie unschädlich.

[166] Der Wortlaut der Norm ist bis heute weitestgehend gleich geblieben. Nach Aufhebung des § 1633 BGB bezieht sich der Verweis nur auf §§ 1631 bis 1632. Zudem wurde ein S. 2 ergänzt, nach dem der Vormund „Pflege und Erziehung des Mündels persönlich zu fördern und zu gewährleisten" hat.

In der Regierungsvorlage der 7. Wahlperiode, auf die der Fraktionsentwurf der 8. Wahlperiode ausdrücklich Bezug nimmt,[167] wird zur Begründung für die Neuregelung der Unterbringung zunächst auf das Urteil des Bundesverfassungsgericht zur Unterbringung durch den Vormund verwiesen[168] und darauf hingewiesen, dass dieses die Unterbringung durch die Eltern ausdrücklich offenlässt. Die verfassungsrechtliche Notwendigkeit einer Regelung für die Unterbringung durch die Eltern wird zwar bezweifelt, nichtsdestotrotz sei die Unterbringung eines Kindes in einer Heil- und Pflegeanstalt ein besonders schwerer Eingriff, der vom Personensorgerecht der Eltern allein nicht getragen werden kann und daher als zusätzlichen rechtsstaatlichen Garanten der Genehmigung des Vormundschaftsgerichts bedarf.[169] Für die untergebrachte Person bestehe hinsichtlich Auswirkung und Tragweite kein Unterschied, ob eine Unterbringung durch den Vormund oder die Eltern erfolge.[170] Es sollte verhindert werden, dass Eltern ihr Kind in eine geschlossene Einrichtung „abschieben", obwohl bei sinnvoller Wahrnehmung des Erziehungsrechts eine Problemlösung auf weniger schwerwiegende Weise möglich wäre.[171] Ziel war die Kontrolle einer sinnvollen Ausübung des Sorgerechts, nicht primär der Schutz der körperlichen Bewegungsfreiheit.[172]

Eine Minderheit im Rechtsausschuss lehnte eine Übertragung der den Vormund betreffenden Vorschriften auf die Eltern wie auch grundsätzlich die Ausdehnung des staatlichen Wächteramts ab. Die Eltern leiten ihre Rechtsstellung von dem verfassungsrechtlich garantierten, natürlichen Elternrecht her und verwalten nicht lediglich ein ihnen verliehenes Amt. Die Konkretisierung des staatlichen Wächteramts sei eine unzulässige Einengung des elterlichen Ermessensraumes, der durch keine konkrete Gefährdung des Kindeswohles gerechtfertigt sei und deshalb auf verfassungsrechtliche Bedenken stoße.[173] Das Genehmigungserfordernis schwäche die Stellung der Eltern und drücke ein unberechtigtes Misstrauen ihnen gegenüber aus. Die Vorschrift schränke

---

167 BT-Drucks. 8/111, S. 13.

168 BVerfGE 10, 302.

169 BT-Drucks. 7/2060, S. 21; auch der Rechtsausschuss befürwortet mehrheitlich diese Zielsetzung des ursprünglichen Entwurfs, BT-Drucks. 8/2788, S. 50 f.

170 So *Emmerlich* (SPD), Protokoll des Rechtsausschusses, Nr. 56/8. Wahlperiode, S. 51.

171 Beschlussempfehlung und Bericht des Rechtsausschusses, BT-Drucks. 8/2788, S. 38.

172 AG Hamburg-Barmbek, FamRZ 2009, 792 (LS.) = NJOZ 2009, 51, 53.

173 BT-Drucks. 8/2788, S. 37.

das grundsätzlich nicht von der Genehmigung Dritter abhängige Erziehungsrecht der Eltern ein;[174] diese Einschränkung wird hingegen von anderer Seite mit dem Vorbehalt des Wächteramts gerechtfertigt.[175]

Die politische Motivation der Vorschrift wird im Rechtsausschuss selbst durch Mitglieder der den Entwurf einbringenden SPD/FDP-Fraktion bestätigt.[176] Von der Opposition wird dies insbesondere deshalb kritisiert, weil nicht nur keine Statistiken vorgelegt, sondern kein einziges Fallbeispiel genannt wird, welches einen Eingriff in die Elternautonomie rechtfertige.[177] Auch die Gegenmeinung honoriert, dass zwischen Eltern und Kindern eine statistisch höhere emotionale Bindung bestehe, als zu einem Vormund; gleichwohl könne es trotz geringerer Gefahr auch in diesen Fällen zu einem Missbrauch kommen, der durch die neue Regelung verhindert werden müsse.[178] Eine statistisch bedeutendere Zahl an Missbrauchsfällen dürfe nicht erst abgewartet werden.[179]

Die Ausschussminderheit hält außerdem die Abgrenzung der verschiedenen Unterbringungsarten für zu ungenau und befürwortet die Möglichkeit der Eltern, ihre Kinder auch ohne Genehmigung unterzubringen, wenn dies zum Wohl des Kindes ist.[180] Die beiden Regierungsentwürfe (BT-Drucks. 7/2060 und 8/111 [dort noch als § 1631a BGB]) sahen übereinstimmend zunächst die Unterwerfung einer Unterbringung in Heil- und Pflegeanstalten unter ein Genehmigungserfordernis vor. Eine damit verbundene Freiheitsentziehung war dem Wortlaut nach dagegen nicht erforderlich. Der Gesetzgeber erkannte jedoch selbst, dass die Unterbringung eines Kindes in einer Heil- und Pflegeanstalt nicht der häufigste und damit nicht der allein regelungsbedürftige Fall ist; wenn gesunde Kinder in Heimen, etwa in Säuglingsheimen, Kinderheimen, privaten Drogenentzugskliniken, untergebracht würden, stelle sich in gleicher Weise die Frage nach einer gerichtlichen Kontrolle, zumal

174 *Lenz*, Protokoll des Rechtsausschusses, Nr. 56/8. Wahlperiode, S. 53.
175 *Schwenk* (SPD), Protokoll des Rechtsausschusses, Nr. 56/8. Wahlperiode, S. 54.
176 *Emmerlich* (SPD), Protokoll des Rechtsausschusses, Nr. 56/8. Wahlperiode, S. 38.
177 *Stark* (CDU/CSU), Protokoll des Rechtsausschusses, Nr. 57/8. Wahlperiode, S. 23, Nr. 56, S. 51
178 *Emmerlich* (SPD), Protokoll des Rechtsausschusses, Nr. 56/8. Wahlperiode, S. 51.
179 *Schwenk* (SPD), Protokoll des Rechtsausschusses, Nr. 56/8. Wahlperiode, S. 5, 54.
180 Als Beispiel wird die Unterbringung eines drogenabhängigen Kindes in einem staatlich anerkannten und überwachten Entziehungsheim genannt.

für gesunde Kinder im Unterbringungsfall nicht geringere rechtsstaatliche Garantien vorgesehen sein könnten als bei der Unterbringung eines kranken Kindes.[181] Die Regelung dieser Materie überlässt der Gesetzentwurf noch der Neuordnung des Jugendhilferechts, was seine Rechtfertigung darin findet, dass in diesen Fällen nicht die rechtliche Zulässigkeit, sondern die konkrete Hilfe im Einzelfall im Vordergrund stehen soll, die wiederum Aufgabe des Jugendhilferechts sei.[182] Sowohl der Bundesrat in seiner Stellungnahme zum ersten Entwurf,[183] als auch der Rechtsausschuss[184] fordern mit Hinweis auf § 1800 Abs. 2 BGB a. F. zudem eine Klarstellung dahingehend an, dass die Unterbringung nur dann der Genehmigung unterliegt, wenn sie mit einer Freiheitsentziehung verbunden sei, da die Eltern sonst strengeren Voraussetzungen unterworfen wären als der Vormund bisher.[185] Die mehrheitlichen Stimmen im Rechtsausschuss möchten zudem jede freiheitsentziehende Unterbringung erfasst sehen, unabhängig von der Art der Anstalt.[186] Schlussendlich wird mit dieser Begründung inhaltlich der § 1800 Abs. 2 BGB a. F. übernommen, sodass die Norm die oben zitierte Endfassung erhält. Vorteil des sprachlichen Gleichlaufs zu § 1800 Abs. 2 BGB a. F. ist, dass die zu dieser Vorschrift ergangene Rechtsprechung, insbesondere zur Auslegung des Begriffs der Freiheitsentziehung, ohne Bruch fortgeführt und entsprechend in die Auslegung der neuen Vorschrift einbezogen werden kann.[187]

*(3) Alternativentwurf der Familienrechtskonvention des Juristinnenbundes*

Beispielhaft für die diversen Alternativentwürfe[188] soll hier der durch die Familienrechtskommission des Juristinnenbundes im Jahr 1977 veröffentlichte

---

181 BT-Drucks. 7/2060, S. 21 f.

182 BT-Drucks. 7/2060, S. 22.

183 Stellungnahme des Bundesrats zum ersten Gesetzesentwurf, BT-Drucks. 7/2060, S. 52; auch auf sie wird im Regierungsentwurf BT-Drucks. 8/111 ausdrücklich Bezug genommen, S. 13.

184 BT-Drucks. 8/2788, S. 38.

185 Stellungnahme des Bundesrats zum ersten Gesetzesentwurf, BT-Drucks. 7/2060, 52.

186 *Holtgrave* (BMJ), Protokoll des Rechtsausschusses, Nr. 52/8. Wahlperiode, S. 23.

187 BT-Drucks. 8/2788, S. 51

188 *Deutscher Caritas-Verband*, FamRZ 1970, 517; *Schau*, RdJB 1973, 257 ff.; Die Entwürfe der Interessengemeinschaft unterhaltspflichtiger Väter und Mütter (ISUV) sowie des Bundesarbeitskreises Christlich-Demokratischer-Juristen wurden jeweils nur maschinenschriftlich verbreitet.

Alternativentwurf des Gesetzes zur Neuregelung der elterlichen Sorge genannt werden, der sich auf den Entwurf der Bundesregierung von 1973[189] und den Fraktionsentwurf von 1977[190] bezieht, sodass die Stellungnahme und die Änderungen des Rechtsausschusses noch nicht berücksichtigt wurden. Auch dieser Entwurf teilt die in dem Fraktionsentwurf vertretene Auffassung, nach welcher die elterlichen Rechte und Pflichten neu zu beschreiben, der Schutz gefährdeter Kinder zu verbessern und dem Gedanken zunehmender Selbstverantwortung der Heranwachsenden Rechnung zu tragen ist.[191] Kritisiert wird jedoch, dass der Schutz gefährdeter Kinder noch nicht so umfassend und nachhaltig verbessert werde, wie dies nötig und möglich ist, sowie eine nicht ausreichend differenzierte Regelung der Mitwirkung einsichtsfähiger Kinder oder Jugendlicher bei Entscheidungen, die sie höchstpersönlich und nachhaltig betreffen.[192] Insbesondere spricht sich der Juristinnenbund für ein striktes Verbot jeglicher Gewaltanwendung gegenüber Kindern und eine Orientierung jeglicher legislatorischer Entscheidungen am Kindeswohl aus.[193]

Hinsichtlich der Unterbringung befürwortet der Juristinnenbund eine präzisere Formulierung unter Verwendung des Begriffs der psychiatrischen Anstalt anstatt Heil- und Pflegeanstalt sowie die – im Endeffekt auch aufgenommene – ausdrückliche Erwähnung der Freiheitsentziehung.[194] Die Unterbringung wird nach dem Entwurf als Unterpunkt der ärztlichen Behandlung geregelt. Der entsprechende § 1628 Abs. 6 BGB soll lauten: „Eine mit Freiheitsentziehung verbundene Unterbringung eines Kindes in einer psychiatrischen Krankenanstalt bedarf der Genehmigung des Familiengerichts; § 1800 Abs. 2 Satz 1 und 2 gilt entsprechend."

*Peschel-Gutzeit* fordert eine Diskussion über die Aufnahme eines Katalogs von Einzeltatbeständen, die in den Entwürfen nur in Form von Ausbildung

---

189 BT-Drucks. 7/2060.

190 BT-Drucks. 8/111.

191 *Familienrechtskommission des Juristinnenbundes*, Neues elterliches Sorgerecht, 1977, S. 25.

192 *Familienrechtskommission des Juristinnenbundes*, Neues elterliches Sorgerecht, 1977, S. 25.

193 *Familienrechtskommission des Juristinnenbundes*, Neues elterliches Sorgerecht, 1977, S. 30 ff, *Peschel-Gutzeit*, ebenda, S. 99.

194 *Familienrechtskommission des Juristinnenbundes*, Neues elterliches Sorgerecht, 1977, S. 39; zu letzterem s. auch die Anregungen des Bundesrats, BT-Drucks. 7/2060, S. 51.

und Beruf, Unterbringung in einer Heil- und Pflegeanstalt, Heilbehandlungen sowie Beaufsichtigung und Umgangsbestimmung geregelt werden. Für diskussionswürdig hält sie insbesondere weitere Regelungen zur Anwendung von Zwang und Gewalt, worunter sie insbesondere die körperliche Züchtigung, aber auch die Briefkontrolle, Einschließen und ähnliches zählt.[195]

Ob und inwieweit Gegenentwürfe in den Sitzungen des Rechtsausschusses von Bedeutung waren, ist nicht ohne weiteres erkennbar. Die vielen und oft konträren Bemühungen um eine sinnvolle Verbesserung des Rechts der elterlichen Sorge sind jedenfalls in der Dialektik des parlamentarischen Gesetzgebungsverfahrens in der endgültigen Fassung des Gesetzes aufgegangen.[196]

### *d. Betreuungsgesetz (1990)*

Die grundlegende Reform[197] durch das Gesetz zur Reform des Rechts der Vormundschaft und Pflegschaft für Volljährige, kurz Betreuungsgesetz[198], betraf die materiellen Unterbringungsregelungen für Minderjährige zwar nicht unmittelbar, hatte auf diese aber mittelbare Auswirkungen. Mit dem Gesetz sollte die Rechtstellung psychisch Kranker, geistig, seelisch oder körperlich behinderter Erwachsener grundlegend verbessert werden.[199] Verbunden war damit vor allem die Abschaffung der Entmündigung, die zu Stigmatisierung und Diskriminierung der Betroffenen führt[200], und sie wie Minderjährige unter Vormundschaft oder Pflegschaft stellte. Mit der Betreuung sollte eine verstärkt die Wünsche und verbleibenden Fähigkeiten und Reaktionsmöglichkeiten des Betroffenen berücksichtigende Regelung getroffen werden.[201] Einen Kernpunkt der Reform bildeten sodann die Abschaffung der Entmündigung und die Übertragung von Vormundschaft und Pflegschaft über

---

195 *Peschel-Gutzeit*, in: Familienrechtskommission des Juristinnenbundes, Neues elterliches Sorgerecht, 1977, S. 96 ff.

196 *Diederichsen*, NJW 1980, 1.

197 Zu deren Notwendigkeit: BR-Drucks. 59/89, 158.

198 Gesetz zur Reform des Rechts der Vormundschaft und Pflegschaft für Volljährige – Betreuungsgesetz (BtG) v. 21. September 1990, BGBl. I, 2002.

199 BR-Drucks. 59/89, 1.

200 BR-Drucks. 59/89, 150.

201 BR-Drucks. 59/89, 147 f., 150 f.

Volljährige in das einheitliche Rechtsinstitut der Betreuung, die persönlicher ausgestaltet sein sollte.[202]

Gegenstand der Reform sollten aber auch die unklaren materiellen Regelungen zur Unterbringung sein.[203] Kritisiert wurde auch das Nebeneinander von zivilrechtlicher und öffentlich-rechtlicher Unterbringung. Diese lasse befürchten, dass die Entscheidung, nach welcher Rechtsgrundlage untergebracht wird, nicht nach Sachgesichtspunkten, sondern nach dem einfacheren Verfahren getroffen wird.[204] Die Befugnisse des Betreuers wurden daher zusätzlich unter anderem durch Regelungen über Heilbehandlungen, Unterbringung und freiheitsentziehende Maßnahmen gestärkt.[205]

Der damals neu geschaffene § 1906 BGB regelte die Genehmigungsbedürftigkeit einer freiheitsentziehenden Unterbringung und freiheitsentziehender Maßnahmen ausdrücklich, die sich damit fortan nicht mehr lediglich aus einem Verweis auf das Kindschaftsrecht und die Regelungen der Unterbringung dort ergab. Auch die materiellen Voraussetzungen, die bisher nur mittelbar erkennbar waren, werden ausdrücklich geregelt: nur noch in den umschriebenen Fällen der Selbstgefährdung oder Behandlungsbedürftigkeit soll eine zivilrechtliche Unterbringung möglich sein.[206] Mit dem § 1906 Abs. 4 a. F. BGB wurde es einer Unterbringung ausdrücklich gleichgestellt, wenn der Betreute durch mechanische Vorrichtungen, Medikamente oder auf andere Weise ununterbrochen oder regelmäßig am Verlassen seines Aufenthaltsortes gehindert werden soll. Durch das Betreuungsgesetz wurde zudem die zivilrechtliche und die öffentlich-rechtliche Unterbringung ein bundeseinheitliches Verfahren der freiwilligen Gerichtsbarkeit geschaffen.[207] Kommen sowohl eine öffentlich-rechtliche als auch eine zivilrechtliche Unterbringung

---

[202] BR-Drucks. 59/89, 1 f. 164, damit einhergehend sollen alle Begriffe und Ausdrucksweisen, die überholt sind oder von den Betroffenen als diskriminierend empfunden werden überdacht werden, BR-Drucks. 59/89, 157.

[203] BR-Drucks. 59/89, 152; BT-Drucks. 11/4528, 50.

[204] BR-Drucks. 59/89, 165; BT-Drucks. 11/4528, 50.

[205] BR-Drucks. 59/89, 1 f.

[206] BR-Drucks. 59/89, 164; BT-Drucks. 11/4528, 54, 70.

[207] BR-Drucks. 59/89, 1 f., 115 ff.

in Betracht, darf die Wahl der Unterbringungsart nicht danach getroffen werden, welches Verfahren einfacher durchzuführen ist.[208]

Die Auswirkungen der Reform auf die Regelungen über die Vormundschaft und Pflegschaft für Minderjährige sollte sich nach Ansicht des Gesetzgebers auf das unbedingt notwendige Maß beschränken.[209] Speziell die materielle Regelung über die Unterbringung von Kindern in § 1631b BGB sollte ausdrücklich nicht berührt werden. Dies wurde mit der unterschiedlichen Ausrichtung der Vormundschaft und der Betreuung sowie mit der unterschiedlichen Ausrichtung der Regelungen gegenüber Kindern und Erwachsenen begründet. Bei Kindern stellt sich die Unterbringung als Ausübung elterlicher Sorge oder – im Falle der Vormundschaft oder Pflegschaft über Minderjährige – als Ersatz für die Ausübung elterlicher Sorge dar. Die hierfür geltende Regelung soll sich nach wie vor auf eine allgemeine Prüfung beschränken, ob diese Form der Ausübung der elterlichen Sorge dem Wohl des Kindes entspricht. Darüber hinaus wurde die Einbeziehung freiheitsentziehender Maßnahmen in die für Kinder geltende Regelung auch aus Sachgründen für höchst problematisch gehalten, da gegenüber Kindern gewisse Maßnahmen – etwa das Verschließen der Wohnungstür, das Anbringen von Gittern am Bett eines Kleinkindes und ähnliche – übliche und sinnvolle Maßnahmen bei der Ausübung elterlicher Sorge sind, die nicht einer Genehmigungspflicht unterworfen werden sollen; als Reaktion auf eine missbräuchliche Anwendung freiheitsentziehender Maßnahmen durch Eltern oder Vormund wurden die Vorschriften des geltenden Rechts (insb. § 1666 BGB) als hinreichend betrachtet.[210]

### e. *Konkretisierung des Entscheidungsmaßstabs des § 1631b BGB*

Verhältnismäßig unstrittig war die Ergänzung des § 1631b Abs. 1 BGB um einen S. 2, der den Entscheidungsmaßstab des Gerichts näher konkretisierte durch das Gesetz zur Erleichterung familiengerichtlicher Maßnahmen bei Gefährdung des Kindeswohls vom 04. Juli 2008[211]:

---

[208] BT-Drucks. 11/4528, 80; zu weiterhin bestehenden Abgrenzungsschwierigkeiten s. *Klüsener/Rausch*, NJW 1993, 617, 621 f.

[209] BR-Drucks. 59/89, 106.

[210] Zum Vorhergesagten s. BT-Drucks. 11/4528, 82.

[211] BGBl. I 2008, 1188.

> Die Unterbringung ist zulässig, solange sie zum Wohl des Kindes, insbesondere zur Abwendung einer erheblichen Selbst- und Fremdgefährdung, erforderlich ist und der Gefahr nicht auf andere Weise, auch nicht durch andere öffentliche Hilfen, begegnet werden kann.

Das Bundesverfassungsgericht hatte zwar noch im Beschluss vom 24. Februar 1987[212] die Frage, ob die bisher unterbliebene Konkretisierung des Entscheidungsmaßstabs mit der Verfassung vereinbar ist, dahinstehen lassen, weil die dem Verfahren zugrunde liegenden Vorlagen des Amtsgerichts unzulässig waren. Die konkretisierende Ergänzung sollte aber Zweifel bei der praktischen Anwendbarkeit der Vorschrift beseitigen und wurde als aus Gründen der Rechtssicherheit geboten angesehen.[213] Denn die Norm wurde hinsichtlich der Voraussetzungen für die Erteilung einer Genehmigung bis dato für „inhaltlich wenig aussagekräftig" gehalten.[214] Durch die Ergänzung wird auch mit der Betonung des Vorrangs anderer öffentlicher Hilfen dem Verhältnismäßigkeitsgrundsatz Ausdruck verliehen.[215] Eine materielle Verschärfung des Entscheidungsmaßstabs sollte mit der Änderung nicht erfolgen, vielmehr bleibt der zuvor geltende so lange bestehen, wie er mit ihr in Einklang stand.[216]

### *f. Erweiterung um freiheitsentziehende Maßnahmen*

#### *(1) Diskussion um die Bewertung freiheitsentziehender Maßnahmen*

Im Betreuungsrecht waren infolge des Betreuungsgesetzes freiheitsentziehende Maßnahmen fortan in § 1906 Abs. 4 a. F. BGB geregelt, nach dem eine Genehmigung auch erforderlich war, wenn

> dem Betreuten, der sich in einer Anstalt, einem Heim oder einer sonstigen Einrichtung aufhält, ohne untergebracht zu sein, durch mechanische Vorrichtungen, Medikamente oder auf andere Weise über einen längeren Zeitraum oder regelmäßig die Freiheit entzogen werden soll.

---

212 BVerfGE 74, 236.

213 BT-Drucks. 16/6815, S. 10, 12, 14; ebenso schon BT-Drucks. 11/4528, 81.

214 *Salgo*, in: Staudinger, 2020, § 1631b BGB Rn. 5.

215 BT-Drucks. 16/6815, S. 12, 14; *Hoffmann*, JAmt 2009, 473, 474.

216 BT-Drucks. 16/6815, S. 12.

Heute ist die Vorschrift (die inzwischen in §1831 Abs. 4 BGB übernommen ist) sprachlich modernisiert und insbesondere der missverständliche Satzteil „ohne untergebracht zu sein" gestrichen, der die zusätzliche Genehmigungspflicht für freiheitsentziehende Maßnahmen auf nicht schon freiheitsentziehend untergebrachte Betreute beschränkte.[217] Sie lautet nun:

> (4) Die Absätze 1 bis 3 gelten entsprechend, wenn dem Betreuten, der sich in einem Krankenhaus, einem Heim oder einer sonstigen Einrichtung aufhält, durch mechanische Vorrichtungen, Medikamente oder auf andere Weise über einen längeren Zeitraum oder regelmäßig die Freiheit entzogen werden soll.

Diese innerhalb einer Betreuung erhöhte Genehmigungspflicht verursachte für die Bewertung freiheitsentziehender Maßnahmen im Verhältnis Eltern/ Vormund – Kinder eine umfassende Diskussion. Vielfach wurde auch hier eine Genehmigung für notwendig gehalten, die mitunter de lege lata schon aus § 1631b a. F. BGB bzw. mithilfe einer Analogie aus § 1906 Abs. 4 a. F. BGB hergeleitet wurde.

*(a) Analoge Anwendung des § 1906 Abs. 4 a. F. BGB für Kinder*

Vielfach wurde eine analoge Anwendung des § 1906 Abs. 4 a. F. BGB vertreten, davon ausgehend, dass Minderjährige ebenso wie Erwachsene durch die mit einer freiheitsentziehenden Maßnahme verbundenen Eingriffe beeinträchtigt sind und damit eine vergleichbare Interessenlage gegeben ist, die eine Genehmigung auch bei Minderjährigen erforderlich macht.[218] Eine analoge Anwendung kommt jedoch nur in Frage, wenn im Gesetz eine

---

[217] Trotz diesen missverständlichen Wortlauts war § 1906 Abs. 4 BGB allerdings auch zuvor schon ebenso auf untergebrachte Betreute anwendbar, BGH, FamRZ 2015, 1707 ff.; ebenso schon Arbeitsgruppe 4 des 2. Vormundschaftsgerichtstags 1990, in: Vormundschaftsgerichtstag e. V., 2. Vormundschaftsgerichtstag, 1991, S. 76, These 10; dogmatisch wird dieses Ergebnis mithilfe einer verfassungskonformen Auslegung (*Brinckmann/Gräbsch*, Geschlossene Unterbringung psychisch Kranker, 2013, § 1 Rn. 48) bzw. gesetzeskorrigierenden Rechtsfortbildung (*Fischer*, in: Rüth/Pankofer/ Freisleder, Geschlossene Unterbringung, S. 29, 41) erreicht; a. A. *Klüsener/Rausch*, NJW 1993, 617, 623.

[218] *Diederichsen*, in: Palandt, 71. Aufl. 2012 (Vorauflage), § 1631b BGB Rn. 2, § 1906 BGB Rn. 23; *Huber*, in: MünchKomm BGB, 6. Aufl. 2012 (Vorauflage), § 1631b a. F. Rn. 8; *Veit*, in: BeckOK-BGB, 40. Edition, Stand: 1. November 2011 (Vorauflage), § 1631b a. F. Rn. 4.

planwidrige Regelungslücke besteht. Das Fehlen einer dem § 1906 Abs. 4 a. F. BGB entsprechende Regelung wurde als Regelungslücke gewertet, da für eine Fallgruppe keine Regelung getroffen worden war, obwohl nach der eigenen Teleologie des Gesetzes (umfassender Schutz des Kindeswohls) eine Regelung vonnöten gewesen wäre.[219]

Fraglich war jedoch schon die Vergleichbarkeit der Interessenlage. Bei der Einführung des § 1631b BGB wollte der Gesetzgeber eine Mitwirkung des Gerichts bei Entscheidungen mit besonderer Tragweite erreichen.[220] Das Ziel der Regelung war die „sinnvolle Ausübung des Sorgerechts" durch die Eltern,[221] sowie eine entsprechende gerichtliche Kontrolle. Die Regelung des § 1906 Abs. 1 und 4 a. F. BGB diente hingegen vor allem dem Schutz der körperlichen Bewegungsfreiheit und der Entschließungsfreiheit zur Fortbewegung im Sinne der Aufenthaltsfreiheit.[222]

Vor allem wurde aber die Planwidrigkeit einer möglichen Regelung verneint. Bei der anschließenden Einführung des die unterbringungsähnlichen Maßnahmen regelnden § 1906 Abs. 4 a. F. BGB wurden diese erheblichen Eingriffe in die Rechte der Betroffenen ausdrücklich nur für Erwachsene unter einen Genehmigungsvorbehalt gestellt. Der Gesetzgeber hat die parallele Problematik bei Minderjährigen gesehen, eine entsprechende Regelung jedoch abgelehnt.[223] Auch trotz späterer Änderung des § 1631b BGB durch das Gesetz zur Erleichterung familiengerichtlicher Maßnahmen bei Gefährdung des Kindeswohls[224] wurde keine Angleichung an das Betreuungsrecht vorgenommen.[225] Der Gesetzgeber hat zudem im Kindschaftsrecht eine Reihe von Einzelmaßnahmen geregelt, wie die Sterilisation in § 1631c BGB und die Beschneidung in § 1631d BGB, sodass nicht davon ausgegangen werden

---

219 *Czerner*, AcP 202 (2002), 72, 98 f.

220 S. dazu oben, unter B. IV. 1. c.

221 BT-Drucks. 8/2788, S. 50 f.; 11/4528, S. 82 f.

222 BGHZ 145, 297; OLG Zweibrücken, FamRZ 2000, 1114; OLG Oldenburg, FamRZ 2012, 39, 41.

223 BT-Drucks. 11/4528, S. 82 f.

224 Gesetz vom 4. Juli 2008 (BGBl. I, 1188).

225 OLG Oldenburg, FamRZ 2012, 39, 41.

kann, dass er unterbringungsähnliche Maßnahmen bei Kindern unbewusst nicht geregelt hat.[226]

Die analoge Anwendung des § 1906 Abs. 4 a. F. BGB wurde schlussendlich auch obergerichtlich abgelehnt: mit dem Hinweis auf die gesetzgeberische Argumentation in der Begründung zum Betreuungsgesetz sowie die Änderungen des § 1631b BGB durch das Gesetz zur Erleichterung familiengerichtlicher Maßnahmen bei Kindeswohlgefährdungen tritt der Bundesgerichtshof dem Vorliegen einer Regelungslücke entgegen.[227] Darüber hinaus sei eine zusätzliche Inpflichtnahme der Eltern durch das Genehmigungserfordernis unzulässig, da eine erneute Einschränkung des grundrechtlich verbürgten Elternrechts einer Grundlage in einem formellen Gesetz bedürfe.[228]

*(b) Anwendung von § 1631b a. F. BGB auf freiheitsentziehende Maßnahmen*

*aa. Unmittelbare Subsumtion unter § 1631b a. F. BGB*

Einer analogen Anwendung des § 1906 Abs. 4 a. F. BGB bedürfte es nicht, wenn sich freiheitsentziehende Maßnahmen auch schon unter § 1631b a. F. BGB subsumieren ließen. Dies wurde zum einen aufgrund eines Erst-Recht-Schlusses angenommen, da freiheitsentziehende Maßnahmen von den Betroffenen als stärkeren Eingriff erlebt werde.[229] Ebenso wurde eine Ausstrahlungswirkung der in § 1906 Abs. 4 a. F. BGB zum Ausdruck kommenden gesetzgeberischen Wertungen auf die Auslegung des § 1631b a. F. BGB angenommen.[230] Der Begriff der Unterbringung, die mit einer Freiheitsentziehung verbunden ist, in § 1631b a. F. BGB soll so auszulegen sein, dass unter ihn auch freiheitsentziehende Maßnahmen fallen.[231]

---

226 *Hoffmann*, JAmt 2009, 473, 476; OLG Frankfurt, FamRZ 2013, 1225, 1226 f.; OLG Oldenburg, FamRZ 2012, 39, 40 f.; LG Essen, FamRZ 1993, 1347, 1348.

227 BGH, FamRZ 2013, 1646, 1647 unter Verweis auf BT-Drucks. 11/4528, S. 82.

228 BGH, FamRZ 2013, 1646, 1648; ebenso schon: *Hoffmann*, NZFam 2015, 985.

229 *Salgo*, in: Staudinger, 2015 (Vorauflage), § 1631b BGB Rn. 14; *Moll-Vogel*, Anm. zu BGH, FamRB 2013, 219, 220; unter Anwendung des Rechtsgedankens des § 1631b BGB auf Vormünder und Pfleger: *Leeb/Weber*, ZKJ 2014, 143, 144 f.

230 *Van Els*, in: Hoppenz, Familiensachen, 9. Aufl. 2009, § 1631b BGB Rn. 2; *Dodegge*, in Anm. zu LG Essen, FamRZ 1993, 1347, 1348; eine Ausstrahlungswirkung bejahend, allerdings unklar mit welcher Wirkung: *Schwab*, FamRZ 1990, 681, 687.

231 LG Berlin, FamRZ 1991, 365, 368; AG Frankfurt/Main, FamRZ 1988, 1209, 1210; *Wille*, ZfJ 2002, 85; *ders.*, DAVorm 2000, 449, 453; *Engelfried*, Betrifft JUSTIZ 2014, 35, 36; *Salgo*, in: Staudinger, 2015 (Vorauflage), § 1631b BGB Rn. 14; *Marschner*, in:

Auch hierzu hat der Bundesgerichtshof unter Berufung auf den Gesetzgeber ablehnend Stellung genommen: Der Begriff der freiheitsentziehenden Unterbringung in § 1631b BGB schließe ausdrücklich freiheitsentziehende Maßnahmen nicht ein.[232] Das Gesetz gehe von einem engen Unterbringungsbegriff aus[233], der mit dem in § 1906 Abs. 1 a. F. BGB übereinstimmt.[234] Solange aber von einem einheitlichen Begriff einer freiheitsentziehenden Unterbringung in § 1631b BGB und § 1906 Abs. 1 a. F. BGB ausgegangen wird und wurde, lassen sich aufgrund der eindeutigen Zweiteilung in § 1906 a. F. BGB freiheitsentziehende Maßnahmen nicht unter § 1631b BGB a. F. subsumieren. Ginge man davon aus, dass zumindest vor der Einführung des § 1906 Abs. 4 a. F. BGB ein einheitlicher Begriff der freiheitsentziehenden Unterbringung in § 1906 Abs. 1 a. F. BGB und § 1631b BGB gegolten hätte, wäre bei einer Subsumtion von freiheitsentziehenden Maßnahmen unter letzteren durch die Einführung des § 1906 Abs. 4 a. F. BGB der Unterbringungsbegriff des § 1631b BGB verändert worden. Dass der Gesetzgeber mit der Einführung des § 1906 Abs. 4 a. F. BGB eine Anpassung auch für § 1631b BGB wollte, steht nicht nur entgegen, dass eine Änderung gerade unterblieb, sondern auch, dass nach den Gesetzesmaterialien die Regelungen der Unterbringung von Kindern durch die Änderung des § 1906 a. F. BGB nicht berührt,[235] und die Problematik der unterbringungsähnlichen Maßnahmen nicht über einen weit gefassten Begriff der Unterbringung gelöst werden sollte.[236]

#### *bb. Inzidente Überprüfung aller anstehenden Maßnahmen im Unterbringungsverfahren*

Unter Geltung des § 1631b a. F. BGB kommt die Überprüfung der Zulässigkeit freiheitsentziehender Maßnahmen inzident im Rahmen der Prüfung der freiheitsentziehenden Unterbringung in Betracht, die zu dem Zweck

---

Marschner/ Lesting/Stahmann, Freiheitsentziehung und Unterbringung, 5. Aufl. 2010 (Vorauflage), § 1631b Rn. 5; *Trenczek/Düring/Neumann-Witt*, Inobhutnahme, 3. Aufl. 2017 (Vorauflage), S. 308 f.

232 BGH, FamRZ 2013, 1646,

233 BT-Drucks. 18/11278, S. 14.

234 BGHZ 145, 297, 300; BGH, FamRZ 2008, 866 Rn. 16, 19; ebenso OLG Frankfurt, FamRZ 2013, 1225, 1226 f.; OLG Oldenburg, FamRZ 2012, 39, 40 f.

235 BT-Drucks. 11/4528, S. 82.

236 BT-Drucks. 11/4528, S. 146.

erfolgt, freiheitsentziehende Maßnahmen durchzuführen. Es ist allerdings schwer vorstellbar, dass eine freiheitsentziehende Unterbringung allein zu dem Zweck erfolgt, eine freiheitsentziehende Maßnahme durchzusetzen. Denkbar ist allerdings, dass eine freiheitsentziehende Unterbringung allein zur Durchführung einer (ärztlichen) Zwangsmaßnahme durchgeführt werden soll und zur Durchführung der Zwangsmaßnahme dann wiederum eine freiheitsentziehende Maßnahme, etwa eine Fixierung, notwendig wird. Diese Inzidentprüfung setzt voraus, dass die Unterbringung nur dann zulässig ist, wenn auch die mit ihr verfolgten Maßnahmen zulässig wären. Gestützt wird sie darauf, dass die zu genehmigende Maßnahme nur dann erforderlich sein kann, wenn eine die Gefahr erst abwehrende folgende Behandlung erfolgen kann.

Ebenso ist ein Zusammenhang zwischen der genehmigungspflichtigen und der genehmigungsfreien Maßnahme denkbar, dass bei der Genehmigung ersterer schon ersichtlich ist, dass letztere erfolgen wird, etwa wenn die freiheitsentziehende Maßnahme innerhalb des Therapieplans der Einrichtung, in der der Betroffene untergebracht werden soll, oder dort als Sanktions- oder Gefahrenabwehrmaßnahme vorgesehen ist. In diesen Fällen könnte dann die Verhältnismäßigkeitsentscheidung sowohl bezogen auf die Zwangsmaßnahme als auch auf die freiheitsentziehende Maßnahme ebenfalls in der gerichtlichen Genehmigungsentscheidung erfolgen.[237] In einem eine freiheitsentziehenden Unterbringung zur Zwangsbehandlung genehmigenden Beschluss nach §§ 167 Abs. 1 S. 1, 323 FamFG wäre dann die Art und Weise der erlaubten Behandlung näher festzulegen.[238]

Dem wird entgegengesetzt, dass die Einwilligung der Eltern in die Zwangsbehandlung nicht der Prüfungskompetenz des Gerichts obliege, das über eine Unterbringung i. S. d. § 1631b BGB zu befinden hat; eine umfassende gerichtliche Kontrolle hinsichtlich der Frage, ob die Maßnahme zum Wohl des Kindes erfolgt, finde nicht statt.[239] Tatsächlich lässt sich aus der Genese der Norm lediglich eine Prüfungskompetenz des Gerichts für die originär

---

237 *Hoffmann*, NZFam 2015, 985, 987; *dies.*, ZRP 2016, 242, 243.

238 *Hoffmann*, NZFam 2015, 985, 987; *Hoffmann*, R&P 2007, 173 (noch bezogen auf § 70 f Abs. 1 Nr. 2 FGG).

239 *Veit/Schmidt*, in: BeckOK-BGB, 76. Edition, Stand: 1. November 2025, § 1631b BGB Rn. 32.

genehmigungspflichtige Maßnahme ableiten. Denn die Norm sieht gerade nur die Überprüfung der freiheitsentziehenden Unterbringung, nicht aber weiterer Maßnahmen vor. Das Gericht kann andere geplante Maßnahmen, die im Verfahren bekannt sind, allenfalls einer Überprüfung im Rahmen der allgemeinen Unvertretbarkeitskontrolle des § 1666 BGB unterziehen.[240] Einer inzidenten Prüfung stehen nicht zuletzt die ausdifferenzierten Genehmigungstatbestände in § 1906 a. F. BGB entgegen, derer es – zumindest für Betroffene innerhalb einer freiheitsentziehenden Unterbringung – ansonsten nicht bedürfte.[241] Dagegen spricht zudem für die Zwangsbehandlung, dass es für deren Zulässigkeit bisher keine einheitlichen Voraussetzungen gibt, die der Richter prüfen könnte.[242]

Hinsichtlich einer nicht schon konkret geplanten, aber eventuell in Aussicht stehenden Maßnahme, die in der vorgesehenen Unterbringungseinrichtung im Einzelfall notwendig werden kann, ist eine Überprüfung aus denselben Gründen abzulehnen. Sie ist aber auch schon deshalb nicht notwendig, da die Maßnahme mit der Erforderlichkeit der ursprünglichen Unterbringung nicht unmittelbar im Zusammenhang steht.

Einer Inzidentprüfung weiterer Maßnahmen im Genehmigungsverfahren einer freiheitsentziehenden Unterbringung steht zudem entgegen, dass das Gericht gar keine konkrete Unterbringungseinrichtung überprüft und genehmigt, sondern nur die Form der Unterbringung in einer Einrichtung der Jugendhilfe oder der KJPP. Das Gericht könnte damit nur soweit die konkrete Unterbringungseinrichtung schon feststeht und im Verfahren genannt wird konkrete Maßnahmen in dieser Einrichtung betrachten. Von einer regelmäßigen Überprüfung durch das Gericht kann daher allerdings nicht ausgegangen werden. Der Richter bleibt allerdings auch hier dazu berufen und verpflichtet, allgemeine Gefahrenabwehr- und Präventionsmaßnahmen aufgerufen, wenn die konkret geplante Unterbringung hierzu Anlass gibt.

---

240 *Götz*, in: Coester-Waltjen/Lipp/Schumann/Veit, Zwangsbehandlung bei Selbstgefährdung, 14. Göttinger Workshop zum Familienrecht 2015, 2016, S. 65, 72.

241 *Götz*, in: Coester-Waltjen/Lipp/Schumann/Veit, Zwangsbehandlung bei Selbstgefährdung, 14. Göttinger Workshop zum Familienrecht 2015, 2016, S. 65, 71; vgl. auch OLG Frankfurt, FamRZ 2013, 1225, 1226; OLG Oldenburg, FamRZ 2012, 39, 40 f.

242 *Götz*, in: Coester-Waltjen/Lipp/Schumann/Veit, Zwangsbehandlung bei Selbstgefährdung, 14. Göttinger Workshop zum Familienrecht 2015, 2016, S. 65, 72.

*(c) Wunsch nach einer Regelung*

Die insofern festgestellte Genehmigungsfreiheit von über die freiheitsentziehende Unterbringung hinausgehenden Maßnahmen mit freiheitsentziehender Wirkung[243] wurde insbesondere hinsichtlich der Ungleichbehandlung gegenüber Betreuten für unbillig empfunden.[244] Die Maßnahmen gingen aufgrund ihrer zusätzlich zur Unterbringung einschränkenden Qualität über pädagogische Mittel hinaus und bedürften damit einer Kontrolle.[245] Die Grundrechte des Kindes auf Leben und Freiheit seien durch den § 1666 BGB einerseits und den § 1631b a. F. BGB als Grenzen der elterlichen Sorge gegenüber den insoweit alleinverantwortlichen Eltern nicht ausreichend gewahrt.[246] Hinterfragt wurde gar, ob die Befugnis zur Aufenthaltsbestimmung überhaupt eine hinreichende Ermächtigung für die Entscheidung und Durchsetzung freiheitsentziehender Maßnahmen sei.[247] Die Notwendigkeit einer Regelung folge zudem daraus, dass nicht selten Anträge nach § 1631b a. F. BGB von Sorgeberechtigten gestellt würden, die eine freiheitsentziehende Maßnahme in einer Einrichtung oder gar in ihrem eigenen Haushalt durchführen (lassen) möchten und eine Genehmigung wünschten.[248] Dies könnte auf eine latente Überforderung und Unsicherheit der Eltern hindeuten, die sich mit einem erheblichen Einschnitt in die Rechte ihres Kindes konfrontiert sähen und sich durch eine gerichtliche Genehmigung Rechtssicherheit und

---

243 Ebenso BGH, FamRZ 2013, 1646, 1647 f.; OLG Frankfurt, FamRZ 2013, 1225, 1226 f.; OLG Oldenburg, FamRZ 2012, 39, 40 f.; AG Hamburg-Barmbek, FamRZ 2009, 792 (LS.) = NJOZ 2009, 51; LG Essen, FamRZ 1993, 1347, 1348; *Walther*, JAmt 2009, 480, 481; *Hoffmann*, JAmt 2009, 473, 476; DIJuF-Rechtsgutachten, JAmt 2010, 236; *Vogel*, Die familiengerichtliche Genehmigung der Unterbringung mit Freiheitsentziehung bei Kindern und Jugendlichen nach § 1631b BGB, 2014, S. 138 f.; *Zorn*, Das Recht der elterlichen Sorge, 3. Aufl. 2016, Rn. 344.

244 *Hoffmann/Trenczek*, JAmt 2011, 177, 178.

245 *Salgo*, in: Staudinger, 2015 (Vorauflage), § 1631b BGB Rn. 14; *Fischer*, in: Rüth/Pankofer/Freisleder, Geschlossene Unterbringung, S. 29, 41 Fn. 19; im „rechtsfreien Raum" (*Fischer*, ebenda) werden die Mittel dagegen nicht angewendet, die Grenze ist auch hier § 1666 BGB.

246 *Kiesinger*, in einer Anmerkung zum Urteil des AG Hamburg-Barmbek v. 24. Juni 2008, 887 F 49/06, jurisPR-FamR 1/2009 Anm. 3.

247 Dies verneinen wohl *Hoffmann/Trenczek*, JAmt 2011, 177, 178.

248 OLG Frankfurt, FamRZ 2013, 1225, 1226 f.; OLG Oldenburg, FamRZ 2012, 39, 40 f.; AG Hamburg-Barmbek, FamRZ 2009, 792 (LS.) = NJOZ 2009, 51, 52; LG Essen, FamRZ 1993, 1347, 1348.

Bestätigung erhofften. Ebenso könnten die Anträge auf eine gerichtliche Genehmigung aber auch die Unsicherheiten bzgl. des Anwendungsbereichs von § 1631b a. F. BGB widerspiegeln.

*(2) Neuregelung*

Diese Diskussion und der Wunsch nach einer Regelung führte schlussendlich auch zu einem gesetzgeberischen Tätigwerden. Zunächst legte die Partei BÜNDNIS 90/DIE GRÜNEN einen Gesetzesentwurf vor, der die Einführung eines Genehmigungsvorbehalts für freiheitsbeschränkende Maßnahmen für Kinder in einem § 1631c BGB vorsah und die nachfolgenden Regelungen entsprechend fortnummerierte.[249]

Die Bundesregierung legte sodann den Regierungsentwurf zur Einführung eines Gesetzes zur Einführung eines gerichtlichen Genehmigungserfordernisses bei freiheitsbeschränkenden Maßnahmen gegenüber Kindern vor.[250]

Dem Regelungswunsch entsprochen wurde durch das auf einen Regierungsentwurf zurückgehende Gesetz zur Einführung eines familiengerichtlichen Genehmigungsvorbehaltes für freiheitsentziehende Maßnahmen bei Kindern vom 17. Juli 2017[251], das am 01. Oktober 2017 in Kraft getreten ist. Der angefügte Abs. 2 lautet:

> [1]Die Genehmigung des Familiengerichts ist auch erforderlich, wenn dem Kind, das sich in einem Krankenhaus, einem Heim oder einer sonstigen Einrichtung aufhält, durch mechanische Vorrichtungen, Medikamente oder auf andere Weise über einen längeren Zeitraum oder regelmäßig in nicht altersgerechter Weise die Freiheit entzogen werden soll.[2]Absatz 1 Satz 2 und 3 gilt entsprechend.

Die Gesetzesbegründung nimmt diverse der genannten Aspekte in den Blick. Die Neuregelung soll zunächst einer mehrpoligen Grundrechtssituation Rechnung tragen, die auf Seiten des Kindes einerseits die Grundrechtsbereiche betrifft, die mit der freiheitsentziehenden Maßnahme geschützt werden (vor allem körperliche Unversehrtheit), und andererseits das Freiheitsgrundrecht aus Art. 2 Abs. 2 S. 2 GG – auf Seiten der Eltern steht das

249 BT-Drucks. 18/9804.
250 BR-Drucks. 793/16.
251 BGBl. I 2017, 2424.

Elterngrundrecht aus Art. 6 Abs. 2 S. 1 GG.[252] Eine Regelung soll deshalb erforderlich sein, weil eine freiheitsentziehende Maßnahme – etwa eine Fixierung – die Bewegungsfreiheit des Kindes wesentlich stärker einschränkt, als die Geschlossenheit einer vor allem weitläufigen Einrichtung und daher von den Betroffenen als wesentlich einschneidender empfunden wird.[253]

Darüber hinaus sollen mit der Regelung aber ebenso die Eltern entlastet werden, die wegen einer Fremdunterbringung ihres Kindes Kontrollmöglichkeiten abgeben.[254] Denn durch die räumliche Trennung von ihrem Kind können sie die Notwendigkeit bestimmter Maßnahmen nur noch bedingt selbst beurteilen, sondern müssen sich auf die Einschätzung der Einrichtung verlassen, die von den Eltern häufig als Voraussetzung für eine Aufnahme des Kindes in die Einrichtung die Zustimmung zu entsprechenden Maßnahmen verlangt.[255] Die Neuregelung will auch die Einrichtungen, die verführt sein mögen, freiheitsentziehende Maßnahmen auch zur Vereinfachung des Betreuungsablaufs anzuwenden, hinsichtlich der Bedeutung, die entsprechende Maßnahmen für die Kinder haben, sensibilisieren.[256] Zudem soll sie zu mehr Rechtssicherheit führen und einen Gleichlauf zwischen dem Kinder- und Erwachsenenschutz erreichen, da die Rechtslage in der Praxis von Krankenhäusern und Heimen als unklar und unbefriedigend empfunden werde.[257] Indes soll der Entscheidungsprimat der Eltern in Bezug auf das Ob und das Wie freiheitsentziehender Maßnahmen in vollem Umfang erhalten bleiben, da eine Anwendung ohne Antrag der Eltern ausgeschlossen ist.[258]

Mit dem Gesetz wurde zudem in § 1631b Abs. 1 S. 2 BGB das Wort „wenn" durch „solange" ersetzt, der sodann lautet:

[252] BT-Drucks. 18/11278, S. 10, 18.
[253] BT-Drucks. 18/11278, S. 14 f.; zust. *Keuter*, ZKJ 2017, 307, 308; s. dazu *Stadler*, Therapie unter Zwang – ein Widerspruch?, S. 123.
[254] BT-Drucks. 18/11278, S. 15, 16.
[255] BT-Drucks. 18/11278, S. 15; mit dieser Argumentation verfolgte auch die Partei Bündnis 90/DIE GRÜNEN eine Neuregelung, BT-Drucks. 18/9804, S. 2, 5 – der Gesetzesentwurf wurde im Zuge der dann erfolgten Änderungen für erledigt erklärt.
[256] BT-Drucks. 18/11278, S. 15.
[257] BT-Drucks. 18/11278, S. 10, 12.
[258] BT-Drucks. 18/11278, S. 2, 11.

> Die Unterbringung ist zulässig, solange sie zum Wohl des Kindes, insbesondere zur Abwendung einer erheblichen Selbst- oder Fremdgefährdung, erforderlich ist und der Gefahr nicht auf andere Weise, auch nicht durch andere öffentliche Hilfen, begegnet werden kann.

Die Änderung soll betonen, dass die Unterbringung auch in zeitlicher Hinsicht engen Verhältnismäßigkeitsanforderungen unterliegt und unzulässig ist, sobald sie zum Wohle des Kindes nicht mehr erforderlich ist oder die Gefahr für das Kind auf anderem Wege beseitigt werden kann.[259]

Hinsichtlich der Änderungen im Verfahrensrecht erlangt vor allem die Verkürzung der Anwendung freiheitsentziehender Unterbringung und freiheitsentziehender Maßnahmen auf sechs Monate, bei offensichtlich langer Sicherungsbedürftigkeit auf ein Jahr, § 167 Abs. 7 n. F. FamFG, Bedeutung. Mit der Verkürzung der Höchstdauer der Maßnahmen soll der Dynamik in der Entwicklung von Kindern besser Rechnung getragen werden.[260]

*(3) Kritische Stimmen im Gesetzgebungsverfahren*

In der Gesetzgebungsdebatte wurde einvernehmlich das Ziel betont, den Einsatz von freiheitsentziehenden Maßnahmen und deren leichtfertige Anwendung in Einrichtungen zu minimieren.[261] Gleichwohl war die konkrete Umsetzung nicht einvernehmlich.

So wurde etwa bemängelt, dass der Fokus auf die familiengerichtliche Genehmigung der Notwendigkeit der Überprüfung freiheitsentziehender Maßnahmen, insbesondere im jugendhilferechtlichen Kontext, nicht gerecht würde.[262] Es fehle an einer Betrachtung im Kontext der Kinderrechte, die sich nicht in der Kontrolle der Eltern erschöpften.[263] Vielmehr seien weitergehende soziale Rechte der Kinder noch stärker gesetzlich zu fördern, wie das Recht zur Fürsorge, das Recht auf Bildung und bestmögliche Förderung zur Erreichung von Chancengleichheit und das Recht auf Entwicklung

---

259 BT-Drucks. 18/11278, S. 16.

260 BT-Drucks. 18/11278, S. 19.

261 s. dazu die Reden zur ersten und zweiten Beratung des Gesetzes, BT-Plenarprotokolle 18/221, S. 22362 ff. und 18/243, S. 25056 ff.

262 s. dazu BR-Drucks. 386/11, BT-Plenarprotokolle, 18/221 S. 22365B.

263 BR-Drucks. 793/16, 793/16 (B)

und Entfaltung der Persönlichkeit.[264] Jedenfalls sei neben der Einführung einer Genehmigungspflicht die personelle Ausstattung und das Wissen des Personals über die Bedeutung freiheitsentziehende Maßnahmen zu verbessern und insgesamt verstärkte Unterstützungs- und Hilfeangebote zu etablieren.[265] Insofern wurde auch bemängelt, dass im Gesetzgebungsverfahren keine Beteiligung der Jugendhilfe stattgefunden habe.[266] Im Hinblick auf den Schutz der Kinder wurde gar befürchtet, dass mit der neuen Regelung – hinter der Maske des Kinderschutzes – der Freiheitsentzug als pädagogisches Mittel in der Jugendhilfe etabliert wird, ohne die Gesamtsituation dort zu verbessern.[267]

Dem wurde entgegengesetzt, dass mit dem Genehmigungserfordernis immerhin eine zusätzliche Hürde im Verfahren etabliert würde, die zu mehr Transparenz desselben führe. Denn zum einen übe eine richterliche Kontrolle Druck auf die Einrichtungen aus, die ihren Umgang mit freiheitsentziehenden Maßnahmen so überdenken müssen, und zum andern ermögliche die vorgesehene Evaluation des Gesetzes erstmals überhaupt eine Einschätzung, in welchem Umfang freiheitsentziehende Maßnahmen überhaupt angewendet werden.[268] Eine allgemeine Kontrolle der Einrichtungen gäbe es schon mit dem Instrument der Heimaufsicht, bei dem allerdings nicht, wie bei dem Genehmigungserfordernis, die Schutzbedürftigkeit des einzelnen Kindes im Vordergrund stehe.[269]

Zum Teil wurde die Genehmigung für noch nicht weitgehend genug gehalten, da auch ein Genehmigungserfordernis für ärztliche Maßnahmen zur Behandlung der die Unterbringung begründenden Anlasserkrankung erforderlich sei.[270]

---

264 BR-Drucks. 386/11 (B), 793/16 (B), S. 2.

265 BR-Drucks. 793/16 (B), S. 1, 2; BT-Plenarprotokoll 18/221, S. 22363B; BT-Plenarprotokolle, 18/221 S. 22365B; s. zu den entsprechenden Problempunkten bei der Anwendung freiheitsentziehender Maßnahmen oben, unter Teil 2, F. III.

266 BT-Plenarprotokoll 18/221 S. 22365B.

267 BT-Plenarprotokoll 18/221 S. 22365B; 18/243, 25058D.

268 BT-Plenarprotokoll 18/243, 25059C.

269 BR-Drucks. 793/16, S. 5.

270 Empfehlung des Ausschusses für Frauen und Jugend, BR-Drucks. 793/1/16, S. 3

### g. Fazit: Entwicklungslinien des § 1631b BGB

Auf der Grundlage dieser historischen Entwicklung des heutigen § 1631b BGB können für die Auslegung der Norm einige Aspekte festgehalten werden. Zunächst war Anstoß für die Vorgängerregelung § 1800 Abs. 2 BGB a. F. das dargestellte Urteil des Bundesverfassungsgerichts, welches die Notwendigkeit für eine Regelung der freiheitsentziehenden Unterbringung zumindest für Vormünder volljähriger Mündel aus Art. 104 GG herleitet. Es wurde sodann bewusst nicht nur für volljährige, sondern auch für minderjährige Mündel ein einheitlicher Genehmigungstatbestand geschaffen. Eine eingehendere Begründung erfolgte nicht, die Regelung kann allerdings aufgrund des einheitlichen Instituts der Vormundschaft als konsequent bewertet werden.

Trotz Widerspruchs unter Verweis auf das Elternrecht durch die Gegner einer Regelung für Eltern und ohne, dass es hierfür eine Vorgabe im Urteil des Bundesverfassungsgerichts gab, wird mit der damals zum Teil umstrittenen Reform des elterlichen Sorgerechts durch das SorgeRG das Genehmigungserfordernis mit § 1631b BGB auch auf Eltern erstreckt. Hier soll es sich nun nicht mehr primär um eine Regelung handeln, die den Schutz der körperlichen Bewegungsfreiheit verfolgt, sondern deren Ziel vielmehr die Kontrolle einer sinnvollen Ausübung des Sorgerechts ist.[271] Trotz der Ähnlichkeit des § 1631b BGB zu der Parallelvorschrift im Betreuungsrecht, die seit der Neufassung des Betreuungsrecht in § 1831 BGB zu finden ist, verfolgen beide damit eine unterschiedliche Intention.

In Bezug auf die Eltern ist die Regelung der freiheitsentziehenden Unterbringung nicht mehr Ausfluss des Art. 104 Abs. 2 GG, sondern wurde vielmehr als Teilbereich des § 1666 BGB extrahiert.[272] Bei der Ergänzung des § 1631b BGB um ein Genehmigungserfordernis für freiheitsentziehende Maßnahmen bezieht sich der Gesetzgeber zwar auch auf die Situation der Eltern. Er stellt aber auch wieder einen Vergleich mit den unter Betreuung stehenden Personen an und betont die mit den freiheitsentziehenden Maßnahmen verbundene stärkere Einschränkung der Fortbewegungsfreiheit.

---

[271] BGH, FamRZ 2013, 1646, 1647; AG Hamburg-Barmbek, FamRZ 2009, 792 (LS.) = NJOZ 2009, 51; BGHZ 145, 297.

[272] So noch vor der Regelung de lege ferenda mit Blick auf § 1800 BGB *Baumann*, Unterbringungsrecht, 1966, S. 212.

## 2. Anwendungsbereich und Begriffsbestimmungen

### a. *Freiheitsentziehende Unterbringung*

Die Frage, worin eine mit einer Freiheitsentziehung verbundene Unterbringung i. S. d. § 1631b BGB liegt, wird in Literatur und Rechtsprechung im Grundsatz recht einheitlich beantwortet. Eine Freiheitsentziehung soll danach vorliegen, wenn die persönliche Bewegungsfreiheit des Kindes allseitig und umfassend beeinträchtigt wird, sodass es nicht mehr nach seinem natürlichen Willen einen Raum verlassen kann.[273] Insofern ist eine Übereinstimmung mit dem verfassungsrechtlichen Freiheitsentziehungsbegriff zu verzeichnen.[274] Eine Übereinstimmung ist dabei keinesfalls notwendig[275], was anders wäre, wenn § 1631b BGB tatsächlich eine Ausführungsvorschrift des Art. 104 Abs. 2 GG wäre und nicht nur in ihm seinen normhistorischen Ursprung gefunden hätte. Gleichwohl ist eine Heranziehung der dort entwickelten Grundsätze naheliegend, da § 1631b BGB die in Art. 104 Abs. 2 GG geregelte Konstellation auf die Personensorgeberechtigten überträgt.[276] Zudem ist nicht zuletzt aufgrund der Einheitlichkeit der Rechtsordnung eine identische Definition begrüßenswert. Ebenso besteht daher eine grundsätzliche Übereinstimmung mit dem Freiheitsentziehungsbegriff des § 1831 BGB.[277]

Eine freiheitsentziehende Unterbringung soll dann vorliegen, wenn der betroffene Minderjährige in seiner gesamten Lebensführung auf einem bestimmten beschränkten Raum oder einen räumlich abgegrenzten Bereich durch Festhalten, Einschließen oder Einsperren beschränkt wird.[278] Ebenso

---

[273] OLG Celle, NJW 2014, 163; *Veit/Schmidt*, in: BeckOK-BGB, 76. Edition, Stand: 1. November 2025, § 1631b BGB Rn. 12; *Kerscher*, in: BeckOGK-BGB, Stand: 1. November 2025, § 1631b Rn. 15; *Rakete-Dombek/Berning*, in: Kaiser/Schnitzler/Schilling/Sanders, 4. Aufl. 2021, § 1631b Rn. 3.

[274] S. zu diesem oben, Teil 3, C. II.; zur Übereinstimmung der Begriffe: *Veit/Schmidt*, in: BeckOK-BGB, 76. Edition, Stand: 1. November 2025, § 1631b Rn. 12, 13.

[275] Ebenso *Zorn*, Das Recht der elterlichen Sorge, 3. Aufl. 2016, Rn. 341.

[276] *Zorn*, Das Recht der elterlichen Sorge, 3. Aufl. 2016, Rn. 341.

[277] *Huber*, in: MünchKomm BGB, 9. Aufl. 2024, § 1631b Rn. 4; zum Freiheitsentziehungsbegriff bei § 1831/§ 1906 Abs. 1 a. F. BGB: BGH, FamRZ 2001, 149, 150; *Götz*, in: Grüneberg, 85. Aufl. 2026, § 1831 BGB Rn. 6; *Damrau/Zimmermann*, 5. Aufl. 2023, § 1831 BGB Rn. 18 ff.; *Brinckmann/Gräbsch*, Geschlossene Unterbringung psychisch Kranker, 2013, 1. Kapitel § 1 Rn. 22.

[278] OLG Düsseldorf, NJW 1963, 397, 398; OLG Celle, NJW 2014, 163; *Erichsen/Reuter*, Elternrecht – Kindeswohl – Staatsgewalt, 1985, S. 82; *Huber*, in: MünchKomm BGB,

wie im Verfassungsrecht ist damit für die Annahme einer Freiheitsentziehung allein der Erfolg der Maßnahme ausschlaggebend – andere Aspekte wie etwa das Motiv und der Zweck der freiheitsentziehenden Unterbringung sind dabei ebenso unbeachtlich wie das eingesetzte Mittel.[279] Damit ist auch unerheblich, ob die Maßnahme zum Wohl der betroffenen Person erfolgt oder nicht.[280] Dass im Verfassungsrecht die Inhaber der elterlichen Sorge – mangels Grundrechtsverpflichtung – keine für Art. 104 Abs. 2 GG relevanten Maßnahmen vornehmen, bedeutet zudem nicht, dass eine Maßnahme, die von ihnen innerhalb der ihnen grundsätzlich zustehenden Befugnisse ausgeübt wird, keine Freiheitsentziehung sein kann – anders ergäbe § 1631b BGB auch keinen Sinn. Zweck und Motiv einer freiheitsentziehenden Unterbringung können damit – ebenso wie im Verfassungsrecht – allenfalls im Rahmen der Verhältnismäßigkeit Berücksichtigung finden. Sie sind für § 1631b BGB damit relevant für die Frage, ob eine Genehmigung zu erteilen ist, nicht hingegen, ob eine Genehmigung notwendig wäre.

*(1) Dauer*

Zur Einordnung als freiheitsentziehende Unterbringung werden darüber hinaus verschiedene Kriterien genannt, deren Relevanz strittig ist. Genannt wird ebenso wie im Verfassungsrecht eine Orientierung anhand von Quantität und Qualität einer Maßnahme.[281] So wird zunächst eine Unterbringung

---

9. Aufl. 2024, § 1631b Rn. 4; *Gernhuber/Coester-Waltjen*, Familienrecht, 7. Aufl. 2020, § 59 Rn. 22.

[279] OLG Celle, NJW 2014, 163; AG Recklinghausen, FamRZ 1988, 653, 656; *Veit/Schmidt*, in: BeckOK-BGB, 76. Edition, Stand: 1. November 2025, § 1631b Rn. 12; *Vogel*, FamRZ 2015, 1, 3 f.; zum Verfassungsrecht s. unter Teil 3, C. II. 3. c. (2).

[280] *Schlink/Schattenfroh*, in: Fegert/Späth/Salgo, Freiheitsentziehende Maßnahmen in der Jugendhilfe und Kinder- und Jugendpsychiatrie, 2001, S. 73, 85: wenn ein Personensorgeberechtigter eine Unterbringung mit erzieherischer Zielsetzung vornimmt; s. zum Problemschwerpunkt der „fürsorgerischen Freiheitsentziehung" im Verfassungsrecht unter Teil 3, C. III.

[281] *Zorn*, Das Recht der elterlichen Sorge, 3. Aufl. 2016, Rn. 341; *Veit/Schmidt*, in: BeckOK-BGB, 76. Edition, Stand: 1. November 2025, § 1631b Rn. 13.1; *Vicari*, in: jurisPK-BGB, 11. Aufl. 2026, § 1631b Rn. 8.

für eine gewisse Dauer[282] oder auf unbestimmte Dauer[283] vorausgesetzt, um eine Genehmigungspflicht anzunehmen. Erfolgt eine Unterbringung von vornherein nur für einen kurzen Zeitraum, bedürfte sie danach – unabhängig davon, ob der Betroffene am Verlassen der Einrichtung gehindert ist – keiner Genehmigung. Eine Orientierung anhand der Dauer der Maßnahme wird aus § 1831 BGB hergeleitet, der ausdrücklich von einem längeren Zeitraum oder regelmäßig spricht.[284] Heute sieht auch der § 1631b BGB Abs. 2 BGB für freiheitsentziehende Maßnahmen eine Genehmigungspflicht erst bei einer über einen längeren Zeitraum andauernden oder regelmäßigen Freiheitsentziehung vor und macht offenbar, was sich der Herleitung schon hinsichtlich § 1831 Abs. 4 BGB entgegnen ließ: Die Tatsache, dass das Gesetz für das Genehmigungsbedürfnis freiheitsentziehender Maßnahmen ausdrücklich anhand eines Zeitelements differenziert, spricht hinsichtlich der freiheitsentziehenden Unterbringung gegen und nicht für eine entsprechende Differenzierung. Bezüglich der verfassungsrechtlichen Abgrenzung wurde zudem bereits kritisiert, dass die Dauer ein ungenaues Kriterium ist, um eine Freiheitsentziehung von einer Freiheitsbeschränkung i. e. S. abzugrenzen.[285] Auch bei einer Unterbringung durch die Eltern wird es regelmäßig zum einen an der hinreichenden Vorhersehbarkeit mangeln, zum anderen kann selbst bei zuvor nur kurzer geplanter Unterbringungsdauer eine spätere Verlängerung notwendig sein – wieso es erst dann zu einem Genehmigungserfordernis kommen soll und ob dieses auch besteht, wenn auch die Verlängerung nur für einen kurzen Zeitraum geplant ist, bleibt offen. Der Orientierung anhand der Dauer mangelt es schlussendlich an der Greifbarkeit einer zeitlichen Grenze, ab welcher Unterbringungsdauer eine Genehmigungspflicht anzunehmen ist.[286] Handelt es sich dagegen um eine nur flüchtige Maßnahme und damit unter Zugrundelegung der verfassungsrechtlichen Definition schon gar nicht um eine Freiheitsentziehung,

---

[282] *Huber*, in: MünchKomm BGB, 9. Aufl. 2024, § 1631b Rn. 2; zum Betreuungsrecht: BGH, FamRZ 2001, 149, 150; *Roth*, in: Erman, 17. Aufl. 2023, § 1831 BGB Rn. 14.

[283] *Erichsen/Reuter*, Elternrecht – Kindeswohl – Staatsgewalt, 1985, S. 82.

[284] Zu § 1906 a. F. BGB: *Dodegge/Zimmermann*, PsychKG NRW, 4. Aufl. 2018, Teil A Rn. 227

[285] S. dazu Teil 3, C. II. 3. a.

[286] *Dodegge/Zimmermann*, PsychKG NRW, 4. Aufl. 2018, Teil A Rn. 227: „mehrstündig"; *Hoffmann*, R&P 2009, 121, 122: angelegt auf mehr als 24. Stunden.

wird man die Maßnahme allerdings auch nicht als Unterbringung einstufen können, da es an einer wirklichen Fremdplatzierung mangelt. Die Dauer der Unterbringung ist damit irrelevant, auch eine kurzfristige freiheitsentziehende Unterbringung unterfällt dem § 1631b BGB.[287] Ist die Maßnahme nur kurz, weil sie etwa als spontane Krisenintervention zur Abwendung einer akuten Gefahr vorgenommen wird und noch vor der Einholung einer Genehmigung in eine andere, nicht freiheitsentziehende Unterbringung übergeht, kann eine Genehmigung allenfalls aufgrund des § 1631b Abs. 1 S. 3 BGB zunächst entfallen.

*(2) Intensität*

Die Abgrenzung anhand der Qualität der Maßnahme soll sich nach den wenig greifbaren Begriffen der Intensität oder Schwere orientieren.[288] Hiermit kann es sich allerdings keinesfalls um die persönliche Wahrnehmung des Betroffenen handeln, denn hieran knüpft die genannte Definition und auch das Gesetz nicht an. Auch die Frage, ob eine Beschränkung auf einen großen weitläufigen oder auf einen kleinen Bereich erfolgt, macht für das Vorliegen einer freiheitsentziehenden Unterbringung keinen Unterschied: in beiden Fällen ist diese nach der obigen Definition zu bejahen.

Wird mit der Intensität die Frage gleichgesetzt, ob tatsächlich eine Begrenzung auf einen Raum vorliegt, oder ob nicht das Verlassen dieses Bereichs dem Betreffenden nur erschwert, aber dennoch möglich wäre[289], ist diesem Anknüpfungspunkt zuzustimmen: nur wenn der Betroffene auf einen bestimmten räumlichen Bereich auch tatsächlich begrenzt ist, ist eine Freiheitsentziehung anzunehmen. Unproblematisch ist insofern der Einsatz von baulichen Maßnahmen wie abgeschlossenen Türen, Zäunen, Mauern und Gittern.[290] Gleichwohl muss bei entsprechenden Sicherungen keine freiheitsentziehende Unterbringung vorliegen: werden entsprechende Sicherungsmaßnahmen den Bewohnern auf ihren Wunsch hin bedingungslos geöffnet,

---

[287] *Salgo*, in: Staudinger, 2020, § 1631b Rn. 11; *Czerner* AcP 202 (2002), 72, 85 f.

[288] *Vicari*, in: jurisPK-BGB, 11. Aufl. 2026, § 1631b Rn. 8; *Roth*, in: Erman, 17. Aufl. 2023, § 1831 BGB Rn. 11; AG Recklinghausen, FamRZ 1988, 653, 656.

[289] Vgl. z um Betreuungsrecht: *Brilla*, in: BeckOGK-BGB, Stand: 1. August 2025, § 1831 Rn. 29.

[290] OLG Celle, NJW 2014, 163; *Salgo*, in: Staudinger, 2020, § 1631b BGB Rn. 12.

liegt keine freiheitsentziehende Unterbringung vor. Ebenso mangelt es an der freiheitsentziehenden Wirkung der Unterbringung, wenn der Betroffene zum Verlassen eines räumlich umgrenzten Bereichs einen Türentriegelungsknopf drücken muss, der zwar eine über eine Türklinke hinausgehende Hürde darstellt, aber dessen Betätigung nur einen sehr geringen zeitlichen und physischen Mehraufwand bedeutet.[291]

Eine freiheitsentziehende Unterbringung ist indes auch denkbar, wenn entsprechende bauliche Maßnahmen nicht bestehen. Denn ebenso ist es möglich – wenn auch aufgrund des hohen personellen Einsatzes und den damit verbundenen Kosten unwahrscheinlich –, dass der Betroffene durch personellen Einsatz dauerhaft am Verlassen der Einrichtung gehindert wird.[292] Nicht ausreichend dürften zur Annahme einer Freiheitsentziehung pädagogische Maßnahmen sein, die dazu führen, dass das Kind aus eigenem Antrieb die Station nicht verlassen möchte.[293] Wird aber durch einen ganztätigen Einsatz von Sicherheitspersonal der Betroffene am Verlassen der Einrichtung mit Zwang gehindert, sind die Auswirkungen vergleichbar mit einer verschlossenen Tür und müssen ebenso als Freiheitsentziehung gelten.[294]

Im Betreuungsrecht wird zudem die Einordnung einer räumlichen Gestaltung thematisiert, die zwar nicht grundsätzlich das Verlassen der Einrichtung verhindert, durch Täuschung und Ablenkung gegebenenfalls unter Instrumentalisierung bestimmter Krankheitsbilder dazu führt, dass der Betroffene den Ausgang nicht findet – im Zweifel soll auch hier eine Genehmigung erforderlich sein.[295] Nicht erst hier wird deutlich, dass die an sich simpel anmutende Frage – kann der Betroffene die Einrichtung selbstständig verlassen oder nicht? – abhängig von der konkreten Gestaltung der Unterbringung nicht immer eindeutig zu beantworten ist. In der letztgenannten Gestaltung hängt dies nicht zuletzt damit zusammen, dass die konkreten Wirkungen

---

[291] OLG Celle, NJW 2014, 163, 164.

[292] *Salgo*, in: Staudinger, 2020, § 1631b BGB Rn. 12.

[293] OLG Celle, NJW 2014, 163, 164;

[294] *Kerscher*, in: BeckOGK-BGB, Stand: 1. November 2025, § 1631b Rn. 22.

[295] *Brilla*, in: BeckOGK-BGB, Stand: 1. August 2025, § 1831 Rn. 31; Für das Betreuungsrecht dürfte hierin allerdings dann keine freiheitsentziehende Unterbringung, sondern allenfalls eine freiheitsentziehende Maßnahme liegen, wenn man auf eine anstaltsbezogene Wirkung abstellt.

einer entsprechenden Täuschung auf einzelne Personen allenfalls schwierig absehbar sind. Für die Abgrenzung entsprechender Maßnahmen gegenüber Kindern kommt hinzu, dass Täuschungen als pädagogisches Mittel etwa zur Ablenkung denkbar sind, um ein Kind, welches zum selbstständigen Herumstromern zu klein ist, von seinem Wunsch, die Einrichtung zu verlassen, abzubringen.

Die Frage, ob ein Verlassen der Einrichtung tatsächlich verhindert wird, stellt sich auch bei dem Einsatz von Überwachungstechnik, anhand derer die Position des Betroffenen festgestellt werden kann. Insbesondere in der Demenzversorgung werden hierzu Sender eingesetzt, die am Körper des Betroffenen angebracht werden – etwa im Schuh oder in Form eines Armbands – und dem Pflegepersonal ein Signal übermitteln, sobald ein desorientierter Bewohner einen bestimmten Aufenthaltsbereich verlässt.[296] Ihre Beantwortung hängt davon ab, welche Konsequenzen aus dem Verlassen des räumlich umgrenzten Bereichs gezogen werden.[297] Beschränkt sich die Funktion auf eine Überwachung i. d. S., dass zur Sicherheit des Betroffenen überprüft wird, wo er sich außerhalb der Einrichtung aufhält, ist hierin keine Freiheitsentziehung zu sehen. Handelt es sich dagegen um eine Weglaufsperre in dem Sinne, dass sich eine an sich unverschlossene Tür, sobald der Betroffene sich nähert, verschließt, macht es keinen Unterschied zu den Fällen, in denen die Tür von vornherein verschlossen war – eine Freiheitsentziehung ist gegeben.[298] Auch wenn eine Überwachung in der Weise genutzt wird, dass der Betroffene, sobald er sich dem Ausgang nähert, durch personellen Einsatz tatsächlich am Verlassen gehindert wird, ist dies dem Verschließen der Tür gleichzustellen.[299]

---

[296] *Kreicker*, NJW 2009, 890.

[297] Zum Betreuungsrecht: OLG Brandenburg, FamRZ 2006, 1481 f.; *Brilla*, in: BeckOGK-BGB, Stand: 1. August 2025, § 1831 Rn. 32; *Schneider*, in: MünchKomm BGB, 9. Aufl. 2024, § 1831 Rn. 48; *Kreicker*, NJW 2009, 890, 892; diff.: AG Stuttgart-Cannstatt, FamRZ 1997, 704: Gesamtbetrachtung des Alarms und der getroffenen Konsequenzen.

[298] LG Fulda, NJW-RR 2016, 1099; *Kreicker*, NJW 2009, 890, 892 f.; *Mazur*, BtPrax 2016, 227 f.

[299] LG Ulm, NJW-RR 2009, 225: der Betroffene wird nach dem Passieren der Ausgangssperre zur Rückkehr bewegt und zurückbegleitet wird; a. A.: *Kreicker*, NJW 2009, 890, 892: kein Automatismus zwischen Alarm und Einschreiten des Personals.

#### *(3) Kontaktbeschränkung und ständige Überwachung*

Als notwendige Ergänzung der bisherigen Definition werden für die Einordnung als freiheitsentziehende Unterbringung vielfach zwei weitere Elemente genannt: Die Kontaktaufnahme mit Personen außerhalb des beschränkten Bereichs soll eingeschränkt[300] oder ganz verhindert sein[301] und der Aufenthalt muss ständig überwacht werden.[302] Beide Kriterien führen zu einer Einschränkung des Genehmigungserfordernisses, dessen Zweckdienlichkeit zu bezweifeln ist. So ist nicht ersichtlich, warum eine Genehmigung nicht erforderlich sein sollte, wenn der Aufenthalt zwar nicht ständig überwacht, wohl aber durch bauliche Maßnahmen das Entweichen unmöglich gemacht wird. Dies ist allenfalls eine Frage der Verhältnismäßigkeit der Maßnahme, in Anbetracht der Tatsache, dass gerade hinsichtlich des Klientels, für das eine freiheitsentziehende Unterbringung in Frage kommt, eine ständige Überwachung angezeigt ist. Erfolgt eine entsprechende Überwachung nicht, nimmt das der Unterbringung aber keinesfalls den Charakter der Freiheitsentziehung.[303] Genauso gut ist eine ständige Überwachung auch bei nicht freiheitsentziehend untergebrachten Personen denkbar.[304] Ähnlich ist auch die Voraussetzung einer Kontaktbeschränkung zu beurteilen.

Für das Betreuungsrecht ließen sich beide Kriterien gegebenenfalls aus der dort mitunter vertretenen Definition einer freiheitsentziehenden

---

[300] OLG Düsseldorf, NJW 1963, 397, 398; *Kerscher*, in: BeckOGK-BGB, Stand: 1. November 2025, § 1631b Rn. 15; *Huber*, in: MünchKomm BGB, 9. Aufl. 2024, § 1631b Rn. 4; *Giers*, in: Sternal, 22. Aufl. 2025, § 312 FamFG Rn. 2; *Erichsen/Reuter*, Elternrecht – Kindeswohl – Staatsgewalt, 1985, S. 82; *Helle*, ZfJ 1986, 40, 42.

[301] BT-Drucks. 8/2788, S. 51; *Diederichsen*, NJW 1980, 1, 6.

[302] OLG Düsseldorf, NJW 1963, 397, 398; *Huber*, in: MünchKomm BGB, 9. Aufl. 2024, § 1631b Rn. 4; *Kerscher*, in: BeckOGK-BGB, Stand: 1. November 2025, § 1631b Rn. 15; *Giers*, in: Sternal, 22. Aufl. 2025, § 312 FamFG Rn. 2; *Erichsen/Reuter*, Elternrecht – Kindeswohl – Staatsgewalt, 1985, S. 82; *Diederichsen*, NJW 1980, 1, 6; dies muss umso mehr für die freiheitsentziehende Unterbringung i. S. d. § 1906 BGB gelten, da dieser im Gegensatz zu § 1631b BGB die Fortbewegungsfreiheit schützt, deren Einschränkung unabhängig von einer Kontaktbeschränkung oder ständigen Überwachung vorliegt.

[303] *Veit/Schmidt*, in: BeckOK-BGB, 76. Edition, Stand: 1. November 2025, § 1631b Rn. 13.1.

[304] Zum Betreuungsrecht: *Brilla*, in: BeckOGK-BGB, Stand: 1. August 2025, § 1831 Rn. 39; *Brinckmann/Gräbsch*, Geschlossene Unterbringung psychisch Kranker, 2013, § 1 Rn. 22.

Unterbringung anhand der Geschlossenheit der Unterbringungseinrichtung und der Annahme ableiten, dass sich eine geschlossene Unterbringung u. a. über eine Kontrolle nach innen und außen definiere.[305] Zwar wird ein verminderter Außenkontakt wie auch eine institutionelle Überwachung als möglicher – vor allem hinsichtlich ersterem Aspekt durchaus kritikwürdiger – Teil einer Unterbringung zumindest in der forensischen Psychiatrie angenommen, ein definierendes Element der freiheitsentziehenden Unterbringung sollen sie dagegen nicht darstellen.[306] Die Definition einer geschlossenen Unterbringung ohne das Kriterium einer Abschottung nach außen ist nicht zuletzt Ausdruck eines veränderten Psychiatrieverständnisses.[307] Für das Kindschaftsrecht mag das Kriterium der Kontaktbeschränkung die zuletzt durch den Gesetzgeber thematisierte Problematik hindeuten, dass die Eltern bei einem untergebrachten Kind ihre Kontrollbefugnisse einbüßen und eine Kontrolle aus diesem Grund notwendig wird. Abgesehen davon, dass dieses Argument erstmalig erst in der Begründung zur Einführung des § 1631b Abs. 2 BGB genannt wird, kann damit auch nicht eine freiheitsentziehende Wirkung der Unterbringung ausgeschlossen werden, wenn das Kind weiterhin Kontakt zu seinen Eltern pflegt. Denn die Kontrollmöglichkeiten der Eltern nehmen im Vergleich zu einer Betreuung im Elternhaus dennoch ab. Die Eltern werden sich trotz ihres Kontakts mit dem Kind an die Vorgaben der Einrichtungen halten, die die tagtägliche Betreuung, Pflege und Erziehung wahrnehmen. Kontaktbeschränkungen können eine Freiheitsentziehung nur in der Art definieren, dass die Betroffenen sich nicht nach Belieben nach draußen bewegen können, um dort mit der Außenwelt in Kontakt zu treten. Ein Kontakt über Besuche, Briefe, Telefon oder andere elektronische Medien schließt eine Freiheitsentziehung nicht aus.[308]

---

[305] BGHZ 145, 297, 300.

[306] *Brilla*, in: BeckOGK-BGB, Stand: 1. August 2025, § 1831 Rn. 39; zumindest bei Telefonkontakten nach außen, *Schneider*, in: MünchKomm BGB, 9. Aufl. 2024, § 1831 Rn. 11 Fn. 16.

[307] *Brilla*, in: BeckOGK-BGB, Stand: 1. August 2025, § 1831 Rn. 39.

[308] *Veit/Schmidt*, in: BeckOK-BGB, 76. Edition, Stand: 1. November 2025, § 1631b Rn. 13.1; *Rakete-Dombek/Berning*, in: Kaiser/Schnitzler/Schilling/Sanders, 4. Aufl. 2021, § 1631b Rn. 3; *Salgo*, in: Staudinger, 2020, § 1631b BGB Rn. 12; *ders.*, FPR 2011, 546, 547.

### b. *Freiheitsentziehende Maßnahmen*

#### *(1) Allgemein*

Über die freiheitsentziehende Unterbringung hinaus sieht § 1631b Abs. 2 BGB seit dem 01. Oktober 2017 auch einen Genehmigungsvorbehalt dann vor, wenn dem untergebrachten Kind durch mechanische Vorrichtungen, Medikamente oder auf andere Weise über eine längeren Zeitraum oder regelmäßig in nicht altersgerechter Weise die Freiheit entzogen werden soll. Die Vorschrift enthält mithin selbst die Umschreibung der Mittel, durch die eine freiheitsentziehende Maßnahme erreicht wird. Im Ergebnis muss auch hier eine Freiheitsentziehung in dem Sinne vorliegen, dass die betroffene Person daran gehindert wird, ihren Aufenthaltsort zu verlassen.[309] Die Einordnung orientiert sich auch hier an dem Merkmal der Freiheitsentziehung, das sich grundsätzlich ebenso wie für die freiheitsentziehende Unterbringung an der verfassungsrechtlichen Definition orientiert.

Als Beispiele für freiheitsentziehende Maßnahmen nennt die Gesetzesbegründung Festhalten, Fixierungen, Sedierungen, den Einsatz von Therapietischen, Bettgittern, Gurten, Schutzanzügen, den Einschluss in so genannten „Time-Out“-Räumen.[310] Darüber hinaus wird das Verschließen der Zimmertür als mögliche Maßnahme genannt.[311] Die Formulierung „oder auf andere Weise“ lässt die Subsumtion unter die eingesetzten Mittel offen, auch hier kommt es mithin vorrangig auf den Erfolg der Freiheitsentziehung an.

Genehmigungsbedürftig sind die entsprechenden Maßnahmen nur dann, wenn sich das Kind „in einem Krankenhaus, einem Heim oder einer sonstigen Einrichtung aufhält“. Hierunter fallen kinder- und jugendpsychiatrische Kliniken, Einrichtungen der Kinder- und Jugendhilfe und der Behindertenhilfe sowie weitere stationäre, aber auch ambulante Einrichtungen, in denen Kinder und Jugendliche über einen längeren Zeitraum oder auch kurzfristig wohnen oder fern von der Kontrollmöglichkeit der Eltern betreut werden, zum Beispiel Kindergärten und Kindertagesstätten.[312] Die

---

309 BT-Drucks. 18/11278, S. 16 f.

310 BT-Drucks. 18/11278, S. 14; zu deren unterschiedlichen Bezeichnungen s. oben, Teil 2, F. I. 1.

311 *Kerscher*, in: BeckOGK-BGB, Stand: 1. November 2025, § 1631b Rn. 32; BGH, FamRZ 2015, 1707, 1708 Rn. 10.

312 BT-Drucks. 18/11278, S. 16.

Genehmigungspflicht entfällt damit, wenn das Kind sich im elterlichen Haushalt aufhält, und auch, wenn der Vormund es in seinen Haushalt aufgenommen hat – in diesen Fällen hält der Gesetzgeber die Regelungen des § 1666 BGB bzw. §§ 1861 f. und 1868 BGB für ausreichend, da der jeweils Personensorgeberechtigte weiterhin die Kontrollmöglichkeit hat, die er bei einer Unterbringung in einer der oben genannten Einrichtungen gerade einbüßt.[313] Unerheblich für die Genehmigungsbedürftigkeit ist, ob die Unterbringung selbst mit einer Freiheitsentziehung verbunden ist oder nicht. Der im Betreuungsrecht ehemals streitige Punkt wurde auch dort durch die Anpassung des Normtextes geklärt.[314]

### *(2) Orientierung am Zweck*

Der alleinigen Orientierung am Erfolg einer Maßnahme, wie sie auch hier hinsichtlich der freiheitsentziehenden Unterbringung vertreten wurde[315], wird für die Einordnung freiheitsentziehender Maßnahmen durch die Gesetzesbegründung allerdings widersprochen: Die angestrebte Maßnahme ist nur dann eine solche i. S. d. § 1631b Abs. 2 BGB, wenn sie den Zweck hat, eine Freiheitsentziehung herbeizuführen.[316] Geknüpft wird dies an den Wortlaut der Norm, der – vermutlich angelehnt an den § 1906 Abs. 4 a. F. BGB – eine Genehmigung für die genannten Maßnahmen fordert, „wenn dem Kind [...] die Freiheit entzogen werden soll". Denn während von der Gesetzesbegründung als Zweck der genehmigungsbedürftigen Maßnahmen der Abbau von Aggressionen und die Schaffung von Verstärkerreizen vermeidenden Schutzräumen genannt wird,[317] sind auch Maßnahmen denkbar, in denen eine Freiheitsentziehung nur Nebenfolge oder ein Mittel ist, um einen anderen Zweck zu erfüllen. Nach der Gesetzesbegründung ist die Genehmigungspflicht

---

313 BT-Drucks. 18/11278, S. 16; zu einer möglicherweise notwendigen Regelung de lege ferenda s. sogleich unter C.

314 S. dazu oben, unter B. IV. 1. f. (1); schon vorher ging der BGH in ständiger Rechtsprechung von einer Genehmigungspflicht auch bei nicht freiheitsentziehend Untergebrachten aus, FamRZ 2015, 1707; FamRZ 2012, 1866, 1867.

315 s. dazu oben, unter B. IV. 2. a.

316 BR-Drucks. 793/16, S. 12; *Kerscher*, in: BeckOGK-BGB, Stand: 1. November 2025, § 1631b Rn. 32; *Veit/Schmidt*, in: BeckOK-BGB, 76. Edition, Stand: 1. November 2025, § 1631b Rn. 18.

317 BT-Drucks. 18/11278, S. 14.

allerdings nur dann ausgeschlossen, wenn die Maßnahme ausschließlich anderen Zwecken dient,[318] die Freiheitsentziehung muss also mindestens eine ungewollte Nebenfolge sein.

Beispielhaft wird die Verabreichung von Medikamenten genannt. Eine Arzneimittelgabe, die gegen oder ohne den Willen des Patienten erfolgt, stellt zwar eine (ärztliche) Zwangsmaßnahme dar, die im Betreuungsrecht nach § 1832 BGB genehmigungsbedürftig ist, aber nicht unter den Begriff der Freiheitsbeschränkung bzw. Freiheitsentziehung subsumiert wird.[319] Wird mit der Gabe des Medikaments ein Heilungszweck verfolgt und bewirkt sie mittelbar eine (ungewollte) Sedierung des Patienten, ist keine Genehmigung erforderlich.[320] Wird das Medikament dagegen ausschließlich eingesetzt, um den Betroffenen zu sedieren und ihn damit an der Fortbewegung zu hindern, soll darin eine freiheitsentziehende Maßnahme liegen. Fraglich ist allerdings, wie unmittelbar der Zusammenhang zwischen Maßnahme und Heilzweck sein muss. Im weitesten Sinne ließen sich nämlich unter Maßnahmen zu Heilwecken auch solche Maßnahmen zählen, die die Vornahme von Heilbehandlungen erst ermöglichen, etwa die Fixierung zur Verabreichung von Medikamenten.

Beschränkt wird die Orientierung am Zweck der Maßnahme dagegen ausdrücklich nicht auf Medikamente, folglich ist eine Freiheitsentziehung auch bei anderen Maßnahmen ausgeschlossen, die einen anderen, zum Beispiel medizinischen oder therapeutischen Zweck verfolgen.[321] Als Beispiel nennt die Gesetzesbegründung die Fixierung eines mehrfachbehinderten Kindes in einem Rollstuhl, die es aufrichten und ihm die Atmung erleichtern

---

318 BT-Drucks. 18/11278, S. 17.

319 Diese Unterscheidung findet sich ebenfalls bei *Vollmann*, Der Nervenarzt 2014, 614,617; anders in: *Bundesarbeitsgemeinschaft der leitenden Klinikärzte für Kinder- und Jugendpsychiatrie, Psychosomatik und Psychotherapie in Deutschland e. V.*, Empfehlungen zum Umgang mit freiheitsentziehenden Maßnahmen bei der Behandlung von Kindern und Jugendlichen (s. Teil 2 Fn. 381), S. 5.

320 BT-Drucks. 18/11278, S. 17; *Götz*, FamRZ 2017, 1289, 1291.

321 *Kerscher*, in: BeckOGK-BGB, Stand: 1. November 2025, § 1631b Rn. 32; *Veit/Schmidt*, in: BeckOK-BGB, 76. Edition, Stand: 1. November 2025, § 1631b Rn. 18; anhand diverser Beispiele eine Differenzierung befürwortend: *bvkm*, Stellungnahme zum Referentenentwurf v. 29. September 2016 (s. Teil 2 Fn. 508), S. 1 ff.

soll.[322] Ebenso sind Maßnahmen denkbar, die gerade der Herstellung von Mobilität dienen, obwohl sie nach obiger Definition als freiheitsentziehende Maßnahme gelten könnten, zum Beispiel das Anlegen eines Gurtes, ohne den die Benutzung eines Rollstuhls wegen der Möglichkeit herauszufallen ausgeschlossen wäre.[323]

An den genannten Beispielen wird offenbar, dass Fixierungen ebenso wie die Gabe von Medikamenten als Maßnahmen angewendet werden können, die eine Freiheitsentziehung bezwecken, etwa zur Ruhigstellung eines agitierten Patienten, aber auch einen anderen Zweck verfolgen können. Die Abgrenzung, wann eine Genehmigung erforderlich ist und wann nicht, bereitet bei diesen sogenannten „doppeldeutigen Maßnahmen" Schwierigkeiten.[324] Ebenso ist fraglich, welche Zwecke zulässig sind. Die genannten medizinischen oder therapeutischen Zwecke lassen wiederum ihrerseits einen Interpretationsspielraum offen. Zunächst ließe sich behaupten, dass bei einer Unterbringung einer Person zu Therapie- oder Heilungszwecken alle in der Unterbringung erfolgenden Maßnahmen im weitesten Sinne der Therapie oder Heilung dienen.[325] Auch wenn diese Annahme zu weit geht, so ist zumindest fraglich, ob für die Einordnung einer Maßnahme als einen Therapiezweck verfolgend nur bestimmte, anerkannte Therapien in Betracht kommen, oder ob die Mitarbeiter der Einrichtung frei entscheiden.[326] Im Grunde hängt es damit von der Intention des Handelnden ab, ob sein Handeln zu überprüfen ist, oder nicht. Diese lässt sich nicht nur schwierig feststellen, sondern öffnet auch dem Missbrauch Tür und Tor, könnte sich der Handelnde doch immer darauf berufen, er hätte nur Therapiezwecke im Sinn gehabt, sodass eine Genehmigung nicht notwendig gewesen ist. Offen bleibt an der Stelle auch, wer bewertet, welche Zwecke eine Maßnahme verfolgt.

---

322 BT-Drucks. 18/11278, S. 17.

323 So schon AG Hamburg-Barmbek, FamRZ 2009, 792 (LS.) = NJOZ 2009, 51, 52; *Vicari*, in: jurisPK-BGB, 11. Aufl. 2026, § 1631b Rn. 11.

324 *Veit/Schmidt*, in: BeckOK-BGB, 76. Edition, Stand: 1. November 2025, § 1631b Rn. 18.

325 So für die Bewertung von Fixierungen in einem Akutkrankenhaus nach § 1831 Abs. 4 BGB: *Brilla*, in: BeckOGK-BGB, Stand: 1. August 2025, § 1831 Rn. 110.

326 Ähnlich die Gegenäußerung der Bundesregierung zur Stellungnahme des Bundesrats, BT-Drucks. 11/4528, S. 228: Unklar, wessen Intention über das Vorliegen eines Heilzwecks entscheidet.

Im Betreuungsrecht orientiert sich die Einordnung als freiheitsentziehende Maßnahme i. S. d. § 1831 Abs. 4 BGB ebenfalls am Zweck der Maßnahme, die sich aus derselben Formulierung im Normtext ergibt. Die Maßnahme soll dann keine Freiheitsentziehung bezwecken, wenn die Freiheitsentziehung lediglich eine – ggf. ungewollte – Folge der Maßnahme ist.[327] Ausreichend ist es, wenn die Maßnahme „auch" darauf abzielt, die Freiheit zu entziehen, wenn es also mehr als nur eine Intention gibt.[328] Die möglichen anderen Zwecke beschränken sich dabei nicht auf Heilungs- und Therapiezwecke, sondern schließen andere Zwecke wie die Körperpflege und das Anreichen der Nahrung ein.[329] Auch hier wird die Abgrenzung für schwierig gehalten und die Möglichkeit, einen therapeutischen Zweck vorzutäuschen, gesehen.[330] Dies führt nicht zuletzt dazu, dass die Definitionen, wann eine freiheitsentziehende Unterbringung vorliegt, auseinanderlaufen und damit zu Unsicherheiten bei den Pflegekräften führen.[331] Im Zweifel soll für eine objektiv freiheitsentziehende Maßnahme daher eine Genehmigung eingeholt werden.[332]

Auch die Gesetzesbegründung sah die Unterscheidung nach dem Zweck der Maßnahme kritisch, da das Erfordernis einer Genehmigung „letztlich von einer ‚guten Absicht'" abhängig gemacht würde[333]; dass die Pflegenden, Ärzte, Angehörigen und Betreuer nur das Beste im Sinn hätten, könnte einerseits immer unterstellt werden, soll aber andererseits durch das Genehmigungserfordernis gerade überprüft werden. Dort wird etwa darauf hingewiesen, dass ein Heilzweck eindeutig verfolgt werde, wenn der Betroffene im Bett

---

[327] *Schneider*, in: MünchKomm BGB, 9. Aufl. 2024, § 1831 Rn. 54; *Brinckmann/Gräbsch*, Geschlossene Unterbringung psychisch Kranker, 2013, § 1 Rn. 51.

[328] BGH, FamRZ 2015, 567, 569 Rn. 20; diff.: *Brilla*, in: BeckOGK-BGB, Stand: 1. August 2025, § 1831 Rn. 109: kein Genehmigungserfordernis, wenn Maßnahme ausschließlich oder überwiegend eine andere Intention verfolgt.

[329] Vgl. *Brilla*, in: BeckOGK-BGB, Stand: 1. August 2025, § 1831 Rn. 113.

[330] *Schneider*, in: MünchKomm BGB, 9. Aufl. 2024, § 1831 Rn. 54.

[331] *Heitmann/Götz*, in: Kaiser/Schnitzler/Schilling/Sanders, 4. Aufl. 2021, § 1906 Rn. 49.

[332] DIJuF-Rechtsgutachten, JAmt 2017, 492, 493; zu § 1906 BGB: *Schneider*, in: MünchKomm BGB, 9. Aufl. 2024, § 1831 Rn. 54.

[333] S. die Gegenäußerung der Bundesregierung zur Stellungnahme des Bundesrats, BT-Drucks. 11/4528, S. 228 f.

festgebunden wird, damit er einen Gips oder Verband nicht beschädige, nicht dagegen bei Maßnahmen, die der Gesundheitsschädigung erst vorbeugen.[334]

Eine Begründung, warum das Genehmigungserfordernis beschränkt ist, lässt der Gesetzgeber in der aktuellen Gesetzesbegründung wie auch in der Begründung zu § 1906 Abs. 4 a. F. BGB ebenso vermissen wie eine kritische Auseinandersetzung mit dieser Einschränkung und deren Abgrenzungsschwierigkeiten.[335] Es könnte ihm unterstellt werden, er möchte so vermeiden, dass der Richter inzident die Zulässigkeit einer Heilbehandlung oder anderen Therapie zu überprüfen hat.[336] Nimmt man die Bedeutung der kindlichen Fortbewegungsfreiheit und ihrer Beeinträchtigung ernst, leuchtet es nicht ein, warum bei Maßnahmen, die Heilungs- und Therapiezwecken dienen, plötzlich den Eltern die Bewertung der Maßnahme überlassen wird. Zum einen wird dem betreffenden Kind die Maßnahme gleichermaßen einschränkend vorkommen, ob sie Therapie- oder Heilungszwecken dient oder nicht – zumal das Verständnis des Kindes, dass eine entsprechende Maßnahme einen entsprechenden Zweck verfolgt, aufgrund seines Alters, einer Behinderung oder psychischen Krankheit beschränkt sein kann. Zudem kann auch eine Maßnahme mit entsprechender Intention aufgrund ihrer freiheitsentziehenden Wirkung unverhältnismäßig sein. Ob der Zweck der Maßnahme diesen Freiheitseingriff legitimiert, hat aber gerade der Richter zu entscheiden. Die Orientierung an der Intention einer Maßnahme begegnet mithin im Grundsatz denselben Bedenken wie bei der Feststellung eines Grundrechtseingriffs[337] und der Einordnung einer Maßnahme als Freiheitsbeschränkung oder Freiheitsentziehung[338] im Verfassungsrecht. Auch aufgrund des schmalen Grades, wann eine Genehmigung erforderlich ist und wann nicht, den der Gesetzgeber auch nicht hinreichend abzugrenzen versucht, leuchtet es nicht ein, warum nicht unabhängig vom Zweck eine richterliche Genehmigung erforderlich ist.[339]

---

334 ebenda, S. 228 f.

335 Vgl. BT-Drucks. 18/11278, S. 17.

336 Zu der Problematik s. auch oben, unter B. III. 1. f. (1) (b) bb. sowie zum Genehmigungserfordernis de lege ferenda unten Teil C.

337 S. dazu unter Teil 3, C. I.

338 S. dazu unter Teil 3, C. II. 3. c. (2).

339 Kritisch zur Orientierung der Genehmigungsbedürftigkeit einer freiheitsentziehenden Unterbringung am Zweck: *Salgo*, in: Staudinger, 2020, § 1631b BGB Rn. 26 a. E.

*(3) Längerer Zeitraum oder Regelmäßigkeit*

Eine weitere Einschränkung erhält das Genehmigungserfordernis dadurch, dass dem Wortlaut nach nur Maßnahmen einschlägig sind, die „über einen längeren Zeitraum oder regelmäßig" die Freiheit entziehen. Der Wortlaut entspricht auch hier dem des § 1906 Abs. 4 a. F. BGB, in dessen Gesetzesbegründung die Zeitangaben näher definiert werden. Ein „regelmäßiges" Hindern soll danach vorliegen, wenn es entweder stets zur selben Zeit erfolgt – beispielhaft wird das Absperren der Türe jeweils zur Nachtzeit genannt – oder aus wiederkehrendem Anlass, zum Beispiel das wiederkehrende Einsperren des Betroffenen, jedes Mal, wenn er die Nachtruhe stört.[340] Auf die Dauer der jeweiligen Einzelmaßnahme kommt es dagegen nicht an, eine jeweils nur ganz unerhebliche Verzögerung der Bewegungsfreiheit reicht allerdings nicht aus.[341] Dass eine Regelmäßigkeit auch dann vorliegt, wenn Wiederholungen der Maßnahme zwar nicht konkret geplant, die Wiederkehr des Anlasses, aus dem sie erfolgt, allerdings absehbar ist,[342] ergibt sich schon aus der zweiten Alternative „aus wiederkehrendem Anlass" selbst.

Damit eine Freiheitsentziehung über einen längeren Zeitraum im Sinne eines „ununterbrochenen" Hinderns – so die ursprüngliche Formulierung des § 1906 Abs. 4 a. F. BGB im Gesetzesentwurf – vorliegt, muss nach der dortigen Gesetzesbegründung die Maßnahme nicht auf lange Dauer angelegt sein, eine feste Grenze, wann aus einer vorübergehenden Maßnahme eine dauerhafte wird, ist bewusst nicht vorgesehen.[343] Zur flexiblen Handhabung der Norm hat der Gesetzgeber auch ausdrücklich der strengen Orientierung an § 128 StPO und damit wohl auch an Art. 104 Abs. 2 S. 3 GG eine Absage erteilt, nach denen ein ununterbrochenes Hindern nach Ablauf des auf den Beginn der Maßnahme folgenden Tages hätte angenommen werden

---

[340] BT-Drucks. 11/4528 S. 209.

[341] BGH, FamRZ 2015, 567, 569 Rn. 19; *Veit/Schmidt*, in: BeckOK-BGB, 76. Edition, Stand: 1. November 2025, § 1631b Rn. 25; DIJuF-Rechtsgutachten, JAmt 2017, 492, 493.

[342] *Schneider*, in: MünchKomm BGB, 9. Aufl. 2024, § 1831 Rn. 56; *Vormundschaftsgerichtstag e. V.*, 2. Vormundschaftsgerichtstag, 1991, S. 76, Arbeitsgruppe 4, These 4; zu widersprechen ist der Einschränkung, dass von einer Regelmäßigkeit nur ausgegangen werden kann, wenn der entsprechende Anlass nur ein- bis zweimal im Monat vorkommt, so aber *Heitmann/Götz*, in: Kaiser/Schnitzler/Schilling/Sanders, 4. Aufl. 2021, § 1906 Rn. 57.

[343] BT-Drucks. 11/4528 S. 149.

können.[344] In den Augen des Gesetzgebers soll aber etwa das Anbringen eines Gitters am Bett eines „Betreuten bei einem vorübergehenden Fieberanfall auch für eine etwas längere Zeit [als einen Tag] ohne Einholung oder Nachholung der richterlichen Genehmigung“ möglich sein.[345]

Auch in Rechtsprechung und Literatur wird die Grenze unterschiedlich ausgelegt. Zum Teil wird nur eine verhältnismäßig kurze Zeit von einigen Stunden gefordert.[346] Vielfach wird angenommen, dass eine Maßnahme über mehrere Tage[347], bzw. mindestens drei Tage[348] andauern muss, um genehmigungspflichtig zu sein. Mitunter wird unabhängig von einer festen Zeitspanne die Feststellung, ob eine Maßnahme dauerhaft ist, auch von der Schwere und dem Charakter der Maßnahme bzw. dem eingesetzten Mittel abhängig gemacht.[349] Hier ließe sich vom Gesetzgeber, der eine länger als einen Tag dauernde Anwendung eines Bettgitters für nicht genehmigungspflichtig hält, entgegensetzen, dass bei einer so intensiven Maßnahme besonderes Bedürfnis nach richterlicher Kontrolle besteht.[350] Entsprechend nimmt das BVerfG bei einer Fixierung oder vergleichbar eingriffsintensiven Maßnahme eine Freiheitsentziehung nicht an, wenn absehbar die Dauer von ungefähr einer halben Stunde unterschritten wird.[351]

Die Trennlinie, an der eine nur vorübergehende Maßnahme zu einer dauerhaften wird, ist insofern unscharf und schwer zu bestimmen.[352] In der Praxis wird insofern überwiegend auf das Merkmal der „regelmäßigen“ Anwendung abgestellt, das in vielen Fällen auch für eine länger dauernde Maßnahme

---

344 BT-Drucks. 11/4528 S. 149; für eine „Orientierung“ an § 128 StPO bzw. Art. 104 Abs. 2 S. 3 GG: *Veit/Schmidt*, in: BeckOK-BGB, 76. Edition, Stand: 1. November 2025, § 1631b Rn. 27a; *Schneider*, in: MünchKomm BGB, 9. Aufl. 2024, § 1831 Rn. 57; *Riedel*, BtPrax 2010, 99, 104; *Jacobs*, BtPrax 2013, 16, 18: als Höchstfrist.

345 BT-Drucks. 11/4528 S. 209.

346 BayObLG, BtPrax 1993, 139; *Marschner*, in: Jürgens, Betreuungsrecht, 8. Aufl. 2025, § 1831 BGB Rn. 38; dagegen: OLG Frankfurt, NJW-RR 2007, 1019, 1020.

347 *Brilla*, in: BeckOGK-BGB, Stand: 1. August 2025, § 1831 Rn. 114.

348 OLG Bamberg, NJW-RR 2012, 467, 471 f.

349 *Brilla*, in: BeckOGK-BGB, Stand: 1. August 2025, § 1831 Rn. 115; *Jacobs*, BTPrax 2013, 16, 18; so wohl auch zu Maßnahmen während einer öffentlich-rechtlichen Unterbringung: BGH NJW 2018, 2619, Rn. 68.

350 Für die Fixierung: *Brilla*, in: BeckOGK-BGB, Stand: 1. August 2025, § 1906 Rn. 117.

351 BVerfG, NJW 2018, 2619.

352 *Jacobs*, BTPrax 2013, 16.

einschlägig ist, wenn diese absehbar nicht nur das eine Mal notwendig wird.[353] Abzustellen ist jedenfalls auf die zeitliche Intention und nicht auf die tatsächliche Dauer: es ist nicht erst abzuwarten, bis die Maßnahme eine bestimmte Grenze erreicht, vielmehr reicht es aus, dass sie voraussichtlich über einen bestimmten Zeitraum aufrechterhalten wird – die Genehmigungspflicht besteht dann von Anfang an.[354]

Zur Begründung dieser Einschränkung bietet die Gesetzesbegründung zu § 1906 Abs. 4 BGB keine Anhaltspunkte, wohl aber diejenige zu § 1631b Abs. 2 BGB: diese Einschränkung böte dafür Gewähr, „dass nicht jede geringfügige, lediglich im Ausnahmefall anlassbezogen erfolgende kurze Beschränkung der Freiheit das Genehmigungserfordernis auslöst.“ Aus praktischen Erwägungen leuchtet diese Einschränkung ein: Bei kurzfristigen Maßnahmen werden diese regelmäßig beendet sein, bevor eine richterliche Entscheidung überhaupt herbeigeführt werden könnte.[355] Soweit damit allerdings nur eine Entlastung der Gerichte erreicht werden soll[356], ist dies ein ungeeignetes Argument um einen geringeren Rechtsschutz zu begründen.[357] Abzugrenzen wäre dieses Kriterium zudem von der Frage, ob aufgrund der nur flüchtigen Dauer überhaupt eine Freiheitsentziehung vorliegt.

Im Verhältnis zwischen Kindschafts- und Betreuungsrecht sind an dieser Stelle die Besonderheiten des von dem eines Erwachsenen abweichenden kindlichen Zeitempfindens zu berücksichtigen.[358]

#### *(4) Ort der Maßnahme*

Genehmigungspflichtig sind nur die Maßnahmen, die während eines Aufenthalts des Kindes „in einem Krankenhaus, einem Heim oder einer sonstigen Einrichtung“ erfolgen. Hierunter sind kinder- und jugendpsychiatrische Kliniken, Einrichtungen der Kinder- und Jugendhilfe und der Behindertenhilfe sowie stationäre, aber auch ambulante Einrichtungen zu verstehen, wie Kindergärten oder Kindertagesstätten, in denen Kinder und Jugendliche

---

353 *Brilla*, in: BeckOGK-BGB, Stand: 1. August 2025, § 1831 Rn. 117.1.

354 *Brilla*, in: BeckOGK-BGB, Stand: 1. August 2025, § 1831 Rn. 116.

355 OLG Bamberg, NJW-RR 2012, 467, 471; *Riedel*, BtPrax 2010, 99, 104.

356 *Holzhauer*, BtPrax 1992, 54.

357 Ebenso wohl *Brilla*, in: BeckOGK-BGB, Stand: 1. August 2025, § 1831 Rn. 118.

358 *Veit/Schmidt*, in: BeckOK-BGB, 76. Edition, Stand: 1. November 2025, § 1631b Rn. 27.

über einen längeren Zeitraum oder kurzfristig wohnen oder fern von der ständigen Kontrollmöglichkeit der Eltern betreut werden.[359] Irrelevant ist, ob bei einer Unterbringung in einer Klinik, in einer Einrichtung der Kinder- und Jugend- oder der Behindertenhilfe diese selbst schon freiheitsentziehend erfolgt. Werden dieselben Maßnahmen im Elternhaus oder innerhalb einer Pflegefamilie vorgenommen, sind sie nicht genehmigungsbedürftig. Hinsichtlich des Elternhauses wird dies so begründet, dass den Eltern hier zum einen die Kontrollmöglichkeit verbleibt und der Genehmigungstatbestand darüber hinaus nicht durchsetzbar wäre.[360]

### c. *Unterbringung oder doch „nur" Maßnahme? – Die Abgrenzung von Abs. 1 und 2*

#### *(1) Notwendigkeit einer Abgrenzung*

Man könnte sich nun fragen, warum eine freiheitsentziehende Maßnahme während einer Unterbringung, welche nicht schon selbst mit einer Freiheitsentziehung verbunden ist, nicht dazu führt, dass die Unterbringung sodann mit einer Freiheitsentziehung verbunden ist und so genehmigungspflichtig nach § 1631b Abs. 1 BGB wird. Insbesondere bei einer dauerhaften, langen oder häufigen Anwendung einer freiheitsentziehenden Maßnahme innerhalb einer offenen Einrichtung läge eine Einordnung der Unterbringung als eine solche, „die mit Freiheitsentziehung verbunden ist" i. S. d. § 1631b Abs. 1 BGB, nahe. Diese Annahme liegt der Ansicht zugrunde, die vor Schaffung des § 1631b Abs. 2 BGB ein Genehmigungserfordernis für freiheitsentziehende Maßnahmen schon aus Abs. 1 annahm.[361] Nun mag man sich auf den Standpunkt stellen, die Feststellung, ob eine freiheitsentziehende Maßnahme unter Abs. 1 fällt, sei insofern inzwischen redundant, als jetzt auch im Kindschaftsrecht freiheitsentziehende Maßnahmen nach § 1631b Abs. 2 BGB unter einem Genehmigungsvorbehalt stehen. Ganz unerheblich ist die Unterscheidung jedoch zum einen nicht, da der Richter in seiner Entscheidung zumindest benennen können muss, ob er eine Genehmigung nach Abs. 1 oder 2 erteilt. Zudem ist sie vor allem auch für das Verfahren bedeutsam: wie noch näher darzulegen sein wird, erfordert die Genehmigung einer freiheitsentziehenden

---

[359] BT-Drucks. 18/11278, S. 16.

[360] BT-Drucks. 18/11278, S. 16.

[361] S. dazu oben, unter B. IV. 1. f. (1) (b) aa.

Unterbringung ein Sachverständigengutachten, §§ 167 Abs. 1, 321 Abs. 1 S. 1 FamFG, während für diejenige von freiheitsentziehenden Maßnahmen lediglich ein ärztliches Zeugnis notwendig ist, § 167 Abs. 6 S. 3 FamFG.[362]

*(2) Abgrenzung anhand des engen Unterbringungsbegriffs*

Zur Lösung des Problems wird auf eine Abgrenzung anhand des „engen Unterbringungsbegriffs“ verwiesen, der sich auch im öffentlichen Recht wiederfinden soll.[363] Zunächst ist der Begriff „Unterbringung“ in den landesrechtlichen Unterbringungsvorschriften anders, genauer gesagt enger gefasst: ohne Ergänzung ist diesem Begriff eine freiheitsentziehende Komponente bereits immanent.[364] In den zivilrechtlichen Unterbringungsvorschriften §§ 1631b Abs. 1, 1831 Abs. 1 BGB ist dagegen ausdrücklich definiert, dass die Unterbringung „mit Freiheitsentziehung verbunden“ sein muss. Diese Einschränkung wird für erforderlich gehalten, um einen an sich weit gefassten zivilrechtlichen Unterbringungsbegriff einheitlich beizubehalten.[365] Als Beispiel für diesen weiten Unterbringungsbegriff – dem die freiheitsentziehende Komponente nicht schon aufgrund des Begriffs „Unterbringung“ immanent ist – wird die inzwischen weggefallene mündelspezifische Regelung der Unterbringung in einer anderen Familie in § 1838 BGB a. F. genannt.[366] Die Abweichung vom landesrechtlichen Unterbringungsbegriff wird zugunsten eines einheitlichen zivilrechtlichen Unterbringungsbegriffs in Kauf genommen.[367] In Kombination mit der Ergänzung „mit Freiheitsentziehung verbunden“ gehen also im Grunde auch §§ 1631b Abs. 1, 1831 Abs. 1 BGB von einem zum Landesrecht parallelen engen Anwendungsbereich aus, der sich gleichwohl nicht aus dem Begriff der Unterbringung selbst ergibt, sondern besagter Ergänzung bedarf.

Hieraus lässt sich freilich für die gesuchte Abgrenzung bzw. die Definition von freiheitsentziehender Unterbringung und freiheitsentziehenden

---

[362] Näher dazu unten, unter B. VII. 4.

[363] BT-Drucks. 8/2788, S. 38; 16/6815, S. 8.

[364] BT-Drucks. 11/4528, S. 145; *Brilla*, in: BeckOGK-BGB, Stand: 15. Februar 2019, § 1906 Rn. 17; *Lipp/Güttler*, BtPrax 2017, 94, 96; *Müller-Engels*, in: BeckOK-BGB, 76. Edition, Stand: 1. August 2025, § 1831 Rn. 8.

[365] BT-Drucks. 11/4528, S. 145.

[366] BT-Drucks. 11/4528, S. 145.

[367] BT-Drucks. 11/4528, S. 145.

Maßnahmen nichts ableiten. Der Begriff der Unterbringung, die mit einer Freiheitsentziehung verbunden ist, in § 1631b Abs. 1 BGB und § 1831 Abs. 1–3 BGB wird allerdings noch einmal enger verstanden: erfasst wird jeweils nur ein Aufenthalt in einem „geschlossenen" Krankenhaus, einer anderen „geschlossenen" oder dem „geschlossenen" Teil einer solchen Einrichtung.[368] Dieser „enge Unterbringungsbegriff"[369] definiert also nicht, wie er suggeriert, den Begriff der Unterbringung, sondern den der *freiheitsentziehenden Unterbringung*, sodass bei Zugrundelegung des engen Unterbringungsbegriffs die Freiheitsentziehung in §§ 1631b Abs. 1 sowie 1831 Abs. 1 BGB anhand der „Geschlossenheit" der vollziehenden Einrichtung definiert wird.[370] Dieser engen Auslegung folgt auch der öffentlich-rechtliche Unterbringungsbegriff – auch hier soll nur die Unterbringung in den genannten Formen erfasst sein.[371] In Abgrenzung zu den Unterschieden im Zivil- und öffentlichen Recht bei der Definition des isolierten Begriffs der „Unterbringung" wäre es hier sachdienlicher, von dem im öffentlichen Recht verwendeten Bezeichnung

---

368 Für § 1631b BGB a. F.: BT-Drucks. 8/2788, S. 38; 16/6815, S. 8; eingehend mit Beispielen: *Gernhuber/Coester-Waltjen*, Familienrecht, 6. Aufl. 2010 (Vorauflage), § 62 Rn. 22; für § 1906 Abs. 1: BT-Drucks. 11/4528, S. 82, 146, 149; sowie BGH, FamRZ 2013, 1646 f.; Z 145, 297; NJW 2001, 888, 889 m. w. Nachw.; *Bohnert*, Unterbringungsrecht, 2000, S. V.; so wohl auch *Bürgle*, NJW 1988, 1881, 1885.

369 So BGH, FamRZ 2015, 1484, 1487 Rn. 24; FamRZ 2001, 149; OLG Oldenburg, FamRZ 2012, 39, 41; LG Lübeck, FamRZ 2013, 577; *Breidenstein*, JM 2014, 99, 101; ähnlich: BGH, FamRZ 2013, 1646 Rn. 12: enger Begriff der Unterbringung.

370 Dass der Gesetzgeber mit dem engen Unterbringungsbegriff in den §§ 1631b Abs. 1 und § 1906 Abs. 1 BGB im Ergebnis die grundgesetzliche Unterscheidung nachvollzogen haben „zwischen einer Freiheitsbeschränkung im engeren Sinne, die lediglich an Art. 104 Abs. 1 i. V. m. Art. 2 Abs. 2 Satz 2 GG zu messen ist, und – im Fall einer Unterbringung – der Freiheitsentziehung, die darüber hinaus dem Richtervorbehalt des Art. 104 Abs. 2 GG unterworfen ist" (so OLG Frankfurt, FamRZ 2013, 1225) wäre nur dann richtig, wenn es bei den Maßnahmen, die der enge Begriff der freiheitsentziehenden Unterbringung ausschließen will, eben lediglich um eine Freiheitsbeschränkung handelt. Dies ist hingegen, wie schon der in § 1631b Abs. 2 gerade und § 1906 Abs. 4 BGB für die gemeinten Maßnahmen normierte Begriff der freiheitsentziehenden Maßnahmen und darüber hinaus die vorherige Einordnung besagt, nicht der Fall – der enge Begriff der freiheitsentziehenden Unterbringung erfasst nicht alle Freiheitsentziehungen und soll dies auch gerade nicht, s. auch AG Garmisch-Patenkirchen, Beschluss vom 8. Juni 2008 – XVII 42/02, BeckRS 2008, 29200, Rn. 21.

371 BT-Drucks. 11/4528, S. 145.

„formalisierter Unterbringungsbegriff“[372] oder von einer engen Auslegung des Begriffs der „freiheitsentziehenden Unterbringung“ zu sprechen – letztere Bezeichnung würde allerdings zu divergierenden Bezeichnungen im Zivil- und öffentlichen Recht führen.

Eine Einrichtung soll danach dann eine „geschlossene Einrichtung“ sein, wenn besondere Eingrenzungs- und Abschließungsvoraussetzungen oder andere Sicherungsmaßnahmen dazu führen, dass niemand die Einrichtung ohne Erlaubnis und ohne Hilfe des Personals verlassen kann und unkontrollierte Kontaktaufnahme von Untergebrachten mit Personen außerhalb des geschlossenen Bereiches durch Sicherungsmaßnahmen unterbunden wird[373] – den Außenstehenden, Angehörigen, Eltern oder sonst Entscheidungsbefugten geht mithin eine Kontrollmöglichkeit abhanden. Der Begriff der geschlossenen Unterbringung bezieht sich also auf die Ausgestaltung der Institution und der Baulichkeit und nicht auf die konkreten Auswirkungen der Maßnahme für die einzelne Person.[374]

Im Betreuungsrecht wird die freiheitsentziehende Unterbringung mitunter entsprechend unter Berufung auf § 2 FreihEntzG anhand des Merkmals der Geschlossenheit der Einrichtung definiert.[375] Von einer geschlossenen Einrichtung bzw. einem geschlossenen Teil einer Einrichtung soll dann auszugehen sein, wenn bauliche oder organisatorische Vorkehrungen das Verlassen der Einrichtung oder Station verhindern und für alle Bewohner dieser Räumlichkeiten, also anstaltsbezogen und nicht personenbezogen, gelten.[376] Auf dieser Unterscheidung beruht dann auch die Abgrenzung zu

---

372 Diesen verwendet auch der Gesetzgeber zum Betreuungsgesetz, BT-Drucks. 11/4528, S. 82.

373 OLG Hamm, FamRZ 1962, 397, 398; AG Hildesheim, Beschluss v. 22. September 2008, Az. 42 XVII W 1285, zit. nach juris, Rn. 12 f.; *Gernhuber/Coester-Waltjen*, Familienrecht, 7. Aufl. 2020, § 59 Rn. 22.

374 *Džeko*, Geschlossene Unterbringung – ein Streitfall der Jugendhilfe, 2010, S. 10.

375 *Müller-Engels*, in: BeckOK-BGB, 76. Edition, Stand: 1. August 2025, § 1831 Rn. 8; *Roth*, in: Erman, 17. Aufl. 2023, § 1831 BGB Rn. 13; *Götz*, in: Grüneberg, 85. Aufl. 2026, § 1831 BGB Rn. 5 f.

376 LG Ulm, FamRZ 2010, 1764, 1765 mit Verweis auf st. Rspr.; AG Stuttgart-Bad Cannstatt, FamRZ 1997, 704, 705; *Müller-Engels*, in: BeckOK-BGB, 76. Edition, Stand: 1. August 2025, § 1831 Rn. 8; *Kemper*, in: Schulz/Hauß, Familienrecht, 3. Aufl. 2018, § 1906 BGB Rn. 10; *Brinckmann/Gräbsch*, Geschlossene Unterbringung psychisch Kranker, 2013, § 1 Rn. 50; *Kreicker*, NJW 2009, 890, 893.

freiheitsentziehenden Maßnahmen. Trifft die Maßnahme alle Bewohner des Heimes gleichermaßen („anstaltsbezogen") und macht das Heim damit zu einem geschlossenen, liegt hierin eine freiheitsentziehende Unterbringung nach § 1831 Abs. 1 BGB – stellt die Maßnahme eine auf die Bedürfnisse des Einzelnen abzielende Einzelmaßnahme („personenbezogen") dar, liegt hierin allenfalls eine freiheitsentziehende Maßnahme nach § 1831 Abs. 4 BGB.[377] Können also umgekehrt einzelne Bewohner die Einrichtung selbstständig verlassen und werden nur besonders sicherungsbedürftige Personen daran gehindert, läge danach keine Unterbringung im Sinne des § 1831 Abs. 1 BGB vor.[378] Auch für die besonders zu schützenden Personen, die am Verlassen der Einrichtung dauerhaft gehindert werden, ist die Maßnahme daher nicht nach § 1831 Abs. 1 BGB, gegebenenfalls aber nach dessen Abs. 4 genehmigungsbedürftig. Dieses Beispiel zeigt, dass der „enge Unterbringungsbegriff" davon ausgeht, dass Einrichtungen oder einzelne Stationen von Einrichtungen als eindeutig geschlossen bewertet werden können.

Auch im Kindschaftsrecht kann die Definition der freiheitsentziehenden Unterbringung leicht so verstanden werden, als würde auch hier auf das Merkmal der Geschlossenheit abgestellt.[379] Vereinzelt wird der Begriff freiheitsentziehende und geschlossene Unterbringung gar gleichgesetzt.[380] Im Kindschaftsrecht scheitert die Orientierung an dem Begriff der Geschlossenheit hingegen daran, dass zumindest in der Kinder- und Jugendhilfe die geschlossene Unterbringung in Form eines dauernden, die gesamte Einrichtung betreffenden Einschlusses nicht mehr oder nur noch begrenzt existieren soll – es wird vielmehr mit einer am Entwicklungsstand orientierten

---

377 *Kemper*, in: Schulz/Hauß, Familienrecht, 3. Aufl. 2018, § 1906 BGB Rn. 10.

378 AG Stuttgart-Bad Cannstatt, FamRZ 1997, 704; AG Hildesheim, Beschluss v. 22. September 2008, Az. 42 XVII W 1285, zit. nach juris, Rn. 12; *Kieß*, Betreuungs- und Unterbringungsrecht, 6. Aufl. 2018, § 14 Rn. 8; so wohl auch *Roth*, in: Erman, 17. Aufl. 2023, § 1831 BGB Rn. 13: für die Einstufung einer Einrichtung als „geschlossen" reicht es, wenn bauliche oder organisatorische Voraussetzungen vorhanden sind, um die Betroffenen nicht nur in Einzelfällen am Verlassen zu hindern.

379 S. etwa *Döll*, in: Erman, 17. Aufl. 2023, § 1631b BGB Rn. 3; BT-Drucks. 8/2788, S. 38; so auch die Antwort des Parlamentarischen Staatssekretärs *de Wirth* auf eine Schriftliche Frage, BT-Drucks. 9/1299, S. 11, 12.

380 *Rakete-Dombek/Berning*, in: Kaiser/Schnitzler/Schilling/Sanders, 4. Aufl. 2021, § 1631b Rn. 2.

stufenweisen Öffnung bzw. mit einer fakultativ-geschlossenen oder halb-offenen Ausgestaltung der Einrichtungen gearbeitet.[381] Für die in einer solchen Einrichtung untergebrachten Kinder und Jugendlichen macht es dagegen keinen Unterschied, ob niemand die Anstalt verlassen kann oder ob sie zu der Gruppe von Bewohnern gehören, die die Einrichtung nicht verlassen können.[382] Eine anstaltsbezogene Bewertung ist zudem in Bezug auf die Begründung zu § 1631b BGB, der im Vergleich zu anderen Schutzinstrumenten gerade das Wohl des einzelnen Kindes im Blick hat[383], fehl am Platz. Auch im Betreuungsrecht wird vermehrt differenziert und auf die tatsächliche freiheitsentziehende Wirkung einer Unterbringungsmaßnahme abgestellt.[384] Die Bezeichnung der Anstalt als geschlossen soll demnach nur ein Indiz, nicht aber bestimmendes Kriterium einer freiheitsentziehenden Unterbringung sein.[385] Überwiegend wird daher auch angenommen, dass eine freiheitsentziehende Unterbringung nicht nur bei geschlossenen, sondern auch halb-offenen, fakultativ-geschlossenen und sogar offenen Einrichtungen vorliegen kann, wenn für das betreffende Kind die Merkmale einer geschlossenen Unterbringung verwirklicht sind, also die Unterbringung mit Freiheitsentziehung verbunden ist.[386] Entsprechend sieht heute der § 415 Abs. 2 FamFG anders als der § 2 FreihEntzG eine Freiheitsentziehung insbesondere bei einer Unterbringung in einer geschlossenen Einrichtung

---

381 S. dazu oben, Teil 2, C. II.

382 *Džeko*, Geschlossene Unterbringung – ein Streitfall der Jugendhilfe, 2010, S. 10.

383 BT-Drucks. 18/11278, S. 11.

384 *Schneider*, in: MünchKomm BGB, 9. Aufl. 2024, § 1831 Rn. 11; *Brilla*, in: BeckOGK-BGB, Stand: 1. August 2025, § 1831 Rn. 28; *Brinckmann/Gräbsch*, Geschlossene Unterbringung psychisch Kranker, 2013, § 1 Rn. 23: für die Abgrenzung ist nicht die Bezeichnung der Einrichtung ausschlaggebend.

385 *Huber*, in: MünchKomm BGB, 9. Aufl. 2024, § 1631b Rn. 4; *Salgo*, in: Staudinger, 2020, § 1631b BGB Rn. 12; *Hamdan*, in: jurisPK-BGB, 8. Aufl. 2017, § 1631b Rn. 5; *Zorn*, Das Recht der elterlichen Sorge, 3. Aufl. 2016, Rn. 339; AG Hamburg-Bergedorf, Beschluss v. 21. Oktober 2005, Az. 415c F 20/05, zitiert nach juris, Rn. 22: selbst wenn nach einer Eingewöhnungsphase Ausgänge in Begleitung und sogar unbegleitete Ausgänge möglich sind, ändert dies an dem Charakter der Freiheitsentziehung nicht.

386 BT-Drucks. 8/2788, S. 51; *Hamdan*, in: jurisPK-BGB, 8. Aufl. 2017, § 1631b Rn. 5; *Rakete-Dombek/Berning*, in: Kaiser/Schnitzler/Schilling/Sanders, 4. Aufl. 2021, § 1631b Rn. 3; *Salgo*, in: Staudinger, 2020, § 1631b BGB Rn. 12a; *Zorn*, Das Recht der elterlichen Sorge, 3. Aufl. 2016, Rn. 339; *Hoffmann*, FamRZ 2013, 1346, 1347: ausreichend ist die jederzeitige Option zur Freiheitsbeschränkung.

oder Abteilung vor, was darüber hinausgehende freiheitsentziehende Unterbringungen möglich macht.

*(3) Problematische Einzelfälle*

Die Schwierigkeit der Einordnung als Unterbringung, die mit Freiheitsentziehung verbunden ist, oder als freiheitsentziehende Maßnahme tritt beispielhaft bei folgenden Problemlagen zu Tage. Die Bewertung von Überwachungsanlagen, die Betroffene mit einem Chip ausstatten, um sie am Verlassen der Einrichtung zu hindern, wurde schon bei der Frage thematisiert, ob hierin überhaupt eine Freiheitsentziehung gesehen werden kann: Funktionieren diese Maßnahmen ausschließlich als so genannte Personenortungsanlagen, mithilfe derer die Bewegungen des Betroffenen überwacht, nicht aber verhindert werden, kann hierin keine Freiheitsentziehung liegen. Verhindert der Chip in Kombination mit einem Türverriegelungsmechanismus allerdings tatsächlich das Verlassen der Einrichtung oder Station und liegt damit eine Freiheitsentziehung vor, ist allerdings fraglich, ob diese nach § 1631 Abs. 1 bzw. § 1831 Abs. 1–3 BGB oder nach § 1631b Abs. 2 bzw. § 1831 Abs. 4 BGB genehmigungspflichtig ist. Denn diese Maßnahmen ergeben vor allem Sinn, wenn nicht alle Bewohner am Verlassen des Bereichs gehindert werden sollen – dann läge das Verschließen der Tür näher. Im Betreuungsrecht wird eine Genehmigungspflicht entsprechend der Orientierung am engen Unterbringungsbegriff aus § 1831 Abs. 4 BGB abgeleitet, da die Einrichtung dann, wenn einzelne Personen sie verlassen können, als offene Einrichtung zu bewerten ist.[387] Ebenso müssen komplizierte Schließmechanismen, die einige Bewohner bedienen können, andere dagegen – gegebenenfalls krankheitsbedingt – nicht, sowie der Einsatz von Personal, das einzelne Bewohner der Einrichtung am Verlassen hindert, bewertet werden.[388]

Problematisch sind auch verschlossene Türen, die grundsätzlich auf Wunsch vom Personal geöffnet werden. Ist dies ohne Verzögerung der Fall, kann hierin schon keine Freiheitsentziehung gesehen werden. Der Bundesgerichtshof hatte sich allerdings mit einem Fall zu befassen, in dem die

---

[387] *Müller-Engels*, in: BeckOK-BGB, 76. Edition, Stand: 1. August 2025, § 1831 Rn. 28; Für § 1906 Abs. 4 BGB: *Kreicker*, NJW 2009, 890, 893.

[388] BT-Drucks. 11/4528, S. 146, 148.

Eingangstür der Einrichtung nachts grundsätzlich verschlossen wurde, die Bewohner allerdings einen Knopf betätigen konnten, infolgedessen ihnen das Verlassen der Einrichtung innerhalb von höchstens 30 Minuten ermöglicht wurde.[389] Das Verlassen war damit auch grundsätzlich möglich, aber nicht ohne Weiteres. Der Bundesgerichtshof hat hier unter Bewertung der zeitlichen Schwelle zwar keine freiheitsentziehende Unterbringung nach Abs. 1–3 BGB, wohl aber eine freiheitsentziehende Maßnahme nach Abs. 4 angenommen.[390] Orientiert am engen Unterbringungsbegriff hätte die Abgrenzung anders erfolgen müssen: Die Zeitspanne, die benötigt wird, bis ein Mitarbeiter die Tür öffnet, kann allenfalls einschlägig sein für die Frage, ob überhaupt eine Freiheitsentziehung vorliegt oder ob es sich nicht nur um eine ganz unerhebliche Verzögerung handelt.[391] Folgte man dem engen Unterbringungsbegriff, käme eine Genehmigungspflicht hier allein aufgrund von § 1831 Abs. 4 BGB in Frage, da die Einrichtung bzw. die Station, in der die betroffene Person untergebracht war, grundsätzlich offen ausgestaltet war. Der Bundesgerichtshof hält sich mithin auch nicht streng an den engen Unterbringungsbegriff – wenngleich die von ihm verwendete Definition der freiheitsentziehenden Unterbringung auch hier eine Geschlossenheit beinhaltet –, sondern grenzt vielmehr nach der Dauer der Maßnahme ab.

Im Kindschaftsrecht wird an der Grenze zwischen einer Unterbringung, die mit Freiheitsentziehung verbunden ist, und (anderen) freiheitsentziehenden Maßnahmen – vor allem vor Schaffung des Abs. 2 – das Problem von Time-Out-Räumen thematisiert. Hierbei handelt es sich wohl recht unstreitig um eine Freiheitsentziehung,[392] fraglich war aber, ob darin auch eine freiheitsentziehende Unterbringung i. S. v. Abs. 1 zu sehen ist. Die Unterbringung in einer Einrichtung, die die Verwendung von Time-Out-Räumen vorsieht, wurde mitunter als fakultativ-geschlossene Unterbringung eingeordnet und eine Genehmigungspflicht nach Abs. 1 zumindest dann angenommen, wenn die Maßnahme Teil der Hilfeplanung bezogen auf einen einzelnen Betroffenen oder Teil der Konzeption der Einrichtung ist

389 BGH, FamRZ 2015, 567.

390 BGH, FamRZ 2015, 567, 568.

391 *Schwab*, in: MünchKomm BGB, 7. Aufl. 2017 (Vorauflage), § 1906 Rn. 80.

392 *Schmid*, in: Schulz/Hauß, Familienrecht, 3. Aufl. 2018, § 1631b Rn. 3.

und für alle Bewohner.[393] Fraglich blieb bei dieser Einordnung, ob es einer Genehmigung dann nur bedarf, wenn die Unterbringung ansonsten nicht schon mit Freiheitsentziehung verbunden ist und ob es verneinendenfalls für eine schon genehmigte Freiheitsentziehung einer zusätzlichen Genehmigung bedarf oder eine institutionell oder im Hilfeplan vorgesehene Maßnahme schon von der ursprünglichen Genehmigung umfasst war.[394] In der Gesetzesbegründung zu Abs. 2 wird die Nutzung eines „Time-Out"-Raums nun ausdrücklich als Unterfall einer freiheitsentziehenden Maßnahme genannt. Damit wird sie nun als „sonstige" freiheitsentziehende Maßnahme nur nach Abs. 2 genehmigungspflichtig sein.[395]

*(4) Weiterer Abgrenzungsvorschlag und Stellungnahme*

Damit findet de facto eine Abwendung vom klassischen engen Unterbringungsbegriff statt, ohne dass – schon allein aufgrund der Existenz von § 1631b Abs. 2 BGB und § 1831 Abs. 4 BGB – von einem so weiten Unterbringungsbegriff ausgegangen werden kann, der freiheitsentziehende Maßnahmen miteinschließt. Offen bleibt daher die Frage, wie sonst differenziert werden soll, ob eine freiheitsentziehende Unterbringung vorliegt oder „nur" eine freiheitsentziehende Maßnahme.

Zunächst ließe sich nachdenken über eine andere Definition des Begriffs der Geschlossenheit, wie er etwa hinsichtlich der Bewertung von Time-Out-Räumen und auch sonst für die Einordnung von Unterbringungen unter § 1631b Abs. 1 BGB genannt wird: so wird – wie beschrieben[396] – weitestgehend keine vollkommene Geschlossenheit gefordert, sondern auch etwa fakultativ-geschlossene, halboffene oder gar offene Einrichtungen werden in den Anwendungsbereich einbezogen. Die Einbeziehung geht also weg von einer institutionellen – die Einrichtung macht ein Verlassen allen Bewohnern

---

393 *Hoffmann*, FamRZ 2013, 1346, 1347: Einordnung als Maßnahme einer fakultativen Geschlossenheit; ebenso *Bohnert*, in: BeckOGK-SGB VIII, Stand: 1. November 2025, § 34 Rn. 28.

394 Letzteres ist zumindest dann zu verneinen, wenn die Genehmigung der Unterbringung sich nicht auf eine bestimmte Einrichtung bezieht (dazu sogleich unter B. VII. 3.) und damit in der dann ausgesuchten Einrichtung institutionell vorgesehene Maßnahmen nicht beurteilt werden können.

395 DIJuF-Rechtsgutachten, JAmt 2017, 492, 493.

396 S. dazu oben, B. IV. 2. a.

unmöglich –, hin zu einer persönlichen Geschlossenheit – dem Einzelnen ist ein Verlassen unmöglich. Auch dieser Begriff ist allerdings hinsichtlich der Zuordnung zum Anwendungsbereich des Abs. 1 oder 2 unbestimmt. Denn eine Unterbringung erfolgt auch für das einzelne Kind nicht durchgängig geschlossen – auch eine fakultativ-geschlossene oder teilgeschlossene Unterbringung zeichnet sich vielmehr dadurch aus, dass sie zwar auch nur bestimmte und nicht alle Bewohner am Verlassen hindern kann, allerdings kann sie auch für den Einzelnen je nach Bedarf mal offen und mal geschlossen ausgestaltet sein. In Ansehung des § 1631b Abs. 2 BGB fällt es allerdings schwer, für das Vorliegen einer Unterbringung, die mit Freiheitsentziehung verbunden ist, die Möglichkeit ausreichen zu lassen, jederzeit die Freiheit zu entziehen.[397] Denn die jederzeitige Entziehung der Freiheit erfolgt eben auch bei freiheitsentziehenden Maßnahmen. Zudem können auch diese gerade dazu führen, dass Betroffene die Einrichtung überhaupt nicht mehr verlassen können. Mag dies auch nur zeitweise der Fall sein, ist damit aber dennoch keine ausreichende Abgrenzung zu Fällen der fakultativen Geschlossenheit möglich.

Für das Betreuungsrecht wird angeknüpft an die Formulierung in der Gesetzesbegründung, der Betroffene muss am „Verlassen seines Aufenthaltsortes“ gehindert werden und für die Subsumtion unter § 1831 Abs. 4 BGB vereinzelt vorausgesetzt, dass der Betroffene an seinem bisherigen Aufenthalt festgehalten wird.[398] Für Abs. 1 sei dagegen Voraussetzung, dass eine fremdbestimmte Aufenthaltsveränderung erfolge.[399] Folgte man dieser Prämisse im Kindschaftsrecht, würde das Verbringen in einen Time-Out-Raum unter § 1631b Abs. 1 fallen, während das Abschließen des Raumes, in dem sich der Betroffene ohnehin befindet, unter Abs. 2 fällt. Dies zeigt ebenso die Ungeeignetheit dieser Abgrenzung wie ein weiteres Szenario: Denkbar ist, dass der Betroffene schon bevor die Notwendigkeit einer freiheitsentziehenden Unterbringung besteht in derselben Einrichtung untergebracht ist, in der diese erfolgen soll. Da in diesem Fall keine Aufenthaltsveränderung erfolgt, wäre Abs. 4 BGB anzuwenden, obwohl die Ausgestaltung der Unterbringung exakt dieselbe ist, wie wenn eine solche stattgefunden hätte.

---

[397] So noch vor der Neuregelung *Hoffmann*, FamRZ 2013, 1346, 1347.

[398] *Lipp/Güttler*, BtPrax 2017, 94, 98.

[399] *Lipp/Güttler*, BtPrax 2017, 94, 98.

Als passgenaueres, allerdings weniger greifbares Kriterium wird vorgeschlagen, eine Unterbringung, die mit Freiheitsentziehung verbunden ist, dann anzunehmen, wenn die Freiheitsentziehung ein Charakteristikum der Unterbringungsmaßnahme ist.[400] Denn nur wenn die Freiheitsentziehung die Unterbringung prägen/definieren, kann von einer freiheitsentziehenden Unterbringung gesprochen werden. Die Festlegungskompetenz insofern, wie auch hinsichtlich der Frage, ob eine Freiheitsentziehung gegeben ist, liegt beim Familiengericht.[401]

Die zwar vorhandene aber dennoch nur beschränkte Relevanz der Abgrenzung wurde bereits dargestellt.[402] Insofern und auch in Ansehung der vielfältigen Anwendungsformen von Freiheitsentziehungen während oder durch eine Unterbringung, die mitunter fließend ineinander übergehen, liegt die Frage nahe, inwiefern eine separate Regelung beider Fallgestaltungen sinnvoll erscheint. Ein Grund für diese Unterscheidung offenbart sich – abgesehen vielleicht vom Gleichlauf mit § 1831 BGB – nicht. Auch bei der Schaffung des § 1831 BGB wurde kein Argument für die Trennung genannt. Vielmehr orientierte sich die Regelung an der des älteren § 1631b BGB, die sie ins Betreuungsrecht übernahm und in Abs. 4 für die freiheitsentziehenden Maßnahmen ergänzt wurde. De lege ferenda liegt damit die Regelung in einem einheitlichen Tatbestand nahe.

### *d. (Alters-)Üblichkeit*

Der Anwendungsbereich des § 1631b BGB soll dagegen noch in einer weiteren Hinsicht beschränkt sein. Denn wie sich aus der Darstellung der elterlichen Befugnisse im Elternhaus ergibt, bringt es die Pflege und Erziehung eines Kindes mit sich, dass Maßnahmen notwendig sind, welche die Freiheit des Kindes beschränken und sogar entziehen. Befindet sich der Minderjährige in einer Einrichtung, wird er diese ohnehin nicht wie ein Erwachsener verlassen können, da etwa das nächtliche Abschließen des Hauses veranlasst

---

[400] *Salgo*, in: Staudinger, 2020, § 1631b BGB Rn. 13; *Veit/Schmidt*, in: BeckOK-BGB, 76. Edition, Stand: 1. November 2025, § 1631b Rn. 14.

[401] *Salgo*, in: Staudinger, 2020, § 1631b BGB Rn. 12.

[402] s. dazu oben, B. IV. 2. c. (1).

ist, ohne dass von einer Unterbringung gesprochen werden soll, die mit Freiheitsentziehung verbunden ist.[403]

Eine entsprechende Korrektur erfolgt überwiegend über das Kriterium der „Altersüblichkeit" einer Maßnahme. Dieses taucht bezogen auf Abs. 1 erstmals bei dessen Schaffung in der Beschlussempfehlung des Rechtsausschusses auf.[404] Danach soll eine Freiheitsentziehung dann nicht vorliegen, „wenn die Unterbringung nur mit Freiheitsbeschränkungen verbunden ist, die bei dem Alter des Kindes oder Mündels üblich sind."[405] Diese Abgrenzung wurde durch die Rechtsprechung und Literatur vielfach übernommen.[406] Bei Maßnahmen, die angesichts des Alters des Kindes angemessen und üblich sind, liegt mithin keine Freiheitsentziehung vor.[407] Es handelt sich demnach dogmatisch nicht um einen Ausschluss des Anwendungsbereichs, sondern um ein Kriterium innerhalb der Definition des Begriffs der Freiheitsentziehung.[408] Folgte man diesem Kriterium, verschöbe sich die Grenze zwischen Freiheitsentziehung und Freiheitsbeschränkung nach dem Kindesalter, feste Altersgrenzen soll es dagegen nicht geben.[409]

---

[403] *Salgo*, in: Staudinger, 2020, § 1631b BGB Rn. 13.

[404] BT-Drucks. 8/2788, S. 51; hierauf verweist auch die Antwort des Parlamentarischen Staatssekretärs *de Wirth* auf eine Schriftliche Frage, BT-Drucks. 9/1299, S. 11, 12

[405] BT-Drucks. 8/2788, S. 51, ausgeschlossen ist danach etwa die Unterbringung in einem Erziehungsinternat.

[406] *Huber*, in: MünchKomm BGB, 9. Aufl. 2024, § 1631b Rn. 5; *Kerscher*, in: BeckOGK-BGB, Stand: 1. November 2025, § 1631b Rn. 19; *Gernhuber/Coester-Waltjen*, Familienrecht, 7. Aufl. 2020, § 59 Rn. 21; *Zorn*, Das Recht der elterlichen Sorge, 3. Aufl. 2016, Rn. 341; *Czerner*, AcP 202 (2002), 72, 87 m. w. Nachw.

[407] *Zorn*, Das Recht der elterlichen Sorge, 3. Aufl. 2016, Rn. 341; *Huber*, in: MünchKomm BGB, 9. Aufl. 2024, § 1631b Rn. 5: im Rahmen der Hausordnung eines Internats vereinbarte Ausgehverbote; im Ergebnis offen gelassen bei *Schlink/Schattenfroh*, in: Fegert/Späth/Salgo, Freiheitsentziehende Maßnahmen in der Jugendhilfe und Kinder- und Jugendpsychiatrie, 2001, S. 73, 86, da das Problem hinsichtlich einer geschlossenen Unterbringung statistisch irrelevant sei, die erst ab einem Alter erfolge, in dem von einer Freiheitsentziehung ausgegangen werden könne.

[408] *Czerner*, AcP 202 (2002), 72, 87 m. w. Nachw.

[409] so OLG Celle, NJW 2014, 163; *Huber*, in: MünchKomm BGB, 9. Aufl. 2024, 1631b Rn. 5; *Gernhuber/Coester-Waltjen*, Familienrecht, 7. Aufl. 2020, § 59 Rn. 21; *Rohmann*, FPR 2011, 561, 562; für eine feste Altersgrenze dagegen: *Helle*, ZfJ 1986, 40, 45: 10 Jahre.

An der Differenzierung nach dem Kindesalter wird dagegen vermehrt Kritik geäußert.[410] Vereinzelt wird gar unterstellt, eine Orientierung an schematischen Altersgrenzen sei der Versuch, eine geschlossene Unterbringung rechtlich zu erleichtern.[411] Bemängelt wird vor allem, dass es an objektiven Maßstäben darüber fehlt, was ab welchem Alter bei einem Kind üblich ist und was nicht.[412] Fraglich ist zudem, auf wessen Maßstab es ankäme: so sind etwa Abweichungen üblicher Maßnahmen je nach Festlegung eines üblichen Entwicklungsverlaufs und nicht zuletzt auch je nach Erziehungsstil möglich. Denn wenn eine Orientierung an konkreten Altersgrenzen nicht in Betracht kommt, müsste als genereller Maßstab und Orientierungspunkt von einem üblichen Entwicklungsverlauf ausgegangen werden, anhand dessen sich die Vornahme bestimmter Maßnahmen als „alters"-üblich einordnen lässt.[413] In dem für die Einordnung als Freiheitsentziehung vielfach vertretenen Merkmal der Qualität einer Maßnahme kann die insofern divergierende Eingriffsintensität berücksichtigt werden – einer Orientierung am Alter bedarf es dagegen nicht.[414] Eine Freiheitsentziehung ist damit auch bei sehr kleinen Kindern möglich, wofür auch der Vergleich mit dem verfassungsrechtlichen Freiheitsentziehungsbegriff spräche: auch dort erfolge keine Abwägung einer mit kognitiver Entwicklung steigenden Selbstständigkeit und damit verbundenem stärkeren Freiheitsbedürfnis mit dem erforderlichen Schutz vor sich selbst.[415] Auf diese Abwägungsfälle mag sich § 1631b BGB im Ergebnis beziehen, seine Voraussetzungen verlangen dagegen zunächst nur eine Freiheitsentziehung. Eine solche ist dagegen schon bei einem Kleinkind denkbar,

---

410 *Hoffmann*, FamRZ 2013, 1346, 1347; *Veit/Schmidt*, in: BeckOK-BGB, 76. Edition, Stand: 1. November 2025, § 1631b Rn. 13.1; *Salgo*, in: Staudinger, 2020, § 1631b BGB Rn. 13.

411 *Schlink/Schattenfroh*, in: Fegert/Späth/Salgo, Freiheitsentziehende Maßnahmen in der Jugendhilfe und Kinder- und Jugendpsychiatrie, 2001, S. 73, 86.

412 *Veit/Schmidt*, in: BeckOK-BGB, 76. Edition, Stand: 1. November 2025, § 1631b Rn. 13.1; *Beermann*, FPR 2011, 535, 536.

413 Zur Annahme einer generellen gegenüber einer individuellen Grenze, da die Altersüblichkeit allenfalls als Konkretisierung der abstrakten Norm aufgefasst werden kann: *Helle*, ZfJ 1986, 40

414 Ebenso *Kerscher*, in: BeckOGK-BGB, Stand: 1. November 2025, § 1631b Rn. 19.1, der hieraus folgert, dass eine Orientierung am Alter dennoch zulässig ist, weil dieses mit dem Merkmal Qualität und Quantität untrennbar zusammenhängt.

415 *Moritz*, ZfJ 1986, 440, 441.

das sich durch Krabbeln fortbewegen kann oder durch Laute zu verstehen gibt, dass es wegbewegt werden möchte.[416]

Die Einordnung als Freiheitsentziehung reicht ferner noch nicht aus, um eine „freiheitsentziehende Unterbringung" nach § 1631b Abs. 1 BGB zu begründen. Vielmehr müsste die festgestellte Freiheitsentziehung je nach Standpunkt entweder dazu führen, dass die Unterbringung geschlossen erfolgt, oder zumindest ein Charakteristikum der Unterbringung darstellen.[417] Dies stellt die Einordnung einer Maßnahme, die unter § 1631b Abs. 1 BGB fallen könnte, als „altersüblich" besonders in Frage. Denn es mutet befremdlich an, dass eine „übliche" Maßnahme, wie das Verschließen der Tür zur Nachtzeit, ein Gitterbett für ein Kleinkind, Hausarrest oder der Aufenthalt in einem Internat[418], wenn sie auch mit einer Freiheitsentziehung verbunden ist, eine freiheitsentziehende Unterbringung darstellen soll. Dies gilt sowohl in der unter dem engen Unterbringungsbegriff vertretenen Ausgestaltung – Geschlossenheit, Kontaktbeschränkung, ständige Überwachung – aber auch in der Form, dass die Freiheitsentziehung zum Charakteristikum der Unterbringungsmaßnahme wird. Vielmehr ist davon auszugehen, dass eine Unterbringung, die mit Freiheitsentziehung verbunden ist, im Sinne des § 1631b Abs. 1 BGB in keinem Alter üblich ist.[419]

Der Ausschluss von Maßnahmen, die im Rahmen der allgemeinen Erziehungs- und Aufsichtspflicht liegen[420] (begrenzte Ausgangszeiten, Ausgehverbote, Hausarbeitsstunden, Stuben- bzw. Hausarrest)[421], sowie üblicher Sicherungsmaßnahmen einer Einrichtung[422] aus dem Genehmigungserfordernis ist vor allem bei der Beurteilung freiheitsentziehender Maßnahmen relevant. § 1631b Abs. 2 BGB sieht eine Orientierung am Alter schon im

416 *Moritz*, ZfJ 1986, 440, 441.

417 s. dazu oben, unter B. IV. 2. c.

418 Diese Maßnahmen will sogar *Beermann* (FPR 2011, 535, 536) als eigentlicher Gegner der Altersorientierung ohne Begründung aus dem Anwendungsbereich herausnehmen.

419 Ebenso *Gollwitzer/Rüth*, FamRZ 1996, 1388.

420 *Huber*, in: MünchKomm BGB, 9. Aufl. 2024, 1631b Rn. 5; *Jans/Happe*, Gesetz zur Neuregelung des Rechts der elterlichen Sorge, Kommentar, S. 104.

421 BT-Drucks. 8/2788, S. 38; OLG Celle, NJW 2014, 163.

422 *Hoffmann*, FamRZ 2013, 1246, 1348.

Normtext vor:[423] eine Genehmigung ist erforderlich, wenn dem Kind „in nicht altersgerechter Weise die Freiheit entzogen werden soll". Eine staatliche Kontrolle anderer Maßnahmen, die übliche und sinnvolle Maßnahmen der Ausübung der elterlichen Sorge darstellen bzw. adäquat sind und im Rahmen der Erziehung insbesondere gegenüber besonders der Aufsicht bedürfenden Kleinkindern zur Anwendung gelangen – genannt werden nicht abschließend Laufställe und Hochstühle –, wäre unverhältnismäßig.[424]

Die Formulierung im Gesetz muss zunächst so interpretiert werden, dass eine „altersgerechte" Maßnahme zwar eine Freiheitsentziehung sein kann, allerdings der Anwendungsbereich der Norm für diese nicht eröffnet ist. Denn wenn die Freiheit in nicht altersgerechter Weise entzogen werden kann, kann sie wohl auch in altersgerechter Weise entzogen werden – im Ergebnis macht das freilich keinen Unterschied, könnte sich aber auf die Orientierung am Alter in Abs. 1 auswirken: bei einer altersgerechten Maßnahme liegt dann sehr wohl weiterhin eine Freiheitsentziehung vor, der Ausschluss der Genehmigungspflicht könnte sich dann allenfalls aus einer teleologischen Reduktion ergeben, die allerdings nach der hier vertretenen Meinung schon deswegen nicht notwendig ist, da eine freiheitsentziehende Unterbringung nach dem Vorhergesagten nie „altersüblich" ist.

Aus der vom Gesetzgeber gewählten – gegebenenfalls unglücklichen Formulierung – darf zudem nicht geschlossen werden, dass jegliche freiheitsentziehende Maßnahmen in einem bestimmten Alter angemessen sind – das ist etwa für Fixierungen abzulehnen, die im Rahmen einer üblichen Erziehung nicht vorkommen.[425] Gemeint ist vielmehr die Feststellung, ob eine Maßnahme im Rahmen der Erziehung in diesem Alter adäquat und üblich ist[426] – so formuliert es auch die Gesetzesbegründung.[427] Warum diese Formulierung nicht in den Gesetzestext Eingang gefunden hat, ließe sich nur vermuten.

Die ausdrückliche Erwähnung der Einschränkung wäre zudem überflüssig, wenn man wie zuvor beschrieben schon den Begriff der Freiheitsentziehung

---

423 Kritisch dazu mit Blick auf den ohnehin am Alter orientierten Abs. 1: *Götz*, FamRZ 2017, 1289, 1293.

424 BT-Drucks. 18/11278, S. 17.

425 *Veit/Schmidt*, in: BeckOK-BGB, 76. Edition, Stand: 1. November 2025, § 1631b Rn. 28.1.

426 *Veit/Schmidt*, in: BeckOK-BGB, 76. Edition, Stand: 1. November 2025, § 1631b Rn. 28.1.

427 BT-Drucks. 18/11278, S. 17.

davon abhängig macht, dass eine Maßnahme nicht altersüblich ist.[428] Dieser unklaren Abgrenzung zwischen einer Freiheitsbeschränkung und -entziehung anhand der Altersüblichkeit bedarf es dagegen nicht, wenn der Anwendungsbereich anderweitig beschränkt ist. Gleichwohl bleibt der Gesetzgeber auch hier eine subsumtionsfähige Anknüpfung schuldig, wann eine „altersgerechte" Maßnahme vorliegt.

### e. *Unterbringungsähnliche, freiheitsbeschränkende und freiheitsentziehende Maßnahmen*

Der Terminus „freiheitsentziehende Maßnahmen", der sich jetzt in den Überschriften sowohl zu § 1631b BGB als auch zu § 1831 BGB findet, weist eindeutig aus, welche Rechtsfolge die Maßnahmen nach sich ziehen. Die Bezeichnung war hingegen keinesfalls immer so eindeutig: Im Betreuungsrecht war überwiegend und ist auch heute noch häufig von unterbringungsähnlichen Maßnahmen, mitunter auch von unterbringungsähnlichen Maßnahmen mit freiheitsentziehender Wirkung die Rede.[429] So sah auch der Gesetzesentwurf des Betreuungsgesetzes zunächst den Begriff „unterbringungsähnliche Maßnahmen" in § 1906 Abs. 4 a. F. BGB vor.[430] Dieser Ausdruck ergibt vor allem vor dem Hintergrund des engen Begriffs der freiheitsentziehenden Unterbringung Sinn: Die Maßnahmen können mitunter sehr ähnlich sein wie eine Unterbringung, werden aber eben nicht als eine solche im Sinne des § 1831 Abs. 1 BGB gewertet. Dass eine unterbringungsähnliche Maßnahme eine Freiheitsentziehung impliziert, würde sich allerdings – wenn man allein auf die Bezeichnung abstellt – allenfalls unter Anwendung des engen Unterbringungsbegriffs ergeben, dem eine Freiheitsentziehung immanent ist.

Genehmigungspflichtige Maßnahmen nach Abs. 4 wurden in der Begründung zum Betreuungsgesetz beispielhaft aufgezählt – dass hierfür eine

---

[428] *Veit/Schmidt*, in: BeckOK-BGB, 76. Edition, Stand: 1. November 2025, § 1631b Rn. 28.1; *Götz*, FamRZ 2017, 1289, 1291, 1293; DIJuF, Stellungnahme v. 11. Oktober 2016, S. 2 (https://dijuf.de/fileadmin/Redaktion/Hinweise/DIJuF-Stellungnahme_zum_Referentenentwurf_des_BMJV_zur_Einfuehrung_eines_familiengerichtlichen_Genehmigungsvorbehaltes_v._11.10.2016.pdf [zuletzt abgerufen: 9. Juni 2026]).

[429] Hierauf verweist BT-Drucks. 18/11278, S. 10; interessant auch: *Roth*, in: Erman, 17. Aufl. 2023, § 1831 BGB Rn. 39: „freiheitsbeeinträchtigende Maßnahmen von Unterbringungsähnlichkeit".

[430] BT-Drucks. 11/4528 S. 16.

Freiheitsentziehung notwendig sein soll, findet sich auch dort allerdings nicht. Die Maßnahmen werden vielmehr nur als „Freiheitsbeschränkungen“ bezeichnet.[431] Auch der Normtext des Entwurfs sprach nicht von einer Freiheitsentziehung, sah aber wohl vor, dass der Betreute „am Verlassen seines Aufenthaltsortes gehindert“ wird. Die Stellungnahme des Bundesrates sah sodann eine Ersetzung des Begriffs „unterbringungsähnlich“ durch „freiheitsbeschränkend“ vor, da der Begriff „unterbringungsähnlich“ irreführend sei – denn die Maßnahmen seien aufgrund ihrer Freiheitsbeschränkung der gerichtlichen Genehmigung unterstellt.[432] Erst die Gegenäußerung der Bundesregierung erkennt an, dass es sich bei Maßnahmen wie dauernden Fixierungen um freiheitsentziehende Maßnahmen handeln kann. Sie subsumiert diese Maßnahmen allerdings sodann aufgrund ihrer freiheitsentziehenden Wirkung unter den Begriff der freiheitsentziehenden Unterbringung im Sinne des Abs. 1; Abs. 3 erfasse dagegen nur Freiheitsbeschränkungen.[433]

Verschwunden ist der Begriff der unterbringungsähnlichen Maßnahmen aus dem neu zu schaffenden Betreuungsrecht mit der Beschlussempfehlung des Rechtsausschusses.[434] Dort wurde die Norm auch in ihren endgültigen Wortlaut gebracht, der die Voraussetzung beinhaltete, dem Betreuten müsse „die Freiheit entzogen werden soll[en]“. Hiermit solle abgebildet werden, dass die Wirkungen mit einer Unterbringung – gemeint ist eine freiheitsentziehende Unterbringung nach Abs. 1–3 – vergleichbar sind.[435]

Der heute verwendete Begriff der freiheitsentziehenden Maßnahme ist danach sachdienlich, da er abbildet, worauf es tatsächlich ankommt. Die Wirkung auf die Fortbewegungsfreiheit ist mit einer Freiheitsentziehung dieselbe wie bei einer freiheitsentziehenden Unterbringung, wenn auch die tatsächlichen Wirkungen auf den Einzelnen nicht notwendigerweise verglichen werden können.[436] Die Bezeichnung „freiheitsbeschränkende Maßnahme“ geht dagegen fehl, da sie eine Abgrenzung der Maßnahmen zu einer freiheitsentziehenden Unterbringung anhand der Trennlinie zwischen

---

[431] BT-Drucks. 11/4528, S. 82.
[432] BT-Drucks. 11/4528, S. 209 f.
[433] BT-Drucks. 11/4528 S. 228.
[434] BT-Drucks. 11/6949, S. 15.
[435] BT-Drucks. 11/6949, S. 76.
[436] S. dazu oben, unter Teil 2, F.

Freiheitsentziehung und Freiheitsbeschränkung im engeren Sinne suggeriert. Dieser sich in der Gegenäußerung der Bundesregierung abzeichnenden Einordnung ist entgegenzutreten – beide Maßnahmen haben eine freiheitsentziehende Wirkung. Soweit sich in Rechtsprechung und Literatur weiterhin die Termini „unterbringungsähnliche" oder „freiheitsbeschränkende"[437] anstelle von „freiheitsentziehende Maßnahme" findet, sind diese zumindest ungenau.

### f. *Die Relevanz des kindlichen Willens*

#### (1) *Maßnahme gegen oder ohne den Willen*

Die Frage, welche Relevanz der entgegenstehende Wille des Betroffenen für die Annahme einer Freiheitsentziehung hat, wurde schon innerhalb des verfassungsrechtlichen Freiheitsbegriffs thematisiert. Nach der hier vertretenen Ansicht ist zur Vornahme einer Freiheitsbeschränkung im weiteren Sinne zwar die grundsätzliche Fähigkeit zur Fortbewegung notwendig, nicht dagegen ein hierauf gerichteter natürlicher Wille.[438] Auch im einfachen Recht wird dagegen die Freiheitsentziehung als Maßnahme definiert, die den Betroffenen an seiner willensgesteuerten Aufenthaltsveränderung hindert.[439]

Die Annahme einer Tatbestandsmäßigkeit des § 1631b BGB soll dagegen hier ebenfalls nur von dem Erfolg, also der Beschränkung einer tatsächlich vorhandenen (Fort-)Bewegungsmöglichkeit abhängen. Für Abs. 1 bedeutet das, dass eine Freiheitsentziehung dann nicht vorliegt, wenn der Betroffene sich aus dem Bereich, auf den er begrenzt wird oder werden soll, ohnehin nicht – auch nicht mit fremder Hilfe – fortbewegen kann.[440] Eine Maßnahme im Sinne des Abs. 2 erfordert dagegen nicht notwendigerweise eine Möglichkeit zur Fortbewegung: für die Annahme einer Freiheitsentziehung durch eine Fixierung reicht es etwa aus, dass der Betroffene zu Bewegungen fähig ist, die durch die Fixierung unterbunden werden. In Ansehung des Abs. 2 zeigt sich auch, dass das Erfordernis eines entgegenstehenden natürlichen Willens eine Schutzlücke hinterlässt: Eine Maßnahme, die zwar nicht

---

[437] OLG Frankfurt, FamRZ 2013, 1225.

[438] S. dazu oben, unter Teil 3, C. IV.; DIJuF-Rechtsgutachten, JAmt 2017, 492, 493.

[439] Für § 1631b BGB: OLG Celle, NJW 2014, 163; Für § 1906 BGB: BGH, NJW-RR 2012, 1281, 1282.

[440] *Hoffmann*, FamRZ 2013, 1346, 1347: eine Freiheitsentziehung ist etwa ausgeschlossen bei Säuglingen und schwer behinderten Personen.

willensgesteuertes, aber zum Beispiel reflexhaftes oder rein triebgesteuertes Verhalten unterbindet – etwa eine Fixierung im Bett, während der Betroffene schläft –, weist ebenfalls eine hohe Eingriffsintensität auf und entzieht dem Betroffenen die an sich gegebene Fortbewegungsfreiheit. Damit ist auch hier eine Maßnahme ausreichend, die gegen oder ohne den Willen des Betroffenen erfolgt.[441]

Eine nähere Betrachtung verdienen auch die Betroffenen, die aufgrund einer geistigen Behinderung zu einer klaren Willensäußerung nicht immer in der Lage sind. Das kann etwa dazu führen, dass sie ihren Willen gar nicht äußern wollen, oder können, oder es einfach nicht tun. Andererseits ist es auch möglich, dass sie die Anwendung unterbringungsähnlicher Maßnahmen verhindern, indem sie sich zum Beispiel bei der Anlegung eines Fixierungsgurtes massiv zur Wehr setzen, sich aber bei Unterlassung einer Fixierung aktiv selbst gefährden, indem sie sich etwa aus dem Bett werfen. Auch das ist wiederum kontrolliert und willensgesteuert, aber auch reflexhaft möglich.

#### *(2) Ausschluss der Tatbestandsmäßigkeit durch Einwilligung?*

Parallel der zum verfassungsrechtlichen Freiheitsbeschränkungsbegriff dargestellten Thematik[442] wird auch für den einfachrechtlichen Freiheitsentziehungsbegriff mitunter davon ausgegangen, dass betroffene Minderjährige tatbestandsausschließend in die Maßnahme einwilligen bzw. sich mit dieser einverstanden erklären können.[443] Begründet wird diese Annahme der erforderlichen Achtung der Handlungsfähigkeit der Minderjährigen und mit der notwendigen Gleichbehandlung mit Volljährigen, für die im Rahmen des § 1831 BGB eine Freiheitsentziehung ebenfalls aufgrund einer Einwilligung ausgeschlossen ist.[444] Die Möglichkeit zur Einwilligung lässt

---

441 *Kerscher*, in: BeckOGK-BGB, Stand: 1. November 2025, § 1631b Rn. 15; *Döll*, in: Erman, 17. Aufl. 2023, § 1631b BGB Rn. 3a; *Hoffmann*, FamRZ 2013, 1346, 1347: Gleichbehandlung zwischen Minderjährigen und Volljährigen.

442 S. unter Teil 3, C. IV. 2. ff.

443 *Hamdan*, in: jurisPK-BGB, 8. Aufl. 2017, § 1631b Rn. 3; *Kerscher*, in: BeckOGK-BGB, Stand: 1. November 2025, § 1631b Rn. 26; *Hoffmann*, JAmt 2009, 473; *dies.*, FamRZ 2013, 1346, 1347; *dies./Trenczek*, JAmt 2011, 177, 178; *Wille*, ZfJ 2002, 85, 86; AG Hamburg-Barmbek, NJOZ 2009, 51, 52.

444 *Hoffmann*, FamRZ 2013, 1346, 1347; zur Einwilligung im Rahmen des § 1906 BGB: *Brinckmann/Gräbsch*, Geschlossene Unterbringung psychisch Kranker, 2013, § 1 Rn. 51;

sich auch aus der vielfach zitierten Definition einer freiheitsentziehenden Unterbringung im Sinne des § 1631b BGB herauslesen, die neben den oben genannten Aspekten voraussetzt, dass der Betroffene „gegen seinen Willen oder im Zustand der Willenlosigkeit" in seiner Fortbewegung begrenzt wird.[445] Zum Teil wird die wirksame Einwilligung davon abhängig gemacht, ob Betroffene trotz ihrer Minderjährigkeit einwilligungsfähig sind, das heißt eine Einsichts- und Urteilsfähigkeit bezogen auf die tangierten Rechtsgüter Selbstbestimmung und Fortbewegungsfreiheit besitzen.[446] Zum Teil wird dagegen auch hier der fehlende entgegenstehende natürliche Wille von Minderjährigen zum Ausschluss der Tatbestandsmäßigkeit für ausreichend erachtet.[447]

Überwiegend wird ein Genehmigungsverfahren allerdings trotz einer erklärten Einwilligung des Minderjährigen für notwendig gehalten.[448] Die Schwierigkeiten, die sich hinsichtlich der Ermittlung dieser Einsichtsfähigkeit ergeben, werden als Begründung für die Ablehnung des Tatbestandsausschlusses durch Einwilligung ebenso genannt, wie die Notwendigkeit, das

---

*Hoffmann/Klie*, Freiheitsentziehende Maßnahmen im Betreuungs- und Kindschaftsrecht, 2. Aufl. 2012, Kap. 2 Rn. 8.

445 BGH, NJW 2013, 2969; NJW 2001, 888 m. w. Nachw.; *Hoffmann/Klie*, Freiheitsentziehende Maßnahmen im Betreuungs- und Kindschaftsrecht, 2. Aufl. 2012, Kap. 2 Rn. 8; *Czerner*, AcP 202 (2002), 72, 87.

446 *Gollwitzer/Rüth*, FamRZ 1996, 1388 (i. Erg. die Möglichkeit einer Einwilligung ablehnend); *Fink*, in: FS Salgo, 2016, S. 137, 1: „ob der Minderjährige mit natürlichem Willen die Tragweite der freiheitsentziehenden Maßnahme zu erfassen vermag" – i. Erg. nimmt sie aber dennoch ein Genehmigungsbedürfnis annimmt.

447 *Hoffmann*, FamRZ 2013, 1346, 1347.

448 *Kerscher*, in: BeckOGK-BGB, Stand: 1. November 2025, § 1631b Rn. 26; *Veit/Schmidt*, in: BeckOK-BGB, 76. Edition, Stand: 1. November 2025, § 1631b Rn. 29; *Rakete-Dombek/Berning*, in: Kaiser/Schnitzler/Schilling/Sanders, 4. Aufl. 2021, § 1631b Rn. 10; *Gernhuber/Coester-Waltjen*, Familienrecht, 7. Aufl. 2020, § 59 Rn. 24; *Gollwitzer/Rüth*, FamRZ 1996, 1388, 1389; *Salgo*, FPR 2011, 546 ff.; *Beermann*, FPR 2011, 535, 536; *Rohmann*, FPR 2011, 561, 562; *Vogel*, FamRZ 2015, 1, 4; *ders.*, Die familiengerichtliche Genehmigung der Unterbringung mit Freiheitsentziehung bei Kinder und Jugendlichen nach § 1631b BGB, 2014, S. 98 ff.; *Fink*, in: FS Salgo, 2016, S. 137, 138 ff.; a. A.: *Hoffmann*, FamRZ 2013, 1346, 1347.

Kind effektiv zu schützen.[449] Zum Teil wird der Betroffene gar für in der Regel nicht einsichtsfähig bezogen auf die angestrebten Maßnahmen gehalten.[450]

Dies wird damit begründet, dass mit der Gefährdung, Erkrankung oder Störung, welche die Freiheitsentziehung indiziert, in der Regel eine wesentliche Beeinträchtigung oder Einschränkung der Steuerungs-, Einsichts- und Entscheidungsfähigkeit einhergeht.[451] Diese Feststellung kann eine individuelle Feststellung, ob Einsichtsfähigkeit gegeben ist, hingegen nicht überflüssig machen, auch wenn diese häufig ausgeschlossen sein mag. Denn die Unterbringung ist aufgrund einer Vielzahl von Ursachen möglich, die keinesfalls eine Einsichtsfähigkeit schon per se ausschließen können. Der generelle Ausschluss der Einsichtsfähigkeit könnte damit allenfalls aufgrund der Minderjährigkeit der Betroffenen und der damit – gleichsam einer strikten Altersgrenze – begründeten Mangel an der für die Einsichtsfähigkeit erforderlichen Reife begründet werden.[452]

Eine etwaige Einwilligung wird darüber hinaus deshalb für irrelevant gehalten, da die Genehmigung des Gerichts zu einem Zeitpunkt eingeholt

---

[449] *Döll*, in: Erman, 17. Aufl. 2023, § 1631b BGB Rn. 3a; *Salgo*, in: Staudinger, 2020, § 1631b BGB Rn. 8; *Fink*, in: FS Salgo, 2016, S. 137, 152; *Gollwitzer/Rüth*, FamRZ 1996, 1388, 1389 f.; *Vogel*, FamRZ 2015, 1, 4.

[450] *Veit/Schmidt*, in: BeckOK-BGB, 76. Edition, Stand: 1. November 2025, § 1631b Rn. 29; *Gollwitzer/Rüth*, FamRZ 1996, 1388, 1390 (für Minderjährige in der KJPP); *Salgo*, FPR 2011, 546, 548; *ders.*, in: Staudinger, 2020, § 1631b BGB Rn. 8; *Vogel*, FamRZ 2015, 1, 4; *Kerscher*, in: BeckOGK-BGB, Stand: 1. November 2025, § 1631b Rn. 26.1: „Fähigkeit, altersentsprechende Selbstverantwortung wahrzunehmen" i. d. R. nicht gegeben; Zweifel an der Einsichtsfähigkeit äußern auch *Fink*, in: FS Salgo, 2016, S. 137, 138 sowie *Rohmann*, FPR 2011, 561, 562; *Gollwitzer/Rüth*, FamRZ 1996, 1388, 1389 bezweifeln die Möglichkeit, in dem möglichst kurz zu haltenden Unterbringungsverfahren die Einwilligungsfähigkeit mit der erforderlichen Sicherheit feststellen zu können; Schumacher, FamRZ 1991, 28,: lehnt mit dieser Begründung auch die tatbestandsausschließende Einwilligung im Rahmen des § 1906 BGB ab; ausdrücklich a. A. insofern *Hoffmann/Klie*, Freiheitsentziehende Maßnahmen im Betreuungs- und Kindschaftsrecht, 2. Aufl. 2012, 2. Kapitel Rn. 11.

[451] *Salgo*, FPR 2011, 546, 548; *Fink*, in: FS Salgo, 2016, S. 137, 151; *dies.*, in: Heilmann, Praxiskommentar Kindschaftsrecht, 3. Aufl. 2025, § 1631b BGB Rn. 4; *Salgo*, in: Staudinger, 2020, § 1631b BGB Rn. 8, verweist noch auf weitere hinter der Einwilligung stehende Faktoren, die in der Anhörung nicht notwendigerweise festgestellt werden können.

[452] In diese Richtung mit Vergleich zum Schwangerschaftsabbruch bei Minderjährigen *Fink*, in: FS Salgo, 2016, S. 137, 152 f.

werden muss, in dem die Sorgeberechtigten regelmäßig von der Erforderlichkeit einer Freiheitsentziehung ausgehen, nämlich vor der Unterbringung.[453] Die Genehmigung wird also für den Fall beantragt, dass die Unterbringung mit einer Freiheitsentziehung verbunden ist – die Prüfung, ob dies tatsächlich der Fall ist, oder ob die Freiheitsentziehung nicht aufgrund des Einverständnisses ausgeschlossen ist, obliegt dem Richter.[454]

Die Erforderlichkeit einer gerichtlichen Überprüfung trotz einer mutmaßlichen Einwilligung begründet sich zudem aus dem Kindeswohl als Maßstab für die gerichtliche Entscheidung.[455] Die Kontrolle über dessen Gewährleistung kann das Kind allerdings nicht selbst ausüben und ist darüber hinaus gegebenenfalls dem Druck der unterbringungswilligen Eltern ausgesetzt – das Gericht muss als unabhängige Kontrollinstanz zudem auch über das Vorliegen eines Einverständnisses und vor allem der Einsichtsfähigkeit befinden.[456] Wenn schon der Wille der Eltern als Grundlage für die Maßnahme nicht ausreiche, sondern eine gerichtliche Genehmigung zusätzlich erforderlich ist, kann als Grundlage erst recht nicht der Wille des Minderjährigen dienen, der sich in einer Ausnahmesituation befindet.[457] Wegen der Subjektstellung des Betroffenen ist ein Kontakt zum Gericht erforderlich – auch nur so wird das Ansinnen des § 1631b Abs. 1 BGB erreicht, dass kein Kind unkontrolliert in einer Anstalt verschwinden können soll.[458] Dieses Ergebnis wird mitunter durch eine Berufung auf die Bedeutung des grundrechtlichen Freiheitsschutzes aus Art. 2 Abs. 2 S. 2 GG begründet.[459]

---

453 *Kerscher*, in: BeckOGK-BGB, Stand: 1. November 2025, § 1631b Rn. 26.

454 *Salgo*, in: Staudinger, 2020, § 1631b BGB Rn. 8; *ders.*, FPR 2011, 546, 548; *Beermann*, FPR 2011, 535, 536.

455 *Fink*, in: FS Salgo, 2016, S. 137, 152; *Gernhuber/Coester-Waltjen*, Familienrecht, 7. Aufl. 2020, § 59 Rn. 24; *Beermann*, FPR 2011, 535, 536.

456 *Gernhuber/Coester-Waltjen*, Familienrecht, 7. Aufl. 2020, § 59 Rn. 24; *Kerscher*, in: BeckOGK-BGB, Stand: 1. November 2025, § 1631b Rn. 27; *Veit/Schmidt*, in: BeckOK-BGB, 76. Edition, Stand: 1. November 2025, § 1631b Rn. 29; *Salgo*, FPR 2011, 546, 549; *Fink*, in: FS Salgo, 2016S. 137, 152; *Gollwitzer/Rüth*, FamRZ 1996, 1388, 1389 f.; *Beermann*, FPR 2011, 535, 536.

457 *Schumacher*, FamRZ 1991, 280, 281; *Gollwitzer/Rüth*, FamRZ 1996, 1388; *Rohmann*, FPR 2011, 561, 562; *Salgo*, in: Staudinger, 2020, § 1631b BGB Rn. 8.

458 BGH, NJW 2013, 2969; *Salgo*, FPR 2011, 546, 548; *Fink*, in: FS Salgo, 2016, S. 137, 138.

459 *Fink*, in: FS Salgo, 2016, S. 137, 149, die allerdings davon ausgeht, dass § 1631b BGB ein Anwendungsfall des Art. 104 Abs. 2 GG ist.

Von anderer Seite wird zwar angenommen, dass das Einverständnis grundsätzlich die Freiheitsentziehung und damit an sich auch das Genehmigungsbedürfnis ausschließe – da die Einwilligung aber jederzeit widerrufen werden könne, sei es ratsam, eine gerichtliche Genehmigung zumindest vorsorglich einzuholen.[460] An der Beständigkeit der Meinung des Minderjährigen lasse sich vor allem aufgrund der besonderen Situation, in der er sich befindet, zweifeln.[461] Hier darf hingegen nicht außer Acht gelassen werden, dass eine Genehmigung nicht von einer Bedingung abhängig gemacht und nur erteilt werden darf, wenn die freiheitsentziehende Unterbringung konkret bevorsteht, heißt auch tatsächlich eine Freiheitsentziehung vorliegt; eine Genehmigung auf Vorrat, für den Fall, dass der Minderjährige seine Meinung ändert, kann damit nicht zulässig sein.[462] Beantragen die Eltern in diesen Fällen eine Genehmigung der (vermeintlich) freiheitsentziehenden Unterbringung, ist es Aufgabe des Richters, über die Genehmigungsbedürftigkeit zu entscheiden. Der Schutz des § 1631b BGB beschränkt sich dann darauf, dass die Einwilligung und die Einwilligungsfähigkeit durch ein Gericht festgestellt werden.

Bisweilen wird die Frage, ob eine Genehmigung nach § 1631b BGB notwendig ist, wenn sich der Minderjährige mit der Maßnahme einverstanden erklärt, im Rahmen der Erforderlichkeit einer Maßnahme angesprochen.[463] Denn ist der Minderjährige einverstanden, etwa mit der anstehenden Therapie, bestehe kein Bedürfnis mehr, ihn in einer geschlossenen Einrichtung unterzubringen – er wird vielmehr freiwillig in der Einrichtung verbleiben. Die Einwilligung sei damit ein Indiz für die Unverhältnismäßigkeit einer geschlossenen Unterbringung, da bei einer Kooperationswilligkeit von Minderjährigen zumindest mildere Maßnahmen denkbar und durchaus erfolgversprechend sein werden.[464] Weglauftendenzen werden mithin als Teil der

---

[460] Unter Verweis auf den temporalen Aspekt des Freiheitsgrundrechts: *Fink*, in: FS Salgo, 2016, S. 137, 156.

[461] *Hoffmann*, FamRZ 2013, 1346, 1347; Als Beispiel für die Unbeständigkeit einer geäußerten Einwilligung in die Maßnahme s. OLG Naumburg, Beschluss v. 18. März 2010, Az.: 6 UF 134/09, zitiert nach juris, Rn. 4, 10 f.

[462] *Kerscher*, in: BeckOGK-BGB, Stand: 1. November 2025, § 1631b Rn. 14.

[463] OLG Naumburg, Beschluss v. 11. Dezember 2009, Az.: 8 UF 208/09, zitiert nach juris, Rn. 6; *Salgo*, FPR 2011, 546, 549.

[464] OLG Naumburg, Beschluss v. 11. Dezember 2009, Az.: 8 UF 208/09, zitiert nach juris, Rn. 6; *Salgo*, FPR 2011, 546, 549.

Diagnose, also als die freiheitsentziehende Unterbringung indizierendes Verhalten definiert.[465]

*(3) Stellungnahme*

Die Lösung auch dieses Problems muss auf der Grundlage des Verhältnisses zwischen dem Handeln von Eltern und der Selbstbestimmung von Kindern[466] erfolgen. Die Regelung des § 1631b BGB findet sich innerhalb der Regelungen der elterlichen Sorge. Im Gegensatz zu den verfassungsrechtlichen Schutznormen Art. 2 Abs. 2 S. 2, 104 GG gegenüber dem Staat impliziert die elterliche Sorge gerade keine Abwehrfunktion gegen die Eltern, in der die Möglichkeit eines tatbestandsausschließenden Einverständnisses überhaupt begründet ist. Denn eine Abwehr ist dann nicht erforderlich, wenn der Betroffene seinen Schutz freiwillig aufgibt.

Im Gegensatz zu der Frage der Einwilligung in hoheitliches Tätigwerden handelt es sich bei der Ausübung elterlicher Sorge um eine originäre Zuständigkeit der Eltern.[467] Innerhalb dieser elterlichen Zuständigkeit handeln die Eltern vielfach gegen den Willen des Kindes, ohne dass sich daraus ein Grundrechtseingriff im verfassungsrechtlichen Sinne ergibt. Die Eltern sind vielmehr gehalten, die kindliche Selbstbestimmung mit Blick auf die Grundrechte des Kindes innerhalb ihrer Handlungen zu berücksichtigen. Abgesehen von dieser allgemeinen Vorgabe erkennt das Gesetz nur an wenigen Stellen die Selbstständigkeit der Kinder an, so etwa innerhalb der Regelungen der beschränkten Geschäftsfähigkeit und der Religionswahl. Darüber hinaus sind Bereiche anerkannt, in denen Kindern eine so genannte übergesetzliche Eigenzuständigkeit zugestanden wird, etwa häufig für medizinische Heileingriffe.[468] Schon innerhalb der Einwilligung in einen hoheitlichen Eingriff wurde die Notwendigkeit einer solchen übergesetzlichen Eigenzuständigkeit für die Einwilligung in eine Freiheitsentziehung verneint. Hinzu kommt, dass mit einer solchen Eigenzuständigkeit das betroffene Kind hier zwar an Selbstbestimmung gewinnt, aber durch den Wegfall der (präventiven) gerichtlichen Überprüfung an Schutz verliert. Ist weder eine ausdrückliche

[465] OLG Köln, OLGR 2009, 696; *Gollwitzer/Rüth*, FamRZ 1996, 1388, 1390.
[466] Dazu allgemein oben Teil 3, D. IV.
[467] Diese betont auch *Hoffmann*, FamRZ 2013, 1346, 1347.
[468] *Lettmaier*, in: Staudinger, 2020, § 1626 BGB Rn. 286 ff.

noch eine übergesetzliche Eigenzuständigkeit des Minderjährigen vorgesehen und ist letztere auch nicht notwendig, überlagert das elterliche Tätigwerden mit seiner speziellen Ausrichtung am Kindeswohl und der Grenze des Art. 6 Abs. 2 GG die Selbstbestimmung des Kindes[469] (die im elterlichen Handeln gleichwohl Ausdruck finden muss). Das Selbstbestimmungsrecht auch einsichtsfähiger Jugendlicher ist insofern beschränkt, bzw. findet – gegenüber den Handlungen der Eltern – nur in dieser Form Ausdruck.[470]

Der zustimmende oder entgegenstehende Wille des Kindes – ob einsichtsfähig oder nicht – ist damit für die Anwendung der Vorschrift unbeachtlich. Dies ergibt sich für Abs. 1 auch aus der dargestellten, sich nicht nur am Merkmal der Freiheitsentziehung orientierenden Auslegung einer „Unterbringung, die mit Freiheitsentziehung verbunden ist" anhand des engen Unterbringungsbegriffs, der eine freiheitsentziehende Unterbringung faktisch mit einer geschlossenen Unterbringung gleichstellt.[471] In der Definition der geschlossenen Unterbringung ist ein Willenselement nicht enthalten,[472] sodass sie unabhängig von einem subjektiven Element dem Anwendungsbereich des § 1631b Abs. 1 BGB unterfällt.[473]

Der entgegenstehende Wille des Kindes ist aber auch sowohl für die Einordnung unter Abs. 1 unerheblich, wenn die Orientierung am engen Unterbringungsbegriff abgelehnt wird, als auch für die Definition der Freiheitsentziehung als Grundlage für § 1631b Abs. 2 BGB. Letzteres ergibt sich daraus, dass die Maßnahme „ohne den Willen" des Betroffenen erfolgen muss und dies nicht nur Fälle der fehlenden Willensbildung oder unterbliebenen Einwilligung erfassen, sondern allgemein auch als Maßnahme „ohne Berücksichtigung des Willens" verstanden werden kann.[474] Zum anderen – und das liegt näher – lässt sich die Freiheitsentziehung im Sinne des § 1631b BGB auch

---

[469] S. dazu auch oben, unter Teil 3, D. IV. 3. sowie *Jestaedt/Reimer*, in: Kahl/Waldhoff/Walter, Bonner Kommentar zum Grundgesetz, 195. Aktual. 2018, Art. 6 Abs. 2 und 3, Rn. 520.

[470] *Salgo*, FPR 2011, 546, 548.

[471] S. zuvor, unter B. IV. 2. c.

[472] *Fink*, in: FS Salgo, 2016, S. 137, 142, die dem Begriff „geschlossene Unterbringung" aus diesem Grund dem der „freiheitsentziehenden Unterbringung" den Vorrang gibt.

[473] OLG Brandenburg, FamRZ 2004, 815, 816.

[474] Ebenso *Fink*, in: FS Salgo, 2016, S. 137, 155.

ausschließlich anhand objektiver Merkmale definieren: Sie ist dann gegeben, wenn der Betreffende an der Fortbewegung gehindert wird.

Zu Recht muss der Wille und die Kooperationsbereitschaft des Kindes Berücksichtigung bei der Prüfung der Erforderlichkeit einer Maßnahme finden, konkret bei der Frage, ob aufgrund der kooperativen Haltung des Kindes nicht eine mildere Maßnahme möglich wäre, finden.[475] Wenn der Minderjährige etwa freiwillig an der Maßnahme teilnimmt, aus der (offenen) Unterbringungseinrichtung nicht abgängig wird, sich auch ohne Einsatz eines „Time-Out"-Raums beruhigen lässt oder ohne Fixierung nicht sich selbst oder andere verletzt, bedarf es der genannten Beschränkungen nicht. Hinzu kommt, dass es einem Minderjährigen nicht wie einem Erwachsenen ohne weiteres freisteht, sich in ein Setting, wie es § 1631b Abs. 1 BGB vorsieht, zu begeben, wenn dies nicht erforderlich ist.[476] Denn entweder liegen die Voraussetzungen der Unterbringung vor, und eine mildere Maßnahme ist nicht möglich; dann kann diese genehmigt werden, ohne dass es auf den entgegenstehenden Willen oder die Zustimmung des Minderjährigen ankäme; oder sie liegen nicht vor, dann ist eine Unterbringung unabhängig von seinem Willen unzulässig.[477]

### 3. Genehmigungsvoraussetzungen

Die freiheitsentziehende Unterbringung sowie freiheitsentziehende Maßnahmen sind gemäß § 1631b Abs. 1 S. 2 BGB zunächst nur dann zulässig – und somit zu genehmigen – solange sie zum Wohl des Kindes, insbesondere zu Abwendung einer erheblichen Selbst- oder Fremdgefährdung erforderlich sind. Diese Voraussetzungen wurden durch das Gesetz zur Erleichterung familiengerichtlicher Maßnahmen bei Gefährdung des Kindeswohls[478] eingefügt, um der Diskussion über die Verfassungsmäßigkeit des bis dahin sehr offenen Tatbestands durch Konkretisierung zu begegnen und mehr

---

475 S. näher zu diesem Prüfungspunkt unten, unter B. IV. 3.

476 *Salgo*, FPR 2011, 546, 548; *Fink*, in: FS Salgo, 2016, S. 137, 156.

477 *Fink*, in: FS Salgo, 2016, S. 137, 154 f. die diese Schlussfolgerung allerdings daraus ableitet, dass der richterliche Genehmigungsvorbehalt eine Ausgestaltung der Art. 2 Abs. 2 S. 2, 104 Abs. 2 GG darstellt; zur Verwirklichung der Kindeswohlgefährdung bei unbegründeter Unterbringung, s. sogleich unter 4.

478 BGBl. I 2008, 1188, s. dazu oben, unter B. IV. 1. e.

Rechtssicherheit zu schaffen.[479] Schon zuvor wurde die Notwendigkeit einer Kindeswohlprüfung durch einen Umkehrschluss aus § 1631b S. 3 BGB a. F. gefolgert, nach dem das Familiengericht die Genehmigung zurücknehmen muss, wenn das Kindeswohl die Unterbringung nicht mehr erfordert.[480]

### *a. Abwendung einer Selbst- und Fremdgefährdung*

Die angestrebte Maßnahme muss damit zunächst zum Wohl des Kindes erforderlich sein.[481] Sie muss also allein in seinem wohlverstandenen Interesse liegen,[482] Motive oder Interessen der Eltern sind für die Entscheidung daher unerheblich.[483] Die Entscheidung der Eltern wird durch das Familiengericht einer umfassenden inhaltlichen Überprüfung hinsichtlich dieser Frage unterzogen.[484] Aufgrund der Vielschichtigkeit der Thematik hat der Gesetzgeber davon abgesehen, abschließend Unterbringungsgründe zu nennen.[485] Zur Konkretisierung des Kindeswohls wird im Gesetz lediglich – nicht abschließend[486] – die Abwendung einer erheblichen Selbst- oder Fremdgefährdung angeführt. Die Begriffe der Selbst- und Fremdgefährdung sind eng auszulegen und eng miteinander verbunden.[487] Für eine Selbstgefährdung ist die

---

[479] BT-Drucks. 16/6815, S. 10, 12 f.

[480] *Fischer*, in: Rüth/Pankofer/Freisleder, Geschlossene Unterbringung, S. 29, 33.

[481] BT-Drucks. 16/6815, S. 13 f.

[482] *Salgo*, in: Staudinger, 2020, § 1631b BGB Rn. 22; *Veit/Schmidt*, in: BeckOK-BGB, 76. Edition, Stand: 1. November 2025, § 1631b Rn. 35; *Götz*, in: Grüneberg, 85. Aufl. 2026, § 1631b BGB Rn. 9; OLG Naumburg, NJOZ 2013, 531, 534: es sind „die Voraussetzungen für eine gedeihliche altersgerechte Entwicklung des Kindes in jeder Hinsicht sicherzustellen, um eine allseitige und harmonische Entwicklung des Kindes zu einer Gesamtpersönlichkeit zu ermöglichen".

[483] *Salgo*, in: Staudinger, 2020, § 1631b BGB Rn. 22; *Veit/Schmidt*, in: BeckOK-BGB, 76. Edition, Stand: 1. November 2025, § 1631b Rn. 35; *Kerscher*, in: BeckOGK-BGB, Stand: 1. November 2025, § 1631b Rn. 37; *Vogel*, FamRZ 2015, 1, 5; *Rakete-Dombek/Berning*, in: Kaiser/Schnitzler/Schilling/Sanders, 4. Aufl. 2021, § 1631b Rn. 11; *Czerner*, AcP 202 (2002), 72, 76 f.

[484] *Salgo*, in: Staudinger, 2020, § 1631b BGB Rn. 22; *Huber*, in: MünchKomm BGB, 9. Aufl. 2024, § 1631b Rn. 14.

[485] BT-Drucks 16/6815, S. 14.

[486] *Kerscher*, in: BeckOGK-BGB, Stand: 1. November 2025, § 1631b Rn. 38; *Veit/Schmidt*, in: BeckOK-BGB, 76. Edition, Stand: 1. November 2025, § 1631b Rn. 35.

[487] BT-Drucks. 16/6815, S. 14.

Gefahr einer Schädigung der körperlichen Unversehrtheit erforderlich,[488] deren erforderlicher Grad ist allerdings strittig. Teilweise wird eine konkrete Kindeswohlgefährdung im Sinne des § 1666 BGB nicht für notwendig gehalten, da nicht nur die augenblickliche Lage des Kindes, sondern auch seine künftige Entwicklung Berücksichtigung finden solle.[489] Von anderer Seite soll dagegen eine lediglich ungünstige Entwicklungsprognose nicht ausreichen, um eine freiheitsentziehende Unterbringung zu begründen.[490] Vielmehr müsse eine konkrete und nicht nur eine abstrakte Gefährdung vorliegen.[491]

Letztere Ansicht erweist sich vor allem unter Verhältnismäßigkeitsgesichtspunkten als überzeugend. Den Maßstab der Verhältnismäßigkeit bestimmt das Gesetz ausdrücklich, indem die Maßnahme zur Abwendung der Selbstgefährdung erforderlich sein muss und nur dann zulässig ist, wenn der Gefahr nicht auf andere Weise, auch nicht durch andere öffentliche Hilfen begegnet werden kann. Das Ausmaß der Beeinträchtigung des Kindeswohls ist also mit den durch die Maßnahme verursachten Nachteilen abzuwägen und die Maßnahme auf ein Mindestmaß zu beschränken.[492] Die Anforderungen an die Verhältnismäßigkeit steigen mit fortschreitender Unterbringungsdauer.[493] Die freiheitsentziehende Unterbringung wie auch (andere) freiheitsentziehende Maßnahmen müssen damit auch rechtlich ultima ratio sein. Sie kommen nur als letzte mögliche Mittel und nur für die kürzest mögliche Zeit in Betracht.[494]

---

[488] *Hoffmann/Trenczek*, JAmt 2011, 177, 179 f.

[489] *Kerscher*, in: BeckOGK-BGB, Stand: 1. November 2025, § 1631b Rn. 37.

[490] *Hoffmann/Trenczek*, JAmt 2011, 177, 179 f.

[491] *Veit/Schmidt*, in: BeckOK-BGB, 76. Edition, Stand: 1. November 2025, § 1631b Rn. 35; *Kölch/Vogel*, Zeitschrift für Kinder- und Jugendpsychiatrie und Psychotherapie 2016, 39, 40: „akute Gefährdungsmomente".

[492] BT-Drucks. 11/4528, S. 146; *Veit/Schmidt*, in: BeckOK-BGB, 76. Edition, Stand: 1. November 2025, § 1631b Rn. 40; *Huber*, in: MünchKomm BGB, 9. Aufl. 2024, § 1631b Rn. 13; *Kerscher*, in: BeckOGK-BGB, Stand: 1. November 2025, § 1631b Rn. 48 mit Beispielen in Rn. 48.1; *Vogel*, FamRZ 2015, 1, 6 f.

[493] OLG Saarbrücken, FamRZ 2010, 1920, 1921; *Huber*, in: MünchKomm BGB, 9. Aufl. 2024, § 1631b Rn. 13; *Veit/Schmidt*, in: BeckOK-BGB, 76. Edition, Stand: 1. November 2025, § 1631b Rn. 41; *Hoffmann*, FamRZ 2013, 1346, 1351; *Trenczek*, Inobhutnahme, 4. Aufl. 2024, S. 365.

[494] BT-Drucks. 16/6815, S. 14; 18/11278, S. 16; BGH, NJW-RR 2013, 65, 67; FamRZ 2012, 1556, 1558; *Huber*, in: MünchKomm BGB, 9. Aufl. 2024, § 1631b Rn. 13; *Veit/Schmidt*, in: BeckOK-BGB, 76. Edition, Stand: 1. November 2025, § 1631b Rn. 38; *Döll*, in: Erman, 17. Aufl. 2023, § 1631b Rn. 6; *Kerscher*, in: BeckOGK-BGB, Stand: 1. November 2025,

Nimmt man die negativen Auswirkungen, die eine freiheitsentziehende Unterbringung und freiheitsentziehende Maßnahmen haben können, und die ultima ratio Zulässigkeit also ernst, muss die Selbstgefährdung konkret und darf nicht erst am Ende einer gegebenenfalls fraglichen Negativentwicklung stehen. Hinzu kommt, dass die Gefährdung in dem Minderjährigen vorliegen muss, dessen Freiheit entzogen werden soll. Nicht denkbar ist etwa die Anwendung genereller Maßnahmen, die zu einer Freiheitsentziehung für alle in einer Wohneinheit lebenden Minderjährigen führt, aber nur aufgrund des (Selbst-)Gefährdungspotentials Einzelner gerechtfertigt ist.[495]

Die Fremdgefährdung muss ebenso konkret sein und im Zusammenhang mit dem Kindeswohl stehen.[496] Dieser Zusammenhang ist nur dann anzunehmen, wenn die Fremdgefährdung zu einer Selbstgefährdung führt, also gleichsam ein selbstgefährdendes Element aufweist, welches angenommen wird, wenn mit der Fremdschädigung das Risiko von Notwehrmaßnahmen Dritter oder von einer prozessualen Geltendmachung von Ersatzansprüchen einhergeht.[497]

Als mögliche vorrangige Maßnahmen kommen etwa die Unterbringung in einer offenen Einrichtung[498], eine ambulante Betreuung[499], (andere) Hilfen

---

§ 1631b Rn. 46; *Hoffmann*, JAmt 2017, 353, 355; s. auch Art. 37 lit. b UN-KRK; der zeitliche Aspekt wird nun vor allem durch die Verwendung des „solange" statt „wenn" in Abs. 1 S. 2 ausgedrückt, dass durch das Gesetz zur Einführung eines familiengerichtlichen Genehmigungsvorbehaltes für freiheitsentziehende Maßnahmen bei Kindern vom 17. Juli 2017 geändert wurde.

495 Eine solche Fallgestaltung liegt DIJuF-Rechtsgutachten, JAmt 2017, 495, 496 zugrunde, ihre Zulässigkeit wird auch dort für fragwürdig gehalten,

496 *Kerscher*, in: BeckOGK-BGB, Stand: 1. November 2025, § 1631b Rn. 41.

497 BT-Drucks. 16/6815, S. 14; BGH, FamRZ 2012, 1556, 1558 m. Anm. Salgo; 2013, 115, 116 m. Anm. Stößer; *Kerscher*, in: BeckOGK-BGB, Stand: 1. November 2025, § 1631b Rn. 41; *Huber*, in: MünchKomm BGB, 9. Aufl. 2024, § 1631b Rn. 12; *Veit/Schmidt*, in: BeckOK-BGB, 76. Edition, Stand: 1. November 2025, § 1631b Rn. 37; *Hoffmann*, FamRZ 2013, 1346, 1349; *Hoffmann/Trenczek*, JAmt 2011, 177, 180; *Vogel*, FamRZ 2015, 1, 5; anders: *Igel*, in: Verband privater Einrichtungen der Kinder- und Jugendhilfe in Schleswig-Holstein, VPE e. V., Jugendhilfe im Dialog, Heft 4/2010, S. 20, 21: Fremdgefährdung ist so zu verstehen, dass Kinder und Jugendliche sich durch ihr Verhalten in Situationen bringen, in denen sie durch Handlungen Dritter gefährdet werden.

498 BGH, FamRZ 2012, 1556, 1558 Rn. 22; *Salgo*, in: Staudinger, 2020, § 1631b BGB Rn. 26; *Götz*, in: Grüneberg, 85. Aufl. 2026, § 1631b BGB Rn. 10.

499 OLG Naumburg, BeckRS 2011, 29338.

zur Erziehung[500] oder private Alternativen[501] in Betracht. Vorrang haben diese und andere Hilfeformen allerdings nur, wenn und soweit sie geeignet und ausreichend sind, um die Gefahr tatsächlich abzuwenden, sodass die freiheitsentziehende Unterbringung und freiheitsentziehende Maßnahmen nur grundsätzlich, nicht aber generell nachrangig sind.[502]

Zur Feststellung der Erforderlichkeit und Verhältnismäßigkeit kann auf die Ergebnisse der in Kapitel 2 vorgestellten Forschung, insbesondere hinsichtlich der Anforderungen an die Indikation und der notwendigen Ausgestaltung der Maßnahme zurückgegriffen werden.[503] Vor allem gilt es, den Charakter als Einzelfallmaßnahme in Ausnahmesituationen abzubilden. Ob eine entsprechende Ausnahmesituation vorliegt, muss von einer geeigneten Fachperson festgestellt werden, die im Hinblick auf die Unterbringungsart – KJPP oder Kinder- und Jugendhilfe[504] – umsichtig ausgewählt werden sollte.[505]

### b. *Freiheitsentziehende Maßnahmen aus erzieherischen Gründen*

Strittig ist die Frage, ob erzieherische Gründe für eine freiheitsentziehende Unterbringung oder freiheitsentziehende Maßnahmen ausreichen. Für Abs. 2 wird dies abgelehnt, da freiheitsentziehende Maßnahmen nur zur kurzfristigen Krisenintervention angewendet werden und nicht Teil des pädagogischen Konzepts sein sollen.[506] Hier dürfte der Streit allerdings ohnehin weitgehend irrelevant sein: es sollen ohnehin ausdrücklich solche Maßnahmen von der Genehmigungspflicht ausgeschlossen sein, die nicht altersgerecht sind oder – nach eindeutigerer Definition[507] – innerhalb der Erziehung in einem bestimmten Alter adäquat und üblich sind. Hierunter werden erzieherische

---

[500] S. dazu oben, Teil 2, C. I., BGH, FamRZ 2012, 1556, 1558 m. Anm. Salgo; *Götz*, in: Grüneberg, 85. Aufl. 2026, § 1631b BGB Rn. 10.

[501] *Götz*, in: Grüneberg, 85. Aufl. 2026, § 1631b BGB Rn. 10.

[502] *Vogel*, FamRZ 2015, 1, 6; *Veit/Schmidt*, in: BeckOK-BGB, 76. Edition, Stand: 1. November 2025, § 1631b Rn. 38.2.

[503] S. konkret oben, Teil 2, II. 1., IV. 1.

[504] S. zu der Abgrenzung Teil 2, D. II.

[505] *Kerscher*, in: BeckOGK-BGB, Stand: 1. November 2025, § 1631b Rn. 39; *Salgo*, in: Staudinger, 2020, § 1631b BGB Rn. 26, mit ausführlichen Beispielen für Fremd- und Selbstgefährdung in Rn. 24.

[506] *Hoffmann*, JAmt 2017, 353, 356; *Veit/Schmidt*, in: BeckOK-BGB, 76. Edition, Stand: 1. November 2025, § 1631b Rn. 42.

[507] Vgl. dazu oben, 2. c. (4).

Maßnahmen regelmäßig fallen und damit vom Anwendungsbereich des Genehmigungstatbestands ausgeschlossen sein. Aber auch als (alleinige) Grundlage für eine freiheitsentziehende Unterbringung werden sie abgelehnt, da nur so dem Verhältnismäßigkeitsgrundsatz ausreichend Rechnung getragen werde und eine rechtswidrige Ungleichbehandlung von Minderjährigen und Erwachsenen vermieden werden.[508] Per se ausgeschlossen werden können sie aber allenfalls als Begründung für die Unterbringung in einer Einrichtung der KJPP.[509] Denn für eine Unterbringung in einer Jugendhilfeeinrichtung lassen sich zum einen die Gründe nicht trennscharf einer Kategorie zuordnen: So wird etwa mit der freiheitsentziehenden Unterbringung einer Minderjährigen, um diese vor der Prostitution zu bewahren[510], unstreitig auch der Schutz vor einer Selbstgefährdung erreicht. Zugleich wird ein erzieherischer Zweck verfolgt. Zudem rechtfertigt sich eine gegenüber Erwachsenen unterschiedliche Behandlung daraus, dass erzieherisches Einwirken auch zu den Aufgaben der Personensorgeberechtigten, die die Unterbringung vornehmen, und – sekundär – dem Staat gehört, der die Hilfen zur Erziehung anbietet. Eine Unterbringung aus erzieherischen Gründen kann also ein Unterfall einer Unterbringung zur Vermeidung einer Selbst- oder Fremdschädigung darstellen und ist im Einzelfall auch in der Kinder- und Jugendhilfe zulässig, wenn eine solche vorliegt.[511]

Die Orientierung am Kindeswohl gebietet es allerdings, dass mit der freiheitsentziehenden Unterbringung oder Maßnahme im Kindesinteresse liegende Ziele verfolgt werden müssen.[512] Denn das Ziel der Unterbringung ist gerade kein Wegsperren oder eine Bestrafung, sondern soll eine notwendige Hilfe darstellen. Die Zulässigkeit erzieherischer Gründe darf daher nicht dazu führen, dass die Unterbringung zum Zwecke der Sanktionierung

---

[508] *Hoffmann/Trenczek*, JAmt 2011, 177, 180, *Trenczek*, Inobhutnahme, 4. Aufl. 2024, S. 365; anders noch: *Hoffmann*, JAmt 2009, 473, 474.

[509] *Hoffmann*, FamRZ 2017, 337, 338.

[510] *Salgo*, in: Staudinger, 2020, § 1631b BGB Rn. 24: als letztes Erziehungsmittel in diesem Fall gerechtfertigt.

[511] Ebenso DIJuF-Rechtsgutachten, JAmt 2011, 196, 197.

[512] *Kerscher*, in: BeckOGK-BGB, Stand: 1. November 2025, § 1631b Rn. 41; *Hoffmann*, JAmt 2009, 473, 474.

erfolgt – ein solcher Zweck ist unzulässig.[513] Geeignet ist die Maßnahme daher nur, wenn die verfolgten Zwecke auch tatsächlich erreichbar sind.[514] Bei einer Unterbringung aus erzieherischen Gründen erfordert das etwa, dass eine durch Einsicht getragene Veränderung des Verhaltens des Minderjährigen zu erwarten ist, er mithin – gegebenenfalls noch nicht sofort, aber zukünftig[515] – erzieherisch erreicht werden kann.[516]

### 4. Konkurrenz von § 1666 BGB und § 1631b BGB

Für das Verhältnis von § 1631b BGB zu der Generalklausel des § 1666 BGB lassen sich insbesondere drei Konstellationen betrachten: Die Eltern stellen (missbräuchlich) einen Antrag, obwohl eine geschlossene Unterbringung nicht indiziert ist (a.), die Eltern stellen keinen Antrag, obwohl eine Unterbringung zum Schutz des Kindes erforderlich ist (b.) und die Eltern stellen keinen Antrag, und bringen das Kind ohne Genehmigung unter (c.).

#### *a. Antragsstellung ohne Indikation*

Stellen die Eltern einen Antrag, der abgelehnt wird, weil eine freiheitsentziehende Unterbringung oder freiheitsentziehende Maßnahmen nicht angezeigt sind, bedarf es nicht grundsätzlich einer Maßnahme nach § 1666 BGB, kann aber Anlass für diese bieten.[517] Es kämen dann zunächst Maßnahmen der Jugendhilfe in Betracht, etwa nach § 8a SGB VIII und gegebenenfalls eine Gefährdungserörterung nach § 157 FamFG. Im äußersten Fall ist eine

---

513 BT-Drucks. 16/6815, S. 14; *Rakete-Dombek/Berning*, in: Kaiser/Schnitzler/Schilling/Sanders, 4. Aufl. 2021, § 1631b Rn. 12; *Veit/Schmidt*, in: BeckOK-BGB, 76. Edition, Stand: 1. November 2025, § 1631b Rn. 36; *Trenczek*, Inobhutnahme, 4. Aufl. 20124, S. 364.

514 DIJuF-Rechtsgutachten, JAmt 2005, 189, 190; *Kerscher*, in: BeckOGK-BGB, Stand: 1. November 2025, § 1631b Rn. 42.

515 *Hoffmann*, FamRZ 2013, 1346, 1350 sowie DIJuF-Rechtsgutachten, JAmt 2013, 573, 574: Das Ziel der Unterbringung kann es gerade sein, die Erreichbarkeit erst aufzubauen.

516 OLG Saarbrücken, FamRZ 2010, 1920; *Vogel*, FamRZ 2015, 1, 7; *Hoffmann*, FamRZ 2017, 337, 338; *dies.*, FamRZ 2013, 1346, 1350; *Veit/Schmidt*, in: BeckOK-BGB, 76. Edition, Stand: 1. November 2025, § 1631b Rn. 40; DIJuF-Rechtsgutachten, JAmt 2013, 573, 574.

517 *Coester*, in: Staudinger, 2020, § 1666 BGB Rn. 48a; *Jokisch*, in: Johannsen/Henrich/Althammer, 7. Aufl. 2020, § 1666 Rn. 14.

Verfahrenseinleitung nach § 1666 BGB zu erwägen, wenn die Familiensituation auf eine Kindeswohlgefährdung hindeutet.[518]

### *b. Keine Antragsstellung oder Freiheitsentziehung trotz Indikation*

Stellen die Eltern keinen Antrag, weil sie sich einer notwendigen Unterbringung bzw. notwendigen freiheitsentziehenden Maßnahmen widersetzen oder veranlassen sie die Maßnahme trotz Genehmigung nicht und ist ohne diese Maßnahme das Kindeswohl gefährdet, kommen ebenfalls Maßnahmen nach § 1666 BGB in Betracht.[519] Die Erteilung einer Genehmigung auf der Grundlage von § 1631b BGB gegen den Willen der Eltern reicht im ersten Fall dagegen nicht aus, da es den Eltern auch trotz der erteilten Genehmigung selbst obliegt, die genehmigte Maßnahme auch tatsächlich durchzuführen. Anknüpfungspunkt für eine Maßnahme nach § 1666 BGB ist damit nicht das Unterlassen der Antragstellung, sondern das Unterlassen der Maßnahme selbst – widersetzen sich die Eltern einer zur Abwendung einer Kindeswohlgefährdung notwendigen Maßnahme, muss damit ein Verfahren nach § 1666 BGB eingeleitet werden.[520]

Dass in dieser Situation der (teilweise) Entzug der elterlichen Sorge immer angezeigt ist, muss dagegen mit Blick auf einen Fall bezweifelt werden, den das Bundesverfassungsgericht zu entscheiden hatte. Dort wendete sich der Beschwerdeführer gegen den teilweisen Sorgerechtsentzug, der veranlasst wurde, weil er eine Genehmigung nach § 1631b BGB für eine notwendige geschlossene stationäre Unterbringung seines Sohnes nicht beantragen wollte – tatsächlich stand indes keine stationäre Einrichtung zur Verfügung, sodass das Jugendamt als Ergänzungspfleger auch nach dem Sorgerechtsentzug das Kind im Haushalt seines Vaters beließ.[521] Das Bundesverfassungsgericht gab der Beschwerde statt, weil die teilweise Entziehung darauf zielte, die

---

[518] *Volke*, in: MünchKomm BGB, 9. Aufl. 2024, § 1666 Rn. 21.

[519] OLG Bremen, FamRZ 2013, 1227, 1228 m. Anm. *Bienwald*; *Coester*, in: Staudinger, 2020, § 1666 BGB Rn. 48a; *Veit/Schmidt*, in: BeckOK-BGB, 76. Edition, Stand: 1. November 2025, § 1631b Rn. 7.1; so auch *Deutscher Kinderschutzbund*, Positionspapier zur Geschlossenen Unterbringung im Rahmen der Kinder- und Jugendhilfe vom 16. Mai 2015 (s. Teil 2 Fn. 100), S. 8.

[520] *Götz*, FamRZ 2017, 1289, 1294; *Salgo*, FamRZ 2012, 1559, in einer Anmerkung zu BGH, FamRZ 2012, 1556; *Hoffmann*, FamRZ 2013, 1346, 1350 f.

[521] BVerfG, FamRZ 2014, 1177, Rn. 1 ff.

Fremdunterbringung des Kindes zu ermöglichen, die zwar generell geeignet war, dessen Lage zu verbessern, durch die Übertragung des Sorgerechts aber nicht erreicht wurde, weil abzusehen war, dass das Jugendamt in nächster Zeit keine Fremdunterbringung herbeiführen würde und die Gerichte das Jugendamt nicht ohne weiteres zur Einleitung konkreter Maßnahmen der Fremdunterbringung verpflichten konnten.[522] Die teilweise Entziehung des Sorgerechts ist zur Beseitigung der Gefahr aber nur dann geeignet, wenn der Ergänzungspfleger oder Vormund „konkrete Maßnahmen zur Verbesserung der Situation des Kindes“ einleiten und damit den als gefährlich definierten Zustand beenden oder zur Beendigung beitragen kann; eine genauere Eignungsprüfung ist erforderlich, wenn deutlich erkennbar ist, dass das Jugendamt derzeit keine Maßnahmen zur Beseitigung der Kindeswohlgefährdung vornehmen wird oder kann.[523] Der Sorgerechtsentzug war damit nicht geeignet, die bestehende Gefahr abzuwenden.[524] Diese Entscheidung zeigt, dass die Weigerung von Eltern, eine zur Abwendung einer kindeswohlgefährdenden Situation notwendige Maßnahme vorzunehmen, nicht grundsätzlich Maßnahmen nach § 1666 BGB rechtfertigen kann.

### c. *Freiheitsentziehende Unterbringung oder Maßnahme ohne Genehmigung*

Weiterhin kommen Maßnahmen nach § 1666 BGB grundsätzlich in Betracht, wenn die Eltern ihr Kind unterbringen, ohne dass eine Genehmigung nach § 1631b BGB vorliegt.[525] Auch hier kann keinesfalls von einem Automatismus ausgegangen werden. Eine freiheitsentziehende Unterbringung ohne eine vorherige Genehmigung des Familiengerichts kann etwa zulässig sein, wenn mit dem Aufschub, der durch ein Genehmigungsverfahren entstünde, Gefahr verbunden ist, § 1631b S. 3 BGB. Diese Ausnahme ist allerdings eng auszulegen und kommt nur in Betracht, wenn eine Genehmigung auch nicht

---

[522] BVerfG, FamRZ 2014, 1177, 1178 f., Rn. 28, 32, 37.

[523] BVerfG, FamRZ 2014, 1177, Rn. 33; ebenso BayObLG, FamRZ 1995, 948; *Coester*, FPR 2009, 549, 551: „unter dem Strich“ muss eine deutliche Verbesserung für das Kind erreicht werden können, ansonsten müssen Sorgerechtseingriffe unterbleiben.

[524] BVerfG, FamRZ 2014, 1177, Rn. 31.

[525] *Coester*, in: Staudinger, 2020 § 1666 BGB Rn. 48a; *Veit/Schmidt*, in: BeckOK-BGB, 76. Edition, Stand: 1. November 2025, § 1631b Rn. 7.1.

im Wege einer einstweiligen Anordnung (§ 331 FamFG) rechtzeitig eingeholt werden kann.[526] Die Genehmigung ist dann unverzüglich nachzuholen. Liegt dagegen keine Gefahr im Verzug vor, kommt eine Strafbarkeit der für die Einweisung verantwortlichen Personen und – bei Unterbringung in einer Klinik – auch der behandelnden Ärzte in Betracht.[527] Den Einrichtungen wird daher angeraten, vor einer freiheitsentziehenden Unterbringung auf einem Genehmigungsbeschluss zu bestehen und die Minderjährigen nur bei Gefahr im Verzug ohne Genehmigung aufzunehmen.[528]

Aber auch abgesehen von den Fällen, in denen mit dem Aufschub Gefahr verbunden ist, kann nicht jede Maßnahme, die ohne eine gerichtliche Genehmigung vorgenommen wird, zu Maßnahmen nach § 1666 BGB führen. Zunächst ist denkbar, dass die Maßnahme die Genehmigungsvoraussetzungen des § 1631b Abs. 1 S. 2 BGB erfüllt und daher genehmigungsfähig wäre, die Eltern aber – gegebenenfalls aus Unwissenheit – eine Genehmigung nicht eingeholt haben. Dieser Fall mag in der Praxis nur selten vorkommen, da die Einrichtungen auf die Vorlage einer Genehmigung bestehen werden, begründet dagegen noch nicht notwendigerweise eine Kindeswohlgefährdung, solange das Verhalten der Eltern nicht Ausdruck eines grundlegenden Fehlverhaltens ist.

Anders ist es, wenn die Eltern ihr Kind ohne Genehmigung unterbringen oder in freiheitsentziehende Maßnahmen einwilligen, die nicht selbst notwendig im Sinne des § 1631b Abs. 1 S. 2 BGB sind. Dieser Zustand ist als Kindeswohlgefährdung zu bewerten und damit schnellstmöglich zu beenden. Bei einer bereits erfolgten Unterbringung hat das Familiengericht gemäß § 1666 Abs. 1 S. 1 BGB einzugreifen und die Unterbringung rückgängig zu machen,[529] weiteren freiheitsentziehenden Maßnahmen ist durch Teilsorgerechtsentzug entgegenzutreten.

---

[526] *Salgo*, in: Staudinger, 2020, § 1631b BGB Rn. 19; *Huber*, in: MünchKomm BGB, 9. Aufl. 2024, § 1631b Rn. 16; Kerscher, in: BeckOGK-BGB, Stand: 1. November 2025, § 1631b Rn. 49.

[527] *Hoffmann*, JAmt 2009, 473; *Dengler/Sack*, MDR 1982, 972, 973; *Salgo*, in: Staudinger, 2020, § 1631b BGB Rn. 18.

[528] *Salgo*, in: Staudinger, 2020, § 1631b BGB Rn. 18: die Verantwortlichen *müssen* sich von der Erteilung der Genehmigung überzeugen und dürfen sich nicht auf die Angaben der Personensorgeberechtigten berufen.

[529] *Erichsen/Reuter*, Elternrecht – Kindeswohl – Staatsgewalt, 1985, S. 83.

### 5. Freiheitsbeschränkungen und -entziehungen nach Übertragung von Sorgebefugnissen auf eine Pflegeperson

Haben die Eltern oder ein Gericht schon Sorgebefugnisse auf Dritte übertragen, bevor eine freiheitsentziehende Unterbringung oder freiheitsentziehende Maßnahmen notwendig wurden, stellt sich die Frage, inwiefern diese aufgrund von § 1630 Abs. 3 BGB, § 1688 BGB oder privatrechtlicher Übertragung befähigte Person über entsprechende Maßnahmen selbst entscheiden darf.

Dies hängt vom Umfang der Übertragung von Sorgebefugnissen ab.[530] Erlangt die Pflegeperson originäre Sorgeverantwortung durch § 1630 Abs. 3 BGB, bedarf auch sie ebenso wie die Eltern für eine freiheitsentziehende Unterbringung einer Genehmigung nach § 1631b Abs. 1 BGB.

Beruhen ihre Befugnisse allerdings auf § 1688 BGB, schließen diese nicht das Recht ein, ein Kind freiheitsentziehend unterzubringen, da es sich dabei nicht um eine Angelegenheit des täglichen Lebens handelt.[531] Nach der hier vertretenen Meinung entspricht dies dem möglichen Umfang einer privatrechtlichen Übertragung, sodass auch aus dieser nicht die Befugnis zu einer freiheitsentziehenden Unterbringung folgt.[532]

Schwieriger ist die Beurteilung, ob Pflegepersonen auch darüber hinaus über Freiheitsentziehungen entscheiden dürfen. Diese Frage stellt sich zum einen hinsichtlich freiheitsentziehender Maßnahmen, die unter § 1631b Abs. 2 BGB fallen, als auch solcher, die die betreuende Person in ihrem eigenen Haushalt vornimmt. Insbesondere hinsichtlich letztgenannter Maßnahmen wird man eine Befugnis nicht versagen können, da sie Bestandteil einer adäquaten Sorgeausübung sind und über die daher die hierzu bestellte Person auch entscheiden können muss. Entsprechend kann auch der Ansicht nicht gefolgt werden, die generell ausschließt, dass die Befugnis zur Ausübung von Zwang durch eine Sorgerechtsvollmacht übertragen werden kann. Danach bedürfe diese Befugnis einer gesetzlichen Grundlage, die in den Regelungen der elterlichen Sorge liegen mag, aber bei einer Ableitung aus einer privatrechtsgeschäftlichen Übertragung jedenfalls nicht vorliege.[533] Wird Zwang

---

530 S. dazu oben, unter B. III.

531 DIJuF-Rechtsgutachten, JAmt 2018, 88, 92.

532 Ebenso *Hoffmann*, JAmt 2015, 6, 7; *dies.*, FamRZ 2011, 1544, 1548; *Veit/Schmidt*, in: BeckOK-BGB, 76. Edition, Stand: 1. November 2025, § 1631b Rn. 10.3.

533 *Hoffmann*, JAmt 2015, 6, 7; *dies.*, FamRZ 2011, 1544, 1548.

allerdings im gewissen Umfang als zulässiger und notwendiger Teil von Pflege und Erziehung angesehen[534], muss dieser auch durch eine Pflegeperson wahrgenommen werden können, der eine elternähnliche Stellung einnehmen soll und deren Handlungsmöglichkeiten im Alltag jenen der Eltern angeglichen werden sollen.

Es ist also zunächst der Unterscheidung bei § 1631b Abs. 2 BGB entsprechend zu folgen: jedenfalls über Maßnahmen, die innerhalb der Pflege und Erziehung adäquat und üblich sind – im Sinne des Wortlauts des § 1631b Abs. 2 BGB also altersgerecht[535] –, kann auch eine Person, die nur Sorge ausübt, entscheiden. Über Maßnahmen, die unter § 1631b Abs. 2 BGB fallen, weil sie innerhalb einer Einrichtung vorgenommen werden und nicht altersgerecht sind, können ohnehin nur die originär Sorgeberechtigten entscheiden.

Es ließe sich ergänzend die Frage stellen, wem die Entscheidung über entsprechende Maßnahmen innerhalb etwa einer Familienpflege obliegt. Die Zulässigkeit einer privatrechtsgeschäftlichen Übertragung wird – wie dargelegt – ebenso wie die Übertragung nach § 1688 BGB an der an § 1687 BGB angelehnten Frage orientiert, ob es sich um Angelegenheiten des täglichen Lebens oder eine wesentliche Entscheidung handelt, die originär bei (allen) Sorgerechtsinhabern verbleibt.[536] Von einer Angelegenheit des täglichen Lebens soll nach § 1687 Abs. 1 S. 3 BGB in der Regel dann auszugehen sein, wenn sie häufig vorkommt und keine schwer abzuändernden Auswirkungen auf die Entwicklung des Kindes haben. Bezogen auf freiheitsentziehende Maßnahmen, wie sie etwa bei einem behinderten Kind auftreten, lässt sich festhalten, dass diese zwar bei dem jeweiligen Kind häufiger vorkommen werden, insgesamt jedoch seltene Maßnahmen im Bereich der Kindererziehung und -pflege sind. Auf der anderen Seite haben die Maßnahmen das Potential, für die Entwicklung des Kinder insbesondere bei einer regelmäßigen Anwendung schwerwiegende Folgen zu entwickeln. Damit sind sie als wesentliche Maßnahmen einzustufen – eine nach § 1688 BGB oder aufgrund einer Vollmacht befähigte Betreuungsperson kann sie nicht ohne Rücksprache mit dem Sorgeberechtigten vornehmen. Nach § 1630 Abs. 3 BGB kann

---

[534] S. dazu oben, unter A.
[535] s. zu den Begrifflichkeiten unter B. IV. 2. d.
[536] S. dazu oben, unter B. III.

die Pflegeperson dagegen die Entscheidung über entsprechende Maßnahmen treffen, soweit ihr dieser Aufgabenbereich vom Gericht übertragen wurde.

## V. Verfassungsrechtliche Einordnung der Norm

### 1. Auswirkungen der verfassungsrechtlichen Freiheitsrechte des Kindes

#### *a. § 1631b BGB ist kein Unterfall des Art. 104 GG*

§ 1631b BGB wird immer wieder als Unterfall bzw. Konkretisierung des Art. 104 Abs. 2 GG direkt[537] oder als Ausdruck der sich aus Art. 104 GG ergebenden gesteigerten staatlichen Kontrollpflicht im Falle einer Freiheitsentziehung beschrieben.[538] Diesen Schlussfolgerungen liegen die Ansichten zugrunde, die auch im Eltern-Kind-Verhältnis den Art. 104 Abs. 2 GG direkt anwenden wollen oder ihm zumindest in seiner Schutzgebotsfunktion – direkt oder über Art. 2 Abs. 2 S. 2 GG – eine Verpflichtung für den Gesetzgeber ableiten.[539] Zwar mag die historische Herleitung der Norm und deren Ursprung in der Entscheidung des Bundesverfassungsgerichts zu Art. 104 Abs. 2 BGB auf den ersten Blick diese Schlussfolgerung nahe legen. Es wurde hingegen dargelegt, dass Art. 104 Abs. 2 GG weder direkt noch über seine Schutzgesetzfunktion Auswirkungen in Form einer Regelungspflicht des Gesetzgebers im Eltern-Kind-Verhältnis zeigt.[540] Denn die Grundrechte des Kindes bieten dem Staat kein über das Wächteramt hinausgehendes Eingriffsbefugnis, sodass selbst eine sich aus der wertentscheidenden Funktion der Art. 2 Abs. 2 S. 2 und 104 GG herleitende Schutzpflicht, aus der sich schon keine direkte Regelungsverpflichtung ergibt, keine Eingriffsbefugnis in das Eltern-Kind-Verhältnis begründet.[541] Dementsprechend ist auch der Gesetzgeber nicht davon ausgegangen, mit der Schaffung des § 1631b BGB einen sich aus Art. 104 Abs. 2 GG ergebenden Verfassungsauftrag

---

537 *Fink*, in: FS Salgo, 2016, S. 137, 142; *Beermann*, FPR 2011, 535, 536; *Hoffmann/Trenczek*, JAmt 2011, 177.

538 *Salgo*, FPR 2011, 546, 547; *Salgo*, in: Staudinger[12], § 1631b BGB Rn. 4; *Vogel*, FamRZ 2015, 1, 4.

539 S. dazu oben, Teil 3, D. III.

540 S. dazu oben, Teil 3, D. IV. sowie VI.

541 S. dazu oben, Teil 3, D. III. 3; ähnlich *Roth,* Die Grundrechte Minderjähriger, 2003, S. 87: die Grundrechte schreiben dem Familienrechtsgesetzgeber keine konkrete Ausgestaltung des Familienrechts spezifisch vor.

zu erfüllen.[542] Art. 6 GG stellt nach der hier vertretenen Meinung eine spezielle, vorrangige Schutzpflicht dar, die einen ausreichenden Schutz vor übermäßigen Einschränkungen grundrechtlich geschützter Bereiche bietet. Seinen verfassungsrechtlichen Hintergrund kann § 1631b BGB damit nicht im Art. 104 Abs. 2 BGB, sondern nur im Wächteramt des Staates aus Art. 6 Abs. 2 S. 2 BGB finden.[543]

### *b. Einbeziehung der Wertungen der kindlichen Freiheitsrechte in die Auslegung des § 1631b BGB?*

Immer wieder wird zudem die Bedeutung der Art. 104 und Art. 2 Abs. 2 S. 2 GG für die Auslegung des § 1631b BGB genannt. So strahle Art. 2 Abs. 2 S. 2 GG intensiv auf die Auslegung von § 1631b BGB und stelle hohe Anforderungen an die Verhältnismäßigkeit,[544] die Norm solle im Lichte dieser Grundrechte des Kindes zu sehen sein,[545] das Gericht solle in seiner Entscheidung diesen Grundrechten Rechnung tragen[546] bzw. sie beachten.[547] Schon die einer Maßnahme nach § 1631b BGB zugrunde liegende Entscheidung des Sorgeberechtigten hat allerdings Grundrechte des Kindes mittelbar zu berücksichtigen. Die Kindeswohlorientierung des Elternrechts ergibt, dass die Eltern in grundrechtssensible Bereiche nur mit besonderer Umsicht eindringen dürfen. Das Gericht überprüft aufgrund von § 1631b BGB die elterliche Entscheidung und mithin die getroffene Abwägung – diese Entscheidung hat ebenso wie die elterliche der besonderen Bedeutung der kindlichen Fortbewegungsfreiheit Rechnung zu tragen, die sich als Wertentscheidung in Art. 2 Abs. 2 S. 2, 104 Abs. 1 GG ausdrückt.[548] Mit Blick auf die Bedeutung der Freiheitsrechte des Kindes konkretisiert sich diese Abwägung ohnehin dadurch, dass die Voraussetzungen für eine zulässige freiheitsentziehende

---

542 *Hantel*, Der Begriff der Freiheitsentziehung in Art. 104 Abs. 2 GG, 1988, S. 196.

543 *Hantel*, Der Begriff der Freiheitsentziehung in Art. 104 Abs. 2 GG, 1988, S. 196; *Helle*, ZfJ 1986, 40, 42; *Gernhuber/Coester-Waltjen*, Familienrecht, 7. Aufl. 2020, § 7 Rn. 11.

544 BGH, FamRZ 2015, 1367; *Veit/Schmidt*, in: BeckOK-BGB, 76. Edition, Stand: 1. November 2025, § 1631b Rn. 34.

545 *Ernst/Höflich*, in: Schwabe, Zwang in der Heimerziehung?, 2008, S. 184.

546 BT-Drucks. 16/6815, S. 13 f.

547 *Huber*, in: MünchKomm BGB, 9. Aufl. 2024, § 1631b Rn. 12.

548 *Pohlreich*, in: Kahl/Waldhoff/Walter, Bonner Kommentar zum Grundgesetz, 199. Aktual. 2019, Art. 104, Rn. 35.

Unterbringung oder freiheitsentziehende Maßnahme konkret bestimmt sind. Darüber hinaus muss die Bedeutung der Fortbewegungsfreiheit auch innerhalb der Prüfung der Verhältnismäßigkeit der Maßnahme Berücksichtigung finden, etwa bei der Frage, ob die freiheitsentziehende Maßnahme das mildeste Mittel ist, und der Tatsache, dass diese nur für die kürzest mögliche Zeit erfolgen darf.[549] Das Bundesverfassungsgericht bestimmt darüber hinaus, dass die freiheitssichernde Funktion des Art. 2 Abs. 2 S. 2 GG Maßstäbe für die Aufklärung des Sachverhalts und damit ebenfalls für die tatsächliche Grundlage der richterlichen Entscheidung setzt. Eine rechtsstaatliche Entscheidung den Entzug der persönlichen Freiheit betreffend muss unverzichtbar auf einer zureichenden richterlichen Sachaufklärung beruhen und eine in tatsächlicher Hinsicht genügende Grundlage haben, die der Bedeutung der Freiheitsgarantie entspricht. Hier darf allerdings nicht außer Acht gelassen werden, dass nicht durch die Entscheidung des Gerichts die Freiheit entzogen wird, sondern durch die Entscheidung der Eltern.[550] Würde die Freiheitsentziehung dagegen direkt vom Staat ausgehen, entfalteten Art. 2 Abs. 2 S. 2 GG ihre Wirkungen direkt und nicht ausschließlich in der beschriebenen Weise.

## 2. § 1631b BGB als Norm des staatlichen Wächteramts

### *a. Doppelter Eingriff in die Elternautonomie*

Da der § 1631b BGB mithin nicht auf einer besonderen Eingriffsbefugnis des Staates beruht, verbleibt es grundsätzlich dabei, dass die Eltern im Rahmen ihrer elterlichen Autonomie ihr Kind auch freiheitsentziehend unterbringen oder in freiheitsentziehende Maßnahmen an diesem einwilligen können. Diese Autonomie wird durch das sich aus § 1631b BGB ergebende Genehmigungserfordernis in doppelter Hinsicht beschränkt.[551]

Zunächst entscheiden zwar die Eltern trotz des Erfordernisses einer gerichtlichen Genehmigung weiterhin selbst über die Vornahme einer

---

[549] BT-Drucks. 16/6815, S. 14.

[550] Dies betont auch der Gesetzgeber zu § 1631 Abs. 2 BGB, BT-Drucks. 18/11278, S. 2, 11, 15, 16.

[551] Wie hier für einen Eingriff in zweifacher Hinsicht: *Veit/Schmidt*, in: BeckOK-BGB, 76. Edition, Stand: 1. November 2025, § 1631b Rn. 5; allgemein: OLG Frankfurt, FamRZ 2013, 1225, 1227; *Salgo*, in: Staudinger, 2020, § 1631b BGB Rn. 1; *Zorn*, Das Recht der elterlichen Sorge, 2016, Rn. 339.

Unterbringung – eine Unterbringung gegen den Willen der Eltern kann es auf zivilrechtlicher Ebene nur dann geben, wenn den Eltern ihre Sorge insofern entzogen ist. Wollen die Eltern ihr Kind selbst unterbringen und stimmt das Familiengericht einer Unterbringung zu, sind sie im Ergebnis im Umfang ihrer Handlungen nicht eingeschränkt. Anders ist es jedoch, wenn das Gericht die Unterbringung ablehnt: Dann sind die Eltern daran gehindert, mit ihrem Kind so zu verfahren, wie es ihrer Meinung nach am besten ist. Hier zeigt sich der erste Eingriff in das Elternrecht: bei Versagung der Genehmigung, weil diese nicht zum Wohl des Kindes erforderlich und das letzte Mittel ist, um die Gefahr für das Kindeswohl abzuwenden.[552]

Aber auch in dem Fall, in dem die Unterbringung durch das Gericht genehmigt wird, sind die Eltern in ihrer Autonomie eingeschränkt, da sie ihre eigentlich unabhängige Entscheidung dem Gericht zur Genehmigung vor- und darlegen müssen – ohne die Beteiligung und Genehmigung durch das Gericht dürfen sie die genannten Maßnahmen nicht nach eigenem Gutdünken durchführen.[553] Hier manifestiert sich eine zweite Eingriffsebene.

Eine derartige Einschränkung der elterlichen Autonomie ist hingegen nur gerechtfertigt, wenn der Staat zum Eingreifen berechtigt war, was im Eltern-Kind-Verhältnis erfordert, dass der Staat seine Befugnisse aus dem Wächteramt wahrnimmt. Nur diesem kann die Vorschrift daher schlussendlich geschuldet sein.[554] Legitim ist ein Eingreifen des Staates – hier in Form des Gesetzgebers – daher nur, wenn er sich an die Eingriffsschwelle des Wächteramts hält (sogleich unter (b und c)) und der Gesetzgeber seinerseits den Verhältnismäßigkeitsgrundsatz gewahrt hat (unter (d)).

---

552 *Veit/Schmidt*, in: BeckOK-BGB, 76. Edition, Stand: 1. November 2025 § 1631b Rn. 5; OLG Frankfurt/Main, FamRZ 2013, 1225, 1227; OLG Oldenburg, FamRZ 2012, 39, 41.

553 Salgo, FPR 2011, 546, 547; *Veit/Schmidt*, in: BeckOK-BGB, 76. Edition, Stand: 1. November 2025, § 1631b Rn. 5.

554 BGH, FamRZ 2013, 1646; NJW 2013, 2969 = FamRZ 2013, 1719 (LS. m. Anm. Salgo); *Veit/Schmidt*, in: BeckOK-BGB, 76. Edition, Stand: 1. November 2025, § 1631b Rn. 6.

### *b. Rechtfertigung der ersten Eingriffsebene – § 1631b BGB als Vermeidung einer antizipierten Kindeswohlgefährdung*

Zunächst stellt sich die Frage, ob es im Rahmen des staatlichen Wächteramts zulässig ist, dass ein Gericht den Eltern die Genehmigung versagt und die angestrebte Maßnahme damit unmöglich macht, wenn diese nicht zum Wohl des Kindes erforderlich oder nicht das letzte Mittel ist, um die Gefahr für das Kindeswohl abzuwenden. Die Gesetzbegründung zum Abs. 2 stellt fest, dass durch den Genehmigungsvorbehalt in das Elternrecht eingegriffen wird und dass ein entsprechender Eingriff allein aufgrund einer Kindeswohlgefährdung gerechtfertigt ist.[555] Im Folgenden bejaht sie eine „angemessene Beschränkung" des Elternrechts mit der Begründung, dass mit einem Genehmigungserfordernis sowohl bei freiheitsentziehenden Maßnahmen wie auch bei einer freiheitsentziehenden Unterbringung der „besonderen Schutzbedürftigkeit des Kindes im Hinblick auf Freiheitsentziehungen" Rechnung getragen wird.

Weiter heißt es, die Genehmigung sei auch jeweils an das Kindeswohl geknüpft, da nur, wenn die Freiheitsentziehung nicht dem Kindeswohl entspricht, das Gericht eine Genehmigung ablehnen dürfe. Mögen diese Feststellungen für sich richtig sein – auf die sich aus dem Verfassungsrecht ergebende Schutzbedürftigkeit der Fortbewegungsfreiheit jeder Person und nicht zuletzt Kindern wurde in dieser Arbeit hingewiesen[556] – bilden sie nicht die korrekten Prämissen für die Rechtfertigung eines Eingriffs in die Elternautonomie ab.

#### *(1) § 1666 BGB als einfachgesetzliche Abbildung des verfassungsrechtlichen Schutzkonzepts*

Die Zentralnormen, die die Zulässigkeit eines Eingriffs in die Elternautonomie einfachgesetzlich abbilden, sind §§ 1666, 1666a BGB. Diese stellen als Generalklauseln für das Tätigwerden des Familiengerichts[557] „zivilrechtliche Ausführungsvorschriften"[558] zu Art. 6 Abs. 2, 3 GG dar. Sie bilden den Grundsatz ab, dass Eltern trotz ihrer weitreichenden Befugnisse bei

---

555 BT-Drucks. 18/11278, S. 18.

556 S. dazu Teil 3, B.

557 *Gernhuber/Coester-Waltjen*, Familienrecht, 6. Aufl. 2010, § 62 Rn. 2.

558 *Coester*, in: Staudinger, 2020, § 1666 BGB Rn. 3; *Coester*, FamRZ 1991, 253, 254.

der Ausübung ihrer Erziehungsaufgaben zum Schutz des Kindes Grenzen gesetzt sind, an denen der Staat intervenieren kann bzw. muss. Diese Interventionsmöglichkeiten sind eine Konsequenz aus der Pflichtenbindung der elterlichen Sorge und dem staatlichen Wächteramt.[559] Die §§ 1666, 1666a BGB dienen damit der Wahrung sowohl der Kindesgrundrechte, als auch des Elternrechts, indem sie das diffizile verfassungsrechtliche Schutzverhältnis einfachgesetzlich ausgestalten.[560]

Für das verfassungsrechtliche Elternrecht wurde festgestellt, dass die Eltern ihre hieraus erwachsenden Befugnisse überschreiten, wenn ihr Verhalten unter keinem Gesichtspunkt mehr als Pflege und Erziehung gewertet werden kann – dies kann sich zum einen in einer kompletten Gleichgültigkeit und einem Nichthandeln ausdrücken, oder aber in Maßnahmen, die nach einem objektivierbaren oder subjektiven Maßstab nicht mehr mit dem Kindeswohl vereinbar sind.[561] Die Pflichtgebundenheit des Elternrechts und der elterlichen Sorge drückt sich in der einfachgesetzlichen Ausgestaltung derart aus, dass der Orientierungspunkt des Pflichtelements, das Kindeswohl, aufgenommen und dessen Gefährdung als Eingriffsmaßstab festgelegt wird.[562] Die vorrangige elterliche Schutzfunktion endet und ein korrigierender Eingriff des Staates ist nach §§ 1666, 1666a BGB damit zulässig, wenn das körperliche, geistige oder seelische Wohl des Kindes (oder sein Vermögen) gefährdet ist und die Eltern nicht gewillt oder nicht in der Lage sind, die Gefahr abzuwenden, unerheblich, wovon oder von wem sie ausgeht.[563] Unerheblich ist auch, ob eine andere Erziehungsmaßnahme besser geeignet wäre: Da den Eltern aufgrund ihres Elternvorrangs auch die Definitionshoheit über das Kindeswohl obliegt, ist der Staat bezüglich des Kindeswohls auf eine Unverträglichkeitskontrolle verwiesen.[564] Unterhalb der Gefährdung

---

559 *Coester*, in: Staudinger, 2020, § 1666 BGB Rn. 3.

560 BVerfGE 60, 79, 90; 72, 122, 137 f.; FamRZ 2014, 907, 909; FamRZ 2014, 1270 Rn. 18 ff.; FamRZ 2014, 1266, Rn. 28 ff.; *Veit/Schmidt*, in: BeckOK-BGB, 76. Edition, Stand: 1. November 2025, § 1666 Rn. 2.

561 s. dazu Teil 5, A. I.

562 Vgl. BVerfGE 24, 119, 144; *Coester*, Das Kindeswohl als Rechtsbegriff, 1983, S. 135 ff.

563 *Coester*, in: Staudinger, 2020, § 1666 BGB Rn. 58 ff.

564 BVerfGE 24, 119, 145; *Erichsen/Reuter*, Elternrecht – Kindeswohl – Staatsgewalt, 1985, S. 51 f.; *Jestaedt*, in: Lipp/Schumann/Veit, Kindesschutz bei Kindeswohlgefährdung, 6. Göttinger Workshop zum Familienrecht 2007, 2008, S. 5, 13 ff.; *Schumann*, in:

des Kindeswohls sind auch „Fehlinterpretationen" durch die Eltern, also schlichte Pflichtwidrigkeiten hinzunehmen.[565] Die Kindeswohlgefährdung als negativer Kindeswohlstandard bildet demnach die „Demarkationslinie" zwischen Elternprimat und staatlichem Wächteramt.[566]

#### *(2) Definition des Kindeswohls und Vorliegen einer Kindeswohlgefährdung im Rahmen des § 1666 BGB*

Eine allgemeingültige Definition des insofern relevanten Kindeswohlbegriffs auf der Grundlage konkreter rechtlicher oder außerrechtlicher Maßstäbe scheitert an dessen Einzelfallorientierung.[567] Auch wenn die Definition des Kindeswohls grundsätzlich den Eltern zusteht und die Beurteilung des Einzelfalls dem Richter obliegt, gibt es dennoch einige Orientierungspunkte. So sollen etwa der subjektive Wille des Kindes sowie seine inneren Bindungen und der familiäre Gesamtzusammenhang ebenso Berücksichtigung finden wie mögliche wissenschaftliche Erkenntnisse und gesellschaftliche Standards („Grundkonsens"[568]) hinsichtlich der Bedürfnisse von Kindern.[569] Unter letztere lässt sich etwa die Bedeutung von Kontinuität und Stabilität von Betreuungs- und Erziehungsverhältnissen, die inneren Bindungen des Kindes sowie das anerkannte Erziehungsziel zu einer selbstständigen und eigenverantwortlichen, zu sozialem Zusammenleben fähigen Persönlichkeit fassen.[570] Eine unzulässige Verkürzung des Kindeswohls würde aber erreicht, wenn dieses allein anhand bestimmter Indikatoren festgelegt würde, vielmehr

Behrends/Schumann, Gesetzgebung, Menschenbild und Sozialmodell im Familien- und Sozialrecht, 2008, 169, 174 ff.; *Coester*, FamRZ 1991, 433.

565 BVerfGE 34, 165, 184; 60, 79, 94.

566 *Coester*, Das Kindeswohl als Rechtsbegriff, 1983, S. 136; *ders.*, in: Staudinger, 2020, § 1666 BGB Rn. 61a; *ders.*, in: Lipp/Schumann/Veit, Kindesschutz bei Kindeswohlgefährdung, 6. Göttinger Workshop zum Familienrecht 2007, 2008, S. 19, 23: „Verantwortungsabgrenzung im Einzelfall".

567 *Coester*, Das Kindeswohl als Rechtsbegriff, 1983, S. 163 ff.; *ders.*, in: Staudinger, 2020, § 1666 BGB Rn. 50.

568 *Beitzke*, FamRZ 1979, 8, 12; *Knöpfel*, FamRZ 1985, 1211, 1214; *Böckenförde*, in: Essener Gespräche 14 (1980), S. 54, 77 f.

569 *Coester*, in: Staudinger, 2020, § 1666 BGB Rn. 70 ff.; zur Berücksichtigung des Kindeswillens: *Wapler*, Kinderrechte und Kindeswohl, 2015, S. 263 ff.;

570 *Coester*, Das Kindeswohl als Rechtsbegriff, 1983, S. 176 f., 178 f., 255 f.; *Coester*, in: Staudinger, 2020, § 1666 BGB Rn. 71.

sollen solche allenfalls Indizien sein für die Interessen eines konkret betroffenen Kindes.[571]

Auch der Begriff der für § 1666 BGB ausschlaggebenden Kindeswohlgefährdung ermöglicht nicht ohne weiteres eine subsumtionsfähige Definition.[572] In der Rechtsprechung wird der Gefährdungsbegriff so konkretisiert, dass eine „gegenwärtige, in einem solchen Maße vorhandene Gefahr" in der Form erforderlich ist, „dass sich bei der weiteren Entwicklung eine erhebliche Schädigung mit ziemlicher Sicherheit voraussehen lässt".[573] Eine tatsächliche Schädigung ist daher gerade nicht erforderlich, wenn auch ihr Vorliegen ein Indiz für eine künftige (weitere) Schädigung und damit für eine Gefährdung sein kann.[574] Der Schadenseintritt muss mit hinreichender Wahrscheinlichkeit bevorstehen, eine „künftige Gefährdung" ist dagegen nicht ausreichend.[575] Die mögliche Gefährdung muss zudem eine gewisse Schwere erreichen, das Bundesverfassungsgericht verlangt insofern eine nachhaltige Gefährdung,[576] mitunter wird eine Erheblichkeit der Gefährdung gefordert.[577] Die notwendigen Elemente der zur Annahme einer Gefährdung erforderlichen Schadenswahrscheinlichkeit sind in der Formel der Rechtsprechung ausgedrückt: zeitliche Nähe zum Schadenseintritt („gegenwärtig") sowie Verdichtung der Kausalfaktoren, die eine Schädigung nicht nur als denkbar, sondern als konkret voraussehbar erscheinen lassen („mit ziemlicher Sicherheit").[578]

---

571 *Coester*, in: Lipp/Schumann/Veit, Kindesschutz bei Kindeswohlgefährdung, 6. Göttinger Workshop zum Familienrecht 2007, 2008, S. 19, 28, sowie *ders.*, Das Kindeswohl als Rechtsbegriff, 1983, S. 172 unter Verweis auf den Konkretisierungsversuch von *Lüderitz*, FamRZ 1975, 607 ff.

572 S. etwa Arbeitsgruppe „Familiengerichtliche Maßnahmen bei der Gefährdung des Kindeswohls", Abschlussbericht v. 17. November 2006, S. 28 ff. (https://rsw.beck.de/docs/librariesprovider5/rsw-dokumente/abschlussbericht_kindeswohl.pdf?sfvrsn=99a6e75c_2 [zuletzt abgerufen: 25. Januar 2026]); *Coester*, FPR 2009, 549, 550.

573 BGH, FamRZ 1956, 350; FamRZ 2005, 344, 345 f.; FamRZ 2012, 99, 101.

574 *Coester*, in: Staudinger, 2020, § 1666 BGB Rn. 82a.

575 BVerfGE 60, 79, 91; BVerfG, FamRZ 2014, 1772, 1773; FamRZ 2014, 907, 910; *Coester*, in: Lipp/Schumann/Veit, Kindesschutz bei Kindeswohlgefährdung, 6. Göttinger Workshop zum Familienrecht 2007, 2008, S. 19, 24.

576 BVerfGE 60, 79, 91; FamRZ 2008, 492; 2010, 713; 2014, 907, 908; kritisch zu diesem Begriff *Coester*, in: Staudinger, 2020, § 1666 BGB Rn. 92.

577 BT-Drucks. 8/2788, S. 39 f.: so die Meinung des Bundesrats und einer Minderheit im Rechtsausschuss.

578 *Coester*, in: Staudinger, 2020, § 1666 BGB Rn. 86.

Dem als abstrakte wertorientierte Grenzlinie zwischen elterlicher und staatlicher Verantwortung schwer greifbaren Kindeswohlgefährdungsbegriff soll nicht mit einer generellen Relativierung im Sinne einer Orientierung der Gefährdungsschwelle an typisierenden Fallkonstellationen begegnet werden.[579] Dennoch stehen Kindeswohl, Schadenswahrscheinlichkeit und Eingriffsintensität in einem hermeneutischen Zusammenhang zueinander, der die Konkretisierung der Kindeswohlgefährdung im Einzelfall beeinflussen kann.[580] Unumgänglich bei einer insofern flexiblen Konkretisierung ist die drohende erhebliche Schädigung des Kindeswohls als eine Komponente des Gefährdungsbegriffs, während an das andere Teilstück, die Wahrscheinlichkeit des Schadenseintritts, unterschiedliche Anforderungen gestellt werden können, je nachdem etwa, welches konkrete Schadenspotential sich zeigt oder wie intensiv eine abwehrende Maßnahme in die elterliche Verantwortung eingreift.[581] Konkret heißt das, dass für die Bejahung einer Kindeswohlgefährdung die Wahrscheinlichkeit, dass eine Schädigung eintritt gering sein kann, wenn diese drohende Schädigung etwa aufgrund von Lebensgefahr für das Kind umso größer ist.

Eine Kindeswohlprüfung in positiver (§§ 1671, 1686a BGB) wie in negativer (§ 1626a BGB) Form ist daher ebenso wie die Feststellung einer Kindeswohlgefährdung i. S. d. § 1666 BGB das Ergebnis eines einzelfallbezogenen Abwägungsprozesses.[582] Demjenigen der die Vorschriften anwendet – bei der Feststellung einer Kindeswohlgefährdung nach § 1666 BGB also dem Richter oder der Richterin – obliegt eine Einzelfallkonkretisierung im Sinne einer

---

[579] *Coester*, in: Staudinger, 2020, § 1666 BGB Rn. 83; *ders.*, in: Lipp/Schumann/Veit, Kindesschutz bei Kindeswohlgefährdung, 6. Göttinger Workshop zum Familienrecht 2007, 2008, S. 19, 33: abzulehnende generelle Relativierungen etwa: je geringere die Eingriffsintensität, umso eher Eingriffslegitimation, je eindeutiger kindeswohlgerechtes Verhalten, umso eher Regulierung abweichenden Verhaltens, je größer die Wahrscheinlichkeit des Schadenseintritts, umso eher staatliches Eingreifen.

[580] *Coester*, in: Lipp/Schumann/Veit, Kindesschutz bei Kindeswohlgefährdung, 6. Göttinger Workshop zum Familienrecht 2007, 2008, S. 19, 34.

[581] *Coester*, in: Lipp/Schumann/Veit, Kindesschutz bei Kindeswohlgefährdung, 6. Göttinger Workshop zum Familienrecht 2007, 2008, S. 19, 34 f.; *Veit/Schmidt*, in: BeckOK-BGB, 76. Edition, Stand: 1. November 2025, § 1666 Rn. 36.

[582] *Coester*, in: Lipp/Schumann/Veit, Kindesschutz bei Kindeswohlgefährdung, 6. Göttinger Workshop zum Familienrecht 2007, 2008, S. 19, 28 f.; zur Berücksichtigung kultureller Besonderheiten: *Coester*, FPR 2009, 549, 552.

„schöpferischen Umsetzung des Gesetzeszwecks für den Einzelfall", die sich u. a. an Seinselementen und Wertmaßstäben des geltenden Rechts orientiert und damit als Gegenstand eines gesellschaftlichen Perspektivwechsels einer zeitspezifischen Interpretation unterliegt.[583] Denn das Ziel des staatlichen Kinderschutzes sowohl auf jugendhilferechtlicher wie justitieller Ebene ist der individuelle Schutz des betroffenen Kindes.[584]

#### *(3) Übertragung auf die Versagung der Genehmigung nach § 1631b BGB als erste Eingriffsdimension*

Die Schwelle des § 1666 BGB als Zulässigkeit von Eingriffen des Staates aufgrund des Wächteramts nennt auch die Gesetzesbegründung zu Abs. 2.[585] § 1631b BGB formuliert es aber anders: Er spricht nicht davon, dass eine Genehmigung nur dann zu versagen ist, wenn die angestrebte Maßnahme das Kindeswohl gefährdet. Vielmehr ist eine Maßnahme nach § 1631b BGB nur zulässig und wird demnach nur dann genehmigt, wenn die Maßnahme zum Wohl des Kindes erforderlich ist. Diese Formulierung findet sich ebenfalls in § 1687 Abs. 2 BGB und entspricht der in § 1671 Abs. 3 S. 1 a. F. BGB[586], an dessen Auslegung man anknüpfen könnte.[587] In diesen Fällen liegt die Eingriffsschwelle allerdings niedriger als die des § 1666 BGB, das Tätigwerden des Staates rechtfertigt sich an diesen Stellen auf andere Weise: hier geht es nicht um den Schutz des Kindes durch einen Eingriff in die Elternautonomie, sondern vielmehr um einen Ausgleich sich gegenüberstehender Elterninteressen nach einer Trennung – der Staat verhilft im Rahmen seines Schlichter-, nicht Wächteramts der Elternautonomie eines Elternteils gegen

---

583 *Coester*, in: Staudinger, 2020, § 1666 BGB Rn. 66, ebenso für den Begriff der Kindeswohlgefährdung, Rn. 90; *ders.*, in: Lipp/Schumann/Veit, Kindesschutz bei Kindeswohlgefährdung, 6. Göttinger Workshop zum Familienrecht 2007, 2008, S. 19, 27 f.; sowie *ders.*, FPR 2009, 549, 550 mit dem Hinweis, dass sich bspw. der § 1632 Abs. 2 BGB merklich auf die Toleranzgrenze hinsichtlich Eingriffen in die körperliche Integrität des Kindes auswirkt.

584 *Coester*, in: Lipp/Schumann/Veit, Kindesschutz bei Kindeswohlgefährdung, 6. Göttinger Workshop zum Familienrecht 2007, 2008, S. 19, 28.

585 BT-Drucks. 18/11278, S. 18.

586 I. d. F. vom 18. Juli 1979, gültig 1. Januar 1990 bis 30. Juni 1998.

587 *Rake*, in: Johannsen/Henrich/Althammer, Familienrecht, 7. Aufl. 2020, § 1687 Rn. 18.

die des anderen zur Wirkung.[588] Für das Wächteramt reicht es indessen nicht, wenn die Genehmigung in irgendeiner Weise an das Kindeswohl geknüpft ist[589]: erforderlich ist eine Kindeswohlgefährdung.

Die vom Gesetzgeber in § 1631b BGB gewählte Formulierung bedeutet hingegen nicht, dass die Vorschrift der wächteramtlichen Eingriffsschwelle nicht entsprechen kann: dies ist der Fall, wenn davon auszugehen ist, dass bei Versagung der Genehmigung, weil die Maßnahme nicht zum Wohl des Kindes erforderlich ist, diese immer eine Kindeswohlgefährdung darstellen würde.[590] Dann gäbe es in diesen Fallgestaltungen eben nicht wie in anderen Bereichen[591] eine Grauzone, in der die Handlungen der Eltern zwar nicht dem Kindeswohl dienen, aber das Kindeswohl eben auch noch nicht gefährden. Dies wäre der Fall, wenn die Wertentscheidungen der Art. 2 Abs. 2 S. 2 und 104 GG derart auf den Gewährleistungsumfang des Elternrechts einwirken, dass eine Freiheitsentziehung, die nicht zum Wohle des Kindes erforderlich ist, eine Kindeswohlgefährdung darstellte.[592] Zwar liegt nicht in jedem Eingriff der Eltern in einen grundrechtssensiblen Bereich auch sogleich eine Kindeswohlgefährdung.[593] Freiheitsentziehungen als schwerster Eingriff in die grundrechtlichen Freiheitsrechte und speziell die freiheitsentziehende Unterbringung und freiheitsentziehende Maßnahmen können aber dennoch signifikante Auswirkungen auf ein Kind haben.[594] Darüber hinaus stellt eine Freiheitsentziehung den schwersten Eingriff in die grundrechtlichen Freiheitsrechte dar. Ein derartiger Eingriff in die Fortbewegungsfreiheit des Kindes, der nicht durch die Erforderlichkeit für andere Kindeswohlbelange

---

588 BVerfGE 56, 363, 382 f.; *Jestaedt/Reimer*, in: Kahl/Waldhoff/Walter, Bonner Kommentar zum Grundgesetz, 195. Aktual. 2018, Art. 6 Abs. 2 und 3, Rn. 156 ff.

589 So rechtfertigt sie die Gesetzesbegründung zu Abs. 2, BT-Drucks. 18/11278, S. 11, s. auch oben, unter B. IV. 1. f.

590 *Erichsen/Reuter*, Elternrecht – Kindeswohl – Staatsgewalt, 1985, S. 83: „Zumindest in diesem Fall erfüllt das Gericht die ihm über das Wächteramt verliehene Aufgabe, das Kindeswohl zu sichern, wenn die Unterbringung Ausdruck [des damals noch notwendigen] erzieherischen Versagens darstellt".

591 Vgl. dazu oben. unter A. II. 3.

592 BGH, FamRZ 2013, 1646, 1647: Die Vorschrift soll eine dem Interesse des Kindes aus Art. 2 Abs. 1 GG und Art. 1 Abs. 1 GG gerecht werdende Ausübung des Sorgerechts sicherstellen.

593 Dazu unter A. I. 2, II. 3.

594 S. dazu Teil 2, C. III. 6. sowie F. II.

gerechtfertigt ist oder anstatt dessen andere Maßnahmen zur Erfüllung der Kindeswohlbelange zur Verfügung stehen, stellt eine gegenwärtige Gefahr dar, die bei weiterer Entwicklung der Dinge – Durchführung einer nicht erforderlichen Freiheitsentziehung – eine erhebliche Schädigung des geistigen, seelischen oder körperlichen Wohls des Kindes mit ziemlicher Sicherheit voraussehen lässt und damit eine Kindeswohlgefährdung und eine zulässige Eingriffsschranke in die Elternautonomie bildet. Diese Schlussfolgerung hätte der Gesetzgeber in der Rechtfertigung des festgestellten Eingriffs darlegen sollen, denn nur sie rechtfertigt die Einschränkung des Elternrechts auf der ersten Eingriffsebene.

### c. *Rechtfertigung der zweiten Eingriffsebene*

Es verbleibt die Frage, wie es sich mit dem zweiten Eingriff in die Elternautonomie verhält: Ist auch die Tatsache, dass die Eltern einzelfallunabhängig immer eine Genehmigung brauchen, vom Wächteramt gedeckt? Dieser Aspekt der Regelung wird kritischer gesehen: der Erlaubnisvorbehalt drücke ein gewisses Misstrauen gegenüber elterlichen Unterbringungsentscheidungen aus.[595] Im Vordergrund soll auch hier wiederum nicht das Misstrauen gegenüber den Eltern stehen, sondern die besondere Verletzlichkeit und Schutzbedürftigkeit des Kindes.[596] Die Norm solle dazu dienen, einen Missbrauch des Aufenthaltsbestimmungsrechts zu vermeiden,[597] bzw. gar eine sinnvolle Ausübung des Sorgerechts gewährleisten.[598]

Nun gilt aber der Erlaubnisvorbehalt für alle Fälle, auch dann, wenn ein Missbrauch des Erziehungsrechts gar nicht ersichtlich ist, weil die angestrebte Maßnahme tatsächlich dem Kindeswohl entspricht und zum Schutz desselben auch angezeigt ist.[599] Berufen wird sich insofern auf eine abstrakt-generelle Gefahr, dass Eltern ihre Kinder unbemerkt in geschlossenen

---

[595] *Erichsen/Reuter*, Elternrecht – Kindeswohl – Staatsgewalt, 1985, S. 84.

[596] *Salgo*, in: Staudinger, 2020, § 1631b BGB, Rn. 4; *Kerscher*, in: BeckOGK-BGB, Stand: 1. November 2025, § 1631b Rn. 6; *Huber*, in: MünchKomm BGB, 9. Aufl. 2024, § 1631b Rn. 1; vgl. auch Art. 20 UN-KRK.

[597] *Salgo*, FPR 2011, 546, 548; sie stellt damit eine Schutzmaßnahme i. S. d. Art. 1 des Haager Minderjährigenschutzü-bereinkommen (MSA) dar, AG Glückstadt, FamRZ 1980, 824.

[598] BGH, FamRZ 2013, 1646, 1647.

[599] *Erichsen/Reuter*, Elternrecht – Kindeswohl – Staatsgewalt, 1985, S. 83.

Einrichtungen verschwinden lassen oder eine Einwilligung in freiheitsentziehende Maßnahmen geben, die sie im Einzelfall nicht kontrollieren können.[600] Eine solche abstrakte Gefährdung reicht hingegen für eine Kindeswohlgefährdung, die einen Eingriff in § 1666 BGB rechtfertigen soll, nicht aus, hierfür bedarf es konkreter Gefährdungsmomente.[601] Das Gericht wäre damit jedenfalls nicht berechtigt, nur auf der Grundlage, dass die Eltern eine freiheitsentziehende Unterbringung oder Maßnahme planen, ohne deren Rechtmäßigkeit näher zu untersuchen, nach § 1666 BGB vorzugehen, im äußersten Fall etwa die Personensorge zu entziehen.

Die Norm hat indessen auch nicht das Anliegen, mit dieser Intensität vorzugehen: zwar soll ein frühzeitiges, aber eben auch zunächst nur ein „niedrigschwelliges Eingreifen" der Gerichte ermöglicht werden.[602] Entsprechend wirkt diese zweite Eingriffsstufe nicht wie ein Verbot oder das Tätigwerden des Staates unmittelbar in der Eltern-Kind-Beziehung, sondern dient vielmehr der Informationsbeschaffung des Gerichts und der Kontrolle, ob die Eltern durch die Vornahme einer nicht erforderlichen Maßnahme eine Kindeswohlgefährdung herbeiführen.

*(1) Zulässigkeit staatlichen Handelns ohne Kindeswohlgefährdung*

*(a) Frühzeitige Intervention durch die Jugendhilfe*

Ein Eingriff in die elterliche Sorge durch das Familiengericht nach § 1666 BGB im Falle einer Kindeswohlgefährdung ist nicht die einzige Form staatlichen Handelns im familiären Kontext. Die familiengerichtliche Wächteraufgabe wird vielmehr durch jene der Jugendhilfe ergänzt, die sie neben ihrer Aufgabe der Familienförderung nach Art. 6 Abs. 1 GG wahrnimmt.[603] Der Charakter der Jugendhilfe hat sich im Vergleich zu früher gewandelt: während das eingriffsorientierte öffentlich-rechtliche JWG jugendhilferechtliche

---

[600] BGH FamRZ 2013, 1646, 1647; *Götz*, in: Coester-Waltjen/Lipp/Schumann/Veit, Zwangsbehandlung bei Selbstgefährdung, 14. Göttinger Workshop zum Familienrecht 2015, 2016, S. 65, 79; *Veit/Schmidt*, in: BeckOK-BGB, 76. Edition, Stand: 1. November 2025, § 1631b Rn. 6; *Salgo*, in: Staudinger, 2020, § 1631b BGB Rn. 4; zur Gefahr unkontrollierter freiheitsentziehender Maßnahmen: BT-Drucks. 18/11278, S. 15.

[601] s. dazu oben, unter B. V. 2. b. (2); BGH, FamRZ 2017, 212, 213; OLG Karlsruhe, FamRZ 2009, 1599; *Heilmann*, NJW 2017, 986, 987 f.

[602] BT-Drucks. 16/6815, S. 13.

[603] statt vieler *Coester*, FPR 2009, 549.

Einschränkungen der elterlichen Sorge noch kannte (§§ 62, 63)[604], ist das präventionsorientierte SGB VIII als Leistungsgesetz ausgestaltet.[605] Das Jugendamt kann Hilfen zur Erziehung (§§ 27–35 SGB VIII) leisten, wenn eine „dem Wohl des Minderjährigen entsprechende Erziehung nicht gewährleistet ist" (§ 27 SGB VIII). Diese Hilfe ist zunächst nur mit Zustimmung der Eltern möglich – oder aber als Weisung des Familiengerichts infolge Eingriffs in die elterliche Sorge, § 1666 Abs. 1, 3 Nr. 1 BGB. Diese grundsätzliche Achtung des elterlichen Erziehungs- und Bestimmungsvorrangs erweist sich deshalb als verfassungsrechtlich gebotener Ausgangpunkt der Unterstützung.[606] Beruht die Inanspruchnahme von Maßnahmen der Jugendhilfe nicht auf einer Anordnung aufgrund der Eingriffsnorm des § 1666 BGB, geht mit ihr keine Beschränkung der elterlichen Sorge einher.[607]

Die Hilfen zur Erziehung setzen tatbestandlich konkrete Erziehungsdefizite in der Familie voraus, welche nicht notwendigerweise schon eine Gefährdung verursachen. Ziel der Hilfe ist daher primär eine positive Erziehungskomplettierung und nicht aktuelle Gefährdungsabwendung.[608] Lehnen Eltern diese Hilfen ab, muss das Kind sich damit wie auch grundsätzlich mit negativen Erziehungsentscheidungen der Eltern unterhalb der Kindeswohlgefährdung abfinden.[609] Die im Falle eines Erziehungsdefizits zu treffenden Maßnahmen der Jugendhilfe gliedern sich wie folgt: Liegt noch keine oder nur eine abstrakte Gefährdungssituation vor, kommen generelle Hilfen zum Beispiel nach §§ 11, 13, 16 SGB VIII in Betracht. Bei individueller konkreter Gefährdung des Kindeswohls kommen die Hilfen zur Erziehung nach §§ 27 ff. SGB VIII in Betracht. Mögliche Hilfemaßnahmen sind die Erziehungsberatung gemäß § 28 SGB VIII, die weiteren familienunterstützenden und -ergänzenden ambulanten Leistungen gemäß §§ 27, 29–32, 35 SGB VIII

---

[604] *Coester*, in: Staudinger, 2020, § 1666 BGB Rn. 16.

[605] *Salgo*, in: Staudinger, 2020, § 1631 BGB Rn. 21; *Stadler*, Therapie unter Zwang – ein Widerspruch?, S. 64.

[606] *Coester*, FamRZ 1991, 253, 254.

[607] *Kunkel*, Jugendhilferecht, 2010, Rn. 13; im Gegensatz zum alten JWG, vgl. hierzu *Coester*, in: Staudinger, 2020, § 1666 BGB Rn. 16; zu der Ausnahme des § 42 SGB VIII s. unten, unter Teil 6, A.

[608] *Coester*, FamRZ 1991, 253, 255: dies schließt jedoch keinen Einsatz von Hilfen zur Gefahrenabwehr aus.

[609] *Coester*, FamRZ 1991, 253, 255.

sowie die familienersetzenden Maßnahmen der Fremdunterbringung gemäß §§ 27,33–34 SGB VIII.

Diese Anknüpfungspunkte für die Gefahrenabwehr durch frühzeitiges Anbieten freiwilliger Hilfen setzen wie auch die Kindeswohlgefährdungsschwelle voraus, dass Jugendamt und Familiengericht Kenntnis über die Vorgänge in der Familiengemeinschaft erlangen.[610] Dem steht der Wunsch zur Seite, insbesondere im Anschluss an das Bekanntwerden erschütternder Fälle von Kindesvernachlässigung und -misshandlung in den Medien ein schon frühzeitiges Herantreten des Staates an „Problemfamilien" zu ermöglichen.[611] Zur Feststellung einer Kindeswohlgefährdung und damit zur effektiven Wahrnehmung der aus dem Wächteramt resultierenden Verantwortung für das Wohlbefinden des Kindes und der Pflicht, im Falle einer Kindeswohlgefährdung (rechtzeitig) tätig zu werden, muss dem Staat allerdings ein „Informationsbeschaffungsrecht" zustehen.[612] Dieses äußert sich etwa darin, dass dem Tätigwerden des Jugendamts im Rahmen der Gewährung freiwilliger Hilfen – auch wenn den Betroffenen ein entsprechendes Gefühl freilich nicht vermittelt werden sollte – immer die Überwachung bzw. Kontrolle der hilfebedürftigen Familien als Wesensmerkmal immanent ist.[613]

---

610 *Meysen*, in: Coester-Waltjen/Lipp/Schumann/Veit, Alles zum Wohle des Kindes?, 2. Familienrechtliches Forum, 2012, S. 155, 160.

611 S. dazu insb. *Veit* (S. 1) sowie die weiteren Beiträge in Lipp/Schumann/Veit, Kindesschutz bei Kindeswohlgefährdung, 6. Göttinger Workshop zum Familienrecht 2007, 2008 sowie Coester-Waltjen/Lipp/Schumann/Veit, Alles zum Wohle des Kindes?, 2. Familienrechtliches Forum, 2012.

612 *Jestaedt/Reimer*, in: Kahl/Waldhoff/Walter, Bonner Kommentar zum Grundgesetz, 195. Aktual. 2018, Art. 6 Abs. 2 und 3, Rn. 390 f.; *Jestaedt*, in: Lipp/Schumann/Veit, Kindesschutz bei Kindeswohlgefährdung, 6. Göttinger Workshop zum Familienrecht 2007, 2008, S. 5, 17: „In der Informationserlangung liegt ja just die Krux eines wirksamen Wächteramts"; *Salgo*, in: Coester-Waltjen/Lipp/Schumann/Veit, Alles zum Wohle des Kindes?, 2. Familienrechtliches Forum, 2012, S. 183, 186; *Langenfeld/Wiesner*, in: DIJuF, Saarbrücker Memorandum, 2004, S. 45, 54.

613 *Peschel-Gutzeit*, in: FS Coester-Waltjen, 2015, S. 173, 180; *Coester*, in: Lipp/Schumann/Veit, Kindesschutz bei Kindeswohlgefährdung, 6. Göttinger Workshop zum Familienrecht 2007, 2008, S. 19, 22 f., 35 f.; *Oberloskamp*, ebenda, S. 45, 47 f., 50; *Meysen*, in: Coester-Waltjen/Lipp/Schumann/Veit, Alles zum Wohle des Kindes?, 2. Familienrechtliches Forum, 2012, S. 155, 158 f.; *Salgo*, ebenda, S. 183, 187: „Rollenambiguität" zwischen Hilfe und Kontrolle; *Gernhuber/Coester-Waltjen*, Familienrecht, 7. Aufl. 2020, § 62 Rn. 3.

*(b) Regelungen der § 8a SGB VIII und § 157 FamFG*

Dieser einheitliche Schutzauftrag des Jugendamts konkretisiert sich vor allem in § 8a SGB VIII.[614] Er ist unter anderem Ausdruck der höheren Effektivität des Kindesschutzes, die vor allem durch eine Annäherung des staatlichen Wächteramts an die Familie mithilfe einer stärkeren Inpflichtnahme der Eltern und einer früheren Anrufung des Familiengerichts erreicht werden sollte.[615] § 8a Abs. 1 SGB VIII erfordert für ein Tätigwerden des Jugendamts im Wege der Gefährdungseinschätzung „gewichtige Anhaltspunkte" für eine Gefährdung des Kindeswohls.[616] Gewichtige Anhaltspunkte werden definiert als konkrete Hinweise oder ernst zu nehmende Vermutungen für eine konkrete Gefährdung entsprechend § 1666 BGB.[617] Das Jugendamt erlangt diese Anhaltspunkte aus verschiedenen Quellen, beispielsweise aus eigener Tätigkeit im Rahmen der Hilfegewährung, durch Selbstmeldung des betroffenen Kindes, durch die Weitergabe von Informationen durch einen Berufsgeheimnisträger nach § 4 Abs. 3 KKG oder durch einen sonstigen Dritten.

Es hat nach § 8a SGB VIII das Gefährdungsrisiko zunächst zu untersuchen und dann, wenn es zur Abwendung einer Gefährdung die Gewährung von Hilfen für notwendig hält, den Eltern diese anzubieten. Kann der Kindeswohlgefährdung durch die freiwillige Inanspruchnahme öffentlicher Hilfen begegnet werden, hat diese aufgrund des Gefahrenabwendungsprimats der Eltern Vorrang vor Eingriffen in das Elternrecht durch das Familiengericht.[618] Hält das Jugendamt die Mitwirkung des Familiengerichts zur Abwendung einer Gefahr für notwendig, hat es dieses anzurufen, Abs. 2. Obwohl aus der Nichtannahme freiwilliger Hilfen noch nicht automatisch eine Kindeswohlgefährdung folgt, wird bei einer festgestellten Gefährdung das Jugendamt das Gericht in der Regel dann anrufen, wenn Eltern notwendige Hilfen, auch bei

---

[614] *Köẞler*, in: jurisPK-SGB VIII, 3. Aufl. 2022, § 8a Rn. 3; *Bringewat*, ZKJ 2008, 297, 298: „Abschätzung des Gefährdungsrisikos nach § 8a Abs. 1 SGB VIII ist […] das Herzstück des wächteramtlichen Schutzauftrags bei Kindeswohlgefährdung".

[615] BT-Drucks. 16/6815, S. 7.

[616] *Salgo*, ZKJ 2007, 12, 14: konkrete, ernstzunehmende Hinweise.

[617] *Meysen*, in: Münder/Meysen/Trenczek, SGB VIII, 9. Aufl. 2022, § 8a Rn. 15: Die Hinweise dürfen in ihrer Zusammenschau nicht nur entfernt auf eine potentielle Gefährdung hindeuten.

[618] *Meysen*, in: Münder/Meysen/Trenczek, SGB VIII, 9. Aufl. 2022, § 8a Rn. 38.

deren fortwährendem Anbieten, nicht annehmen.[619] Darüber hinaus fordert § 157 Abs. 1 FamFG das Gericht auf, mit den Eltern und gegebenenfalls auch mit dem Kind ein erörterndes Gespräch hinsichtlich der Frage zu führen, wie einer „möglichen Gefährdung des Kindeswohls" begegnet werden kann. Die frühzeitige Erkennung und sozialrechtliche Einwirkung auf familiäre Problemlagen setzt sich auch das Netzwerk „Frühe Hilfen" zum Ziel.[620]

Die gewählten Formulierungen von § 8a Abs. 1 SGB VIII sowie § 157 Abs. 1 FamFG setzen im Verhältnis zu dem vorgenannten Gefährdungsbegriff des § 1666 BGB geringere Anforderungen an die zeitliche Nähe und Eintrittswahrscheinlichkeit einer Schädigung und umschreiben damit durch die Herabsetzung der Schadenswahrscheinlichkeit staatliche Interventionsmöglichkeiten unterhalb der Schwelle der (festgestellten) Kindeswohlgefährdung.[621] Gelegentlich wird damit die Absenkung der Eingriffsschwelle in das Elternrecht unter jene der Kindeswohlgefährdung gleichgesetzt.[622] Obwohl der Gesetzgeber in der Begründung zum KiWoMaG[623] anerkennt, dass mit dem Erörterungsgespräch eine niedrigere Interventionsmöglichkeit geschaffen wird[624], betont er indessen bezogen auf die gleichzeitig ergangene Löschung des Tatbestandsmerkmals des Elternversagens aus § 1666 BGB, dass er an dessen Eingriffsschwelle der Kindeswohlgefährdung festzuhalten gedenkt.[625] Das Erörterungsgespräch soll lediglich die Beteiligten frühzeitig an einen Tisch bringen und den Eltern Möglichkeiten aufzeigen, wie sie der (drohenden) Kindeswohlgefährdung beikommen können.[626] Dies wird nicht nur für einen effektiven

---

619 *Meysen*, in: Münder/Meysen/Trenczek, SGB VIII, 9. Aufl. 2022, § 8a Rn. 38.

620 Zur Entstehung und Entwicklung *Wiesner*, in: Coester-Waltjen/Lipp/Schumann/Veit, Alles zum Wohle des Kindes?, 2. Familienrechtliches Forum, 2012, S.39, 43.

621 *Coester*, in: Staudinger, 2020, § 1666 BGB Rn. 86.

622 *Schumann*, FPR 2011, 203, 206 f. sowie *dies.*, in: MünchKomm FamFG, 4. Aufl. 2025, § 157 Rn. 2, 3; ebenso *Rosenboom/Rotax*, ZRP 2008, 1, 2 f.; *Veit*, in: Lipp/Schumann/Veit, Kindesschutz bei Kindeswohlgefährdung, 6. Göttinger Workshop zum Familienrecht 2007, 2008, S. 1, 4; *dies.*, FPR 2008, 598, 602.

623 Gesetz zur Erleichterung familiengerichtlicher Maßnahmen bei Gefährdung des Kindeswohls v. 04. Juli 2008, BGBl. I, 1188.

624 BT-Drucks. 16/6815, S. 17.

625 BT-Drucks. 16/6815, S. 14; 16/8914, S. 12.

626 BT-Drucks. 16/6815, S. 12.

Kindesschutz als sinnvoll betrachtet[627], sondern kann auch eine Grundlage für flexiblere Hilfen bilden und durch die stärkere Einbeziehung der Eltern sowie die für diese transparentere Darstellung eines möglichen gerichtlichen Tätigwerdens des Gerichts gerade Ausdruck des Elternprimats sein.[628] Auch die Einbeziehung der Personensorgeberechtigten in die Abschätzung des Gefährdungsrisikos gem. § 8a Abs. 1 S. 2 SGB VIII ermöglicht eine frühe Einbeziehung der Eltern und Ermittlung und Unterstützung ihrer eigenen Gefahrenabwehrressourcen im Sinne ihres Gefahrenabwehrvorrangs.[629] Für die Eltern ergibt sich aus der Pflichtenbindung des Elternrechts und der elterlichen Sorge sowie aus der Verpflichtung, einen effektiven Rechtsschutz für das Kind zuzulassen, eine Duldungspflicht hinsichtlich entsprechender Informations- und Kontrollmaßnahmen.[630]

*(c) Kriterien für die Zulässigkeit dieser niedrigschwelligen Maßnahmen*

Die Zulässigkeit einer entsprechenden „Informationsbeschaffung“, die bisweilen mit dem aus dem Polizeirecht entlehnten Begriff „Gefahrerforschungseingriffe“ bezeichnet wird[631], muss sich zur Eingliederung in das dargestellte verfassungsrechtlich vorgegebene und einfachgesetzlich austarierte Kinderschutzsystem indes innerhalb diffiziler Grenzen bewegen.

---

627 *Willutzki*, FPR 2008, 488, 491 f.; mit Einschränkungen für konfliktbelastete Ausnahmefälle auch BT-Drucks. 16/8914, S. 10.

628 So auch BT-Drucks. 16/6815, S. 17; *Fellenberg*, in: Lipp/Schumann/Veit, Kindesschutz bei Kindeswohlgefährdung, 6. Göttinger Workshop zum Familienrecht 2007, 2008, S. 91, 93; Zu anderen, eher bedenklichen Auslegungen von Zweck und Ziel des Erörterungsgesprächs: *Meysen*, NJW 2008, 2673, 2675 f.

629 ähnlich *Bringewat*, ZKJ 2008, 297, 299.

630 *Coester*, in: Staudinger, 2020, § 1666 BGB Rn. 88; BT-Drucks. 15/3676, S. 30; *Salgo* (ZKJ 2007, 12, 13) leitet eine Duldungs- und Mitwirkungspflicht aus dem Gefährdungsabwendungsprimat der Eltern ab; kritisch: *Schumann*, in: Behrends/Schumann, Gesetzgebung, Menschenbild und Sozialmodell im Familien- und Sozialrecht, 2008, 169, 178.

631 *Jestaedt*, in: Lipp/Schumann/Veit, Kindesschutz bei Kindeswohlgefährdung, 6. Göttinger Workshop zum Familienrecht 2007, 2008, S. 5, 17; *Czerner*, Vorläufige Freiheitsentziehung bei delinquenten Jugendlichen zwischen Repression und Prävention, 2008, S. 495; im Anschluss daran auch *Coester*, in: Staudinger, 2020, § 1666 BGB Rn. 88.

*aa. Keine Umsetzung positiver staatlicher Kindeswohlmaßstäbe*

Orientierungspunkt ist das dem elterlichen Interpretationsprimat für das Kindeswohl geschuldete Fehlen eines Anspruchs auf bestmögliche Pflege und Erziehung.[632] Dieses impliziert gleichzeitig, dass der Staat sich zwar grundsätzlich eigene positive Kindeswohlstandards überlegen und darauf abzielende Unterstützungsmaßnahmen anbieten kann – ihm mangelt es hingegen an einem Rechtstitel, um diese Kindeswohlvorstellungen gegen den Willen der Eltern durchzusetzen.[633] Maßstab für die Pflege und Erziehung können staatliche Kindeswohlmaßstäbe also allenfalls sein, wenn der Staat sein nachrangiges Erziehungsmandat ausübt – elterliches Handeln ist daran nicht zu messen.[634]

*bb. Kein direkter Eingriff in die elterliche Sorge*

Aus der Schwelle des § 1666 BGB ergibt sich zudem eine weitere Prämisse für staatliches Handeln, solange diese nicht erreicht ist: die öffentliche Jugendhilfe ist dann auch in Konflikten nicht legitimiert, eigenständig die Interessen des Kindes gegen die Interessen der Eltern wahrzunehmen.[635] Innerhalb der Eltern-Kind-Beziehung bleibt der Staat darauf beschränkt, mit der (jederzeit widerruflichen) Ermächtigung der Eltern, die Familie zu unterstützen.[636] In Betracht kommt vor allem das gesamte Spektrum der freiwilligen Hilfsangebote des SGB VIII (§§ 27 ff. SGB VIII). Die Eltern können zudem von sich aus eine Unterstützung des Familiengerichts einfordern, § 1631 Abs. 3 BGB. Eine direkte, das heißt für die Eltern verpflichtende Einwirkung auf die elterlichen Handlungen gegenüber dem Kind ist dem Staat verwehrt. Außerhalb der Eltern-Kind-Beziehung verbleibt dem Staat ein Informationsrecht, etwa durch die Aufklärung und Erörterung des Sachverhalts[637],

---

[632] S. dazu oben Teil 3, D. IV. 1.

[633] *Jestaedt*, in: Lipp/Schumann/Veit, Kindesschutz bei Kindeswohlgefährdung, 6. Göttinger Workshop zum Familienrecht 2007, 2008, S. 5, 17.

[634] *Jestaedt*, in: Lipp/Schumann/Veit, Kindesschutz bei Kindeswohlgefährdung, 6. Göttinger Workshop zum Familienrecht 2007, 2008, S. 5, 11: Kindesschutz markiert keine „Vollkompetenz" des Staates.

[635] BT-Drucks. 11/5948, 42 ff., 45 ff., 115, *Coester*, FamRZ 1991, 253, 254.

[636] *Coester*, NZFam 2016, 577, 579; *Ollmann*, FamRZ 1992, 388, 390.

[637] Zu Aufklärungs- und Informationspflichten des Jugendamts (§ 8a Abs. 1 SGB VIII) *Willutzki*, FPR 2008, 488, 489.

sowie der Versuch einer autoritativen Beeinflussung des Elternverhaltens.[638] Im Unterschied zu einer Anordnung von Maßnahmen nach § 1666 Abs. 3 BGB besteht darüber hinaus eine Verpflichtung, die freiwilligen Angebote wahrzunehmen, allenfalls mittelbar, wenn man berücksichtigt, dass den Eltern ein möglicher Sorgerechtseingriff vor Augen geführt wird, für den Fall, dass sie untätig bleiben und eine Kindeswohlgefährdung dadurch eintritt.[639]

Aus der Tatsache, dass es verbindliche positive Vorgaben des Staates nicht gibt, folgt auch, dass die Ablehnung freiwilliger Hilfen – die dazu dienen sollen etwaige „Standards" umzusetzen – nicht schon automatisch eine Kindeswohlgefährdung begründen darf.[640] Denn zwischen offiziellen Standards einer Idealerziehung – soweit es solche denn überhaupt geben kann –, deren Durchsetzung mit den Hilfen zur Erziehung erreicht werden soll, und einer Kindeswohlgefährdung liegt ein Bereich in dem die Eltern zwar entsprechende Standards ignorieren können, aber das Kindeswohl dennoch gewahrt ist. Abweichend von dieser Grundannahme betreffen staatliche Angebote, die elementare Grundbedürfnisse decken – etwa die medizinische Grundversorgung und die Schulbildung – das Kindeswohl in der Weise, dass die Nichtwahrnehmung dahingehender obligatorischer Angebote regelmäßig als Kindeswohlgefährdung gewertet werden muss.[641] Auf dieser Grundlage wird § 8a SGB VIII und § 157 FamFG Kritik entgegengebracht: So wird befürchtet, dass schon aus der Weigerung der Eltern, an einem Erörterungsgespräch i. S. d. § 157 FamFG teilzunehmen, Mängel in der elterlichen Erziehungseignung geschlossen und daraus eine Kindeswohlgefährdung gefolgert wird.[642]

---

[638] *Coester*, in: Staudinger, 2020, § 1666 BGB Rn. 87.

[639] *Veit/Schmidt*, in: BeckOK-BGB, 76. Edition, Stand: 1. November 2025, § 1666 Rn. 40; *dies.*, in: Coester-Waltjen/Lipp/Schumann/Veit, Alles zum Wohle des Kindes?, 2. Familienrechtliches Forum, 2012, S. 5, 9.

[640] *Coester*, FamRZ 1991, 253, 255.

[641] *Coester*, in: Lipp/Schumann/Veit, Kindesschutz bei Kindeswohlgefährdung, 6. Göttinger Workshop zum Familienrecht 2007, 2008, S. 19, 22.

[642] *Schumann*, in: Behrends/Schumann, Gesetzgebung, Menschenbild und Sozialmodell im Familien- und Sozialrecht, 2008, 169, 185.

### cc. *Keine Intervention ohne konkrete Anhaltspunkte für eine Gefährdung*

Auch und gerade wenn sich der Staat nicht erst nach Erreichen der Grenze des § 1666 BGB in die elterliche Sorgeausübung „einmischt"[643] sondern im Vorhinein unterstützend – und hinsichtlich der Gefahrerforschung auch kontrollierend – tätig wird, ist er aufgrund des Elternprimats zu staatlicher Zurückhaltung gegenüber der Schutzgemeinschaft der Familie verpflichtet.[644] Staatliches Tätigwerden hat sich also nicht erst im Falle eines Sorgerechtseingriffs am Grundsatz der Verhältnismäßigkeit zu orientieren, sondern ist auch und gerade im Vorhinein so gering wie möglich zu halten. Diese Pflicht zur Zurückhaltung findet insbesondere Ausdruck bei der Frage, an welcher, wenn nicht der Kindeswohlgefährdungsschwelle der Staat überhaupt handeln soll und darf. Auch wenn eine Intervention „unterhalb der Grenze der Kindeswohlgefährdung" – bzw. deutlicher: wenn eine solche noch nicht abschließend festgestellt ist, sondern allenfalls vermutet wird – grundsätzlich zulässig ist, verbleibt etwa hinsichtlich § 157 FamFG die Kritik, dieser setze die Schwelle mit dem Erfordernis einer „möglichen Kindeswohlgefährdung" recht niedrig und unbestimmt.[645]

Zur Feststellung, wie eine zulässige Grenze definiert sein könnte, lässt sich zunächst die Rechtslage vor Einführung des § 8a SGB VIII und § 157 FamFG bzw. das eigentliche Kindesschutzverfahren betrachten. Auch vor Einführung des § 8a SGB VIII war eine Anrufung des Familiengerichts durch das Jugendamt nicht erst dann denkbar, wenn eine Kindeswohlgefährdung schon feststand, bzw. „ausermittelt" war.[646] Im Vorfeld der Feststellung einer Kindeswohlgefährdung und dem Ergreifen von Maßnahmen nach § 1666

[643] *Schumann*, FPR 2011, 203, 206.

[644] Begriff u. a. bei *Kirchhof*, ZRP 2007, 149, 151; *Coester*, NZFam 2016, 577, 578.

[645] *Schumann*, FPR 2011, 203, 206.

[646] *Coester*, in: Staudinger, 2016 [Vorauflage], § 1666 BGB Rn. 186 f.; *Lugani*, in: MünchKomm BGB, 8. Aufl. 2020, § 1666 Rn. 239; *Röchling*, FamRZ 2007, 1775, 1778; *Salgo*, ZKJ 2007, 12, 13; *Oberloskamp*, in: Lipp/Schumann/Veit, Kindesschutz bei Kindeswohlgefährdung, 6. Göttinger Workshop zum Familienrecht 2007, 2008, S. 45, 48; aus diesem Grunde halten sowohl *Coester-Waltjen* (S. 228) als auch *Oberloskamp* (S. 229, beide in der Diskussion zu einem Vortrag von *Schumann*, in: Behrends/Schumann, Gesetzgebung, Menschenbild und Sozialmodell im Familien- und Sozialrecht, 2008, 169) die Reformen zu § 1666 BGB für überflüssig; zu dem negativen Einfluss, den ein zu frühzeitiges Anrufen des Familiengerichts auf das Verhältnis zwischen Eltern und Jugendamt haben kann *Schlauß*, ZKJ 2007, 9.

BGB leitet vielmehr das Gericht von Amts wegen[647] auf „Hinweise und Anzeigen aller Art“ ein Amtsermittlungsverfahren ein, sofern bei „sorgfältigen Überlegungen Anlass“ für eine Kindeswohlgefährdung besteht.[648] Als Verfahrenseinleitungsschwelle bedarf es daher konkreter begründeter Anhaltspunkte für eine Kindeswohlgefährdung[649], die das FamFG ebenso wie den Umfang der anzustellenden Ermittlungen nach pflichtgemäßem Ermessen bestimmt.[650] Mitunter werden gar gewichtige Anhaltspunkte gefordert, teilweise wird von einem „Anfangsverdacht“[651] bzw. von einem „Gefahrenverdacht“ gesprochen.[652] Gemein ist den Definitionen, dass sie konkrete Anhaltspunkte erfordern, die in unterschiedlicher Intensität eine Kindeswohlgefährdung vermuten lassen. Die Mitteilung durch das Jugendamt nach § 8a SGB VIII ist dabei nur eine der möglichen Informationsquellen: Das Gericht kann die Mitteilung einer möglichen Kindeswohlgefährdung, die die Einleitung des Verfahrens anregt, auch durch Dritte erlangen.[653] In dem so eingeleiteten Kindesschutzverfahren obliegt dem Gericht eine umfassende Ermittlungspflicht[654], soweit „das Vorbringen der Beteiligten oder der

---

647 *Volke*, in: MünchKomm BGB, 9. Aufl. 2024, § 1666 Rn. 29: Verweisungsvorschrift, jedoch keine Rechtsgrundlage; *Veit/Schmidt*, in: BeckOK-BGB, 76. Edition, Stand: 1. November 2025, § 1666 Rn. 176.; OLG Brandenburg, FamRZ 2011, 1872, 1873.

648 *Coester*, in: Staudinger, 2020, § 1666 BGB Rn. 88; *ders.*, in: Lipp/Schumann/Veit, Kindesschutz bei Kindeswohlgefährdung, 6. Göttinger Workshop zum Familienrecht 2007, 2008, S. 19, 36.

649 *Gernhuber/Coester-Waltjen*, Familienrecht, 7. Aufl. 2020, § 62 Rn. 3; *Langenfeld/Wiesner*, in: DIJuF, Saarbrücker Memorandum, 2004, S. 45, 67; *Böckenförde*, in: Essener Gespräche 14 (1980), S. 54, 79; *Veit/Schmidt*, in: BeckOK-BGB, 76. Edition, Stand: 1. November 2025, § 1666 Rn. 176: „zureichende tatsächliche Anhaltspunkte“.

650 *Lugani*, in: MünchKomm BGB, 8. Aufl. 2020 (Vorauflage), § 1666 Rn. 224; *Coester*, in: Staudinger, 2020, § 1666 BGB Rn. 261, 267; *Meysen*, in: Lipp/Schumann/Veit, Kindesschutz bei Kindeswohlgefährdung, 6. Göttinger Workshop zum Familienrecht 2007, 2008, S. 75, 82: das FamG soll sich durch die Ermittlungen eine eigene (vom Jugendamt) unabhängige Meinung über die Erforderlichkeit von Maßnahmen nach § 1666 BGB bilden.

651 *Ulrici*, in: MünchKomm FamFG, 4. Aufl. 2025, § 24 Rn. 5.

652 *Burghart*, in: BeckOGK-BGB, Stand: 1. Oktober 2025, § 1666 Rn. 98.

653 *Coester*, in: Staudinger, 2020, § 1666 BGB Rn. 261; *Lugani*, in: MünchKomm BGB, 8. Aufl. 2020 (Vorauflage), § 1666 Rn. 223.

654 OLG Saarbrücken, JAmt 2007 432.

festgestellte Sachverhalt dazu Anlass geben".[655] Teil des Verfahrens konnte und kann es unabhängig von § 157 FamFG auch sein, die Problemlage mit den Eltern zu erörtern, etwa innerhalb deren Anhörung; die schon vor der Einführung einer expliziten gesetzlichen Regelung bestehende Möglichkeit wurde allerdings zuvor kaum genutzt.[656]

Nicht nur bedenklich, sondern unzulässig wären im Hinblick auf die zur Gefahrermittlung notwendigen konkreten Anhaltspunkte allerdings generalisierende Informationsbeschaffungsregelungen bzw. abstrakte Gefahrerforschungseingriffe, die keinen begründeten Verdacht voraussetzen.[657] Unzulässig sind daher auch weitere Eingriffe, etwa im Sinne einer mitlaufenden Erziehungs-[658] oder einzelfallunabhängigen Dauerkontrolle. Eine entsprechende Überwachung würde die Gefährdungsschwelle insofern relativieren, als der Staat so lange kontrollierend in die Familie einwirkt, bis von ihm gesetzte Erziehungsstandards erreicht würden – der eigentlich negative Kindeswohlmaßstab als Grundlage staatlichen Eingreifens nähert sich dann immer mehr einem positiven an.[659] Die Elternverantwortung könnte dann nicht länger frei von staatlichen Ideologien ausgeübt werden, die Eltern wären vielmehr mittelbar zur Einhaltung der staatlichen Erziehungsleitbilder gezwungen.[660]

#### *(d) Zwischenfazit*

Für einen Eingriff in die Sorgesubstanz nach § 1666 BGB bleibt damit die Grenze der Kindeswohlgefährdung bestehen. Diese gilt auch für die so

---

[655] *Lugani*, in: MünchKomm BGB, 8. Aufl. 2020 (Vorauflage), § 1666 Rn. 224.

[656] BT-Drucks. 16/6815, S. 9; *Fellenberg*, in: Lipp/Schumann/Veit, Kindesschutz bei Kindeswohlgefährdung, 6. Göttinger Workshop zum Familienrecht 2007, 2008, S. 91, 94.

[657] *Jestaedt*, in: Lipp/Schumann/Veit, Kindesschutz bei Kindeswohlgefährdung, 6. Göttinger Workshop zum Familienrecht 2007, 2008, S. 5, 18; *Wapler*, in: Wiesner/Wapler, SGB VIII, 6. Aufl. 2022, § 8a Rn. 14; *Coester*, in: Lipp/Schumann/Veit, Kindesschutz bei Kindeswohlgefährdung, 6. Göttinger Workshop zum Familienrecht 2007, 2008, S. 19, 38.

[658] *Jestaedt*, in: Lipp/Schumann/Veit, Kindesschutz bei Kindeswohlgefährdung, 6. Göttinger Workshop zum Familienrecht 2007, 2008, S. 5, 17.

[659] *Schumann*, in: Behrends/Schumann, Gesetzgebung, Menschenbild und Sozialmodell im Familien- und Sozialrecht, 2008, S. 169, 173, 187, 212.

[660] Eindringlich *Schumann*, ebenda, S. 169, 187, 195 f., 211.

genannten niedrigschwelligen Maßnahmen in Abs. 3[661], anders als dieser Begriff suggerieren mag; er umschreibt zwar weniger eingriffsintensive Maßnahmen unterhalb des Sorgerechtsentzugs[662], gleichwohl ist mit ihnen die Pflicht der Eltern verbunden, diese Maßnahmen wahrzunehmen. Auch mit der Einführung der genannten Regelungen § 8a SGB VIII und § 157 FamFG wird zwar die Schwelle für gerichtliche Interventionen erstmals ausdrücklich niedriger angelegt als die des § 1666 BGB[663], eine Erweiterung der materiellen Eingriffsbefugnisse in das Elternrecht wird mit ihnen aus den genannten Gründen dagegen überwiegend nicht verbunden.[664] Denn die Vorverlagerung staatlichen Eingreifens bezieht sich gar nicht auf die Grenzlinie zwischen elterlichem Erziehungsprimat und staatlichem Wächteramt, sondern bezieht sich ausschließlich auf das Vorfeld des klassischen Gefährdungsbegriffs und ermöglicht entsprechend auch nur abgeschwächte Einwirkungsmöglichkeiten.[665] Die Schwellen der § 8a SGB VIII und § 157 FamFG entsprechen dagegen der – auch schon zuvor geltenden – „Einleitungsschwelle für Kindesschutzermittlungen“ und konkretisieren damit den ohnehin möglichen Gefahrerforschungseingriff.[666]

Die Kritik an den „Gefahrerforschungsvorschriften“ § 8a SGB VIII und § 157 FamFG zeigt, in welchen Grenzen staatliche Intervention unterhalb der Grenze der Kindeswohlgefährdung mit den verfassungsrechtlichen Vorgaben übereinstimmt. Die dargestellte Balance zwischen dem was eindeutig zulässig und dem was gegebenenfalls bedenklich ist, orientiert sich vor allem

---

661 Kritisch zum Begriff: *Coester*, NZFam 2016, 577, 578; *ders.*, in: Lipp/Schumann/Veit, Kindesschutz bei Kindeswohlgefährdung, 6. Göttinger Workshop zum Familienrecht 2007, 2008, S. 19, 32.

662 BT-Drucks.16/6815, S. 9, 11.

663 *Schumann* (in: Behrends/Schumann, Gesetzgebung, Menschenbild und Sozialmodell im Familien- und Sozialrecht, 2008, 169, 186) diagnostiziert im KiWoMaG gar einen „Paradigmenwechsel im Eltern-Kind-Verhältnis“.

664 ebenso: *Coester*, in: Staudinger, 2020, § 1666 BGB Rn. 86; *Hammer*, in: Prütting/Helms, FamFG, 6. Aufl. 2023, § 157 Rn. 2; *Meysen*, NJW 2008, 2673, 2675; *Seier*, FPR 2008, 483, 485; s. auch die Fraktion der SPD, BT-Drucks. 16/8914, S. 8: der Staat dränge sich nicht in das Erziehungsrecht und die Erziehungspflicht der Eltern; kritisch: *Röchling*, FamRZ 2007, 1775, 1779: die explizite Beibehaltung der Interventionsschwelle lasse das Ziel der gesetzgeberischen Absichten bezweifeln.

665 *Coester*, in: Staudinger, 2020, § 1666 BGB Rn. 87.

666 *Coester*, in: Staudinger, 2020, § 1666 BGB Rn. 88.

an der verfassungsrechtlichen Prämisse des Elternprimats, der die Erziehung zur höchstpersönlichen Angelegenheit[667] macht und einen staatlichen Eingriff in das Erziehungsgeschäft nur im Notfall toleriert, mögen auch schon vorher Aspekte absehbar sein, die vielleicht nicht kindeswohldienlich, aber jedenfalls nicht kindeswohlgefährdend sind. Noch weitergehend als die ohnehin im oben genannten Rahmen bestehende unterschwellige staatliche Kontrollbefugnis werden bisweilen (weitere) frühzeitige Maßnahmen gefordert, die mitunter über die Rolle des Staates als Wächter hinausgehen,[668] jedenfalls aber die tatsächliche Eingriffsschwelle der Kindeswohlgefährdung für einen Eingriff in die Sorgesubstanz herabsetzen[669] sollen. Ausgehend von den genannten verfassungsrechtlichen Prämissen und der Einschätzung des Bundesverfassungsgerichts, dass den Eltern „das Wohl des Kindes mehr am Herzen liegt als irgendeiner anderen Person oder Institution“[670] lässt sich zusammenfassend konstatieren, dass staatliche Eingriffe unterhalb der Gefährdungsgrenze möglicherweise mehr schaden als nützen und damit generell nicht „geeignet und erforderlich“ i. S. d. Verhältnismäßigkeitsgrundsatzes sind.[671]

*(2) Übertragung auf die Vorabkontrolle durch § 1631b BGB*

*(a) Übertragbarkeit der Zulässigkeitsvoraussetzungen*

Ebenso wie die genannten Mechanismen lässt auch § 1631b BGB in seiner zweiten Eingriffsdimension ein Einwirken zu, bevor eine Kindeswohlgefährdung zumindest festgestellt wurde. Fraglich ist, ob hinsichtlich der Eingriffsintensität und der notwendigen Voraussetzungen zur Zulässigkeit solcher

---

667 *Rosenboom*, Die familiengerichtliche Praxis in Hamburg, 2006, S. 201 ff.: nur dieses verfassungsrechtliche Vorverständnis rechtfertigt eine Ausdehnung der Elternautonomie bis zur Kindeswohlgefährdung.

668 *Rosenboom*, Die familiengerichtliche Praxis in Hamburg, 2006, S. 201 ff.

669 *Röchling*, FamRZ 2007, 431, 432; *Oberloskamp*, in: Lipp/Schumann/Veit, Kindesschutz bei Kindeswohlgefährdung, 6. Göttinger Workshop zum Familienrecht 2007, 2008, S. 45, 62; *Familienrechtskommission des Juristinnenbundes*, Neues elterliches Sorgerecht, 1977, S. 18, 50 ff., 167: Eingriff schon bei „drohender nachhaltiger Beeinträchtigung für das Wohl des Kindes“.

670 BVerfGE 59, 360, 376; 61, 358, 371; s. dazu oben, Teil 3, D. IV. 1. a.

671 *Coester*, in: Staudinger, 2020, § 1666 BGB Rn. 12.

Maßnahmen eine Vergleichbarkeit zu den genannten niedrigschwelligen Maßnahmen besteht.

Hiergegen könnte sprechen, dass jedenfalls nach der Gesetzesbegründung zu Abs. 2 dieser nicht vorrangig einer Kontrolle der Eltern dienen und Ausdruck eines gegenüber diesen vorhandenen Misstrauens sein soll, sondern die Eltern durch die Vorabkontrolle auch Handlungssicherheit erhalten und dadurch in einer Drucksituation entlastet werden sollen.[672] Gleichwohl ist dies nicht alleiniges Anliegen der Norm, ebenso war Zweck der Vorschrift die Sicherung des Wohls des einzelnen Kindes.[673] Zudem sollte auch eine Gleichsetzung der Situationen bei einer freiheitsentziehenden Unterbringung und freiheitsentziehender Maßnahmen erfolgen und dadurch Rechtssicherheit erlangt werden.[674] Die Vorschrift des § 1631b Abs. 1 BGB wurde wiederum mit der Notwendigkeit begründet, sicherzustellen, dass ein Kind nicht in einer geschlossenen Einrichtung untergebracht wird, wenn bei sinnvoller Wahrnehmung des Erziehungsrechts eine Problemlösung auf weniger schwerwiegende Weise erreicht werden kann.[675] Damit ist die Unterstützung der Eltern nur einer von mehreren Gründen, auf denen die Vorschrift beruht. Vielmehr dient sie auch der Kontrolle, ob das Vorgehen der Eltern in Ansehung des Kindeswohls zulässig ist.

Dass § 1631b BGB nicht allein eine Vorschrift zugunsten der Eltern ist zeigt sich auch darin, dass sie den Eltern nicht nur die Möglichkeit einer Entlastung gibt. Vielmehr erfolgt die gerichtliche Kontrolle unabhängig davon ob die Eltern sie für notwendig halten, etwa auch, wenn sie schon durch Jugendamt oder andere Beratungsstellen umfassend betreut und beraten sind und einer Entlastung daher nicht bedürfen. Entsprechend der aufgestellten Prämissen zu niedrigschwelligen Eingriffen erfolgt eine Entlastung bzw. Unterstützung der Eltern ohne konkrete Anhaltspunkte für eine Gefährdung dagegen im Regelfall nur auf freiwilliger Basis.

Im Übrigen schließt die Tatsache, dass die Vorschrift der Unterstützung der Eltern dient, nicht aus, dass mit ihr auch gleichzeitig eine Einschränkung der

---

672 BT-Drucks. 18/11278, S. 15.

673 BT-Drucks. 18/11278, S. 10 f.

674 BT-Drucks. 18/11278, S. 10, 15; aufgrund des schwereren Eingriffs hält *Götz* (FamRZ 2017, 1289, 1290) die Einführung eines Genehmigungsvorbehalts für „unausweichlich".

675 BT-Drucks. 8/2788, S. 38.

elterlichen Sorge einhergeht. Denn auch die vorgenannten niedrigschwelligen Maßnahmen nach § 8a SGB VIII und § 157 FamFG dienen zwar der Kontrolle und Gefahrerforschung, gleichzeitig sind sie Ausdruck des Elternprimats, dessen Bewahrung und Wiederherstellung sie auch dienen.[676]

Der § 1631b BGB beschreibt damit nicht nur wie die § 8a SGB VIII und § 157 FamFG ein Eingreifen ohne das – festgestellte – Vorliegen einer Kindeswohlgefährdung, sondern markiert ebenfalls wie diese einen schmalen Grat zwischen der Unterstützung der Eltern und deren Überprüfung. Aufgrund dieser Vergleichbarkeit der Anknüpfungspunkte lässt sich die in § 1631b BGB enthaltene Kontrollmöglichkeit des Gerichts damit zu den niedrigschwelligen Maßnahmen zählen, deren Zulässigkeitsvoraussetzungen zuvor entwickelt wurden[677], die so auch hier zu wahren sind.

*(b) Erfüllung der aufgestellten Kriterien*

Zunächst werden mit der Kontrollfunktion keine positiven staatlichen Kindeswohlmaßstäbe umgesetzt. Folgt man der vorgenannten Schlussfolgerung[678], dass eine nicht den Voraussetzungen des § 1631b Abs. 1 S. 2 BGB entsprechende Maßnahme eine Kindeswohlgefährdung darstellt, hält sich der Staat an die durch Art. 6 Abs. 2 S. 2 GG vorgegebene Grenze. Auch liegt in dem Erlaubnisvorbehalt keine direkte Einwirkung in die Handlungen der Eltern gegenüber dem Kind: Entweder entsprechen die von den Eltern angestrebten Maßnahmen nicht den Voraussetzungen des § 1631b Abs. 1 S. 2 BGB, stellen damit nach hier vertretener Ansicht eine Kindeswohlgefährdung dar und rechtfertigen sich aus dieser, oder sie entsprechen diesen Voraussetzungen und sind zu genehmigen. In diesem Fall verbleibt es bei der Verpflichtung der Eltern, vom Gericht eine Genehmigung einzuholen. In ihr Handeln gegenüber dem Kind wird nicht eingegriffen.

Es verbleibt die Überprüfung der vermutlich schwierigsten der aufgestellten Prämissen für eine niedrigschwellige staatliche Maßnahme: auch hier bedarf es konkreter Anhaltspunkte für eine Gefährdung. Dabei darf nicht auf die Selbst- und Fremdgefährdung abgestellt werden, die die freiheitsentziehende Maßnahme selbst rechtfertigt. Erforderlich ist vielmehr eine

---

676 S. zu diesem oben, Teil 3, D. IV. 1. a.

677 S. dazu oben, unter B. V. 2. c. (1) (c).

678 S. dazu oben zur erste Eingriffsdimension unter V. 2. b.

Gefährdung, die nicht das Elternverhalten – die Veranlassung der Freiheitsentziehung selbst –, sondern das staatliche Verhalten gegenüber der Eltern rechtfertigt. Im Unterschied etwa zu § 157 FamFG, der ausdrücklich eine mögliche Kindeswohlgefährdung fordert, stellt § 1631b BGB keine entsprechende Schwelle auf: eine gerichtliche Genehmigung ist immer erforderlich, wenn die Eltern eine freiheitsentziehende Unterbringung oder eine freiheitsentziehende Maßnahme für ihr Kind anstreben. Problematisch könnte dies sein, wenn man § 1631b BGB als generalisierende Informationsbeschaffungsregelung bzw. abstrakten Gefahrerforschungseingriff betrachtet.[679] Ein solcher wäre allerdings ebenfalls nur dann unzulässig, wenn er nicht begründeten Verdacht voraussetzt oder wenn es sich um eine Dauerkontrolle handelt. Legt man die obige Schlussfolgerung zugrunde, dass eine nicht für das Kindeswohl erforderliche Unterbringung eine Kindeswohlgefährdung darstellt[680], und beachtet man die Schwierigkeiten, die Erforderlichkeit einer Maßnahme festzustellen und die richtige Maßnahme auszuwählen[681], so ließe sich hieraus folgern, dass dem Wunsch der Eltern, eine freiheitsentziehende Maßnahme vorzunehmen, immer auch ein gewisser Anhaltspunkt für eine Kindeswohlgefährdung innewohnt. Hierin besteht allerdings zunächst nur eine Vermutung, die durch die Feststellung verifiziert werden könnte, dass das Bestreben der Eltern häufig tatsächlich nicht im Sinne des § 1631b Abs. 1 S. 2 BGB gerechtfertigt ist. Hierzu wären statistische Erhebungen erforderlich, die es aber hinsichtlich der Verhältnismäßigkeit der Elternentscheidung weder vor der Einführung des § 1631b BGB noch seit dessen Geltung gab. Auch ist eine Evaluierung nicht ausdrücklich in den Gesetzesentwürfen oder den entsprechenden Gesetzen zu § 1631b BGB vorgesehen.[682] Allein die CDU/CSU-Fraktion und der Ausschuss für Recht und Verbraucherschutz halten

---

679 Auf eine ausschließlich abstrakte Gefahr verweist auch *Götz*, FamRZ 2017, 1289, 1290.

680 S. oben B. IV. 4. a.

681 S. dazu Teil 2, C. III. 1., D. II.

682 Kritisch zu Abs. 2 diesbezüglich auch: *Hoffmann*, JAmt 2017, 353, 355; *Veit/Schmidt*, in: BeckOK-BGB, 76. Edition, Stand: 1. November 2025, § 1631b Rn. 73; Stellungnahme des Nationalen Normenkontrollrates, BT-Drucks. 18/11278, S. 20; Stellungnahme der Kinderrechtekommission des Deutschen Familiengerichtstags e. V. v. 29. September 2016, S. 7 (https://www.dfgt.de/resources/SN-KiKo_Referentenentwurf%20freiheitsentziehende%20Ma%c3%9fnahmen_Kiko%2025.9.2016.pdf [zuletzt abgerufen: 25. Januar 2026])

eine Evaluierung des Abs. 2 für notwendig.[683, 684] Sollte sich langfristig ergeben, dass die von Eltern angestrebten Maßnahmen – gegebenenfalls bis auf wenige Ausnahmen – genehmigt werden, weil sie § 1631b Abs. 1 S. 2 BGB entsprechen und damit keine Kindeswohlgefährdung darstellen, läge in dem Bestreben einer freiheitsentziehenden Maßnahme kein Anhaltspunkt für eine Gefährdung. Dies würde die erforderliche Grundlage für einen niedrigschwelligen Eingriff zumindest in Frage stellen.

### *d. Verhältnismäßigkeit der Regelung*

Die Verhältnismäßigkeit der Regelung wäre abzulehnen, wenn entweder die bestehenden gesetzlichen Regelungen, vor allem also § 1666 BGB, ausreichende Möglichkeiten böten, bei missbräuchlichem Verhalten einzugreifen[685], oder mildere Maßnahmen ebenso effektiv die mit dem Erlaubnisvorbehalt angestrebten Problemfelder lösen würden. Diese seien zunächst noch einmal zusammengefasst: Die Vorschrift des § 1631b Abs. 1 BGB diente zunächst zur Sicherstellung, dass ein Kind nicht in einer geschlossenen Einrichtung untergebracht wird, wenn bei sinnvoller Wahrnehmung des Erziehungsrechts eine Problemlösung auf weniger schwerwiegende Weise erreicht werden kann.[686] Bezogen auf Abs. 2 werden die Gleichsetzung des schwereren Eingriffs mit Abs. 1 und ein Gleichlauf mit dem Erwachsenenschutz, mehr Rechtssicherheit wegen Schwierigkeiten der Abgrenzung zu Abs. 1[687], die Entlastung der Eltern[688], eine Sensibilisierung der Einrichtung gegenüber Freiheitsentziehungen beim Kind[689] und damit im Ergebnis Handlungssi-

683 BT-Drucks. 18/12938, S. 5, 6.

684 Eine Untersuchung erfolgte durch das Zentrum für Sozialforschung Halle e. V. an der Martin-Luther-Universität Halle-Wittenberg (ZSH). Der Untersuchungsbericht wurde im Oktober 2023 vorgelegt (BT-Drucks. 20/8000. Es zeigten sich Unsicherheiten in der Definition der verwendeten unbestimmten Rechtsbegriffe, eine nicht ausreichende Prüfung milderer Maßnahmen und weitere Defizite in der Umsetzung.

685 *Müller*, MedR 2011, 339, 343; dies bejaht für § 1666 BGB die Ausschussminderheit im Rechtsausschuss, BT-Drucks. 8/2788, S. 51.

686 BT-Drucks. 8/2788, S. 38.

687 BT-Drucks. 18/11278, S. 10, 15; aufgrund des schwereren Eingriffs hält *Götz* (FamRZ 2017, 1289, 1290) die Einführung eines Genehmigungsvorbehalts für „unausweichlich".

688 BT-Drucks. 18/11278, S. 15.

689 BT-Drucks. 18/11278, S. 15.

cherheit bei Eltern und Einrichtung sowie nicht zuletzt ebenfalls Sicherung des Wohls des einzelnen Kindes angestrebt.[690]

Der Gesetzgeber selbst hat sich zum Erreichen dieser Ziele mit Alternativen zu einer Genehmigungspflicht im Gesetzgebungsverfahren zu Abs. 1 nur sehr rudimentär auseinandergesetzt. Allein die ursprüngliche Beschränkung der Regelung auf Heil- und Pflegeanstalten im ersten Entwurf wird damit begründet, dass die Regelung hinsichtlich weiterer Unterbringungen dem Jugendhilferecht überlassen wird, „weil bei der Unterbringung eines gesunden Kindes durch seine Eltern in einem Heim nicht die Frage der rechtlichen Zulässigkeit im Vordergrund steht, sondern die konkrete Hilfe im Einzelfall".[691] Unter Verweis auf eine Stellungnahme des Ausschusses für Jugend, Familie und Gesundheit wurde die Beschränkung durch den Rechtsausschuss aufgehoben. Es lässt sich nur vermuten, dass der Gesetzgeber aufgrund von § 1800 BGB a. F. sowie auch § 1906 BGB a. F. und Art. 104 GG das Genehmigungserfordernis als derart naheliegend empfand, dass für ihn Alternativen nicht in Betracht kamen. Diese vermeintlich eindeutige normhistorische Herleitung berücksichtigt dagegen nur rudimentär die dargestellte unterschiedliche verfassungsrechtliche Ausgangslage, die hinsichtlich der Maßnahmen gegenüber Erwachsenen und denen gegenüber Kindern besteht. Im Gesetzgebungsverfahren zu Abs. 2 wird als mögliche Alternative das bestehende Kontrollsystem der §§ 45 ff. SGB VIII genannt. Dieses sei dagegen nicht ausreichend, weil es lediglich der „abstrakten Gefahrenabwehr ohne konkreten Bezug auf die persönlichen Voraussetzungen, Bedürfnisse und Diagnosen des einzelnen Kindes" diene und könne damit keinen umfassenden Kindesschutz gewährleisten.[692]

Mit der Fokussierung auf die Situation des einzelnen Kindes wird dagegen die Problematik verkannt, die durch die publik gewordenen, skandalösen Fälle von Freiheitsentziehungen, auf die sich in der Diskussion vermehrt berufen wird, ans Licht gebracht hat.[693] Dort handelte es sich in der Regel nicht um an sich zulässige Maßnahmen, die nur gegenüber einzelnen Kindern unzulässig angewendet wurden. Etwa mit dem „Einschluss nach Tagesplan"

690 BT-Drucks. 18/11278, S. 10 f.

691 BT-Drucks. 7/2060, S. 22.

692 BT-Drucks. 18/11278, S. 10 f.

693 S. dazu oben, Teil 2, C. 6., F. II.

in dem Heim in Au am Inn sowie mit der Verwendung von „Kastenbetten“[694] wurde vielmehr eine systematische Anwendung unzulässiger Maßnahmen bzw. eine systematisch falsche Anwendung im Einzelfall gegebenenfalls zulässiger Maßnahmen offenbar. Eine solche hätte indessen auch im Rahmen einer Überprüfung der Einrichtung auffallen können und müssen. Der Gesetzgeber hat ein entsprechendes Reformbedürfnis – allerdings ohne konkreten Bezug zu Freiheitsentziehungen oder den vorgenannten Fällen – erkannt und mit dem Gesetz zur Stärkung von Kindern und Jugendlichen[695] unter Betonung der Garantenstellung der Kinder- und Jugendhilfe eine Verbesserung der Situation von Kindern in Einrichtungen und Pflegekindern angestrebt.[696] Zu diesem Zweck wurde eine Ausrichtung des Betriebserlaubnisverfahrens und der Aufsicht über die Einrichtungen am Schutzbedürfnis der Kinder sowie eine bessere Dokumentation und Beschwerdemöglichkeit für die Kinder und Jugendlichen eingeführt.[697]

Der Gesetzgeber beruft sich bei der Regelung des Abs. 2 zudem auf eine auch anderweitig genannte Drucksituation, in der die Eltern den Einrichtungen weitreichende Vollmachten und Einwilligungen zur Vornahme freiheitsentziehender Maßnahmen erteilen sollen, damit diese die Kinder aufnehmen – über die Ausübung der Maßnahmen im Einzelfall verlieren sie so die Kontrolle.[698] Tatsächlich verursacht etwa die Ausgestaltung des Betreuungsvertrags in den Heimen der Haasenburg[699] Zweifel daran, dass die Eltern, die einen Großteil ihrer Befugnisse an die Einrichtung übertragen, zum einen eine geschulte Entscheidung treffen und zum anderen deshalb und aufgrund ihrer geringen Einwirkungsmöglichkeiten in der Einrichtung

694 S. dazu oben, Teil 2, F. II.

695 Kinder- und Jugendstärkungsgesetz (KJSG) vom 3. Juni 2021, BGBl. I 1444.

696 BT-Drucks. 19/26107, S. 2.

697 S. dazu die Änderungen in §§ 45a ff. SGB VIII, Gesetzesbegründung BT-Drucks. 18/12330, S. 54 ff.

698 BT-Drucks. 18/11278, S. 15; *Veit/Schmidt*, in: BeckOK-BGB, 76. Edition, Stand: 1. November 2025, § 1631b Rn. 6; *Leeb/Weber*, ZKJ 2014, 143, 144 f.; *Götz*, in: Coester-Waltjen/Lipp/Schumann/Veit, Zwangsbehandlung bei Selbstgefährdung, 14. Göttinger Workshop zum Familienrecht 2015, 2016, S. 65, 82; *dies.*, FamRZ 2017, 1289, 1290; *Salgo*, Anm. zu BGH FamRZ 2013, 1719; *bvkm*, Stellungnahme zum Referentenentwurf v. 29. September 2016, S. 1 (s. Teil 2 Fn. 508).

699 S. dazu B. III. 3.

als Sorgerechtsinhaber[700] die Kontrolle behalten. In dem zu den Heimen der Haasenburg erstellten Bericht deutet allerdings nichts darauf hin, dass die Zustimmung zu allen Bereichen des Betreuungsvertrags Voraussetzung für eine Aufnahme war, was gleichwohl nicht heißt, dass die Eltern sich nicht subjektiv zur Unterschrift gedrängt sahen. Diese faktische Einbuße der originären Aufsichtsfunktion der Eltern begründet gleichwohl auch die Kontroll- und Aufsichtsfunktion der §§ 43 ff. SGB VIII.[701]

Haben die Eltern für ein Kind zu sorgen, welches Probleme hat, bei denen eine freiheitsentziehende Unterbringung oder eine freiheitsentziehende Maßnahme in Betracht kommt[702], werden sie vor vielerlei schwierige, nicht alltägliche Entscheidungen gestellt, die nicht erst durch den Druck der Einrichtungen eine Entlastung der Eltern erfordern. Einer möglichen Überforderungssituation tritt das Kinderschutzregime bisher nur unterstützend und vor allem auf freiwilliger Basis entgegen, indem es den Eltern das Jugendamt über die Vorschriften des SGB VIII, etwa im Rahmen einer Erziehungsberatung nach § 28 SGB VIII, und das Gericht über § 1631 Abs. 3 BGB beratend beiordnet.[703] Bei einer Unterbringung in der Kinder- und Jugendhilfe steht das Jugendamt den Eltern ohnehin im Hilfeplanverfahren zur Seite und gilt auch insgesamt im Vorfeld der Eingriffsschwelle des § 1666 BGB als die sachnächste Behörde.[704] Hier hat das Jugendamt überdies die Chance, aber auch die Aufgabe, anders als in Fällen, in denen es nach einem Fehlverhalten der Eltern oder aufgrund einer Vernachlässigung der Familie begegnet, ohne das akute „Damoklesschwert eines massiven Eingriffs in das Elternrecht“ als „beratende, unterstützende und begleitende Fachbehörde“[705] tätig zu werden. Die Stärkung entsprechender Unterstützungsmaßnahmen bietet den Eltern

---

700 S. zu der Wirkung der Übertragung B. III. 3.

701 *Wiesner*, in: Wiesner/Wapler, SGB VIII, 6. Aufl. 2022, Vor §§ 43 ff. Rn. 26.

702 S. zu diesen Teil 2, C. III. 2., D. I., E. I.

703 Vor allem ist das Jugendamt als Mitträger des Wächteramts zentrales Organ des staatlichen Erziehungs- und Unterstützungsauftrags unterhalb der Interventionsgrenze des § 1666 BGB, *Coester*, in: Staudinger, 2020, § 1666 BGB Rn. 19.

704 *Heilmann*, ZfJ 2000, 41, 49.

705 Zitate von *Heilmann*, ZfJ 2000, 41, 49; zur Schwierigkeit i. R. d. Frühen Hilfen, bei denen eine „mithilfe der Medien geschürte[n] Hysterie“ dazu führt, dass Eltern es meiden, „Hilfen des Jugendamts in Anspruch zu nehmen, weil sie befürchten, ihnen werde das Kind weggenommen“: *Wiesner*, JAmt 2010, 277, 281.

eine individuellere Betreuung, die sich nicht allein darauf beschränkt, ihnen die Rechtmäßigkeit einer freiheitsentziehenden Maßnahme zu bestätigen, sondern ihre gesamte Lebenssituation einbezieht. Berücksichtigt werden kann darin auch, dass diese Belastungssituation nicht alle Eltern mit der Situation gleichsam überfordert und das Problem zwar vermehrt, keinesfalls aber grundsätzlich in der Eltern-Kind-Beziehung verankert liegt[706] – eine anderweitige Feststellung würde etwa bezüglich behinderter Kinder und Jugendlicher überraschen.

Gleichfalls lässt sich in Frage stellen, ob eine Sensibilisierung der Einrichtungen und der dortigen Mitarbeiter durch das Erfordernis einer gerichtlichen Genehmigung am effektivsten erreicht wird. Zwar sind die Mitarbeiter nun auf die genehmigten Maßnahmen beschränkt, die Genehmigung wird hingegen nicht für jede konkrete Einzelmaßnahme erteilt, sondern beschreibt nur Situationen, in denen bestimmte Maßnahmen angewendet werden. Die Bewertung, wann konkret eine Situation vorliegt, die eine genannte Maßnahme indiziert, obliegt weiterhin dem Fachpersonal in den Einrichtungen. Das Genehmigungserfordernis garantiert zudem nicht, dass bei der Ausführung entsprechender Maßnahmen besondere Sorgfalt angewendet oder auf die Wahrnehmung der Betroffenen Rücksicht genommen wird. Im Gegenteil ist es denkbar, dass sich die Fachkräfte nicht nur für die Frage, ob eine Maßnahme eingesetzt wird, sondern auch für die individuelle Ausgestaltung ihrer Anwendung nicht länger verantwortlich fühlen.[707] Zudem behebt das Genehmigungserfordernis nicht den in der Gesetzesbegründung herausgestellten Mangel an Wissen um die Möglichkeit der Vermeidung entsprechender Maßnahmen.[708] Darüber hinaus ist eine Sensibilisierung allein gegenüber der Wirkung freiheitsentziehender Maßnahmen keinesfalls ausreichend: Die Enthüllungen über die erschreckenden Vorgänge in

---

[706] Zumindest soll dies „nicht selten" der Fall sein, BT-Drucks. 18/11278, S. 15.

[707] *Timm*, in: dgsgb, Freiheitseinschränkende Maßnahmen und geschlossene Unterbringung in der Behindertenhilfe, 2013, S. 15; *Agster/Alsago/Bänisch* u. v. a., Stellungnahme „Keine Fesseln auf Antrag in der Kinder- und Jugendhilfe", v. 30. April 2017 (https://igfh.de/kein-fesseln-auf-antrag-kinder-jugendhilfe-april-2017 [zuletzt abgerufen: 9. Juni 2026]): die Maßnahmen werden „aus dem Souterrain der Jugendhilfe in die gute Stube der Pädagogik gehoben"; Ein ähnliches Verhalten wurde in der Haasenburg gegenüber der durch Vollmachten der Eltern autorisierten Maßnahmen gezeigt, s. dazu B. III. 3.

[708] S. dazu BT-Drucks. 18/11278, S. 15.

einzelnen Heimeinrichtungen offenbarten darüber hinausgehende Mängel in der Betreuung der Kinder, die von einer umfassenden Missachtung derer Rechte und Empfindungen zeugen.[709] Nicht zuletzt legt der Umfang dieser Missstände und die Tatsache, dass etwa im Falle der Haasenburg bis zuletzt Vertreter von Ministerien und des Landesjugendamts an wesentlichen Gesprächen mit der Einrichtung einbezogen worden sind, in denen auch die Hausordnung, die Anwendung von Zwangsmitteln und das Ausmaß von freiheitsentziehenden Maßnahmen thematisiert wurden – auch neben dem Genehmigungserfordernis – eine kritische Betrachtung des bestehenden Systems der Heimaufsicht nahe, das an sich eine effektive präventive Kontrolle ermöglichen soll.[710] Auch wenn aufgrund der Vielschichtigkeit von Einrichtungen die Abgrenzung erlaubnispflichtiger von nicht erlaubnispflichtigen Einrichtungen mitunter schwierig sein dürfte, handelt es sich bei den in Frage stehenden Einrichtungen und so auch bei den zuletzt problematisch hervorgetretenen um solche des § 45 SGB VIII.

Darüber hinaus ließe sich den nicht nur hinsichtlich Freiheitsentziehungen hervorgetretenen Missständen mit fachlichen Empfehlungen und Richtlinien entgegentreten, deren Einhaltung im Rahmen der Heimaufsicht überprüft werden könnte. Entsprechende Handlungsanleitungen könnten den Einrichtungen und damit über ein Zusammenwirken auch den Eltern Handlungssicherheit geben, wie in bestimmten Situationen verfahren werden kann und darf. Eine Rechtsunsicherheit[711] hinsichtlich des Anwendungsumfangs des § 1631b BGB a. F. rechtfertigt zudem allenfalls eine klarstellende Regelung, die den Anwendungsbereich näher definiert, allein aber nicht hingegen eine weiter eingreifende Regelung.

Auch mit § 1666 BGB wird die Entscheidung der Eltern auf ihre Übereinstimmung mit dem Kindeswohl überprüft. Der Vorrang des § 1666 BGB ergibt sich wie insgesamt der Grundsatz der Verhältnismäßigkeit aus dem

---

[709] Vgl. dazu Teil 2, C. III. 6; *Wilkes*, Psychiatrische Unterbringungen und Zwangsbehandlungen, 2016, S. 185 stellt für Zwangsbehandlungen in der allgemeinpsychiatrischen Erwachsenenversorgung darüber hinaus fest, dass dem Fachpersonal die Belastungen und Grundrechtseingriffe durchaus bewusst sind.

[710] Auf das zeitweise Versagen der Heimaufsicht weist auch *Salgo*, in Anm. zu BGH, FamRZ 2013, 1719, 1720 hin.

[711] BT-Drucks. 18/11278, S. 10.

Subsidiaritätsprinzip des staatlichen Wächteramts, was auch beinhaltet, dass generelle gesetzliche Eingriffe – wie der Erlaubnisvorbehalt – nur zulässig sind, wenn individuelle Maßnahmen – das Vorgehen nach § 1666 BGB – nicht ausreichen.[712] Bedenken, ob § 1666 BGB ausreicht, können sich bezogen auf Abs. 2 schon aus den an die Öffentlichkeit gelangten Vorfällen in Heimen ergeben, bei denen freiheitsentziehende Maßnahmen mit missbräuchlicher Intention und grausiger Intensität angewendet wurden[713] und die durch § 1666 BGB nicht verhindert bzw. geahndet worden sind. Die Unzulänglichkeit des § 1666 BGB soll vor allem daran liegen, dass das Familiengericht von der Unterbringung und freiheitsentziehenden Maßnahmen keine Kenntnis erlangt und daher die Gefahren nicht abwehren kann.[714] Hierin liegt gleichwohl das Wesen des Verfahrens nach § 1666 BGB, für dessen Einleitung das Familiengericht immer auf die Kenntnis und damit die Mitteilung durch Dritte oder die Hinweise aus einem anderen Verfahren angewiesen ist.[715] Für eine dennoch effektive Wahrnehmung des Kindesschutzes ist es dem Staat daher ausnahmsweise – wie beschrieben – erlaubt, auch schon im Vorfeld einer Kindeswohlgefährdung tätig zu werden.

An dieser Stelle lassen sich allerdings gegebenenfalls mildere Maßnahmen anknüpfen, indem das Gericht etwa auf anderem Wege Kenntnis von der das Kindeswohl möglicherweise gefährdenden Situation erhält. In Frage kommt etwa eine Mitteilungs- bzw. Anzeigepflicht der Personensorgeberechtigten oder der ausführenden Einrichtung über geplante freiheitsentziehende Unterbringungen bzw. freiheitsentziehende Maßnahmen an das Jugendamt oder das Familiengericht.[716] Dem Jugendamt stünde dann die Möglichkeit einer Gefährdungseinschätzung nach § 8a SGB VIII offen. Das Gericht kann und

---

712 BVerfGE 7, 320, 323 f.; *Familienrechtskommission des Juristinnenbundes*, Neues elterliches Sorgerecht, 1977, S. 159; *Jestaedt/Reimer*, in: Kahl/Waldhoff/Walter, Bonner Kommentar zum Grundgesetz, 195. Aktual. 2018, Art. 6 Abs. 2 und 3, Rn. 432.

713 Zu diesen Vorgängen s. *Hoffmann/Adam/Hansen/Paulat/Scharnweber/Thimm*, Bericht und Empfehlungen der unabhängigen Kommission zur Untersuchung der Einrichtungen der Haasenburg e. V., 2013.; Protokollarischer Bericht in „Der Horror am Waldrand", taz (online) v. 15. Juni 2013 (s. Teil 2 Fn. 257).

714 BT-Drucks. 8/2788, S. 51; *Veit/Schmidt*, in: BeckOK-BGB, 76. Edition, Stand: 1. November 2025, § 1631b Rn. 7; *Keuter*, ZKJ 2017, 307, 308.

715 *Coester*, in: Staudinger, 2020, § 1666 BGB Rn. 261.

716 Diese wird schon angeregt durch *Erdsiek*, NJW 1960, 1385, 1387.

muss ein Verfahren nach § 1666 BGB einleiten, wenn der Verdacht einer Kindeswohlgefährdung bestünde. Um einen mit dem Erlaubnisvorbehalt vergleichbaren Schutz zu verwirklichen, müsste die Anzeigepflicht so ausgestaltet sein, dass die Eltern oder die Einrichtung die Gründe, die für die Maßnahme sprechen, darlegen und gegebenenfalls durch entsprechende Belege stützen. Denn die reine Mitteilung, dass eine Maßnahme stattfindet, gibt dem Jugendamt oder Gericht keine Anhaltspunkte, um eine mögliche Kindeswohlgefährdung festzustellen oder abzulehnen. Erfolgt die Unterbringung oder freiheitsentziehende Maßnahme ohne für das Jugendamt oder Gericht ersichtliche Begründung, könnte dies als gewichtiger Anhaltspunkt für die Gefährdung des Kindeswohls im Sinne des § 8a SGB VIII oder als Anfangsverdacht, aufgrund dessen das Gericht ein Verfahren nach § 1666 BGB einzuleiten hat, gesehen werden. Soll auf diese Weise der Schutz für das Kind ebenso wirksam wie bei der Anwendung des § 1631b BGB ausgestaltet werden, erscheint der Eingriff in die Elternautonomie allerdings auch nicht geringer – die Eltern müssen der Anzeigebehörde ihre Entscheidung darlegen, eventuell weitere Ermittlungen über sich ergehen lassen oder gar einen Eingriff in ihr Sorgerecht nach § 1666 BGB befürchten.[717] Eine Anzeige- bzw. Mitteilungspflicht kann daher nicht als ebenso wirksames milderes Mittel angesehen werden.[718,719]

Es verbliebe zuletzt die Möglichkeit, eine gesetzliche Regelung nicht in Form eines Genehmigungsvorbehalts auszugestalten, sondern – ähnlich etwa dem § 1631d BGB – ohne Genehmigungsvorbehalt festzulegen, unter welchen Umständen eine Unterbringung, die mit Freiheitsentziehung verbunden ist, und eine freiheitsentziehende Maßnahme zulässig ist. Eine den Vorgaben widersprechende Maßnahme könnte – ebenso wie bei einem Verstoß gegen § 1631 Abs. 2 BGB – dann nur über § 1666 BGB verfolgt werden, eine Überprüfung des Einzelfalls erfolgt auch hier mithin nicht. Die Voraussetzungen des § 1666 BGB lägen bei einem an § 1631b BGB angelehnten Maßstab und

---

717 I.Erg. ebenso *Götz*, in: Coester-Waltjen/Lipp/Schumann/Veit, Zwangsbehandlung bei Selbstgefährdung, 14. Göttinger Workshop zum Familienrecht 2015, 2016, S. 65, 85 f.

718 *Veit/Schmidt*, in: BeckOK-BGB, 76. Edition, Stand: 1. November 2025, § 1631b Rn. 7; *Götz*, in: Coester-Waltjen/Lipp/Schumann/Veit, Zwangsbehandlung bei Selbstgefährdung, 14. Göttinger Workshop zum Familienrecht 2015, 2016, S. 65, 85.

719 Ebenso zu bewerten ist ein „Zwangsmaßnahmenregister“, hierzu *Fegert*, ZKJ 2016, 5.

unter Zugrundelegung der vorangegangenen Erwägungen zur Kindeswohlsystematik des § 1631b BGB dann bei jedem Verstoß vor. Rechtssicherheit, Handlungssicherheit und die Sensibilisierung der Einrichtungen könnten hierdurch ebenso erreicht werden wie ein Appell für die Bedeutung der Fortbewegungsfreiheit von Kindern. Eine Überprüfung im Einzelfall kann eine solche Regelung hingegen nicht erreichen, da insbesondere wiederum die Kenntnis über die einzelne Maßnahme fehlt.

### 3. Fazit: Verfassungsrechtliches Neuverständnis des Eltern-Kind-Verhältnisses

Viele der genannten gesetzgeberischen Anliegen wie die Rechtssicherheit, Handlungssicherheit und Sensibilisierung der Einrichtungen können mithin auch auf anderem Wege, insbesondere über die Veränderung bzw. Ausweitung der im SGB VIII festgelegten Heimaufsicht, der Unterstützung der Eltern durch das Jugendamt sowie durch eine gesetzliche Regelung in Form eines Appells ohne direkte Rechtsfolge erreicht werden. Die Ausweitung des Kontrollsystems der Heimaufsicht und Richtlinien zur Orientierung der Einrichtungen sollten ebenso wie die Unterstützung der Eltern durch Jugendamt und Gericht zumindest auch neben dem Genehmigungserfordernis (weiterhin) ein wichtiger Baustein der kindeswohlorientierten Unterbringung sein.

Eine alternative, ebenso effektive Überprüfung der einzelnen Elternentscheidung auf deren Kindeswohlorientierung steht dagegen nicht zur Verfügung. Die Stärkung einer kindeswohlorientierten Elternentscheidung wird daher auch als Grund angeführt, dass Bedenken hinsichtlich der Verfassungsmäßigkeit des § 1631b BGB, die darauf fußen, dass das Elternrecht übermäßig eingeschränkt wird,[720]

[720] Diese werden geäußert von: *Schmitt Glaeser*, Das elterliche Erziehungsrecht in staatlicher Reglementierung, 1980, S. 58 f.; *Helle*, ZfJ 1986, 40, 43; s. auch die Ausschussminderheit in der Beschlussempfehlung BT-Drucks. 8/2788 S. 2, 38, 51: „Eingriffsmöglichkeiten in die Familie für außerfamiliäre Einrichtungen [...], die nicht auf § 1666 BGB gestützt werden"; CDU/CSU-Fraktion zum elterl. Sorge RG: Neuregelung legt zu starkes Gewicht auf die elterlichen Pflichten gegenüber dem Kind, eröffnet dem Staat zu weitgehende Kontroll- und Eingriffsmöglichkeiten und trägt durch Verrechtlichung der familiären Beziehung den Konflikt in die Familie (zit. nach *Erichsen/Reuter*, Elternrecht – Kindeswohl – Staatsgewalt, 1985, S. 10); Zweifel an der Verfassungsmäßigkeit des Abs. 2 äußert in neuerer Zeit allerdings ohne Begründung: *Reske*, FamRB 2017, 400, 402.

unbegründet seien.[721] Die Regelung erreiche einen „umfassenden Kinderschutz"[722] und soll nicht nur Ausdruck einer Sensibilität bezüglich der Fortbewegungsfreiheit des Kindes sein,[723] sondern auch hinsichtlich einer Interessenkollision zwischen Eltern und Kind.[724] Das Erfordernis einer gerichtlichen Genehmigung wird daher auch Teil einer politischen Bestrebung gesehen, jeden groben Missbrauch der elterlichen Sorge zu verhindern.[725] Tatsächlich kann insgesamt ein gesetzgeberisches Bestreben hin zu einer stärkeren Verrechtlichung elterlicher Handlungsbefugnisse als Trend beobachtet werden. Auch die Regelung von Genehmigungserfordernissen ist dabei nicht grundlegend neu: innerhalb der Vermögenssorge werden in § 1643 BGB Rechtsgeschäfte genannt, die die Eltern ebenfalls nur mit gerichtlicher Genehmigung vornehmen können, weil sie die Vermögensverhältnisse des Kindes stark beeinflussen können.[726] Innerhalb der Personensorge ist das Genehmigungserfordernis dagegen ein Novum, soll aber hinsichtlich des starken Eingriffs in die Kindesentwicklung, der mit einer „Erziehung unter den Bedingungen einer Freiheitsentziehung" verbunden ist, legitim sein.[727]

---

[721] *Veit/Schmidt*, in: BeckOK-BGB, 76. Edition, Stand: 1. November 2025, § 1631b Rn. 9; *Huber*, in: MünchKomm BGB, 9. Aufl. 2024, § 1631b Rn. 1; *Salgo*, in: Staudinger, 2020, § 1631b BGB Rn. 4; *Gernhuber/Coester-Waltjen*, Familienrecht, 7. Aufl. 2020, § 59 Rn. 20 Fn. 37; *Vogel*, FamRZ 2015, 1; *Beermann*, FPR 2011, 535.

[722] Ob dieser erreicht ist überprüft hingegen *Götz*, FamRZ 2017, 1289.

[723] *Salgo*, FPR 2011, 546, 547; *Götz*, in: Coester-Waltjen/Lipp/Schumann/Veit, Zwangsbehandlung bei Selbstgefährdung, 14. Göttinger Workshop zum Familienrecht 2015, 2016, S. 65, 01; *dies.*, FamRZ 2017, 1289, 1294: Beitrag zur Grundrechtssicherung.

[724] *Salgo*, FPR 2011, 546, 547; *ders.*, in: Staudinger[12], 1997, § 1631b BGB Rn. 4 verweist zudem auf den positiven Nebeneffekt der Regelung, dass die richterliche Kontrolle gerade älteren Kindern und Jugendlichen vermitteln kann, dass sie als Person von der staatlichen Gemeinschaft anerkannt werden und Eingriffe in ihre Freiheitsrechte nicht leichtfertig geschehen und eben nicht einzig und allein von einer vermeintlichen Willkür des Arztes oder seiner Eltern abhängen; ebenso *Götz*, in: Coester-Waltjen/Lipp/Schumann/Veit, Zwangsbehandlung bei Selbstgefährdung, 14. Göttinger Workshop zum Familienrecht 2015, 2016, S. 65, 83 f.

[725] *Wolff*, DÖV 1951, 313, 317.

[726] *Huber*, in: MünchKomm BGB, 9. Aufl. 2024, § 1643 Rn. 1; Genehmigungspflichten ergeben sich darüber hinaus aus § 112 Abs. 2, § 1491 Abs. 3 S. 1, § 1517 Abs. 2, §§ 1639 Abs. 2, 1803 Abs. 2 BGB, § 1644, § 2347 Abs. 1 S. 1. Abs. 2 S. 2, § 2351, § 2352 S. 3 BGB.

[727] *Huber*, in: MünchKomm BGB, 9. Aufl. 2024, § 1631b Rn. 1; *Gernhuber/Coester-Waltjen*, Familienrecht, 6. Aufl. 2010 (Vorauflage), § 7 Rn. 14.

Aus der dargestellten verfassungsrechtlichen Grundlage ergibt sich das Prinzip der staatlichen Zurückhaltung im Bereich der Familie und insbesondere der Eltern-Kind-Beziehung, die nur im Ausnahmefall rechtlich geregelt werden sollte.[728] Eine „Nichtregelung“ bestimmter Bereiche, die potentiell ein Kind gefährden können, soll nicht als Verkennung kindlicher (Grund-)Rechte angesehen werden, sondern als Abbild der verfassungsrechtlichen Vorgaben. Hält man das dort abgebildete Gleichgewicht in Ansehung stärker zu berücksichtigender Kinderrechte[729] für falsch und ein verstärktes normatives Eingreifen insofern für erforderlich, liegt es nahe, diesen Wunsch nach einem veränderten Eltern-Kind-Verhältnis aber auch im Verfassungsrecht anzuknüpfen. Ein derart verändertes verfassungsrechtliches Eltern-Kind-Verhältnis ist – bewusst oder unbewusst – mit einer vielfach gewünschten Aufnahme der Kinderrechte in Abs. 6 GG verbunden.[730]

Diese grundlegenden und -rechtlichen Vorgaben hindern den Gesetzgeber nicht grundsätzlich, einzelne Regelungen in diesem Bereich zu treffen – gebunden ist er dennoch an Art. 6 Abs. 2 S. 2 GG. Die Annahme eines zu regelnden Ausnahmefalls bedarf damit einer ausreichenden Feststellung des Regelungsbedürfnisses und der Auseinandersetzung der Notwendigkeit dieser speziellen Regelung für diesen konkreten Fall. Dass eine freiheitsentziehende Unterbringung einer besonderen Aufmerksamkeit und besonderer Kontrolle bedarf und bei der Anwendung von freiheitsentziehenden Maßnahmen in der Vergangenheit eklatante Mängel aufgetreten sind, steht außer Diskussion. Dass diese Umstände allerdings eine stärkere Kontrolle der Eltern erfordern, weil etwa die Ursache für die Missstände in mangelhaften Entscheidungen der Eltern liegt, die durch alternative mildere Maßnahmen nicht behoben werden können, wurde dagegen nicht festgestellt.

Der Umfang, in dem der Gesetzgeber bei der Regelung eines bestimmten Bereichs die dort vorliegenden Gefahren nachzuvollziehen und abzuwägen

---

[728] S. ausführlich oben Teil 3, D. IV. 2; *Di Fabio*, NJW 2003, 993, 996 f.; *Kirchhof*, ZRP 2007, 149, 152; *Schmitt Glaeser*, Das elterliche Erziehungsrecht in staatlicher Reglementierung, 1980, S. 4; *Ossenbühl*, Das elterliche Erziehungsrecht im Sinne des Grundgesetzes, 1981, S. 13.

[729] Denn § 1631b BGB sei auch Ausdruck eines gewandelten Blicks auf die Grundrechte des Kindes, *Keuter*, ZKJ 2017, 307, 308.

[730] S. dazu aber Teil 3, Fn. 448.

hat, lässt sich mit der notwendigen Sachverhaltsermittlung durch Jugendamt und Gericht in einem Kinderschutzverfahren vergleichen. Dort müssen die konkreten Gefahren für das Kind und mögliche Beeinträchtigungen für das Kind in ihrer Art, Schwere und Eintrittswahrscheinlichkeit konkret herausgearbeitet und benannt werden und eine detaillierte und nachvollziehbare Auseinandersetzung mit den Tatsachen erfolgen.[731] Der Gesetzgeber, der nicht nur im Einzelfall handelt, sondern eine abstrakt-generelle Eingriffsgrundlage in die Elternautonomie schafft, sollte zumindest diese Feststellungen ebenfalls vornehmen. Den durch § 1631b BGB hervorgerufenen niedrigschwelligen Eingriff in das Elternrecht hat der Gesetzgeber damit auf zu schwache Füße gestellt – eine Begründung in Form einer eingehenden Ursachenforschung und einer umfassenden und strengen Auseinandersetzung mit Alternativen bleibt er schuldig. Zur abschließenden Legitimation fehlt eine umfassende, auch statistisch begründete Auseinandersetzung mit den Unterbringungen und unterbringungsähnlichen Maßnahmen und den sich verändernden Verhältnissen in den Einrichtungen. Darüber hinaus bleibt er eine Korrektur der sich in den Heimen in Au am Inn und Co. gezeigten Mängel in der Heimaufsicht schuldig.

## VI. Gemeinschaftsrechtliche Vorgaben

Vorgaben hinsichtlich der Schaffung eines Genehmigungserfordernis und dessen Ausgestaltung können sich nicht nur auf verfassungsrechtlicher, sondern ebenfalls auf gemeinschaftsrechtlicher Ebene ergeben.

Sowohl die UN-KRK als auch die EMRK haben als Zielbestimmung für die Vertragsstaaten keine unmittelbare Wirkung im Verhältnis zwischen Eltern und Staat und auch die EU-GRC verpflichtet allenfalls hoheitliche Organe bei der Umsetzung von Unionsrecht zur Berücksichtigung ihrer Garantien.[732] Unmittelbar betreffen die Regelungen zum Schutz der Fortbewegungsfreiheit nur Freiheitsentziehungen durch Hoheitsträger. Gleichzeitig muss ihnen aber ebenso wie den grundrechtlichen Garantien eine Schutzpflichtwirkung zugesprochen werden, die auch im Eltern-Kind-Verhältnis zu berücksichtigen sein kann. So soll etwa das Gericht, welches über die Genehmigung in

---

[731] BVerfG, NJW 2015, 223, 224 Rn. 25; *Heilmann*, FamRZ 2015, 92, 93, 95; *Heiß*, NZFam 2015, 532, 536.

[732] S. oben, Teil 4 A. II., B. II., D. II.

einem Verfahren nach § 1631b BGB entscheidet, dem Freiheitsschutz des Kindes Rechnung tragen. Berücksichtigung finden insoweit vor allem die Garantien aus Art. 37 UN-KRK: so darf nach lit. b die Freiheitsentziehung nicht unverhältnismäßig sein (S. 1) und nur als letztes Mittel und für die kürzest angemessene Zeit (S. 2)[733] sowie nach lit. c unter Berücksichtigung der Würde des Betroffenen erfolgen. Darüber hinaus hat nach Art. 3 Abs. 1 UN-KRK sowie Art. 24 Abs. 2 EU-GRC das Kindeswohl vorrangige Berücksichtigung zu finden. Auch der Gesetzgeber hat im Wege einer Schutzpflicht bei der Regelung von Freiheitsentziehungen durch Eltern die Vorgaben und Wertungen der Rechtsordnungen zu berücksichtigen sowie sie – wie jede staatliche Stelle – als Auslegungshilfe für Inhalt und Reichweite der Grundrechte und rechtsstaatlichen Grundsätze des Grundgesetzes insbesondere bei der Feststellung der Verhältnismäßigkeit heranzuziehen. Insbesondere erfordert der Anspruch des Kindes auf Schutz und Fürsorge aus Art. 24 EU-GRC eine Berücksichtigung seiner Meinung entsprechend seinem Alter und Reifegrad (Abs. 1), der nicht nur einfachgesetzlich berücksichtigt, sondern auch verfahrensrechtlich entsprechend ausgestaltet sein muss.

Diese Vorgaben werden indes in den dargestellten Regelungen und auch mit den Vorgaben für die gerichtliche Entscheidung schon umgesetzt. Im Vergleich mit den gemeinschaftsrechtlichen Vorgaben erreichen die verfassungsrechtlichen durch die Einbeziehung einer Freiheitsbeschränkung einen umfassenderen Freiheitsschutz und sagen auch gegenüber hoheitlichen Eingriffen dezidiertere Verfahrensgarantien zu, sodass EMRK, UN-KRK und EU-GRC hinter den Garantien aus Art. 2 Abs. 2 S. 2 und 104 GG zurückbleiben.

Bei der Berücksichtigung der genannten gemeinschaftsrechtlichen Schutzpflichten muss der Gesetzgeber darüber hinaus auch die entsprechend geregelte Integrität des Eltern-Kind-Verhältnisses und das Erziehungsrecht der Eltern (Art. 8 EMRK, Art. 18 UN-KRK, Art. 7 EU-GRC) berücksichtigen. Aus beiden Regelungen ergibt sich ebenfalls eine nur restriktive Eingriffsbefugnis des Staates ins Eltern-Kind-Verhältnis.[734] Die UN-KRK betont darüber hinaus ausdrücklich eine Kindeswohlorientierung der Elternverantwortung (Art. 18 Abs. 2 S 1 UN-KRK) und fordert zudem eine Unterstützung der Eltern (Art. 5 UN-KRK). Dies sowie der Appell der UN-KRK zur Ausgestaltung

---

[733] hierauf verweist auch BT-Drucks. 16/6815, S. 14.

[734] S. insb. auch Art. 3 Abs. 2 UN-KRK.

der Fürsorge- und Schutzmaßnahmen für Kinder unter besonderer Berücksichtigung von deren Sicherheit und Gesundheit und der ausreichenden Zurverfügungstellung von qualifiziertem Personal sowie einer ausreichenden Aufsicht (Art. 3 Abs. 3 UN-KRK) legt auch hier eine Verbesserung der Unterbringungssituation durch gesetzliche Ausgestaltung und staatliche Aufsicht nahe.

Auch die UN-BRK beinhaltet eine staatliche Schutzpflicht vor Freiheitsbeschränkungen durch Dritte, die in Zusammenhang mit dem Grundanliegen der Konvention eine gleichberechtigte Teilhabe am Freiheitsschutz für Menschen mit Behinderung sicherstellen muss. Menschen mit Behinderung dürfen mithin keinen geringeren Freiheitsschutz genießen, selbiger muss hingegen nicht stärker ausfallen. Vor allem darf eine Freiheitsentziehung nicht allein aufgrund der Behinderung erfolgen, wohl aber aus denselben Gründen wie für andere Personen auch. Die UN-BRK verpflichtet damit ein Gericht, welches die Zulässigkeit einer Unterbringungsmaßnahme oder einer freiheitsentziehenden Maßnahme überprüft, festzustellen, ob die Maßnahme aufgrund der Behinderung erfolgt. Eine Genehmigung ist hingegen nicht schon deswegen ausgeschlossen, weil die eine Maßnahme erfordernde Selbst- oder Fremdgefährdung Ausdruck einer behinderungsspezifischen Verhaltensweise ist.[735]

## VII. Ausgestaltung des Genehmigungsverfahrens unter Abbildung der aufgezeigten Problemfelder

In dem Verfahren zur Genehmigung einer freiheitsentziehenden Unterbringung oder freiheitsentziehender Maßnahmen nach § 1631b BGB – Verfahren nach § 151 Nr. 6 FamFG – sind ausweislich des § 167 Abs. 1 FamFG die für Unterbringungssachen nach § 312 Nr. 1 und 2 FamFG geltenden Vorschriften anzuwenden. Trotz der Verweisung auf die § 312 ff. FamFG bleibt das Verfahren weiterhin eine Kindschaftssache im Sinne des § 151 FamFG mit der Folge, dass aufgrund der besonderen Bedeutung des Kindeswohls in diesen Verfahren bei der Auslegung der Unterbringungsvorschriften die in § 155 ff. FamFG zum Ausdruck kommenden Wertungen zu berücksichtigen sind.[736]

---

[735] S. dazu unter Teil 4, C. I.

[736] BGH, NJW-RR 2013, 65, 66; *Veit/Schmidt*, in: BeckOK-BGB, 76. Edition, Stand: 1. November 2025, § 1631b Rn. 54; *Huber*, in: MünchKomm BGB, 9. Aufl. 2024, § 1631b Rn. 20; *Hammer*, in: Prütting/Helms, FamFG, 6. Aufl. 2023, § 167 Rn. 6a.

Besonderheiten für ein Unterbringungsverfahren bei Minderjährigen ergeben sich zudem aus den weiteren Absätzen des § 167 FamFG. Die Genehmigung kann sowohl regulär im Hauptsacheverfahren sowie als Eilentscheidung im Wege einer einstweiligen Anordnung gem. § 331 FamFG ergehen, wenn „dringende Gründe für die Annahme bestehen, dass die Voraussetzungen für die Genehmigung oder Anordnung einer Unterbringungsmaßnahme gegeben sind und ein dringendes Bedürfnis für ein sofortiges Tätigwerden besteht" (Nr. 1). Für eine Unterbringung in einer KJPP-Einrichtung wird angedeutet, dass diese im Unterschied zur Unterbringung in einer Jugendhilfeeinrichtung nur im Ausnahmefall im Hauptsacheverfahren genehmigt wird, sondern regelmäßig eine Genehmigung im Wege der einstweiligen Anordnung erteilt wird.[737] Im Folgenden soll nicht das Verfahren umfassend vorgestellt werden, sondern die sich dort ergebenden Fragestellungen aufgegriffen werden, die sich aus dem Verhältnis Eltern-Kind-Staat ergeben.

## 1. Antragserfordernis?

### *a. De lege lata*

Unklar ist zunächst die Frage, ob zur Einleitung eines Unterbringungsverfahrens ein Antrag der oder des Personensorgeberechtigten erforderlich ist. De lege lata ergibt sich das Antragserfordernis weder aus § 1631b BGB noch aus den Vorschriften des Verfahrensrechts (§§ 151 Nr. 6, 167, 312 ff. FamFG), sodass das Gericht von Amts wegen tätig werden können muss.[738] Wird dagegen die Erteilung einer Genehmigung von einem Antrag der Personensorgeberechtigten abhängig gemacht[739], so kann damit allenfalls eine

---

[737] *Fischer*, in: Rüth/Pankofer/Freisleder, Geschlossene Unterbringung, S. 29.

[738] BT-Drucks. 18/11278, S. 16; *Brehm*, Freiwillige Gerichtsbarkeit, 4. Aufl. 2009, § 10 Rn. 3; von der Möglichkeit des Gerichts auch ohne Antrag tätig zu werden ist die Frage unabhängig, ob derjenige, der um den Schutz eigener oder ihm anvertrauter Interessen nachsucht, auch im Amtsverfahren einen „Antrag" i. S. e. Rechtsschutzgesuches stellen kann, über das zu bescheiden ist, s. ebenda § 7 Rn. 5 f.

[739] BVerfG, FamRZ 2007, 1627, 1628; OLG Frankfurt, FamRZ 2015, 2070, 2071; OLG Bremen, FamRZ 2013, 1227 m. Anm. *Bienwald*; *Wille*, DAVorm 2000, 449, 453; so wohl auch *Salgo*, FPR 2011, 546, 548; *Fischer*, in: Rüth/Pankofer/Freisleder, Geschlossene Unterbringung, S. 29, 34: geht aus ihrer praktischen Erfahrung ganz selbstverständlich von der Einleitung des Verfahrens durch einen Antrag des Sorgeberechtigten aus; widersprüchlich *Huber* (in: MünchKomm BGB, 9. Aufl. 2024, § 1631b), der in Rn. 16

Anregung im Sinne des § 24 FamFG gemeint sein, nicht dagegen ein Antrag im eigentlichen Sinn.[740] Die Entscheidung ergeht dann von Amts wegen.[741] Die Verfahrenseinleitung aufgrund einer Anregung entspräche der Handhabung im Betreuungsrecht: hier wird angenommen, dass das Verfahren von Amts wegen eingeleitet wird, es aber aus dem Verhalten des Betreuers ersichtlich sein muss, dass er eine gerichtliche Genehmigung des Betroffenen herbeiführen will.[742] In der Regel wurden auch Verfahren nach § 1631b BGB a. F. durch die Sorgeberechtigten oder die Einrichtung angeregt.[743]

Mitunter wird eine solche Anregung der Personensorgeberechtigten – bei gemeinsamer Sorge wäre sie nur gemeinsam zulässig[744] – als zwingende Voraussetzung für die Einleitung eines Verfahrens angesehen, sodass ein „Antrag" bzw. eine Anregung des Jugendamts nicht ausreicht.[745] Das Erfordernis einer Anregung durch die Personensorgeberechtigten wird nahegelegt durch die Struktur des Verfahrens: Das Familiengericht ordnet im Rahmen des Verfahrens nach § 1631b BGB die freiheitsentziehende Unterbringung bzw. freiheitsentziehende Maßnahmen nicht selbst an, sondern genehmigt vielmehr die Entscheidung der Eltern, diese vorzunehmen, die alleine die Grundlage für die Maßnahme bildet.[746] Nur diese von den Eltern getroffene

davon spricht, dass die Eltern die Genehmigung anregen, in Rn. 19 jedoch vom Erfordernis eines Antrags ausgeht.

740 *Fink*, in: FS Salgo, 2016, S. 137, 156 Fn. 91.

741 *Bienwald* in Anm. zu OLG Bremen, FamRZ 2013, 1227, 1228; *Harm*, in: Bienwald, Betreuungsrecht, 7. Aufl. 2023, § 312 FamFG Rn. 17.

742 *Giers*, in: Sternal, 22. Aufl. 2025, § 312 Rn. 3; *Schmidt-Recla*, in: MünchKomm FamFG, 4. Aufl. 2025, § 312 Rn. 9; *Damrau/Zimmermann*, 5. Aufl. 2023, § 1831 BGB Rn. 112; *Harm*, in: Bienwald, Betreuungsrecht, 7. Aufl. 2023, § 312 FamFG Rn. 16 ff.

743 BT-Drucks. 18/11278, S. 16.

744 OLG Bremen, FamRZ 2013, 1227 m. Anm. *Bienwald*; zur gemeinsamen Entscheidung über die Maßnahme *Kerscher*, in: BeckOGK-BGB, Stand: 1. November 2025, § 1631b Rn. 57.

745 BVerfG, NJW 2007, 3560, 3561; OLG Frankfurt, FamRZ 2015, 2070, 2071; *Fink*, in: FS Salgo, 2016, S. 137, 156.

746 BVerfG, NJW 2007, 3560, 3561; DIJuF-Rechtsgutachten, JAmt 2017, 492, 494; *Czerner*, AcP 202 (2002), 72, 79; auch schon BVerfGE 10, 302, 304, 329 im Hinblick auf ein (damals noch) fiktives Genehmigungserfordernis im Vormundschaftsrecht. Es entstehen mithin zwei Rechtsverhältnisse: eins zwischen Gericht und beantragendem Sorgeberechtigten und eins zwischen dem Sorgeberechtigten und der Einrichtung, *Bundesarbeitsgemeinschaft der leitenden Klinikärzte für Kinder- und Jugendpsychiatrie*,

Entscheidung über eine bestimmte Maßnahme kann damit Gegenstand der Entscheidung sein und vom Gericht im Rahmen seiner umfassenden Kontrollbefugnis überprüft werden.[747]

Ginge man davon aus, dass das Gericht die Maßnahme von Amts wegen genehmigt, ohne dass zuvor eine Entscheidung der Eltern für eine Maßnahme getroffen wurde, stünde eine Genehmigung im Raum, die die Aufenthaltsbestimmungsberechtigten möglicherweise nicht „nutzen" wollen. Sind sie mit einer Unterbringung nicht einverstanden, geht eine vom Gericht von Amts wegen erlassene Genehmigung ins Leere.[748] Eine Genehmigung des Gerichts kann hingegen ohne die zugrundeliegende Entscheidung der Personensorgeberechtigten schon nicht ergehen, weil es ihr an einem zu genehmigenden Tatbestand mangelt.[749] Materiell-rechtliche Voraussetzung für eine gerichtliche Entscheidung ist mithin die Entscheidung der Sorgeberechtigten über die zu genehmigende Maßnahme.[750] Liegt diese vor, ist eine Anregung im Sinne des § 24 FamFG allerdings nicht nur durch diese denkbar, sondern etwa auch durch das betreuende Jugendamt – auf dessen Initiative hin die Eltern ohnehin in der Regel tätig werden[751] – oder die Einrichtung, in der das Kind untergebracht ist oder werden soll. Eine Anregung durch andere Stellen oder ein selbstständiges Tätigwerden des Gerichts aufgrund Kenntnis der geplanten Maßnahme schadet der Hoheit der Eltern über die Entscheidung nach dem zuvor Gesagten nicht – ohne ihre Zustimmung zu der angestrebten Maßnahme kann eine Entscheidung des Gerichts nicht ergehen.

Ginge man dagegen davon aus, dass Grundlage der gerichtlichen Entscheidung nicht die Entscheidung der Eltern ist, sondern die Maßnahme selbst, die sich etwa auch aus einem Bestreben des Jugendamts oder für § 1631b Abs. 2 BGB der Einrichtung ergeben kann, wäre dies anders zu

---

*Psychosomatik und Psychotherapie in Deutschland e. V.*, Empfehlungen zum Umgang mit freiheitsentziehenden Maßnahmen bei der Behandlung von Kindern und Jugendlichen (s. Teil 2 Fn. 381), S. 7 f.

747 *Huber*, in: MünchKomm BGB, 9. Aufl. 2024, § 1631b Rn. 14; *Salgo*, in: Staudinger, 2020, § 1631b BGB Rn. 22.

748 So auch *Czerner*, AcP 202 (2002), 72, 79; *Wille*, DAVorm 2000, 449, 453.

749 OLG Frankfurt, FamRZ 2015, 2070, 2071; im Ergebnis auch OLG Bremen, FamRZ 2013, 1227 f.

750 *Kerscher*, in: BeckOGK-BGB, Stand: 1. November 2025, § 1631b Rn. 55.

751 *Fischer*, in: Rüth/Pankofer/Freisleder, Geschlossene Unterbringung, S. 29, 35.

beurteilen. Das Gericht könnte dann gewissermaßen ins Blaue hinein eine Entscheidung treffen. Zwar steht es den Sorgeberechtigten weiterhin frei, in die genehmigte Maßnahme tatsächlich einzuwilligen, wahrscheinlich ist jedoch, dass mit dem Vorliegen der gerichtlichen Entscheidung derart Druck ausgeübt wird, dass ihnen die Entscheidungshoheit faktisch entzogen ist. Weigern sich die Sorgeberechtigten, einer Maßnahme zuzustimmen, die das Gericht aber zur Beseitigung einer Kindeswohlgefährdung für notwendig hält, ist es erforderlich, den Eltern das Aufenthaltsbestimmungsrecht nach § 1666 BGB zu entziehen und auf einen Ergänzungspfleger zu übertragen, der dann die Entscheidung über eine Unterbringung treffen und ein Verfahren auf Genehmigung nach § 1631b BGB anregen kann.[752]

### b. de lege ferenda

Nun ließe sich darüber nachdenken, den Streit dadurch auszuschließen, dass de lege ferenda das Unterbringungsverfahren als Antragsverfahren auszugestalten ist und die Sorgeberechtigten als Antragsberechtigte aufzuführen sind, um ihre Entscheidungsmacht in den Mittelpunkt zu stellen. Für ein Antragsverfahren könnte der nicht zu erfüllende Zweck von Amtsverfahren sprechen: Ein „hoheitlicher Einleitungsentschluss" ist in den Verfahren geboten, in denen hoheitliche Interessen der Rechtsfürsorge, vor allem der Gefahrenabwehr, unabhängig von den Beteiligten durchgesetzt werden sollen.[753] Selbst wenn man diesen Zweck in einem Verfahren um die Genehmigung einer Entscheidung der Sorgeberechtigten über eine freiheitsentziehende Unterbringung oder Maßnahme erfüllt sieht – was angesichts einer originär sorgerechtlichen Maßnahme bezweifelt werden kann – wird dieser auch durch ein Amtsverfahren nicht verwirklicht werden, da die Genehmigung selbst noch nicht die Maßnahme herbeiführt – hierfür sind weiterhin die Eltern verantwortlich. Ob dies allerdings für die Annahme, dass ein Amtsverfahren hier nicht geeignet wäre, ausreicht, ist zumindest zweifelhaft. Denn ein solches liegt im Regelfall vor, wohingegen ein Antragsverfahren

---

[752] S. oben, unter B. IV. 4. b.; vgl. auch BVerfG, NJW 2007, 3560, 3562; *Götz*, FamRZ 2017, 1289, 1294.

[753] OLG Frankfurt, FamRZ 2015, 2070, 2071; *Sternal*, in: Sternal, 22. Aufl. 2025, § 23 FamFG Rn. 8.

explizit geregelt werden müsste und somit einer konkreten Notwendigkeit bedürfte.[754]

Für die Ausgestaltung als Antragsverfahren könnte indessen wiederum die Hoheit der Eltern über die Maßnahmeentscheidung sprechen. Auch könnte den Eltern, soweit sie eine entsprechende Maßnahme begehren, die Stellung eines Antrags durchaus zugemutet werden, zumal die Anforderungen an eine Antragsstellung im Vergleich etwa zur Einreichung einer Klageschrift nicht sonderlich hoch sind.[755]

Im Entwurf des Gesetzes zur Einführung eines familiengerichtlichen Genehmigungsvorbehaltes für freiheitsentziehende Maßnahmen bei Kindern wird hinsichtlich des Verfahrens zu Abs. 2 ebenfalls einem Antragserfordernis entgegengetreten: würde das Genehmigungsverfahren von einem förmlichen Antrag abhängig gemacht – unerheblich, ob er von den Eltern oder der Einrichtung gestellt würde – läge die Frage einer gerichtlichen Genehmigung im Belieben des Antragsstellers; in den Situationen, in denen eine gerichtliche Überprüfung besonders dringend angezeigt wäre, würde dem Kind mangels Antrag der erforderliche Schutz versagt.[756] Weigern sich die Eltern allerdings, einen Antrag zu stellen, ist zu vermuten, dass sie die Maßnahme ablehnen und nicht die hierfür erforderlichen formellen Voraussetzungen nicht erfüllen möchten. Hält das Gericht in diesen Fällen eine Unterbringung zur Wahrung des Kindeswohls für notwendig, kann und muss es wiederum nach § 1666 BGB vorgehen.[757]

Die Gesetzesbegründung führt aber weiterhin aus, dass der Sorgeberechtigte zu erkennen geben müsse, dass er die Genehmigung der freiheitsentziehenden Maßnahme wünscht, da das Gericht nur die von ihm gewünschte Maßnahme genehmigen könne.[758] Da das Gericht nur über die Entscheidung der Eltern befindet, welche damit der gerichtlichen Entscheidung zugrunde liegen muss, wird der Befugnis der Sorgeberechtigten ausreichend Rechnung getragen. Lehnen diese von Anfang an oder im Laufe des Verfahrens eine

---

754 *Schlünder/Nickel*, Das familiengerichtliche Verfahren, 2. Aufl. 2018, Rn. 88.

755 Vgl. § 23 FamFG; s. dazu *Schlünder/Nickel*, Das familiengerichtliche Verfahren, 2. Aufl. 2018, Rn. 86.

756 BT-Drucks. 18/11278, S. 16.

757 BVerfG, NJW 2007, 3560, 3562; *Götz*, FamRZ 2017, 1289, 1294; s.o. B. IV. 4. b.

758 BT-Drucks. 18/11278, S. 16.

freiheitsentziehende Maßnahme ab, fehlt es dem Gericht an einer Entscheidungsgrundlage und die Genehmigung kann nicht erteilt werden.[759] Die Ausgestaltung als Antragsverfahren wäre de lege ferenda damit genauso wenig erforderlich wie eine verpflichtende Verfahrensanregung durch die Eltern de lege lata.

## 2. Abweichung von der elterlichen Maßnahmenentscheidung?

Ist das Verfahren eingeleitet, stellt sich sodann die Frage, ob das Gericht von den Wünschen der Eltern zur Ausgestaltung der zu genehmigenden Maßnahme abweichen darf. Hierzu könnte sich das Gericht veranlasst fühlen, weil es der Meinung ist, die von den Eltern beabsichtigte Maßnahme entspräche nicht dem Wohl des Kindes, wohl aber eine Unterbringung zum Beispiel in einer anderen Art von Einrichtung oder eine andere freiheitsentziehende Maßnahme. Grundsätzlich bestimmt in einem Amtsverfahren das Gericht den Verfahrensgegenstand, den es auch ohne Zustimmung der Beteiligten ändern kann.[760] Das ändert aber nichts daran, dass Grundlage des Verfahrens nur die von den Eltern angestrebte Maßnahme ist.[761] Der Verfahrensgegenstand kann daher nur geändert werden, wenn er fälschlicherweise von vornherein nicht mit den von den Eltern geäußerten Wünschen übereinstimmte oder die Eltern im Laufe des Verfahrens eine andere Maßnahme anstreben. Das Gericht kann allerdings nicht die von den Eltern vorgeschlagene Maßnahme verwerfen und eine andere an ihre Stelle setzen.[762] Es darf allenfalls etwa bezogen auf das Ausmaß der Maßnahme hinter den Planungen der Eltern zurückbleiben, also eine kürzere als die von den Eltern veranschlagte Dauer der Unterbringung oder bzgl. Abs. 2 eine andere Regelmäßigkeit genehmigen.[763] Ansonsten verbliebe nur die Möglichkeit, die Genehmigung nicht zu erteilen und für den Fall, dass die Eltern eine andere, zur Abwendung

---

[759] BT-Drucks. 18/11278, S. 16.

[760] *Brehm*, Freiwillige Gerichtsbarkeit, 4. Aufl. 2009, § 10 Rn. 7.

[761] S. oben, unter B. VII. 1. b.

[762] OLG Brandenburg, FamRZ 2004, 815, 817; *Huber*, in: MünchKomm BGB, 9. Aufl. 2024, § 1631b Rn. 14.

[763] *Huber*, in: MünchKomm BGB, 9. Aufl. 2024, § 1631b Rn. 14.

einer Kindeswohlgefährdung notwendige Unterbringung nicht beantragen, nach § 1666 BGB vorzugehen.[764]

### 3. Genehmigung einer konkreten Einrichtung?

Es bleibt die Frage, ob die Genehmigung sich nur allgemein auf die Art der Unterbringung bezieht – also ob diese in einer Einrichtung der Kinder- und Jugendhilfe, der KJPP oder der Behindertenhilfe erfolgen soll – oder ob konkret eine Einrichtung zu benennen ist. Es handelt sich hierbei um eine Auslegungsfrage des § 323 Nr. 1 FamFG, wonach die Beschlussformel des Gerichts die „nähere Bezeichnung der Unterbringungsmaßnahme" enthält. Von der weit überwiegenden Ansicht, das Familiengericht genehmige lediglich die Unterbringung als solche sowie ihr Typ, die Auswahl der konkreten Einrichtung obliege dagegen den Sorgeberechtigten[765], wird zum Teil abgewichen.[766] Entgegengesetzt wird ihr selbst von den Befürwortern, dass zur Feststellung der Verhältnismäßigkeit der Unterbringung das Gericht die Gegebenheiten in der konkreten Einrichtung betrachten müsse; insbesondere die erzieherische Erreichbarkeit als Voraussetzung für eine Unterbringung in der Kinder- und Jugendhilfe sei stark von der Konzeption der jeweiligen Einrichtung abhängig.[767] Darüber hinaus hängt die tatsächliche

---

[764] S. zu letzterer Option B. IV. 4. b.

[765] S. BVerfG, NJW 2007, 3560, 3562; BGH NJW 2024, 2916; OLG Koblenz, FamRZ 2015, 2069, 2070; BayObLG, FamRZ 1992, 105, 106; OLG Brandenburg, FamRZ 2004, 815, 817; OLG Naumburg, JAmt 2002, 538; *Huber*, in: MünchKomm BGB, 9. Aufl. 2024, § 1631b Rn. 14; *Veit/Schmidt*, in: BeckOK-BGB, 76. Edition, Stand: 1. November 2025, § 1631b Rn. 44; *Götz*, in: Grüneberg, 85. Aufl. 2026, § 1631b BGB Rn. 11; *Günter*, in: BeckOK-FamFG, 56. Edition, Stand: 1. Dezember 2025, § 323 Rn. 3; *Giers*, in: Sternal, FamFG, 22. Aufl. 2025, § 323 Rn. 4; für die Betreuung: BayObLG, FamRZ 1994, 320, 322; FamRZ 1993, 600; OLG Düsseldorf, FamRZ 1995, 118, 119; *Probst*, Betreuungs- und Unterbringungsverfahren, 2. Aufl. 2010, Rn. 154 (S. 315); *Heidebach*, in: Haußleiter, FamFG, 2. Aufl. 2017, § 323 Rn. 4.

[766] *Hoffmann*, FamRZ 2017, 337, 339, 343; *Gernhuber/Coester-Waltjen*, Familienrecht, 7. Aufl. 2020, § 59 Rn. 24.

[767] *Hoffmann*, FamRZ 2013, 1346, 1350; *dies.*, FamRZ 2017, 337, 343; *dies./Trenczek*, JAmt 2011, 177, 179; *Veit/Schmidt*, in: BeckOK-BGB, 76. Edition, Stand: 1. November 2025, § 1631b Rn. 40.1; *Salgo*, in: Staudinger, 2020, § 1631b BGB Rn. 41: Kenntnis der Einrichtung würde dem Gericht die Entscheidung erleichtern; *Trenczek*, Inobhutnahme, 4. Aufl. 2024, S. 365: eine geschlossene Unterbringung „kann die „erzieherische Erreichbarkeit" nicht sicherstellen (wenn sie ihr nicht gar entgegensteht)".

Möglichkeit der Unterbringung auch immer von der Verfügbarkeit eines konkreten Platzes ab. So ist es denkbar, dass eine Unterbringung – trotz entsprechender Empfehlung, Indikation und familiengerichtlicher Genehmigung – mangels einer aufnahmebereiten Einrichtung nicht umgesetzt werden kann.[768] Eine solche gegenstandslose Genehmigung wäre ein unverhältnismäßiger Eingriff in das Elternrecht.[769]

In der Praxis wird zumindest im Verfahren um eine einstweilige Anordnung diese erst erlassen, wenn konkret ein Platz in einer Einrichtung verfügbar ist.[770] Im Hauptsacheverfahren tangiert diese Frage bei einer geplanten Unterbringung in der Kinder- und Jugendhilfe vor allem das Verhältnis des Genehmigungsverfahrens zum Hilfeplanverfahren beim Jugendamt. Denn das Jugendamt überprüft innerhalb des Hilfeplanverfahrens ebenfalls, welche Einrichtung in der speziellen Situation geeignet ist.[771] Das Hilfeplanverfahren durch das Jugendamt muss zwar zum Zeitpunkt der gerichtlichen Entscheidung noch nicht zwangsläufig abgeschlossen sein, im Idealfall legt das Jugendamt allerdings den Hilfeplan schon vor.[772] In der Regel wird zum Genehmigungszeitpunkt auch die Einrichtung schon feststehen.[773] Um eine Genehmigung, auf die später keine Unterbringung folgt, zu vermeiden, wird zumindest gefordert, dass das Gericht sich damit zu befassen hat, ob das Jugendamt eine Unterbringung als Hilfeleistung bewilligen wird,[774] oder gar, dass dem Gericht die Bewilligung einer entsprechenden Hilfe zur Erziehung durch das Jugendamt, die ihrerseits die grundsätzliche Zusage einer

---

768 In den von *Fischer*, in: Rüth/Pankofer/Freisleder, Geschlossene Unterbringung, S. 29, 31, untersuchten Fällen scheiterte die Unterbringung in der Regel am Alter der betreffenden Jugendlichen; s. dazu auch die oben, unter B. IV. 4. b. dargestellten Entscheidung des BVerfG FamRZ 2014, 1177.

769 *Hoffmann*, FamRZ 2017, 337, 338, vgl. auch DIJuF-Rechtsgutachten, JAmt 2011, 196, 198.

770 *Hoops*, in: Rüth/Pankofer/Freisleder, Geschlossene Unterbringung, S. 61, 76; s. fürs Hauptsacheverfahren DIJuF-Rechtsgutachten, JAmt 2013, 573.

771 S. oben, Teil 2, C. I.; *Hoffmann*, FamRZ 2017, 337, 338.

772 *Hoffmann*, FamRZ 2017, 337, 343; anders für Unterbringung aus erzieherischen Gründen: Hilfeplan ist zwingend vorzulegen, DIJuF-Rechtsgutachten, JAmt 2011, 196, 197.

773 *Salgo*, in: Staudinger, 2020, § 1631b BGB Rn. 41.

774 *Hoffmann*, FamRZ 2017, 337, 338.

Einrichtung zur Aufnahme des Minderjährigen erfordert, bei seiner Entscheidung vorliegen muss.[775]

Nun ließe sich einwenden, dass das Gericht sich darauf verlassen könne, dass das Jugendamt eine verhältnismäßige Entscheidung trifft und daher die Geeignetheit der konkreten Einrichtung gerade nicht überprüfen muss. Damit würde man hingegen in diesen Fällen der gerichtlichen Entscheidung keine eigenständige Bedeutung zumessen und deren Zweck damit insgesamt in Frage stellen. Zudem ist nicht in allen Fällen das Jugendamt bei der Auswahl der Einrichtung beteiligt, etwa bei der Unterbringung in der Kinder- und Jugendpsychiatrie oder in privaten Drogenentzugsheimen.[776] Ist bei der KJPP eine Finanzierung durch die Krankenkasse angestrebt, wird diese die Unterbringung allein aufgrund eines ärztlichen Zeugnisses genehmigen.[777] Hier kann sich für die Verhältnismäßigkeitsprüfung nicht auf die Entscheidung einer entsprechenden unabhängigen Instanz berufen werden.

Nach alldem spricht einiges dafür, dass das Gericht in seine Verhältnismäßigkeitserwägungen die konkrete Einrichtung einzubeziehen hat[778] und diese auch in der Genehmigungsentscheidung benennt. Die Einrichtung wird allerdings im Vorhinein von den Sorgeberechtigten in der Regel mit Unterstützung des Jugendamtes – unter Wahrung ihres Aufenthaltsbestimmungsrechts ausgewählt, sodass die Bestimmung der konkreten Unterbringungsmaßnahme weiterhin den Sorgeberechtigten obliegt. Für eine Berücksichtigung der konkreten Einrichtung in der Genehmigungsentscheidung spricht auch,

---

775 *Hoffmann*, FamRZ 2017, 337, 343; *Hoffmann/Trenczek*, JAmt 2011, 177, 179; *Veit/Schmidt*, in: BeckOK-BGB, 76. Edition, Stand: 1. November 2025, § 1631b Rn. 40.1; DIJuF-Rechtsgutachten, JAmt 2011, 196, 197: Zusage der Einrichtung und Vorlage des Hilfeplans bei Entscheidung über Unterbringung aus erzieherischen Gründen erforderlich.

776 Auch hier wird im Unterbringungsverfahren das Jugendamt allerdings angehört: dies ergibt sich zum einen aus § 320 S. 2 FamFG, nach dem die zuständige Behörde angehört werden soll, sowie aus § 162 Abs. 1 FamFG, nachdem das Gericht das Jugendamt in Verfahren, „die Person des Kindes betreffen[d]“ anzuhören hat; hierzu zählt auch das Verfahren nach § 151 Nr. 6 FamFG (*Schlünder*, in: BeckOK-FamFG, 56. Edition, Stand: 1. Dezember 2025, § 162 Rn. 2; *Schumann*, in: MünchKomm FamFG, 4. Aufl. 2025, § 162 Rn. 4); kritisch zum häufigen Verzicht auf die Anhörung: *Vogel*, Die familiengerichtliche Genehmigung der Unterbringung mit Freiheitsentziehung bei Kindern und Jugendlichen nach § 1631b BGB, 2014, S. 262; *Walther*, JAmt 2009, 480.

777 *Hoffmann*, FamRZ 2017, 337, 338.

778 *Gernhuber/Coester-Waltjen*, Familienrecht, 7. Aufl. 2020, § 59 Rn. 24.

dass dann, wenn die Einrichtung zum Genehmigungszeitpunkt noch nicht feststeht, das Jugendamt zwar im Rahmen seines Schutzauftrages die Geeignetheit der später allein durch die Eltern ausgewählten Einrichtung überprüfen kann.[779] Eine dann gegebenenfalls schon begonnene Unterbringung müsste aber sofort beendet werden[780] oder eine geplante dürfte nicht erfolgen, wenn sich herausstellt, dass die angestrebten Ziele in der Einrichtung nicht erreicht werden können. Im schlimmsten Fall sind Maßnahmen nach § 1666 BGB einzuleiten[781], wenn die Eltern an einer das Kindeswohl gefährdenden Unterbringung festhalten.

Gegen die Genehmigung einer konkreten Einrichtung wird vorgebracht, dass eine Beschränkung der Genehmigung auf die Unterbringung in einer bestimmten Einrichtung im Interesse einer sachgerechten Ausführung der freiwilligen Erziehungshilfe durch das Jugendamt unzweckmäßig wäre.[782] Denn eine möglicherweise notwendige Verlegung des Jugendlichen oder die Notwendigkeit, doch eine andere Einrichtung auszuwählen, würde – soweit die neue Unterbringung ebenfalls mit einer Freiheitsentziehung verbunden ist – eine erneute familiengerichtliche Genehmigung erforderlich machen.[783] Nimmt man allerdings die oben aufgestellte Prämisse zur Verhältnismäßigkeit, die angestrebten Ziele könnten nicht in allen Einrichtungen gleich gut erreicht werden[784], ernst, ist gerade die Unterbringung in einer bestimmten Einrichtung erforderlich[785] und zu untersuchen, sodass im Falle eines notwendigen Wechsels der Einrichtung die neu angestrebte Unterbringung erneut zu überprüfen wäre.

Hinsichtlich einer freiheitsentziehenden Maßnahme ist dagegen unstrittig, dass die Entscheidung des Gerichts die Maßnahme, die vorher von den Eltern

779 Zum vorstehenden BVerfG, NJW 2007, 3560, 3562; *Hoffmann/Trenczek*, JAmt 2011, 177, 179; für eine spätere Überprüfung und evtl. Anwendung von Aufsichtsmaßnahmen auch *Probst*, Betreuungs- und Unterbringungsverfahren, 2. Aufl. 2010, Rn. 154 (S. 315).

780 *Hoffmann*, FamRZ 2017, 337, 344.

781 Zum vorstehenden BVerfG, NJW 2007, 3560, 3562; *Hoffmann/Trenczek*, JAmt 2011, 177, 179.

782 OLG Düsseldorf, NJW 1963, 397, 398.

783 OLG Koblenz, FamRZ 2015, 2069; OLG Düsseldorf, NJW 1963, 397, 398.

784 S. oben, unter B. VII. 3.

785 Anders: OLG Koblenz, FamRZ 2015, 2069.

bestimmt wurde, möglichst genau zu umschreiben hat.[786] Enthalten sein muss nicht nur die Art der konkreten Maßnahme, sondern auch die Anlässe, aus denen sie vorgenommen werden darf, sowie die Dauer und Häufigkeit.[787] In der Genehmigung sowohl einer Maßnahme nach § 1631b Abs. 1 sowie Abs. 2 BGB ist zur Wahrung des Verhältnismäßigkeitsprinzips darzulegen, welche milderen Maßnahmen es gibt, warum diese nicht in Frage kommen oder woran sie gescheitert sind.[788]

### 4. Sachverständigengutachten und ärztliches Zeugnis

#### *a. Verfahren nach § 1631b Abs. 1 BGB*

Nach §§ 167 Abs. 1, 321 Abs. 1 S. 1 FamFG findet eine förmliche Beweisaufnahme durch Einholung eines Sachverständigengutachtens statt. § 167 Abs. 6 FamFG bestimmt speziell für Verfahren nach § 1631b BGB, dass der Sachverständige abweichend von § 321 Abs. 1 S. 4 FamFG Arzt für Kinder- und Jugendpsychiatrie und -psychotherapie sein soll (S. 1), das Gutachten kann aber auch von einem in Fragen der Heimerziehung ausgewiesenen Psychotherapeuten, Psychologen, Pädagogen oder Sozialpädagogen erstattet werden (S. 2). Letzteres kommt vor allem bei einer Unterbringung in einer Einrichtung der Kinder- und Jugendhilfe und eher nicht bei einer Unterbringung in der KJPP in Betracht.

Es herrscht Unsicherheit hinsichtlich der Qualifikation des Sachverständigen bezogen auf die unterschiedlichen Unterbringungsformen. So wird etwa die Einholung eines psychiatrischen Sachverständigengutachtens auch bei einer geplanten Unterbringung in der Kinder- und Jugendhilfe für notwendig erachtet, da zumindest parallele kinder- und jugendpsychiatrische Symptomatiken festgestellt oder ausgeschlossen werden müssen und gegebenenfalls festgestellt werden kann, ob diese nicht gar eine Unterbringung in der KJPP nahelegen.[789] Auch kann zur Lösung der erzieherischen Problematik eine

---

[786] DIJuF-Rechtsgutachten, JAmt 2017, 492, 494.

[787] *Veit/Schmidt*, in: BeckOK-BGB, 76. Edition, Stand: 1. November 2025, § 1631b Rn. 46; *Hoffmann*, JAmt 2017, 353, 358.

[788] *Salgo*, in: Staudinger, 2020, § 1631b BGB Rn. 26; *Hoffmann/Trenczek*, JAmt 2011, 177, 179.

[789] *Hoffmann*, FamRZ 2017, 337, 342; *Rohmann*, FPR 2011, 561, 562 f.; *ders.*, FPR 2009, 30, 32 ff.; zu den Überschneidungen und Abgrenzungen der Indikation s. oben, Teil 2, D. II.

psychiatrische Behandlungsnotwendigkeit bestehen, deren Verfügbarkeit in der ausgewählten Einrichtung sichergestellt sein muss.[790] Daneben wird allerdings aufgrund der divergierenden Kompetenzen ein sozialpädagogisches Gutachten für notwendig gehalten, das sich mit der Frage befasst, ob dem erzieherischen Bedarf in der entsprechenden Einrichtung entsprochen werden kann.[791] Auch für die Unterbringung als Maßnahme der Eingliederungshilfe nach § 35a SGB VIII wird eine psychiatrische und sozialpädagogische Einschätzung für notwendig gehalten.[792] Das Gericht kann daher vor der Schwierigkeit stehen, einen geeigneten Gutachter zu bestimmen. Um die durch das Gutachten festzustellenden Voraussetzungen der Unterbringung auch tatsächlich abzudecken, kann das Gericht im Zweifel mehrere Sachverständige bestellen[793] und hat jeweils den Beweisbeschluss möglichst präzise zu formulieren.[794] Fehlt dem vom Gericht ausgewählten Sachverständigen die Fachkompetenz zur Bewertung der Voraussetzungen, wäre an ihn die Anforderung zu stellen, dies dem Gericht mitzuteilen und gegebenenfalls die Bestellung eines anderen oder eines weiteren Sachverständigen anzuregen.

Vor der Erstattung des Gutachtens hat der Sachverständige den Betroffenen persönlich zu untersuchen und zu befragen, § 321 Abs. 1 S. 2 FamFG. Er muss zuvor zum Sachverständigen bestellt sein und muss dem Betroffenen auch unter Offenlegung dieser Funktion und des laufenden Verfahrens gegenübertreten.[795] Der Sachverständige hat die Voraussetzungen der Unterbringung in seinem Gutachten zu bewerten und darzulegen[796],[797] und dem Gericht

---

[790] *Hoffmann*, FamRZ 2017, 337, 342.

[791] *Hoffmann*, FamRZ 2017, 337, 342.

[792] *Hoffmann*, FamRZ 2017, 337, 342.

[793] *Schneider*, in: MünchKomm BGB, 9. Aufl. 2024, § 1831 Rn. 82; *Probst*, Betreuungs- und Unterbringungsverfahren, 2. Aufl. 2010, Rn. 152 (S. 305).

[794] *Kerscher*, in: BeckOGK-BGB, Stand: 1. November 2025, § 1631b Rn. 62.

[795] BGH, FamRZ 2013, 1725; FamRZ 2010, 1726; *Kerscher*, in: BeckOGK-BGB, Stand: 1. November 2025, § 1631b Rn. 64.

[796] *Kerscher*, in: BeckOGK-BGB, Stand: 1. November 2025, § 1631b Rn. 62; zum Betreuungsrecht: *Schneider*, in: MünchKomm BGB, 9. Aufl. 2024, § 1831 Rn. 85; Eingehend zu Anforderungen und Inhalt des Gutachtens: *Rohmann*, FPR 2011, 561.

[797] *Hoops*, in: Rüth/Pankofer/Freisleder, Geschlossene Unterbringung, S. 61, 73 f., weist darüber hinaus auf die Gefahr hin, dass bei der Auflehnung des Kindes gegen die Unterbringung der Gutachter eine „mangelnde Einsicht“ als zusätzlichen Grund für die Unterbringung attestiert.

eine nachvollziehbare und überprüfbare Entscheidungsgrundlage zu verschaffen.[798] Er hat festzustellen, ob die sich bei dem Betroffenen stellenden Problematiken behoben werden können und dies ohne die Unterbringung nicht zu erwarten ist.[799] Der Sachverständige sah sich vor der Einführung des § 1631b Abs. 1 S. 2 BGB zumeist dem Problem gegenüber, dass keine festen Kriterien vorhanden waren, nach denen er das Kindeswohl bewerten soll; inzwischen wird er in der Regel eine Selbst- oder Fremdgefährdung nachweisen.[800]

### b. Verfahren nach § 1631b Abs. 2 BGB

Für ein Verfahren nach § 1631b Abs. 2 BGB enthält § 167 Abs. 6 S. 3 FamFG die Besonderheit, die sich für das Betreuungsrecht aus § 321 Abs. 2 FamFG ergibt: soll eine freiheitsentziehende Maßnahme genehmigt werden, bedarf es keines förmlichen Sachverständigengutachtens, sondern lediglich eines ärztlichen Zeugnisses. Durch Verweis auf § 167 Abs. 6 S. 1 FamFG soll der das Zeugnis erstellende Arzt ebenfalls Arzt für Kinder- und Jugendpsychiatrie und -psychotherapie sein – eine S. 2 entsprechende Einschränkung erfolgt nicht. Da es sich nur um eine Soll-Vorschrift handelt, wäre demnach auch ein Zeugnis jedes anderen Arztes zulässig. An das ärztliche Zeugnis werden darüber hinaus – anders als an das Sachverständigengutachten – keine vergleichbaren formellen Anforderungen gestellt. Im Betreuungsrecht wird gar vereinzelt diskutiert, ob der Arzt den Betroffenen überhaupt persönlich untersuchen oder befragen muss,[801] was der Gesetzgeber für § 1631b Abs. 2

---

798 BGH, NJW 2012, 317, 318 Rn. 16 (zu § 280 FamFG); *Brinckmann/Gräbsch*, Geschlossene Unterbringung psychisch Kranker, 2013, § 5 Rn. 4; *Kerscher*, in: BeckOGK-BGB, Stand: 1. November 2025, § 1631b Rn. 65; *Vogel*, FPR 2012, 462.

799 *Salgo*, in: Staudinger, 2020, § 1631b BGB Rn. 27.

800 Mögliche Fragestellungen, die das Gutachten beantworten könnte, nennt *Stadler*, Therapie unter Zwang – ein Widerspruch?, S. 107 f.; *Rüth*, Indikationen zur geschlossenen Unterbringung, in: Rüth/Pankofer/Freisleder, Geschlossene Unterbringung, S. 47 Fn. 1, 51, sowie S. 57 f. nennt mögliche Entscheidungsfaktoren für den Gutachter sowie Kontraindikationen und kritisiert, dass die Gutachten mitunter sowohl qualitativ als auch quantitativ sehr unterschiedlich ausfallen.

801 *Brinckmann/Gräbsch*, Geschlossene Unterbringung psychisch Kranker, 2013, § 3 Rn. 6; dafür: *Giers*, in: Sternal, 22. Aufl. 2025, § 321 FamFG Rn. 10; *Schneider*, in: MünchKomm BGB, 9. Aufl. 2024, § 1831 Rn. 84; *Bienwald*, in: Staudinger, 2017, § 1906 und § 1906a BGB, Rn. 172.

BGB jedenfalls bejaht.[802] Für ein ärztliches Zeugnis nach § 281 FamFG ergibt sich diese Notwendigkeit aus der dortigen Verweisung auf § 280 Abs. 2 FamFG – eine solche fehlt allerdings in § 321 Abs. 2 FamFG und auch in § 167 Abs. 6 S. 3 FamFG. Eine Entscheidung allein nach Aktenlage könnte hingegen schon Zweifel daran wecken, ob ein derartiges Zeugnis zur Überzeugungsbildung des Gerichts genügen kann[803] und ist daher auch aufgrund ärztlicher Standards unzulässig.[804] Aus diesem Grund und aufgrund der in einer freiheitsentziehenden Maßnahme ebenfalls vorliegenden Beeinträchtigung der Fortbewegungsfreiheit wird für das Betreuungsrecht vertreten, dass sich die Anforderungen im Vergleich zum Sachverständigengutachten nicht wesentlich unterscheiden können.[805] Im Einzelfall soll sich aus dem Amtsermittlungsgrundsatz darüber hinaus das Recht und die Pflicht zur Einholung eines Sachverständigengutachtens ergeben.[806] Die verfahrensrechtliche Differenzierung wird für § 321 FamFG vereinzelt als legitim betrachtet, weil freiheitsentziehende Maßnahmen weniger gravierende Rechtseingriffe darstellten, da deren Adressat jederzeit Besuch empfangen könne und den Angehörigen damit eine gewisse Kontrollmöglichkeit seiner Versorgung und Behandlung verbliebe.[807] Diese Unterscheidung aktualisiert sich dagegen nur bei freiheitsentziehenden Maßnahmen, die in einer offenen Einrichtung vorgenommen wurden – auf diese beschränkt sich § 1831 Abs. 4 BGB allerdings gerade nicht und auch nicht § 1631b Abs. 2 BGB.

Als markanteste Unterscheidung zwischen einem ärztlichen Zeugnis und einem Sachverständigengutachten wird im Rahmen des § 321 FamFG die Nichtanwendbarkeit der Qualifikationsanforderungen an den Gutachter aus

---

[802] BT-Drucks. 18/11278, S. 19.

[803] *Brinckmann/Gräbsch*, Geschlossene Unterbringung psychisch Kranker, 2013, § 3 Rn. 6; zu den Anforderungen an das ärztliche Zeugnis OLG Frankfurt, FamRZ 2007, 673, 675.

[804] BT-Drucks. 18/11278, S. 19; *Veit/Schmidt*, in: BeckOK-BGB, 76. Edition, Stand: 1. November 2025, § 1631b Rn. 64.

[805] LG Hildesheim, BeckRS 1993, 31389911; *Schneider*, in: MünchKomm BGB, 9. Aufl. 2024, § 1831 Rn. 84; *Schmidt-Recla*, in: MünchKomm FamFG, 4. Aufl. 2025, § 321 FamFG Rn. 16 hält aus diesen Gründen die Einholung eines ärztlichen Gutachtens in förmlicher Beweisaufnahme für notwendig.

[806] *Bumiller/Harders/Schwamb*, FamFG, 13. Aufl. 2022, § 321 Rn. 4; *Schneider*, in: MünchKomm BGB, 9. Aufl. 2024, § 1831 Rn. 84.

[807] *Kreicker*, NJW 2009, 890, 893; dagegen *Schumacher*, FamRZ 1991, 280, 284.

Abs. 1 S. 4 genannt.[808] Da im Rahmen des § 167 FamFG die Sollvorschrift des Abs. 6 S. 1 auch für ein ärztliches Gutachten gilt, bezieht sich diese Unterscheidung nur noch auf die ansonsten zulässige Fachperson und ist nicht zuletzt deshalb fraglich. Im Unterschied zu dem gesetzlich bestellten Sachverständigen können zudem die Betroffenen, hier also etwa die Eltern, das ärztliche Zeugnis selbst vorlegen und damit auch dessen Aussteller selbst bestimmen.[809] Aus § 329 Abs. 2 S. 2 FamFG ergibt sich, dass bei einer Unterbringung mit einer Gesamtdauer von mehr als 4 Jahren kein Sachverständiger bestellt werden soll – der Bundesgerichtshof nimmt folglich an, dass bei einer geringeren Unterbringungsdauer auch der behandelnde Arzt Sachverständiger sein kann.[810] Diese Überschneidung ist bzgl. der Unterbringung kritisch zu sehen, wird bei einem ärztlichen Zeugnis gleichwohl die Regel sein.[811] Auch wird das ärztliche Gutachten Aussagen zu den entscheidungserheblichen Aspekten lediglich in „verkürzter Form“ enthalten.[812] Die Mindeststandards, die das Sachverständigengutachten erfüllen muss, sind für ein ärztliches Zeugnis damit nicht vorgeschrieben.[813] Nicht zuletzt aufgrund der ebenfalls einschränkenden Wirkung und der damit im Vergleich zu einer freiheitsentziehenden Unterbringung nicht weniger strengen Anforderungen an die Verhältnismäßigkeitsprüfung des Gerichts sollte auch für die Entscheidung über eine freiheitsentziehende Maßnahme – bei Betreuten wie bei Kindern gleichermaßen – ein Sachverständigengutachten verpflichtend sein und, solange dies nicht der Fall ist, vom Gericht aufgrund des Amtsermittlungsgrundsatzes eingeholt werden.[814]

---

[808] *Schmidt-Recla*, in: MünchKomm FamFG, 4. Aufl. 2025, § 321 Rn. 16.

[809] So zum ärztlichen Zeugnis nach § 280 Abs. 1 Nr. 2 FamFG: *Probst*, Betreuungs- und Unterbringungsverfahren, 2. Aufl. 2010, Rn. 52 (S. 105).

[810] BGH, FamRZ 2010, 1726.

[811] *Müther*, in Anm. zum BGH, FamRZ 2010, 1726, 1728.

[812] So die Einzelbegründung zu der Vorgängernorm des § 280 Abs. 1 Nr. 2 FamFG; § 68b FGG in BT-Drucks. 11/4528, S. 174.

[813] Kritisch insofern auch *Götz*, FamRZ 2017, 1289, 1294; *Keuter*, ZKJ 2017, 307, 310.

[814] Zum Betreuungsrecht: *Schmidt-Recla*, in: MünchKomm FamFG, 4. Aufl. 2025, § 321 Rn. 16; *Schumacher*, FamRZ 1991, 280, 284; zum Kindschaftsrecht: *Veit/Schmidt*, in: BeckOK-BGB, 76. Edition, Stand: 1. November 2025, § 1631b Rn. 64.1; *Götz*, FamRZ 2017, 1289, 1292; *Keuter*, ZKJ 2017, 307, 310; Stellungnahme Kinderrechtekommission des DFGT zum Referentenentwurf v. 29. September 2016 (s. Teil 5 Fn. 686), S. 3.

## 5. Partizipation des Minderjährigen am Verfahren

Das Gericht hat im Unterbringungsverfahren gem. §§ 167, 319 FamFG[815] den Minderjährigen persönlich anzuhören und sich einen persönlichen Eindruck von ihm zu verschaffen. Die Anhörung und die Verschaffung des persönlichen Eindrucks erfolgen unabhängig vom Alter und betonen den Subjektstatus des Kindes, sodass die Kinderzentriertheit des Verfahrens gefördert wird.[816] Den persönlichen Eindruck verschafft sich das Gericht, soweit dies erforderlich ist, in der üblichen Umgebung des Betroffenen, § 319 Abs. 1 S. 2 FamFG. Das Gericht soll durch die Anhörung nicht nur entscheidungserhebliche Tatsachenkenntnisse erlangen, sondern auch in die Lage versetzt werden, durch den persönlichen Eindruck Sachverständigengutachten bzw. ärztliche Zeugnisse und sonstige Zeugenaussagen richtig zu würdigen.[817] Die Anhörung sollte in Abwesenheit des Sorgeberechtigten[818], aber in Gegenwart des Verfahrensbeistands erfolgen, § 159 Abs. 4 S. 3 FamFG[819], dessen Bestellung nach § 167 Abs. 1 S. 3 FamFG stets erforderlich ist.[820]

---

[815] *Grabow*, FPR 2011, 550 hält die §§ 159 ff. FamFG für anwendbar, soweit nicht die Spezialnormen zur Unterbringung abweichende Regelungen treffen.

[816] *Rohmann*, FPR 2011, 561, 562; *Böning*, NJW 1960, 1374, 1376: „Auch ist es ein Gebot aufrechten Denkens, sich mit dem Menschen zu unterhalten, dessen Freiheit zu entziehen einem angetragen ist."

[817] *Günter*, in: BeckOK-FamFG, 56. Edition, Stand: 1. Dezember 2025, § 319 Rn. 2; *Huber*, in: MünchKomm BGB, 9. Aufl. 2024, § 1631b Rn. 21; *Salgo*, in: Staudinger, 2020, § 1631b BGB Rn. 39.

[818] *Salgo*, in einer Anmerkung BGH, FamRZ 2012, 1556, 1560.

[819] *Vogel*, Die familiengerichtliche Genehmigung der Unterbringung mit Freiheitsentziehung bei Kindern und Jugendlichen nach § 1631b BGB, 2014, S. 264: Soweit das Kind nicht etwas anderes wünscht.

[820] Bis zur Einführung dieser Vorschrift war ein Verfahrensbeistand nach § 317 Abs. 1 S. 1 FamFG nur zu bestellen, wenn dies zur Wahrnehmung der Interessen des Betroffenen erforderlich war. Die Ausgestaltung als Ermessensvorschrift wurde schon hinsichtlich der Vorgängervorschrift § 70 Abs. 1 S. 1 FGG kritisiert (*Fischer*, in: Rüth/Pankofer/Freisleder, Geschlossene Unterbringung, S. 29, 46) da ein Verfahrensbeistand trotz geistiger Mängel des Minderjährigen oft nicht oder zu spät bestellt wurde (*Hoops/Permien*, „Mildere Maßnahmen sind nicht möglich!", 2006, S. 65 f.; *Hoops*, in: Rüth/Pankofer/Freisleder, S. 61, 75; *Walther*, JAmt 2009, 480, 488; *Kölch/Vogel*, Zeitschrift für Kinder- und Jugendpsychiatrie und Psychotherapie 2016, 39, 44.).

Die Anhörung des Minderjährigen kann nur in zwei Fällen unterbleiben: erstens wenn auch ohne Anhörung offensichtlich ist, dass eine Unterbringung oder eine freiheitsentziehende Maßnahme nicht in Betracht kommt.[821] Zweitens wenn von der Anhörung erhebliche Nachteile für die Gesundheit des Minderjährigen zu besorgen sind, §§ 167, 319 Abs. 3, 34 Abs. 2 FamFG, die wiederum in einem ärztlichen Gutachten beurteilt werden müssen, § 319 Abs. 3 FamFG.[822]

Obwohl nach § 331 S. 1 Nr. 4 FamFG auch für eine vorläufige Unterbringung der Betroffene persönlich angehört und für Kinder nach § 167 Abs. 1 S. 3 FamFG – aber auch nach dem vorher geltenden § 317 Abs. 1 S. 1 FamFG wegen des massiven Eingriffs in die Rechte des Kindes[823] – ein Verfahrensbeistand bestellt werden muss, wird die Kritik geäußert, dass beide Voraussetzungen vor Erlass einer einstweiligen Anordnung nicht erfüllt werden.[824] Dieses Vorgehen ist nach § 332 FamFG bei Gefahr im Verzug und unter der Prämisse, dass beide Voraussetzungen unverzüglich nachgeholt werden, zwar zulässig, schränkt den Richter allerdings in seiner Entscheidungsfreiheit ein, da das Kind gegebenenfalls nicht erneut einer Veränderung seines Umfelds ausgesetzt werden soll.[825]

---

[821] *Roth*, in: Prütting/Helms, 6. Aufl. 2023, § 319 Rn. 3; *Günter*, in: BeckOK-FamFG, 56. Edition, Stand: 1. Dezember 2019, § 319 Rn. 4.

[822] Kritisch hierzu *Schmidt-Recla*, in: MünchKomm FamFG, 4. Aufl. 2025, § 319 Rn. 14 f.

[823] Unter Verweis auf Art. 12 Abs. 2 und 37d UN-KRK: *Vogel*, Die familiengerichtliche Genehmigung der Unterbringung mit Freiheitsentziehung bei Kindern und Jugendlichen nach § 1631b BGB, 2014, S. 259

[824] *Fischer*, in: Rüth/Pankofer/Freisleder, Geschlossene Unterbringung, S. 29, 36; *Walther*, JAmt 2009, 480, 488; *Salgo*, in: Staudinger, 2020, § 1631b BGB Rn. 39; *Vogel* (Die familiengerichtliche Genehmigung der Unterbringung mit Freiheitsentziehung bei Kindern und Jugendlichen nach § 1631b BGB, 2014, S. 262) führt dies für die von ihm untersuchten Fälle darauf zurück, dass die aufgrund einstweiliger Anordnung untergebrachten Minderjährigen aus der Einrichtung entlassen wurden, bevor eine Anhörung nachgeholt wurde; *Hoops* (in: Rüth/Pankofer/Freisleder, Geschlossene Unterbringung, S. 61, 72 f.) kritisiert die mitunter lange Dauer einer Unterbringung aufgrund einstweiliger Anordnung trotz unterbliebener Anhörung;

[825] *Hoops*, in: Rüth/Pankofer/Freisleder, Geschlossene Unterbringung, S. 61, 73.

## C. Erforderlichkeit und Zulässigkeit einer weitergehenden Regelung für Maßnahmen im elterlichen Haushalt

Im Gesetzgebungsverfahren und im Anschluss an die Regelung des § 1631b Abs. 2 BGB wurde die Übertragung eines Genehmigungsbedürfnisses für Maßnahmen im elterlichen Haushalt diskutiert. Zum Teil wird angesichts der Beschränkung des Genehmigungserfordernisses auf freiheitsentziehende Maßnahmen, die in einer Einrichtung vorgenommen werden, die Sinnhaftigkeit, die Alleinverantwortlichkeit für Maßnahmen im eigenen Elternhaus bei den Eltern zu belassen, bezweifelt.[826] Auch für Kinder, die sich in elterlicher Obhut befinden, müsse eine Genehmigungspflicht eingeführt werden.[827] Begründet wird dieses vermeintliche Regelungserfordernis mit der auch bei selbst betreuenden Eltern entstehenden besonderen Belastungssituation; den Eltern kann die Entscheidung über freiheitsentziehende Maßnahmen erleichtert werden, wenn ein Gericht ihnen die Rechtmäßigkeit entsprechender Maßnahmen bestätigt.[828] Die Eingriffsbefugnis des § 1666 BGB sei auch hier nicht ausreichend, da sie ebenfalls leerlaufe, wenn das Gericht von der Kindeswohlgefährdung keine Kenntnis erlangt.[829] Im Betreuungsrecht wird eine parallele Diskussion dahingehend geführt, ob der Erlaubnisvorbehalt für freiheitsentziehende Maßnahmen und ärztliche Zwangsmaßnahmen, § 1832 BGB, auf Betreute, die sich in Familienpflege befinden, erstreckt werden soll.[830]

Eine verfassungsrechtliche Notwendigkeit für eine Regelung kann sich nicht aus Art. 104 Abs. 2 S. 1 GG ergeben, da dieser für Freiheitsentziehungen, die Eltern gegenüber ihren Kindern vornehmen, nicht gilt.[831] Allerdings müssen sich auch Maßnahmen, die Eltern im eigenen Heim gegenüber Kindern vornehmen, an den Grundsätzen der Verhältnismäßigkeit orientieren.[832] Der Eingriff in einen grundrechtssensiblen und bedeutenden Bereich spiegelt

---

[826] *Keuter*, ZKJ 2017, 307, 309.
[827] *Götz*, FamRZ 2017, 1289, 1293; *Keuter*, ZKJ 2017, 307, 308.
[828] *Götz*, FamRZ 2017, 1289, 1293; *Keuter*, ZKJ 2017, 307, 308.
[829] *Götz*, FamRZ 2017, 1289, 1293.
[830] Zu dieser Diskussion mit Andeutungen auch zum Eltern-Kind-Verhältnis: *Roth*, in: Erman, 17. Aufl. 2023, § 1831 BGB Rn. 42 f.
[831] S. oben, Teil 3, D. IV.
[832] DIJuF-Rechtsgutachten, JAmt 2017, 495, 496.

sich insofern wider in den Grenzen dessen, was die Eltern noch legitim als Ausübung ihrer Personensorge dürfen.[833] Freiheitsentziehende Maßnahmen, wie sie in Einrichtungen unter § 1631b Abs. 2 BGB fallen würden, etwa Fixierungen, sind damit auch im Elternhaus nicht zulässig, wenn sie ohne legitimen Grund erfolgen oder mildere Mittel vorhanden sind, weil auch dann von einer Kindeswohlgefährdung ausgegangen werden kann.

Wollte man für freiheitsentziehende Maßnahmen i. S. d. § 1631b Abs. 2 BGB auch dann eine Genehmigung vorsehen, wenn diese im elterlichen Haushalt durchgeführt werden, lägen ebenfalls zwei Eingriffe in die Elternautonomie vor: die Versagung einer Genehmigung für den Fall, dass die freiheitsentziehende Maßnahme nicht verhältnismäßig und damit eine Kindeswohlgefährdung wäre, ist selbstverständlich auch im Elternhaus vom Wächteramt umfasst. Da allerdings im Elternhaus, ebenso wie in einer Einrichtung, nicht in jeder Freiheitsentziehung eine Kindeswohlgefährdung liegt, bedarf die Regelungsnotwendigkeit und -zulässigkeit einer zusätzlichen niedrigschwelligen Maßnahme aufgrund des staatlichen Wächteramts einer näheren Betrachtung. Auch hier ist die Zurückhaltung des Staates und die zurückhaltende Funktion des § 1666 BGB Ausdruck der Subsidiarität des Wächteramts und seine Beschränkung auf Kindeswohlgefährdungen Ausdruck des Interpretationsprimats der Eltern. Die Zulässigkeit einer niedrigschwelligen Maßnahme bedürfte auch hier gewisser Anhaltspunkte für eine Gefährdung, deren Feststellung und Darlegung schon hinsichtlich der Regelung des § 1631b Abs. 2 BGB schwierig ist.[834] Darüber hinaus ist im elterlichen Haushalt auch die Gefahrenlage eine andere: zwar mag auch hier die Belastungssituation der Eltern infolge der die Maßnahme erfordernden Erkrankung, Behinderung oder Verhaltensweise des Kindes ebenfalls hoch sein,[835] sodass auch hier ein Genehmigungserfordernis eine elternentlastende Wirkung haben könnte.[836] Der Gesetzgeber bezieht die Regelung des § 1631b Abs. 2 BGB allerdings nicht auf die mit der besonderen Situation des Kindes einhergehende Belastungssituation, sondern auf die zusätzliche

---

[833] S. dazu oben, Teil 3, D. IV. 3.

[834] S. dazu B. V. 2. d.

[835] *Keuter*, ZKJ 2017, 307, 309, hält sie für ebenso hoch wie bei der Unterbringung in einer Einrichtung.

[836] *Keuter*, ZKJ 2017, 307, 309; *Götz*, FamRZ 2017, 1289, 1293.

Drucksituation, die durch die Einrichtungen ausgeübt wird.[837] Bei Maßnahmen im Elternhaus verlieren die Eltern hingegen zu keinem Zeitpunkt die Kontrolle über deren Ausübung.[838]

Gegen ein Genehmigungsbedürfnis spricht zudem, dass dieses praktisch nicht umsetzbar wäre,[839] da es voraussetzte, dass die Eltern eine geplante Maßnahme dem Gericht zur Kenntnis bringen. Dies wird hingegen bei Eltern, die missbräuchlich handeln und eine unverhältnismäßige Maßnahme bewusst einsetzen, nicht der Fall sein. Dem gedachten Genehmigungserfordernis ließen sich damit dieselben Vorbehalte entgegensetzen wie der Generalklausel des § 1666 BGB. Eltern, die sich eine Entlastung durch eine Bestätigung ihres Handelns wünschen, können sich ebenso an das Jugendamt oder über § 1631 Abs. 3 BGB an das Gericht wenden, um die Zulässigkeit einer geplanten Maßnahme überprüfen zu lassen. Über die sonstigen Schutzinstrumente hinaus besteht damit für freiheitsentziehende Maßnahmen im Elternhaus kein Regelungsbedürfnis.[840]

## D. Freiheitsentziehung durch Vormund und Pfleger nach (Teil-)Entzug des Aufenthaltsbestimmungsrechts

Nicht immer sind es die Eltern, die Freiheitsentziehungen bei dem Kind vornehmen oder veranlassen. Sind die Eltern nicht verfügbar oder wurde ihnen die elterliche Sorge nach § 1666 BGB ganz oder in Teilen entzogen und auf einen Vormund oder Ergänzungspfleger übertragen, stehen diesem die vormals von den Eltern wahrgenommenen Befugnisse zu (§§ 1789, 1795, 1809 BGB). In welchen Konstellationen eine Freiheitsentziehung im Vormundschafts- oder Pflegschaftsverhältnis in Betracht kommt (s. dazu unter I.), woraus sich die Befugnisse des Vormunds oder Pflegers ergeben und wo die Unterschiede zu Eltern liegen (dazu unter II.) und wie sich gesetzliche

---

837 BT-Drucks. 18/11278, S. 15.

838 Ebenso *Veit/Schmidt*, in: BeckOK-BGB, 76. Edition, Stand: 1. November 2025, § 1631b Rn. 23.

839 BT-Drucks. 18/11278, S. 16.

840 BT-Drucks. 18/11278, S. 16.

Eingriffe in diese Verhältnisse rechtfertigen (dazu unter III.), wird im Folgenden dargestellt.

## I. Gründe für den Sorgerechtsentzug und regelhafte Unterbringung durch den Vormund

Der (Teil-)Entzug der elterlichen Sorge kommt, wie zuvor dargestellt, etwa dann in Betracht, wenn die Eltern eine zur Beendigung einer Kindeswohlgefährdung notwendige freiheitsentziehende Unterbringung oder freiheitsentziehende Maßnahmen nicht vornehmen.[841] Der Vormund oder Pfleger kann das Kind dann freiheitsentziehend unterbringen oder in die freiheitsentziehende Maßnahme einwilligen.[842] Eine freiheitsentziehende Unterbringung oder die Einwilligung in eine freiheitsentziehende Maßnahme durch den Vormund oder Pfleger kommt allerdings auch in Betracht, wenn dieser aus anderen Gründen bestellt ist, etwa weil den Eltern die Sorge wegen einer Kindeswohlgefährdung in einem anderen Bereich entzogen wurde, ihre elterliche Sorge ruht oder ein Elternteil gar nicht vorhanden ist. Dabei ist die Fremdunterbringung im Vormundschaftsverhältnis, das im Folgenden im Fokus stehen soll, der Regelfall und nicht die Ausnahme: Dass der Vormund das Kind selbst aufnimmt und pflegt, ist in den wenigsten Fällen der Fall. Gerade bei der Bestellung eines beruflich tätigen Vormunds wird dieser das Kind üblicherweise in einer Pflegefamilie oder Heimeinrichtung unterbringen.[843] Das Familiengericht kann auch die Pflegeperson als Vormund oder Pfleger nach § 1809 BGB bestellen oder der vom Gericht bestellte und mit der Pflegeperson nicht identische Vormund delegiert die Ausübung der Sorge an die Pflegeperson oder das Heim durch Pflegevertrag. Ist eine solche Übertragung nicht erfolgt, stehen der Pflegeperson zumindest die Befugnisse aus § 1797 BGB zu. Denkbar ist weiter, dass das Familiengericht auf Antrag

---

[841] S. dazu oben, unter B. IV. 4. b.; zu der Frage, welche Sorgerechtsbereiche entzogen werden müssen, um nicht nur die Fremdplatzierung, sondern auch eine klare Zuordnung der Sorgerechtsausübung während dieser zu erreichen, s. *Salgo*, in: Staudinger, 2020, § 1631 BGB Rn. 17, 58a.

[842] *Heilmann*, NJW 2014, 2904, 2908: „Nur das Familiengericht kann damit über eine dauerhafte Fremdunterbringung des Kindes gegen den Willen der Eltern durch einen entsprechenden Eingriff in die elterliche Sorge entscheiden"; Fallbeispiel bei *Scharl/Schmid*, FamRB 2013, 224, 228.

[843] *Veit*, in: Staudinger, 2020, § 1800 BGB Rn. 18.

des Vormunds oder der Pflegeperson einzelne Sorgeangelegenheiten auf die Pflegeperson als Pfleger überträgt (§ 1777 Abs. 1 BGB), mit der Folge, dass Sorgeangelegenheiten, deren Regelung für das Kind von erheblicher Bedeutung sind – und dazu gehört die Entscheidung über eine freiheitsentziehende Unterbringung – von der Pflegeperson im Einvernehmen mit dem Vormund getroffen werden können (§§ 1777 Abs. 2, 1792 Abs. 4 BGB). Der Vormund hat insoweit trotz Pflegerbestellung weiter die Sorgeverantwortung inne (§ 1789 Abs. 1 S. 2 letzter HS BGB).

## II. Gleichlauf der sorgerechtlichen Regelungen und Abweichungen

Der Umfang der Personensorge von Vormund und Pfleger ist in § 1795 BGB bzw. § 1813 Abs. 1 BGB geregelt und orientiert sich an der elterlichen Sorge, der die Rechtsposition des Vormunds strukturell nachgebildet, wenn auch nicht deckungsgleich ist.[844] Der Vormund hat ebenso wie die Eltern die wachsenden Fähigkeiten und Bedürfnisse des Kindes zu selbständigem verantwortungsbewusstem Handeln zu berücksichtigen und sich mit dem Kind je nach dessen Entwicklungsstand über Fragen der elterlichen Sorge auseinanderzusetzen und Einvernehmen anzustreben, wobei er die in § 1788 BGB aufgeführten Rechte besonders zu berücksichtigen hat, § 1795 BGB. Er verfolgt dasselbe in § 1 SGB VIII niedergelegte Erziehungsziel wie die Eltern[845], was sich auch in § 1790 Abs. 2 BGB zeigt, nach dem der Vormund die wachsende Fähigkeit und das wachsende Bedürfnis des Mündels zu selbständigem und verantwortungsbewusstem Handeln zu berücksichtigen und zu fördern hat. Ebenso wie die Eltern hat der Vormund einen Anspruch auf Beratung und Unterstützung durch das Jugendamt, § 53a SGB VIII.

Zwar wird durch die Pflicht, die Pflege und Erziehung des Kindes persönlich zu gewährleisten (§ 1795 Abs. 1 S. 2 BGB), den Vorrang des ehrenamtlichen Einzelvormunds (vgl. §§ 1779 Abs. 2 BGB), recht konkrete Kontaktvorgaben (§ 1790 Abs. 3 BGB) und die Beschränkung von Fallzahlen (§ 55 Abs. 3 SGB VIII) der persönliche Kontakt stärker betont. Das Ziel der persönlichen Beziehung zwischen Vormund und Mündel ist auch durch die Vorgaben in

---

[844] *Schneider*, in: MünchKomm BGB, 9. Aufl. 2024, § 1789 Rn. 1; *Veit*, in: Staudinger, 2020, Vorbem. 21 zu § 1773 BGB, § 1800 BGB Rn. 6.

[845] *Veit*, in: Staudinger, 2020, Vorbem. 17 zu § 1773 BGB, § 1800 BGB Rn. 12.

§ 1790 Abs. 2 S. 2 BGB und der Verpflichtung des Vormunds, die Pflege und Erziehung des Mündels persönlich zu fördern und zu gewährleisten (§ 1795 Abs. 1 S. 2 BGB) sowie der Pflicht, mit der Pflegeperson im Interesse des Mündels zusammen zu arbeiten (§§ 1796 Abs. 2, 1792 Abs. 2 BGB) gesetzlich verankert. Durch die regelmäßige Fremdunterbringung und die in der Realität aufgrund eines Mangels an Einzelvormündern trotz der jüngsten Reform von 2021 (BGBl. I 2021, 882) weiter vorherrschende Amtsvormundschaft[846] sowie immer noch recht hohe Fallzahlen pro Fachkraft wird es häufig nicht zu einem intensiven Kontakt kommen, der Voraussetzung ist für eine vertrauensvolle persönliche Beziehung zwischen Vormund und Minderjährigem.[847] Anders als bei den Eltern geht das Gesetz allerdings nicht davon aus, dass zwischen dem Vormund und dem Kind eine umfassende Lebensgemeinschaft besteht (arg. e. § 1791 S. 2 BGB).[848] Mit dieser Grundlage geht eine stärkere Kontrolle durch den Staat einher: Ein Vormund hat anders als Eltern etwa Auskunfts- und Berichtspflichten (§§ 1863 ff. BGB), das Familienrecht hat Aufsichts- und Kontrollrechte – und -pflichten – (§ 1802 BGB), die nicht erst unter den Voraussetzungen des § 1666 BGB eingreifen.

Die Frage, unter welchen Umständen eine freiheitsentziehende Unterbringung oder freiheitsentziehende Maßnahmen in einer Einrichtung vorgenommen werden können, ist beim Vormund wie auch bei den Eltern zu beantworten: die grundsätzlich seiner Sorge unterliegende Entscheidung bedarf der familiengerichtlichen Genehmigung (§§ 1795 Abs. 1 S. 3, 1631b BGB). Ist der Minderjährige nicht in einer Einrichtung untergebracht, sondern lebt er bei dem Vormund selbst oder in einer Pflegefamilie, können freiheitsentziehende Maßnahmen unter denselben Bedingungen wie von Eltern durchgeführt werden. Im Unterschied zu den Eltern wird der Vormund allerdings nach § 1802 Abs. 2 BGB dauerhaft durch das Familiengericht überwacht, welches durch Ge- und Verbote einschreiten kann. Ihm gegenüber

---

846 *Wolf*, in: Hansbauer, Neue Wege in der Vormundschaft?, 2002, S. 91, 92.

847 Zu der Situation vor dem Gesetz zur Änderung des Vormundschafts- und Betreuungsrechts: *Wiesner*, in: Hansbauer, Neue Wege in der Vormundschaft?, 2002, S. 41, 49; Von mangelndem Kontakt berichtet auch *Zitelmann*, in: Hansbauer, Neue Wege in der Vormundschaft?, 2002, S. 76, 80.

848 *Veit*, in: Staudinger, 2020, § 1800 BGB Rn. 10.

muss der Vormund zudem mindestens einmal jährlich über die persönlichen Verhältnisse des Mündels berichten, § 1863 BGB.

## III. Erforderlichkeit und Zulässigkeit gesetzlicher Regelungen

### 1. Erforderlichkeit einer Rechtsgrundlage bei Grundrechtseingriff durch den Vormund

Ein Regelungserfordernis für Maßnahmen des Vormunds könnte erforderlich sein, wenn diese Maßnahmen als Grundrechtseingriffe einzuordnen sind. Befürwortet man eine unmittelbare Grundrechtsgeltung im Vormundschafts- und Betreuungsverhältnis[849], bedürfte es für einen Grundrechtseingriff des Betreuers und Vormunds – etwa einem Eingriff in Art. 2 Abs. 2 S. 2 bei einer freiheitsentziehenden Unterbringung oder Maßnahme – einer ausdrücklichen Ermächtigungsgrundlage. Bei einer Freiheitsentziehung wäre noch weitergehend aufgrund von Art. 104 Abs. 2 S. 1 GG immer eine richterliche Genehmigung erforderlich. Der § 1631b BGB genügte letzterem Erfordernis aus mehreren Gründen nicht: Abs. 1 und 2 sind auf Maßnahmen beschränkt, die nicht altersgerecht sind, Abs. 2 darüber hinaus auf solche, die in Einrichtungen vorgenommen werden. Für die Feststellung einer Freiheitsentziehung im Sinne der Art. 2 Abs. 2 S. 2, 104 GG wird dagegen weder nach Alter noch nach dem Ort der Maßnahme differenziert. Aus Art. 2 Abs. 2 S. 2, 104 Abs. 2 GG ergäbe sich dann schon unmittelbar ein richterliches Genehmigungserfordernis für alle Freiheitsentziehungen, mithin auch für solche, die im Haushalt des Vormunds oder in einer von diesem beauftragten Pflegefamilie erfolgen.[850] Für Freiheitsentziehungen wie für jeden anderen Grundrechtseingriff bedürfte es darüber hinaus einer konkreten Ermächtigungsgrundlage.[851] § 1631b BGB ist zwar Grundlage für die richterliche Genehmigung, nicht aber Ermächtigungsgrundlage für die Zulässigkeit einer Freiheitsentziehung, die

[849] Dazu *Hoffmann*, NZFam 2015, 985, 987 f. unter Verweis auf den BGH (BGHZ 193, 337), der die in Teil 3, D. V. 5 dargestellte Entscheidung des BVerfG (BVerfGE 10, 302) i. S. e. unmittelbaren Grundrechtswirkung versteht.

[850] S. dazu oben, Teil 3, D. II.; kritisch hinsichtlich einer grds. erforderlichen Ermächtigungsgrundlage im Betreuungsrecht *Lipp*, FamRZ 2013, 913, 916.

[851] So *Hoffmann*, NZFam 2015, 985, 987 f.

sich aus der Personensorge ergibt – er taugt damit nicht als Rechtsgrundlage für einen Grundrechtseingriff.[852]

Gegen eine unmittelbare Grundrechtsgeltung im Verhältnis zwischen einem bestellten gesetzlichen Vertreter und dem Kind spricht aber, dass diese Beziehung wie dargelegt privatrechtlich ausgestaltet und auch eine ausnahmsweise vorliegende Grundrechtsgeltung im Privatrecht nicht anzunehmen ist.[853]

## 2. Schutzpflicht des Staates bei Freiheitsbeschränkungen durch den Vormund

Der Staat hat hingegen auch in den Bereichen, in denen er nicht selbst oder durch von ihm bestellte Dritte tätig wird, die Pflicht, die Grundrechtsträger vor übermäßigen Einwirkungen in ihre Grundrechte zu schützen.[854] In Anbetracht der besonderen Bestimmungsbefugnisse über das Kind, die der Vormund durch staatliche Übertragung erhält, muss diese Schutzpflicht sich in diesem Verhältnis in besonderer Weise auswirken. Bei der Ausgestaltung des Vormundschaftsverhältnisses hat der Staat mithin darauf zu achten, dass der Vormund die Grundrechte des Kindes nicht über Gebühr einschränkt. Eine Schutzpflicht ergibt sich dabei auch aus Art. 2 Abs. 2 S. 2 GG sowie den materiellen Garantien des Art. 104 GG.[855] Die grundrechtlichen Schutzpflichten erfüllt der Staat unter anderem durch die Beratung und Überwachung des Vormunds sowie durch die Beschränkung der Handlungsfreiheit mittels Ge- und Verboten gem. § 1802 Abs. 2 S. 1 BGB und dem (Teil-)Entzug der Befugnisse oder andere Maßnahmen nach §§ 1802 Abs. 2 S. 3 i. V. m. 1666 BGB. Eine darüber hinausgehende Regelungspflicht des Staates aufgrund einer grundrechtlichen Schutzpflicht wäre anzunehmen, wenn die bestehenden Schutzinstrumente zum umfassenden Schutz der grundrechtlichen Freiheit des Kindes nicht ausreichten.[856] Würde man eine grundsätzliche Regelungspflicht annehmen, konkretisierte sich diese zudem nur dann auf

---

[852] Ebenso: *Trenczek*, Inobhutnahme, 4. Aufl. 2024, S. 358.
[853] S. dazu oben, Teil 3, D. V.
[854] S. dazu Teil 3, D. III. 2. a.
[855] S. oben, Teil 3, D. III. 2. b.
[856] *Britz*, FamRZ 2015, 793.

eine bestimmte gesetzliche Ausgestaltung, wenn auf keinem anderen Wege ein ausreichender Grundrechtsschutz erreicht werden kann.[857]

Für die Erforderlichkeit der mit § 1631b BGB getroffenen Regelungen bedeutet dies, dass sie nur dann unerlässlich waren, wenn zuvor ein hinreichender Schutz der Fortbewegungsfreiheit des Kindes nicht sichergestellt war. Mit Blick auf die Situation der Heimerziehung in den 1960er Jahren, als die Vorgängervorschrift des § 1800 a. F. BGB – und damit ein Genehmigungserfordernis für eine freiheitsentziehende Unterbringung durch den Vormund – eingeführt wurde[858], in der die Geschlossenheit ein Strukturmerkmal der Heimerziehung war und diese von einem repressiven Erziehungsstil geprägt wurde[859], sowie auf die damalige Ausgestaltung der Vormundschaft, die noch nicht von einer notwendigen persönlichen Beziehung zwischen Vormund und Kind ausging, mag durchaus die Gefahr bestanden haben, dass der Vormund es sich „leicht gemacht" und das Kind in eine geschlossene Anstalt verbracht hat, obwohl es eine andere, weniger einschneidende Alternative gegeben hätte. Auch heute noch könnte im Einzelfall bei einem fehlenden Näheverhältnis zwischen Vormund und Kind[860] angenommen werden, der Vormund entscheide weniger empathisch als Eltern über Maßnahmen, die das Kind betreffen. Der unzureichende Schutz vor ungerechtfertigten freiheitsentziehenden Maßnahmen könnte sich durch die Missstände bei der Anwendung freiheitsentziehender Maßnahmen in einigen Einrichtungen manifestiert haben. In den Berichten zur Haasenburg und zum Friesenhof sind unverhältnismäßige Eingriffe in einige grundrechtsrelevante Bereiche nachzulesen. Ob sich hieraus freilich Handlungspflichten des Staates ableiten lassen, die das in den §§ 1795 Abs. 2 S.3, 1631b BGB verankerte Genehmigungserfordernis erfordern, weil sich die staatliche Schutzpflicht entsprechend konkretisiert hat, lässt sich zumindest in Frage stellen. So könnte das Schutzinstrument des § 1666 BGB genügen, da das Gericht, anders als bei freiheitsentziehenden Maßnahmen durch die Eltern, Kenntnis von den durch den Vormund vorgenommenen Maßnahmen im Rahmen der Aufsichtspflicht (§ 1802 Abs. 2 BGB) und durch Berichte des Vormunds (§ 1863 BGB)

---

857 Zum Vorhergesagten s. oben, Teil 3, D. III. 3.
858 S. dazu oben, unter B. IV. 1. b.
859 S. dazu oben, Teil 2, A. I. 6.
860 BT-Drucks. 18/11278, S. 15; *Keuter*, ZKJ 2017, 307, 3010.

erlangt.[861] Darüber hinaus könnte das distanziertere Verhältnis zwischen dem Vormund und dem Kind auch ein Grund sein, warum der Vormund eine rationalere Entscheidung als die Eltern trifft und keine Scheu hat, sich der Hilfe von Jugendamt oder Gericht zu bedienen, weil er nicht befürchtet, der Zustand des Kindes würde als sein persönliches Versagen verbucht. Dies, sowie die Tatsache, dass der Amtsvormund i. d. R. über sozialpädagogische und -psychologische Fachkompetenz verfügt, stellt einen Vorteil gegenüber Eltern dar.

Insgesamt betrachtet besteht zwar eine Schutzpflicht des Staates zugunsten der Freiheitsrechte des Kindes. Das Schutzkonzept des § 1666 BGB bietet hingegen grundsätzlich ausreichend Schutz vor kindeswohlgefährdenden Eingriffen in das kindliche Freiheitsrecht. Insbesondere ist nicht ohne weiteres erkennbar, dass die Schutzpflicht sich derart konkretisiert, dass sie nur durch einen weitergehenden Schutz, wie ihn §§ 1795 Abs. 2 S.3, 1631b BGB bieten, erfüllt werden kann. Vielmehr hätte es auch insoweit einer genaueren Untersuchung zu den eingangs genannten Fällen bedurft sowie dazu, wie diese hätten verhindert werden können.

### 3. Grenzen einer gesetzlichen Regelung

Dass die Regelung als Genehmigungserfordernis nicht die einzig mögliche Ausübung der staatlichen Schutzpflicht war, heißt hingegen nicht, dass es dem Gesetzgeber verwehrt war, für den Vormund eine entsprechende Regelung zu schaffen. Denn anders als bei den Eltern erlangt der Vormund keine durch Art. 6 Abs. 2 GG geschützte, vergleichbare Position.[862] Hinsichtlich der verfassungsrechtlichen Zulässigkeit einer stärkeren Verrechtlichung besteht mithin ein ganz entscheidender Unterschied zwischen dem Eltern-Kind-Verhältnis und dem Vormundschaftsverhältnis: Das Vormundschaftsverhältnis kann einfachgesetzlich umfassend ausgestaltet und begrenzt werden. Eine Grenze ergibt sich allerdings aus dem Kindeswohl, an dem sich auch das Vormundschaftsverhältnis zu orientieren hat. Möchte der Staat dem Kind mit dem Vormund einen elternähnlichen Entscheider zur Seite stellen, bedarf es eines gewissen Handlungsspielraums des Vormunds, um die

---

861 *Götz*, in: Coester-Waltjen/Lipp/Schumann/Veit, Zwangsbehandlung bei Selbstgefährdung, 14. Göttinger Workshop zum Familienrecht 2015, 2016, S. 65, 80.

862 BVerfGE 79, 51, 60.

Lebensbedingungen den Bedürfnissen des Kindes entsprechend zu gestalten. Freilich ist nicht erkennbar, dass § 1631b BGB eine zu starke staatliche Aufsicht oder Einschränkung der Autonomie des Vormunds birgt, die eine nicht mehr kindeswohlentsprechende Ausgestaltung der kindlichen Lebensverhältnisse bewirkt.

### 4. Erforderlichkeit weitergehender Regelungen

Auch für die Freiheitsentziehungen im Vormundschaftsverhältnis lässt sich nun parallel zum Eltern-Kind-Verhältnis die Frage stellen, ob weitergehende Regelungen für Freiheitsentziehungen, für die § 1631b BGB nicht gilt, weil sie nicht in einer Einrichtung erfolgen, zum Schutz des Kindes erforderlich sind.

Die Grenze einer zulässigen Regelung dürfte hier zumindest dann erreicht sein, wenn eine Regelung sich auch auf solche Freiheitsentziehungen erstrecken soll, die innerhalb der Pflege und Erziehung eines Kindes üblich sind und deren Zulässigkeit auch bei Vornahme durch die Eltern nicht in Frage steht. Auch die Pflegeeltern – bzw. der betreuende Vormund – müssen entsprechende Maßnahmen zur effektiven Wahrnehmung ihrer Aufgaben ohne vorherige Einbindung von Jugendamt oder Richter vornehmen können. Eine solche ist auch an dieser Stelle nicht angezeigt, da eine Gefährdung des Kindes regelmäßig nicht anzunehmen ist.

Eine Regelung für Maßnahmen, die der Einschränkung nicht unterfallen etwa in Form eines Genehmigungserfordernisses, wäre zulässig und im Gegensatz zu Eltern auch praktisch besser umsetzbar, da für den Fall, dass der Vormund eine Maßnahme selbst nicht anzeigt, entsprechende Maßnahmen im Rahmen der Auskunft über die körperliche oder geistige Verfassung sowie als besondere Auffälligkeit Inhalt eines Berichtes nach §§ 1802 Abs. 2, 1863 BGB sein sollten. Diese Tatsache stellt dagegen auch sogleich die Notwendigkeit einer separaten Überprüfung der Maßnahmen in Frage: Erhält das Gericht in dem Bericht Kenntnis über Maßnahmen, die ihm bedenklich erscheinen, kann es den Vormund nach § 1864 BGB zur weiteren Auskunft auffordern und wenn nötig die Maßnahmen nach § 1802 Abs. 2 BGB verbieten oder gar die Sorgeberechtigung nach §§ 1802 Abs. 2 S. 2, 1666 BGB ganz oder teilweise entziehen bzw. unter den Voraussetzungen von § 1804 BGB entlassen.

# Fürsorgliche Beschränkung der Fortbewegungsfreiheit des Kindes durch den Staat

Neben der fürsorglichen Beschränkung und Entziehung der Freiheit durch Sorgeberechtigte kommt eine solche auch durch den Staat in Betracht. Im Fokus steht dabei vielfach die Freiheitsentziehung durch oder während einer öffentlich-rechtlichen Unterbringung, die dann vorliegt, wenn der Richter selbst die Unterbringung anordnet im Gegensatz zu den genannten Fällen, in denen er eine Unterbringungsentscheidung des Aufenthaltsbestimmungsberechtigten lediglich genehmigt.[1] Eine solche öffentlich-rechtliche Unterbringung erfolgt auf Grundlage der Landesgesetze für psychisch Kranke (PsychKG)[2], (dazu unter C.). Freiheitsentziehungen staatlicherseits sind darüber hinaus im Rahmen einer Inobhutnahme (dazu sogleich unter A.) sowie aufgrund der Eilkompetenz des Familiengerichts aus §§ 1867, 1693 BGB (s. dazu unter B.) denkbar.

## A. Freiheitsentziehung während einer Inobhutnahme

### I. Institut der Inobhutnahme

Die Inobhutnahme ist eine Form der zeitlich begrenzten Krisenintervention der Jugendhilfe.[3] Als ausnahmsweise jugendhilferechtlicher

---

1 *Fischer*, in: Rüth/Pankofer/Freisleder, Geschlossene Unterbringung, S. 29, 34 Fn. 9.

2 Zu den eher historischen Begrifflichkeiten *Marschner*, in: Marschner/ Lesting/Stahmann, Freiheitsentziehung und Unterbringung, 7. Aufl. 2024, Kap. B Rn. 1; *Hoffmann/ Trenczek*, JAmt 2011, 177.

3 *Dürbeck*, in: Wiesner/Wapler, SGB VIII, 6. Aufl. 2022, § 42 Rn. 1; *Tillmanns*, in: MünchKomm BGB, 9. Aufl. 2024, § 42 SGB VIII Rn. 1; eine empirische Betrachtung der Inobhutnahme gelingt *Fendrich/Wilk*, FPR 2011, 529, 533 f.

Eingriff in die elterliche Sorge[4] kommt diese nach § 42 SGB VIII aus drei Gründen in Betracht: wenn das Kind oder der Jugendliche um Obhut bittet (Abs. 1 Nr. 1), wenn eine dringende Gefahr für das Wohl des Kindes oder des Jugendlichen die Inobhutnahme erfordert und die Personensorgeberechtigten nicht widersprechen oder eine familiengerichtliche Entscheidung nicht rechtzeitig eingeholt werden kann (Abs. 1 Nr. 2, s. auch § 8a Abs. 2 S. 2 SGB VIII) oder bei ausländischen Minderjährigen, die unbegleitet nach Deutschland kommen und sich kein Sorge- oder Erziehungsberechtigter im Inland aufhält (Abs. 1 Nr. 3). Im Gegensatz zu den so genannten Selbstmeldern nach Nr. 1 erfolgt die Inobhutnahme Nr. 2 aufgrund von Mitteilung oder Zuführung durch Dritte, sog. Fremdmelder (Polizei, Lehrer, Verwandte, Nachbarn). Die Eingriffsschwelle für die Inobhutnahme nach Nr. 2 entspricht der des § 1666 BGB, zu dem die Jugendhilfe grundsätzlich nicht in einem Konkurrenz-, sondern in einem Komplementärverhältnis steht.[5] Eine Inobhutnahme ist dagegen nur kurzfristig möglich, während es für eine dauerhafte Maßnahme einer Entscheidung nach § 1666 BGB bedarf.[6]

Die Beteiligung der Sorgeberechtigten richtet sich nach der jeweiligen Variante der Inobhutnahme. Im Fall einer Inobhutnahme nach Nr. 1 muss der Personensorge- oder Erziehungsberechtigte, i. d. R. also die Eltern, unverzüglich von der erfolgten Inobhutnahme unterrichtet werden, § 42 Abs. 3 S. 1 SGB VIII. Im Fall von Abs. 1 Nr. 2 sind sie mit Blick auf eine einvernehmliche Regelung grundsätzlich vor der Entscheidung über die Inobhutnahme zu informieren, soweit hierdurch der wirksame Schutz des Kindes oder des Jugendlichen nicht in Frage gestellt wird (vgl. § 8a Abs. 1 S. 2).[7] Durch die Mitteilung soll den Eltern die Möglichkeit eines Widerspruchs eröffnet werden.[8] Widersprechen sie der Inobhutnahme, ist das Kind herauszugeben, sofern nach der Einschätzung des Jugendamts eine Gefährdung des Kindeswohls

---

4 Nach § 42 Abs. 6 SGB VIII kann diese sogar mithilfe unmittelbaren Zwangs durch die Polizei durchgesetzt werden.

5 *Volke*, in: MünchKomm BGB, 9. Aufl. 2024, § 1666 Rn. 28; *Trenczek*, Inobhutnahme, 4. Aufl. 2024, S. 286,

6 *Volke*, in: MünchKomm BGB, 9. Aufl. 2024, § 1666 Rn. 29.

7 *Trenczek/Beckmann*, in: Münder/Meysen/Trenczek, SGB VIII, 9. Aufl. 2019, § 42 Rn. 20.

8 *Dürbeck*, in: Wiesner/Wapler, 6. Aufl. 2022, § 42 SGB VIII Rn. 12.

nicht besteht oder die Eltern bereit und in der Lage sind, diese abzuwenden (Abs. 3 S. 2 Nr. 1) oder eine Entscheidung des Familiengerichts über die erforderlichen Maßnahmen zum Wohl des Kindes oder des Jugendlichen herbeizuführen (Abs. 3 S. 2 Nr. 1). Eine Inobhutnahme ist bei Widerspruch damit auf die Fälle beschränkt, in denen eine gerichtliche Entscheidung nicht rechtzeitig eingeholt werden kann.

Die Inobhutnahme soll nur vorübergehend sein, was sich zum einen aus der Überschrift des § 42 SGB VIII, „vorläufige Maßnahmen", sowie aus § 42 Abs. 1 S. 2, Abs. 3 S. 2 Nr. 2 und Abs. 3 S. 5 SGB VIII ergibt. Sie soll mithin möglichst schnell durch andere Hilfen abgelöst werden und nimmt damit eine Art „Clearing"-Funktion wahr, weil während ihrer Dauer andere Hilfen festgestellt und in Gang gebracht werden können.[9]

## II. Vorläufige Inobhutnahme von unbegleiteten ausländischen Kindern und Jugendlichen

Der regulären Inobhutnahme zeitlich vorgelagert ist für ausländische Kinder und Jugendliche die vorläufige Inobhutnahme nach § 42a SGB VIII, wenn deren unbegleitete Einreise nach Deutschland festgestellt wird. Zweck dieser Regelung ist ein umfassender Schutz der einreisenden Minderjährigen durch die Möglichkeit der Inobhutnahme zur Abklärung der möglichen Auswirkung eines Verteilungsverfahrens zu einem Zeitpunkt, zu dem die Tatbestandsvoraussetzungen des § 42 SGB VIII noch nicht geklärt sind.[10] Zudem soll eine einheitlichere Verteilung der Minderjährigen und die frühzeitige Bestellung eines Vormunds sichergestellt werden.[11] Die Regelung hinsichtlich der Sorgebefugnisse des Jugendamts während der vorläufigen Inobhutnahme, § 42a Abs. 3 SGB VIII entspricht im Wesentlichen der für die reguläre Inobhutnahme.[12] Hinsichtlich der Befugnis zur Unterbringung und zur Vornahme freiheitsentziehender Maßnahmen verweist § 42a Abs. 1 S. 2 SGB VIII auf diejenigen Regelungen zur regulären Inobhutnahme.

---

9 BT-Drucks. 11/5948, S. 79; *Kirchhoff*, in: juris-PK SGB VIII, 2. Aufl 2018, § 42 Rn. 28 f.

10 BT-Drucks. 18/5921, S. 23.

11 *Trenczek*, Inobhutnahme, 4. Aufl. 2024, S. 395 ff.

12 Dazu nachfolgend unter III.

## III. (Sorge-)Befugnisse des Jugendamts während der Inobhutnahme

Das Jugendamt hat gemäß § 42 Abs. 2 S. 3 SGB VIII während der Inobhutnahme für das Wohl des Kindes oder Jugendlichen zu sorgen. Es ist – unter angemessener Berücksichtigung des mutmaßlichen Willens der Personensorge- oder Erziehungsberechtigten[13] – zur Vornahme aller Rechtshandlungen berechtigt, die zum Wohl des Kindes erforderlich sind, Abs. 2 S. 4. Die Personensorge der Eltern bleibt allerdings bestehen, solange und soweit sie nicht vom Familiengericht entzogen wurde.[14] Im Rahmen einer Inobhutnahme übt das Jugendamt damit eine das elterliche Sorgerecht vorübergehend substituierende Notkompetenz[15] für Teilbereiche der Personensorge aus. Es geht dabei um solche Handlungen, die zur Wahrung des Kindeswohls notwendig sind, weil die Eltern aus tatsächlichen oder rechtlichen Gründen gehindert sind, derartige Entscheidungen zu treffen.[16] Hierzu gehört die Pflicht und das Recht zur Aufenthaltsbestimmung, der Beaufsichtigung und der Erziehung.[17]

## IV. Freiheitsentziehende Unterbringung und freiheitsentziehende Maßnahmen während der Inobhutnahme

Da das Jugendamt das Kind nach einer Inobhutnahme nicht selbst betreuen kann, hat es nach § 42 Abs. 1 S. 2 SGB VIII die Befugnis, das Kind bei einer geeigneten Person, in einer geeigneten Einrichtung oder in einer sonstigen Wohnform vorläufig unterzubringen.[18] Von dieser Befugnis wird und muss es auch in aller Regel Gebrauch machen, um einen angemessenen Schutz zu gewähren.[19] Die Unterbringung durch Inobhutnahme ist dabei etwa bei vorübergehender Situationsveränderung und anschließender (Wieder-)Aufnahme

---

13 *Trenczek/Beckmann*, in: Münder/Meysen/Trenczek, SGB VIII, 9. Aufl. 2022, § 42 Rn. 39.

14 *Tillmanns*, in: MünchKomm BGB, 9. Aufl. 2024, § 42 SGB VIII Rn. 15.

15 Vgl. *Czerner*, ZfJ 2000, 372, 373; *Ollmann*, FamRZ 2000, 261; *Dürbeck*, in: Wiesner/Wapler, 6. Aufl. 2022, § 42 SGB VIII Rn. 30: überlagert.

16 *Trenczek/Beckmann*, in: Münder/Meysen/Trenczek, SGB VIII, 9. Aufl. 2022, § 42 Rn. 39.

17 *Salgo*, in: Staudinger, 2020, § 1631 BGB Rn. 30.

18 Die Entscheidung zur Unterbringung ergeht in Form eines weiteren Verwaltungsaktes nach der Inobhutnahme, *Beermann*, FPR 2011, 535, 537; zum Ort der Unterbringung s. *Dürbeck*, in: Wiesner/Wapler, 6. Aufl. 2022, § 42 SGB VIII Rn. 23 f.

19 *Trenczek*, Inobhutnahme, 4. Aufl. 2024, S. 309 f., mit dem Hinweis auf die Möglichkeit einer atypischen Inobhutnahme im Haushalt der Eltern bei deren Abwesenheit.

im Haushalt eines Elternteils oder als Einstieg in einen Hilfeplanprozess im Sinne einer „Clearingfunktion" denkbar.[20]

Aus den sorgerechtlichen Befugnissen des Jugendamts während einer Inobhutnahme nach § 42 Abs. 2 S. 4 SGB VIII ergibt sich hingegen noch keine grundlegende Befugnis zur freiheitsentziehenden Unterbringung eines Kindes oder Jugendlichen.[21] Nach Abs. 5 S. 1 sind freiheitsentziehende Maßnahmen nur zulässig, wenn und soweit sie erforderlich sind, um eine Gefahr für Leib und Leben des Minderjährigen oder eines Dritten abzuwenden.[22]

Anders als in § 1631b Abs. 2 BGB wird von dem Begriff „freiheitsentziehende Maßnahmen" in § 42 Abs. 5 SGB VIII wohl – zumindest auch – eine geschlossene Unterbringung erfasst.[23] Damit liegt eine öffentlich-rechtliche freiheitsentziehende Unterbringung vor[24], die jedoch mit Ablauf des Tages nach ihrem Beginn zu beenden ist, § 42 Abs. 5 S. 2 SGB VIII. Eine anschließende freiheitsentziehende Unterbringung ist dann nur noch aufgrund einer Entscheidung der Eltern oder anderer Sorgeberechtigter, die nach § 1631b BGB zu genehmigen wäre, oder nach gerichtlicher Anordnung einer öffentlich-rechtlichen Unterbringung nach Landesgesetz möglich.[25] Stimmen die Eltern der Inobhutnahme und der Unterbringung zu, fällt ebenfalls § 42 Abs. 5 SGB VIII als Legitimation weg – diese ergibt sich dann aus der elterlichen Sorge und bedarf nach § 1631b BGB einer richterlichen Genehmigung.[26] § 42 Abs. 5 SGB VIII bietet daher nicht selbst eine Rechtsgrundlage für eine langfristige freiheitsentziehende Unterbringung.[27]

Fraglich ist, wie zu verfahren ist, wenn auch bis zum Ablauf des Tages nach Beginn der Maßnahme weder die elterliche Zustimmung noch eine

---

20 *Trenczek*, Inobhutnahme, 4. Aufl. 2024, S. 316 ff.

21 BT-Drucks. 11/5948, S. 80; *Trenczek*, Inobhutnahme, 4. Aufl. 2024, S. 309; *Hoffmann/Trenczek*, JAmt 2011, 177, 180; *dies.*, FamRZ 2013, 1346, 1350; *Beermann*, FPR 2011, 535, 537; *Dürbeck*, in: Wiesner/Wapler, 6. Aufl. 2022, § 42 SGB VIII Rn. 23b.

22 Zur Eingriffsschwelle: *Trenczek*, Inobhutnahme, 4. Aufl. 2024, S. 361 ff.

23 *Dürbeck*, in: Wiesner/Wapler, 6. Aufl. 2022, § 42 SGB VIII Rn. 56.

24 *Trenczek*, Inobhutnahme, 4. Aufl. 2024, S. 361, 367.

25 *Hoffmann/Trenczek*, JAmt 2011, 177, 180; *Dürbeck*, in: Wiesner/Wapler, 6. Aufl. 2022, § 42 SGB VIII Rn. 65.

26 *Beermann*, FPR 2011, 535, 537; *Dürbeck*, in: Wiesner/Wapler, 6. Aufl. 2022, § 42 SGB VIII Rn. 65.

27 DIJuF-Rechtsgutachten, JAmt 2018, 88, 90.

richterliche Genehmigung ergehen kann. Beruft man sich streng auf den Wortlaut, wäre eine freiheitsentziehende Unterbringung dann trotz bestehender Gefahr zu beenden.[28] Von anderer Seite soll im Einzelfall eine Güterabwägung möglich sein, da das Jugendamt nicht gezwungen werden soll, den Minderjährigen sehenden Auges einer Gefahr zu überlassen.[29] Verfassungsrechtlich unumgänglich ist dagegen die erste Lösung: Bei der Inobhutnahme tritt das Jugendamt dem Minderjährigen als öffentlich-rechtliche Gewalt entgegen und ist mithin seinen Grundrechten unmittelbar verpflichtet. Von dem verfassungsrechtlichen Grundsatz des Art. 104 Abs. 2 S. 1 GG, wonach eine Freiheitsentziehung nur nach richterlicher Genehmigung zulässig ist, sind nur in ganz engem Rahmen Ausnahmen zulässig. Nur polizeilicher Gewahrsam (Abs. 2 S. 3) sowie die Festnahme wegen Verdachts einer strafbaren Handlung (Abs. 3) sind ohne richterliche Genehmigung nur bis zum Ablauf des auf den Beginn der Freiheitsentziehung folgenden Tages zulässig. Hieran orientiert sich § 42 Abs. 5 S. 2 SGB VIII. Dass gegen den eindeutigen Wortlaut des einfachen Rechts von diesem verfassungsrechtlichen Grundsatz abgewichen werden soll,[30] erscheint unbillig, solange dies nur darauf beruht, dass eine richterliche Entscheidung über die Freiheitsentziehung, die Entziehung oder das Ruhen der Sorge und die Bestellung eines Vormunds oder Pflegers, auch im Wege einer einstweiligen Anordnung, nicht rechtzeitig eingeholt wird.[31] Zum Schutz des Minderjährigen ist organisatorisch sicherzustellen, dass eine entsprechende Entscheidung rechtzeitig beigebracht wird. Ist dies nicht möglich – was der absolute Ausnahmefall sein muss – kann sich das Jugendamt allenfalls auf die Nothilfebestimmungen (§§ 32, 34 StGB) berufen, wenn es das Kind nicht durch Aufhebung der Freiheitsentziehung in eine potentiell lebensgefährdende Situation bringen will, um eine Strafbarkeit wegen einer Freiheitsberaubung (§ 239 StGB) auszuschließen.[32] Der Verweis auf die Möglichkeit, eine neue Inobhutnahme vorzunehmen,[33] trägt

---

[28] *Trenczek*, Inobhutnahme, 4. Aufl. 2024, S. 370.

[29] *Beermann*, FPR 2011, 535, 537.

[30] Auch der Gesetzgeber hatte dieses Problem gesehen und sich für eine Einschränkung entschieden, BT-Drucks. 11/5948, S. 80.

[31] Ebenso *Trenczek/Beckmann*, in: Münder/Meysen/Trenczek, SGB VIII, 9. Aufl. 2022, § 42 Rn. 64.

[32] *Trenczek/Beckmann*, in: Münder/Meysen/Trenczek, SGB VIII, 9. Aufl. 2022, § 42 Rn. 64.

[33] *Trenczek*, Inobhutnahme, 4. Aufl. 2024, S. 370.

insofern nicht, da nach Ablauf der zeitlichen Grenze nur die Unterbringung, nicht aber die Inobhutnahme selbst beendet wird und daher für eine weitere Inobhutnahme kein Raum besteht.

Grundsätzlich ist eine geschlossene Unterbringung während der Inobhutnahme damit möglich. Die Gründe für die freiheitsentziehende Unterbringung müssen dabei nicht unbedingt mit denen für die Inobhutnahme übereinstimmen, die in der Regel in einer Fehlentwicklung im Elternhaus begründet ist. Bei Selbstmeldern ist eine freiheitsentziehende Unterbringung ebenfalls möglich,[34] wird aber wohl nur selten erforderlich sein, da aufgrund ihres Wunschs bzw. ihrer Bereitschaft zur Veränderung auch eine offene Unterbringung zur Betreuung ausreichen wird. Bei Fremdmeldern muss wiederum differenziert werden zwischen den Minderjährigen, die sich auf die angestrebten Maßnahmen einlassen, und bei denen es keine Indikation für eine geschlossene Unterbringung gibt und solchen, bei denen eine geschlossene Unterbringung aufgrund ihrer gefährdenden Verhaltensweisen indiziert ist. Die sich für das Jugendamt ergebende Befugnis zur Vornahme freiheitsentziehender Maßnahmen wird dagegen nicht für freie Träger angenommen, denen die Jugendhilfe nach § 76 SGB VIII die Durchführung der Inobhutnahme stellvertretend für das Jugendamt übertragen hat, da § 42 Abs. 5 SGB VIII ausschließlich eine hoheitliche Eingriffsbefugnis anordnet.[35]

Die Frage, ob diese Befugnis auch freiheitsentziehende Maßnahmen im Sinne des § 1631b Abs. 2 BGB umfasst, war vor Schaffung dieser Norm umstritten: Aufgrund der Gleichsetzung „freiheitsentziehender Maßnahmen" nach § 42 Abs. 5 SGB VIII und der freiheitsentziehenden Unterbringung nach § 1631b BGB, die keine „unterbringungsähnlichen Maßnahmen" einschließt, wurden diese von § 42 Abs. 5 SGB VIII nicht erfasst.[36] Auch der Gesetzgeber selbst spricht ausdrücklich nur von einer geschlossenen Unterbringung.[37] Abgesehen davon, dass „unterbringungsähnliche Maßnahmen" immer schon

---

[34] S. dazu *Dürbeck*, in: Wiesner/Wapler, 6. Aufl. 2022, § 42 SGB VIII Rn. 55.

[35] *Beermann*, FPR 2011, 535 Fn. 38.

[36] *Dürbeck*, in: Wiesner/Wapler, 6. Aufl. 2022, § 42 SGB VIII Rn. 56; vertritt man hingegen nach alter Rechtslage eine Einbeziehung der freiheitsentziehenden Maßnahmen i. S. d. § 1631b Abs. 2 BGB in den Begriff der Unterbringung, die mit Freiheitsentziehung verbunden ist, müssten diese Maßnahmen auch damals schon in den § 42 Abs. 5 SGB VIII einzubeziehen sein, *Beermann*, FPR 2011, 535, 537.

[37] BT-Drucks. 11/5948, S. 80.

„freiheitsentziehende Maßnahmen" waren, muss seit der Einführung des § 1631b Abs. 2 BGB erst recht von einem Gleichlauf ausgegangen werden, sodass das Jugendamt nach § 42 Abs. 5 SGB VIII unter den dortigen Voraussetzungen auch grundsätzlich freiheitsentziehende Maßnahmen im Sinne des § 1631b Abs. 2 BGB genehmigen bzw. anordnen kann.[38] Da das Jugendamt den Minderjährigen nicht selbst betreut, werden entsprechende Maßnahmen von einer Pflegeperson durchgeführt, der Teile der dem Jugendamt kraft Gesetzes zustehenden Kompetenzen zwangsläufig übertragen werden müssen, um eine verantwortliche Wahrnehmung der Pflegeaufgaben zu ermöglichen. In zeitlicher Hinsicht muss in Anbetracht der eindeutigen einfachgesetzlichen Formulierung und verfassungsrechtlichen Grundlage das zu der freiheitsentziehenden Unterbringung Gesagte ebenso gelten.

## V. Verfassungsrechtliche Legitimation

### 1. Eingriff in die Elternautonomie

Die Vorschriften zur Inobhutnahme stellen eine Ausübung des staatlichen Wächteramts dar.[39] Gleichzeitig sind die Regelungen Ausdruck der den Kinderschutz betonenden Normen der UN-KRK, mit der sie im Einklang stehen.[40] Sie gestatten einen Eingriff in die Elternautonomie[41], fordern diesen aber auch gleichzeitig.[42] Das Recht und die Pflicht des Staates, das Kind in Obhut zu nehmen, tritt dann ein, wenn die Eltern nicht in der Lage sind, ihre Elternverantwortung hinreichend wahrzunehmen. Der Vorrang der Eltern wird vor allem durch das Erfordernis der umgehenden Mitteilung und die Möglichkeit zum Widerspruch gewahrt. Um einen tatsächlichen Gleichlauf mit dem sonstigen Kinderschutzregime von GG, BGB und SGB VIII zu erreichen, sind allerdings zwei Prämissen einzuhalten.

Zum einen dürfen an den Widerspruch der Eltern keine allzu großen Anforderungen gestellt werden. Vielmehr muss schon ausreichen, dass das

---

38 Ebenso *Kirchhoff*, in: juris-PK SGB VIII, 2. Aufl 2018, § 42 Rn. 223.

39 *Tillmanns*, in: MünchKomm BGB, 9. Aufl. 2024, § 42 SGB VIII Rn. 1; *Coester*, FamRZ 1991, 253, 259.

40 *Schmahl*, KRK, 2. Aufl. 2017, Art. 20/21 KRK, Rn. 29, Art. 25 KRK, Rn. 6; kritisch bzgl. der praktischen Umsetzung: *Rüting*, FPR 2012, 382 ff.

41 BGHZ 166, 268, 273.

42 *Tillmanns*, in: MünchKomm BGB, 9. Aufl. 2024, § 42 SGB VIII Rn. 1.

Verhalten der Eltern nicht erkennen lässt, dass sie mit der Betreuung des Kindes durch das Jugendamt einverstanden sind.[43] Denn als Maßnahme des Wächteramts kann die Inobhutnahme nur bei der Aussicht auf eine gerichtliche Entscheidung oder im Einverständnis mit den Eltern bestehen bleiben. Aus der Ausgestaltung der Inobhutnahme als vorübergehende Krisenintervention ergibt sich, dass die Eltern das Kind entweder wieder im Elternhaus aufnehmen oder für eine anderweitige Unterbringung des Kindes sorgen müssen und damit auch die entsprechenden Regelungen mit der Betreuungsperson zu treffen haben. Stellen sie – auch mit Unterstützung des Jugendamts – eine Betreuung des Kindes nicht sicher, ist spätestens hierin eine Kindeswohlgefährdung zu sehen. Auch eine völlige Gleichgültigkeit der Eltern oder eine unterbliebene Reaktion auf die Mitteilung der Inobhutnahme legt die Annahme nahe, dass die Eltern ihre Elternverantwortung nicht mehr wahrnehmen wollen oder können.

Weiterhin ist die Gleichsetzung der Formulierung § 42 Abs. 1 Nr. 2b SGB VIII mit der Annahme einer Kindeswohlgefährdung nach § 1666 BGB unumgänglich. Diese muss zwar noch nicht abschließend festgestellt sein, die Situation muss sich dem Jugendamt allerdings in dieser Wiese darstellen. Im Falle einer Kindeswohlgefährdung werden die Rechte der Eltern über die Einbeziehung nach § 42 Abs. 3 SGB VIII hinaus zudem dadurch gewahrt, dass ihr mutmaßlicher Wille angemessen zu berücksichtigen ist, § 42 Abs. 2 S. 4 SGB VIII.[44]

Bittet das Kind als Selbstmelder um seine Inobhutnahme muss das Jugendamt darüber hinaus zur Wahrung der Voraussetzungen eines wächteramtlichen Eingriffs den Verhältnismäßigkeitsgrundsatz beachten. Die Verhältnismäßigkeitsprüfung wird hingegen nur in den seltensten Fällen negativ ausfallen, wenn die Gefährdung des Selbstmelders durch eine sofortige andere, mildere Maßnahme behoben werden kann.[45]

---

43 Ähnlich: OLG Frankfurt, NJOZ 2012, 1627, 1630 f.; *Tillmanns*, in: MünchKomm BGB, 9. Aufl. 2024, § 42 SGB VIII Rn. 6.

44 *Kirchhoff*, in: juris-PK SGB VIII, 2. Aufl 2018, § 42 Rn. 30.

45 *Kirchhoff*, in: juris-PK SGB VIII, 2. Aufl 2018, § 42 Rn. 69.

## 2. Eingriff in die Freiheitsrechte des Kindes

Die Inobhutnahme und insbesondere die nachfolgende freiheitsentziehende Unterbringung oder die Durchführung freiheitsentziehender Maßnahmen kann darüber hinaus einen Eingriff in die verfassungsrechtlichen Freiheitsrechte des Kindes nach Art. 2 Abs. 2 S. 2, 104 GG darstellen, der einer entsprechenden Rechtfertigung und der Einhaltung der dargestellten Garantien bedarf. Ein solcher Rechtseingriff kann nicht schon deshalb ausgeschlossen werden, weil das Kind als Selbstmelder an das Jugendamt herantritt.[46] Ein entsprechender Eingriff ist gerechtfertigt, wenn er verhältnismäßig ist und den weiteren Garantien des Art. 104 GG entsprochen wird.

Ein legitimer Grund für die Freiheitsentziehung liegt in der Wahrnehmung der dem Staat obliegenden Schutzpflicht für „Leib und Leben" des Kindes oder eines Dritten. Nur wenn eines dieser Rechtsgüter gefährdet ist, darf nach § 42 Abs. 5 S. 1 SGB VIII ein Freiheitseingriff vorgenommen werden. Der Verhältnismäßigkeitsgrundsatz erlangt dadurch Ausdruck, dass ein Eingriff nur zulässig ist, „wenn und soweit" dies zur Abwendung der genannten Gefahren erforderlich ist. Der mit einer freiheitsentziehenden Unterbringung oder Maßnahme nach Inobhutnahme verbundene Freiheitseingriff ist mithin gerechtfertigt.

Auch die Garantien des Art. 104 GG werden eingehalten: § 42 Abs. 5 SGB VIII stellt ein förmliches Gesetz im Sinne des Art. 104 Abs. 1 S. 1 GG dar. Die Ausgestaltung als Krisenintervention ergibt, dass es bei der Inobhutnahme gerade nicht vor der Freiheitsentziehung möglich ist, eine gerichtliche Genehmigung einzuholen – die Notwendigkeit einer dann aufgrund von Art. 104 Abs. 2 S. 2 GG erforderlichen unverzüglichen Herbeiführung einer richterlichen Entscheidung wird mit dem § 42 Abs. 5 S. 2 SGB VIII erfüllt: wenn ohne gerichtliche Entscheidung die Freiheitsentziehung spätestens mit Ablauf des Tages nach ihrem Beginn beendet werden muss, ist umgehend nach Beginn das Familiengericht anzurufen.[47]

---

46 Wohl missverständlich: *Kirchhoff*, in: juris-PK SGB VIII, 2. Aufl 2018, § 42 Rn. 69: kein Eingriff in die Rechte des Kindes bei Selbstmeldern

47 *Dürbeck*, in: Wiesner/Wapler, 6. Aufl. 2022, § 42 SGB VIII Rn. 63 f.

## B. Freiheitsentziehende Unterbringung aufgrund der Eilkompetenz des Gerichts, §§ 1867 i. V. m. § 1802 Abs. 2, 1693 BGB

Ebenfalls eine Ausübung des staatlichen Wächteramts im Sinne einer subsidiären staatlichen Mitverantwortung für Kinder stellt die Vorschrift des § 1693 BGB dar.[48] Sie bestimmt eine gerichtliche Notzuständigkeit zur Abwehr von Kindeswohlgefährdungen, die dadurch entstehen, dass Eltern an der Ausübung der Sorge vorübergehend gehindert sind.[49] Mit der entsprechenden Entscheidung des Gerichts wird das elterliche Sorgerecht nicht eingeschränkt, sondern nur dort ergänzt, wo die Eltern gerade keine Entscheidung treffen können.[50] Das Gericht übt damit Sorgeverantwortung im Wege einer Eilentscheidung aus.[51] Einschlägig ist die Vorschrift nur dann, wenn beide sorgeberechtigten Eltern ersatzlos ausfallen, also auch nicht etwa Vollmachten zur Ausübung der Sorgeverantwortung erteilt haben.[52] Für die Verhinderung des Vormunds findet sich die Parallelvorschrift in § 1867 BGB, auf den § 1802 Abs. 2 S. 3 BGB verweist. Der häufigste Anwendungsfall sollen unbegleitet eingereiste ausländische Minderjährige sein, für die Maßnahmen auch vor Beendigung des Clearing-Verfahrens und vor der Entscheidung über endgültige Schritte erforderlich sind.[53] Abzugrenzen ist die Vorschrift vor allem von § 1674 Abs. 1 BGB, der eine eingehendere Feststellung der das Ruhen begründenden Umstände erfordert, die darin liegen, dass das Elternteil seine Sorge auf längere Zeit nicht ausüben kann. Besteht keine Sorgeberechtigung anderer Personen ist ein Vormund oder ein Pfleger zu bestellen.[54] Die Vorschrift

---

48 *Volke*, in: MünchKomm BGB, 9. Aufl. 2024, § 1693 Rn. 1; *Coester*, in: Staudinger, 2023, § 1693 BGB Rn. 1; *Poncelet*, in: jurisPK-BGB, 8. Aufl. 2017, § 1693 Rn. 2.

49 *Harms/Bisping*, in: Kaiser/Schnitzler/Schilling/Sanders, 4. Aufl. 2021, § 1693 Rn. 1; *Volke*, in: MünchKomm BGB, 9. Aufl. 2024, § 1693 Rn. 1.

50 OLGR Zweibrücken 2002, 180; *Volke*, in: MünchKomm BGB, 9. Aufl. 2024, § 1693 Rn. 1; *Poncelet*, in: jurisPK-BGB, 8. Aufl. 2017, § 1693 Rn. 2.

51 *Probst*, Betreuungs- und Unterbringungsverfahren, 2. Aufl. 2010, Rn. 167 (S. 332).

52 *Tillmanns*, in: BeckOGK-BGB, Stand: 15. April 2025, § 1693 Rn. 7; *Volke*, in: MünchKomm BGB, 9. Aufl. 2024, § 1693 Rn. 3; *Coester*, in: Staudinger, 2023, § 1693 BGB Rn. 3.

53 *Bussian*, in: Heilmann, Praxiskommentar Kindschaftsrecht, 3. Aufl. 2025, § 1693 BGB Rn. 1.

54 *Veit/Schmidt*, in: BeckOK-BGB, 76. Edition, Stand: 1. November 2025, § 1674 Rn. 17.

ermächtigt hingegen nicht das Gericht, Entscheidungen anstelle der Eltern zu treffen. Stellt das Gericht das Ruhen der elterlichen Sorge fest, besteht kein Raum mehr für Entscheidungen nach § 1693 BGB.[55] Sind die Eltern verhindert und eine entsprechende Entscheidung noch nicht getroffen, kommt eine Entscheidung nach § 1693 BGB in Betracht. Im Vergleich mit der Inobhutnahme liegt der Unterschied im Anknüpfungspunkt der Regelungen. Bei einer Übernahme der Notkompetenz handelt es sich zunächst nicht notwendigerweise um das Eintreten des Staates in einer Krisensituation. Die Inobhutnahme stellt darüber hinaus eine zwar nur kurzfristige, doch aber umfassende Übernahme der Betreuung bzw. der Gestaltung der Betreuung des Kindes dar. Auch bei erfolgter Inobhutnahme besteht kein Raum mehr für die Anwendung des § 1693 BGB – die Vornahme der notwendigen Maßnahmen richtet sich dann nach den dortigen Vorgaben. Die Notbefugnis nach § 1693 BGB dient dagegen nur als Auffangtatbestand, um Entscheidungslücken zu schließen.[56] Die Notwendigkeit der Einordnung als Ausnahmevorschrift, die zudem eng auszulegen sein soll, ergibt sich aus der mit der Regelung erfolgten Überschreitung der klassischen Funktionsteilung zwischen Judikative und Exekutive.[57] Anders als es beim Eintreten des Gerichts im Rahmen des Wächteramts üblich ist, übt dies hier keine organisierende, entscheidende und kontrollierende Funktion aus, sondern nimmt unmittelbar die laufende Sorge wahr.[58]

Hinsichtlich der zu treffenden Maßnahmen bleibt die Norm selbst unbestimmt: das Gericht hat die im Interesse des Kindes erforderlichen Maßregeln zu treffen. Hierunter sollen grundsätzlich alle dem Vormund oder den Eltern zukommenden Befugnisse fallen, die getroffenen Maßnahmen müssen allerdings der einstweiligen Erledigung eines unaufschiebbaren Regelungsbedürfnisses dienen.[59] Es muss sich damit um Fälle handeln, in denen nicht gewartet werden kann, bis die Eltern wieder sorgerechtsfähig sind oder eine

---

55 *Tillmanns*, in: BeckOGK-BGB, Stand: 15. April 2025, § 1693 Rn. 10.
56 *Harms/Bisping*, in: Kaiser/Schnitzler/Schilling/Sanders, 4. Aufl. 2021, § 1693 Rn. 1.
57 *Coester*, in: Staudinger, 2023, § 1693 BGB Rn. 1, 3 f.
58 *Gernhuber/Coester-Waltjen*, Familienrecht, 7. Aufl. 2020, § 51 Rn. 4 f.
59 *Harms/Bisping*, in: Kaiser/Schnitzler/Schilling/Sanders, 4. Aufl. 2021, § 1693 Rn. 4.

Entscheidung etwa nach § 1674 oder 1666 BGB getroffen worden ist.[60] Strittig ist diesbezüglich, ob eine gerichtliche Entscheidung nur auf eine Übergangsregelung zur Überbrückung der elterlichen Verhinderung beschränkt ist[61], oder ob zumindest für den Fall, dass sich die Sache nicht einstweilig regeln lässt, auch eine vollständige Regelung möglich ist.[62]

Zulässig ist vor allem die Bestellung eines Ergänzungspflegers für die Bereiche oder die Zeit, in denen die Eltern ausfallen.[63] Ebenfalls zulässig soll darüber hinaus eine vorübergehende Unterbringung sein,[64] die auch mit einer Freiheitsentziehung verbunden sein kann.[65] Dies leuchtet zunächst ein, da die eine freiheitsentziehende Unterbringung erfordernden Konfliktlagen häufig solche sein werden, deren Behebung zum Schutz des Kindes unbedingt notwendig sind. Diese Schlussfolgerung ist hingegen verfassungsrechtlich bedenklich, da sie eine Freiheitsentziehung durch das Gericht als Grundrechtsverpflichteten erlaubt, ohne dass hierfür eine klar definierte Ermächtigungsgrundlage unter Einhaltung des Zitiergebots[66] vorhanden ist. Das Gericht hat vielmehr, sollte es eine Freiheitsentziehung für notwendig halten, einen Ergänzungspfleger zu bestellen, der diese unter den Voraussetzungen des § 1631b BGB vornehmen kann, oder ein Vorgehen aufgrund landesrechtlicher Regelungen anzuregen.

---

60 *Coester*, in: Staudinger, 2023, § 1693 BGB Rn. 1, 4.

61 So *Volke*, in: MünchKomm BGB, 9. Aufl. 2024, § 1693 Rn. 6; *Döll*, in: Erman, 17. Aufl. 2023, § 1693 BGB Rn. 3.

62 So *Coester*, in: Staudinger, 2023, § 1693 BGB Rn. 6.

63 OLG Hamm, FamRZ 2001, 717 f.

64 *Harms/Bisping*, in: Kaiser/Schnitzler/Schilling/Sanders, 4. Aufl. 2021, § 1693 Rn. 4; *Volke*, in: MünchKomm BGB, 9. Aufl. 2024, § 1693 Rn. 6; *Döll*, in: Erman, 17. Aufl. 2023, § 1693 BGB Rn. 3; *Bohnert*, Unterbringungsrecht, 2000, S. 68; *Götz*, in: Grüneberg, 85. Aufl. 2026, § 1693 BGB Rn. 2.

65 *Beermann*, FPR 2011, 535; DIJuF-Rechtsgutachten, JAmt 2018, 88, 90; auf §§ 1693, 1631b BGB berief sich auch das AG in der Vorinstanz zu BGH, FamRZ 2007, 1627; zu der Frage, ob die Parallelvorschrift § 1846 BGB zur freiheitsentziehenden Unterbringung eines unter Vormundschaft stehenden Erwachsenen ermächtigt: *Wiegand*, FamRZ 1991, 1022.

66 Für die Inobhutnahme vgl. § 106 SGB VIII.

## C. Freiheitsentziehende Unterbringung und freiheitsentziehende Maßnahmen aufgrund landesrechtlicher Regelungen für psychisch Kranke

### I. Allgemeines

Für Minderjährige wie für Volljährige gleichermaßen haben die Bundesländer landesrechtliche Regelungen zur Behandlung bzw. Unterbringung psychisch Kranker erlassen, die unter anderem eine öffentlich-rechtliche Möglichkeit der Unterbringung bieten.[67] Während die Gesetze früher überwiegend schon

---

[67] Baden-Württemberg: Gesetz über Hilfen und Schutzmaßnahmen bei psychischen Krankheiten v. 25. November 2014 (GBl. S. 534) zul. geänd. durch G. v. 21. Dezember 2022 (GBl. S. 673) (PsychKHG B-W); Bayern: Bayerisches Psychisch-Kranken-Hilfe-Gesetz v. 24. Juli 2018 (GVBl. S. 583) zul. geänd. durch G. v. 23. Dezember 2022 (GVBl. S. 718) (PsychKHG Bay); Berlin: Gesetz über Hilfen und Schutzmaßnahmen bei psychischen Krankheiten v. 17. Juni 2016 (GVBl. S. 336), zul. Geänd. durch G. v. 10. Juli 2025 (GVBl. S. 270) (PsychKG Berl); Brandenburg: Gesetz über Hilfen und Schutzmaßnahmen sowie über den Vollzug gerichtlich angeordneter Unterbringung für psychisch Kranke und seelisch behinderte Menschen im Land Brandenburg v. 05. Mai 2009 (GVBl. S. 134) zul. geänd. durch G. v. 19. Juni 2019 (GVBl. Nr. 43, S. 28) (PsychKG Bbg); Bremen: Bremisches Gesetz über Hilfen und Schutzmaßnahmen bei psychischen Krankheiten v. 17. Dezember 2022 (GBl. S. 901) (BremPsychKG); Hamburg: Hamburgisches Gesetz über Hilfen und Schutzmaßnahmen bei psychischen Krankheiten v. 27. September 1995 (GVBl. S. 235), zul. geänd. durch G. v. 17. Dezember 2018 (GVBl. 2019, S. 5) (PsychKG Hmb); Hessen: Hessisches Gesetz über Hilfen bei psychischen Krankheiten v. 04. Mai 2017 (GVBl. S. 66) zul. geänd. durch G. v. 15. Dezember 2021 (GVBl. S. 912) (PsychKHG Hess); Mecklenburg-Vorpommern: Gesetz über Hilfen und Schutzmaßnahmen für Menschen mit psychischen Krankheiten v. 14. Juli 2016 (GVBl. S. 593), zul. geänd. d. G. v. 09. Dezember 2022 (GVBl. S. 587) (PsychKG M-V); Niedersachsen: Niedersächsisches Gesetz über Hilfen und Schutzmaßnahmen für psychisch Kranke v. 16. Juni 1997 (GVBl. S. 272), zul. geänd. d. G. v. 15. Mai 2024 (GVBl. S. 36) (PsychKG Nds); Nordrhein-Westfalen: Gesetz über Hilfen und Schutzmaßnahmen bei psychischen Krankheiten v. 17. Dezember 1999 (GVBl. S. 662), zul. geänd. d. G. v. 10. Juni 2025 (GV. NRW S. 530) (PsychKG NRW); Rheinland-Pfalz: Landesgesetz über Hilfen bei psychischen Erkrankungen v. 15. Oktober 2020 (GVBl. S. 556) (PsychKHG Rh-Pf); Saarland: Gesetz Nr. 2069 über Hilfen bei psychischen Erkrankungen v. 16. März 2022 (ABl. S. 615) (PsychKHG Saar); Sachsen: Sächsisches Gesetz über Hilfen und Schutzmaßnahmen bei psychischen Erkrankungen v. 22. Juli 2024 (GVBl. S. 673) (PsychKG Sachs); Sachsen-Anhalt: Gesetz über Hilfen und Schutzmaßnahmen für Personen mit einer psychischen Erkrankung des Landes Sachsen-Anhalt v. 14. Oktober 2020 (GVBl. S. 570) (PsychKG S-A); Schleswig-Holstein: Gesetz zur Hilfe und Unterbringung von Menschen mit Hilfebedarf infolge psychischer

den Überschriften nach reine „Unterbringungsgesetze“ waren, haben die Länder inzwischen schon begrifflich umfassendere Gesetze über Hilfen und Schutzmaßnahmen für Menschen mit psychischen Krankheiten/Erkrankungen bzw. psychischen Störungen erlassen. Vor allem früher wurde die Einordnung der Landesgesetze in einen polizeirechtlichen oder einen fürsorgerechtlichen Zusammenhang diskutiert.[68] Ein modernes Verständnis der Gesetze als Teil eines Gesundheitsstrukturrechts versperrt sich dagegen der einen wie der anderen Zuordnung.[69] Alle Landesgesetze sehen bei Vorliegen einer psychischen Krankheit nicht nur eine Unterbringung vor, die (auch) dem Zweck des Allgemeinschutzes dienen kann, sondern auch andere, vorrangige Hilfen sowie der Unterbringung nachgehende Hilfen zur Wiedereingliederung, die auf Freiwilligkeit basieren.[70] Zumindest diese Hilfen sind Ausdruck des Fürsorgegesichtspunktes[71] und unterstreichen gleichsam den Versuch der Gesetzgeber, eine bedarfsorientierte Versorgungslage zu schaffen.[72] So sind Zweck bzw. Ziel der Unterbringung nach den Landesgesetzen auf der einen Seite die Verhinderung bzw. Abwendung einer Gefahr und andererseits die

Störungen v. 11. Dezember 2020 (GVBl. S. 1035, ber. GVBL 2021, S. 310) (PsychHG Schl-H); Thüringen: Thüringer Gesetz zur Hilfe und Unterbringung psychisch kranker Menschen, Neubek. v. 5. Februar 2009 (GVBl. S. 10), zul. geänd. d. G. v. 5. Oktober 2022 (GVBl. S. 416) (PsychKG Thür).

68 Für die Einordnung in einen polizeirechtlichen Zusammenhang: *Baumann*, Unterbringungsrecht, 1966, S. 23; *Kullmann*, NJW 1967, 287; für eine vorrangig fürsorgerechtliche Einordnung: *Göppinger*, FamRZ 1980, 856 f.; *Stolz*, R&P 1984, 54 ff.; *Deinert*, Das Recht der psychisch Kranken, 2. Aufl. 2006, S. 3 („Heutzutage steht [...] der fürsorgerische Gedanke im Vordergrund“); zum Nebeneinander beider Aspekte: *Bergener*, Die zwangsweise Unterbringung psychisch Kranker, 1986, S. 5 ff.

69 *Marschner*, in: Marschner/Lesting/Stahmann, Freiheitsentziehung und Unterbringung, 7. Aufl. 2024, Kap. A Rn. 8 ff., 45 f., Kap. B Rn. 5 ff., 15 f.; anders: *Beermann*, FPR 2011, 535, 537: zum Zweck der Gefahrenabwehr.

70 §§ 3 ff. PsychKHG B-W, Art. 1 ff PsychKHG Bay; §§ 3 ff. PsychKG Berl, §§ 3 ff. PsychKG Bbg, §§ 3 ff. BremPsychKG, §§ 2 ff. PsychKG Hmb, §§ 3 ff. PsychKHG Hess, §§ 3 ff. PsychKG M-V, §§ 4 ff. PsychKG Nds, §§ 3 ff. PsychKG NRW, §§ 3 ff. PsychKHG Rh-Pf, §§ 3 ff. PsychKHG Saar; §§ 7 ff. PsychKG Sachs, §§ 3 ff., 39 PsychKG S-A, §§ 4 ff PsychHG Schl-H, §§ 3 ff. PsychKG Thür.

71 Eine entsprechende Differenzierung wird vorgenommen bei *Bergener*, Die zwangsweise Unterbringung psychisch Kranker, 1986, S. 16.

72 *Marschner*, in: Marschner/Lesting/Stahmann, Freiheitsentziehung und Unterbringung, 6. Aufl. 2019, Kap. B Rn. 25; ausdrücklich betont in § 4 PsychKHG B-W.

Rehabilitation durch die Behandlung nach dem entsprechenden Gesetz, die den Betroffenen heilen, seinen Zustand stabilisieren und ihm wieder ein eigenverantwortliches Leben ermöglichen soll[73] – mithin sind beide Zwecke in den Landesgesetzen verankert. Dieser Anwendungsbereich soll damit zumeist Akutfälle betreffen, also Personen, die eine plötzlich auftretende Gefährdungshaltung an den Tag legen, etwa durch einen Selbsttötungsversuch oder Auto- oder Fremdaggressivität.[74]

In einigen Gesetzen wird darüber hinaus der Vollzug der freiheitsentziehenden Maßregeln nach §§ 63, 64 StGB und § 7 JGG, der einstweiligen Unterbringung nach § 126a StPO sowie der Sicherungsunterbringung nach § 463 i. V. m. § 453c StPO geregelt[75], in anderen werden diese vom Anwendungsbereich ausdrücklich ausgenommen.[76] In Anbetracht der Thematik finden die insofern speziellen Regelungen keine Berücksichtigung in der folgenden Darstellung.

## II. Voraussetzungen und Anwendungsfälle der Unterbringung

### 1. Vorliegen einer psychischen Krankheit

Voraussetzung für eine Unterbringung nach den Landesgesetzen ist weitgehend übereinstimmend zunächst eine psychische Krankheit bzw. Erkrankung.[77] Überwiegend wird als eine solche auch eine Abhängigkeitserkrankung definiert.[78] Teilweise werden die Regelungen darüber hinaus

---

73 Art. 6 Abs. 1 PsychKHG Bay; § 16 S. 1 PsychKG Berl; § 9 PsychKG Bbg; § 3 BremPsychKG; § 11 PsychKG M-V; § 10 Abs. 1 PsychKG NRW; § 12 PsychKHG Rh-Pf; § 3 Abs. 1 PsychKHG Saar; § 1 Abs. 1 Nr. 1 PsychKG S-A; § 7 Abs. 4 PsychKG Thür.

74 *Dodegge/Zimmermann*, PsychKG NRW, 4. Aufl. 2018, Teil A Rn. 3; *Lipp/Güttler*, BtPrax 2017, 94.

75 § 1 Abs. 1 Nr. 3 PsychKG Bbg; § 46 ff. BremPsychKG, § 1 Nr. 3 PsychKG Sachs; § 1 Nr. 3 PsychKHG B-W: nach § 61 Nr. 1 und 2 StGB angeordnete Unterbringung.

76 § 1 Abs. 3 PsychKG NRW; § 1 Abs. 1 Nr. 1 PsychKG Hmb; § 17 Abs. 2 PsychKG S-A.

77 § 1 Nr. 1, 2 PsychKHG B-W; Art. 5 Abs. 1 S. 1 PsychKHG Bay; § 1 Abs. 1 Nr. 2, Abs. 2 Nr. 1 PsychKG Berl, § 1 Abs. 1 Nr. 2 PsychKG Bbg; § 1 Nr. 2 BremPsychKG; § 1 Abs. 1 Nr. 3, Abs. 2 S. 1 PsychKG Hmb; § 1 PsychKHG Hess; § 1 Abs. 1 Nr. 3a, Abs. 2 PsychKG M-V; § 1 Nr. 1, 2 PsychKG Nds.; § 1 Abs. 1 Nr. 3 PsychKG NRW; § 1 Abs. 1 PsychKHG Rh-Pf; § 1 PsychKHG Saar; § 18 Abs. 1 PsychKG Sachs, § 1 Abs. 1 PsychKG S-A, § 1 Abs. 1, 2 Nr. 1 PsychKG Thür.

78 § 1 Abs. 2 Nr. 1 PsychKG Berl; § 1 Abs. 2 PsychKG Bbg; § 1 Abs. 1 Nr. 3, Abs. 2 S. 1 PsychKG Hmb; § 1 Abs. 1 Nr. 3a, Abs. 2 PsychKG M-V; § 1 Abs. 2 PsychKG NRW; § 1

bei einer in den Auswirkungen der psychischen Krankheit vergleichbaren psychischen Störung[79] oder einer seelischen oder geistigen Behinderung[80] für anwendbar erklärt, oder wenn die Folgen einer psychischen Krankheit fortbestehen.[81] Die psychische Störung wird teilweise als vordergründiger[82], verursachender[83] oder gleichwertiger Unterbringungsgrund genannt. Wird die psychische Störung als hauptsächlicher Unterbringungsgrund genannt, liegt das daran, dass dieser aus der medizinischen Terminologie entlehnte Begriff als Oberbegriff verstanden wird und sowohl die psychische Krankheit als auch Abhängigkeitsstörungen erfasst[84] oder die psychische Störung als

---

Abs. 2 PsychKHG Rh-Pf, § 3 Abs. 1 S. 1 Nr. 1 PsychKG Sachs; § 1 Abs. 2 Nr. 3 PsychKG S-A, § 1 Abs. 1, 2 PsychKG Thür.

79 § 1 Abs. 1 Nr. 2, Abs. 2 Nr. 2 PsychKG Berl; § 1 Abs. 2 PsychKG Bbg; § 1 Abs. 1 Nr. 3, Abs. 2 S. 1 PsychKG Hmb; § 1 Abs. 1 Nr. 3a, Abs. 2 PsychKG M-V; § 1 Nr. 1, 2 PsychKG Nds; § 1 Abs. 2 PsychKG NRW; § 1 Abs. 2 PsychKHG Rh-Pf; § 1 PsychKHG Saar; § 1 Abs. 2 Nr. 2 PsychKG S-A (geistige oder seelische Störung von erheblichem Ausmaß), § 1 Abs. 1, 2 Nr. 3 PsychKG Thür; § 1 PsychKHG Hess: wenn die psychische Störung zu einer Funktionseinschränkung führt.

80 § 1 Nr. 1 PsychKG Nds; § 1 Abs. 2 PsychKHG Rh-Pf, § 1 Abs. 1 S. 1 Nr. 4 PsychKG Sachs und § 1 Abs. 1, 2 Nr. 2 PsychKG Thür: Seelische Behinderung; § 1 Abs. 1 Nr. 2, Abs. 3 PsychKG Bbg, § 1 Nr. 1, 2 PsychKHG B-W und § 1 PsychKHG Hess: Behinderung (unspezifisch) als Folge einer psychischen Störung; § 1 Abs. 3 PsychKG Bbg und § 1 Abs. 1 Nr. 3, Abs. 2 S. 2 PsychKG Hmb; geistige Behinderung, soweit die behinderte Person wegen der psychischen Auswirkungen dieser Behinderung behandlungsbedürftig ist; geistig behinderte Menschen wurden in Nds. bewusst nicht mit aufgenommen, da sie in der Praxis nach dem Betreuungs- und Bundessozialhilfegesetz zivilrechtlich untergebracht werden, Nds. LT-Drucks. 13/3769 S. 2.

81 § 1 Abs. 1 Nr. 1 PsychKG Bbg („gelitten haben"); § 1 Abs. 1 Nr. 1 PsychKG Hmb; § 1 Nr. 1 PsychKG Nds („hatten"); § 1 Abs. 1 Nr. 1 PsychKG NRW.

82 § 1 PsychKHG B-W; Art. 5 Abs. 1 S. 1 PsychKHG Bay; in Anlehnung an die entsprechende Bezeichnung der Klassifikation nach ICD (International Statistical Classification of Diseases and Related Health Problems) und ICF (International Classification Functioning, Disability and Health), s. Gesetzesbegründung zum PsychKHG B-W: LT-Drucks. 15/5521 S. 46, 57 sowie zum PsychKG Nds: LT-Drucks. 13/3769 S. 2; auch Sachverständige klassifizieren die Störungen nach der ICD, die Einordnung unter eine ICD-Ziffer indiziere jedoch nicht unbedingt eine Krankheit nach § 11 PsychKG NRW, *Dodegge/Zimmermann*, PsychKG NRW, 4. Aufl. 2018, Teil A Rn. 6.

83 § 1 Nr. 1 PsychKG Nds; zur Begründung LT-Drucks. 13/3769, S. 2.

84 S. Begründung zu § 13 PsychKHG B-W, LT-Drucks. 15/5521, S. 57 f. und zu § 1 PsychKG Nds, LT-Drucks. 13/3769, S. 2.

Auslöser für eine Krankheit bzw. Behinderung gilt.[85] Überwiegend ergibt sich aus der gesetzlichen Konkretisierung der psychischen Krankheit hingegen, dass die psychische Störung als Unterfall der psychischen Krankheit bzw. seelischen Behinderung gesehen wird.[86] Droht eine psychische Krankheit, Störung oder Behinderung[87] oder gibt es Anzeichen[88] die auf solche hindeuten, werden überwiegend nur Hilfen zugelassen, mitunter ist aber auch schon in diesen Fällen eine Unterbringung zulässig.[89]

In Rheinland-Pfalz und Bayern muss der Betroffene aufgrund der Erkrankung in seiner Einsichts- und Steuerungsfähigkeit beeinträchtigt,[90] in Schleswig-Holstein hilfsbedürftig[91] und im Saarland zur Eröffnung des Anwendungsbereichs des Gesetzes infolge der Störung oder Erkrankung funktionseingeschränkt, krank oder behindert und für eine Unterbringung seine Einsichts- und Steuerungsfähigkeit aufgehoben sein.[92]

## 2. Vorliegen eines Gefährdungstatbestands

Die Unterbringung erfordert zudem, dass durch[93], aufgrund[94] oder infolge dieser psychischen Krankheit[95], oder durch krankheitsbedingtes Verhalten[96] oder andere Auswirkungen dieser Krankheit[97] ein Gefährdungstatbestand

---

85 Dies zeigt die Aufzählung in § 1 Nr. 1 PsychKG Nds.

86 § 1 Abs. 2 PsychKG Berl, § 1 Abs. 2 PsychKG Bbg; § 1 Abs. 2 PsychKG Hmb; § 1 Abs. 2 PsychKG M-V; § 1 Abs. 2 PsychKG NRW; § 1 Abs. 2 PsychKG Thür.

87 § 1 Abs. 1 Nr. 1 PsychKG Hmb.

88 § 1 Abs. 1 Nr. 1 PsychKG Bbg; § 1 Abs. 1 Nr. 1 PsychKG Hmb; § 1 Nr. 1 PsychKG Nds; § 1 Abs. 1 Nr. 1 PsychKG NRW.

89 § 1 Nr. 2 PsychKHG Hess; § 1 Abs. 1 Nr. 3a, Abs. 2 PsychKG M-V; § 3 Abs. 1 S. 2 PsychKG Sach; § 1 Abs. 2 a. E. PsychKG S-A.

90 S. Art. 5 Abs. 1 S. 1 PsychKHG Bay; § 1 Abs. 1 Nr. 3 PsychKHG Rh-Pf.

91 § 1 Abs. 1 PsychHG Schl-H.

92 § 1, 10 Abs. 2 PsychKHG Saar.

93 §§ 1 Abs. 1 Nr. 3, 9 Abs. 1 PsychKG Hmb; § 1 Abs. 1 Nr. 3 PsychKG NRW; § 10 Abs. 2 PsychKHG Saar.

94 Art. 5 Abs. 1 S. 1 PscyhKHG Bay; § 10 Abs. 2 PsychKG M-V.

95 § 9 Abs. 1 PsychKHG Hess; § 16 PsychKG Nds; § 18 Abs. 2 PsychKG Sachs; § 7 Abs. 1 PsychHG Schl-H; § 7 Abs. 1 S. 1 PsychKG Thür.

96 § 15 Abs. 2 S. 1 PsychKG Berl; § 8 Abs. 2 PsychKG Bbg; § 12 Abs. 2 BremPsychKG; § 11 Abs. 1 S. 1 PsychKG NRW; § 10 Abs. 2 PsychKHG Saar; § 17 Abs. 1 Nr. 1 PsychKG S-A.

97 § 8 Abs. 2 PsychKG Bbg.

besteht.[98] Dieser soll zunächst dann vorliegen, wenn die (gegenwärtige[99] und erhebliche[100]) Gefahr besteht, dass die betroffene Person sich selbst schädigt oder gefährdet.[101] Speziell wird zumeist die erhebliche Gefährdung seines Leben oder seiner Gesundheit vorausgesetzt[102], die in einzelnen Ländern zudem gegenwärtig[103] oder ernsthaft[104] sein muss. Teilweise ist von der Gefahr die Rede, dass der Betroffene sich schwerwiegende gesundheitliche Schäden zufügt.[105] Darüber hinaus ist eine Unterbringung vereinzelt auch bei Gefahren für andere bedeutende Rechtsgüter[106] zulässig, die mitunter erheblich sein müssen.[107] Überwiegend ist eine Unterbringung auch dann zulässig, wenn eine (gegenwärtige[108] und/oder erhebliche[109]) Gefahr für (bedeutende[110])

---

98 Detailliert zum Vorliegen einer Gefahr mit konkreten Beispielfällen: *Marschner*, in: Marschner/ Lesting/Stahmann, Freiheitsentziehung und Unterbringung, 7. Aufl. 2024, Kap. B Rn. 124 ff.

99 § 15 Abs. 2 S. 1 PsychKG Berl; § 16 PsychKG Nds; § 11 Abs. 1 S. 1 PsychKG NRW; §§ 1 Abs. 1 Nr. 3, 11 Abs. 2 PsychKHG Rh-Pf; § 17 Abs. 1 Nr. 1 PsychKG S-A.

100 §§ 1 Abs. 1 Nr. 3, 11 Abs. 2 PsychKHG Rh-Pf; § 17 Abs. 1 Nr. 1 PsychKG S-A.

101 Art. 5 Abs. 1 S. 1 PsychKHG Bay; § 1 Abs. 1 Nr. 2 PsychKG Berl; §§ 1 Abs. 1 Nr. 3, 9 Abs. 1 PsychKG Hmb; § 16 PsychKG Nds; §§ 1 Abs. 1 Nr. 3, 11 Abs. 1 S. 1 PsychKG NRW; § 17 Abs. 1 Nr. 1 PsychKG S-A.

102 § 13 Abs. 3 PsychKHG B-W; Art. 5 Abs. 1 S. 1 PsychKHG Bay; § 15 Abs. 2 S. 1 PsychKG Berl; § 12 Abs. 2 BremPsychKG; § 9 Abs. 1 PsychKHG Hess; §§ 1 Abs. 1 Nr. 3, 11 Abs. 2 PsychKHG Rh-Pf; § 10 Abs. 2 PsychKHG Saar; § 18 Abs. 2 PsychKG Sachs; § 17 Abs. 1 Nr. 1 PsychKG S-A; § 7 Abs. 1 PsychHG Schl-H; § 7 Abs. 1 S. 1 PsychKG Thür.

103 § 15 Abs. 2 S. 1 PsychKG Berl; § 12 Abs. 2 BremPsychKG; § 10 Abs. 2 PsychKG M-V; §§ 1 Abs. 1 Nr. 3, 11 Abs. 2 PsychKHG Rh-Pf; § 10 Abs. 2 PsychKHG Saar; § 18 Abs. 2 PsychKG Sachs.

104 § 8 Abs. 2 PsychKG Bbg.

105 § 17 Abs. 1 Nr. 1 PsychKG S-A.

106 § 10 Abs. 2 PsychKG M-V; § 10 Abs. 2 PsychKHG Saar.

107 §§ 1 Abs. 1 Nr. 3, 11 Abs. 2 PsychKHG Rh-Pf; § 10 Abs. 2 PsychKHG Saar.

108 § 13 Abs. 3 PsychKHG B-W; § 15 Abs. 2 S. 1 PsychKG Berl; § 12 Abs. 2 BremPsychKG; § 10 Abs. 2 PsychKG M-V; § 16 PsychKG Nds; § 11 Abs. 1 S. 1 PsychKG NRW; §§ 1 Abs. 1 Nr. 3, 11 Abs. 2 PsychKHG Rh-Pf; § 10 Abs. 2 PsychKHG Saar; § 18 Abs. 2 PsychKG Sachs.

109 § 13 Abs. 3 PsychKHG B-W; Art. 5 Abs. 1 S. 1 PschKHG Bay; § 12 Abs. 2 BremPsychKG; §§ 1 Abs. 1 Nr. 2, 15 Abs. 2 S. 1 PsychKG Berl; § 9 Abs. 1 PsychKHG Hess; § 16 PsychKG Nds; §§ 1 Abs. 1 Nr. 3, 11 Abs. 2 PsychKHG Rh-Pf; § 10 Abs. 2 PsychKHG Saar; § 18 Abs. 2 PsychKG Sachs; § 7 Abs. 1 PsychHG Schl-H; § 7 Abs. 1 S. 1 PsychKG Thür.

110 §§ 1 Abs. 1 Nr. 2, 15 Abs. 2 S. 1 PsychKG Berl; § 12 Abs. 2 BremPsychKG; §§ 1 Abs. 1 Nr. 3, 11 Abs. 1 S. 1 PsychKG NRW; §§ 1 Abs. 1 Nr. 3, 11 Abs. 2 PsychKHG Rh-Pf;

Rechtsgüter Anderer besteht,[111] oder wenn die gegenwärtige Gefahr besteht, dass der Betroffene andere erheblich schädigt.[112] Darüber hinaus wird vereinzelt eine Unterbringung auch für zulässig gehalten, wenn das Verhalten des Betroffenen aus anderen Gründen (gegenwärtig[113] oder unmittelbar[114]) eine erhebliche Gefahr für die öffentliche Sicherheit und Ordnung oder andere Personen darstellt[115] oder das Allgemeinwohl erheblich gefährdet.[116]

Der Begriff der ernsthaften Gefährdung bzw. gegenwärtigen oder unmittelbaren Gefahr wird dabei überwiegend in den Gesetzen selbst definiert und eine solche dann angenommen, wenn ein schadenstiftendes Ereignis bereits eingetreten ist[117], unmittelbar bevorsteht[118] oder sein Eintritt zwar (zeitlich) nicht vorhersehbar, wegen besonderer Umstände jedoch jederzeit zu erwarten ist.[119] Dieser Gefahrbegriff soll enger auszulegen sein als im allgemeinen Polizeirecht.[120] Zumindest in Niedersachsen muss dies anders sein, da § 16 PsychKG Niedersachsen für den Begriff der gegenwärtigen erheblichen Gefahr auf § 2 Nr. 1 lit. b und c. NSOG verweist. Danach liegt eine gegenwärtige Gefahr ebenfalls vor, wenn die Einwirkung des schädigenden Ereignisses bereits begonnen hat oder unmittelbar oder in allernächster Zeit

---

§ 10 Abs. 2 PsychKHG Saar; § 18 Abs. 2 PsychKG Sachs; § 7 Abs. 1 PsychHG Schl-H; § 7 Abs. 1 S. 1 PsychKG Thür.

111 § 13 Abs. 3 PsychKHG B-W; Art. 5 Abs. 1 S. 1 PsychKHG Bay; § 15 Abs. 2 S. 1 PsychKG Berl; § 12 Abs. 2 BremPsychKG; § 9 Abs. 1 PsychKHG Hess; § 10 Abs. 2 PsychKG M-V; § 16 PsychKG Nds; §§ 1 Abs. 1 Nr. 3, 11 Abs. 1 S. 1 PsychKG NRW; §§ 1 Abs. 1 Nr. 3, 11 Abs. 2 PsychKHG Rh-Pf; § 10 Abs. 2 PsychKHG Saar; § 18 Abs. 2 PsychKG Sachs; § 7 Abs. 1 PsychHG Schl-H.

112 §§ 1 Abs. 1 Nr. 3, 9 Abs. 1 PsychKG Hmb.

113 § 17 Abs. 1 Nr. 2 PsychKG S-A.

114 § 8 Abs. 2 PsychKG Bbg.

115 § 8 Abs. 2 PsychKG Bbg; § 17 Abs. 1 Nr. 2 PsychKG S-A.

116 Art. 5 Abs. 1 S. 1 PsychKHG Bay.

117 § 15 Abs. 3 PsychKG Berl; § 12 Abs. 3 BremPsychKG; § 7 Abs. 3 PsychKG Thür.

118 § 15 Abs. 3 PsychKG Berl; § 12 Abs. 3 BremPsychKG; § 9 Abs. 2 PsychKG Hmb; § 11 Abs. 2 PsychKG NRW; § 11 Abs. 2 S. 2 PsychKHG Rh-Pf; § 10 Abs. 2 PsychKHG Saar; § 7 Abs. 3 PsychHG Schl-H, § 7 Abs. 3 PsychKG Thür.

119 § 15 Abs. 3 PsychKG Berl; § 8 Abs. 3 PsychKG Bbg; § 9 Abs. 2 PsychKG Hmb; § 11 Abs. 2 PsychKG NRW; § 11 Abs. 2 S. 2 PsychKHG Rh-Pf; § 10 Abs. 2 PsychKHG Saar; § 7 Abs. 3 PsychHG Schl-H, § 7 Abs. 3 PsychKG Thür; vgl. dazu *Probst*, Betreuungs- und Unterbringungsverfahren, 2. Aufl. 2010, Rn. 153 (S. 313).

120 *Baumann*, Unterbringungsrecht, 1966, S. 286 ff.

mit an Sicherheit grenzender Wahrscheinlichkeit bevorsteht. Die Gefahr ist danach zudem erheblich, wenn sie ein bedeutsames Rechtsgut wie den Bestand des Staates, Leben, Gesundheit, Freiheit oder nicht unwesentliche Vermögenswerte sowie strafrechtlich geschützte Güter betrifft.

In Sachsen-Anhalt setzt eine Unterbringung voraus, dass die betroffene Person aufgrund der Erkrankung nicht in der Lage ist, die Gefährdung abzuwehren.[121]

### 3. Subsidiarität der Unterbringung und Grundsatz der Erforderlichkeit

Die Unterbringung ist als subsidiär zu den in den Gesetzen vorgesehenen oder übrigen Hilfen geregelt. Die vorrangigen Hilfen sind daher vor allem Ausdruck der Grundsätze der Erforderlichkeit und Verhältnismäßigkeit, die auch hier zentrale Auslegungskriterien für die Unterbringungsvoraussetzungen sein sollen.[122] Schon hieraus ergibt sich auch eine ständige Überprüfungspflicht einer angeordneten Unterbringung, anderer freiheitsentziehender Maßnahmen bzw. des Behandlungsplans.[123] Sprachlichen Niederschlag findet dieser Gedanke überwiegend darin, dass eine Unterbringung nur dann und nur solange zulässig sein soll, wie die Gefährdungslage besteht[124], nicht anders[125] etwa durch weniger einschneidende Mittel[126], aber durch die Unterbringung noch abgewendet werden kann. Ausdrücklich bestimmt etwa

---

[121] § 17 Abs. 1 PsychKG S-A.

[122] *Marschner*, in: Marschner/Lesting/Stahmann, Freiheitsentziehung und Unterbringung, 7. Aufl. 2024, Kap. B Rn. 42, 104; s.a. BVerfGE 70, 297; BayObLG, NJW 2000, 881.

[123] § 330 S. 1 FamFG sowie ausdrücklich in: § 29 Abs. 1 S. 3 PsychKG Berl; § 17 Abs. 1 S. 2 PsychKG M-V; § 16 Abs. 1 S. 2 PsychKG NRW; § 13 S. 2 PsychKHG Rh-Pf; §§ 22 Abs. 1 S. 2, 28 S. 2 PsychKG S-A; § 12 Abs. 1 S. 2 PsychHG Schl-H.

[124] Art. 5 Abs. 2 S. 3 PsychKHG Bay; § 15 Abs. 2 S. 1 PsychKG Berl; § 8 Abs. 2 PsychKG Bbg; § 12 Abs. 2 BremPsychKG; § 9 Abs. 1 PsychKG Hmb; § 9 Abs. 1 PsychKHG Hess; § 11 Abs. 1 S. 1 PsychKG NRW; § 10 Abs. 2 PsychKHG Saar; § 18 Abs. 2 PsychKG Sachs; § 17 Abs. 1 PsychKG S-A; § 7 Abs. 1 PsychHG Schl-H; § 7 Abs. 1 S. 1 PsychKG Thür.

[125] § 13 Abs. 3 PsychKHG B-W; § 15 Abs. 2 S. 1 PsychKG Berl; § 8 Abs. 2 PsychKG Bbg; § 12 Abs. 2 BremPsychKG; § 9 Abs. 1 PsychKG Hmb; § 9 Abs. 1 PsychKHG Hess; § 16 PsychKG Nds; § 11 Abs. 1 S. 1 PsychKG NRW; § 11 Abs. 2 PsychKHG Rh-Pf; § 18 Abs. 2 PsychKG Sachs; § 17 Abs. 1 PsychKG S-A; § 7 Abs. 1 PsychHG Schl-H; § 7 Abs. 1 S. 1 PsychKG Thür.

[126] Art. 5 Abs. 2 S. 1 PsychKHG Bay; § 10 Abs. 2 PsychKHG Saar.

§ 1 Abs. 7 PsychHG Schl-H, dass alle vorhandenen vorsorgenden, begleitenden und nachsorgenden Hilfen auszuschöpfen sind. § 15 Abs. 2 S. 2 PsychKG Berlin sowie § 9 Abs. 2 PsychKG Brandenburg regeln

zudem einen Vorrang einer ambulanten Behandlung. Ausdrücklich geregelt ist in einigen Gesetzen auch die Subsidiarität gegenüber der Unterbringung aufgrund strafrechtlicher Regelungen,[127] sowie gegenüber der zivilrechtlichen Unterbringung.[128]

## III. Durchführung der Unterbringung

### 1. Verfahren

Die Unterbringung erfolgt durch gerichtliche Entscheidung auf Antrag der zuständigen Behörde,[129] oder vereinzelt, wenn sich der Betroffene schon in einer Einrichtung befindet, auch auf Antrag dieser.[130] Dem Antrag beizufügen ist ein ärztliches Sachverständigengutachten, § 321 FamFG, welches überwiegend auf einer persönlichen Untersuchung beruhen muss.[131] Soweit in den Gesetzen nur von einem ärztlichen Zeugnis oder einer ärztlichen oder psychotherapeutischen Stellungnahme die Rede ist[132], hat in Ansehung der bundesrechtlichen Regelung das Gericht dennoch für seine Entscheidung

---

[127] Art. 5 Abs. 3 PsychKHG Bay; § 15 Abs. 4 PsychKG Berl; § 12 Abs. 5 BremPsychKG; § 9 Abs. 3 PsychKG Hmb; § 9 Abs. 2 PsychKHG Hess; § 11 Abs. 4 PsychKHG Rh-Pf; § 18 Abs. 3 PsychKG Sachs; § 17 Abs. 2 PsychKG S-A; § 1 Abs. 6 PsychHG Schl-H; § 8 Abs. 3 PsychKG Thür.

[128] § 11 Abs. 3 PsychKHG Rh-Pf; § 7 Abs. 4 und 5 PsychHG Schl-H; in Sachsen kann nach § 18 Abs. 3 das Fehlen oder die fehlende Erreichbarkeit eines Betreuers ausdrücklich für die Anwendung des PsychKG sprechen.

[129] § 15 Abs. 1 PsychKHG B-W; Art. 15 Abs. 3 S. 1 PsychKHG Bay; § 22 PsychKG Berl; § 11 Abs. 1 S. 1 PsychKG Bbg; § 17 Abs. 1 BremPsychKG; § 10 Abs. 1 PsychKG Hmb; § 16 Abs. 1 PsychKHG Hess; § 13 Abs. 1 S. 1 PsychKG M-V; § 17 Abs. 1 PsychKG Nds; § 12 PsychKG NRW; § 17 Abs. 1 PsychKHG Rh-Pf; § 18 Abs. 1 PsychKHG Saar; § 13 Abs. 8 PsychKG Sachs; § 18 PsychKG S-A; § 8 Abs. 1 PsychHG Schl-H; § 8 Abs. 1 S. 1 PsychKG Thür.

[130] § 15 Abs. 1 PsychKHG B-W; §§ 11 Abs. 1 S. 2, 13 Abs. 2, 14 Abs. 2 PsychKG Bbg.

[131] § 17 Abs. 2 S. 4 PsychKHG Rh-Pf; § 18 Abs. 2 PsychKHG Saar; § 21 Abs. 1 S. 2, 8 S. 3 PsychKG Sachs; § 8 Abs. 2 S. 2 PsychHG Schl-H; § 8 Abs. 2 PsychKG Thür.

[132] Art. 15 Abs. 1 PsychKHG Bay; § 17 Abs. 2 BremPsychKG; § 10 Abs. 2 PsychKG Hmb; § 16 Abs. 4 PsychKHG Hess; § 13 Abs. 1 S. 3 PsychKG M-V; § 17 Abs. 1 S. 2 PsychKG Nds; § 12 S. 2 PsychKG NRW; § 8 Abs. 2 PsychHG Schl-H; Unklar insofern §§17, 18 Abs. 2 PsychKHG Saar.

ein Sachverständigengutachten einzuholen.[133] Das Gericht kann aufgrund des Amtsermittlungsgrundsatzes, § 26 FamFG, weitere Sachverhaltsermittlungen durchführen um die Gefährdung zu seiner Überzeugung festzustellen.[134] Es ordnet die Unterbringung für maximal 1 bzw. 2 Jahre an, § 329 Abs. 1 S. 1 FamFG. Die Anordnung der Unterbringung eines Minderjährigen ist gem. § 151 Nr. 7 FamFG eine Kindschaftssache und das Familiengericht zuständig, § 167 Abs. 1 S. 1 FamFG verweist ansonsten auf die für Unterbringungssachen nach § 312 Nr. 4 FamFG geltenden Vorschriften.

## 2. Sofortige vorläufige Unterbringung und einstweilige Anordnung

Aufgrund der naturgemäß gegebenen Eilbedürftigkeit kann eine Unterbringung auch im Wege einer einstweiligen Anordnung erfolgen, §§ 331, 332 FamFG. Die Unterbringung durch einstweilige Anordnung muss gesondert beantragt werden, § 51 Abs. 1 FamFG. Liegt ein besonders akuter Fall vor, bei dem ein Eingreifen schon vor einer Entscheidung über die Unterbringung notwendig ist, eröffnen die meisten Landesgesetze die Möglichkeit einer sofortigen Unterbringung ohne richterliche Entscheidung bei Gefahr im Verzug auf Veranlassung der Behörde[135], der Polizei[136], durch die Klinik[137] oder bei einem Betroffenen, der sich schon – zuvor freiwillig – in der Klinik befindet.[138] Soweit in Bayern eine vorläufige gerichtliche Unterbringung

---

[133] BGH, FamRZ 2013, 211, 212.

[134] Ausführlich zu möglichen Beweismitteln und kritisch zum geringen Umfang tatsächlich stattfindender Sachverhaltsermittlungen: *Dodegge/Zimmermann*, PsychKG NRW, 4. Aufl. 2018, Teil A Rn. 63 f.

[135] Art. 11 PsychKHG Bay; § 23 PsychKG Berl; § 12 PsychKG Bbg (missverständlich als einstweilige Unterbringung bezeichnet); § 19 BremPsychKG; § 12 PsychKG Hmb; § 15 PsychKG M-V; § 18 PsychKG Nds; § 14 PsychKG NRW; § 18 PsychKHG Rh-Pf; § 19 PsychKHG Saar; § 23 PsychKG Sachs; § 19 PsychKG S-A; § 11 PsychHG Schl-H; § 9 PsychKG Thür.

[136] Art. 12 PsychKHG Bay; § 23 Abs. 2 PsychKG Berl; § 19 BremPsychKG; § 19 Abs. 2 PsychKHG Saar.

[137] § 16 Abs. 1 PsychKHG B-W: fürsorgliche Aufnahme; § 23 Abs. 2 PsychKG Berl; § 13 PsychKG Bbg; § 17 PsychKHG Hess; §§ 24, 25 PsychKG Sachs

[138] § 16 Abs. 1 PsychKHG B-W, Art. 13 PsychKHG Bay, § 20 BremPsychKG: Zurückhaltung; § 14 PsychKG Bbg; § 18 Abs. 6 PsychKHG Rh-Pf; § 25 PsychKG Sachs.

vorgesehen ist, dürfte damit eine einstweilige Anordnung gemeint sein.[139] Vielfach ist in diesem Fall ein ärztliches Zeugnis über die Notwendigkeit der sofortigen Unterbringung vorzulegen, welches auf einer persönlichen Untersuchung beruht.[140] Nach Durchführung einer sofortigen vorläufigen Unterbringung ist (unverzüglich) ein Unterbringungsantrag zu stellen.[141]

## IV. Einschränkung der Fortbewegungsfreiheit während der Unterbringung

### 1. Grundsatz der geschlossenen bzw. freiheitsentziehenden Unterbringung

Die Unterbringungen nach den Landesgesetzen erfolgen in einem (überwiegend) geschlossenen Setting. Vereinzelt soll eine Unterbringung ausdrücklich dann vorliegen, wenn eine Person in den abgeschlossenen Teil einer Einrichtung eingewiesen wird oder am Verlassen einer nicht abgeschlossenen Einrichtung gehindert wird.[142] Die meisten Landesgesetze sprechen dagegen nicht ausdrücklich von einer geschlossenen Ausgestaltung, sehen aber eine mögliche Öffnung als Ausnahme vor. So finden sich etwa Regelungen zu einer

---

[139] Art. 16 PsychKHG Bay; Für die Unterscheidung einer vorläufigen Unterbringung durch einstweilige Anordnung des Gerichts und eine vorläufige Unterbringung ohne gerichtliche Entscheidung wäre eine Klarstellung und gegebenenfalls eine Vereinheitlichung der mitunter verwirrenden Bezeichnungen in den Gesetzen wünschenswert, S. etwa § 17 PsychKHG Hess: „einstweilige vorläufige Unterbringung", § 12 PsychKG Bbg „einstweilige Unterbringung".

[140] § 16 Abs. 2 PsychKHG B-W: „[…] wenn keine besonderen Gründe entgegenstehen"; Art. 14 Abs. 4 S. 4 PsychKHG Bay; § 23 Abs. 2 S. 2 PsychKG Berl; §§ 16 Abs. 1 Nr. 3, 19 Abs. 3 BremPsychKG; § 12 PsychKG Hmb; § 15 Abs. 1 S. 1 Nr. 3 PsychKG M-V; § 18 Abs. 1 PsychKG Nds; § 14 Abs. 1 S. 1 PsychKG NRW; § 18 Abs. 2 PsychKHG Rh-Pf; § 19 Abs. 3 PsychKHG Saar; § 19 Abs. 1 PsychKG S-A; s. zu dem Unterschied zwischen einem Sachverständigengutachten und einem ärztlichen Zeugnis Teil 5, B. VII. 4.

[141] § 16 Abs. 1, 4 PsychKHG B-W; Art. 14 Abs. 1 PsychKHG Bay; § 23 Abs. 4 PsychKG Berl; §§ 13 Abs. 2, 14 Abs. 2 S. 1 PsychKG Bbg; § 19 Abs. 5 BremPsychKG; § 12 Abs. 3 PsychKG Hmb; § 15 Abs. 3 S. 1 PsychKG M-V; § 18 Abs. 2 PsychKG Nds; § 14 Abs. 2 PsychKG NRW; § 18 Abs. 5 PsychKHG Rh-Pf; § 19 Abs. 6 PsychKHG Saar; § 23 Abs. 1 S. 2 PsychKG Sachs; § 11 Abs. 1 S. 2 PsychHG Schl-H; § 9 Abs. 1 S. 2 PsychKG Thür.

[142] § 8 Abs. 1 PsychKG Hmb; § 7 Abs. 2 PsychHG Schl-H, welches allerdings in § 14 Abs. 2 gleichzeitig festlegt, dass die Unterbringung nach Möglichkeit in offenen und freien Formen erfolgen soll.

„Belastungserprobung“[143] oder sonstigem Ausgang mit der ohne Begleitung von Personal.[144] In einigen Gesetzen ist grundsätzlich, nach einer gewissen Zeit oder sogar von Anfang an die Durchführung der Unterbringung in „offener“ bzw. „gelockerter“ Form vorgesehen[145], soweit der Unterbringungszweck[146] bzw. der Gesundheitszustand des Betroffenen oder das Sicherungsinteresse der Allgemeinheit[147] dies zulassen. Im Umkehrschluss folgt daraus, dass die Unterbringung in allen anderen Fällen in geschlossener Form erfolgt. In einigen Gesetzen deutet sich die regelmäßig geschlossene Unterbringung zudem dadurch an, dass der Betroffene in den Einrichtungen „zurückgehalten“ wird[148] oder „dort […] zu bleiben hat“[149], dass er „befreit“ werden oder „entweichen“ kann[150] oder dass die Einrichtungen sicherzustellen haben, dass sich die „Betroffenen der Unterbringung nicht entziehen“[151] oder „über die erforderlichen Sicherungsvorkehrungen verfügen [müssen], um zu verhindern, dass sich untergebrachte Personen unerlaubt aus der Einrichtung entfernen“[152]. Das Entweichen soll etwa durch gesicherte Türen, verschlossene Fenster, Fensterschlösser oder gezielten Personaleinsatz verhindert werden.[153]

---

143 § 23 PsychKHG B-W; Art. 26 Abs. 2 S. 2 PsychKHG Bay; § 22 PsychKHG Rh-Pf; § 22 Abs. 2 PsychKHG Saar; § 32 PsychKG S-A.

144 Art. 26 Abs. 2 S. 3 PsychKHG Bay; § 28 BremPsychKG.

145 Art. 26 Abs. 1 PsychKHG Bay; § 30 PsychKG Berl; § 16 Abs. 4 PsychKG Bbg; § 29 BremPsychKG; § 34 PsychKG M-V; § 26 Abs. 1 PsychKG Nds; § 10 Abs. 2 S. 4 PsychKG NRW; § 14 Abs. 3, 19 Abs. 1 PsychKHG Rh-Pf; § 13 Abs. 1 S. 3, Abs. 5 PsychKHG Saar; § 40 Abs. 1 PsychKG Sachs; § 31 Abs. 1 PsychKG S-A; § 13 PsychKG Thür; § 12 Abs. 2 PsychKG M-V: Voraussetzungen für eine offene und geschlossene Unterbringung sind zu schaffen.

146 § 30 PsychKG Berl; § 16 Abs. 4 PsychKG Bbg; § 29 BremPsychKG; § 34 PsychKG M-V; § 26 Abs. 1 PsychKG Nds; § 10 Abs. 2 S. 4 PsychKG NRW; § 13 Abs. 1 S. 3 PsychKHG Saar; § 31 Abs. 1 PsychKG S-A; § 13 PsychKG Thür; § 12 Abs. 2 PsychKG M-V.

147 Art. 26 Abs. 1 PsychKHG Bay; § 40 Abs. 1 PsychKG Sachs; ähnlich § 19 Abs. 2 PsychKHG Rh-Pf.

148 § 9 Abs. 1 a. E. PsychKG M-V.

149 § 18 Abs. 1 a. E. PsychKG Sachs.

150 § 22 Abs. 2, 5 PsychKG M-V; § 29 PsychKHG Saar; § 16 Abs. 2 PsychKG Thür.

151 § 10 Abs. 2 S. 3 PsychKG NRW; § 13 Abs. 5 PsychKHG Saar; § 16 Abs. 2 S. 3 PsychKG S-A; § 7 Abs. 2 S. 1 PsychKG Thür.

152 § 14 Abs. 3 PsychKHG Rh-Pf; ähnlich § 12 Abs. 2 PsychKG M-V.

153 § 10 Abs. 2 S. 3 PsychKG NJW, dazu: LT-Drucks. NRW 12/4063, S. 30.

§ 10 Abs. 3 PsychKHG Hessen stellt beispielsweise auf den ersten Blick beide Formen der Unterbringung nebeneinander, wenn er bestimmt, dass die „Unterbringung [...] in geschlossenen und offenen Stationen erfolgen" kann. Gleichwohl wird im nächsten Satz die Unterbringung in „offenen und freien Formen" auf den Fall beschränkt, dass „der Zweck der Unterbringung dies zulässt und dies von der ärztlichen Leitung des psychiatrischen Krankenhauses verantwortet wird." Zudem wird in Abs. 4 ohne Einschränkung auf die geschlossenen Stationen vorgegeben, dass die Krankenhäuser sicherzustellen haben, dass sich die untergebrachten Personen der Unterbringung nicht entziehen.[154] Kann sich die Person der Unterbringung nicht entziehen, liegt allerdings gerade eine geschlossene Unterbringung vor.

## 2. Erforderlichkeit des entgegenstehenden Willens

Die Legaldefinitionen der Unterbringung in den meisten Landesgesetzen stellen zudem auf ein Willenselement ab. So soll eine Unterbringung nur dann vorliegen, wenn sie gegen den Willen des Betroffenen[155] oder konkreter gegen den natürlichen Willen[156], gegen oder ohne den (natürlichen) Willen[157] oder gegen den Willen oder im Zustand der Willenlosigkeit erfolgt[158].[159] Eine Unterbringung i. S. d. Landesgesetze liegt mithin nicht vor, wenn sich der Betroffene freiwillig in einer psychiatrischen Einrichtung befindet oder nach einer Unterbringung gegen seinen Willen freiwillig dort verbleibt.[160] Ändert

---

[154] § 10 Abs. 4 PsychKHG Hess.

[155] § 13 Abs. 1 PsychKHG B-W; § 15 Abs. 1 PsychKG Berl.

[156] § 8 Abs. 1 PsychKG Hmb.

[157] Art. 5 Abs. 1 S. 1 PsychKHG Bay; § 9 Abs. 1 PsychKHG Hess; § 18 Abs. 1 PsychKG Sachs; § 7 Abs. 1 PsychHG Schl-H; § 7 Abs. 1 PsychKG Thür.

[158] § 8 Abs. 1 PsychKG Bbg; § 12 Abs. 1 BremPsychKG; § 9 Abs. 1 PsychKG M-V; § 14 Abs. 2 PsychKG Nds; § 10 Abs. 2 PsychKG NRW; § 11 Abs. 1 PsychKHG Rh-Pf; § 10 Abs. 1 PsychKHG Saar; § 15 Abs. 1 PsychKG S-A.

[159] S. dazu auch *Marschner*, in: Marschner/Lesting/Stahmann, Freiheitsentziehung und Unterbringung, 7. Aufl. 2024, Kap. B Rn. 105 ff.; *Dodegge/Zimmermann*, PsychKG NRW, 4. Aufl. 2018, Teil A Rn. 10.

[160] *Dodegge/Zimmermann*, PsychKG NRW, 4. Aufl. 2018, Teil A Rn. 10; OLG Hamburg, NJW-RR 1992, 57: Will der Betroffene die Einrichtung verlassen, obwohl er außerhalb der Unterbringung die Unterbringungsvoraussetzungen erfüllen würde und wird deswegen zurückgehalten, ist keine Freiwilligkeit mehr gegeben; ausdrücklich: § 36 PsychKG S-A.

der zunächst freiwillig in einer Einrichtung befindliche Betroffene seinen Willen, muss es ihm freistehen, die Einrichtung zu verlassen; sind die Voraussetzungen für eine freiheitsentziehende Unterbringung dann noch gegeben, kommt sie im Anschluss an die freiwillige Unterbringung in Betracht.[161] Arbeitet der Betroffene freiwillig an der Behebung der Gefahr mit, scheidet eine zwangsweise Unterbringung zudem mangels Erforderlichkeit aus.[162]

### 3. Anwendung unmittelbaren Zwangs

Überwiegend sehen die Landesgesetze allgemeine Regelungen für die Anwendung von unmittelbarem Zwang vor.[163] Unmittelbarer Zwang ist die Einwirkung auf Personen (oder Sachen) durch körperliche Gewalt[164] oder ihre Hilfsmittel,[165] wobei körperliche Gewalt jede unmittelbare körperliche Einwirkung meint.[166] Als grundsätzlich zulässige Hilfsmittel gelten vor allem (geeignete[167]) Fesseln[168]. Schon hierdurch kann also die Freiheit der betroffenen Person beschränkt werden.[169]

Die Anwendung unmittelbaren Zwangs wird in verschiedenen Situationen für zulässig gehalten. In Betracht kommt er etwa zur Durchsetzung der in

---

[161] BayObLG, FamRZ 1996, 1375; OLG Hamm, FamRZ 1994, 1270; a. A. LG Frankfurt, FamRZ 1993, 601: Freiheitsentziehung auch dort, wo der Betroffene ohne Willen ist; zu diesem Erfordernis bei privatrechtlicher Unterbringung s. oben, Teil 3, C. IV. und Teil 5, IV. 2. f.

[162] *Marschner*, in: Marschner/Lesting/Stahmann, Freiheitsentziehung und Unterbringung, 7. Aufl. 2024, Kap B Rn. 106; BVerwG, NZwZ 1989, 873.

[163] Keine gesonderten allgemeinen Regelungen treffen das BremPsychKG und PsychKG NRW.

[164] § 26 Abs. 2 PsychKHG B-W; § 80 Abs. 3 S. 1 PsychKG Berl; § 20 Abs. 2 S. 2 PsychKG Bbg; 22 Abs. 1 PsychKHG Hess; § 22 Abs. 4 PsychKG M-V; § 12 Abs. 1 PsychKG Nds i. V. m. § 69 NSOG; § 28 Abs. 2 PsychKHG Rh-Pf; § 11 Abs. 4 PsychKG S-A; § 30 Abs. 1 S. 1 PsychHG Schl-H i. V. m. § 251 Abs. 1 Nr. 1 LVwG Schl-H (Unmittelbarer Zwang durch Vollzugskräfte); § 16 Abs. 3 PsychKG Thür.

[165] § 26 Abs. 2 PsychKHG B-W; § 80 Abs. 3 S. 1 PsychKG Berl; § 22 Abs. 1 PsychKHG Hess; § 22 Abs. 4 PsychKG M-V; § 12 Abs. 1 PsychKG Nds i. V. m. § 69 Abs. 1 NSOG; § 28 Abs. 2 PsychKHG Rh-Pf; § 11 Abs. 4 PsychKG S-A; § 30 Abs. 1 S. 1 PsychHG Schl-H i. V. m. § 251 Abs. 1 Nr. 2 LVwG Schl-H; § 16 Abs. 3 PsychKG Thür.

[166] § 22 Abs. 4 PsychKG M-V; § 12 Abs. 1 PsychKG Nds i. V. m. § 69 Abs. 2 NSOG.

[167] § 80 Abs. 3 S. 2 PsychKG Berl.

[168] § 22 Abs. 4 PsychKG M-V; § 16 Abs. 3 PsychKG Thür.

[169] Ausdrücklich: Art. 29 Abs. 2 Nr. 8 PsychKHG Bay.

den Gesetzen vorgesehenen Beschränkungen[170] bzw. Anordnungen,[171] zur Durchführung[172] der bzw. Zuführung zur Unterbringung[173] oder zur Durchführung von Schutzmaßnahmen.[174] Vereinzelt wird darauf abgestellt, ob die betroffene Person aufgrund einer anderen Vorschrift zur Duldung der angestrebten Maßnahme verpflichtet ist.[175] Gleichzeitig kann er auch dem Schutz der untergebrachten Person selbst, die sich zu schädigen droht,[176] oder zur Aufrechterhaltung oder Wiederherstellung des Schutzes erheblicher Rechtsgüter Dritter dienen.[177] In anderen Ländern ist die Anwendung unmittelbaren Zwangs dann zulässig, wenn sie im Hinblick auf den Zweck der Unterbringung erforderlich ist.[178] In diese Richtung geht auch die Zulässigkeit unmittelbaren Zwangs zur Aufrechterhaltung der allgemeinen und der Sicherheit und Ordnung in der Einrichtung[179] etwa bei einer erheblichen Gefährdung.[180] Die Anwendung unmittelbaren Zwangs ist zudem zur Verhinderung von Entweichungen sowie zum allgemeinen Gesundheitsschutz und zur Hygiene vorgesehen.[181]

Die Anwendung ist in der Regel anzudrohen[182] bzw. anzukündigen[183]. Auch ist bei der Anwendung der Verhältnismäßigkeitsgrundsatz[184] zu wahren, der

---

170 § 20 Abs. 1, 2 PsychKG Bbg; § 22 Abs. 1 PsychKG M-V; § 16 Abs. 1 S. 1 PsychKG Thür.

171 Art. 30 Abs. 1 PsychKHG Bay; § 17 Abs. 6 PsychKHG Rh-Pf; § 38 PsychKG Sachs; § 30 Abs. 1 S. 1 PsychHG Schl-H.

172 § 80 Abs. 1 S. 3 PsychKG Berl.

173 § 22 Abs. 1 PsychKHG Hess; § 12 Abs. 3 PsychKG Nds.

174 § 12 Abs. 2 PsychKG Nds; § 30 Abs. 2 PsychKHG Saar; § 11 Abs. 4 PsychKG S-A.

175 § 26 Abs. 1 PsychKHG B-W.

176 § 28 Abs. 1 PsychKHG Rh-Pf; § 30 Abs. 1 PsychKHG Saar.

177 § 80 Abs. 1 S. 1 PsychKG Berl.

178 § 22 Abs. 1 PsychKHG Hess.

179 § 19 Abs. 2 S. 1 PsychKHG B-W; § 80 Abs. 1 S. 1 PsychKG Berl; § 22 Abs. 1 PsychKHG Hess; § 28 Abs. 1 PsychKHG Rh-Pf; § 30 Abs. 1 PsychKHG Saar.

180 § 28 Abs. 1 PsychKHG Rh-Pf; § 30 Abs. 1 PsychKHG Saar.

181 § 80 Abs. 1 S. 1, 3 PsychKG Berl; § 30 Abs. 5 PsychKHG Saar.

182 § 26 Abs. 3 PsychKHG B-W; Art. 30 Abs. 3 S. 1 PsychKHG Bay; § 80 Abs. 4 PsychKG Berl; § 20 Abs. 2 S. 4 PsychKG Bbg; § 30 Abs. 3 PsychKHG Saar; § 11 Abs. 4 PsychKG S-A; § 16 Abs. 5 PsychKG Thür.

183 § 22 Abs. 2 S. 1 PsychKHG Hess; § 28 Abs. 3 PsychKHG Rh-Pf, anders § 17 Abs. 6; § 38 Abs. 2 PsychKG Sachs.

184 Ausdrücklich für die Maßnahmen des unmittelbaren Zwangs: § 20 Abs. 2 S. 3 PsychKG Bbg; § 22 Abs. 4 PsychKHG Hess.

sich überwiegend darin ausdrückt, dass unmittelbarer Zwang nur zulässig ist, wenn[185] und solange[186] bzw. soweit[187] bzw. soweit und solange[188] er erforderlich ist. Die Maßnahmen müssen darüber hinaus im Verhältnis zu ihrem Zweck stehen und dürfen die Person nicht länger als notwendig beeinträchtigen.[189] Es ist darüber hinaus aus mehreren zur Verfügung stehenden Maßnahmen diejenige zu wählen, die den Einzelnen und die Allgemeinheit bzw. Dritte am wenigsten beeinträchtigt.[190] Unmittelbarer Zwang hat überwiegend dann zu unterbleiben, wenn der erwartete Schaden erkennbar außer Verhältnis zu dem angestrebten Erfolg steht.[191]

### 4. Freiheitsentziehende Maßnahmen während der Unterbringung

Ganz überwiegend enthalten die Landesgesetze zudem Vorgaben für die Anwendung „(besonderer) Sicherungsmaßnahmen"[192] bzw. „besonderer Schutz- und Sicherheitsmaßnahmen"[193]. Hierunter fallen auch oder ausschließlich mit einer Einschränkung der Fortbewegungsfreiheit[194] verbundene

---

185 Art. 30 Abs. 1 PsychKHG Bay; § 30 Abs. 1 PsychKHG Saar.

186 § 28 Abs. 1 PsychKHG Rh-Pf; § 30 Abs. 1 PsychKHG Saar.

187 § 80 Abs. 1 S. 1 PsychKG Berl; § 12 Abs. 3 PsychKG Nds; § 11 Abs. 4 PsychKG S-A; ähnlich § 22 Abs. 4 PsychKG M-V: soweit es die Durchführung der Maßnahmen nach diesem Gesetz gebietet.

188 § 22 Abs. 1 PsychKHG Hess.

189 Art. 5 Abs. 2 S. 2, 3, 4 PsychKHG Bay; § 19 Abs. 2 S. 2 PsychKHG B-W; § 22 Abs. 4 S. 1 PsychKHG Hess.

190 § 80 Abs. 5 S. 1 PsychKG Berl; § 22 Abs. 4 S. 1 PsychKHG Hess; § 28 Abs. 4 PsychKHG Rh-Pf; § 16 Abs. 4 S. 1 PsychKG Thür.

191 Art. 5 Abs. 2 S. 2, 4 PsychKHG Bay; § 80 Abs. 5 S. 2 PsychKG Berl; § 22 Abs. 4 S. 2 PsychKHG Hess; § 28 Abs. 4 S. 2 PsychKHG Rh-Pf; § 16 Abs. 4 S. 1 PsychKG Thür.

192 § 25 Abs. 1 PsychKHG B-W; Art. 29 PsychKHG Bay; § 39 PsychKG Berl; § 21 PsychKG Bbg; § 39 BremPsychKG; § 21 PsychKHG Hess; § 21 PsychKG M-V; § 21c PsychKG Nds; § 20 PsychKG NRW; § 27 PsychKHG Rh-Pf; § 28 PsychKHG Saar, § 34 f. PsychKG Sachs; § 26 f. PsychKG S-A; § 28 PsychHG Schl-H.

193 § 14 PsychKG Thür.

194 So ausdrücklich in § 21 Abs. 1 S. 2 Nr. 5, 6 PsychKHG Hess und § 21 Abs. 1 PsychKG NRW, sowie die gesonderten Regelungen für freiheitsentziehende Sicherungsmaßnahmen §35 PsychKG Sachs; s.a. 16. Bericht des Ausschusses für Angelegenheiten der psychiatrischen Krankenversorgung in Niedersachsen für das Jahr 2000, Landtagsdrucksache 14/2599, S. 10.

Maßnahmen wie die Absonderung in einen besonders gesicherten Raum,[195] Fixierungen[196], mitunter in Kombination mit einer ärztlichen Sedierung[197], Fesselung[198], das Festhalten, mitunter anstelle von Fixierungen[199], die Ruhigstellung durch Medikamente,[200] die in ihrem Zweck und ihren Auswirkungen einer Fixierung gleichkommt,[201] oder sonstige (mechanische) Einschränkungen der Bewegungsfreiheit.[202] In Hamburg sind dagegen ganz konkret allein, in Bremen gesondert Fixierungen geregelt.[203]

Damit eine entsprechende Sicherungsmaßnahme angewendet werden darf, muss ebenfalls eine Gefährdungslage vorliegen. Die Maßnahmen werden mitunter dann für zulässig gehalten, wenn sie für den Zweck der Unterbringung unerlässlich sind[204] oder eine erhebliche Störung[205] oder gegenwärtige erhebliche Gefahr[206] für die Sicherheit oder Ordnung der Einrichtung

---

[195] § 25 Abs. 2 PsychKHG B-W; Art. 29 Abs. 2 Nr. 7 PsychKHG Bay; § 39 Abs. 2 S. 1 PsychKG Berl; § 21 Abs. 2 PsychKG Bbg; § 39 Abs. 1 Nr. 3 BremPsychKG; § 21 Abs. 1 S. 2 Nr. 2 PsychKHG Hess; § 21 Abs. 2 Nr. 3 PsychKG M-V; § 21c Abs. 1 PsychKG Nds; § 21 Abs. 1 PsychKG NRW; § 27 Abs. 1 Nr. 4 PsychKHG Rh-Pf; § 28 Abs. 1 Nr. 2 PsychKHG Saar; § 34 Abs. 2 Nr. 6 PsychKG Sachs; § 26 Abs. 1 Nr. 4 PsychKG S-A; § 28 Abs. 3 Nr. 1 PsychHG Schl-H; § 14 Abs. 1 PsychKG Thür.

[196] § 25 Abs. 2 PsychKHG B-W; Art. 29 Abs. 2 Nr. 2 PsychKHG Bay; § 39 Abs. 2 S. 1 PsychKG Berl; § 21 Abs. 2 PsychKG Bbg; § 18 PsychKG Hmb; § 21 Abs. 1 S. 2 Nr. 5 PsychKHG Hess; § 21 Abs. 2 Nr. 5 PsychKG M-V; § 21c Abs. 1 PsychKG Nds; § 21 Abs. 1 PsychKG NRW; § 27 Abs. 1 Nr. 6 PsychKHG Rh-Pf; § 28 Abs. 3 PsychKHG Saar; § 34 Abs. 2 Nr. 9 PsychKG Sachs; § 27 PsychKG S-A; § 28 Abs. 3 Nr. 3 PsychHG Schl-H (nicht umfasst ist die 1-Punkt-Fixierung zur Sicherstellung einer somatischen Behandlung); § 14 Abs. 1 PsychKG Thür.

[197] § 39 Abs. 2 S. 1 PsychKG Berl; § 21 Abs. 2 PsychKG Bbg; § 21c Abs. 1 PsychKG Nds.

[198] § 21 Abs. 2 Nr. 4 PsychKG M-V; § 34 Abs. 2 Nr. 8 PsychKG Sachs; § 14 Abs. 1 PsychKG Thür.

[199] § 25 Abs. 2 PsychKHG B-W; § 21 Abs. 1 PsychKG NRW; § 34 Abs. 2 Nr. 7 PsychKG Sachs; § 26 Abs. 1 Nr. 3 PsychKG S-A.

[200] § 21 Abs. 2 PsychKG Bbg; § 21c Abs. 1 PsychKG Nds; § 28 Abs. 3 Nr. 2 PsychHG Schl-H.

[201] § 21 Abs. 2 PsychKG Bbg.

[202] Art. 29 Abs. 2 Nr. 2 PsychKHG Bay; § 21 Abs. 2 PsychKG Bbg; § 18 Abs. 5 PsychKG Hmb; § 21 Abs. 1 S. 2 Nr. 6 PsychKHG Hess; § 21c Abs. 1 PsychKG Nds; § 27 Abs. 1 Nr. 5 PsychKHG Rh-Pf; § 28 Abs. 1 Nr. 4 PsychKHG Saar; § 27 PsychKG S-A; s.a. in § 34 Abs. 2 Nr. 8 PsychKG Sachs.

[203] § 40 BremPsychKG; § 18 PsychKG Hmb.

[204] § 34 Abs. 1 PsychKG Sachs.

[205] Art. 29 Abs. 4 PsychKHG Bay (keine Fixierungen); § 34 Abs. 1 PsychKG Sachs.

[206] § 25 Abs. 1 PsychKHG B-W.

vermeiden oder beseitigen. Überwiegend wird eine (gegenwärtige) erhebliche Selbstgefährdung[207] oder eine Fremdgefährdung[208] gefordert. Erstere soll etwa vorliegen bei einer gegenwärtigen – mitunter zudem erheblichen[209] – Gefahr, dass die untergebrachte Person sich selbst tötet[210], ernsthaft oder erheblich verletzt[211] oder ihre eigene Gesundheit anders (schwerwiegend[212] oder erheblich[213]) schädigt[214] oder wenn sonst eine erhebliche[215], gegenwärtige[216] bzw. erhöhte[217] Gefahr für das Leben oder die Gesundheit der untergebrachten Person besteht. Eine Fremdgefährdung soll etwa in der gegenwärtigen Gefahr liegen, dass die betroffene Person gewalttätig wird[218] und sich diese Gewalttätigkeit gegen Personen[219] und/oder Sachen richtet[220] bzw. andere Personen oder Sachen erheblichen Wertes schädigt.[221] Überwiegend sind die Maßnahmen auch bei einer gegenwärtigen bzw. erheblichen Gefahr für

---

207 § 25 Abs. 1 PsychKHG B-W; § 39 Abs. 1 PsychKG Bre; § 21 Abs. 1 S. 1 PsychKHG Hess; § 20 Abs. 1 PsychKG NRW; § 27 Abs. 1 PsychKHG Rh-Pf; § 28 Abs. 1 PsychKHG Saar; § 34 Abs. 2 PsychKG Sachs; § 14 Abs. 1 PsychKG Thür; § 26 Abs. 2 Nr. 1 PsychKG S-A.

208 § 39 BremPsychKG; § 21 Abs. 1 S. 1 PsychKHG Hess; § 27 PsychKHG Rh-Pf; § 28 Abs. 1 PsychKHG Saar; § 34 Abs. 2 PsychKG Sachs; § 26 Abs. 2 Nr. 2 PsychKG S-A; § 14 Abs. 1 PsychKG Thür.

209 § 21 Abs. 1 PsychKG Bbg; § 21 Abs. 1 S. 1 PsychKHG Hess; § 26 Abs. 2 Nr. 1 PsychKG S-A.

210 Art. 29 Abs. 1 PsychKHG Bay; § 39 Abs. 1 S. 1 PsychKG Berl; § 21 Abs. 1, 4 PsychKG Bbg; § 39 Abs. 1 BremPsychKG; § 18 Abs. 1 S. 1 PsychKG Hmb; § 27 Abs. 1 PsychKHG Rh-Pf; § 26 Abs. 2 Nr. 1 PsychKG S-A; § 28 Abs. 1 PsychHG Schl-H.

211 Art. 29 Abs. 1 PsychKHG Bay; § 21 Abs. 1, 4 PsychKG Bbg; § 39 Abs. 1 BremPsychKG; § 18 Abs. 1 S. 1 PsychKG Hmb; § 34 Abs. 2 PsychKG Sachs; § 28 Abs. 1 PsychHG Schl-H.

212 § 26 Abs. 2 Nr. 1 PsychKG S-A.

213 § 27 Abs. 2 PsychKHG Rh-Pf.

214 § 39 Abs. 1 S. 1 PsychKG Berl; § 27 Abs. 1 PsychKHG Rh-Pf; § 26 Abs. 2 Nr. 1 PsychKG S-A.

215 § 21 Abs. 1 S. 1 PsychKHG Hess; § 21c Abs. 2 PsychKG Nds; § 28 Abs. 1 PsychKHG Saar; § 14 PsychKG Thür.

216 § 21 Abs. 1 S. 1 PsychKHG Hess; § 21 Abs. 1 PsychKG M-V; § 21c Abs. 2 PsychKG Nds; § 28 Abs. 1 PsychKHG Saar; § 14 PsychKG Thür.

217 § 21 Abs. 4 PsychKG Bbg

218 § 39 Abs. 1 BremPsychKG; § 18 Abs. 1 S. 1 PsychKG Hmb; § 26 Abs. 2 Nr. 2 PsychKG S-A.

219 § 21 Abs. 4 PsychKG Bbg; § 39 Abs. 1 BremPsychKG; § 28 Abs. 1 PsychHG Schl-H.

220 Art. 29 Abs. 1 PsychKHG Bay; § 39 Abs. 1 BremPsychKG.

221 § 26 Abs. 2 Nr. 2 PsychKG S-A.

bedeutende Rechtsgüter[222], etwa das Leben oder die Gesundheit[223] Dritter zulässig. Unabhängig von einer unmittelbaren Selbst- oder Fremdgefährdung sind die Maßnahmen zum Teil zur Sicherung von Entweichungen vorgesehen.[224] Vereinzelt sind Fesselungen darüber hinaus während der Ausführung, der Vorführung oder des Transports vorgesehen, wenn ein erhöhtes Entweichungsrisiko besteht.[225] In Niedersachsen sind Fixierungen unter gleichzeitiger Anwendung von Medikamenten nur zur Abwehr einer gegenwärtigen erheblichen Gefahr für das Leben oder die Gesundheit eines Dritten zulässig.[226] In Bremen ist eine Fixierung nur zur Abwendung einer gegenwärtigen erheblichen Gefahr für das Leben oder die Gesundheit der untergebrachten Person oder anderer Personen zulässig.[227] Differenzierte Gründe für die Einschränkung der Bewegungsfreiheit durch mechanische Vorrichtungen, insbesondere durch Fixierungen, sieht auch das PsychKHG Bayern vor: sie sind nur zulässig, wenn und solange die gegenwärtige Gefahr besteht, dass die untergebrachte Person gegen Personen gewalttätig wird oder sich selbst verletzt oder tötet.[228] In Sachsen dürfen freiheitsentziehende Sicherungsmaßnahmen, das heißt solche, bei denen aufgrund ihrer Dauer oder Intensität eine erhebliche, überwiegende oder vollständige Aufhebung der körperlichen Bewegungsfreiheit eintritt, nur angewandt werden, wenn und solange sie zur Abwendung einer gegenwärtigen erheblichen Gefahr

---

222 § 25 Abs. 1 PsychKHG B-W; § 39 Abs. 1 S. 1 PsychKG Berl; § 21 Abs. 1 S. 1 PsychKHG Hess; § 21 Abs. 1 PsychKG M-V; § 20 Abs. 1 PsychKG NRW; § 27 Abs. 1 PsychKHG Rh-Pf; § 34 Abs. 2 PsychKG Sachs; § 14 Abs. 1 PsychKG Thür.

223 § 21 Abs. 1 PsychKG Bbg; § 21 Abs. 1 S. 1 PsychKHG Hess; § 21 Abs. 1 PsychKG M-V; § 21c Abs. 2 PsychKG Nds; § 28 Abs. 1 PsychKHG Saar (für sonstige Rechtsgüter ist nur die Unterbringung in einem besonders gesicherten Raum zulässig); § 14 PsychKG Thür.

224 § 25 Abs. 1 PsychKHG B-W; Art. 29 Abs. 1, 4 PsychKHG Bay; § 39 Abs. 1 S. 1 PsychKG Berl; § 21 Abs. 1 PsychKG M-V; § 27 Abs. 1 PsychKHG Rh-Pf; § 34 Abs. 1 PsychKG Sachs; § 26 Abs. 2 Nr. 3 PsychKG S-A (kein Fixierung oder Einschränkung der Bewegungsfreiheit durch mechanische Mittel).

225 Art. 29 Abs. 5 PsychKHG Bay; § 21 Abs. 2 PsychKHG Hess; § 28 Abs. 2 PsychKHG Saar (nur Unterbringung in einem besonders gesicherten Raum); § 14 Abs. 1 PsychKG Thür (unklar ob zusätzlich eine Selbst- oder Fremdgefährdung vorliegen muss).

226 § 21c Abs. 2 S. 2 PsychKG Nds.

227 § 40 Abs. 2 BremPsychKG.

228 Art. 29 Abs. 3 S. 1 PsychKHG Bay.

von Gewalttätigkeiten gegen Personen oder der Selbsttötung oder Selbstverletzung unerlässlich sind.[229]

Soll eine entsprechende Maßnahme vorgenommen werden, bedarf es überwiegend einer ärztlichen Anordnung.[230] In Niedersachsen ist die Anordnung von Fixierungen der ärztlichen Leitung,[231] in Bayern die Anordnung aller Sicherungsmaßnahmen der fachlichen Leitung,[232] in Sachsen bei Sicherungsmaßnahmen mit Auswirkungen auf die Fortbewegungsfreiheit der ärztlichen Leitung des Krankenhauses, sonst dem diensthabenden Arzt,[233] in Thüringen dem Chefarzt[234] vorbehalten. Überwiegend kann in diesen Fällen bei Gefahr im Verzug eine Maßnahme auch durch die anderen Mitarbeiter der Einrichtung angeordnet bzw. ohne Anordnung vorgenommen werden – die ärztliche Entscheidung ist dann unverzüglich nachzuholen.[235] Zum Teil ist die Anwendung der Maßnahmen dem Betroffenen vorher anzudrohen[236] bzw. anzukündigen[237] und ihm gegenüber zu begründen[238].

Alle Landesgesetze bestimmen für die die Fortbewegungsfreiheit einschränkenden Sicherungsmaßnahmen, insbesondere wenn diese länger

---

229 § 35 PsychKG Sachs; die Abgrenzung zu der schon unter den allgemeinen Voraussetzungen für Sicherungsmaßnahmen zulässigen Fixierung, Fesselung, Festhalten, Unterbringung in einem Kriseninterventionsraum, Bettgittern etc. erscheint schwierig und unklar.

230 § 25 Abs. 3 PsychKHG B-W; § 39 Abs. 1 S. 2 PsychKG Berl; § 21 Abs. 1 S. 2 PsychKG Bbg; § 39 Abs. 2, 40 Abs. 3 BremPsychKG; § 18 Abs. 2 S. 1 PsychKG Hmb; § 21 Abs. 3 PsychKG M-V; § 20 Abs. 3 S. 3 PsychKG NRW; § 28 Abs. 8 PsychKHG Saar; § 26 Abs. 3, 27 Abs. 2 PsychKG S-A; § 28 Abs. 1 S. 2 i. V. m. § 27 Abs. 4 PsychHG Schl-H..

231 § 21c Abs. 3 S. 2 PsychKG Nds.

232 Art. 9 Abs. 1 Nr. 8 PsychKHG Bay, diese kann die Befugnis allerdings auf Beschäftigte übertragen, die über die hierfür erforderlichen Fähigkeiten verfügen, Abs. 2 S. 1 – ist die fachliche Leitung nicht erreichbar darf die Entscheidung vom für diese Fälle beauftragten ärztlichen Personal getroffen werden, Abs. 3 S. 1.

233 § 34 Abs. 4 PsychKG Sachs.

234 § 14 Abs. 2 PsychKG Thür, im Verhinderungsfall dem Stellvertreter.

235 Art. 9 Abs. 3 S. 2–4 PsychKHG Bay; § 21 Abs. 1 S. 2 PsychKG Bbg; § 39 Abs. 2 BremPsychKG (nicht für Fixierungen); § 18 Abs. 2 S. 1 PsychKG Hmb; § 21 Abs. 3 PsychKG M-V.

236 § 21 Abs. 1 S. 3 PsychKG Bbg; § 40 Abs. 4 BremPsychKG.

237 Art. 29 Abs. 3 S. 3 PsychKHG Bay (für Fixierungen); § 21 Abs. 1 S. 3 PsychKHG Hess; § 20 Abs. 3 PsychKG NRW; § 28 Abs. 5 PsychKHG Saar; § 34 Abs. 3 PsychKG Sachs; § 28 Abs. 1 S. 2 i. V. m. § 27 Abs. 3 PsychHG Schl-H; § 14 Abs. 2 PsychKG Thür.

238 § 14 Abs. 2 PsychKG Thür.

andauern oder wiederholt vorgenommen werden sollen, weitere Verfahrensvoraussetzungen. So erfordert eine Absonderung in einen Raum, die mehr als einen Tag andauert, in Rheinland-Pfalz der Zustimmung der Aufsichtsbehörde.[239] Die Zustimmung der ärztlichen Leitung des Krankenhauses bedarf es in Hamburg für Fixierungen, die über 12 Stunden hinaus andauern oder nach weniger als 12 Stunden erneut angeordnet werden.[240] In Nordrhein-Westfalen bedürfen Fixierungen, die absehbar nicht nur kurzfristig oder wiederholt vorgenommen werden, bei minderjährigen Personen der vorherigen Zustimmung der sorgeberechtigten Person – für einen erwachsenen Untergebrachten ist an dieser Stelle eine gerichtliche Genehmigung der Maßnahme erforderlich.[241] In Berlin ist für alle genannten, die Fortbewegungsfreiheit beschränkenden Maßnahmen eine richterliche Genehmigung unabhängig vom Alter der betroffenen Person erforderlich, wenn die Maßnahme die Dauer von 18 Stunden übersteigt oder wenn sie regelmäßig wiederkehrend angeordnet wird.[242] In Niedersachsen ist bei Fixierungen unverzüglich nach deren Beginn durch die ärztliche Leitung eine gerichtliche Entscheidung über die Zulässigkeit der Maßnahme herbeizuführen.[243] In Bayern ist eine gerichtliche Genehmigung allgemein für Maßnahmen einzuholen, bei denen über einen längeren Zeitraum oder regelmäßig die Freiheit entzogen werden soll.[244] In Bremen, Hamburg, Hessen, Mecklenburg-Vorpommern, Rheinland-Pfalz, dem Saarland, Sachsen, Schleswig-Holstein und Thüringen bedarf die nicht nur kurzfristige Fixierung einer grundsätzlich vorherigen richterlichen Genehmigung,[245] in Hamburg und Hessen allerdings nur dann, wenn sämtliche Gliedmaßen fixiert werden. Der Begriff der Kurzfristigkeit wird zum Teil explizit an einen Zeitraum von 30 Minuten angeknüpft.[246] In Hessen,

---

[239] § 27 Abs. 3 S. 2 PsychKHG Rh-Pf.
[240] § 18 Abs. 2 S. 4 PsychKG Hmb.
[241] § 20 Abs. 2 PsychKG NRW.
[242] § 39 Abs. 5 S. 2 PsychKG Berl.
[243] § 21c Abs. 25 PsychKG Nds.
[244] § 20 Abs. 6 PsychKHG Bay.
[245] § 40 Abs. 4 BremPsychKG; § 18 Abs. 4 PsychKG Hmb; § 21 Abs. 3 PsychKHG Hess; § 21 Abs. 6 PsychKG M-V; § 27 Abs. 5 PsychKHG Rh-Pf; § 28 Abs. 7 PsychKHG Saar; § 35 Abs. 2 PsychKG Sachs; § 28 Abs. 5 PsychHG Schl-H; § 14 Abs. 3 PsychKG Thür.
[246] § 21 Abs. 3 PsychKHG Hess; § 21 Abs. 6 PsychKG M-V; § 27 Abs. 5 PsychKHG Rh-Pf; § 28 Abs. 7 PsychKHG Saar; § 14 Abs. 3 PsychKG Thür.

Rheinland-Pfalz, dem Saarland und Sachsen bedarf darüber hinaus eine sonstige Einschränkung der Bewegungsfreiheit, die über einen längeren Zeitraum oder regelmäßig erfolgt, der richterlichen Genehmigung – im Saarland und in Sachsen ist diese auch für die Unterbringung in einem besonders gesicherten Raum erforderlich, in Hessen und Rheinland-Pfalz gerade nicht.[247] Der Begriff des längeren Zeitraums wird zum Teil explizit an eine Dauer von 24 Stunden angeknüpft.[248] In Sachsen-Anhalt ist richterliche Genehmigung für Fixierungen und jede Einschränkung der Bewegungsfreiheit durch mechanische Mittel erforderlich, worunter das Festhalten und die Absonderung in einen Raum hingegen nicht zählen; absehbar kurzfristige Maßnahmen können von dem zuständigen Arzt mit Einwilligung eines weiteren Arztes angeordnet werden.[249] In Baden-Württemberg ist ebenfalls eine freiheitsentziehende Fixierung genehmigungspflichtig, nicht aber die weiteren zulässigen Maßnahmen – etwa das Festhalten statt einer Fixierung oder die Absonderung in einen separaten Raum.[250] Auch in Brandenburg ist eine grundsätzlich im Voraus einzuholende richterliche Genehmigung bei allen freiheitsentziehenden Maßnahmen erforderlich, die die Dauer von einer halben Stunde überschreiten.[251]

Die Anwendung der Sicherungsmaßnahme hat sich darüber hinaus am Grundsatz der Verhältnismäßigkeit zu orientieren. Dies ergibt sich – neben der allgemeinen Orientierung aller gegenüber dem Untergebrachten vorgenommener Maßnahmen – an der Einschränkung, dass die Maßnahme nur zulässig ist, soweit bzw. wenn und solange der die Maßnahme begründenden Gefahr nicht mit anderen, weniger eingreifenden Mitteln begegnet werden kann.[252] Sie darf zudem nur aufrecht erhalten werden, solange ihr Zweck

---

247 § 21 Abs. 6 PsychKHG Hess; § 27 Abs. 4 PsychKHG Rh-Pf; § 28 Abs. 6 PsychKHG Saar, § 35 Abs.2 PsychKG Sachs.

248 § 27 Abs. 5 PsychKHG Rh-Pf; § 35 Abs.2 PsychKG Sachs.

249 § 27 Abs. 3 PsychKG S-A: eine Maßnahme ist auch hier kurzfristig, wenn sie absehbar die Dauer von einer halben Stunde unterschreitet.

250 § 25 Abs. 5 PsychKHG B-W.

251 § 21 Abs. 5 PsychKG Bbg.

252 § 21 Abs. 1 PsychKHG B-W; Art. 5 Abs. 2 S. 1, 4 PsychKHG Bay; § 39 Abs. 1 S. 1, Abs. 3 S. 1 PsychKG Berl; § 21 Abs. 1 PsychKG Bbg; §§ 39 Abs. 1, 40 Abs. 2 BremPsychKG; § 18 Abs. 1 S. 1 PsychKG Hmb; § 21 Abs. 1 PsychKHG Hess; § 21 Abs. 1 PsychKG M-V; § 21c Abs. 2 PsychKG Nds; § 21 Abs. 1 S. 2 PsychKG NRW; § 27 Abs. 1 PsychKHG

es erfordert.[253] Vereinzelt ist geregelt, dass von mehreren möglichen Sicherungsmaßnahmen die anzuwenden ist, die am wenigsten in die Rechte des Betroffenen eingreift,[254] bzw. die den Patienten voraussichtlich nicht mehr als unvermeidbar beeinträchtigt[255] oder eine Maßnahme dann zu unterbleiben hat, wenn der zu erwartende Schaden bzw. die zu erwartende Beeinträchtigung erkennbar außer Verhältnis zu dem angestrebten Erfolg bzw. Nutzen steht.[256] Die Maßnahmen sind zudem überwiegend zu befristen[257] und ständig auf ihre Zulässigkeit hin zu überprüfen.[258]

## V. Besonderheit für die Unterbringung von Kindern

### 1. Allgemein

Wie schon eingangs festgestellt, ist auch nach den Landesgesetzen eine öffentlich-rechtliche Unterbringung psychisch kranker Kinder und Jugendlicher möglich.[259] Die Berücksichtigung der in dieser Patientengruppe besonderen Bedürfnisse lässt sich – wie für alle Patienten – aus dem allgemeinen

---

Rh-Pf; § 28 Abs. 1 PsychKHG Saar; §§ 34 Abs. Abs. 1, 35 Abs. 1 PsychKG Sachs; § 26 Abs. 2, 27 Abs. 1 PsychKG S-A; § 28 Abs. 2 PsychHG Schl-H; § 14 Abs. 1 PsychKG Thür.

253 Art. 5 Abs. 2 S. 3, 4 PsychKHG Bay; § 39 Abs. 1 S. 1 PsychKG Berl; § 18 Abs. 1 S. 1 PsychKG Hmb; § 21 Abs. 6 PsychKHG Hess; § 34 Abs. 5 PsychKG Sachs; § 26 Abs. 2 PsychKG S-A; § 14 Abs. 5 PsychKG Thür.

254 § 20 Abs. 1 S. 3 PsychKG NRW; § 27 Abs. 5 PsychKHG Rh-Pf: eine Fixierung darf nur als letztes Mittel eingesetzt werden; § 40 Abs. 2 BremPsychKG: eine Fixierung ist nur zulässig, wenn weniger eingreifende Maßnahmen nicht in Betracht kommen; § 35 Abs. 1 PsychKG Sachs lässt sich der Vorrang sonstiger Sicherungsmaßnahmen vor freiheitsentziehenden Sicherungsmaßnahmen entnehmen.

255 § 14 Abs. 1 PsychKG Thür.

256 Art. 5 Abs. 2 S. 2, 4 PsychKHG Bay; § 27 Abs. 1 PsychKG S-A; § 28 Abs. 2 PsychHG Schl-H, § 14 Abs. 1 PsychKG Thür.

257 § 25 Abs. 3 PsychKHG B-W; § 39 Abs. 3 S. 2 PsychKG Berl; § 21 Abs. 3 PsychKG Bbg; §§ 39 Abs. 2, 40 Abs. 3 BremPsychKG; § 18 Abs. 2 S. 1 PsychKG Hmb; § 21 Abs. 3 PsychKG M-V; § 20 Abs. 3 S. 4 PsychKG NRW; § 27 Abs. 3 PsychKHG Rh-Pf; § 28 Abs. 8 PsychKHG Saar; § 34 Abs. 5 PsychKG Sachs; § 26 Abs. 2 PsychKG S-A; § 28 Abs. 1 S. 2 i. V. m. § 27 Abs. 4 S. 1 PsychHG Schl-H; § 14 Abs. 2 PsychKG Thür.

258 § 25 Abs. 3 PsychKHG B-W; § 39 Abs. 3 S. 2 PsychKG Berl; § 21 Abs. 3 PsychKG Bbg; § 21 Abs. 4 PsychKG M-V; § 21c Abs. 3 S. 4, Abs. 6 PsychKG Nds; § 20 Abs. 3 S. 4 PsychKG NRW; § 26 Abs. 2 PsychKG S-A; § 28 Abs. 1 S. 2 i. V. m. § 27 Abs. 4 S. 2 PsychHG Schl-H.

259 *Beermann*, FPR 2011, 535, 537; *Salgo*, FPR 2011, 546.

Fürsorgegrundsatz herleiten, der vielfach in den Landesgesetzen zu finden ist.[260] Danach ist auf den Zustand, die Persönlichkeit, die individuelle Situation bzw. das Befinden des Betroffenen und seine Bedürfnisse besonders Rücksicht zu nehmen und die persönliche Integrität, Persönlichkeitsrechte, die individuelle Autonomie, der Wille und die Würde sind zu wahren.[261] In Hamburg und Schleswig-Holstein ist zudem explizit geregelt, dass bei der Gewährung von Hilfen an Kinder und Jugendliche deren besondere Bedürfnisse zu berücksichtigen sind.[262] Mitunter ist vorgesehen, dass die Sorgeberechtigten bzw. die gesetzlichen Vertreter[263] und vereinzelt auch das Jugendamt[264] in die Gewährung von Hilfen einzubeziehen sind. Letzteres ist in Bayern bei einer akuten Fremd- oder Selbstgefährdung umgehend zu verständigen, wenn die Sorgeberechtigten nicht rechtzeitig zu erreichen oder verhindert sind.[265]

Hinsichtlich der Unterbringung von Kindern und Jugendlichen ist größtenteils[266] vorgesehen, dass diese vorrangig in speziellen Einrichtungen oder Abteilungen bzw. entsprechend der Störung, der Eigenart und Schwere der Krankheit und dem Entwicklungsstand des Betroffenen gesondert erfolgen soll.[267] In Brandenburg ist zudem der Verhältnismäßigkeitsgrundsatz für Sicherungsmaßnahmen bei Minderjährigen explizit festgeschrieben und die Absonderung in einen gesonderten Raum sowie Fixierungen in der Regel

---

260 Auf einen solchen verzichtet in der Allgemeinheit das PsychKG Hmb.

261 § 2 PsychKHG B-W; § 2 Abs. 1 PsychKG Berl, sowie speziell für die Unterbringung §§ 17, 18 Abs. 2 PsychKG Berl; § 2 Abs. 1 PsychKG Bbg; § 2 BremPsychKG; § 2 PsychKHG Hess; § 2 PsychKG M-V; § 2 Abs. 1 PsychKG Nds; § 2 Abs. 1 PsychKG NRW; § 2 Abs. 1 PsychKHG Rh-Pf; § 2 PsychKHG Saar; § 2 PsychKG S-A; § 1 Abs. 3, 12 PsychHG Schl-H; § 2 PsychKG Thür.

262 § 3 PsychKG Hmb; § 1 Abs. 6 PsychHG Schl-H

263 Art. 1 Abs. 4 S. 1 PsychKHG Bay; § 3 S. 3 PsychKG Bbg; § 3 Abs. 3 PsychKHG Rh-Pf.

264 § 3 S. 3 PsychKG Bbg.

265 Art. 1 Abs. 4 S. 2 PsychKHG Bay.

266 Keine Regelungen treffen insofern das BremPsychKG, das PsychKG Hmb, das PsychKG NRW und das PsychKG S-A.

267 § 19 Abs. 3 S. 1, 2 PsychKHG B-W; Art. 8 Abs. 1 S. 2 PsychKG Bay; § 18 Abs. 4 S. 3 PsychKG Berl; § 10 Abs. 1 PsychKG Bbg; § 30 Abs. 2 BremPsychKG; § 10 Abs. 2 PsychKHG Hess; § 12 Abs. 2 S. 4 PsychKG M-V; § 15 Abs. 1 S. 1 PsychKG Nds; § 14 Abs. 3 S. 2 PsychKHG Rh-Pf; § 13 Abs. 1 S. 2, Abs. 4 S. 2 PsychKHG Saar; § 27 Abs. 3 PsychKG Sachs; § 12 Abs. 4 PsychHG Schl-H; § 13 Abs. 4 PsychKG Thür.

nur für eine Stunde zulässig.[268] Vereinzelt ist zudem festgehalten, dass bei allen Maßnahmen auf das Alter Rücksicht genommen werden muss[269] oder der regelmäßig zu erstellende Behandlungsplan unter Berücksichtigung unter anderem des Alters des Patienten erstellt werden soll.[270] In NRW soll gar eine altersgerechte Einbeziehung des Minderjährigen in die Erstellung des Behandlungsplans erfolgen.[271]

Nach dem PsychKG Niedersachsen erhalten Kinder und Jugendliche zudem die notwendige Beschulung und Erziehung[272] und auch nach dem PsychKG Brandenburg muss den untergebrachten Personen, die keinen Schulabschluss erreicht haben, die Möglichkeit eines angemessenen Unterrichts gegeben werden[273] – aufgrund der allgemeinen Schulpflicht wird dies für die meisten Kinder ohnehin notwendig sein, soweit nicht krankheitsbedingte Gründe dagegensprechen.

Neben den für die Hilfen vielfach einzurichtenden Psychiatrischen Diensten ist vereinzelt die Einrichtung Kinder- und Jugendpsychiatrischer Dienste bzw. einer kinder- und jugendpsychiatriespezifischen Besuchskommission oder der Einsatz von kinder- und jugendpsychiatrieerfahrenen Personen innerhalb der Besuchskommission vorgesehen, bzw. wird angeregt.[274] Für Einrichtungen, in denen Minderjährige untergebracht sind, ergeben sich zudem vereinzelt besondere Besuchs- und Berichtspflichten.[275]

Darüber hinaus berücksichtigen die Landesgesetze selten Besonderheiten im Verfahren wie etwa die Erteilung des im Rahmen des Unterbringungsantrags notwendigen Sachverständigengutachtens[276], die Zuständigkeit des

---

268 § 21 Abs. 3 S. 4 PsychKG Bbg.

269 Art. 6 Abs. 2 PsychKHG Bay.

270 § 29 Abs. 2 S. 1 PsychKG Berl; § 25 Abs. 4 BremPsychKG; § 17 Abs. 2 PsychKG M-V.

271 § 18 Abs. 2 S. 3 PsychKG NRW.

272 § 19 Abs. 3 S. 5 PsychKG Nds.

273 § 30 PsychKG Bbg.

274 § 6 Abs. 2, § 13 Abs. 2 Nr. 7 PsychKG Berl; § 2a PsychKG Bbg; § 13 Abs. 2 S. 1 PsychKHG Hess; § 7 Abs. 1 S. 4 PsychKG Nds; § 15 PsychKHG Rh-Pf; § 3 Abs. 3 S. 2, §§ 4 Abs. 4, 6, 13 Abs. 3, 14 Abs. 1 PsychKG Sachs; § 7 S. 4 PsychKHG B-W: „Der besondere Kooperationsbedarf im Rahmen der kinder- und jugendpsychiatrischen Versorgung soll berücksichtigt werden"; unklar: § 5 Abs. 1 letzter HS PsychKHG Hess.

275 § 13 Abs. 8 S. 4 PsychKG Berl.

276 § 12 S. 2 PsychKG Nds; § 15 Abs. 2 S. 2 PsychKHG B-W; § 17 Abs. 2 S. 3 PsychKHG Rh-Pf: erforderlich ist ein Gesundheitszeugnis durch einen Facharzt oder eine

Familiengerichts[277], die Einbeziehung bzw. Benachrichtigung des Jugendamts in bestimmten Situationen[278] oder (sonstiger) Besonderheiten für Minderjährige aus dem FamFG[279]. Aus § 167 Abs. 6 FamFG ergibt sich zudem für Kinder gegenüber der Unterbringung nach §§ 1631b BGB die Besonderheit, dass ein Gutachten eines in Fragen der Heimerziehung ausgewiesenen Psychotherapeuten, Psychologen, Pädagogen oder Sozialpädagogen nicht ausreicht.

## 2. Die Rolle der Sorgeberechtigten bei der öffentlich-rechtlichen Unterbringung des Kindes

### *a. Entgegenstehender Wille als Unterbringungsvoraussetzung*

Für Kinder und Jugendliche besteht zunächst die Besonderheit, dass entgegen der schon festgestellten Definition[280] ganz überwiegend nicht auf den entgegenstehenden Willen der betroffenen Person abgestellt wird. Vielmehr soll – wie dieses mitunter formuliert wird – der Wille desjenigen maßgeblich sein, dem die Personensorge, konkret das Aufenthaltsbestimmungsrecht, obliegt.[281] Dies hieße, dass eine Unterbringung nach den Landesgesetzen nur bei einer Einweisung des Kindes oder Jugendlichen gegen den Willen des Aufenthaltsbestimmungsberechtigten vorliegt.[282] Allerdings ist die Anwendung einer öffentlich-rechtlichen Unterbringung vielfach nicht hierauf beschränkt. Vielmehr soll sie auch dann vorliegen bzw. möglich sein, wenn die Maßnahme ohne Zustimmung bzw. Einwilligung der personensorgeberechtigten Person

---

Fachärztin für Kinder- und Jugendpsychiatrie und -psychotherapie. Wie zuvor dargelegt wird hingegen ein ärztliches Zeugnis nicht ausreichen, es bedarf vielmehr eines Sachverständigengutachtens.

277 §§ 17 Abs. 1, 18 Abs. 3, 27 Abs. 1, 28 PsychKG Nds; §§ 10, 17 Abs. 9, 18 Abs. 7 PsychKHG Rh-Pf.

278 § 40 S. 1 PsychKG Berl: Benachrichtigung über Entlassung; § 4 Abs. 2 S. 2 PsychKG Berl sowie § 3 S. 3 PsychKG Bbg: Hinzuziehung bei der Hilfegewährung; § 16 Abs. 3 S. 2 PsychKG Bbg: Benachrichtigung nach Entlassung bei Wechsel der Zuständigkeit; §§ 8 Abs. 3, 21 Abs. 3 S. 2, 25 Abs. 5 PsychKG Sachs: Benachrichtigung bzw. Hinzuziehung bei Hilfegewährung, Unterbringung und Entlassung aus Zurückhaltung.

279 §§ 12 S. 2, 13 Abs. 2, 27 Abs. 2, 29 Abs. 1 PsychKG M-V.

280 s. dazu oben, unter C. IV. 2.

281 § 13 Abs. 2 S. 1 PsychKHG B-W; § 7 Abs. 5 PsychKG Thür; Das PsychKHG Rh-Pf stellt in § 3 Abs. 5 nur bei der Einwilligung zu Hilfen auf den gesetzlichen Vertreter ab.

282 So explizit in § 15 Abs. 1 PsychKG Berl; § 8 Abs. 1 PsychKG Bbg; § 8 Abs. 2 PsychKG Hmb; § 10 Abs. 2 PsychKG NRW; § 15 Abs. 2 PsychKG S-A.

erfolgt,[283] diese gar keine Erklärung abgeben[284] oder eine zivilrechtliche Unterbringung aus anderen Gründen unterbleibt[285] – möglicherweise also sogar, obwohl der Aufenthaltsbestimmungsberechtigte mit einer Unterbringung einverstanden ist.[286] In einigen Landesgesetzen wird die Rolle der Personensorgeberechtigten bei der Frage der Anwendbarkeit der Gesetze gar nicht thematisiert,[287] sodass es wohl beim Vorliegen einer Unterbringung bei entgegenstehendem Willen des Minderjährigen verbleiben soll.

### *b. Mitwirkung und Mitteilungspflichten*

Die Landesgesetze sehen – wenn auch uneinheitlich – vielfältige Mitwirkungsrechte bzw. -pflichten der Sorgeberechtigten oder allgemein der gesetzlichen Vertreter, sowie Mitteilungspflichten ihnen gegenüber vor. Zunächst sind die Sorgeberechtigten im Vorhinein der Unterbringung bzw. bei deren Vorbereitung zu beteiligen. Eine frühzeitige Einbeziehung wird etwa durch die Hinzuziehung bei der Gewährung von Hilfen[288], durch die Mitteilung der bei der Leistung von Hilfen oder innerhalb der Unterbringung getroffenen Entscheidungen und Feststellungen[289] oder durch die Benachrichtigung über das die Unterbringung vorbereitende Verfahren[290] angeordnet. Wird der Minderjährige in eine Einrichtung aufgenommen, ist nur in NRW die Pflicht, dies den Sorgeberechtigten mitzuteilen, im PsychKG normiert.[291] Überwiegend wird nur bei einer sofortigen vorläufigen Unterbringung eines Minderjährigen eine Mitteilung an die Sorgeberechtigten vorgeschrieben,[292]

---

[283] § 14 Abs. 2 PsychKG Nds; § 9 Abs. 2 PsychKG M-V; § 7 Abs. 4 PsychHG.

[284] § 8 Abs. 2 PsychKG Hmb; § 15 Abs. 2 PsychKG S-A.

[285] § 13 Abs. 2 S. 3 PsychKHG B-W; § 7 Abs. 4 PsychHG Schl-H.

[286] § 13 Abs. 2 S. 4 PsychKHG B-W.

[287] PsychKHG Bay; BremPsychKG; PsychKHG Hess; PsychKHG Rh-Pf; PsychKHG Saar; PsychKG Sachs.

[288] Art. 1 Abs. 4, Art. 7 Abs. 1 S. 2 PsychKHG Bay; § 4 Abs. 2 S. 2 PsychKG Berl; § 3 S. 3 PsychKG Bbg; §§ 3 Abs. 3, 8 Abs. 1 a. E., 9 Abs. 1 S. 2 PsychKHG Rh-Pf; § 8 Abs. 3 PsychKG Sachs; § 3 Abs. 3 PsychKG S-A; § 4 Abs. 3 PsychHG Schl-H.

[289] Art. 7 Abs. 3 S. 2 PsychKHG Bay; § 11 Abs. 1 PsychKG Nds; § 12 Abs. 3 PsychKHG Saar.

[290] § 21 Abs. 3 S. 2 PsychKG Sachs.

[291] § 17 Abs. 2 PsychKG NRW.

[292] § 23 Abs. 5 S. 3 PsychKG Berl; § 12 Abs. 2 S. 2 PsychKG Bbg; § 19 Abs. 6S. 4 BremPsychKG; § 15 Abs. 3 S. 4 PsychKG M-V; § 19 Abs. 1 S. 5 PsychKG S-A.

die in der Regel unverzüglich zu erfolgen hat.[293] Einbezogen wird der Sorgeberechtigte zudem vereinzelt unverzüglich nach der Aufnahme in die Aufklärung über Rechte und Pflichten der betroffenen Person.[294] Vielfach ist der gesetzliche Vertreter in die Aufstellung des Behandlungsplans mit einzubeziehen oder dieser mit ihm (regelmäßig) zu erörtern.[295] Selten hat gegenüber den Sorgeberechtigten eine schriftliche Mitteilung oder Begründung[296] bei einer weiteren Einschränkung persönlicher Rechte zu erfolgen und auch eine Benachrichtigung über die Anordnung oder Aufhebung von besonderen Sicherheitsmaßnahmen[297] ist keinesfalls der Regelfall.

Häufig muss zudem eine geplante Beurlaubung des Minderjährigen den Sorgeberechtigten mitgeteilt werden[298], in Brandenburg ist sie von ihrem Einverständnis abhängig, wenn sie länger als 14 Tage dauert.[299] Darüber hinaus ist den Sorgeberechtigten vielfach die Beendigung der Unterbringung[300] bzw. die Entlassung des Minderjährigen[301] mitzuteilen. Gelegentlich besteht eine konkrete Mitteilungspflicht bei der Entlassung nach einer sofortigen vorläufigen Unterbringung.[302] Den Sorgeberechtigten obliegt zudem die Sicherstellung der Weiterbehandlung nach der Entlassung, was sich vereinzelt

293 Art. 14 Abs. 2 S. 3 PsychKHG Bay; § 18 Abs. 1 S. 5 PsychKG Nds; § 18 Abs. 3 S. 3 PsychKHG Rh-Pf; § 19 Abs. 4 PsychKHG Saar; § 11 Abs. 2 Nr. 3 PsychHG Schl-H; § 9 Abs. 2 PsychKG Thür.

294 Art. 18 Abs. 1 S. 3 PsychKHG Bay; § 20 Abs. 2 PsychKG M-V; § 19 Abs. 2 PsychKG Nds; § 20 S. 3 PsychKHG Rh-Pf; § 27 Abs. 3 PsychKG Sachs.

295 Art. 19 Abs. 1 S. 4 PsychKHG Bay; § 15 Abs. 2 S. 5 PsychKG Bbg; § 17 Abs. 1 S. 2 PsychKG M-V; § 18 Abs. 2 PsychKG NRW; § 21 Abs. 2 S. 4 PsychKHG Rh-Pf; § 21 Abs. 2 PsychKHG Saar; § 22 Abs. 1 S. 2 PsychKG S-A.

296 So § 20 Abs. 2, 3 PsychKG Bbg.

297 § 21 Abs. 3 S. 6 PsychKG Bbg; § 21c Abs. 3 S. 2 PsychKG Nds und § 28 Abs. 9 PsychHG Schl-H: unverzüglich.

298 § 19 Abs. 1 S. 3 PsychKG Bbg; § 26 Abs. 2 S. 1 PsychKHG Hess; § 32 Abs. 4 PsychKG M-V; § 27 Abs. 7 PscyhKHG Rh-Pf; § 24 Abs. 3 Nr. 2 PsychHG Schl-H.

299 § 19 Abs. 2 PsychKG Bbg.

300 § 15 Nr. 5 PsychKG NRW; § 25 Abs. 3 PsychHG Schl-H; § 26 Abs. 2 PsychKG Thür.

301 Art. 27 Abs. 5 S. 1 PsychKHG Bay; § 28 Abs. 2 PsychKHG Hess; § 36 Abs. 2 PsychKG M-V; § 27 Abs. 3 Nr. 4 PsychKG Nds; § 29 Abs. 2 PsychKHG Rh-Pf; § 31 Abs. 3 PsychKHG; § 34 Abs. 3 PsychKG S-A.

302 Art. 14 Abs. 4 S. 4 PsychKHG Bay; § 25 Abs. 5 PsychKG Sachs.

in der Pflicht ausdrückt, die behandelnde Person mitzuteilen, soweit die Weiterbehandlung zur Auflage für eine Entlassung gemacht wurde.[303]

Auch zum Schutz der während der Unterbringung erhobenen und gespeicherten Daten werden die Eltern in der Regel einbezogen. So obliegt ihnen vielfach ein Recht auf Einsicht in und Auskunft über die erhobenen Daten.[304] Vereinzelt ist die Einwilligung der Sorgeberechtigten in jede Datenspeicherung, -verarbeitung oder -weitergabe geregelt.[305]In Sachsen ist für Gespräche der Besuchskommission mit Minderjährigen die Zustimmung der Sorgeberechtigten einzuholen.[306]

### *c. Ausschluss der Kommunikation mit dem Kind*

Nach allen Landesgesetzen ist das Empfangen von Besuch, das Führen von Schriftverkehr sowie Telefongesprächen auch der untergebrachten Person grundsätzlich möglich. Alle Gesetze sehen aber auch die Möglichkeit vor, aus bestimmten Gründen die Kommunikation zu beschränken.

#### *(1) Besuchskontakte*

Die Zulässigkeit von Besuchskontakten soll sich bisweilen zunächst nach den Besuchsregeln[307] bzw. der Hausordnung[308] richten. Nach einigen Gesetzen darf Besuch nur empfangen werden, soweit der Gesundheitszustand der untergebrachten Person dies gestattet und die Sicherheit und Ordnung oder das Zusammenleben in der Einrichtung nicht erheblich gefährdet[309] oder gestört wird.[310] Als Gründe für die allgemeine Einschränkung des ansonsten zunächst unbeschränkten Besuchsrechts wird die (erhebliche) Gefährdung der Sicherheit oder Ordnung oder ein geordnetes Zusammenleben in der

---

303 § 26 Abs. 1 PsychKG Hmb; § 36 Abs. 1 S. 3 PsychKG M-V; § 29 Abs. 1 PsychKG NRW; § 30 Abs. 4 PsychKHG Rh-Pf.

304 § 83 Abs. 1 S. 1 PsychKG Berl; § 27a Abs. 3 S. 9 PsychKG Hmb; § 16 Abs. 2, § 18 Abs. 1 S. 3 PsychKG NRW; § 32 Abs. 4, § 31 Abs. 4 PsychKHG Rh-Pf.

305 § 85 Abs. 3 S. 2, § 90 Abs. 1 Nr. 7 PsychKG Berl; für die Einsichtnahme durch die Besuchskommission: § 30 Abs. 5 S. 3 PsychKG Nds.

306 § 4 Abs. 3 S. 4 PsychKG Sachs.

307 Art. 23 Abs. 1 PsychKHG Bay; § 36 Abs. 1 BremPsychKG; § 22 Abs. 1 Schl-H.

308 § 36 Abs. 2 PsychKG Berl; § 24 Abs. 1 PsychKG Bbg.

309 § 19 PsychKG Hmb.

310 § 21 PsychKHG B-W.

Einrichtung[311] oder der Gesundheit der betroffenen Person durch den Besuch genannt.[312] Eine allgemeine Einschränkung des Besuchs soll vereinzelt auch dann möglich sein, wenn eine erhebliche Gefährdung der Rechtsgüter Dritter[313], der Sicherheit der Allgemeinheit[314], der Behandlung[315] oder des Zwecks der Unterbringung[316] zu befürchten ist.

Neben der allgemeinen Zulässigkeit einer Beschränkung von Kontakten ist überwiegend auch die Art und Weise konkretisiert, wie die Beschränkung erfolgen kann. Als gegenüber der Untersagung mildere Maßnahme[317] ist überwiegend die Möglichkeit der Überwachung vorgesehen. Teilweise wird eine Überwachung allgemein aus „Gründen der Behandlung" zugelassen[318] oder weil der Zweck der Unterbringung sonst gefährdet werden könnte.[319] Der Abbruch eines Besuchskontakts kommt dann in Betracht, wenn eine unmittelbare Gefahr für die Gesundheit der untergebrachten Person besteht[320] oder (erhebliche) gesundheitliche Nachteile für Menschen mit psychischen Krankheiten[321] oder für Dritte[322] zu befürchten sind. Weiterhin kann ein Besuch auch abgebrochen werden, wenn diese Sicherheit oder Ordnung der

---

[311] Art. 23 Abs. 2 S. 1 PsychKHG Bay; § 36 Abs. 2 BremPsychKG; § 23 PsychKHG Hess; § 29 Abs. 1 PsychKG M-V; § 23 PsychKG Nds; § 22 Abs. 1 S. 2 i. V. m. § 19 S. 2 PsychKG NRW; § 23 Abs. 1 PsychKHG Rh-Pf; § 23 Abs. 2 PsychKHG Saar; § 32 Abs. 3 PsychKG Sachs; § 29 Abs. 2 PsychKG S-A; § 22 Abs. 2 PsychHG Schl-H; § 19 Abs. 1 S. 2 PsychKG Thür.

[312] Art. 23 Abs. 2 S. 1 PsychKHG Bay; § 36 Abs. 2 BremPsychKG; § 29 Abs. 1 PsychKG M-V; § 23 PsychKG Nds; § 22 Abs. 1 S. 2 i. V. m. § 19 S. 2 PsychKG NRW; § 23 Abs. 1 PsychKHG Rh-Pf; § 32 Abs. 3 PsychKG Sachs; § 29 Abs. 2 PsychKG S-A; § 22 Abs. 2 PsychHG Schl-H;§ 19 Abs. 1 S. 2 PsychKG Thür.

[313] § 36 Abs. 2 PsychKG Berl.

[314] § 32 Abs. 3 PsychKG Sachs.

[315] § 23 Abs. 1 PsychKHG Rh-Pf; § 23 Abs. 2 PsychKHG Saar.

[316] Art. 23 Abs. 2 S. 1 PsychKHG Bay; § 23 PsychKHG Hess; § 22 Abs. 2 PsychHG Schl-H; § 19 Abs. 1 S. 2 PsychKG Thür; s.a. § 25 Abs. 2 PsychKG Sachs: Gefährdung des Behandlungsziels.

[317] § 32 Abs. 3 S 4 PsychKG Sachs.

[318] § 19 Abs. 3 S. 1 PsychKG Thür.

[319] Art. 23 Abs. 2 S. 1 PsychKHG Bay; § 22 Abs. 2 S. 2 i. V. m. § 21 Abs. 3 PsychHG Schl-H.

[320] § 24 Abs. 1 S. 3, Abs. 2 PsychKG Bbg.

[321] § 36 Abs. 5 PsychKG Berl; § 36 Abs. 3 BremPsychKG; § 29 Abs. 2 PsychKG M-V; § 32 Abs. 5 PsychKG Sachs; § 19 Abs. 4 PsychKG Thür.

[322] § 29 Abs. 2 PsychKG M-V; § 19 Abs. 4 PsychKG Thür.

Einrichtung (erheblich) gefährdet ist.[323] Vereinzelt wird ein Abbruch dann zugelassen, wenn die Fortsetzung des Besuchs den Zweck der Unterbringung gefährden würde.[324]

Nur selten findet sich die Vorgabe, dass einzelne Beschränkungen für die Besuche der gesetzlichen Vertreter nicht gelten: so dürfen diese nach den PsychKG NRW und Berlin nicht ganz untersagt werden.[325] Anderweitigen Beschränkungen, etwa durch eine Überwachung oder einen Abbruch, steht dies nicht entgegen. Nach dem PsychKG Brandenburg sind Besuche von Betreuungspersonen zu gestatten[326], wobei nicht näher erläutert ist, wer darunterfällt. Das PsychKHG Saar und das Bremische PsychKG sehen vor, dass Besuche der rechtlichen und anwaltlichen Vertretung in einer die untergebrachte Person betreffenden Rechtssache nicht beschränkt werden dürfen.[327] Der Nachsatz lässt annehmen, dass an Sorgeberechtigte bei dem Begriff „rechtliche Vertretung" nicht gedacht war. Nur in Bayern und Rheinland-Pfalz ist die Beschränkung von Besuchen der gesetzlichen Vertreter ausgeschlossen.[328] Die übrigen Landesgesetze enthalten keine Sonder- bzw. Ausnahmeregelung für die Besuche von Sorgeberechtigten, sodass auch hier die Beschränkungen vollumfänglich möglich sind.

*(2) Schriftverkehr*

Den untergebrachten Personen wird darüber hinaus ausdrücklich die Möglichkeit eröffnet, Schriftverkehr zu führen. Die Landesgesetze sehen allerdings mitunter eine Beschränkung vor, die dadurch erfolgen kann, dass der ganze Schriftverkehr überwacht wird bzw. Sendungen eingesehen oder angehalten werden. Die Sendungen können vereinzelt eingesehen werden, wenn dies zur ärztlichen Beurteilung ihres Gesundheitszustandes erforderlich ist,[329] nach den meisten Landesgesetzen können sie eingesehen und angehalten werden,

---

323 § 36 Abs. 5 PsychKG Berl; § 24 Abs. 1 S. 3, Abs. 2 PsychKG Bbg; § 36 Abs. 3 BremPsychKG; § 29 Abs. 2 PsychKG M-V; § 32 Abs. 5 PsychKG Sachs.

324 § 19 Abs. 4 PsychKG Thür.

325 § 36 Abs. 6 PsychKG Berl; § 22 Abs. 2 S. 1 PsychKG NRW.

326 § 24 Abs. 3 PsychKG Bbg.

327 § 36 Abs. 3 BremPsychKG; § 23 Abs. 3 PsychKHG Saar.

328 Art. 23 Abs. 5 S. 1 PsychKHG Bay; § 23 Abs. 2 PsychKHG Rh-Pf spricht von rechtlichen Vertretern, gemeint dürften hier die gesetzlichen Vertreter sein.

329 § 22 Abs. 2–4 PsychKHG B-W; § 25 Abs. 4 PsychKHG Saar.

wenn zu befürchten ist, dass bei Weiterleitung für die untergebrachte Person ein gesundheitlicher Schaden[330], (erhebliche) gesundheitliche Nachteile[331] oder Gefährdungen[332] oder sonst (erhebliche) Nachteile[333] entstehen. Mitunter ist für eine Überwachung erforderlich, dass bei Weiterleitung die Gefahr einer erheblichen Selbstgefährdung der untergebrachten Person besteht[334], die Eingliederung der untergebrachten Person nach der Entlassung gefährdet wäre[335] oder der Zweck der Unterbringung gefährdet werden könnte.[336] Nach dem PsychKG Hamburg kann eine ausgehende Sendung zudem angehalten werden, wenn mit der Weiterleitung erhebliche Nachteile für die untergebrachte Person zu befürchten sind und „die untergebrachte Person aufgrund ihres Zustandes unfähig ist, die Folgen ihres Verhaltens zu übersehen oder nach dieser Einsicht zu handeln".[337] Bisweilen sollen Sendungen auch überwacht und angehalten werden können, wenn dies zur Verhinderung einer (erheblichen) Gefährdung bedeutender Rechtsgüter Dritter erforderlich ist[338] oder wenn bei Weiterleitung die Eingliederung anderer nach deren Entlassung gefährdet würde.[339] Als Gründe werden weiter die (erhebliche) Gefährdung der Sicherheit und Ordnung[340] bzw. die Sicherheit[341] in der Einrichtung oder

---

330 § 22 Abs. 2–4 PsychKHG B-W; § 20 Abs. 2 S. 1 PsychKG Hmb; § 30 Abs. 2, 3 PsychKG M-V; § 25 Abs. 4 PsychKHG Saar.

331 § 25 Abs. 2 S. 2 PsychKG Bbg; § 19 Abs. 3, 4 PsychHG Schl-H.

332 Art. 24 Abs. 2 S. 2 PsychKHG Bay; § 25 Abs. 3 PsychKHG Saar.

333 § 22 Abs. 2–4 PsychKHG B-W; § 34 Abs. 2 BremPsychKG; § 20 Abs. 1 S. 1 PsychKG Hmb; § 30 Abs. 2, 3 PsychKG M-V; § 25 Abs. 4 PsychKHG Saar; § 20 Abs. 2 PsychKG Thür.

334 § 35 Abs. 2 PsychKG Berl; § 21 Abs. 3 S. 1 PsychKG NRW.

335 § 30 Abs. 3 PsychKG M-V; § 25 Abs. 2, 3 PsychKG Nds.

336 § 22 Abs. 2–4 PsychKHG B-W; § 24 Abs. 2 PsychKHG Hess; § 30 Abs. 2 PsychKG M-V; § 19 Abs. 3, 4 PsychHG Schl-H; § 20 Abs. 2 PsychKG Thür: zur Sicherung des Zwecks der Unterbringung.

337 § 20 Abs. 2 S. 2 PsychKG Hmb.

338 § 35 Abs. 2 PsychKG Berl; § 21 Abs. 3 S. 1 PsychKG NRW; § 20 Abs. 2 PsychKG Thür.

339 § 30 Abs. 3 PsychKG M-V.

340 § 22 Abs. 2–4 PsychKHG B-W; Art. 24 Abs. 2 S. 2 PsychKHG Bay; § 24 Abs. 2 PsychKHG Hess; § 24 Abs. 2 PsychKHG Rh-Pf; § 25 Abs. 3 PsychKHG Saar; § 33 Abs. 4 PsychKG Sachs; § 30 Abs. 2 PsychKG S-A.

341 § 25 Abs. 2 S. 2 PsychKG Bbg; § 35 Abs. 2 PsychKG Berl; § 34 Abs. 2 BremPsychKG; § 20 Abs. 1 S. 1, Abs. 2 S. 1 PsychKG Hmb; § 30 Abs. 2, 3 PsychKG M-V; § 20 Abs. 2 PsychKG Thür.

das (geordnete) Zusammenleben in der Einrichtung[342] durch die Weiterleitung genannt. Ebenfalls zum Schutz der Einrichtung und zum Schutz der untergebrachten Person dient die Überwachung von Sendungen und deren Zurückhaltung zur Verhinderung des Einschmuggelns von Suchtstoffen oder von gefährlichen Gegenständen.[343] Sendungen dürfen vereinzelt zudem dann eingesehen werden, wenn die Gefahr der Verabredung von Straftaten im Allgemeinen[344] bzw. konkret solcher gegen Leib, Leben oder andere bedeutende Rechtsgüter besteht.[345] Angehalten werden dürfen Sendungen nach PsychKG Niedersachsen, wenn die Weiterleitung in Kenntnis des Inhalts einen Straftatbestand verwirklichen würde.[346]

Im Gegensatz zu den Einschränkungen des Besuchsrechts enthalten die meisten Landesgesetze bezogen auf diejenigen des Schriftverkehrs Ausnahmen für die Kommunikation mit den gesetzlichen Vertretern einschließlich der Sorgeberechtigten. Der Schriftverkehr mit diesen unterliegt keinen Einschränkungen[347], darf nicht überwacht oder unterbunden,[348] nicht geöffnet oder zurückgehalten werden.[349] Im Bremischen PsychKG ist erneut der Schriftwechsel mit der rechtlichen oder anwaltlichen Vertretung ausgenommen[350], wobei unklar ist, ob sich dies auch auf Sorgeberechtigte bezieht. Fehlt es dagegen an einer Sonderregelung, so unterliegt der Schriftverkehr mit den Sorgeberechtigten den allgemeinen Einschränkungen.[351]

---

342 § 20 Abs. 1 S. 1, Abs. 2 S. 1 PsychKG Hmb; § 30 Abs. 3 PsychKG M-V.

343 Art. 24 Abs. 2 S. 1 PsychKHG Bay; § 35 Abs. 2 PsychKG Berl; § 25 Abs. 2 S. 1 PsychKG Bbg; § 25 Abs. 2, 3 PsychKG Nds§ 25 Abs. 3 PsychKHG Saar.

344 § 25 Abs. 2, 3 PsychKG Nds.

345 § 25 Abs. 2 S. 1 PsychKG Bbg.

346 § 25 Abs. 2, 3 PsychKG Nds.

347 Art. 24 Abs. 3 S. 1 PsychKHG Bay; § 24 Abs. 3 PsychKHG Rh-Pf; § 30 Abs. 2 S. 2 PsychKG S-A; § 19 Abs. 2 PsychHG Schl-H; § 20 Abs. 4 S. 1 PsychKG Thür.

348 § 20 Abs. 1 S. 4 PsychKG Hmb; § 21 Abs. 2 PsychKG NRW.

349 § 22 Abs. 1 PsychKHG B-W; § 35 Abs. 3 PsychKG Berl; § 25 Abs. 2 PsychKHG Saar.

350 §34 Abs. 3 BremPsychKG.

351 PsychKHG Hess; PsychKG Nds; PsychKG Sachs; nach dem PsychKG Brandenburg gelten die Einschränkungen wiederum nicht für die nicht näher definierte Betreuungsperson, § 25 Abs. 5 PsychKG Bbg.

*(3) Telefongespräche*

Die untergebrachte Person hat zudem das Recht, auf ihre Kosten (ungestört) Telefongespräche zu führen.[352] Diesbezüglich wird überwiegend auf die Regelungen zum Schriftverkehr[353] oder zum Besuch[354] verwiesen. Das Recht, ein Telefonat zu führen, wird vereinzelt davon abhängig gemacht, dass der Gesundheitszustand der untergebrachten Person dies gestattet und die Sicherheit und Ordnung und das Zusammenleben in der Einrichtung dadurch nicht gestört wird.[355] Auch die Gründe für eine Einschränkung entsprechen denen zur Einschränkung des Schriftverkehrs oder der Besuchskontakte. Telefongespräche können dennoch beschränkt, insbesondere untersagt, überwacht und abgebrochen werden, wenn etwa ansonsten die Sicherheit[356] bzw. die Sicherheit oder Ordnung[357] der Einrichtung bzw. das geordnete Zusammenleben in der Einrichtung[358] (erheblich) gefährdet wäre. Gründe für eine Einschränkung können weiterhin in der Gefahr liegen, dass eine Verabredung von Straftaten stattfindet[359] oder dass Suchtstoffe oder andere gefährliche Gegenstände eingeschmuggelt werden.[360]

---

[352] Ausdrücklich § 21 S. 2 PsychKHG B-W, Art. 24 Abs. 5 PsychKHG Bay, § 35 Abs. 1 S. 2 PsychKG Berl; § 26 Abs. 1 S. 1 PsychKG Bbg; § 35 Abs. 1 BremPsychKG; § 23 PsychKHG Hess; § 23 Abs. 1 PsychKHG Rh-Pf; § 24 Abs. 4 PsychKHG Saar; § 21 Abs. 1 PsychHG Schl-H.

[353] § 26 Abs. 1 S. 2 PsychKG Bbg; § 21 Abs. 2 PsychKG Hmb (hinsichtlich der Beschränkung); § 25 PsychKG Nds; § 30 Abs. 6 PsychKG S-A.

[354] § 21 Abs. 1 PsychKG Hmb (hinsichtlich der allgemeinen Zulässigkeit); § 29 Abs. 4 PsychKG M-V; § 22 Abs. 3 PsychKG NRW; § 23 PsychKHG Rh-Pf; § 20 Abs. 5 S. 2 PsychKG Thür.

[355] § 21 PsychKHG B-W; § 21 Abs. 1 i. V. m. § 19 PsychKG Hmb.

[356] § 35 Abs. 2 PsychKG Berl; § 27 Abs. 6 S. 4 i. V. m. § 35 Abs. 2 BremPsychKG; § 21 Abs. 2 S. 1 i. V. m. § 20 Abs. 1, 2 PsychKG Hmb; § 29 Abs. 1 i. V. m. 4 PsychKG M-V; § 22 Abs. 2 S. 1 i. V. m. Abs. 1 S. 2 i. V. m. § 19 S. 2 PsychKG NRW; § 20 Abs. 5 S. 2 i. V. m. § 19 Abs. 1 S. 2 PsychKG Thür.

[357] § 24 Abs. 5 S. 2 PsychKHG Bay; § 23 PsychKHG Hess; § 23 Abs. 1 PsychKHG Rh-Pf; § 24 Abs. 4 PsychKHG Saar; § 27 i. V. m. § 33 Abs. 4 PsychKG Sachs; § 30 Abs. 6 i. V. m. Abs. 2 PsychKG S-A; § 20 Abs. 5 S. 2 i. V. m. § 19 Abs. 3 S. 1 PsychKG Thür.

[358] § 21 Abs. 2 S. 1 i. V. m. § 20 Abs. 1, 2 PsychKG Hmb; § 22 Abs. 2 S. 1 i. V. m. Abs. 1 S. 2 i. V. m. § 19 S. 2 PsychKG NRW; § 20 Abs. 5 S. 2 i. V. m. § 19 Abs. 1 S. 2 PsychKG Thür.

[359] § 26 Abs. 1 S. 2 i. V. m. § 25 Abs. 2 PsychKG Bbg; § 25 Abs. 2, 3 PsychKG Nds.

[360] § 35 Abs. 2 PsychKG Berl; § 26 Abs. 1 S. 2 i. V. m. § 25 Abs. 2 PsychKG Bbg.

Darüber hinaus kommt auch hier eine Überwachung, Einschränkung bzw. ein Abbruch aus Gründen der Behandlung in Betracht[361], wenn der Zweck der Unterbringung[362] oder die Eingliederung der untergebrachten Person nach deren Entlassung gefährdet würde[363] sowie wenn dadurch (erhebliche) gesundheitliche Nachteile[364], eine erhebliche gesundheitliche Gefährdung[365] bzw. gesundheitliche Schäden[366] für die untergebrachte Person oder gesundheitliche Nachteile für Dritte[367] oder eine erhebliche Selbstgefährdung[368] vermieden werden. Im Saarland wird auf den Umfang der Telefongespräche als Gefährdungsursache abgestellt.[369]

Einige Landesgesetze sehen auch hier vor, dass die Kommunikation mit dem rechtlichen Vertreter, mithin auch mit den Eltern oder anderen Sorgeberechtigten nicht beschränkt werden darf,[370] sodass Telefongespräche mit diesen nicht untersagt[371], überwacht oder abgebrochen[372] werden dürfen. Demgegenüber gelten nach vielen Landesgesetzen die jeweils geregelten Beschränkungen auch für Eltern und Sorgeberechtigte.[373]

---

361 § 23 Abs. 1 PsychKHG Rh-Pf; § 20 Abs. 5 S. 2 i. V. m. § 19 Abs. 3 S. 1 PsychKG Thür.

362 § 23 PsychKHG Hess; § 21 Abs. 3 PsychHG Schl-H; § 20 Abs. 5 S. 2 i. V. m. § 19 Abs. 1 S. 2 bzw. Abs. 4 PsychKG Thür.

363 § 25 Abs. 2, 3 PsychKG Nds.

364 § 27 Abs. 6 S. 4 i. V. m. § 35 Abs. 2 BremPsychKG; § 29 Abs. 1 i. V. m. 4 PsychKG M-V; § 22 Abs. 2 S. 1 i. V. m. Abs. 1 S. 2 i. V. m. § 19 S. 2 PsychKG NRW; § 33 Abs. 3 PsychKG Sachs; § 21 Abs. 3 PsychHG Schl-H; § 20 Abs. 5 S. 2 i. V. m. § 19 Abs. 4 PsychKG Thür.

365 Art. 24 Abs. 5 S. 2 PsychKHG Bay; § 24 Abs. 4 PsychKHG Saar.

366 § 21 Abs. 2 S. 1 i. V. m. § 20 Abs. 1, 2 PsychKG Hmb.

367 § 29 Abs. 2 i. V. m. 4 PsychKG M-V; § 20 Abs. 5 S. 2 i. V. m. § 19 Abs. 4 PsychKG Thür.

368 § 35 Abs. 2 PsychKG Berl.

369 § 24 Abs. 4 PsychKHG Saar.

370 § 35 Abs. 3 PsychKG Berl; § 23 Abs. 1 PsychKHG Rh-Pf; § 30 Abs. 6 i. V. m. Abs. 2 PsychKG S-A; so auch § 23 Abs. 3 PsychKHG, wobei der Nachsatz suggeriert, dass der Normverfasser die Eltern nicht im Blick hatte.

371 § 22 Abs. 3 S. 1 i. V. m. Abs. 2 S. 1 PsychKG NRW.

372 § 21 Abs. 2 S. 4 PsychKG Hmb; § 21 Abs. 1 i. V. m. § 21 Abs. 1 S. 2 i. V. m. 19 Abs. 2 PsychHG Schl-H.

373 PsychKHG Bay; BremPsychKG; PsychKHG Hess; PsychKG M-V; PsychKG Nds; PsychKG Sachs; PsychKG Thür; nach dem PsychKG Brandenburg gelten die Einschränkungen erneut nicht für die nicht näher definierte Betreuungsperson, § 26 Abs. 1 S. 4 i. V. m. § 25 Abs. 5 PsychKG Bbg.

## 3. Verhältnis der Unterbringung nach den Landesgesetzen zur zivilrechtlichen Unterbringung durch den gesetzlichen Vertreter

### *a. Das grundsätzliche Verhältnis zwischen der zivilrechtlichen und der öffentlich-rechtlichen Unterbringung*

Da eine Unterbringung im Sinne des § 1631b BGB überwiegend in kinder- und jugendpsychiatrischen Kliniken und nur zu einem sehr kleinen Teil in der geschlossenen Jugendhilfe stattfindet[374], stellt sich die Frage nach dem Verhältnis zwischen den beiden Formen der Unterbringung. Im Betreuungsrecht wird in Bezug auf eine Unterbringung nach § 1831 BGB häufig auf die unterschiedlichen Zwecke hingewiesen. Während eine zivilrechtliche Unterbringung nur aufgrund einer Selbstgefährdung – oder aufgrund einer zumindest auch selbstgefährdenden Fremdgefährdung – erfolgen könne, diene die Unterbringung nach den Landesgesetzen auch der Gefahrenabwehr und damit dem Schutz Dritter.[375] Wie eingangs dargestellt[376] soll mit den Landesgesetzen allerdings auch ein weiterer Zweck verfolgt werden: sie sind Ausdruck der öffentlichen Gesundheitssorge und dienen damit ebenfalls dem Schutz und der Hilfe psychisch kranker Menschen.[377] Ebenso wie die zivilrechtliche Unterbringung ist auch diejenige nach den Landesgesetzen aufgrund einer Selbstgefährdung der psychisch kranken Person zulässig.[378] Aufgrund der unterschiedlichen Anknüpfungspunkte kann zumindest dann, wenn eine Gefahr nur für Dritte besteht, auch nur eine öffentlich-rechtliche Unterbringung in Betracht kommen.[379]

Dieser partielle Gleichlauf ließe sich mit Blick auf die konkreten Situationen differenzieren, in denen eine Unterbringung in Frage kommt. Die

---

[374] *Rüth*, ZKJ 2011, 48; *Permien*, R&P 2006, 111, 112.

[375] *Lipp/Güttler*, BtPrax 2017, 94; *Probst*, Betreuungs- und Unterbringungsverfahren, 2. Aufl. 2010, Rn. 128 (S. 270); *Brinckmann/Gräbsch*, Geschlossene Unterbringung psychisch Kranker, 2013, § 1 Rn. 1; *Deutscher Ethikrat*, Stellungnahme „Hilfe durch Zwang?", 2018, S. 101.

[376] s. oben, unter C. I.

[377] *Marschner*, in: Marschner/Lesting/Stahmann, Freiheitsentziehung und Unterbringung, 7. Aufl. 2024, Teil B, Rn. 14 ff.; *Lipp/Güttler*, BtPrax 2017, 94; *Deutscher Ethikrat*, Stellungnahme „Hilfe durch Zwang?", 2018, S. 101.

[378] Zum bewussten Nebeneinander von zivilrechtlicher und öffentlich-rechtlicher Unterbringung im Betreuungsrecht: BT-Drucks. 11/4528, S. 80; *Walther*, BtPrax 2017, 217.

[379] *Brinckmann/Gräbsch*, Geschlossene Unterbringung psychisch Kranker, 2013, § 1 Rn. 1; *Walther*, BtPrax 2017, 217.

Landesgesetze zielen auf den Schutz von Betroffenen in einer akuten Krise.[380] Aus diesem Zweck ergibt sich auch eine in der Regel eher kürzere Unterbringungsdauer.[381] Wenn im Anschluss an die Beendigung der akuten Gefahrensituation festgestellt wird, dass eine längere geschlossene Unterbringung aus medizinischen Gründen erforderlich ist, ist die öffentlich-rechtliche regelmäßig in eine zivilrechtliche Unterbringung nach dem BGB umzuwandeln.[382] Ob sich aus dieser praktischen Umsetzung Anleihen für die Frage der Abgrenzung nehmen lassen, ist fraglich. Auch die zivilrechtliche Unterbringung durch den gesetzlichen Vertreter kann kurzfristig in einer akuten Krisensituation und nur für kurze Dauer erfolgen. Und auch die Landesgesetze schließen nicht aus, dass die Unterbringung für eine ebenso lange Zeit erfolgt, wie sie durch den gesetzlichen Vertreter möglich wäre. Auch in Zusammenschau mit ebenfalls geregelten vorrangigen Hilfen muss es sich zudem nicht notwendigerweise um eine Krisensituation handeln, die spontanes Handeln notwendig macht – vielmehr kann sich die Problematik schon über längere Zeit angedeutet haben.

In der Rechtsprechung und Literatur wird von einem Vorrang der Unterbringung auf zivilrechtlicher Grundlage ausgegangen.[383] Dieser Vorrang

---

380 *Probst*, Betreuungs- und Unterbringungsverfahren, 2. Aufl. 2010, Rn. 155 (S. 316); *Walther*, BtPrax 2017, 217; *Deutscher Ethikrat*, Stellungnahme „Hilfe durch Zwang?“, 2018, S. 101.

381 *Probst*, Betreuungs- und Unterbringungsverfahren, 2. Aufl. 2010, Rn. 155 (S. 316), Rn. 128 (S. 271); *Walther*, BtPrax 2017, 217.

382 *Brinckmann/Gräbsch*, Geschlossene Unterbringung psychisch Kranker, 2013, 1. Kapitel § 1 Rn. 4: Im Falle eines Erwachsenen betroffenen ist ein Betreuer zu bestellen und eine zivilrechtliche Unterbringung nach § 1906 Abs. 1–3 a. F. BGB herbeizuführen.

383 OLG Dresden, FamRZ 2017, 621, 622; *Salgo*, in: Staudinger, 2020, § 1631b BGB Rn. 3; *Veit/Schmidt*, in: BeckOK-BGB, 76. Edition, Stand: 1. November 2025, § 1631b Rn. 70; *Kerscher*, in: BeckOGK-BGB, Stand: 1. November 2025, § 1631b Rn. 115; DIJuF-Rechtsgutachten, JAmt 2018, 88, 90; *Hoffmann*, JAmt 2009, 473, 479; *Beermann*, FPR 2011, 535, 538; *Salgo*, FPR 2011, 546; *Schepker*, FPR 2011, 570, 571; *Wiegand*, FamRZ 1991, 1022; *Walther*, BtPrax 2017, 217; *Jung*, Jugendhilfe im Dialog, Heft 4/2010, S. 33, 34; *Brinckmann/Gräbsch*, Geschlossene Unterbringung psychisch Kranker, 2013, § 1 Rn. 1; *Dodegge/Zimmermann*, PsychKG NRW, 4. Aufl. 2018, Teil A Rn. 13; s. a. *Rüth/Freisleder*, in: Beck/Warnke/Adams/Zink-Jakobeit, Krisen im Kindes- und Jugendalter, 2005, S. 13, 17: „Unterbringungen nach dem Unterbringungsgesetz führen aus unserer Sicht eher zu ungünstigen Koalitionen zwischen Sorgeberechtigten und Minderjährigen, die dann beide der Behandlung entgegen arbeiten“, ebenso DIJuF-Rechtsgutachten,

lässt sich zunächst aus dem allgemeinen Grundsatz der Subsidiarität, also vom Vorrang des Privaten vor dem Öffentlichen herleiten.[384] Verwiesen wird insofern auch darauf, dass die privatrechtliche Unterbringung das mildere Mittel gegenüber einer öffentlich-rechtlichen darstellt und die Anwendung letzterer daher unverhältnismäßig ist, wenn erstere zur Verfügung steht.[385]

Weiterhin wird auf einen Vorrang der §§ 1631b, 1831 BGB als bundeseinheitliche Regelung[386] sowie auf deren Spezialität gegenüber den Landesgesetzen verwiesen.[387] Für psychisch kranke Erwachsene besteht dieser Vorrang freilich nur dann, wenn ein Betreuer mit dem Aufgabenkreis „Unterbringung" bestellt ist, denn nur dann könne auch eine zivilrechtliche Unterbringung erfolgen.[388] Für Kinder, die immer einen Aufenthaltsbestimmungsberechtigten haben, besteht dieser Vorrang dagegen stets.[389] Geht die Initiative für die Unterbringung von den Eltern aus oder erklären sie sich später mit der Unterbringung einverstanden, bietet ihr Aufenthaltsbestimmungsrecht eine ausreichende Grundlage für die weitere Unterbringung.

Die Landesgesetze selbst enthalten nur vereinzelt Regelungen zu ihrem Verhältnis zu den zivilrechtlichen Unterbringungsvorschriften. Teilweise erschöpfen sich diese in der Feststellung, dass die Regelungen der §§ 1631b, 1831 BGB unberührt bleiben.[390] In Bayern sowie in Sachsen ist hingegen

---

JAmt 2015, 84 f.; anders: LG Itzehoe, FamRZ 2016, 1397 sowie AG Brandenburg, FamRZ 2017, 1001: unabhängig voneinander; BayObLG, FamRZ 2001, 657, 658: solange die Unterbringung ö.-r. angeordnet ist, kann diese nicht in der Hand des Betreuers liegen.

[384] vgl. *Heilmann/Salgo*, in: Hansbauer, Neue Wege in der Vormundschaft?, 2002, S. 181, 183.

[385] *Brinckmann/Gräbsch*, Geschlossene Unterbringung psychisch Kranker, 2013, § 1 Rn. 1.

[386] OLG Hamm, BtPrax 2000, 35; *Wille*, ZfJ 2002, 85; *Salgo*, in: Staudinger, 2020, § 1631b BGB Rn. 3.

[387] *Salgo*, in: Staudinger, 2020, § 1631b BGB Rn. 3; ähnlich: *Marschner*, in: Marschner/Lesting/Stahmann, Freiheitsentziehung und Unterbringung, 7. Aufl. 2024, Kap. A Rn. 138 ff.: Spezialität in beide Richtungen, Konkurrenz liegt überhaupt nur bei einer Selbstgefährdung vor.

[388] *Brinckmann/Gräbsch*, Geschlossene Unterbringung psychisch Kranker, 2013, § 1 Rn. 1; *Walther*, BtPrax 2017, 217, 218.

[389] DIJuF-Rechtsgutachten, JAmt 2018, 88, 90.

[390] § 19 Abs. 3 S. 4 PsychKHG B-W; § 10 Abs. 2 S. 2 PsychKG NRW.

ausdrücklich vorgesehen, dass die Unterbringung nach § 1631b BGB bei Kindern und Jugendlichen vorrangig ist.[391] Das PsychKG NRW sieht vor, dass die öffentlich-rechtliche Unterbringung aufzuheben ist, wenn ein zivilrechtliches Unterbringungsverfahren eingeleitet wird.[392] Auch im Saarland und in Rheinland-Pfalz ist eine Anwendung der öffentlich-rechtlichen Unterbringung ausgeschlossen, wenn die betroffene Person zivilrechtlich untergebracht und die Gefahr dadurch abgewehrt wird.[393] Das PsychKHG Schleswig-Holstein bestimmt, dass in der Regel davon auszugehen ist, dass durch eine Unterbringung auf einer anderen Rechtsgrundlage die Gefahr, der durch eine öffentlich-rechtliche Unterbringung begegnet werden soll, abgewendet wird.[394]

Ihr Verhältnis zu der auf einer Entscheidung der Sorgeberechtigten beruhenden Unterbringung geben diejenigen Landesgesetze zudem vor, die dann, wenn ein gesetzlicher Vertreter vorhanden ist, auf dessen entgegenstehenden Willen als Voraussetzung für eine Unterbringungsmaßnahme abstellen.[395] In diesen Fällen kann eine gerichtliche Unterbringungsanordnung nach Landesrecht nicht ergehen, wenn die Sorgeberechtigten den Handlungsbedarf selbst einsehen. Sie sind dann mit der Unterbringung „einverstanden", müssen sie aber selbst veranlassen.[396] Anders sind dagegen die Gesetze zu verstehen, in denen es ausreicht, dass eine Unterbringung durch den Sorgeberechtigten unterbleibt, ohne dass es darauf ankäme, ob er grundsätzlich mit einer solchen einverstanden ist oder nicht.[397] Ein Rang- bzw. Subsidiaritätsverhältnis lässt sich hier i. d. R. nicht mehr erkennen.

---

391 Art. 5 Abs. 1 S. 3 PsychKHG Bay; § 18 Abs. 3 S. 2 PsychKG Sachs.

392 § 11 Abs. 3 PsychKG NRW.

393 § 11 Abs. 3 PsychKHG Rh-Pf; § 10 Abs. 4 PsychKHG Saar.

394 § 7 Abs. 5 PsychHG Schl-H.

395 S. dazu zuvor, unter C. V. 2. a.; zum sich daraus ergebenden allgemeinen Vorrang anderer Unterbringungsformen: Nds. LT-Drucks. 13/3769, S. 21.

396 *Böning*, NJW 1960, 1374, 1375; ähnlich OLG Hamm, BtPrax 2000, 35: Ist ein gesetzlicher Vertreter vorhanden, der die Unterbringung betreiben will und kann, so ist das Rechtsgebiet der fürsorglichen Unterbringung durch §§ 1631b, 1906 a. F. BGB bundesrechtlich besetzt.

397 § 13 Abs. 2 S. 3, 4 PsychKHG B-W.

### b. *Vorrang der Unterbringung durch die Eltern als verfassungsrechtliche Notwendigkeit*

Für den Vorrang der zivilrechtlichen Regelungen für die Unterbringung psychisch kranker Kinder sprechen zudem zwei Gründe. Zum einen ist § 1631b BGB allein fürsorglich orientiert, was sich insbesondere am Entscheidungsmaßstab des Kindeswohls zeigt.[398] Zudem ist der Vorrang der zivilrechtlichen Unterbringung Ausdruck des verfassungsrechtlichen Elternrechts, aber auch der -pflicht: ist eine Unterbringung notwendig, sind zuvörderst die Eltern zu deren Umsetzung berechtigt, aber auch verpflichtet.[399]

Hieran schließt sich die Frage der verfassungsrechtlichen Rechtfertigung der öffentlich-rechtlichen Unterbringungsregeln an. Zunächst ließe sich an einen Eingriff in Art. 6 Abs. 3 GG denken, weil mit der Unterbringung das Kind von der Familie getrennt ist. Hierin liegt der stärkste Eingriff in die durch Art. 6 Abs. 1 GG unter den besonderen Schutz der staatlichen Ordnung gestellte Familie.[400] Abs. 3 formuliert Voraussetzungen für den Fall, dass die Trennung des Kindes von seiner Familie[401] gegen (oder ohne[402]) den Willen des Erziehungsberechtigten[403] erfolgt. Er sichert damit zusätzlich die schon durch Abs. 2 garantierte Familienerziehung gegenüber dem Staat.[404] Eine Trennung ist nach Art. 6 Abs. 3 GG nur aufgrund eines Gesetzes und dann zulässig, wenn der Erziehungsberechtigte versagt oder die Kinder aus anderen Gründen zu verwahrlosen drohen. Vorrangig sind Maßnahmen zu ergreifen, die ermöglichen, dass das Kind weiter in der Familie leben kann

---

398 *Beermann*, FPR 2011, 535, 537; *Salgo*, in: Staudinger, 2020, § 1631b BGB Rn. 3; DIJuF-Rechtsgutachten, JAmt 2015, 84.

399 *Wille*, ZfJ 2002, 85; *Salgo*, in: Staudinger, 2020, § 1631b BGB Rn. 3.

400 BVerfGE 7, 320, 323; 60, 79, 91; *Hoops*, in: Rüth/Pankofer/Freisleder, Geschlossene Unterbringung, S. 61, 64; *Robbers*, in: Huber/Voßkuhle, GG, Band 1, 8. Aufl. 2024, Art. 6 Rn. 255; zum Schutzobjekt des Art. 6 Abs. 1 GG: BVerfGE 18, 97, 105; 68, 176, 187; 79, 51, 62.

401 Der Begriff knüpft an Abs. 1 an, ausführlich: *Robbers* in: Huber/Voßkuhle, GG, Band 1, 8. Aufl. 2024, Art. 6 Rn. 267 f.

402 *Robbers* in: Huber/Voßkuhle, GG, Band 1, 8. Aufl. 2024, Art. 6 Rn. 261.

403 Erziehungsberechtigter i. S. d. Art. 6 Abs. 3 GG sind die Inhaber der elterlichen Sorge sowie der Vormund und in seinem Zuständigkeitsbereich der Pfleger, sowie Pflegeeltern, *Heiderhoff*, in: v. Münch/Kunig, GG, Band 1, 7. Aufl. 2021, Art. 6 Rn. 191; *Robbers*, in: Huber/Voßkuhle, GG, Band 1, 8. Aufl. 2024, Art. 6 Rn. 264.

404 *Heiderhoff*, in: v. Münch/Kunig, GG, Band 1, 7. Aufl. 2021, Art. 6 Rn. 189 f.

(vgl. § 1666a BGB).[405] Eine Trennung in diesem Sinne erfordert hingegen, dass neben der tatsächlichen Aufhebung der Familiengemeinschaft diese mit einer bestimmten Zielrichtung erfolgt, das heißt, die Trennung des Kindes von den Eltern soll zugunsten der Begründung staatlichen Erziehungseinflusses erfolgen.[406] Eine solche Zielsetzung verfolgt die Unterbringung des Kindes in einer Einrichtung dagegen nicht,[407] die nicht einen Erziehungseinfluss des Staates, sondern vielmehr die Möglichkeit zur Behandlung schaffen will. Darüber hinaus fehlt es an einer Trennung im Sinne des Art. 6 Abs. 3 GG, wenn die Unterbringung mit Zustimmung des Sorgeberechtigten erfolgt. Gleichwohl kann mitunter der Einfluss der Eltern stark eingeschränkt sein oder den Mitarbeitern der Einrichtung ein Großteil der Befugnisse übertragen sein und damit faktisch der Erziehungseinfluss der Eltern zugunsten desjenigen der staatlich bestellten Einrichtung zurückgehen.

Dennoch stellt die Trennung zwischen Eltern und Kind den stärksten vorstellbaren Eingriff in das durch Art. 6 Abs. 2 GG geschützte Elternrecht dar, der in gleicher Intensität das Kind selbst trifft, das von seinen Eltern getrennt wird.[408] Dieser ist daher grundsätzlich nur unter strikter Wahrung des Grundsatzes der Verhältnismäßigkeit zulässig.[409] Für die Unterbringung nach Landesgesetzen gilt es darüber hinaus zu berücksichtigen, dass nicht nur ein Eingriff in das Aufenthaltsbestimmungsrecht der Eltern erfolgt, sondern der Kontakt mit dem Kind überwiegend unbegrenzt und aus Gründen, die nicht nur das Kind betreffen, eingeschränkt werden kann. Gerade bei langer Unterbringung wird in die gesamte Gestaltung des kindlichen Lebens und damit in einen weit über die Aufenthaltsbestimmung hinausgehenden Teil der elterlichen Personensoge eingegriffen. Gerade die dauerhafte Unterbringung kann damit inhaltlich mit einer Sorgerechtsentziehung verglichen werden, obwohl eine Entscheidung nach § 1666 BGB nicht gefallen ist.[410]

---

405 *Britz*, FamRZ 2015, 793, 795.

406 BVerfGE 24, 119, 142; 31, 194, 210; *Jestaedt/Reimer*, in: Kahl/Waldhoff/Walter, Bonner Kommentar zum Grundgesetz, 195. Aktual. 2018, Art. 6 Abs. 2 und 3, Rn. 475.

407 Ebenso *Jestaedt/Reimer*, in: Kahl/Waldhoff/Walter, Bonner Kommentar zum Grundgesetz, 195. Aktual. 2018, Art. 6 Abs. 2 und 3, Rn. 478.

408 BVerfGE 79, 51, 60; 68, 176, 187.

409 BVerfGE 79, 51, 60.

410 *Rüth*, in: Rüth/Pankofer/Freisleder, Geschlossene Unterbringung, S. 3, 12.

Für die Frage nach der Zulässigkeit des Eingriffs muss nach dem Anlass der Unterbringung differenziert werden. Bei einer Unterbringung zur Abwehr einer beim Minderjährigen bestehenden Gefährdung bedarf es eines Handelns der Eltern, welches unter keinen Gesichtspunkten mehr als Pflege und Erziehung des Kindes gewertet werden kann, oder einen Ausfall der Eltern, obwohl ein Handeln erforderlich wäre um eine Gefahr vom Kind abzuwenden.[411] Ergibt sich aus der psychischen Krankheit des Kindes eine nachhaltige (Selbst-)Gefährdung des geistigen oder seelischen Wohls des Kindes und sind die Eltern nicht gewillt, diese Gefährdung zu beheben, kann ein Eingreifen in die Elternverantwortung auf dieser Grundlage gerechtfertigt sein.[412] Hieraus ergibt sich für die Umsetzung der öffentlich-rechtlichen Unterbringung in den Landesgesetzen die erste Prämisse: Die Schwelle, an der ein Kind aufgrund der Landesgesetze gegen den Willen der Eltern wegen Selbstgefährdung untergebracht werden darf, ist am Wächteramt zu messen, sodass die Schwelle des § 1666 BGB erreicht sein muss.

Fraglich ist allerdings, ob das staatliche Wächteramt auch eine Unterbringung zum Schutz Dritter oder der Allgemeinheit rechtfertigen kann. Der Schutz des Kindes kann bei einer Unterbringung aufgrund einer Fremdschädigung nur dann einen Rechtfertigungsgrund bilden[413], wenn man auch hier von einer Schädigung des Kindes durch eine Fremdschädigung ausginge. Denn werden bei der Unterlassung der Unterbringung keine grundrechtlich geschützten Rechtsgüter des Kindes geschädigt, kann sich der Staat nicht auf seine im Wächteramt spezialisierte Schutzpflicht diesem gegenüber berufen. Gleichlaufend zu § 1666 BGB kann eine Kindeswohlgefährdung angenommen werden, wenn das Kind eine andere Person so schwerwiegend verletzt oder gar tötet, dass es für das Kind unabhängig von der strafrechtlichen Schuld eine „schwere, bleibende, selbst durch den Ablauf langer Zeit nicht mehr ganz zu beseitigende Last bedeutet".[414] Liegt in der Fremdschädigung gleichsam eine Selbstschädigung, laufen die Voraussetzungen für die zivilrechtliche und die öffentlich-rechtliche Unterbringung parallel. Es obliegt

---

[411] Zum Vorhergesagten s. unter Teil 3, D. IV. 2. sowie Teil 5, B. IV. 4.

[412] *Britz*, FamRZ 2015, 793, 797.

[413] So *Britz*, FamRZ 2015, 793, 794.

[414] *Burghart*, in: BeckOGK-BGB, Stand: 1. Oktober 2025, § 1666 Rn. 73.

dann vorrangig den Eltern, das Kind in Wahrnehmung ihres Aufenthaltsrechts unterzubringen.

Sind die Eltern in beiden Fallgestaltungen mit der Unterbringung einverstanden, ist Rechtsgrundlage für die Unterbringung das elterliche Sorgerecht, ergänzt durch die Genehmigung nach § 1631b BGB.[415] Einer landesrechtlichen Regelung als Rechtsgrundlage bedarf es dann nicht mehr. Sind die Eltern mit einer zur Vermeidung einer Gefährdung des Kindes notwendigen Unterbringung nicht einverstanden oder wird sie von ihnen aus anderen Gründen nicht vorgenommen, greifen vorrangig die §§ 1666, 1666a BGB. Insoweit kommen als Maßnahmen eine Weisung, das Kind unterzubringen oder die teilweise (Aufenthaltsbestimmungsrecht) oder vollständige Entziehung der Sorge in Betracht. Auch hierin drückt sich der Vorrang der zivilrechtlichen Unterbringung aus. Die Unterbringung aufgrund landesrechtlicher Regelungen beschränkt sich dann auf die Fälle, in denen Eltern nicht erreichbar sind oder bei entgegenstehendem Willen zur Überbrückung bis zum (Teil-)Entzug der elterlichen Sorge.[416] Erfolgte die Unterbringung zunächst aufgrund der Landesgesetze und wurde dann durch Zustimmung der Sorgeberechtigten in eine zivilrechtliche umgewandelt, hat eine Genehmigung nach § 1631b BGB zu erfolgen.

Es verbleibt die Frage, wie der Eingriff in die Elternverantwortung gerechtfertigt ist, wenn in einer Fremdgefährdung nicht gleichzeitig auch eine Selbstgefährdung liegt. Zu einer Konkurrenz zwischen einer öffentlich-rechtlichen und einer zivilrechtlichen Unterbringung kann es dann schon deshalb nicht

---

415 Dagegen halten *Hummel/Jaenecke/Humbert* (Praxis der Kinderpsychologie und Kinderpsychiatrie 2003, 719, 725) in diesen Fällen eine öffentlich-rechtliche Unterbringung für sinnvoll, „wenn die Eltern-Kind-Beziehung empfindlich gestört ist und das Kind eine von den Eltern verantwortete Einweisung als Übelszufügung oder „Verrat" empfinden würde"

416 *Salgo*, FPR 2011, 546; *Wille*, ZfJ 2002, 85; *Bundesarbeitsgemeinschaft der leitenden Klinikärzte für Kinder- und Jugendpsychiatrie, Psychosomatik und Psychotherapie in Deutschland e. V.*, Empfehlungen zum Umgang mit freiheitsentziehenden Maßnahmen bei der Behandlung von Kindern und Jugendlichen (s. Teil 2 Fn. 381), S. 5; DIJuF-Rechtsgutachten, JAmt 2018, 88, 90; ähnlich für die Unterbringung Erwachsener: *Bergener/Heiliger/Holzschneider*, Problematik des Freiheitsentzugs bei psychisch Kranken, 1988, S. 42: Unterbringung aufgrund des PsychKG NRW erfolgt zur Überbrückung der Verfahrensdauer bei der Bestellung von Vormund oder Pfleger oder der Stellung einer Prognose, ob eine Pflegschaft erforderlich ist.

mehr kommen, weil letztere in diesem Fall nicht zulässig wäre.[417] Diese Frage wird vor allem dogmatischer Natur sein, da einer Fremdgefährdung in aller Regel auch eine Eigengefährdung immanent ist, zumindest in Form der Gefahr einer Strafbarkeit oder einer Haftung. Da die Unterbringung durch die Eltern auf letztere Fälle beschränkt ist[418], kann ein grundsätzlicher Vorrang der zivilrechtlichen Unterbringung in diesen Fällen nicht zum Tragen kommen.

Zunächst ließe sich bei einer eingetretenen Fremdgefährdung eine Verletzung der Aufsichtspflicht durch die Eltern annehmen, die dann einen Eingriff in die Elternverantwortung rechtfertigen könnte. Aus bei dem Kind auftretenden Besonderheiten wie etwa einer Krankheit kann sich eine erhöhte Aufsichts- und Überwachungspflicht ergeben.[419] Die Aufsichtspflicht dient allerdings ausschließlich dem Schutz des Kindes vor Gefahren, mag sie auch faktisch zu einem Schutz Dritter beitragen.[420] Zudem aktualisiert die Verletzung der elterlichen Aufsichtspflicht alleine nicht ohne weiteres das staatliche Wächteramt, sodass sich auch hieraus eine Gefährdung des Kindeswohls ergeben muss um einen Eingriff zu rechtfertigen.[421]

Es bedarf daher für die Fälle, in denen ausschließlich eine Fremdgefährdung ohne eigengefährdendes Element vorliegt, einer weiteren Rechtfertigung. Diese findet sich in der vielfach ohnehin als (alleinige) Grundlage für die öffentlich-rechtliche Unterbringung bezeichneten Gefahrenabwehr.[422] Mit der Unterbringung psychisch Kranker bei einer Fremdgefährdung nimmt der Staat seine Schutzpflicht für verfassungsrechtlich geschützte Güter Dritter wahr. Diese Schutzpflicht stellt nicht nur hinsichtlich des Freiheitsrechts des

---

[417] *Marschner*, in: Marschner/Lesting/Stahmann, Freiheitsentziehung und Unterbringung, 7. Aufl. 2024, Kap. A Rn. 138 f.

[418] S. dazu oben, Teil 5, B. IV. 3. a.

[419] Für ein Aids-krankes Kind aufgrund erhöhter Ansteckungsgefahr etwa *Tiedemann*, NJW 1988, 729, 734 f.

[420] BGHZ 100, 313, 316; *Salgo*, in: Staudinger, 2020, § 1631 BGB Rn. 34; *Gernhuber/Coester-Waltjen*, Familienrecht, 7. Aufl. 2020, § 58 Rn. 72.

[421] DIJuF-Rechtsgutachten, JAmt 2018, 88, 90 f. weist darüber hinaus daraufhin, dass die Aufsichtspflicht der Eltern aus sich heraus noch keine Befugnis zu einer Freiheitsentziehung darstellt.

[422] S. dazu oben, unter C. I., V. 3. a.

Kindes, sondern auch des Elternrechts eine Eingriffsrechtfertigung dar.[423] Auch das Elternrecht kann, wie alle vorbehaltlos gewährleisteten Grundrechte, durch die Grundrechte Dritter beschränkt werden. Das Bundesverfassungsgericht bejaht diese Einschränkung, wenn es um die Wahrnehmung von Rechten in einem gegen einen Jugendlichen gerichteten Strafverfahren geht.[424] Nichts anderes kann angenommen werden, wenn von dem Minderjährigen eine Gefahr für Dritte ausgeht. Eine Eingriffsrechtfertigung aufgrund kollidierender Verfassungsrechtssätze kommt in Betracht, wenn diese im Rahmen der Herstellung praktischer Konkordanz im Einzelfall das stärkere Gewicht haben.[425] Gleichwohl darf auch dann das schwächere Recht nur so weit zurückgedrängt werden, dass ihr sich aus der Menschenwürde ergebender sachlicher Grundwertgehalt in jedem Fall respektiert wird.[426]

Eine Abwägung hat mithin nicht nur stattzufinden zwischen der Gefährdung fremder Rechtsgüter und der Fortbewegungsfreiheit der betroffenen Person, sondern auch zwischen dieser Gefährdung und dem Elternrecht. Aufgrund der Bedeutung des Elternrechts und der Fortbewegungsfreiheit kann unter Berücksichtigung der Verhältnismäßigkeit eine Unterbringung daher nur bei der Gefährdung besonders bedeutender Rechtsgüter Dritter und bei einem besonders hohen Gefährdungsgrad in Betracht kommen. Das Gericht hat bei der Prüfung der Verhältnismäßigkeit des Eingriffs immer auch Alternativmaßnahmen zu berücksichtigen, die weniger in das Elternrecht eingreifen würden. Insbesondere muss auch hier vorrangig sein, dass die Eltern die Gefährdung durch eigene Maßnahmen abwenden.

Kritisch sind insofern besonders die mit einer Unterbringung vielfach einhergehenden Beschränkungen der Kommunikation zu bewerten.[427] So wird mit der Unterbringung nicht allein das Aufenthaltsbestimmungsrecht tangiert, sondern der Kontakt mit dem Kind im schlimmsten Fall komplett abgebrochen. Eine Einschränkung des Kontakts, die anders als mit

---

[423] Zu kollidierendem Verfassungsrecht als Eingriffsrechtfertigung in das Elternrecht: *Burgi*, in: Merten/Papier, HGR IV, 2011, § 109 Rn. 36.

[424] BVerfGE 107, 104, 118.

[425] BVerfGE 2, 1, 72 f.; *Jestaedt/Reimer*, in: Kahl/Waldhoff/Walter, Bonner Kommentar zum Grundgesetz, 195. Aktual. 2018, Art. 6 Abs. 2 und 3, Rn. 347.

[426] BVerfG in ständiger Rspr, s. grundlegend BVerfGE 28, 243, 261; 35, 202, 225 f.

[427] S. dazu oben, unter C. V. 2. c.

der Gefährdung des Kindes begründet wird, ist daher unzulässig. Darüber hinaus müssen die Eltern so weit es geht in die Behandlung des Kindes, wie auch in die Lebensführung in der Einrichtung eingebunden werden, um ihrem ohnehin eingeschränkten Elternrecht Rechnung zu tragen. Kritisch zu bewerten ist es deshalb, wenn die sorgeberechtigten Eltern über einen Urlaub oder eine Entlassung keine Mitteilung enthalten, insbesondere weil es den Sorgeberechtigten obliegt, während der Urlaubszeit und nach der Entlassung die Betreuung zu übernehmen oder zu gewährleisten.[428]

### 4. Verhältnis zu einer Inobhutnahme

Zudem stellt sich die Frage, wann eine Unterbringung nach den landesrechtlichen Vorschriften und wann im Rahmen einer Inobhutnahme nach § 42 Abs. 5 SGB VIII erfolgen soll. Zunächst ließe sich auch hier wieder auf die Zielsetzung des jeweiligen Instituts blicken: Während die Unterbringung nach landesrechtlichen Vorschriften (vorrangig) dem öffentlichen Schutzinteresse dient, erfolgt eine Inobhutnahme ausschließlich zum Schutz des Kindes. Auch hier lässt sich wie zuvor aus dem Schutzzweck allerdings nur bedingt etwas für die Abgrenzung beider Institute folgern.[429] Eine Abgrenzung kommt zudem nur dann in Frage, wenn die jeweiligen Voraussetzungen vorliegen,[430] sodass es gar nicht in allen Fällen zu einer Überschneidung kommt.

Zunächst ergeben sich Abweichungen im Gefährdungsgegenstand: eine freiheitsentziehende Unterbringung während einer Inobhutnahme ist – im Gegensatz zu den überwiegenden landesrechtlichen Regelungen – allenfalls bei der Gefährdung von Leib und Leben Dritter, nicht hingegen bei derjenigen anderer Rechtsgüter anwendbar.[431] Darüber hinaus besteht ein Unterschied in der Rolle der Sorgeberechtigten zumindest zu Beginn der jeweiligen Unterbringung: Die Unterbringung während einer Inobhutnahme kommt als Rechtsgrundlage nur so lange in Betracht, wie die Sorgeberechtigten nicht erreichbar sind, während das PsychKG auch in Frage kommt, wenn

---

[428] Für die Betreuung: *Walther*, BtPrax 2017, 217, 219: der Betreuer muss ggf. soziale und finanzielle Hilfen für den Zeitraum vermitteln.

[429] S. dazu oben C. V. 3. a.

[430] *Kunkel*, FamRZ 2002, 525.

[431] DIJuF-Rechtsgutachten, JAmt 2018, 88, 90, 91.

der gesetzliche Vertreter der Unterbringung widerspricht.[432] Im Laufe der Unterbringung kann hingegen auch bei der Inobhutnahme der entgegenstehende Wille des Sorgeberechtigten hinzukommen – dann ist, wie auch im Rahmen einer auf einer Selbstgefährdung beruhenden landesrechtlichen Unterbringung, schnellstmöglich eine richterliche Entscheidung nach § 1666 BGB herbeizuführen.

Soweit die Voraussetzungen beider Institute aber tatsächlich vorliegen, kann eine Unterbringung grundsätzlich aufgrund beider Rechtsgrundlagen erfolgen. Sie stehen ohne ein Subsidiaritätsverhältnis nebeneinander.[433] Gleichwohl ist aufgrund seiner Eingliederung ins jugendhilferechtliche System und der Mängel in der Kindeswohlorientierung der Landesgesetze – dazu sogleich – im Zweifel eine Inobhutnahme mit einer sich anschließenden Entscheidung eines Sorgeberechtigten herbeizuführen. So wird auch der Vorrang letzterer gegenüber einer auf längere Dauer angelegten landesrechtlichen Unterbringung sichergestellt.

### 5. Geeignetheit der landesrechtlichen Unterbringung für Kinder?

Zwar sehen einige Landesgesetze eine gesonderte Unterbringung in Einrichtungen der Kinder- und Jugendpsychiatrie und -psychotherapie explizit vor und auch in den übrigen Bundesländern mag die Unterbringung ohne explizite Regelung in einer entsprechenden Einrichtung erfolgen. Im Unterschied zu etwa einer Unterbringung nach § 1631b BGB und den Regelungen des Kinder- und Jugendhilferechts wird bei der Erforderlichkeit der Unterbringung nicht auf das Kindeswohl, sondern auf die allgemeine ordnungsrechtliche Gefahrenabwehr abgestellt.[434] Trotzdem ist das Kindeswohl innerhalb der Verhältnismäßigkeitsprüfung beachtlich, was insbesondere eine besondere Suche nach möglichen verfügbaren Alternativmaßnahmen notwendig macht.[435]

Einer besonderen Sensibilität für die Belange des Kindes bedarf es auch bei der Durchführung der Unterbringung und insbesondere der Behandlungsplanung. Die Gefahr, dass diese aus den Augen gerät, besteht vor allem

---

[432] *Heitmann/Götz*, in: Kaiser/Schnitzler/Schilling/Sanders, 4. Aufl. 2021, § 1906 Rn. 80.
[433] DIJuF-Rechtsgutachten, JAmt 2018, 88, 92.
[434] S. dazu schon oben, unter C. I., V. 3.; BT-Drucks. 16/6815, S. 8, rechte Spalte unten.
[435] *Beermann*, FPR 2011, 525, 527.

dann, wenn ältere Kinder in Einrichtungen mit Erwachsenen gemeinsam untergebracht werden. Zudem besteht die Gefahr einer Stigmatisierung des Betroffenen infolge einer Weitergabe von Informationen an andere Behörden, die einen Akteneintrag gegebenenfalls auch noch nach Heilung der Krankheit und Behebung der Gefahr beibehalten.[436]

Im Gegensatz zu der Situation von Erwachsenen bietet das Sozialrecht mit dem SGB VIII und der darin enthaltenen Möglichkeit der Inobhutnahme ein wirksames Instrument zum Schutz von Kindern vor Gefahren. Das Nebeneinander beider Bereiche erfordert gleichsam, dass ein besonderes Augenmerk auf einen dennoch effektiven Schutz geworfen wird. Befürchtet wird insbesondere, dass bei einem nicht ausreichend koordinierten Nebeneinander von Förderungen und Eingriffen den Minderjährigen entweder überschüssige, durch ihre Hilfesituation nicht indizierte Hilfen zugemutet werden, die kontraproduktiv wirken, oder dass hilfebedürftige Minderjährige aufgrund unklarer Zuständigkeit nicht erreicht werden.[437]

## 6. Ausreichende Rechtfertigung von Freiheitseingriffen

Bedenken ergeben sich zudem bei einer zu geringen Berücksichtigung der persönlichen Fortbewegungsfreiheit des Kindes. Zwar mag der Schutz anderer Rechtsgüter im Einzelfall eine Einschränkung der Fortbewegungsfreiheit

---

[436] S. zu allgemeinen, nicht spezifisch für Minderjährige geäußerten Bedenken hinsichtlich der ursprünglich geplanten Einführung einer zentralen Datei zur Erfassung aller in der Psychiatrie untergebrachten und Weiterleitung der Daten an die Polizei im neuen PsychKHG Bay *Prantl*, „Bayern will psychisch Kranke wie Straftäter behandeln", Süddeutsche Zeitung v. 16. April 2018 (www.sueddeutsche.de/politik/umstrittener-gesetzentwurf-bayern-will-psychisch-kranke-wie-straftaeter-behandeln-1.3944987 [zuletzt abgerufen: 25. Januar 2026]), *Bruns*, „Der gefährliche Irre in unseren Köpfen", Zeit v. 28. April 2018 (www.zeit.de/wissen/gesundheit/2018-04/psychiatrie-gesetz-bayern-psychkhg-stigmatisierung-psychisch-kranke-nationalsozialismus [zuletzt abgerufen: 25. Januar 2026]); die Meldepflicht wurde in der aktuellen Fassung allerdings nur zum Teil abgeschwächt, s. Ärzteblatt, „Abgeschwächtes Psychisch-Kranken-Hilfe-Gesetz passiert bayerischen Landtag" v. 12. Juli 2018 (www.aerzteblatt.de/nachrichten/96394/Abgeschwaechtes-Psychisch-Kranken-Hilfe-Gesetz-passiert-bayerischen-Landtag [zuletzt abgerufen: 25. Januar 2026]).

[437] Diese Problematik wird für § 35a SGB VIII angedeutet im 19. Bericht des Ausschusses für Angelegenheiten der psychiatrischen Krankenversorgung in Niedersachsen für das Jahr 2003, S. 17.

rechtfertigen.[438] Dennoch muss diese Einschränkung streng am Verhältnismäßigkeitsgrundsatz orientiert und insbesondere bei Wegfall der Gefährdung umgehend aufgehoben werden. Auch in der Durchführung der Unterbringung muss die besondere Situation der Untergebrachten in einem freiheitsentziehenden Setting berücksichtigt werden und eine Sensibilität für die Wirkungen einer Freiheitsentziehung im täglichen Umgang vorherrschen.[439]

### *a. Interessenwahrung durch Vertretungsorgane*

Zu einer Sicherstellung dieser Aspekte könnten die Besuchs- oder Aufsichtskommissionen oder Anliegenvertretung beitragen, die nach allen Landesgesetzen einzurichten sind.[440] Ihr Ziel ist es zu überprüfen, ob die mit der Unterbringung verfolgten Aufgaben erfüllt[441] und die Rechte der Patienten gewahrt werden.[442] Mitunter bestehen die Besuchskommissionen innerhalb oder neben einem Ausschuss, der insgesamt die Behandlung entsprechend der Gesetze sicherstellen und für Verständnis für psychisch Kranke bei der Bevölkerung sorgen soll.[443] Die Patienten können in der Regel gegenüber dem entsprechenden Gremium Wünsche, Beschwerden oder Anregungen

---

[438] Arg. e. BVerfGE 58, 208, 224 f.

[439] Für eine Einrichtung in Hildesheim wird etwa der unkritische und wenig einfühlende Umgang mit dem sog. Time-Out-Raum gerügt, 15. Bericht des Ausschusses für Angelegenheiten der psychiatrischen Krankenversorgung in Niedersachsen für das Jahr 1999, S. 8.

[440] § 27 PsychKHG B-W; Art. 37 PsychKHG Bay; § 13 PsychKG Berl; § 2a PsychKG Bbg; § 88 BremPsychKG; § 23 PsychKG Hmb; § 13 PsychKHG Hess; § 46 PsychKG M-V; § 30 PsychKG Nds; § 23 PsychKG NRW; § 15 PsychKHG Rh-Pf; § 15 PsychKHG Saar; § 4 PsychKG Sachs; § 37 PsychKG S-A; § 24 PsychKG Thür; § 26 PsychHG Schl-H: Als Anliegervertretung alternativ zu einem Patientenfürsprecher.

[441] § 27 Abs. 1 S. 1 PsychKHG B-W; § 13 Abs. 1 PsychKG Berl; § 2a Abs. 1 S. 1 PsychKG Bbg; § 88 Abs. 1 BremPsychKG; § 23 Abs. 1 S. 1 PsychKG Hmb; § 13 Abs. 3 S. 1 PsychKHG Hess; § 46 Abs. 1 S. 2 PsychKG M-V; § 23 Abs. 1 S. 1 PsychKG NRW; § 15 Abs. 1 PsychKHG Saar; § 4 Abs. 2 S. 3 PsychKG Sachs; § 26 Abs. 2 S. 4 PsychHG Schl-H; ähnlich: § 24 Abs. 2 Nr. 1 PsychKG Thür: Überprüfung der Unterbringung und der dortigen Verhältnisse.

[442] § 13 Abs. 1 PsychKG Berl; § 2a Abs. 1 S. 1 PsychKG Bbg; § 88 Abs. 1 BremPsychKG; § 23 Abs. 1 S. 1 PsychKG Hmb; § 46 Abs. 1 S. 2 PsychKG M-V; § 15 Abs. 2 S. 1 PsychKHG Rh-Pf; § 15 Abs. 1 PsychKHG Saar; § 4 Abs. 2 S. 1 PsychKG Sachs; § 26 Abs. 2 S. 4 PsychHG Schl-H.

[443] § 30 Abs. 2 PsychKG Nds; §§ 4 Abs. 3, 7 PsychKHG Rh-Pf; § 37 Abs. 2 PsychKG S-A.

äußern.[444] Die jeweils zu erstellenden Berichte werden zunächst der zuständigen Behörde[445] bzw. Aufsichtsbehörde[446], dem zuständigen Ministerium[447], einer Ombudsstelle auf Landesebene[448] oder dem Landesbeirat für psychisch Kranke und der Senatsverwaltung[449] vorgelegt. Überwiegend ist darüber hinaus eine regelmäßige Weiterleitung an die jeweilige Bürgervertretung vorgesehen.[450] Vereinzelt sind vor allem die mit einer Einschränkung der Fortbewegungsfreiheit verbundenen, besonderen Sicherungsmaßnahmen zu erfassen und an die Fachaufsichtsbehörde weiterzuleiten.[451] In Bayern erfolgt eine Mitteilung der Besuchskommission an die Fachbehörde nur, wenn die Einrichtung Anregungen nicht umsetzt, die ihr zuvor in einem Bericht der Kommission offeriert wurden.[452]

Die Effektivität der Überprüfung der Unterbringung wird allerdings zunächst dahingehend kritisiert, dass sie sich nicht mit der Notwendigkeit

---

[444] § 27 Abs. 1 S. 3 PsychKHG B-W; Art. 37 Abs. 1 S. 3 PsychKHG Bay; § 13 Abs. 7 PsychKG Berl; § 2a Abs. 4 S. 3 PsychKG Bbg; § 88 Abs. 1 BremPsychKG; § 23 Abs. 1 S. 3 PsychKG Hmb; § 13 Abs. 3 S. 4 PsychKHG Hess; § 46 Abs. 1 S. 3 PsychKG M-V; § 23 Abs. 1 S. 2 PsychKG NRW; § 15 Abs. 3 PsychKHG Rh-Pf; § 15 Abs. 1 PsychKHG Saar; § 4 Abs. 2 S. 4 PsychKG Sachs; § 26 Abs. 2 S. 5 PsychHG Schl-H; § 24 Abs. 2 Nr. 2, 3 PsychKG Thür; § 37 Abs. 5 PsychKG S-A: Recht zur unbeschränkten Korrespondenz zwischen Kommission und Patient; anders: § 30 Abs. 5 S. 2 PsychKG Nds: das Krankenhaus hat der Kommission Gespräche mit untergebrachten Personen zu ermöglichen, was hinsichtlich der Möglichkeit einer Selektion der Gesprächspartner durch das Krankenhaus kritisch sein könnte.

[445] § 23 Abs. 4 S. 1 PsychKG Hmb.

[446] § 27 Abs. 3 PsychKHG B-W; § 23 Abs. 4 S. 2 PsychKG Hmb; § 23 Abs. 2 S. 1 PsychKG NRW; § 15 Abs. 4 PsychKHG Saar.

[447] § 88 Abs. 4 BremPsychKG; § 13 Abs. 4 S. 1 PsychKHG Hess; § 46 Abs. 2 PsychKG M-V; § 30 Abs. 7 PsychKG Nds; § 23 Abs. 2 S. 3 PsychKG NRW; § 15 Abs. 4 PsychKHG Saar; § 4 Abs. 8 PsychKG Sachs; § 37 Abs. 7 PsychKG S-A; § 24 Abs. 7 PsychKG Thür; § 2a Abs. 5 S. 1 PsychKG Bbg: dem für Gesundheit zuständigen Mitglied der Landesregierung.

[448] § 27 Abs. 3 PsychKHG B-W.

[449] § 13 Abs. 8 S. 2 PsychKG Berl.

[450] § 27 Abs. 3 S. 4 PsychKHG B-W; § 13 Abs. 8 S. 2 PsychKG Berl; § 2a Abs. 5 S. 5 PsychKG Bbg; § 23 Abs. 4 S. 4 PsychKG Hmb; § 46 Abs. 2 S. 2 PsychKG M-V; § 30 Abs. 7 PsychKG Nds; § 23 Abs. 3 PsychKG NRW; § 37 Abs. 7 PsychKG S-A; anders § 15 Abs. 4 PsychKHG Rh-Pf: Vorlage bei der Bürgervertretung und nachrichtliche Weiterleitung an den Beirat und die Aufsichtsbehörde.

[451] Art. 33 PsychKHG Bay.

[452] Art. 37 Abs. 3 PsychKHG Bay.

der Unterbringung im Einzelfall beschäftigt.[453] Zudem erreichten die Berichte nicht die für die Feststellung der Notwendigkeit zuständigen Gerichte.[454] Darüber hinaus lässt sich bemängeln, dass die Besuche nur selten erfolgen: zwar sollen sie in der Regel (mindestens) einmal im Jahr stattfinden[455], mitunter ist aber auch nur ein Besuch alle zwei[456] oder drei[457] Jahre vorgesehen. In Schleswig-Holstein ist immerhin ein Besuch zweimal im Jahr vorgesehen.[458] Besonders bedenklich ist, dass in Bremen, Sachsen und Thüringen keine Regelung für den zeitlichen Abstand der Besuche geschaffen wurde und darüber hinaus, dass im Saarland und in Hessen die Besuche vorher – wenn auch kurzfristig – angekündigt werden können.[459]

### *b. Verfassungsrechtliche Bedenken*

Die Regelungen zu den mit einer Freiheitsbeschränkung verbundenen Sicherungsmaßnahmen begegnen zudem verfassungsrechtlichen Bedenken. So sind nach hiesigem Verständnis die Fixierung und die Unterbringung in einen abgeschlossenen gesonderten Raum durch die Aufhebung der Fähigkeit, sich nach eigenem Willen an einen anderen Ort zu bewegen, verfassungsrechtlich als Freiheitsentziehung zu betrachten[460]. Da die Ordnungsbehörden als unmittelbar grundrechtsverpflichtet eingreifen, müssen die entsprechenden Eingriffe nach Art. 2 Abs. 2 S. 2, 104 Abs. 2 GG gerechtfertigt sein. Eine nach Art. 104 Abs. 2 GG erforderliche richterliche Entscheidung sehen die Landesgesetze allerdings zum Teil nicht vor und es ist auch nicht ersichtlich, dass eine solche allein auf der Grundlage des Art. 104 Abs. 2 GG eingeholt oder erteilt wird. In Berlin ist zwar eine richterliche Entscheidung dann notwendig, wenn die Maßnahme von längerer Dauer ist oder regelmäßig

---

[453] *Coeppicus*, Sachfragen des Betreuungs- und Unterbringungsrechts, 2000, S. 171.
[454] *Coeppicus*, Sachfragen des Betreuungs- und Unterbringungsrechts, 2000, S. 171.
[455] § 13 Abs. 4 PsychKG Berl; § 2a Abs. 1 S. 1 PsychKG Bbg; § 23 Abs. 1 S. 1 PsychKG Hmb; § 46 Abs. 1 S. 2 PsychKG M-V; § 23 Abs. 1 S. 1 PsychKG NRW; § 15 Abs. 2 PsychKHG Rh-Pf; § 15 Abs. 3 PsychKHG Saar; § 37 Abs. 3 S. 2 PsychKG S-A.
[456] Art. 37 Abs. 1 S. 5 PsychKHG Bay; § 13 Abs. 3 S. 1 PsychKHG Hess (in den ersten zwei Jahren nach Inkrafttreten jährlich).
[457] § 27 Abs. 1 S. 1 PsychKHG B-W.
[458] § 26 Abs. 2 S. 1 PsychHG Schl-H:
[459] § 13 Abs. 3 S. 2 PsychKHG Hess; § 15 Abs. 3 PsychKHG Saar.
[460] S. dazu oben, Teil 3, C. V.

erfolgt, sodass hierin eine mögliche Umschreibung der Grenze zwischen einer Freiheitsentziehung und einer Freiheitsbeschränkung im engeren Sinne liegen könnte. Die ohne Entscheidung zulässige Dauer von bis zu 18 Stunden[461] ist hingegen ebenfalls bedenklich. Ebenfalls bedenklich ist die mitunter zulässige Anwendung von – nach hiesiger Auffassung – freiheitsentziehender Maßnahmen für die Dauer von bis zu 24 Stunden ohne Genehmigung. Die Regelung in Nordrhein-Westfalen, nach der bei Minderjährigen ausschließlich auf die Zustimmung der Sorgeberechtigten abgestellt wird, während bei Volljährigen eine richterliche Genehmigung vorgesehen ist[462], ist insbesondere seit der Einführung des § 1631b Abs. 2 BGB zu kritisieren, da die Sorgeberechtigten danach selbst nicht ohne richterliche Entscheidung über entsprechende Maßnahmen entscheiden könnten. Eine freiheitsentziehende Maßnahme, die ohne richterliche Genehmigung vorgenommen wird, ist nach hiesiger Einordnung verfassungswidrig.[463]

Anders wäre dies allenfalls zu beurteilen, wenn man – abweichend von der hiesigen Einordnung – davon ausginge, dass innerhalb einer schon erfolgten und genehmigten Freiheitsentziehung für eine weitere Entziehung der Freiheit kein Raum ist, sodass eine (zusätzliche) richterliche Entscheidung nicht notwendig wäre. Dies wurde hier aufgrund der Intensität eines über die Unterbringung hinausgehenden Eingriffs anders eingeordnet[464] – eine entsprechende Bewertung ist auch dem § 1831 Abs. 4 sowie § 1631b Abs. 2 BGB zugrunde gelegt. Zu einer anderen Bewertung käme man außerdem, wenn zwar eine gesonderte Freiheitsentziehung vorläge, aber die nach Art. 104 Abs. 2 GG erforderliche Entscheidung bereits in der für die Durchführung der Unterbringung vorgesehenen Genehmigung enthalten ist. Dies ließe sich vor allem damit begründen, dass die Entscheidung über die Unterbringung in Ansehung der sich aus dem jeweiligen Gesetz ergebenden Sicherungen getroffen wird. Da sich die richterliche Entscheidung nach Art. 104 Abs. 2

---

461 § 39 Abs. 5 S. 2 PsychKG Berl.

462 § 20 Abs. 2 i. V. m. § 18 Abs. 6, 7 PsychKG NRW.

463 Für das Erfordernis einer Genehmigung von über die Unterbringung hinausgehende freiheitsentziehende Maßnahmen: *Budde*, in: Keidel, 19. Aufl. 2017 (Vorauflage), § 312 FamFG, Rn. 7 sowie *Dornis*, SchlHA 2011, 156, 157: Genehmigungserfordernis für Fixierungen die über einen Tag hinausgehend.

464 S. dazu Teil 3, C. V.

GG allerdings auf eine konkrete Freiheitsentziehung beziehen muss, muss eine inzidente Prüfung nach hier vertretener Ansicht ausgeschlossen werden.

Zu der Frage der Legitimation freiheitsentziehender Maßnahmen hat auch das Bundesverfassungsgericht Stellung genommen. In seiner Entscheidung vom 24. Juli 2018 befasste es sich mit der Frage, ob freiheitsentziehende Maßnahmen – konkret eine Fixierung am Bett – einer separaten richterlichen Genehmigung bedürften und die landesrechtlichen Regelungen – im PsychKG Baden-Württemberg und im alten bayerischen Unterbringungsgesetz – eine ausreichende Ermächtigungsgrundlage hierfür darstellten.[465] Die den Verfahren zugrundeliegenden Maßnahmen – Fixierungen am Bett mithilfe eines 5-Punkt- bzw. 7-Punkt-Gurtes – ordnet es zunächst als Freiheitsentziehungen ein, die nicht nur als Grundrechtseingriff eine Rechtsgrundlage, sondern darüber hinaus eine richterliche Genehmigung erfordern.[466] Aufgabe der Landesgesetze sei es mithin, eine vorherige richterliche Genehmigung oder – soweit mit einer vorausgehenden Entscheidung der mit der Freiheitsentziehung verfolgte Zweck nicht erreicht werden würde – eine unverzügliche richterliche Bestätigung zu regeln.[467] Eine amtswegige nachträgliche Überprüfung einer nicht genehmigten, aber schon beendeten Maßnahme ist nicht erforderlich, die Möglichkeit einer nachträglichen Überprüfung muss der betroffenen Person dagegen eröffnet werden.[468] Insofern verfolgt auch das Bundesverfassungsgericht die hier vertretene Ansicht, dass auch innerhalb eines schon bestehenden und genehmigten Freiheitsentziehungsverhältnisses eine erneute Genehmigung erforderlich ist, weil es sich bei einer Fixierung nicht um einen veränderten Vollzug der ursprünglichen Maßnahme handelt, sondern um eine eigenständige Freiheitsentziehung.[469] Aufgrund des Verhältnismäßigkeits- und des Bestimmtheitsgrundsatzes muss nach dem Gericht für derartige Eingriffe die erforderliche Ermächtigungsgrundlage die materiellen Voraussetzungen und Verfahrensanforderungen zum Schutz der Grundrechte der untergebrachten Person vorsehen.[470] Zudem

[465] BVerfG, FamRZ 2018, 1442.
[466] BVerfG, FamRZ 2018, 1442, 1446.
[467] BVerfG, FamRZ 2018, 1442, 1451.
[468] BVerfG, FamRZ 2018, 1442, 1452.
[469] BVerfG, FamRZ 2018, 1442, 1446.
[470] BVerfG, FamRZ 2018, 1442, 1447.

ist zwar Art. 104 Abs. 2 GG unmittelbar anzuwenden, gleichwohl ergibt sich aus Art. 104 Abs. 2 S. 4 GG ein Regelungsauftrag, den Richtervorbehalt entsprechend verfahrensrechtlich umzusetzen.[471] Die den zur Überprüfung stehenden Maßnahmen zugrundeliegenden landesrechtlichen Regelungen genügen diesen Voraussetzungen nicht. Das PsychKG Baden-Württemberg enthielt zwar Regelungen hinsichtlich der vorgenommenen Maßnahmen, sah allerdings weder eine Pflicht vor, auf die Möglichkeit einer nachträglichen gerichtlichen Überprüfung hinzuweisen, noch eine richterliche Genehmigung für entsprechende Maßnahmen.[472] Im mit dem 1. Januar 2019 außer Kraft getretenen bayerischen UBG fehle es insgesamt an einer nach Art. 104 Abs. 1 S. 1 GG erforderlichen gesetzlichen Grundlage für entsprechende Maßnahmen und damit ebenso für eine richterliche Entscheidung über jene.[473] Die zugrundeliegenden landesrechtlichen Regelungen waren damit verfassungswidrig, das Bundesverfassungsgericht hat eine Übergangszeit bis zum 1. Juni 2019 angeordnet, in dem die Mängel auszubessern sind, entsprechende Maßnahmen sich an den aufgestellten Grundsätzen zu orientieren haben und das Erfordernis einer richterlichen Genehmigung unmittelbar aus Art. 104 Abs. 2 GG folgt.[474] In Bayern wurde infolgedessen ein ganz neues Psychisch-Kranken-Hilfe-Gesetz erlassen, das Psychisch-Kranken-Hilfe-Gesetz für Baden-Württemberg wurde entsprechend reformiert.[475]

Auch die Regelungen in den anderen Bundesländern genügten damit dem Regelungsauftrag des Art. 104 Abs. 2 S. 4 GG häufig nicht. Die Landesgesetzgeber waren daher aufgefordert, die Rechtsgrundlagen für derartige Maßnahmen an die Vorgaben des Urteils anzupassen.[476] Freiheitsentziehende Maßnahmen sind damit von einer in der Regel vorausgehenden richterlichen Entscheidung abhängig zu machen. Solange dies nicht geschehen ist, muss eine freiheitsentziehende Maßnahme aufgrund der unmittelbaren Geltung des Art. 104 Abs. 2 GG dennoch von einer richterlichen Entscheidung

---

[471] BVerfG, FamRZ 2018, 1442, 1450.
[472] BVerfG, FamRZ 2018, 1442, 1452.
[473] BVerfG, FamRZ 2018, 1442, 1454.
[474] BVerfG, FamRZ 2018, 1442, 1453 f.
[475] S. Gesetz zur Änderung des Psychisch-Kranken-Hilfe-Gesetz v. 25. Juni 2019, GBl S. 230.
[476] Kritisch zu der Regelung in Schleswig-Holstein schon *Dornis/Filler*, in: Dornis, PsychKG Schleswig-Holstein, S. 118 f.

abhängig gemacht werden. Zum Teil beruhen die zuvor beschriebenen Regelungen eines richterlichen Genehmigungsvorbehalts für Fixierungen schon auf Änderungen, die auf das Urteil des BVerfG zurückzuführen sind. Allerdings beschränkt sich die Genehmigungspflicht auf die dem Urteil des BVerfG zugrundeliegenden Fixierungen, andere, nach hiesiger Auffassung ebenfalls freiheitsentziehende Maßnahmen bleiben von der Genehmigungspflicht ausgenommen.[477] Gleichwohl läge es dort näher, einen sprachlichen Gleichlauf mit den Regelungen im BGB – wie etwa in Bayern geschehen – zu erreichen. Zudem ist es nach wie vor kritisch zu betrachten, wenn die Genehmigung nur nachträglich erfolgt, obwohl die Notwendigkeit entsprechender Maßnahmen schon absehbar ist oder nicht für alle freiheitsentziehenden Maßnahmen gilt, sondern auf Fixierungen oder gar bestimmte Arten von Fixierungen beschränkt ist.

## VI. Zusammenfassung

Die Darstellung zeigt, dass die Landesgesetze für psychisch Kranke zwar grundsätzlich für Kinder anwendbar sind, aber aufgrund der fehlenden Kindeswohlorientierung und ausreichenden Berücksichtigung der Sorgeberechtigten keineswegs die vorrangige Rechtsgrundlage darstellen sollten. Die Kritik zeigt zudem, dass der Grundrechtsschutz der Betroffenen und das – sich überwiegend auch im Namen niederschlagende – Ziel der Hilfen für psychisch Kranke nicht häufig genug betont werden können und stärker verwirklicht werden sollten. Dem Staat obliegt hier nicht nur eine Schutzpflicht für die gefährdeten Rechtsgüter, sondern vor allem auch die Pflicht, in die grundrechtsgeschützten Güter – vorliegend die Fortbewegungsfreiheit und mit der Ausgestaltung der Unterbringung die gesamte Selbstbestimmung – so wenig wie möglich einzugreifen. Die Regelungen zur Anordnung freiheitsentziehender Maßnahmen im engeren Sinne sind darüber hinaus insbesondere nach der neueren Entscheidung des Bundesverfassungsgerichts als verfassungswidrig anzusehen.

Hinzu kommt, dass die landesgesetzlichen Regeln, obwohl sie das Elternrecht einschränken, dem Zitiergebot insofern überwiegend nicht Rechnung

---

[477] S. etwa für die genehmigungsfreie Zulässigkeit der Unterbringung in einem Kriseninterventionsraum, sedierender Medikamente, sowie einer 1-Punkt-Fixierung: § 27 PsychHG Schl-H.

tragen.[478] In einigen Gesetzen wird Art. 6 GG allgemein genannt[479], in Rheinland-Pfalz nur die Einschränkung der Einheit der Familie.[480] Allein in Sachsen[481] und in Bayern wird explizit eine Einschränkung des Elternrechts genannt, wobei das PsychKHG Bayern Art. 6 Abs. 3 GG zitiert[482], sodass unklar ist, ob tatsächlich dieser oder das Elternrecht aus Art. 6 Abs. 2 GG gemeint ist.

478 § 103 PsychKG Berl; § 61 PsychKG Bbg; § 106 BremPsychKG; § 36 PsychKG Hmb; § 35 PsychKHG Hess; § 39 PsychKG Nds; § 36 PsychKG NRW; § 39 PsychKHG Saar; § 42 PsychHG Schl-H.

479 § 56 PsychKHG B-W; § 49 PsychKG M-V; § 41 PsychKG Thür.

480 § 36 PsychKHG Rh-Pf.

481 § 95 PsychKG Sachs.

482 Art. 38 PsychKHG Bay.

# Fazit und Ausblick

Sowohl in Bezug auf die freiheitsentziehende Unterbringung als auch auf freiheitsentziehende Maßnahmen besteht nach wie vor Diskussionsbedarf. Der Schwerpunkt der Diskussion liegt im Bereich der Kinder- und Jugendhilfe, denn hier überschneiden sich die mit freiheitsentziehenden Maßnahmen verfolgten Zwecke: Die Zulässigkeit aus erzieherischen Gründen wird überwiegend abgelehnt, wobei eine Abgrenzung zu anderen Zwecken nicht immer trennscharf möglich ist. Im Hinblick auf die Praxis der Kinder- und Jugendhilfe, aber auch der KJPP und Behindertenhilfe hat sich gezeigt, dass die konkrete Ausgestaltung der geschlossenen Unterbringung, auf die sich historisch die Kritik vornehmlich bezieht, nur noch teilweise mit der heutigen Form von Heimunterbringung übereinstimmt. Nichtsdestotrotz sind freiheitsentziehende Maßnahmen nun keineswegs ohne Bedenken anzuwenden. Sie werden weiterhin und nur als absolute ultima ratio angesehen.[1] Eine beschränkte Notwendigkeit von freiheitsentziehender Unterbringung und freiheitsentziehenden Maßnahmen wird hingegen überwiegend angenommen. Der ultima-ratio-Gedanke bezieht sich dabei nicht nur auf das „Ob“ der Maßnahmen, sondern auch auf das „Wie“: sie sind nur unter strenger Beobachtung und zurückhaltend anzuwenden und kontinuierlich der Blick für Alternativen offen zu halten. Diese Prämisse setzt eine verstärkte Diversität von Einrichtungen und möglichen Maßnahmen voraus, die neben der zurückhaltenden Anwendung freiheitsentziehender Elemente ein kontinuierliches Streben nach kindeswohlzentrierter Betreuung zur obersten Priorität haben. Bezogen auf alle Anwendungsfelder ist darüber hinaus der Austausch über

[1] So auch BVerfG FamRZ 2018, 1442, 1450.

Alternativen und Deeskalationsstrategien (auch) in Zukunft wünschenswert und verstärkt notwendig.

Nicht nur in der praktischen Umsetzung, sondern auch in der verfassungsrechtlichen Beurteilung findet sich eine Ambivalenz zwischen der Notwendigkeit des Schutzes vor und durch Eingriff. Handelt der Staat bei einer Freiheitsentziehung selbst, ist sein Handeln auch gegenüber Kindern streng an den Voraussetzungen des Art. 2, 104 GG zu messen, auch wenn der gesetzliche Vertreter mit der Maßnahme im Einzelfall einverstanden ist. Dies gilt auch für fürsorgliche Beschränkungen der Fortbewegungsfreiheit, wenn auch in diesen Fällen – die der Schaffung der Norm nicht ursprünglich zugrunde lagen – die konkrete Anwendung des Art. 104 Abs. 2 GG schwierig ist, was nicht zuletzt seine Ursache in Uneinigkeit über die Kriterien für eine Einordnung als Freiheitsbeschränkung oder -entziehung hat.

Werden hingegen Personensorgeberechtigte tätig, können diesen die Einschränkungen, die sich aus Art. 2, 104 GG ergeben, nicht unmittelbar entgegengehalten werden. Dies ergibt sich allerdings weder aus einer Abgrenzung zwischen den Wirkungsbereichen von Art. 2, 104 GG und Art. 6 GG noch aus einer Auslegung des verfassungsrechtlichen Freiheitsentziehungsbegriffs, sondern vielmehr aus der mangelnden Grundrechtsverpflichtung: Eltern können zwar eine Maßnahme vornehmen, die den (unklaren) Kriterien einer Freiheitsentziehung i. S. d. Art. 104 Abs. 2 S. 2 GG entspricht, verfassungsrechtliche Relevanz erlangt diese hingegen mangels personeller Anwendbarkeit nicht direkt über Art. 2, 104 GG. Gegenüber Nichtgrundrechtsverpflichteten können die verfassungsrechtlichen Regelungen allenfalls über eine Schutzpflicht des Staates zugunsten des Kindes gegenüber dem Handelnden Wirkungen entfalten. Diese staatliche Pflicht, einen Grundrechtseingriff durch Dritte zu verhindern, ergibt sich im Grunde auch aus Art. 104 GG, allerdings beschränkt auf dessen materiellen Vorgaben, die lediglich eine Wiederholung derjenigen des Art. 2 Abs. 2 S. 2 GG darstellen. Die Verfahrensvorgaben, wie der Richtervorbehalt aus Art. 104 Abs. 2 S. 1 GG, kommen in der Schutzpflichtdimension hingegen nicht zum Tragen.

Gegenüber den Eltern aktualisieren sich darüber hinaus die Grundrechte des Kindes ausschließlich im Umfang des Elternrechts und damit in der Eingriffsschwelle des staatlichen Wächteramts aus Art. 6 Abs. 2 S. 2 GG. Denn das Elternrecht ist nicht Gegenpol zu den Kindergrundrechten, sondern läuft – innerhalb seiner Grenzen – mit diesen parallel. Es kann daher auch keine klassische Grundrechtskollision zwischen dem Elternrecht und den Kindesgrundrechten geben und damit auch keine Abwägung zwischen beiden Positionen. Die Kindesgrundrechte sind dem Elternrecht in der Form immanent, dass dann, wenn das Handeln der Eltern dem Kindeswohl entspricht, die Eltern grundrechtliche Interessen der Kinder wahrnehmen. Über die wächteramtlichen Befugnisse hinaus ergeben sich dagegen keine Schutzansprüche des Kindes an den Staat, der keine darüber hinausgehende Eingriffsbefugnis hat. Das Wächteramt stellt damit eine im Grundgesetz ausdrücklich verankerte Schutzpflicht dar. Da die Grundrechte sich hingegen im Umfang des Elternrechts abbilden, finden sich innerhalb der Bestimmung des Kindeswohls die Wertentscheidungen der Grundrechte wieder. So löst aufgrund der hohen verfassungsrechtlichen Bedeutung der Fortbewegungsfreiheit ein Eingriff in diese die staatliche Eingriffsbefugnis des Wächteramts eher aus als das Tätigwerden der Eltern innerhalb eines grundrechtlich nicht geschützten Bereichs.

Dieses Verhältnis drückt sich auch in der Ausgestaltung der nur beschränkten einfachgesetzlich geregelten staatlichen Eingriffsmöglichkeiten des Staates aus. Dreh- und Angelpunkt ist hier § 1666 BGB, der die Eingriffsschwelle des Wächteramts einfachrechtlich mit dem Begriff „Kindeswohlgefährdung" definiert. An dieser Schwelle orientieren sich auch die weiteren einfachrechtlichen Ausgestaltungsmöglichkeiten: soweit eine Regelung das Elternrecht berührt, ist diese Schwelle einzuhalten.

Auch § 1631b BGB ist an diesem Verhältnis zu messen. Mit ihm wird versucht einer Materie Herr zu werden, über die zwar hinsichtlich des Ziels – Vermeidung unverhältnismäßiger freiheitsentziehender Unterbringungen und Maßnahmen – Konsens bestehen dürfte. Hinsichtlich des gewünschten bzw. zulässigen Umfangs der Regelung und der begrifflichen Details verbleibt hingegen Diskussionsbedarf. § 1631b BGB übernimmt durch die Wiederholung des verfassungsrechtlichen Begriffs der Freiheitsentziehung die mit diesem verbundenen Einordnungsschwierigkeiten, obwohl in Anbetracht der Nichtanwendbarkeit des Art. 104 GG in diesen Verhältnissen jedenfalls keine verfassungsrechtliche Notwendigkeit einer richterlichen Genehmigung für Freiheitsentziehungen besteht. Ebenso wie § 8a SGB VIII und § 157 FamFG zur frühzeitigen Intervention von Jugendamt und Gericht bestimmt § 1631b BGB erstmals innerhalb der Personensorge ein staatliches Tätigwerden, obwohl eine Kindeswohlgefährdung noch nicht vorliegen muss. Diese frühzeitigen Interventionen sind unter drei Voraussetzungen möglich: Der Staat darf keine eigenen positiven Kindeswohlmaßstäbe umsetzen, er darf nicht direkt eingreifen, das heißt, die Interessen der Kinder nicht eigenständig gegen die Eltern wahrnehmen, und er darf nicht ohne konkrete Anhaltspunkte für eine Gefährdung intervenieren.

Die Vorschrift des § 1631b BGB schränkt die Elternautonomie dabei gleich doppelt ein: Zum einen müssen die Eltern eine grundsätzlich unabhängige Entscheidung dem Gericht vor- und darlegen, zum anderen können sie bei einer Ablehnung der Unterbringung oder Maßnahme diese nicht wie von ihnen gewünscht durchführen.[2] Eine Darlegung, inwiefern der doppelte Eingriff in das Elternrecht, den § 1631b BGB begründet, gerechtfertigt ist, erfolgt durch den Gesetzgeber nur unzureichend. Die Regelung orientiert sich an einem vormals nur für den Vormund geltenden Genehmigungserfordernis für die freiheitsentziehende Unterbringung. Für die damalige Vormundschaft für Erwachsene hat das BVerfG die Notwendigkeit einer entsprechenden Regelung, die es aus einer konkretisierten Schutzpflicht der Art. 2 Abs. 2 S. 2 und 104 GG hergeleitet hat, ausdrücklich vorgegeben. Der Bezug auf die Minderjährigenvormundschaft folgte aus der Einheitlichkeit der anzuwendenden Vorschriften. Mit der Einführung des Instituts der Betreuung wurde die Regelung in den Abschnitt zur Personensorge übertragen. Eine gesonderte Begründung für die Übertragung des Genehmigungserfordernisses für freiheitsentziehende Unterbringungen auf die Eltern erfolgte allenfalls äußerst knapp, der Übertragung selbst lagen eher Zweckmäßigkeitserwägungen zugrunde.[3]

§ 1631b BGB verursacht dabei eine nicht unbegründete Skepsis, ob zur Vermeidung ungewollter Freiheitsentziehungen ein gerichtlicher Genehmigungstatbestand tatsächlich das am besten geeignete Mittel ist. Wenn auch das Grundgesetz den Richter als Entscheidungsperson für Freiheitsentziehungen vorsieht, kann er in diesen Fällen zwar eine Verhältnismäßigkeitsprüfung anstellen. Geht es um spezifische kinder- und jugendpsychiatrische Aspekte, ist er hingegen auf Fachwissen von außen angewiesen. Dies gilt sowohl hinsichtlich der die Freiheitsentziehung begründenden Aspekte als auch

---

2 S. dazu Teil 5, B. V. 2. a.

3 *Holzhauer*, in: Ständige Deputation des Deutschen Juristentages, Gutachten zum 57. Deutschen Juristentag Mainz 1988, B 104.

hinsichtlich möglicher Wirkungen. Es erscheint daher wahrscheinlich, dass sich der Richter – mangels eigener fachpsychologischer Bewertungskompetenz – auf die Einschätzung des Arztes verlässt. Eine echte Verbesserung der Situation der Kinder kann hingegen nur dann angenommen werden, wenn der Richter tatsächlich fachkundige Entscheidungen treffen kann.[4]

Hinzu kommt, dass offensichtlichen Fehlanwendungen insbesondere freiheitsentziehender Maßnahmen – etwa in den publik gewordenen Fällen – eine Fehlgestaltung der gesamten Einrichtungen zugrunde lagen. Die richterliche Entscheidung knüpft nach dem Ansatz des § 1631b BGB hingegen an die Entscheidung der Eltern und nicht an die Ausgestaltung der Einrichtungen an. Geht man von einer systematisch fehlerhaften Anwendung entsprechender Maßnahmen in bestimmten Einrichtungen aus, liegt der problemnähere und elternrechtsfreundlichere Anknüpfungspunkt in der Kontrolle der Einrichtungen. Die Kontrolle der Eltern mag dann im Einzelfall für das „Ob" freiheitsentziehender Maßnahmen eine effektive Schwelle bieten. Das institutionelle Auftreten bedenklicher Maßnahmen legt hingegen nahe, dass eine Kontrolle der Einrichtungen angebracht ist, die sich nicht nur auf Aspekte der Fortbewegungsfreiheit beschränkt. Denn die Kontrollmöglichkeit der Eltern hinsichtlich der Betreuung in den Einrichtungen ist beschränkt, obwohl sie ein gewisses Vertrauen in eine staatlich zugelassene und überprüfte Einrichtung setzen können müssen.

Zu der Kombination eines sich auf Experten verlassenden Richters und der Gefahr, dass eine Einrichtung einen falschen Umgang mit freiheitsentziehenden Maßnahmen pflegt, kommt erschwerend hinzu, dass für eben diese freiheitsentziehenden Maßnahmen, anders als für eine freiheitsentziehende Unterbringung, kein externer Sachverständiger zu bestellen ist, sondern ein ärztliches Zeugnis ausreichen soll, welches durch den in die Einrichtung eingebundenen Arzt selbst ausgestellt wird.

Die Landesgesetze, die eine Unterbringung psychisch Kranker ermöglichen, sind zwar überwiegend ähnlich gestaltet, unterscheiden sich aber häufig in entscheidenden Details. Zunächst kommt die Anwendung der dort geregelten Maßnahmen einheitlich auch für – meist wohl ältere – Minderjährige in Betracht, explizite Regelungen zur Art der Unterbringung und

---

[4] *Deutscher Ethikrat*, Stellungnahme „Hilfe durch Zwang?", 2018, S. 19.

zur Einbindung der jeweiligen gesetzlichen Vertretung gibt es hingegen nicht immer. Auch die Voraussetzungen für die Einschränkung und insbesondere die Entziehung der Fortbewegungsfreiheit sind sehr unterschiedlich und entsprechen in vielen Fällen nicht den Voraussetzungen von Art. 104 Abs. 2 GG, der hier unmittelbar anzuwenden ist. Die vom BVerfG in seinem aktuellen Urteil aufgestellten Anforderungen dürfen nicht auf (bestimmte) Fixierungen beschränkt, sondern müssen auf alle Formen öffentlich-rechtlicher Freiheitsentziehungen übertragen werden. Im Vergleich zu den nach § 1631b BGB zulässigen Freiheitsentziehungen besteht eine Divergenz in der Zweckrichtung: Öffentlich-rechtliche freiheitsentziehende Unterbringungen und freiheitsentziehende Maßnahmen sind auch zum ausschließlichen Schutz Dritter möglich, wogegen nach § 1631b BGB die Abwehr einer Fremdgefährdung auch der Beseitigung einer Selbstgefährdung des Kindes dienen muss.

Die Frage, wann und in welchem Umfang Eltern, andere Sorgeberechtigte oder staatliche Stellen fürsorgliche Freiheitsentziehungen oder -beschränkungen vornehmen dürfen, ist verfassungsrechtlich vor allem durch ihre Grundrechtsverpflichtung determiniert. Bei Eingriffen durch staatliche Stellen besteht hier vor allem die Schwierigkeit, dass der Staat – ebenso wie bei Erwachsenen – zwischen dem Schutz der Allgemeinheit vor Einzelnen, dem Schutz des Einzelnen vor sich selbst und dem Schutz seiner Fortbewegungsfreiheit eine Abwägung treffen muss.

Wann und in welchem Umfang die Einschränkung der Fortbewegungsfreiheit durch Sorgeberechtigte staatlicher Kontrolle unterfällt oder unterfallen darf, betrifft, wie dargestellt[5], die Frage des Verhältnisses von Kinderrechten gegenüber dem Elternrecht und den staatlichen Kindesschutz. Die rechtspolitische Forderung zur Reglementierung freiheitsentziehender Maßnahmen wurde und wird mit einem Schutz der Kinder und einer stärkeren Hervorhebung ihrer grundrechtlich geschützten Rechte begründet. Wie dargestellt[6], bewegt sich nach der jetzigen Ausgestaltung und Auslegung des Art. 6 GG der § 1631b BGB an einer äußerst sensiblen Schwelle zwischen der sich im Wächteramt ausdrückenden Fürsorgepflicht des Staates und der Elternautonomie und damit an der Grenze des einfachgesetzlich zulässigen. Eine de lege ferenda angedachte stärkere Hervorhebung von Kinderrechten

---

5 S. oben, Teil 3, D. IV.
6 S. oben, Teil 5, B. V. 2.

ginge hingegen zu Lasten des Elternrechts und würde das aus Art. 6 Abs. 2 GG hergeleitete Konzept aus der Waage bringen, an dem sich die Schaffung neuer Regelungen bisher zu orientieren hat.[7]

Die obige Untersuchung hat hingegen gezeigt, dass die alleinige und generelle Anknüpfung von Regelungen zum Schutz bzw. zur besseren Berücksichtigung der kindlichen Fortbewegungsfreiheit die Problemherde nicht beseitigt und darüber hinaus verfassungsrechtlichen Bedenken begegnet. Die Problematik aktualisiert sich insbesondere durch die Diversität der in den Einzelfällen auftretenden Problemstellung: Es mag vielfach um Fälle gehen, in denen die Eltern selbst aufgegeben haben, von vornherein nicht vorhanden sind oder bei denen die Schwierigkeiten der Kinder gerade auf einem problematischen Eltern-Kind-Verhältnis und bzw. oder fehlerhaften Entscheidungen der Eltern beruhen. In diesen Fällen mag als Reaktion auf die mit der freiheitsentziehenden Unterbringung und freiheitsentziehenden Maßnahmen verbundene Gefahr ein Einwirken auf die Elternentscheidung der richtige Weg sein. Etwas anderes gilt dagegen in den Fällen, in denen die Eltern sehr wohl willens und grundsätzlich in der Lage sind, ggf. mit fachkräftiger Unterstützung sinnvolle Entscheidungen zu treffen. Bei Kindern, für die aufgrund einer Behinderung eine freiheitsentziehende Unterbringung oder freiheitsentziehende Maßnahmen notwendig werden, besteht zudem vielfach auch ohne zusätzliche staatliche Kontrolle ein Netzwerk aus oftmals sehr aktiven Eltern, Ärzten, Betreuern und Leistungsträgern.

Die Feststellung bei der Erweiterung des § 1631b BGB für die letztgenannten Konstellationen, ein Genehmigungserfordernis würde auch zur Entlastung der ob einer solchen Entscheidung unsicheren Eltern beitragen, trifft nur zum Teil zu. Denn die Tatsache, dass den Eltern mit einem Genehmigungserfordernis eine Einzelentscheidung durch einen Richter, der seinerseits auf die Meinung eines einzelnen Arztes bzw. Sachverständigen vertrauen wird, angenommen wird, mag überforderten Eltern zwar die kurzfristige Erleichterung verschaffen, dass diese für sie schwierige Entscheidung nicht von ihnen abhängt, im weiteren Umgang mit der schwierigen Situation sind sie hingegen wieder auf sich allein gestellt. Die (bewussten oder unbewussten) Bedarfe der Eltern nach Unterstützung können damit im Einzelfall sehr

---

[7] S. dazu Teil 3, Fn. 448.

verschieden ausfallen. Mit Blick auf die grundlegende Wertung des verfassungsrechtlichen Eltern-Kind-Staat-Verhältnisses, dass die Eltern in der Lage sind, für ihr Kind kindeswohlgerechte Entscheidungen zu treffen, liegt es deshalb näher, diesen Bedarfen individuell zu begegnen, was anders als durch ein einmaliges richterliches Eingreifen durch ein verstärktes Beratungs- und Unterstützungsangebot verwirklicht werden sollte.

Dabei beschränken sich die Situationen, in denen für Eltern eine staatliche Beratung notwendig oder sinnvoll sein kann, keineswegs auf freiheitsentziehende Unterbringungen oder freiheitsentziehende Maßnahmen. Vielmehr kann immer dann ein erhöhter Beratungsbedarf herrschen, wenn die Eltern mit nicht alltäglichen Entscheidungen konfrontiert sind.[8] Die Möglichkeit einer entsprechenden Unterstützung und Beratung ist bereits in den §§ 16 ff. SGB VIII vorgesehen. In der Realität scheint das Vertrauen von Eltern in das Jugendamt als beratenden Partner hingegen zu fehlen[9] und die Kapazitäten in den Jugendämtern sind bisher beschränkt. Eine Investition in diese Richtung ist daher angezeigt.

Darüber hinaus hat sich gezeigt, dass eine systematischen Anwendung freiheitsentziehender Maßnahmen in Einrichtungen ohne Rechtfertigung durch den jeweiligen Einzelfall mittels einer effizienten Kontrolle im Rahmen der Heimaufsicht hätte vermieden werden können. Die Einhaltung und Verbesserung bestehender Schutzmechanismen und -instrumente ist mithin essentiell für die Verbesserung der Situation von untergebrachten Kindern. Dies gilt umso mehr, als dass etwa der Untersuchungsbericht zu den Verhältnissen in den Heimen der Haasenburg e. V. Missstände offenbart hat, die über die fehlerhafte Anwendung von freiheitsentziehenden Maßnahmen hinausgehen und durch ein Genehmigungsbedürfnis nicht tangiert werden.

---

8 Denkbar ist ein verstärkter Bedarf etwa bei schweren Krankheiten, Entscheidungen am Lebensende des Kindes, beim Umgang mit hochbegabten Kindern, mit minderjährigen Sportstars, nicht binären Kindern, erfolgreichen Musikern, mit auffälligen Kindern, bei Mobbing, erlittenen Traumata außerhalb wie innerhalb der Familie, beim Anschluss des Kindes an eine terroristische Vereinigung oder Sekte, aber auch bei einer Belastung der Eltern durch eine eigene Erkrankung, Scheidung, Trennung oder den Tod eines Elternteils.

9 Zu den Vorbehalten von Eltern, sich an das Jugendamt als Berater zu wenden: *Antholz*, ZKJ 2017, 294, 299; *ders.*, 2016, S. 62.

Die Tatkraft, die sich aus einer Diskussion dieser Problemfelder ergibt, sollte daher nicht auf mehr Kinderschutz i. S. v. mehr Kontrolle, sondern auf besseren Kinderschutz i. S. e. Verstärkung und Verbesserung schon bestehender Angebote und Systeme in einem fachkundigen Hilfenetzwerk gerichtet werden. Vor allem sollte sich der Gesetzgeber durch den vielfachen Wunsch nach einem stärkeren Kinderschutz und nach stärkerer Betonung der Kinderrechte innerhalb des elterlichen Sorgerechts nicht zu Regelungen ohne hinreichende verfassungsrechtliche Grundlage oder Argumentation hinreißen lassen.

Eine immer kleinteiligere Konkretisierung des Umfangs und der Grenzen des Sorgerechts durch Regelung von Einzelaspekten ist zudem vor allem deshalb kritisch zu betrachten, da mit dem weiteren gesellschaftlichen Wandel immer mehr Problemfelder auftreten, für die eine Regelung notwendig werden könnte. Im Zusammenhang mit der Fortbewegungsfreiheit sieht sich der Gesetzgeber etwa zukünftig mit dem vereinzelt geäußerten Wunsch konfrontiert, das Genehmigungsbedürfnis für freiheitsentziehende Maßnahmen nicht auf solche während einer Fremdunterbringung zu beschränken, sondern ein solches auch für Maßnahmen im Elternhaus einzuführen. Ganz konkret und dringlich schließt sich die schon vertieft geführte Diskussion an, ob – angelehnt an den § 1832 BGB – auch die Anwendung einer ärztlichen Zwangsmaßnahme bei Kindern einer Genehmigung bedürfen soll. Insbesondere aus letzterer Diskussion heraus wird sich der Gesetzgeber eingehend mit der Fragestellung zu beschäftigen haben, wie es sich mit der Selbstbestimmung von Kindern und Jugendlichen in Bezug auf medizinische Maßnahmen verhält.

Es zeichnet sich damit ab, dass insbesondere aufgrund der Diversität der Problemschwerpunkte bei den Betroffenen und der damit in Verbindung stehenden schwierigen Bewertung der elternrechtlichen Problematik – in den hier behandelten aber auch in den genannten angrenzenden Problemfeldern – „der (gewiss mehr als nur nachvollziehbare) Wunsch nach einem robusten präventiven Kindesschutz an die Grenzen des in einem freiheitlichen Staat durch Recht Regelbaren“[10] stößt.

[10] *Jestaedt*, in: Lipp/Schumann/Veit, Kindesschutz bei Kindeswohlgefährdung, 6. Göttinger Workshop zum Familienrecht 2007, 2008, S. 5, 18.

# Literaturverzeichnis


*Adam*, Hubertus, An der Grenze zwischen Jugendhilfe und Psychiatrie – Eine wachsende Herausforderung für die stationäre Unterbringung schwieriger Jugendlicher?, in: Land Brandenburg, Macht und Machtmissbrauch in der Heimerziehung?, S. 47–53

*Adams*, Gunter, Clearingstellen in Bayern – ein neues Angebot der mittelfristigen freiheitsentziehenden Jugendhilfe, in: Rüth/Pankofer/Freisleder, Geschlossene Unterbringung, München 2006, S. 122–135

*Adams*, Gunter, Die geschlossene Unterbringung in der Kinder- und Jugendhilfe: Indikation, Behandlung und Rechtsfolge, in: Beck/Warnke/Adams/Zink-Jakobeit, Krisen im Kindes- und Jugendalter, 2005, S. 33–84

*Ader*, Sabine, „Besonders schwierige" Kinder: Unverstanden und instrumentalisiert, in: Fegert/Schrapper, Handbuch Jugendhilfe – Jugendpsychiatrie, 2004, S. 437–447

*Ader*, Sabine/*Schapper*, Christian, Wie aus Kindern in Schwierigkeiten „schwierige Fälle" werden. Erfahrungen und Befunde aus einem neuen Forschungsprojekt zu einem alten Thema, Forum Erziehungshilfen 2002, 27–34

*Aktion Psychisch Kranke (APK)* (Hrsg.), Seelische Gesundheit und Teilhabe von Kindern und Jugendlichen braucht Hilfe! Tagungsdokumentation Kassel, 8./9. November 2010, Bonn 2011 (zitiert als: Bearbeiter, in: APK, Seelische Gesundheit und Teilhabe von Kindern und Jugendlichen braucht Hilfe!, 2011)

*Alexy*, Robert, Theorie der Grundrechte, 3. Aufl., Baden-Baden 1996

*Almstedt*, Matthias/*Munkwitz*, Barbara, Ortsbestimmung der Heimerziehung. Geschichte, Bestandsaufnahme, Entwicklungstendenzen, Weinheim/Basel 1982

*Alpmann*, Josef A./*Krüger*, Rolf/*Wüstenbecker*, Horst (Hrsg.), Brockhaus Studienlexikon Recht, 4. Aufl., München 2014 (zitiert als: Alpmann Brockhaus, Studienlexikon Recht)

*Anders*, J., Freiheitsentziehung durch den Inhaber der elterlichen Gewalt. Zugleich ein Beitrag zur Freiwilligen Erziehungshilfe, FamRZ 1960, 475–478

*Antholz*, Birger, Kindesinobhutnahmen 1995–2015, ZKJ 2017,294–302

*Bach*, Heinz/*Bleidick*, Ulrich/*Kanter*, Gustav O./*Klauer*, Karl Josef/*Kröhnert*, Otto/*Reinartz*, Anton (Hrsg.), Handbuch der Sonderpädagogik, Speck, Otto und Martin, Klaus-Rainer, Band 10. Sonderpädagogik und Sozialarbeit, Berlin

1990 (zitiert als: Bearbeiter, in: Bach/Bleidick/Kanter/Klauer/Kröhnert/Reinartz, Handbuch der Sonderpädagogik, Band 10, 1990)

*Badura*, Peter/*Dreier*, Horst (Hrsg.), Festschrift 50 Jahre Bundesverfassungsgericht, Zweiter Band, Klärung und Fortbildung des Verfassungsrechts (zit. als: *Bearbeiter*, in: Badura/Dreier, FS 50 Jahre BVerfG)

*Battis*, Ulrich/*Gusy*, Christoph, Einführung in das Staatsrecht, 6. Aufl., Berlin 2018

*Bauer*, Hans-Peter, Erziehung unter Zwang. Eine Zumutung für die Jugendhilfe? – Das Konzept der teilgeschlossenen Unterbringung im Jugendheim Schönbühl, Sozialmagazin 1998, 28–35

*Baufeld*, Stefan, Zur Vereinbarkeit von Zwangseinweisungen und -behandlung psychisch Kranker mit der UN-Behindertenrechtskonvention, R&P 2009, 167–173

*Baumann*, Jürgen, Unterbringungsrecht und systematischer und synoptischer Kommentar zu den Unterbringungsgesetzen der Länder, Tübingen 1966

*Baur*, Fritz, Das künftige Recht der Eingliederungshilfe. Erste Hinweise zum Entwurf eines Gesetzes zur Stärkung der Teilhabe und Selbstbestimmung der Menschen mit Behinderungen (Bundesteilhabegesetz – BTHG), Sozialrecht aktuell 2016, 179–187

*Baving*, Lioba/*Schmidt*, Martin, Geschlossene Unterbringung – unter welchen Bedingungen und wo? „Qualitätsstandards kinder- und jugendpsychiatrischer Gutachten", Evangelische Jugendhilfe 2003, 144–149

*Beck*, N./*Warnke*, A./*Adams*, Gunte/*Zink-Jakobeit*, K. (Hrsg.), Krisen im Kindes- und Jugendalter. Pädagogisch-therapeutische Interventionen. Tagungsband anlässlich der 6. Fachtagung „Krisensituationen in der Kinder- und Jugendhilfe und der Kinder- und Jugendpsychiatrie" am 04./05.10.2004 in Würzburg, Lengerich 2005 (zitiert: *Bearbeiter*, in: Beck/Warnke/Adams/Zink-Jakobeit, Krisen im Kindes- und Jugendalter, 2005)

Beck'scher Online Kommentar BGB, hrsgg. von *Hau*, Wolfgang/*Poseck*, Roman, 76. Edition, Stand: 1. November 2025, München (zitiert: *Bearbeiter*, in: BeckOK-BGB)

Beck'scher Online Kommentar FamFG, hrsgg. von *Hahne, Meo-Micaela/Schlögel, Jürgen/ Schlünder, Rolf*, 56. Edition, Stand: 1. Dezember 2015, München (zitiert: *Bearbeiter*, in: BeckOK-FamFG)

Beck'scher Online Kommentar GG, hrsgg. von *Epping*, Volker/*Hillgruber*, Christian, 64. Edition, Stand: 15. November 2025, München (zitiert: *Bearbeiter*, in: BeckOK-GG)

Beck'scher Online Kommentar StGB, hrsgg. von *Heintschel-Heinegg, Bernd v./Kudlich, Hans*, 67. Edition, Stand: 1. November 2025, München (zitiert: *Bearbeiter*, in: BeckOK-StGB)

*Becker*, Florian, Völkerrechtliche Verträge und parlamentarische Gesetzgebungskompetenz, NVwZ 2005, 289–291

*Becker*, Ulrich/*Hatje*, Armin/*Schoo*, Johann/*Schwarze*, Jürgen (Hrsg.), EU-Kommentar, 4. Aufl., Baden-Baden 2019 (zitiert: *Bearbeiter*, in: Becker/Hatje/Schoo/Schwarze, EU-Kommentar)

*Becker*, Walter, Das Problem der Freiheitsentziehung in der freiwilligen Erziehungshilfe, ZfJ 1961, 1–13
*Becker*, Walter, Die Rechtslage bei Anstaltsunterbringungen, NJW 1952, 50–52
beck-online.Großkommentar (BeckOGK), SGB VIII, hrsgg. von *Jox*, Rolf/*Rolfs*, Christian, München 2025 (zitiert: *Bearbeiter*, in: BeckOGK-SGB VIII)
beck-online.Großkommentar, BeckOGK, BGB, hrsgg. von *Gsell*, Beate/*Krüger*, Wolfgang/*Lorenz*, Stephan/*Reymann*, Christoph (Gesamthrsg.), München 2025 (zitiert: *Bearbeiter*, in: BeckOGK-BGB)
*Beermann*, Christopher, Zivilrechtliche und öffentlich-rechtliche freiheitsentziehende Unterbringung Minderjähriger, FPR 2011, 535–538
*Behrends*, Okko/*Schumann*, Eva (Hrsg.), Gesetzgebung, Menschenbild und Sozialmodell im Familien- und Sozialrecht, Berlin 2008 (zitiert: Bearbeiter, in: Behrends/Schumann, Gesetzgebung, Menschenbild und Sozialmodell im Familien- und Sozialrecht)
*Beitzke*, Günther, Nochmals zur Reform elterlichen Sorgerechts, FamRZ 1979, 8–14
*Belling*, Detlev W., Die Entscheidungskompetenz für ärztliche Eingriffe bei Minderjährigen, FuR 1990, 68–77
*Belling*, Detlev W./*Eberl*, Christina/*Michlik*, Frank, Das Selbstbestimmungsrecht Minderjähriger bei medizinischen Eingriffen: Eine rechtsvergleichende Studie zum amerikanischen, englischen, französischen und deutschen Recht, Neuwied 1994 (zitiert als: Belling/Eberl/Michlik, Selbstbestimmungsrecht, 1994)
*Benkert*, Daniel, Die „bösen" Kinder – Zu Umfang und Inhalt der Personensorge aus Sicht der Eltern –, Bielefeld, 2004
*Bergener*, Manfred, Die zwangsweise Unterbringung psychisch Kranker. Problematik aus der Sicht von Richtern und Ärzten, Berlin/Heidelberg 1986
*Bergener*, Manfred/*Heiliger*, Alfred/*Holzschneider*, Herbert, Problematik des Freiheitsentzugs bei psychisch Kranken. Die Zwangsunterbringung nach dem PsychKG NW am Beispiel der Stadt Köln, Berlin/Heidelberg 1988
*Bergmann*, Jan/*Dienelt*, Klaus (Hrsg.), Ausländerrecht. Kommentar, 15. Aufl., München 2025 (zitiert als: Bearbeiter, in: Bergmann/Dienelt, Ausländerrecht)
*Bergsträsser*, Ludwig (Hrsg.), Die Verfassung des Deutschen Reiches vom Jahre 1849. Mit Vorentwürfen, Gegenvorschlägen und Modifikationen bis zum Erfurter Parlament, Bonn 1913
*Bethge*, Herbert, Zur Problematik von Grundrechtskollisionen, München 1977
*Bethge*, Nadine, Die verfassungsrechtliche Zulässigkeit des Grundrechtsverzichts, Hamburg 2014
*Bienstein*, Pia/*Rojahn*, Johannes (Hrsg.), Selbstverletzendes Verhalten bei Menschen mit geistiger Behinderung. Grundlagen, Diagnostik und Intervention, Göttingen 2013 (zitiert als: Bearbeiter, in: Bienstein/Rojahn, Selbstverletzendes Verhalten, 2013)
*Bienwald*, Werner/*Sonnenfeld*, Susanne/*Bienwald*, Christa/*Harm*, Uwe/*Felix*, Jörg/*Glaab*, Sarah/*Mazur*, Szymon/*Reh*, Nicole/*Reinfarth*, Alexandra (Hrsg.), Betreuungsrecht – Materielles und Verfahrensrecht, Vergütungsrecht,

Betreuungsorganisationsrecht – Kommentar, 7. Aufl., Bielefeld 2023 (zitiert als: Bearbeiter, in: Bienwald, Betreuungsrecht)

*Birtsch*, Vera/*Münstermann*, Klaus/*Trede*, Wolfgang (Hrsg.), Handbuch Erziehungshilfen. Leitfaden für Ausbildung, Praxis und Forschung, Münster 2001 (zitiert als: *Bearbeiter*, in: Birtsch/Münstermann/Trede, Handbuch Erziehungshilfen)

*Birtsch*, Vera/*Trauernicht*, Gitta, Wider den Zeitgeist – Schluss mit dem Gerede über geschlossene Heime, DVJJ-Journal 1994, 307–308

*Bock*, Tamara v., Das Elterliche Recht auf körperlichen Zugriff, Frankfurt 2011

*Böckenförde*, Ernst-Wolfgang, Elternrecht – Recht des Kindes – Recht des Staates. Zur Theorie des verfassungsrechtlichen Elternrechts und seiner Auswirkungen auf Erziehung und Schule, in: Essener Gespräche 14 (1980), 54–98

*Bohnert*, Cornelia, Kontakt- und Kontrollpflichten des Vormunds – Rechtliche Probleme ihrer Umsetzung, ZKJ 2012, 471–474

*Bohnert*, Cornelia, Unterbringungsrecht: Juristisches Kurzlehrbuch für Studium und Praxis, München 2000

*Böning*, Wolfgang, Zwangsunterbringung volljähriger Mündel, NJW 1960, 1374–1378

Bonner Kommentar zum Grundgesetz, hrsgg. von *Kahl*, Wolfgang/*Waldhoff*, Christian/*Walter*, Christian (Hrsg.), Stand des Gesamtwerks: 214. Aktualisierung, Heidelberg, Dezember 2021 (zitiert: *Bearbeiter*, in: Kahl/Walkdhoff/Walter, Bonner Kommentar zum Grundgesetz)

Ordner 4, Art. 6 II-14: 195. Aktualisierung Dezember 2018

Ordner 19, Art. 103–104c: 199. Aktualisierung Juli 2019

*Bosch*, F. W., Volljährigkeit – Ehemündigkeit – Elterliche Sorge. Kritische Gedanken zu mehreren Gesetzesentwürfen, FamRZ 1973, 489–508

*Bosch*, F.W., Rückblick und Ausblick oder – De legibus ad familiam pertinentibus – reformatis et reformandis? (Familienrechtsreform in Vergangenheit, Gegenwart und Zukunft), FamRZ 1980, 739–752

*Branik*, Emil, Einflussfaktoren auf den Verlauf und die Dauer von stationären kinder- und jugendpsychiatrischen Behandlungen: Zwischen Empirie und klinischer Realität, Praxis der Kinderpsychologie und Kinderpsychiatrie 2003, 503–516

*Brehm*, Wolfgang, Freiwillige Gerichtsbarkeit, 4. Aufl., Stuttgart 2009

*Breidenstein*, Christiane, Nächtliche Fixierung eines Kindes in einer offenen heilpädagogischen Einrichtung nicht richterlich genehmigungsbedürftig, jM 2014, 99–102

*Brinckmann*, Ernst/*Gräbsch*, Dorit, Die geschlossene Unterbringung psychisch Kranker. Zivil- und öffentlich-rechtliche Grundlagen, München 2013

*Bringewat*, Peter, Die Abschätzung des Gefährdungsrisikos gem. § 8a Abs. 1 S. 1 SGB VIII. (Reform-) gesetzliche Steine statt Brot?!, ZKJ 2008, 297–302

*Britz*, Gabriele, Kindesgrundrechte und Elterngrundrechte: Fremdunterbringung von Kindern in der verfassungsgerichtlichen Kontrolle, FamRZ 2015, 793–798

*Brokamp*, Iris, Die Verrechtlichung der Eltern-Kind-Beziehung in hundert Jahren BGB, Bielefeld 2002

*Brückner*, Sarah, Das medizinische Selbstbestimmungsrecht Minderjähriger, Baden-Baden 2014
*Brugger*, Robert/*Stadler*, Bernhard, Vom Sinn und Unsinn pädagogischer Freiheitsbeschränkungen. „Durch Freiheitsentzug zur Freiheit erziehen" – ein Grundparadox, in: Hiller/Knab/Mörsberger, Erziehungshilfe, 2009, S. 161–166
*Brünger*, Michael, Personalbemessung und Qualitätsstandards in der Kinder- und Jugendpsychiatrie/-psychotherapie, in: Fegert/Schrapper, Handbuch Jugendhilfe – Jugendpsychiatrie, 2004, S. 391–394
*Bülow*, Albrecht v., Heimerziehung in der Bundesrepublik Deutschland. Zum Wandel der Konzepte stationärer Erziehung, München 1987
*Bumiller*, Ursula/*Harders*, Dirk/*Schwamb*, Werner, FamFG. Gesetz über das Verfahren in Familiensachen und in den Angelegenheiten der freiwilligen Gerichtsbarkeit, 12. Aufl., München 2019
*Bundesministerium für Arbeit und Soziales*, Zweiter Teilhabebericht der Bundesregierung über die Lebenslagen von Menschen mit Beeinträchtigungen, 2016
*Bundesverband katholischer Einrichtungen und Dienste der Erziehungshilfen e. V. (BVkE), Arbeitsgruppe „Intensivpädagogische/therapeutische Erziehungshilfen"* (Hrsg.), Freiheit und Eingrenzung bei intensivpädagogischen/therapeutischen Erziehungshilfen, Freiburg im Breisgau 2000 (zitiert als: Bearbeiter, in: BVkE, Freiheit und Eingrenzung bei intensivpädagogischen/therapeutischen Erziehungshilfen, 2000)
*Bundeszentrale für politische Bildung (bpb)*, Recht A-Z. Fachlexikon für Studium, Ausbildung und Beruf, 3. Aufl., Berlin 2015 (zitiert als: bpb, Recht A-Z, 3. Aufl. 2015)
*Bürgle*, Helmut, Auf dem Weg zu einem neuen Betreuungsrecht, NJW 1988, 1881–1888
*Bussmann*, Kai D., Das Recht auf gewaltfreie Erziehung aus juristischer und empirischer Sicht, FPR 2002, 289–293
*Bussmann*, Kai D., Verbot familialer Gewalt. Zur Einführung rechtlicher Regelungen sowie zum (Straf-) Recht als Kommunikationsmedium, Köln 2000
*Callies*, Christian/*Ruffert*, Matthias (Hrsg.), EUV/AEUV. Das Verfassungsrecht der Europäischen Union mit Europäischer Grundrechtecharta, 6. Aufl., München 2022
*Canaris*, Claus-Wilhelm, Grundrechte und Privatrecht, AcP 184 (1984), 201–246
*Canaris*, Claus-Wilhelm, Grundrechte und Privatrecht, Berlin 1999
*Canaris*, Claus-Wilhelm, Verstöße gegen das verfassungsrechtliche Übermaßverbot im Recht der Geschäftsfähigkeit und im Schadensersatzrecht, JZ 1987, 993–1004
*Claus*, F., Das Fürsorgeerziehungsgesetz vom 2. Juli 1900 und seine Bedeutung für die Schule, Pädagogische Abhandlungen Neue Folge, Heft 4 1902, 69
*Coeppicus*, Rolf, Sachfragen des Betreuungs- und Unterbringungsrechts, Stuttgart 2000
*Coester*, Michael, Das Kindeswohl als Rechtsbegriff. Die richterliche Entscheidung über die elterliche Sorge beim Zerfall der Familiengemeinschaft, Frankfurt am Main 1983
*Coester*, Michael, Die Bedeutung des Kinder- und Jugendhilfegesetzes (KJHG) für das Familienrecht, FamRZ 1991, 253–263

*Coester*, Michael, Die Rechtsposition des Kindes im Verfassungsrecht, in: FS Salgo, 2016, S. 13–22
*Coester*, Michael, Inhalt und Funktion des Begriffs der Kindeswohlgefährdung – Erfordernis einer Neudefinition?, in: Lipp/Schumann/Veit, Kindesschutz bei Kindeswohlgefährdung, 6. Göttinger Workshop zum Familienrecht 2007, 2008, S. 19–43
*Coester*, Michael, Kinderschutz. Übersicht zu den typischen Gefährdungslagen und aktuellen Problemen, FPR 2009, 549–552
*Coester*, Michael, Kindeswohlgefährdung: Anforderungen an die Gefährdung aus juristischer Sicht, NZFam 2016, 577–580
*Coester-Waltjen*, Dagmar, Von der elterlichen Gewalt zur elterlichen Sorge, ZRP 1977, 177–180
*Coester-Waltjen*, Dagmar/*Lipp*, Volker/*Schumann*, Eva/*Veit*, Barbara, Alles zum Wohle des Kindes? Aktuelle Probleme des Kindschaftsrechts, 2. Familienrechtliches Forum Göttingen, Göttingen 2012 (zitiert: *Bearbeiter*, in: Coester-Waltjen/Lipp/Schumann/Veit, Alles zum Wohle des Kindes?, 2. Familienrechtliches Forum, 2012)
*Coester-Waltjen*, Dagmar/*Lipp*, Volker/*Schumann*, Eva/*Veit*, Barbara, Zwangsbehandlung bei Selbstgefährdung, 14. Göttinger Workshop zum Familienrecht 2015, Göttingen 2016 (zitiert: *Bearbeiter*, in: Coester-Waltjen/Lipp/Schumann/Veit, Zwangsbehandlung bei Selbstgefährdung, 14. Göttinger Workshop zum Familienrecht 2015)
*Cremer*, Hendrik, Die UN-Kinderrechtskonvention. Geltung und Anwendbarkeit in Deutschland nach der Rücknahme der Vorbehalte, Berlin 2012
*Cremer*, Hendrik, Menschenrechtsverträge als Quelle von individuellen Rechten. Innerstaatliche Geltung und Anwendbarkeit von Menschenrechtsverträgen am Beispiel der UN-Kinderrechtskonvention (KRK), AnwBl 2011, 159–165
*Czerner*, Frank, Die elterlich initiierte Unterbringung gemäß § 1631b BGB: ein familienrechtliches Fragment im vormundschafts- und verfassungsrechtlichen Spannungsfeld, AcP 202 (2002), 72–136
*Czerner*, Frank, Probleme bei der Inobhutnahme gemäß § 42 SGB VIII, ZfJ 2000, 372–383
*Czerner*, Frank, Vorläufige Freiheitsentziehung bei delinquenten Jugendlichen zwischen Repression und Prävention. Eine dogmatische Analyse von Interimsinterventionen nach Jugendstrafrecht, Jugendhilferecht und Familienrecht, Baden-Baden 2008
*Damrau*, Jürgen/*Zimmermann*, Walter, Betreuungsrecht. Kommentar zum materiellen und formellen Recht, 5. Aufl., Stuttgart 2023
*De Wall*, Heinrich/*Wagner*, Roland, Die sogenannte Drittwirkung der Grundrechte, JA 2011, 734–740
*Deinert*, Horst, Das Recht der psychisch Kranken. Eine Zusammenstellung bundes- und landesrechtlicher Vorschriften, 2. Aufl., Köln 2006

*Dengler*, Volker/*Sack*, Hans-Jürgen, Freiheitsberaubung bei ungenehmigter Unterbringung von Kindern in jugendpsychiatrischen Kliniken?, MDR 1982, 972–974

*Denninger*, Erhard, Jugendfürsorge und Grundgesetz, Kritische Justiz (KJ) 1969, 379–385

Der Parlamentarische Rat 1948–1949, Akten und Protokolle, hrsgg. v. Deutschen Bundestag und vom Bundesarchiv (zitiert: *Bearbeiter*, [...] in: Der Parlamentarische Rat 1948–1949, Akten und Protokolle)

Band 2, Der Verfassungskonvent auf Herrenchiemsee, 1981

Band 5/I, Ausschuß für Grundsatzfragen, 1993

Band 13/II, Ausschuß für Organisation des Bundes/Ausschuß für Verfassungsgerichtshof und Rechtspflege, 2002

Band 14/I, Hauptausschuß, 2009

*Dernburg*, Heinrich, Das bürgerliche Recht des Deutschen Reichs und Preußens, Vierter Band: Deutsches Familienrecht, 4. Aufl., Halle a.S. 1908

*Dethloff*, Nina/*Maschwitz*, Alexandra, Kinderrechte in Europa – wo stehen wir?, FPR 2012, 190–194

*Deutsch*, Erwin/*Spickhoff*, Andreas, Medizinrecht. Arztrecht, Arzneimittelrecht, Medizinprodukterecht und Transfusionsrecht, 7. Aufl., Berlin 2014

*Deutsche Gesellschaft für Psychiatrie, Psychotherapie und Nervenheilkunde (DGPPN)*, Behandlungsleitlinie. Therapeutische Maßnahmen bei aggressivem Verhalten in der Psychiatrie und Psychotherapie, Heidelberg 2010

*Deutsche Gesellschaft für seelische Gesundheit bei Menschen mit geistiger Behinderung e. V. (dgsgb)*, Freiheitseinschränkende Maßnahmen und geschlossene Unterbringung in der Behindertenhilfe – eine kritische Bestandsaufnahme. Dokumentation der Arbeitstagung der DGSGB am 9.11.2012 in Kassel, 1. Aufl., Berlin 2013 (zitiert: *Bearbeiter*, in: dgsgb, Freiheitsbeschränkende Maßnahmen und geschlossenen Unterbringung in der Behindertenhilfe, 2013)

*Deutscher Caritasverband*, Stellungnahme des Deutschen Caritasverbandes zur Neuregelung der elterlichen Gewalt, FamRZ 1970, 517–520

*Deutscher Ethikrat*, Hilfe durch Zwang? Professionelle Sorgebeziehungen im Spannungsfeld von Wohl und Selbstbestimmung. Stellungnahme, Berlin 2018

*Deutscher Familiengerichtstag e. V.* (Hrsg.), 21. Deutscher Familiengerichtstag vom 21. bis 24. Oktober 2015 in Brühl, Ansprachen und Referate – Berichte und Ergebnisse der Arbeitskreise, Brühler Schriften zum Familienrecht 19, Bielefeld 2016 (zitiert: Bearbeiter, in: DFGT, 21. DFGT, 2016)

*Deutscher Verein für öffentliche und private Fürsorge e. V.*, Diskussionspapier des Deutschen Vereins zur Gestaltung der Schnittstelle bei Hilfen nach dem SGB VIII und dem SGB XII für junge Menschen mit Behinderung, NDV 2010, 467

*Deutsches Jugendinstitut (DJI), Sachverständigenkommission 8. Jugendbericht* (Hrsg.), Materialien zum 8. Jugendbericht. Band 1: Jugendhilfe – Historischer Rückblick

und neuere Entwicklungen, München 1990 (zitiert: Bearbeiter, in: DJI, Materialien zum 8. Jugendbericht, Band 1)
*Di Fabio*, Udo, Der Schutz von Ehe und Familie: Verfassungsentscheidung für die vitale Gesellschaft, NJW 2003, 993–998
*Diederichsen*, Uwe, Die Neuregelung des Rechts der elterlichen Sorge, NJW 1980, 1–11
*Diederichsen*, Uwe, Zur Reform des Eltern-Kind-Verhältnisses, FamRZ 1978, 461–474
*DIJuF – Deutsches Institut für Jugendhilfe und Familienrecht e. V.* (Hrsg.), Verantwortlich handeln – Schutz und Hilfe bei Kindeswohlgefährdung. Saarbrücker Memorandum, Köln 2004 (zitiert als: *Bearbeiter*, in: DIJuF, Saarbrücker Memorandum, 2004)
*Discher*, Britta/*Schimke*, Hans-Jürgen, Wie junge Menschen zwischen den sozialen Hilfesystemen verlorengehen, ZKJ 2015, 261–265
*Dodegge*, Georg, Freiheitsentziehende Maßnahmen nach § 1906 IV BGB, MDR 1992, 437–441
*Dodegge*, Georg, Keine betreuungsrechtliche Zwangsbehandlung von untergebrachten Betreuten, NJW 2012, 3694–3698
*Dodegge*, Georg/*Zimmermann*, Walter, PsychKG NRW. Gesetz über Hilfen und Schutzmaßnahmen bei psychischen Krankheiten. Praxiskommentar, 4. Aufl., Stuttgart 2018
*Dölle*, Hans, Familienrecht. Darstellung des Deutschen Familienrechts mit rechtsvergleichenden Hinweisen. Band II, Karlsruhe 1965
*Dorfman*, David A./*Kastner*, Beth, The Use of Restraint for Pediatric Psychiatric Patients in Emergency Departments, Pediatric Emergency Care 2004, 151–156
*Dornis*, Christian, Die Fixierung von nach PsychKG-SH untergebrachten Patienten, SchlHA 2011, 156–158
*Dornis*, Christian, PsychKG Schleswig-Holstein. Praxiskommentar des schleswig-holsteinischen Psychisch-Kranken-Gesetzes, einschließlich der Verfahrens- und Kostenvorschriften für das Unterbringungsverfahren, Stuttgart 2012 (zitiert als: Bearbeiter, in: Dornis, PsychKG Schleswig-Holstein)
*Dörr*, Oliver/*Grote*, Rainer/*Marauhn*, Thilo (Hrsg.), EMRK/GG. Konkordanzkommentar, 3. Aufl., Tübingen 2022 (zitiert als: Bearbeiter, in Dörr/Grote/Marauhn, EMRK/GG)
*Dreier*, Horst (Hrsg.), Grundgesetz Kommentar
Band I, Präambel, Artikel 1–19, 3. Aufl., Tübingen 2013 [Vorauflage] (zitiert: Bearbeiter, in: Dreier, GG, Band I)
Band III, Artikel 83–146, 3. Aufl., Tübingen 2018 (zitiert: Bearbeiter, in: Dreier, GG, Band III)
*Du Bois*, Reinmar, Historische Trennlinien und Berührungspunkte zwischen Jugendhilfe und Kinder- und Jugendpsychiatrie, in: Fegert/Schrapper, Handbuch Jugendhilfe – Jugendpsychiatrie, 2004, S. 421–427
*Dunz*, Walter, Das neue Familienrechtsänderungsgesetz, NJW 1961, 2137–2139

*Dunz*, Walter, Grundrecht und Bevormundung, JZ 1960, 475–479

*Dürig*, Günter, Der Grundsatz von der Menschenwürde. Entwurf eines praktikablen Wertsystems der Grundrechte aus Art. 1 Abs. I in Verbindung mit Art. 19 Abs. II des Grundgesetzes, AöR 81 (1956), 117–157

*Dworschak*, Wolfgang, Lebensqualität von Menschen mit geistiger Behinderung. Theoretische Analyse, empirische Erfassung und grundlegende Aspekte qualitativer Netzwerkanalyse, Bad Heilbrunn 2004

*Džeko*, Božica, Geschlossene Unterbringung – ein Streitfall der Jugendhilfe, Saarbrücken 2010

*Eissing*, Thomas, Abschluss für den „Ausschuss" – Was soll mit geschlossener Heimunterbringung besser werden? –, DVJJ-Journal 1994, 314–317

*Engelfried*, Ulrich, „Eure Elterliche Sorge fesselt mich". Der gefährliche Irrweg des BGH bei Fixierungsmaßnahmen von Kindern und Jugendlichen, Betrifft Justiz 2014, 35–37

*Engelfried*, Ulrich, Unterbringungsrecht in der Praxis. Freiheitsentziehende Maßnahmen im Betreuungs- und Familienrecht, 3. Aufl., Köln 2024

*Enneccerus*, Ludwig/*Kipp*, Theodor/*Wolff*, Martin, Lehrbuch des Bürgerlichen Rechts, Sechste bis achte Aufl. Zweiter Band, zweite Abteilung: Das Familienrecht, Zweite Bearbeitung, Marburg 1914

*Eppelt*, Martina Dorothee, Grundrechtsverzicht und Humangenetik. Der Verzicht auf Grundrechte, insbesondere im Rahmen der Einwilligung in die Anwendung neuerer, humangenetischer Diagnose- und Therapieformen, 1999

*Erdsiek*, Gerhard, Freiheitsentziehung und richterliche Kontrolle, NJW 1960, 1385–1387

*Erichsen*, Hans-Uwe/*Ebber*, Bodo, Die Grundrechtsbindung des privatrechtlich handelnden Staates, Jura 1999, 373–378

*Erichsen*, Hans-Uwe/*Reuter*, Heidrun, Elternrecht – Kindeswohl – Staatsgewalt. Zur Verfassungsmäßigkeit staatlicher Einwirkungsmöglichkeiten auf die Kindererziehung durch und aufgrund von Normen des elterlichen Sorgerechts und des Jugendhilferechts, Berlin 1985

Erman, Bürgerliches Gesetzbuch: Handkommentar, hrsgg. von *Westermann*, Harm Peter/*Grunewald*, Barbara/*Maier-Reimer*, Georg, Band II, §§ 779–2385 BGB, AGG, EGBG (Auszug), ErbbauRG, LPartG, ProdHaftG, VBVG, VersAusglG und WEG, 17. Aufl., Köln 2023 (zitiert als: *Bearbeiter* in: Erman)

*Evangelischer Erziehungsverband e. V. (EREV)* (Hrsg.), Evaluation freiheitsentziehender Maßnahmen in der Jugendhilfe, 2006 (zitiert als: Bearbeiter, in: EREV, Evaluation freiheitsentziehender Maßnahmen in der Jugendhilfe)

*Fachverband Berliner Stadtvormünder e. V.* (Hrsg.), Praxis des neuen Familienrechts, Referate und Berichte der Großen Arbeitstagung des Fachverbandes Berliner Stadtvormünder e. V. vom 28. November bis 2. Dezember 1977 in Berlin, Berlin 1978 (zitiert: *Bearbeiter*, Praxis des neuen Familienrechts, 1978)

*Fahl*, Holger, § 1626a BGB und das Kindeswohl – Reformbedarf wegen Verstoßes gegen die UN-Kinderrechtskonvention, NZFam 2014, 155–158
*Faller*, Hans Joachim/*Kirchhof*, Paul/*Träger*, Ernst (Hrsg.), Verantwortlichkeit und Freiheit. Die Verfassung als wertbestimmte Ordnung. Festschrift für Willi Geiger zum 80. Geburtstag, Tübingen 1989 (zitiert als: *Bearbeiter*, in: FS Geiger)
*Familienrechtskommission des Juristinnenbundes*, Neues elterliches Sorgerecht: Alternativ-Entwurf eines Gesetzes zur Neuregelung des Rechts der elterlichen Sorge mit Begründung und Stellungnahmen, Bielefeld 1977
*Fegert*, Jörg Michael, Editorial, ZKJ 2016, 5
*Fegert*, Jörg Michael, Freiheitsentziehende Maßnahmen und die Kinder- und Jugendpsychiatrie und -psychotherapie, in: Fegert/Späth/Salgo, Freiheitsentziehende Maßnahmen in der Jugendhilfe und Kinder- und Jugendpsychiatrie, 2001, S. 173–184
*Fegert*, Jörg Michael, Führt der Weg zum Jugendamt der Zukunft über § 35a SGB VIII als Einstieg zur „großen Lösung“?, JAmt 2010, 267–274
*Fegert*, Jörg Michael, Geschlossene Unterbringung als Maßnahme der Jugendhilfe?, DVJJ-Journal 1994, 309–313
*Fegert*, Jörg Michael/*Schrapper*, Christian (Hrsg.), Handbuch Jugendhilfe – Jugendpsychiatrie. Interdisziplinäre Kooperation, München 2004 (zitiert als: *Bearbeiter*, in: Fegert/Schrapper, Handbuch Jugendhilfe – Jugendpsychiatrie)
*Fegert*, Jörg Michael/*Schrapper*, Christian, Kinder- und Jugendpsychiatrie und Kinder- und Jugendhilfe zwischen Kooperation und Konkurrenz, in: Fegert/Schrapper, Handbuch Jugendhilfe – Jugendpsychiatrie, 2004, S. 15–25
*Fegert, Jörg Michael/Späth, Karl/Salgo, Ludwig (Hrsg.)*, Freiheitsentziehende Maßnahmen in der Jugendhilfe und Kinder- und Jugendpsychiatrie, Münster 2001
*Fehnemann*, Ursula, Die Innehabung und Wahrnehmung von Grundrechten im Kindesalter, Berlin 1983
*Fehnemann*, Ursula, Über die Ausübung von Grundrechten durch Minderjährige, RdJ 1967, 281–287
*Fellenberg*, Barbara, Das sogenannte „Erziehungsgespräch“ beim Familiengericht – neue Aufgaben für den Familienrichter?, in: Lipp/Schumann/Veit, Kindesschutz bei Kindeswohlgefährdung, 6. Göttinger Workshop zum Familienrecht 2007, 2008, S. 91–97
*Fendrich*, Sandra/*Wilk*, Agathe, Zahlen und Fakten zur Fremdunterbringung und Rückführung von Kindern und Jugendlichen in der Jugendhilfe, FPR 2011, 529–534
*Fetzer*, Anette E./*Steinert*, Tilman/*Metzger*, Wolfram/*Fegert*, Jörg M., Eine prospektive Untersuchung von Zwangsmaßnahmen in der stationären Kinder- und Jugendpsychiatrie, Praxis der Kinderpsychologie und Kinderpsychiatrie 2006, 754–766
*Ficht*, Jürgen, Freiwillige Erziehungshilfe und Artikel 104 GG. Gedanken eines Nichtjuristen, ZfJ 1960, 328–331

*Fink*, Sandra, Familiengerichtlicher Genehmigungsvorbehalt bei „freiwilliger" geschlossener Unterbringung Minderjähriger, in FS Salgo, 2016, S. 137–158
*Finke*, Betina, Elternwohl, JAmt 2008, 10–16
*Fischer*, Silvia, Verfahrenswege und Verfahrensrealitäten freiheitsentziehender Maßnahmen bei Minderjährigen aus gerichtlicher Sicht, in: Rüth/Pankofer/Freisleder, Geschlossene Unterbringung, München 2006, S. 29–46
*Fleisch*, Hans, Die verfassungsrechtliche Stellung des leiblichen Vaters, Baden-Baden 1987
*Flosdorf*, Peter, Einführung, in: BVkE, Freiheit und Eingrenzung bei intensivpädagogischen/therapeutischen Erziehungshilfen, 2000, S. 9
*Franke*, Monika, Grundrechte des Schülers und Schulverhältnis, Neuwied/Berlin 1974
*Franke*, Wolfgang, Der Sicherungsgedanke im Unterbringungsrecht, NJW 1959, 1561–1565
*Franke*, Wolfgang, Die Maßgeblichkeit des Willens gesetzlicher Vertreter bei Anstaltsunterbringungen, NJW 1962, 1755–1759
*Franke*, Wolfgang, Grundlagen der Anstaltsunterbringung Psychischkranker in verfassungs-, privat- und verwaltungsrechtlicher Sicht, NJW 1960, 1369–1374
*Franke*, Wolfgang, Richter und Arzt im Unterbringungsrecht, NJW 1961, 955–961
*Franke*, Wolfgang, Zweifelsfragen des Unterbringungsrechts, DRiZ 1960, 17–18
*Friauf*, Karl Heinrich/*Höfling*, Wolfram (Hrsg.), Berliner Kommentar zum Grundgesetz, Band 1, Art. 1–12a, Berlin, Stand des Gesamtwerks: November 2021 (zitiert: *Bearbeiter*, in: Friauf/Höfling, Berliner Kommentar zum GG)
*Fritz*, Martina, Die geschlossene Unterbringung in der konkreten Umsetzung am Beispiel der Mädcheneinrichtung Niefernburg. „Jugendknast" oder „Aufenthaltsbestimmung gegen den Wunsch des Jugendlichen"?, in: Rüth/Pankofer/Freisleder, Geschlossene Unterbringung, München 2006, S. 97–111
*Frowein*, Jochen Abr./*Peukert*, Wolfgang, Europäische Menschenrechtskonvention, EMRK-Kommentar, 3. Aufl., Kehl am Rhein 2009
*Geiger*, Gunnar/*Kirsch*, Sebastian, Gestaltung der Sorgerechtsausübung durch Vollmacht, FamRZ 2009, 1879–1884
*Gerlich*, Renate, Geschlossene Unterbringung als Maßnahme der Jugendhilfe, Landesgruppe Baden-Württemberg in der Deutschen Vereinigung für Jugendgerichte und Jugendgerichtshilfe e. V. (DVJJ), INFO 1999, S. 27–44
*Gernhuber*, Joachim, Elterliche Gewalt heute. Eine grundsätzliche Betrachtung, FamRZ 1962, 89–96
*Gernhuber*, Joachim, Kindeswohl und Kindeswille, FamRZ 1973, 229–244
*Gernhuber*, Joachim/*Coester-Waltjen*, Dagmar, Familienrecht, 7. Aufl., München 2020
*Giese*, Friedrich, Grundgesetz für die Bundesrepublik Deutschland vom 23. Mai 1949, Frankfurt a.M. 1949
*Gleißl*, Renate/*Suttner*, Bernhard, Zur Rechtsstellung der Pflegeeltern nach neuem Recht, FamRZ 1982, 122–127

*Gollwitzer*, K./*Rüth*, U., § 1631b – Die geschlossene Unterbringung Minderjähriger aus kinder- und jugendpsychiatrischer Sicht, FamRZ 1996, 1388–1391
*Gondolf*, Yvonne, Die Vormundschaft und Pflegschaft für Minderjährige. Ist eine Reform notwendig und wie sollte sie aussehen?, Berlin 2008
*Göppel*, Rolf, „Der Friederich, der Friederich…". Das Bild des „schwierigen Kindes" in der Pädagogik des 19. und 20. Jahrhundert, Würzburg 1989
*Göppinger*, Horst, Betrachtungen zur Unterbringung psychisch Kranker. Fürsorge, Heilbehandlung, Zwangsbehandlung, Behandlungspflegschaft, FamRZ 1980, 856
*Götz*, Isabell, Fortschritt im Kindesschutz – Genehmigungsvorbehalt jetzt auch für freiheitsentziehende Maßnahmen bei Kindern, FamRZ 2017, 1289–1295
*Götz*, Isabell, Zwangsbehandlung von Minderjährigen bei Selbstgefährdung, in: Coester-Waltjen/Lipp/Schumann/Veit, Zwangsbehandlung bei Selbstgefährdung, 14. Göttinger Workshop zum Familienrecht 2015, S. 65–86
*Götz*, Isabell/*Schwenzer*, Ingeborg/*Seelmann*, Kurt/*Taupitz*, Jochen (Hrsg.), Familie – Recht – Ethik. Festschrift für Gerd Brudermüller zum 65. Geburtstag, München 2014 (zitiert: *Bearbeiter*, in: FS Brudermüller)
*Grabenwarter*, Christoph/*Pabel*, Katharina, Europäische Menschenrechtskonvention. Ein Studienbuch, 7. Aufl., München 2021 (zitiert: Grabenwarter/Pabel, EMRK)
*Grabitz*, Eberhard (Begr.)/*Hilf*, Meinhard (Fortgef.)/*Nettesheim*, Martin (Hrsg.), Das Recht der Europäischen Union, Band I, EUV/AEUV, Stand Gesamtwerk: 84. Ergänzungslieferung, München Januar 2025 (zitiert: *Bearbeiter*, in: Grabitz/Hilf/Nettesheim, Das Recht der Europäischen Union)
*Grabow*, Michael, Anhörung von Kindern und Jugendlichen im Unterbringungsverfahren, FPR 2011, 550–553
*Grengel*, Martin, Zwangsmaßnahmen des Betreuers. Eine fallgruppenbezogene Untersuchung ihrer Rechtfertigung, Hamburg 2009
*Grengel*, Martin/*Roth*, Andreas, Die Zwangsbehandlung von Betreuten – Notwendigkeit und Inhalt einer Neuregelung, ZRP 2013, 12–16
*Groß*, Gerlinde, Die Stellung der Pflegeeltern im Grundgesetz und im Zivilrecht, FPR 2004, 411–415
*Groß*, Rolf, Zur Unterbringung Minderjähriger aus erzieherischen Gründen, RdJ 1962, 39–41
*Grüneberg*, Christian, Bürgerliches Gesetzbuch mit Nebengesetzen, 85. Auflage, München 2026 (zitiert: *Bearbeiter*, in: Grüneberg)
*Grunewald*, Ralph, Die De-Individualisiserung des Erziehungsgedankens im Jugendstrafrecht, Berlin 2003
*Guckelberger*, Annette, Die Drittwirkung der Grundrechte, JuS 2003, 1151–1157
*Guggumos*, Michael, Über die Grenzen des elterlichen Aufenthaltsbestimmungsrechts gemäß Art. 104 GG, FamRZ 1960, 478–479
*Gusy*, Christoph, Freiheitsentziehung und Grundgesetz, NJW 1992, 457–463
*Gutmann*, Thomas, Freiwilligkeit als Rechtsbegriff, München 2001

*Hager*, Johannes, Grundrechte im Privatrecht, JZ 1994, 373–383
*Hain*, Karl-Eberhard, Der Gesetzgeber in der Klemme zwischen Übermaß- und Untermaßverbot?, DVBl. 1993, 982–984
*Hampel*, Herbert, Rechtliche Probleme der Heim- und Anstaltsunterbringung Minderjähriger in der freiwilligen Gerichtsbarkeit, FamRZ 1963, 537–551
*Hanraths*, Stefan, Freiheitsbeschränkungen nach dem Grundgesetz: Arten und Abgrenzungen nach der Rechtsprechung, VR (Verwaltungsrundschau) 1992, 243–250
*Hansbauer*, Peter (Hrsg.), Neue Wege in der Vormundschaft? Diskurse zu Geschichte, Struktur und Perspektiven der Vormundschaft, Münster 2002 (zitiert: Bearbeiter, in: Hansbauer, Neue Wege in der Vormundschaft?)
*Hansbauer*, Peter, Hauptlinien der Geschichte des Vormundschaftswesens für Minderjährige, in: Hansbauer, Neue Wege in der Vormundschaft?, 2002, S. 13–39
*Hantel*, Peter, Das Grundrecht der Freiheit der Person nach Art. 2 II 2, 104 GG, JuS 1990, 865–872
*Hantel*, Peter, Der Begriff der Freiheitsentziehung in Art. 104 Abs. 2 GG, Berlin 1988
*Hartwig*, Luise/*Schrapper*, Christian, Von „Zwangserziehung" bis „Geschlossene Unterbringung" – die Betreuung „Schwersterziehbarer" in der Heimerziehung, in: Bach/Bleidick/Kanter/Klauer/Kröhnert/Reinartz, Handbuch der Sonderpädagogik, Band 10, 1990, S. 392
*Hauck*, Karl/*Noftz*, Wolfgang (Begr.)/*Stähr*, Axel (Hrsg.), Sozialgesetzbuch (SGB) VIII: Kinder- und Jugendhilfe, Berlin, Stand des Gesamtwerks: Januar 2019 (zitiert: *Bearbeiter*, in: Hauck/Noftz, SGB VIII)
*Haußleiter*, Martin (Hrsg.), FamFG. Gesetz über das Verfahren in Familiensachen und in den Angelegenheiten der freiwilligen Gerichtsbarkeit. Kommentar, 2. Aufl., München 2017 (zitiert: *Bearbeiter*, in: Haußleiter)
*Heckes*, Claudia/*Schrapper*, Christian, Traditionslinien im Verhältnis ‚Heimerziehung – Gesellschaft': Reformepochen und Restaurierungsphasen, in: Peters, Jenseits von Familie und Anstalt, Bielefeld 1988, S. 9–27
*Heckner*, Thomas, Erlebnispädagogik in der Jugendhilfe, Landesgruppe Baden-Württemberg in der Deutschen Vereinigung für Jugendgerichte und Jugendgerichtshilfe e. V. (DVJJ), INFO 1999, 11–25
*Heilmann*, Stefan (Hrsg.), Praxiskommentar Kindschaftsrecht, 3. Aufl., Köln 2025 (zitiert: *Bearbeiter*, in: Heilmann, Praxiskommentar Familienrecht)
*Heilmann*, Stefan, Hilfe oder Eingriff? – Verfassungsrechtliche Überlegungen zu Verhältnis von staatlichem Wächteramt und Jugendhilfe, ZfJ 2000, 41–50
*Heilmann*, Stefan, Schützt das Grundgesetz die Kinder nicht? Eine Betrachtung der bisherigen Kammerrechtsprechung des BVerfG im Jahr 2014, NJW 2014, 2904–2909
*Heilmann*, Stefan, Theorie und Praxis im Kinderschutz, NJW 2017, 986–989
*Heilmann*, Stefan, Zu den Auswirkungen der aktuellen Rechtsprechung des Bundesverfassungsgerichts auf die Praxis des Kinderschutzes. – Zugleich

Anmerkung zum Beschluss des BVerfG v. 19.11.2014 – 1 BvR 1178/14 –, FamRZ 2015, 112 –, FamRZ 2015, 92–96

*Heilmann*, Stefan/*Lack*, Katrin, Die Rechte des Kindes. Festschrift für Ludwig Salgo zum 70. Geburtstag, Köln 2016 (zitiert: *Bearbeiter*, in: FS Salgo)

*Heilmann*, Stefan/*Salgo*, Ludwig, Verfahrenspflegschaft und Vormundschaft für Minderjährige – Ergänzung oder Widerspruch?, in: Hansbauer, Neue Wege in der Vormundschaft?, S. 181–199

*Heiß*, Thomas Alexander, Elternrechte contra Kinderrechte? – Die Stellung von Eltern und Kind in der Judikatur des BVerfG, NZFam 2015, 491–493

*Heiß*, Thomas Alexander, Elternrechte contra Kinderrechte? – Paradigmenwechsel in der jüngeren Rechtsprechung des BVerfG?, NZFam 2015, 532–537

*Helle*, Jürgen, Freiheitsentziehung und Freiheitsbeschränkung bei der bürgerlichrechtlichen Unterbringung Minderjähriger, ZfJ 1986, 40–45

*Helms*, Tobias/*Battes*, Robert/*Frank*, Rainer/*Wahl*, Rainer/*Lagarde*, Paul/*Menne*, Martin/*Zeppernick*, Jens Martin/*Hohloch*, Gerhard/*Schwab*, Dieter/*Gaaz*, Berthold (Hrsg.), Lebendiges Familienrecht. Festschrift für Rainer Frank zum 70. Geburtstag am 14. Juli 2008, Frankfurt am Main 2008 (zitiert: *Bearbeiter*, in: FS Frank, 2008)

*Henke*, W., Freiheitsentziehung durch den Pfleger? Art. 104 GG und die Anstaltsunterbringung durch den gesetzlichen Vertreter, FamRZ 1959, 7–8

*Hertwig*, Stefan, Verfassungsrechtliche Determinanten des Minderjährigenschutzes, FamRZ 1987, 124–130

*Herzog*, Roman, Das Grundrecht auf Freiheit in der Europäischen Menschenrechtskonvention, AöR 86 (1961), 194–244

*Hesse*, Konrad, Grundzüge des Verfassungsrechts der Bundesrepublik Deutschland, 20. Aufl., Heidelberg 1995 (Nachdruck 1999)

*Hilbig-Lugani*, Katharina/*Jakob*, Dominique/*Mäsch*, Gerald/*Reuß*, Philipp M./*Schmid*, Christoph (Hrsg.), Zwischenbilanz. Festschrift für Dagmar Coester-Waltjen zum 70. Geburtstag am 11. Juli 2015, Bielefeld 2015 (zitiert: *Bearbeiter*, in: FS Coester-Waltjen)

*Hiller*, Stephan/*Knab*, Eckhart/*Mörsberger*, Heribert (Hrsg.), Erziehungshilfe. Investition in die Zukunft. 100 Jahre BVkE, Freiburg im Breisgau 2009 (zitiert: *Bearbeiter*, in: Hiller/Knab/Mörsberger, Erziehungshilfe)

*Hoffmann*, Birgit, Das Gesetz zur Einführung eines familiengerichtlichen Genehmigungsvorbehaltes für freiheitsentziehende Maßnahmen bei Kindern, JAmt 2017, 353–358

*Hoffmann*, Birgit, Freiheitsentziehende Unterbringung in einer Einrichtung der Kinder- und Jugendhilfe. Sozialrechtliche Rahmenbedingungen und sich aus diesen ergebende Besonderheiten im familiengerichtlichen Verfahren, FamRZ 2017, 337–344

*Hoffmann*, Birgit, Freiheitsentziehende Unterbringung in Einrichtungen der Kinder- und Jugendhilfe – in gemeinsamer Verantwortung von gesetzlichem Vertreter, Jugendamt und Familiengericht, FamRZ 2013, 1346–1352

*Hoffmann*, Birgit, Freiheitsentziehende Unterbringung von Kindern und Jugendlichen – Rechtslage nach Neufassung des § 1631b BGB und Inkrafttreten des FamFG, R&P 2009, 121–129
*Hoffmann*, Birgit, Genehmigungsvorbehalt für die Zwangsbehandlung Minderjähriger, ZRP 2016, 242–244
*Hoffmann*, Birgit, Rechtliche Aspekte psychiatrischer bzw. psychologischer Behandlung Minderjähriger, R&P 2007, 173–179
*Hoffmann*, Birgit, Sorgerechtsvollmacht als Alternative zu Eingriffen in die elterliche Sorge in der Rechtsprechung der Oberlandesgerichte, JAmt 2015, 6–10
*Hoffmann*, Birgit, Sorgerechtsvollmacht als Alternative zur Vormund-/Pflegschaft des Jugendamtes, FamRZ 2011, 1544–1550
*Hoffmann*, Birgit, Voraussetzungen und Verfahren der freiheitsentziehenden Unterbringung von Kindern und Jugendlichen – Neufassung des § 1631b BGB und Inkrafttreten des FamFG, JAmt 2009, 473–480
*Hoffmann*, Birgit, Zwangsbehandlung Minderjähriger vor dem Hintergrund der jüngeren Rechtsprechung des BVerfG und des BGH, NZFam 2015, 985–989
*Hoffmann*, Birgit/*Klie*, Thomas, Freiheitsentziehende Maßnahmen im Betreuungs- und Kindschaftsrecht. Voraussetzungen, Verfahren, Praxis, 2. Aufl., Heidelberg 2012
*Hoffmann*, Birgit/*Trenczek*, Thomas, Freiheitsentziehende Unterbringung „minderjähriger" Menschen in Einrichtungen der Kinder- und Jugendhilfe, JAmt 2011, 177–180
*Hoffmann*, Martin/*Adam*, Hubertus/*Hansen*, Hans/*Paulat*, Monika/*Scharnweber*, Inge/*Thimm*, Karlheinz, Bericht und Empfehlungen der unabhängigen Kommission zur Untersuchung der Einrichtungen der Haasenburg e. V., 2013
*Hoffmann*, Reinhard, Polizeiliche „Schutzhaft" und Grundrechte, DVBl. 1970, 473–481
*Hoffmann*, Wolfgang, Die polizeiliche Sistierung zur Feststellung von Personalien, DVBl. 1967, 751–758
*Hohm*, Karl-Heinz, Grundrechtsträgerschaft und Grundrechtsmündigkeit Minderjähriger am Beispiel öffentlicher Heimerziehung, NJW 1986, 3107–3115
*Hohmann-Dennhardt*, Christine, Kindeswohl und Elternrecht – Rechtsverhältnis von Eltern und Kindern, FPR 2008, 476–477
*Holler*, Michaela, Drei Jahre Erfahrungen in der Clearingstelle der Evangelischen Kinder-, Jugend- und Familienhilfe Würzburg, in: EREV, Evaluation freiheitsentziehender Maßnahmen in der Jugendhilfe, 2006, S. 45–55
*Holzhauer*, Heinz, Für ein enges Verständnis des § 1906 Abs. 4 BGB. Elf Thesen zum Ausmaß richterlicher Kontrolle, BtPrax 1992, 54–56
*Holzhauer*, Heinz/*Bruder*, Jens, Empfiehlt es sich, das Entmündigungsrecht, das Recht der Vormundschaft und der Pflegschaft über Erwachsene sowie das Unterbringungsrecht neu zu ordnen?, in: Ständige Deputation des Deutschen Juristentags (Hrsg.), Gutachten B/C zum 57. Deutschen Juristentag Mainz 1988, München 1988

*Hoops*, Sabrina, Die „Geschlossene Unterbringung“ nach § 1631b BGB in Heimen der Jugendhilfe, SozialExtra 2004, 20–25
*Hoops*, Sabrina, Freiheitsentziehende Maßnahmen im Rahmen von Kinder- und Jugendhilfe, Psychiatrie und Justiz, BLJA Mitteilungsblatt Nr. 6/2004, S. 6–8
*Hoops*, Sabrina, Freiheitsentziehende Settings in der Kinder- und Jugendhilfe – Über die Sinnhaftigkeit freiheitsentziehender Maßnahmen – empirische Befunde des Für und Wider, in: Land Brandenburg, Macht und Machtmissbrauch in der Heimerziehung?, S. 26–39
*Hoops*, Sabrina, Freiheitsentziehende Settings in der Kinder- und Jugendhilfe 2010. Einige Schlaglichter auf Diskurs, aktuelle Befunde, Entwicklungen und Herausforderungen, in: Verband privater Einrichtungen der Kinder- und Jugendhilfe in Schleswig-Holstein VPE e. V. (Hrsg.), Jugendhilfe im Dialog, Heft 4/2010, S. 2–19
*Hoops*, Sabrina, Geschlossene Unterbringung von Kindern und Jugendlichen in der Heimerziehung, FPR 2011, 538–542
*Hoops*, Sabrina, Partizipation und Zwangskontext – Mitwirkung im Spiegel der Konzeptionen von „geschlossenen Heimen“, ZfJ 2004, 274–284
*Hoops*, Sabrina, Zum Problem der Indikationsstellungen und der Verfahrensweisen bei Unterbringungen nach § 1631b BGB im Rahmen der Jugendhilfe, in: Rüth/Pankofer/Freisleder, Geschlossene Unterbringung, München 2006, S. 61–78
*Hoops*, Sabrina/*Permien*, Hanna, „Mildere Maßnahmen sind nicht möglich“, freiheitsentziehende Maßnahmen nach § 1631b BGB in Jugendhilfe und Psychiatrie, 2006
*Hoops*, Sabrina/*Permien*, Hanna, Kinder und Jugendliche und Freiheitsentziehende Maßnahmen in der Jugendhilfe: Wie viele, woher, wohin, warum und wie?, ZJJ 2005, 41–49
*Hoppenz*, Rainer, Familiensachen, 9. Aufl., Heidelberg 2009 (zitiert: *Bearbeiter*, in: Hoppenz)
*Hörnle*, Tatjana/*Huster*, Stefan, Wie weit reicht das Erziehungsrecht der Eltern? Am Beispiel der Beschneidung von Jungen, JZ 2013, 328–339
*Hoyer*, Andreas, Im Strafrecht nichts Neues? – Zur strafrechtlichen Bedeutung der Neufassung des § 1631 II BGB –, FamRZ 2001, 521–525
*Huber*, Peter/*Scherer*, Holger, Die Neuregelung zur Ächtung der Gewalt in der Erziehung, FamRZ 2001, 797–801
*Hufen*, Friedhelm, Staatsrecht II. Grundrechte, 10. Aufl., München 2023
*Hummel*, Peter/*Jaenecke*, Britta/*Humbert*, Doreen, Die Unterbringung mit Freiheitsentziehung von Minderjährigen in Kliniken für Kinder- und Jugendpsychiatrie – Ärztliche Entscheidungen ohne Berücksichtigung psychodynamischer Folgen?, Praxis der Kinderpsychologie und Kinderpsychiatrie 2003, 719–735
*Huxoll*, Martina/*Kotthaus*, Jochem (Hrsg.), Macht und Zwang in der Kinder- und Jugendhilfe, Weinheim/Basel 2012 (zitiert: *Bearbeiter*, in: Huxoll/Kotthaus)

*Igel*, Willi, Disziplinierung durch freiheitsentziehende Maßnahmen in der Jugendhilfe, in: Verband privater Einrichtungen der Kinder- und Jugendhilfe in Schleswig-Holstein VPE e. V. (Hrsg.), Jugendhilfe im Dialog, Heft 4/2010, S. 20–32

*Internationale Gesellschaft für erzieherische Hilfen (IGfH)*, Argumente gegen Geschlossene Unterbringung und Zwang in den Hilfen zur Erziehung. Für Erziehung in Freiheit, Frankfurt am Main 2013

*Ipsen*, Jörn, Staatsrecht II. Grundrechte, 24. Aufl., München 2021

*Ipsen*, Jörn/*Koch*, Thorsten, Öffentliches und privates Recht – Abgrenzungsprobleme bei der Benutzung öffentlicher Einrichtungen, JuS 1992, 809–816

*Isensee*, Josef, Grundrechtliche Konsequenz wider geheiligter Tradition – Der Streit um die Beschneidung –, JZ 2013, 317–3277

*Jacobs*, Holger, Freiheitsentziehende Maßnahmen? – Der längere Zeitraum i.S.d. § 1906 Abs. 4 BGB, BtPrax 2013, 16–188

*Jans*, Karl-Wilhelm/*Happe*, Günter, Gesetz zur Neuregelung des Rechts der elterlichen Sorge. Kommentar mit Gesetzesmaterialien, Stuttgart 1980

*Jarass*, Hans D., Charta der Grundrechte der Europäischen Union unter Einbeziehung der sonstigen Grundrechtsregelungen des Primärrechts und der EMRK. Kommentar, 4. Aufl., München 2021

*Jarass*, Hans D., Die Grundrechte: Abwehrrechte und objektive Grundsatznormen. Objektive Grundrechtsgehalte, insbes. Schutzpflichten und privatrechtsgestaltende Wirkung, in: Badura/Dreier, FS 50 Jahre BVerfG, S. 35–53

*Jarass*, Hans D./*Pieroth*, Bodo (Hrsg.), Grundgesetz für die Bundesrepublik Deutschland. Kommentar, 16. Aufl., München 2020 (zitiert: *Bearbeiter*, in: Jarass/Pieroth)

*Jeand'Heur*, Bernd, Verfassungsrechtlich Schutzgebote zum Wohl des Kindes und staatliche Interventionspflichten aus der Garantienorm des Art. 6 Abs. 2 Satz 2 GG, Berlin 1993

*Jestaedt*, Matthias, Das Recht des Kindes auf Pflege und Erziehung durch seine Eltern, in: Coester-Waltjen/Lipp/Schumann/Veit, Alles zum Wohle des Kindes?, 2. Familienrechtliches Forum, 2012, S. 13–37

*Jestaedt*, Matthias, Kindesrecht zwischen Elternverantwortung und Staatsverantwortung – Herausforderungen des Eltern-Kind-Verhältnisses aus verfassungsrechtlicher Perspektive –, in: DFGT, 21. DFGT, 2016, 65–98

*Jestaedt*, Matthias, Staatlicher Kindesschutz unter dem Grundgesetz – Aktuelle Kindesschutzmaßnahmen auf dem Prüfstand der Verfassung, in: Lipp/Schumann/Veit, Kindesschutz bei Kindeswohlgefährdung, 6. Göttinger Workshop zum Familienrecht 2007, 2008, S. 5–18

*Johannsen*, Dieter (Mitbegr.)/*Henrich*, Dieter (Hrsg.)/*Althammer*, Christoph, Familienrecht. Scheidung, Unterhalt, Verfahren. Kommentar, 7. Aufl., München 2020 (zitiert: *Bearbeiter*, in: Johannsen/Henrich/Althammer)

*Jordan*, Erwin, „Erziehung und Strafe – Geschlossene Unterbringung – Ausweg oder Irrweg?“ Kommentierung der Fachtagung des Bundesministeriums für Frauen und Jugend am 4. Juli 1994 in Bonn, DVJJ-Journal 1994, 318–319

*Jordan*, Erwin/*Maykus*, Stephan/*Stuckstätte*, Eva C., Kinder- und Jugendhilfe. Einführung in Geschichte und Handlungsfelder, Organisationsformen und gesellschaftliche Problemlagen, 4. Aufl., Weinheim/Basel 2015

*Jung*, Martin, KJPP und Geschlossene Unterbringung, in: Verband privater Einrichtungen der Kinder- und Jugendhilfe in Schleswig-Holstein VPE e. V. (Hrsg.), Jugendhilfe im Dialog, Heft 4/2010, S. 33–43

*Jürgens*, Andreas (Hrsg.), Betreuungsrecht. Kommentar, 8. Aufl., München 2025 (zitiert: Bearbeiter, in: Jürgens)

Juris Praxiskommentar BGB, hrsgg. von *Herberger*, Maximilian/*Martinek*, Michael/*Rüßmann*, Helmut/*Weth*, Stephan/*Würdiger*, Markus, Band 4 – Familienrecht, 11. Aufl., Saarbrücken 2026 (zitiert: *Bearbeiter*, in: jurisPK-BGB)

Juris Praxiskommentar SGB VIII, hrsgg. von *Schlegel*, Rainer/*Voelzke*, Thomas, 3. Aufl., Saarbrücken 2022 (zitiert: *Bearbeiter*, in: jurisPK-SGB VIII)

*Kaiser*, Dagmar/*Schnitzler*, Klaus/*Frederici*, Peter/*Schilling*, Roger (Hrsg.), BGB Familienrecht. Band 4: §§ 1297–1912, 4. Aufl., Baden-Baden 2021 (zitiert: *Bearbeiter*, in: Kaiser/Schnitzler/Frederici/Schilling)

*Kappeler*, Manfred, Anvertraut und ausgeliefert. Sexuelle Gewalt in Pädagogischen Einrichtungen, Berlin 2011

*Kappeler*, Manfred, Menschenrechtsverletzungen in der Jugendhilfe, in: Musfeld/Quindel/Schmidt, Einsprüche, 2008, S. 9–25

*Kasten*, Hans-Hermann/*Rapsch*, Arnulf, Der öffentlichrechtliche Vertrag zwischen Privaten – Phänomen oder Phantom?, NVwZ 1986, 708–713

*Kern*, Bernd-Rüdiger, Fremdbestimmung bei der Einwilligung in ärztliche Eingriffe, NJW 1994, 753–759

*Kern*, Eduard, Schutz des Lebens, der Freiheit und des Heims, in: Neumann/Nipperdey/Scheuner, Die Grundrechte, Band 2, 1954, S. 51–110

*Keuter*, Wolfgang, Familiengerichtlicher Genehmigungsvorbehalt, ZKJ 2017, 307–312

*Kieß*, Peter, Betreuungs- und Unterbringungsrecht, Handbuch für die Praxis, 7. Aufl., Baden-Baden 2022

*Kindhäuser*, Urs/*Neumann*, Ulfrid/*Paeffgen*, Hans-Ullrich/*Saliger*, Frank (Hrsg.), Nomos Kommentar, Strafgesetzbuch, 6. Aufl., Baden-Baden 2023 (zitiert: *Bearbeiter*, in: Kindhäuser/Neumann/Paeffgen/Saliger)

*Kindler*, Heinz/*Permien*, Hanna/*Hoops*, Sabrina, Geschlossene Formen der Heimunterbringung als Maßnahme der Kinder- und Jugendhilfe, ZJJ 2007, 40–48

*Kingreen*, Thorsten, Die Grundrechte des Grundgesetzes im europäischen Grundrechtsföderalismus, JZ 2013, 801–811

*Kingreen*, Thorsten/*Poscher*, Ralf (begründet von *Pieroth*, Bodo/Schlink, Bernhard), Grundrechte. Staatsrecht II, 41. Aufl., Heidelberg 2025 (zitiert: *Kingreen/Poscher*, Grundrechte)

*Kirchhof*, Gregor, Kinderrechte in der Verfassung – zur Diskussion einer Grundgesetzänderung, ZRP 2007, 149–153

*Kirchhof*, Paul, Die Grundrechte des Kindes und das natürliche Elternrecht, in: Praxis des neuen Familienrechts, 1978, S. 171–187

*Kirchhof*, Paul, Grundfälle zum Polizeirecht, JuS 1975, 509–514

*Kirsch*, Sebastian, Der Werdenfelser Weg: gemeinsame Verantwortungsübernahme gegen Fixierungen, Psychosoziale Umschau 2015, 28–29

*Kirsch*, Sebastian/*Wassermann*, Josef, Eine Initiative zur Reduzierung von Fixierungsmaßnahmen mit verfahrensrechtlichem Ansatz, BtPrax 2009, 109–112

*Kittner*, Michael, Zur Grundrechtsmündigkeit des Minderjährigen am Beispiel der Koalitionsfreiheit (Art. 9 Abs. 3 GG), AuR 1971, 280–290

*Klawe*, Willy/*Bräuer*, Wolfgang, Erlebnispädagogik zwischen Alltag und Alaska. Praxis und Perspektiven der Erlebnispädagogik in den Hilfen zur Erziehung, Weinheim/München 1998

*Kleinknecht*, Theodor, Die Anwendung unmittelbaren Zwangs bei der Blutentnahme nach § 81a StPO, NJW 1964, 2181–2187

*Klüsener*, Bernd/*Rausch*, Hans, Praktische Probleme bei der Umsetzung des neuen Betreuungsrechts, NJW 1993, 617–624

*Knödler*, Christoph, „Das hat noch keinem geschadet". Vom Mythos der zulässigen elterlichen Gewalt gegenüber Kindern, ZKJ 2007, 58–67

*Knöpfel*, Gottfried, Elternrecht, Kindesrecht und Zwang gegen Jugendliche – zugleich Anmerkung zum Beschluß des BayOblG vom 18.4.1985 –, FamRZ 1985, 1211–1216

*Knöpfel*, Gottfried, Zur Neuordnung des elterlichen Sorgerechts, FamRZ 1977, 600–609

*Köbler*, Gerhard, Juristisches Wörterbuch. Für Studium und Ausbildung, 19. Aufl., München 2024

*Köhler*, Michael, Alternativen zur geschlossenen Unterbringung im Kontext der Hilfen zur Erziehung aus Sicht eines Jugendamtes, in: Rüth/Pankofer/Freisleder, Geschlossene Unterbringung, 2006, S. 136–146

*Kölch*, Michael/*Vogel*, Harald, Unterbringung von Kindern und Jugendlichen mit freiheitsentziehenden Maßnahmen. Eine rechtstatsächliche Untersuchung zur familiengerichtlichen Genehmigung der Unterbringung bei Minderjährigen in der Jugendhilfe, Kinder- und Jugendpsychiatrie und der Justiz nach § 1631b BGB, Zeitschrift für Kinder- Jugendpsychiatrie und Psychotherapie 2016, 39–48

*Koschwitz*, Jürgen, Die kurzfristige polizeiliche Freiheitsentziehung. Freiheitsentziehung durch die Vollzugspolizei der Länder und den Bundesgrenzschutz unter besonderer Berücksichtigung des Artikels 5 der Menschenrechtskonvention, Berlin 1969

*Kowerk*, H., Veränderungen in der Häufigkeit freiheitsentziehender und -beschränkender Maßnahmen bei der stationären psychiatrischen Behandlung von Kindern und Jugendlichen mit Heimerfahrung vor und nach Abschaffung der geschlossenen Heime in Hamburg, Zeitschrift für Kinder- und Jugendpsychiatrie 1990, 198

*Kraatz*, Erik, Aus der Rechtsprechung zum Arztstrafrecht 2014/2015. Die Grundsätze der Einwilligung in den ärztlichen Eingriff – 1. Teil, NStZ-RR 2016, 233–238
*Krautscheidt*, Joseph/*Marré*, Heiner (Hrsg.), Essener Gespräche zum Thema Staat und Kirche, Münster Westfalen 1980 (zitiert als: Bearbeiter, in: Essener Gespräche 14 [1980])
*Kreicker*, Helmut, RFID-Technik in der Dementenversorgung – Herausforderungen für das Betreuungsrecht, NJW 2009, 890–8944
*Kroll*, Ingrid, Personensorge und Freiheitsentzug, Bonn, 1967
*Krüger*, Hildegard, Grundrechtsausübung durch Jugendliche (Grundrechtsmündigkeit) und elterliche Gewalt, FamRZ 1956, 329–335
*Krüger*, Hildegard, Übt das Jugendamt als Amtsvormund öffentliche Gewalt aus?, JZ 1955, 634
*Kuban*, Sandra, Das Recht der Verwahrung und Unterbringung am Beispiel der „Irrengesetzgebung zwischen 1794 und 1945, Frankfurt am Main 1997
*Kuhlmann*, Carola/*Schrapper*, Christian, Geschichte der Erziehungshilfen von der Armenpflege bis zu den Hilfen zur Erziehung, in: Birtsch/Münstermann/Trede, Handbuch Erziehungshilfen, S. 282–328
*Kuhn*, Gustav, Grundrechte und Minderjährigkeit. Die Einwirkung der Verfassung auf die Rechtsstellung des jungen Menschen, Berlin 1965
*Kullmann*, Hans Josef, Die Bedrohung der öffentlichen Sicherheit und Ordnung bei Zwangsunterbringung, NJW 1967, 287–288
*Kunkel*, P., Rezension. Jörg M. Fegert/Karl Späth/Ludwig Salgo (Hg.), Freiheitsentziehende Maßnahmen in Jugendhilfe und Kinder- und Jugendpsychiatrie, FamRZ 2002, 525
*Kunkel*, Peter-Christian, Jugendhilferecht – Systematische Darstellung für Studium und Praxis, Baden-Baden 2010
*Lackner*, Karl (Fortgef.)/*Kühl*, Kristian/*Heger*, Martin (Bearb.), StGB. Strafgesetzbuch. Kommentar, 30. Aufl., München 2023 (zitiert: *Bearbeiter*, in: Lackner/Kühl)
*Lamberz*, Markus, Die Unterbringung psychisch Kranker. Das Verhältnis der Unterbringung nach dem PsychKG NRW zu anderen Unterbringungsmaßnahmen, Stuttgart 2013
*Lampe*, Joachim, Grenzen des Festhalterechts gegenüber vorgeführten Beschuldigten und Zeugen im Ermittlungsverfahren, MDR 1974, 535–540
*Land Brandenburg, Ministerium für Bildung, Jugend und Sport* (Hrsg.), Macht und Machtmissbrauch in der Heimerziehung? Zum Umgang mit schwierigen Jugendlichen und zur Rolle der Heimaufsicht als besondere Herausforderung, Dokumentation der Bundesweiten Fachtagung am 7. und 8. Juli 2014 (zitiert als: *Bearbeiter*, in: Land Brandenburg, Macht und Machtmissbrauch in der Heimerziehung?)
*Landenberger*, Georg, Bericht über den Fachtag „Erfahrungen austauschen – Dialog fördern“ mit ehemaligen Jugendlichen aus den Jugendhilfeeinrichtungen der Haasenburg GmbH, Forum Erziehungshilfen 2014, 308–310

*Langenfeld*, Christine/*Wiesner*, Reinhard, Verfassungsrechtlicher Rahmen für die öffentliche Kinder- und Jugendhilfe bei Kindeswohlgefährdungen und seine einfachgesetzliche Ausfüllung, in: DIJuF, Saarbrücker Memorandum, 2004, S. 45–81

*Lang-Hinrichsen*, Dietrich, Zur Tragweite der Bestimmung des Art. 104 Abs. 2 des Grundgesetzes, nach welcher über die Zulässigkeit und Fortdauer einer Freiheitsentziehung nur der Richter zu entscheiden hat, JR 1959, 321–326

*Leeb*, Christina-Maria/*Weber*, Martin, Unterbringungsähnliche Maßnahmen bei Kindern und Jugendlichen, ZKJ 2014, 143–145

*Leibholz*, Gerhard/*Mangoldt*, Hermann v. (Hrsg.), Entstehungsgeschichte der Artikel des Grundgesetzes, Jahrbuch des öffentlichen Rechts der Gegenwart, Jahrbuch des öffentlichen Rechts, Neue Folge 1 (1951) (zitiert: Bearbeiter, JöR NF 1 (1951))

*Leibholz*, Gerhard/*Rinck*, Hans-Justus (Begr.)/*Hesselberger*, Dieter (Fortf.), Grundgesetz für die Bundesrepublik Deutschland. Kommentar. Rechtsprechung des Bundesverfassungsgerichts, Stand des Gesamtwerks: 95. Lieferung, Köln, 06/2025 (zitiert: *Bearbeiter*, in: Leibholz/Rinck)

*Leisner*, Walter, Grundrechte und Privatrecht, München 1980

*Lempp*, Reinhart, Kindeswohl und Kindesrecht, ZfJ 1974, 124–138

*Lempp*, Reinhart, Seelische Behinderung bei Kindern und Jugendlichen als Aufgabe der Jugendhilfe. § 35a SGB VIII, 5. Aufl., Stuttgart 2006

*Libal*, Gerhard/*Fegert*, Jörg M., Behandlungs- und Hilfeformen der Kinder- und Jugendpsychiatrie/-psychotherapie, in: Fegert/Schrapper, Handbuch Jugendhilfe – Jugendpsychiatrie, 2004, S. 225–241

*Lindner*, Astrid, Reduzierung von freiheitsentziehenden Maßnahmen in der Pflege – Der Jenaer Weg „Gemeinsamer Mut zu mehr Freiheit in Jena", BtPrax 2014, 216–218

*Lipp*, Volker, Betreuungs- und Zwangsbehandlung, JZ 2006, 661–665

*Lipp*, Volker, Erwachsenenschutz und Verfassung – Betreuung, Unterbringung und Zwangsbehandlung, FamRZ 2013, 913–923

*Lipp*, Volker, Freiheit und Fürsorge: Der Mensch als Rechtsperson. Zu Funktion und Stellung der rechtlichen Betreuung im Privatrecht, Tübingen 2000

*Lipp*, Volker/*Burchardt*, Monika, Entscheidungen der Eltern über die Behandlung ihres Kindes aus rechtlicher Perspektive, in: Schmidt/Wolflast, Das „Ashley-Treatment", 2008, S. 69–87

*Lipp*, Volker/*Güttler*, Gesa, Betreuungsrechtliche Unterbringung: Nur in der Psychiatrie?, BtPrax 2017, 94–99

*Lipp*, Volker/*Schumann*, Eva/*Veit*, Barbara (Hrsg.), Kindesschutz bei Kindeswohlgefährdung – neue Mittel und Wege?, 6. Göttinger Workshop zum Familienrecht 2007, Göttingen 2008 (zitiert: *Bearbeiter*, in: Lipp/Schumann/Veit, Kindesschutz bei Kindeswohlgefährdung, 6. Göttinger Workshop zum Familienrecht 2007)

*Lisken*, Hans, Richtervorbehalt bei Freiheitsentziehung, NJW 1982, 1268–1269

*Lorenz*, Annegret, Das Selbstbestimmungsrecht des einsichtsfähigen Minderjährigen bei Eingriffen in die körperliche Integrität, NZFam 2017, 782–788
*Lorz*, Ralph Alexander/*Sauer*, Heiko, Kinderrechte ohne Vorbehalt. Die Folgen der unmittelbaren Anwendbarkeit des Kindeswohlsvorrangs nach der UN-Kinderrechtskonvention in der deutschen Rechtsordnung, MRM 2011, 5–16
*Lücke*, Jörg, Die Drittwirkung der Grundrechte an Hand des Art. 19 Abs. 3 GG, JZ 1999, 377–384
*Lüderitz*, Alexander, Elterliche Sorge als privates Recht, AcP 178 (1978), 263–297
*Lützke*, Anette, Öffentliche Erziehung und Heimerziehung für Mädchen 1945 bis 1975 – Bilder „sittlich verwahrloster" Mädchen und junger Frauen, Essen 2002
*Maaß*, Rainald, Der Verbringungsgewahrsam nach dem geltenden Polizeirecht, NVwZ 1985, 151–158
*Mangoldt*, Hermann v. (Begr.)/*Klein*, Friedrich/*Starck*, Christian (fortgef.)/*Huber*, Peter M./*Voßkuhle*, Andreas (Hrsg.), Grundgesetz Kommentar, (zitiert: *Bearbeiter*, in: Huber/Voßkuhle, GG)
Band 1: Präambel, Artikel 1 bis 19, 8. Aufl., München 2024
Band 3: Art. 83 bis 146, 8. Aufl., München 2024
sowie aus der Vorauflage:
Band 1: Präambel, Artikel 1 bis 19, 7. Aufl., München 2018 (zitiert: Bearbeiter, in: v.Mangoldt/Klein/Starck, GG)
*Manssen*, Gerrit, Staatsrecht II. Grundrechte, 20. Aufl., München 2024
*Marloh*, F., Familienrechtliche Abgrenzungsfragen, FamRZ 1956, 264–265
*Marschner*, Rolf/*Lesting*, Wolfgang/*Stahmann*, Rolf, Freiheitsentziehung und Unterbringung. Materielles Recht und Verfahrensrecht, 7. Aufl., München 2024
*Martinius*, Joest, Pädosexueller Missbrauch in Institutionen, in: Beck/Warnke/Adams/Zink-Jakobeit, Krisen im Kindes- und Jugendalter, 2005, S. 9–12
*Maunz*, Theodor/*Dürig*, Günter (Begr.)/*Herzog*, Roman/*Scholz*, Rupert/*Herdegen*, Matthias/*Klein*, Hans H. (Hrsg.), Grundgesetz, Loseblatt-Kommentar, (zitiert: *Bearbeiter*, in: Dürig/Herzog/Scholz, GG), Stand des Gesamtwerks: 108. Ergänzungslieferung, August 2025
Band I: Art. 1–5
Band II: Art. 6–16a
Band VI: Art. 87a–106b
*Maurer*, Hartmut, Das privatrechtliche Unterbringungsrecht und Art. 104 des Grundgesetzes. Insbesondere zur Rechtsnatur der elterlichen und vormundschaftlichen Gewalt sowie der Pflegschaft, FamRZ 1960, 468–474
*Maurer*, Hartmut/*Waldhoff*, Christian, Allgemeines Verwaltungsrecht, 21. Aufl., München 2024
*Maywald*, Jörg, Die Beteiligung des Kindes an der Einigung der Eltern, FPR 2010, 460–463
*Mazur*, Szymon, Rechtmäßigkeit der Freiheitsentziehung durch technische Weglaufsperren und Ortungsanlagen, BtPrax 2016, 227–229

*Mehringer*, Andreas, Heimkinder. Gesammelte Aufsätze zur Geschichte und zur Gegenwart der Heimerziehung, 3. Aufl., Basel 1982

*Menk*, Sandra/*Schnorr*, Vanessa/*Schrapper*, Christian, „Woher die Freiheit bei all dem Zwange?" Langzeitstudie zu (Aus-)Wirkungen geschlossener Unterbringung in der Jugendhilfe, Weinheim/Basel 2013

*Merten*, Detlef, *Papier*/Hans-Jürgen (Hrsg.), Handbuch der Grundrechte in Deutschland und Europa

Band II, Grundrechte in Deutschland: Allgemeine Lehren I, Heidelberg 2006, (zitiert: Bearbeiter, in: Merten/Papier, HGR II, 2006)

Band III, Grundrechte in Deutschland: Allgemeine Lehren II, Heidelberg 2009 (zitiert: Bearbeiter, in: Merten/Papier, HGR III, 2009)

Band IV, Grundrechte in Deutschland: Einzelgrundrechte I, Heidelberg 2011 (zitiert: Bearbeiter, in: Merten/Papier, HGR IV, 2011)

*Meyer-Götz*, Karin (Hrsg.), Familienrecht, 4. Aufl., Baden-Baden 2018 (zitiert: Bearbeiter, in: Meyer-Götz)

*Meyer-Ladewig*, Jens/*Nettesheim*, Martin/*v. Raumer*, Stefan (Hrsg.), EMRK. Europäische Menschenrechtskonvention. Handkommentar, 5. Aufl., Baden-Baden 2023 (zitiert: *Bearbeiter*, in: Meyer-Ladewig/Nettesheim/v. Raumer)

*Meysen*, Thomas, Familiengerichtliche Anordnung von Maßnahmen nach § 1666 BGB und Entscheidungskompetenz des Jugendamts – Aus Perspektive der Jugendhilfe –, in: Lipp/Schumann/Veit, Kindesschutz bei Kindeswohlgefährdung, 6. Göttinger Workshop zum Familienrecht 2007, 2008, S. 75–97

*Meysen*, Thomas, Kindesschutz zwischen Prävention und Intervention, in: Coester-Waltjen/Lipp/Schumann/Veit, Alles zum Wohle des Kindes?, 2. Familienrechtliches Forum, 2012, S. 155–182

*Meysen*, Thomas, Neuerungen im zivilrechtlichen Kinderschutz, NJW 2008, 2673–2678

*Meysen*, Thomas, Vormund – Heim/Pflegeperson – ASD: Wer hat hier was zu sagen?, JAmt 2005, 105–113

*Mommsen*, Theodor, Die Grundrechte des deutschen Volkes mit Belehrungen und Erläuterungen (Neudruck der anonymen Erstausgabe von 1849), Frankfurt am Main 1969

*Moritz*, Heinz Peter, Genehmigungspflicht nach § 1631b BGB bei Unterbringung des Kindes, ZfJ 1986, 440–442

*Moritz*, Karl-Heinz, Vereinbarkeit des Vorführungsrechts der Staatsanwaltschaft mit Art. 104 GG?, NJW 1977, 796

*Müller*, Hanswerner, Zwangsweise Unterbringung in Anstalten, Rpfleger 1953, 553–560

*Müller*, Sebastian, Freiheitsberaubung durch unterbringungsähnliche Maßnahmen bei Minderjährigen im Krankenhaus, MedR 2011, 339–345

*Münch*, Christof (Hrsg.), Familienrecht in der Notar- und Gestaltungspraxis, 4. Aufl., München 2023 (zitiert: *Bearbeiter*, in: Münch, Familienrecht)

*Münch*, Ingo v./*Kunig*, Philip (Begr.)/*Kämmerer*, Jörn Axel/*Kotzur*, Markus (Hrsg.), Grundgesetz Kommentar,

Band 1: Präambel bis Art. 69, 7. Aufl., München 2021 (zitiert: *Bearbeiter*, in: v.Münch/Kunig, GG, Band 1)
Band 2: Art. 70 bis 146, 7. Aufl. München 2021 (zitiert: *Bearbeiter*, in: v. Münch/Kunig, GG, Band 2)
Münchener Kommentar zum Bürgerlichen Gesetzbuch, hrsgg. von *Säcker*, Franz Jürgen/*Rixecker*, Roland/*Oetker*, Hartmut/*Limperg*, Bettina/*Schubert*, Claudia, Band 10, Familienrecht II, §§ 1598–1921, RElKErzG, VBVG, SGB VIII, SaRegG, 9. Aufl. München 2024 (zitiert: *Bearbeiter*, in: MünchKomm BGB)
Münchener Kommentar zum FamFG, Gesetz über das Verfahren in Familiensachen und in den Angelegenheiten der freiwilligen Gerichtsbarkeit (FamFG) mit Internationalem und Europäischem Zivilverfahrensrecht in Familiensachen (IZVR, EuZVR), hrsgg. von *Rauscher*, Thomas,
Band 1, §§ 1–270, 4. Aufl., München 2025 (zitiert: Bearbeiter, in: MünchKomm FamFG Band 1)
Band 2, §§ 271–493, Internationales und Europäisches Zivilverfahrensrecht in Familiensachen, 4. Aufl., München 2025 (zitiert: Bearbeiter, in: MünchKomm FamFG Band 2)
Münchener Kommentar zum Strafgesetzbuch, hrsgg. von *Erb*, Volker/*Schäfer*, Jürgen, Band 4, §§ 185–262, Bandredakteur: *Sander, Günther M.*, 5. Aufl., München 2025 (zitiert: *Bearbeiter*, in: MünchKomm StGB)
Münchener Kommentar zur Zivilprozessordnung mit Gerichtsverfassungsgesetz und Nebengesetzen, hrsgg. von *Krüger*, Wolfgang/*Rauscher*, Thomas, Band 3, §§ 946–1120, EGZPO, GVG, EGGVG, UKlaG, Internationales und Europäisches Zivilprozessrecht, 6. Aufl. München 2022 (zitiert: *Bearbeiter*, in: MünchKomm ZPO)
*Münder*, Johannes, Aufnahme von Kindergrundrechten in die Verfassung, JAmt 2008, 299–302
*Münder*, Johannes, Zur Balance von Elternrechten, Kindeswohl, Kinderschutz und Kinderrechten, JAmt 2008, 294–299
*Münder*, Johannes/*Meysen*, Thomas/*Trenczek*, Thomas (Hrsg.), Frankfurter Kommentar zum SGB VIII. Kinder- und Jugendhilfe, 9. Aufl., Baden-Baden 2022 (zitiert: *Bearbeiter*, in: Münder/Meysen/Trenczek)
*Musfeld*, Tamara/*Quindel*, Ralf/*Schmidt*, Andrea (Hrsg.), Einsprüche. Kritische Praxis Sozialer Arbeit in der Kinder- und Jugendhilfe, Baltmannsweiler 2008 (zitiert: *Bearbeiter*, in: Musfeld/Quindel/Schmidt, Einsprüche)
*Muthesius*, Hans, Reichsjugendwohlfahrtsgesetz, Stuttgart und Köln 1950
*Mutius*, Albert v., Grundrechtsfähigkeit, Jura 1983, 30–42
*Mutius*, Albert v., Grundrechtsmündigkeit, Jura 1987, 272–275
*Nawiasky*, Hans, Die Grundgedanken des Grundgesetzes für die Bundesrepublik Deutschland. Systematische Darstellung und kritische Würdigung, Stuttgart/Köln 1950
*Neugebauer*, Dieter, Es gibt keine richtige Erziehung im falschen Kontext!, Jugendhilfe im Dialog, Heft 4/2010, S. 57–63

*Neumann*, Franz L./*Nipperdey*, Hans Carl/*Scheuner*, Ulrich (Hrsg.), Die Grundrechte – Handbuch der Theorie und Praxis der Grundrechte, Band 2: Freiheitsrechte in Deutschland, Berlin 1954 (zitiert: *Bearbeiter*, in: Neumann/Nipperdey/Scheuner, Die Grundrechte, Band 2)

*Niemeyer*, Norbert, Intensive sozialpädagogsiche Einzelbetreuung, In: Fegert/Schrapper, Handbuch Jugendhilfe – Jugendpsychiatrie, 2004, S. 179

*Nipperdey*, Hans, Boykott und freie Meinungsäußerung, DVBl. 1958, 445–452

*Nitschke-Janssen*, Meike/*Branik*, Emil, Einflussfaktoren auf den Einsatz von Zwangsmaßnahmen – eine retrospektive Auswertung in einer Schweizer kinder- und jugendpsychiatrischen Versorgungsklinik, Praxis der Kinderpsychologie und Kinderpsychiatrie 2006, 255–270

*Oberloskamp*, Helga, Das Jugendamt zwischen Hilfe und Kontrolle – Neue Herausforderung für die Jugendhilfe?, in: Lipp/Schumann/Veit, Kindesschutz bei Kindeswohlgefährdung, 6. Göttinger Workshop zum Familienrecht 2007, 2008, S. 45–63

*Oberloskamp*, Helga, Vormundschaft, Pflegschaft und Beistandschaft für Minderjährige, 4. Aufl., München 2017 (zitiert: *Bearbeiter*, in: Oberloskamp, Vormundschaft)

*Ohler*, Christoph, Grundrechtliche Bindungen der Mitgliedstaaten nach Art. 51 GRCh, NVwZ 2013, 1433–1438

*Ollmann*, Rainer, Eltern, Kind und Staat in der Jugendhilfe, FamRZ 1992, 388–394

*Ollmann*, Rainer, Zum Geltungsbereich des § 42 SGB VIII (Inobhutnahme), FamRZ 2000, 261–265

*Ossenbühl*, Fritz, Das elterliche Erziehungsrecht im Sinne des Grundgesetzes, Berlin 1981

*Ossenbühl*, Fritz, Rundfunkprogramm – Leistung in treuhänderischer Freiheit, DÖV 1977, 381–389

*Otto*, Volker, Das Staatsverständnis des Parlamentarischen Rates, Düsseldorf 1971

*Palandt*, Otto, Bürgerliches Gesetzbuch mit Nebengesetzen (zitiert: *Bearbeiter*, in: Palandt)
21. Aufl., München 1962
71. Aufl., München 2012

*Pankofer*, Sabine, Freiheit hinter Mauern. Mädchen in geschlossenen Heimen, Weinheim 1997

*Pankofer*, Sabine, Spannungsfelder der geschlossenen Unterbringung und des Freiheitsentzugs im Kontext der Jugendhilfe. Kritische Reflexion, in: Rüth/Pankofer/Freisleder, Geschlossene Unterbringung, München 2006, S. 81–96

*Payandek*, Mehrdad, Die EMRK als grundrechtsbeschränkendes Gesetz?, JuS 2009, 212–216

*Permien*, Hanna, „Es war Schocktherapie“. Wirkungen und Nebenwirkungen freiheitsentziehender Maßnahmen aus der Sicht der Jugendlichen, in: EREV, Evaluation freiheitsentziehender Maßnahmen in der Jugendhilfe, 2006, S. 8

*Permien*, Hanna, Erziehung zur Freiheit durch Freiheitsentzug? Zentrale Ergebnisse der DJI-Studie „Effekte freiheitsentziehender Maßnahmen in der Jugendhilfe“, München 2010
*Permien*, Hanna, Indikationen für geschlossene Unterbringung in der Praxis von Jugendhilfe und Jugendpsychiatrie, R&P 2006, 111–118
*Permien*, Hanna, Kooperation zwischen Jugendhilfe und Jugendpsychiatrie aus Sicht des 13. Kinder- und Jugendberichts, in: APK, Seelische Gesundheit und Teilhabe von Kindern und Jugendlichen braucht Hilfe!, 2011, S. 165–170
*Permien*, Hanna/*Hoops*, Sabrina/*Steger*, Martina/*Lüders*, Christian, Über GU läßt sich trefflich streiten – aber fundiert nur auf der Basis von Ergebnissen!, Forum Erziehungshilfen 2004, 242–245
*Perschel*, Wolfgang, Grundrechtsmündigkeit und Elternrecht, RdJ 1963, 33–38
*Peschel-Gutzeit*, Lore Maria, Das missverstandene Wächteramt. Unzulässige staatliche Eingriffe in das Recht der elterlichen Sorge, in: FS Coester-Waltjen, 2015, S. 173–182
*Peschel-Gutzeit*, Lore Maria, Die Bedeutung des Kindeswillens, NZFam 2014, 433–437
*Peschel-Gutzeit*, Lore Maria, Die neue Regelung zur Beschneidung des männlichen Kindes. Kritischer Überblick und erste Reaktionen der Rechtsprechung, NJW 2013, 3617–3620
*Peschel-Gutzeit*, Lore Maria, Erlaubte Körperverletzung? Kritische Überlegungen zu dem Gesetz über den Umfang der Personensorge bei einer Beschneidung des männlichen Kindes vom 20.12.2012, in: FS Brudermüller, 2014, S. 517–530
*Peters*, Bernd, Die Betreuung Volljähriger. Die Reform des zivilrechtlichen Fürsorgerechts für Volljährige aus der Sicht des Betreuers, Bayreuth 1992
*Peters*, Friedhelm (Hrsg.), Jenseits von Familie und Anstalt. Entwicklungsperspektiven in der Heimerziehung, Bielefeld 1988 (zitiert als: *Bearbeiter*, in: Peters, Jenseits von Familie und Anstalt, 1988)
*Peters*, Friedhelm, Der “Haasenburg Bericht” und mögliche Folgen, Forum Erziehungshilfen 2014, 53–55
*Peters*, Friedhelm, Was passiert, wenn auf geschlossene Heimerziehung verzichtet wird? Erfahrungen aus Hessen und Hamburg, in: Peters (Hrsg.), Jenseits von Familie und Anstalt, Bielefeld 1988, S. 132–166
*Peukert*, Detlev J. K., Grenzen der Sozialdisziplinierung. Aufstieg und Krise der deutschen Jugendfürsorge von 1878 bis 1932, Köln 1986
*Peukert*, Detlev J.K./*Münchmeier*, Richard, Historische Entwicklungsstrukturen und Grundprobleme der Deutschen Jugendhilfe, in: DJI, Materialien zum 8. Jugendbericht, Band 1, S. 1–50
*Pies*, Silke, Erleben und Erwartungen von Kindern und Jugendlichen zwischen Jugendhilfe und Kinder- und Jugendpsychiatrie, in: Fegert/Schapper, Handbuch Jugendhilfe – Jugendpsychiatrie, 2004, S. 429–436
*Pöhner*, Markus, Die unendliche Geschichte der geschlossenen Unterbringung, Marburg 2012

*Prahl*, Werner, Erziehung – Freiheitsentziehung? Gedanken eines Praktikers zu § 1800 Abs. 2 BGB, NJW 1964, 530–533
*Probst*, Martin, Betreuungs- und Unterbringungsverfahren für die gerichtliche, anwaltliche, behördliche und Betreuungspraxis, 2. Aufl., Berlin 2010 (zitiert: Probst, Betreuungs- und Unterbringungsverfahren)
*Prütting*, Hanns/*Helms*, Tobias (Hrsg.), FamFG. Kommentar, 6. Aufl., München 2023 (zitiert: *Bearbeiter*, in: Prütting/Helms, FamFG)
*Rauscher*, Thomas, Familienrecht, 2. Aufl., Heidelberg 2008
*Rauschert*, Klaus, Freiheitsentziehung und Erziehungsrecht – zur Problematik des Art. 104 GG in der Jugenderziehung –, RdJ 1960, 369–373
*Reichard*, Hans, Gesetz über das gerichtliche Verfahren bei Freiheitsentziehungen, mit bundesrechtlichen Vorschriften zum materiellen Unterbringungsrecht, Köln/Berlin 1956
*Reinecke*, Peter, Die Jugendhilfe als der lange Arm der Justiz – (Geschlossene) Unterbringung für straffällig gewordene Jugendliche in Berlin, DVJJ-Journal 1994, 296–307
*Reinicke*, Michael, Der Zugang des Minderjährigen zum Zivilprozeß. Ein Problem der „Grundrechtsmündigkeit", Berlin 1989
*Remschmidt*, Helmut, Erziehung und Strafe, geschlossene Unterbringung – Ausweg oder Irrweg?, DVJJ-Journal 1994, 269–274
*Rengier*, Rudolf, Strafrecht. Allgemeiner Teil, 14. Aufl., München 2024
*Reske*, Harald, Freiheitsentziehende Maßnahmen bei Kindern – Gesetz zur Einführung eines familiengerichtlichen Genehmigungsvorbehalts, FamRB 2017, 400–402
*Reuter*, Dieter, Die Grundrechtsmündigkeit – Problem oder Scheinproblem?, FamRZ 1969, 622–625
*Reuter*, Dieter, Elterliche Sorge und Verfassungsrecht, AcP 192 (1992), 108–152
*Reuter*, Dieter, Kindesgrundrechte und elterliche Gewalt, Berlin 1968
RGRK, Das Bürgerliche Gesetzbuch mich besonderer Berücksichtigung der Rechtsprechung des Reichsgerichts und des Bundesgerichtshofes: Kommentar, hrsgg. von *Mitgliedern des Bundesgerichtshofes*, Band IV, 3. Teil, §§ 1589–1740g, 12. Aufl., Berlin 1999 (zitiert: Bearbeiter, in: RGRK)
*Riedel*, Daniel, Freiheitsentziehende Maßnahmen gegen nicht betreute Personen wegen Selbstgefährdung, BtPrax 2010, 99–104
*Riegner*, Klaus, Verfassungsrechtliche Anforderungen an die Trennung des Kindes von den Eltern wegen Kindeswohlgefährdung – Besprechung von BVerfG, Beschl. v. 24.3.2014 – 1 BvR 160/14, BeckRS 2014, 49403, NZFam 2014, 625–630
*Rixen*, Stephan, Das Gesetz über den Umfang der Personensorge bei einer Beschneidung des männlichen Kindes, NJW 2013, 257–262
*Röchling*, Walter, Gefährdung des Kindeswohls. Anmerkung zum Abschlussbericht der Arbeitsgruppe „Familiengerichtliche Maßnahmen bei Gefährdung des Kindeswohls, FamRZ 2007, 431–435

*Röchling*, Walter, Neue Aspekte zu Kinderschutz und Kindeswohl?, FamRZ 2007, 1775–1779
*Roell*, Monica, Die Geltung der Grundrechte für Minderjährige, Berlin 1984
*Roell*, Monica, Grundrechtsmündigkeit – eine überflüssige Konstruktion, RdJB 1988, 381–387
*Roeloffs*, Nahmen/*Reiter*, Reinhard, Projekte im Evangelischen Jugenddorf Rendsburg. Rückblick, Gedanken, Perspektiven, Kritik, Zeitschrift für Erlebnispädagogik 1990, Heft 2/3
*Rohleder*, Kristin, Grundrechtsschutz im europäischen Mehrebenen-System. Unter besonderer Berücksichtigung des Verhältnisses zwischen Bundesverfassungsgericht und Europäischem Gerichtshof für Menschenrechte, 2009
*Rohmann*, Josef A., Das Sachverständigengutachten im Fall der Unterbringung von Kindern und Jugendlichen, FPR 2011, 561–566
*Rohmann*, Josef A., In Fragen der Heimerziehung ausgewiesener Psychologe als Sachverständiger bei Unterbringung von Kindern und Jugendlichen (§ 70e FGG n. F.), FPR 2009, 30–34
*Röper*, Friedrich Franz, Das verwaiste Kind in Anstalt und Heim. Ein Beitrag zur historischen Entwicklung der Fremderziehung, Göttingen 1976
*Rosenboom*, Esther, Die familiengerichtliche Praxis in Hamburg bei Gefährdung des Kindeswohls durch Gewalt und Vernachlässigung nach §§ 1666, 1666a BGB. Eine qualitative Untersuchung, Bielefeld 2006 (zitiert: *Rosenboom*, Die familiengerichtliche Praxis in Hamburg)
*Rosenboom*, Esther/*Rotax*, Horst-Heiner, Ein kleiner Meilenstein auf dem Weg zum besseren Kindesschutz, ZRP 2008, 1–3
*Roß*, Herbert, Hindert Art. 104 GG eine ausreichende Fürsorge für Psychischkranke?, NJW 1959, 2283–2287
*Roth*, Wolfgang, Die Grundrechte Minderjähriger im Spannungsfeld selbstständiger Grundrechtsausübung, elterlichen Erziehungsrechts und staatlicher Grundrechtsbindung, Berlin 2003
*Roth*, Wolfgang, Faktische Eingriffe in Freiheit und Eigentum. Struktur und Dogmatik des Grundrechtstatbestandes und der Eingriffsrechtfertigung, Berlin 1994
*Rothfitz*, Lauri Philipp, Die Konvention der Vereinten Nationen zum Schutz der Rechte von Menschen mit Behinderungen. Eine Analyse unter Bezugnahme auf die deutsche und europäische Rechtsebene, Frankfurt a.M. 2010
*Roxin*, Claus/*Greco*, Luìs, Strafrecht. Allgemeiner Teil. Band 1: Grundlagen. Der Aufbau der Verbrechenslehre, 5. Aufl., München 2020
*Ruffert*, Matthias, Die Europäische Menschenrechtskonvention und innerstaatliches Recht, EuGRZ 2007, 245–255
*Rüth*, Ulrich, Die geschlossene Unterbringung in der Kinder- und Jugendpsychiatrie in Abgrenzung zur geschlossenen Unterbringung in der Jugendhilfe, in: Rüth/Pankofer/Freisleder, Geschlossene Unterbringung, München 2006, S. 3–17

*Rüth*, Ulrich, Die geschlossene Unterbringung nach § 1631b BGB neu, ZKJ 2011, 48–52
*Rüth*, Ulrich, Die Unterbringung in der Kinder- und Jugendpsychiatrie, FPR 2011, 554–558
*Rüth*, Ulrich, Indikationen zur geschlossenen Unterbringung in der Jugendhilfe aus Sicht des jugendpsychiatrischen Gutachters, in: Rüth/Pankofer/Freisleder, Geschlossene Unterbringung, München 2006, S. 47–60
*Rüth*, Ulrich/*Freisleder*, Franz Joseph, Die geschlossene Unterbringung in der Kinder- und Jugendpsychiatrie – Indikation, Behandlung, Rechtsgrundlage, in: Beck/Warnke/Adams/Zink-Jakobeit, Krisen im Kindes- und Jugendalter, 2005, S. 13–32
*Rüth*, Ulrich/*Pankofer*, Sabine/*Freisleder*, Franz Joseph (Hrsg.), Geschlossene Unterbringung im Spannungsfeld von Kinder- und Jugendpsychiatrie und Jugendhilfe, München 2006 (zitiert: *Bearbeiter*, in: Rüth/Pankofer/Freisleder, Geschlossene Unterbringung)
*Rüting*, Wolfgang, Pflegekinder, Rückführung in die Herkunftsfamilie, Umgang, FPR 2012, 382–385
*Saage*, Erwin, Der Anwendungsbereich des Bundesgesetzes über das gerichtliche Verfahren bei Freiheitsentziehungen, JR 1956, 282–284
*Saage*, Erwin, Die Anstaltsunterbringung durch den gesetzlichen Vertreter, Beilage zum Bundesanzeiger Nr. 122 vom 29. Juni 1960, S. 1–12
*Sachs*, Michael (Begr.)/*v. Coelln*, Christian/*Mann*, Thomas, Grundgesetz. Kommentar, 10. Aufl., München 2024 (zitiert: *Bearbeiter*, in: Sachs, GG)
*Sachsen Gessaphe*, Karl August Prinz v., Der Betreuer als gesetzlicher Vertreter für eingeschränkt Selbstbestimmungsfähige – Modell einer mehrstufigen Eingangsschwelle der Betreuung und des Einwilligungsvorbehalts, Tübingen 1999
*Salgo*, Ludwig, § 8a SGB VIII. Anmerkungen und Überlegungen zur Vorgeschichte und zu den Konsequenzen der Gesetzänderung, Teil 2, ZKJ 2007, 12–16
*Salgo*, Ludwig, Das Gesetz zur Stärkung eines aktiven Schutzes von Kindern und Jugendlichen (Bundeskinderschutzgesetz – BKiSchG), in: Coester-Waltjen/Lipp/Schumann/Veit, Alles zum Wohle des Kindes?, 2. Familienrechtliches Forum, 2012, S. 183–204
*Salgo*, Ludwig, Einwilligung des Kindes und des Jugendlichen in die Unterbringung. Warum Eltern für eine mit Freiheitsentzug verbundenen Unterbringung ihres minderjährigen Kindes stets einer familiengerichtliche Genehmigung bedürfen und warum dieser Genehmigungsvorbehalt auch bei einer „Freiwilligkeitserklärung" des Minderjährigen nicht entfällt, FPR 2011, 546–549
*Salgo*, Ludwig, Pflegekindschaft und Staatsintervention, Frankfurt a.M. 1987
*Sauer*, Martin, Heimerziehung und Familienprinzip, Neuwied/Darmstadt 1979
*Savigny*, Friedrich Carl v., System des heutigen Römischen Rechts, Erster Band, Berlin 1840
*Scharl*, Petra/*Schmid*, Jürgen, Sucht und Persönlichkeitsstörung in Kindschaftssachen, FamRB 2013, 224–229

*Schau*, Eberhard, Vorschläge zur Reform der Bestimmungen über die elterliche Gewalt, RdJB 1973, 257–268

*Schepker*, Renate, Freiheitsentziehende Maßnahmen ohne gerichtliche Genehmigung, FPR 2011, 570–574

*Schepker*, Renate/*Steinert*, Tilman/*Jungmann*, Joachim/*Bergmann*, Frank/*Fegert*, Jörg M., Qualitätsmerkmale freiheitseinschränkender Maßnahmen in der kinder- und jugendpsychiatrischen Versorgung, Praxis der Kinderpsychologie und Kinderpsychiatrie 2006, 802–813

*Scherer*, Inge, Schwangerschaftsabbruch bei Minderjährigen und elterliche Zustimmung, FamRZ 1997, 589–595

*Scherpner*, Hans, Geschichte der Jugendfürsorge, Göttingen 1966

*Schlauß*, Stefan, Mehr Schutz für gefährdete Kinder. Arbeitsgruppe des Bundesministeriums der Justiz legt Empfehlungen für eine Verbesserung des familiengerichtlichen Schutzes von Kindern vor, ZKJ 2007, 9–12

*Schlink*, Bernhard/*Schattenfroh*, Sebastian, Zulässigkeit der geschlossenen Unterbringung in Heimen der öffentlichen Jugendhilfe, in: Fegert/Späth/Salgo, Freiheitsentziehende Maßnahmen in der Jugendhilfe und Kinder- und Jugendpsychiatrie, 2001, S. 73–172

*Schlünder*, Rolf/*Nickel*, Michael, Das familiengerichtliche Verfahren – Ein Leitfaden für die Praxis –, 2. Aufl., Bielefeld 2018

*Schmahl*, Stefanie, Grundrechtsschutz im Dreieck von EU, EMRK und nationalem Verfassungsrecht; Hatje, Armin; Nettersheim, Marin; Grundrechtsschutz im Dreieck von nationalem europäischem und internationalem Recht, EuR, Beiheft 1, 2008, 7–40

*Schmahl*, Stefanie, Kinderrechtskonvention mit Zusatzprotokollen. Handkommentar, 2. Aufl., Baden-Baden 2017 (zitiert: *Schmahl*, KRK)

*Schmidt*, Kurt W./*Wolflast*, Gabriele, Das „Ashley-Treatment" – Die Grenze der Behandlung bei schwerstbehinderten Kindern, Frankfurt a.M. 2008 (zitiert: Bearbeiter, in: Schmidt/Wolflast, Das „Ashley-Treatment")

*Schmitt Glaeser*, Walter, Das elterliche Erziehungsrecht in staatlicher Reglementierung. Ein verfassungsrechtliches Essay zum „Gesetz zur Neuregelung des Rechts der elterlichen Sorge" vom 18. Juli 1979, Bielefeld 1980

*Schmitt-Kammler*, Arnulf, Elternrecht und schulisches Erziehungsrecht Grundgesetz, Berlin 1983

*Schnapp*, Friedrich E./*Kaltenborn*, Markus, Grundrechtsbindung nichtstaatlicher Institutionen, JuS 2000, 937–943

*Schneider*, Egbert, Das neue Bundesteilhabegesetz, WzS 2017, 67–72

*Schneider*, Vanessa, Erfahrungen und Bewertungen freiheitsentziehender Maßnahmen aus der Sicht junger Menschen, in: EREV, Evaluation freiheitsentziehender Maßnahmen in der Jugendhilfe, 2006, S. 31–44

*Schnickmann*, Ulrike, Das Vorführungsrecht der Staatsanwaltschaft und seine Vereinbarkeit mit Art. 104 GG, MDR 1976, 363–367

*Schnitzerling*, Manfred, Die Unterbringung des minderjährigen Mündels nach neuem Recht, RdJ 1962, 4–5

*Schölzel-Klamp*, Marita/*Köhler-Saretzki*, Thomas, Das blinde Auge des Staates. Die Heimkampagne von 1969 und die Forderungen der ehemaligen Heimkinder, Bad Heilbrunn 2010

*Schröer*, Hubertus, Geschlossene Unterbringung – Ausweg oder Irrweg? Thesen zur geschlossenen Unterbringung, DVJJ-Journal 1994, 308–309

*Schüler-Springorum*, Horst, Die Bedeutung des Art. 104 GG für die Freiwillige Erziehungshilfe, FamRZ 1961, 296–301

*Schulz*, Werner/*Hauß*, Jörn, Familienrecht. Handkommentar, 3. Aufl., Baden-Baden 2018 (zitiert: *Bearbeiter*, in: Schulz/Hauß, Familienrecht)

*Schulze*, Rainer (Schriftleitung), Bürgerliches Gesetzbuch. Handkommentar, 12. Aufl., Baden-Baden 2024 (zitiert: *Bearbeiter*, in: Schulze u. A., BGB)

*Schumacher*, Ulrich, Rechtsstaatliche Defizite im neuen Unterbringungsrecht, FamRZ 1991, 280–284

*Schumann*, Eva, Das Erörterungsgespräch bei möglicher Kindeswohlgefährdung, FPR 2011, 203–207

*Schumann*, Eva, Kindeswohl zwischen elterlicher und staatlicher Verantwortung, in: Behrends/Schumann, Gesetzgebung, Menschenbild und Sozialmodell im Familien- und Sozialrecht, 2008, S. 169–225

*Schwab*, Dieter, Betreuung, Vollmacht und Freiheitsbeschränkung, in: FS Frank, 2008, S. 491–512

*Schwab*, Dieter, Das neue Betreuungsrecht (1), FamRZ 1990, 681–692

*Schwab*, Dieter, Familie und Staat, FamRZ 2007, 1–7

*Schwab*, Dieter, Freiheitsentziehung, Wille des Betroffenen und Vorsorgevollmacht – Fragen zur Entscheidung des BVerfG, FamRZ 2015, 1365 – FamRZ 2015, 1357–1360

*Schwab*, Dieter/*Zenz*, Gisela, Soll die Rechtsstellung der Pflegekinder unter besonderer Berücksichtigung des Familien-, Sozial- und Jugendrechts neu geregelt werden?, in: Ständige Deputation des Deutschen Juristentags (Hrsg.), Gutachten A zum 54. Deutschen Juristentag Nürnberg 1982, München 1982

*Schwabe*, Jürgen, Bundesverfassungsgericht und „Drittwirkung" der Grundrechte, AöR 100 (1975), 442–470

*Schwabe*, Jürgen, Die so genannte Drittwirkung der Grundrechte. Zur Einwirkung der Grundrechte in den Privatrechtsverkehr, München 1971

*Schwabe*, Jürgen, Probleme der Grundrechtsdogmatik, Darmstadt 1977

*Schwabe*, Mathias (Hrsg.), Zwang in der Heimerziehung? Chancen und Risiken, München 2008 (zitiert als: Bearbeiter, in: M. Schwabe, Zwang in der Heimerziehung, 2008)

*Schwabe*, Mathias, Die Bedeutung frühkindlicher Zwangserfahrung für die Klient/innen und Akteur/innen der Sozialen Arbeit, in: Huxoll/Kotthaus, Macht und Zwang in der Kinder- und Jugendhilfe, 2012, S. 96–111

*Schwabe*, Mathias/*Evers*, Thomas, Time-out-Räume bzw. Auszeiträume in der Jugendhilfe, in: EREV, Evaluation freiheitsentziehender Maßnahmen in der Jugendhilfe, 2006, S. 56–71
*Schwabe*, Mathias/*Stallmann*, Martina/*Vust*, David, Freiraum mit Risiko. Niedrigschwellige Erziehungshilfen für sogenannte Systemsprenger/innen, Ibbenbüren 2013
*Schwenzer*, Ingeborg, Empfiehlt es sich das Kindschaftsrecht neu zu regeln?, in: Ständige Deputation des Deutschen Juristentags (Hrsg.), Gutachten A zum 59. Deutschen Juristentag Hannover 1992, München 1992
*Schwerdtner*, Eberhard, Kindeswohl oder Elternrecht? Zum Problem des Verhältnisses von Grundrechtsmündigkeit und Elternrecht, AcP 173 (1973), 227–249
*Schwerdtner*, Eberhard, Mehr Rechte für das Kind – Fluch oder Segen für die elterliche Sorge?, NJW 1999, 1525–1527
*Seidel*, Michael, Freiheitsentziehende Maßnahmen und geschlossene Unterbringung in der Behindertenhilfe – eine Einführung, in: dgsgb, Freiheitsbeschränkende Maßnahmen und geschlossenen Unterbringung in der Behindertenhilfe, 2013, S. 5–10
*Seier*, Nina, Reform des § 1666 BGB und Verfassungsschutz, FPR 2008, 483–487
*Siegert*, Daniel, Die Zwangsbefugnisse des Betreuers, Marburg 2006
*Sodan*, Helge/*Ziekow*, Jan (Hrsg.), Verwaltungsgerichtsordnung. Großkommentar, 5. Aufl., Baden-Baden 2018 (zitiert: *Bearbeiter*, in: Sodan/Ziekow, VwGO)
*Sommer*, Anja, Das Verhältnis von Familiengericht und Jugendamt: Kooperation zum Wohle des Kindes?, Frankfurt am Main 2012
*Sommerfeld*, Peter, Erlebnispädagogisches Handeln. Ein Beitrag zur Erforschung konkreter pädagogischer Felder und ihrer Dynamik, Weinheim/München 1993
*Sonnen*, Bernd-Rüdeger, Geschlossene Unterbringung von Kindern und Jugendlichen im Rahmen pädagogischer Intervention – Versuch einer Bestandsaufnahme, DVJJ-Journal 1994, 281–287
*Späth*, Karl, Freiheitsentziehende Maßnahmen in der Jugendhilfe. Fachliche Aspekte und rechtliche Regelungen, Forum für Kinder- und Jugendarbeit 2008, 46–49
*Springer*, Sylvia, Das erzieherische Verhältnis in der Pädagogik der deutschen Landerziehungsheimbewegung, Pädagogische Rundschau 1987, 267–291
*Stadler*, Bernhard, „Therapie unter geschlossenen Bedingungen – ein Widerspruch?“. Forschungsstudie einer intensivtherapeutischen individuell-geschlossenen Heimunterbringung dissozialer Mädchen am Beispiel des Mädchenheims Gauting, in: EREV, Evaluation freiheitsentziehender Maßnahmen in der Jugendhilfe, 2006, S. 72–93
*Stadler*, Bernhard, Therapie unter Zwang – ein Widerspruch? Intensivtherapie für dissoziale Jugendliche im geschlossenen Mädchenheim Gauting, Berlin 2005
*Staudinger*, Julius v. (Begr.), Kommentar zum Bürgerlichen Gesetzbuch mit Einführungsgesetz und Nebengesetzen, Buch 4, Familienrecht (zitiert: *Bearbeiter*, in: Staudinger)

§§ 1626–1633, RKEG (Elterliche Sorge 1 – Inhaberschaft und Inhalt), Redaktor: Coester, Michael, Berlin 2020

§§ 1638–1683 (Elterliche Sorge 2 – Vermögenssorge, Kindesschutz, Sorgerechtswechsel), Redaktor: Coester, Michael, Berlin 2020

§§ 1684–1717 (Elterliche Sorge – Umgangsrecht), Redaktorin: Peschel-Gutzeit, Lore Maria, Berlin 2023

§§ 1773–1895 (Vormundschaftsrecht), Redaktor, Coester, Michael, Berlin 2020

§§ 1896–1921 (Rechtliche Betreuung und Pflegschaft), Redaktor: Coester, Michael, Berlin 2017

*Steffen*, Erich, Grundrechtsmündigkeit, RdJ 1971, 143–149

*Stein*, Ekkehart, Das Recht des Kindes auf Selbstentfaltung in der Schule, Neuwied/ Berlin 1967

*Steinert*, Tilman/*Birk*, Michael/*Flammer*, Erich/*Bergk*, Jan, Subjective Dristress After Seclusion or Mechanical Restraint: One-Year Follow-Up of a Randomized Controlled Study, Psychiatric Services 2013, 1012–1017

*Stern*, Klaus, Das Staatsrecht der Bundesrepublik Deutschland (zitiert: Stern, Staatsrecht)

Band III/1: Allgemeine Lehren der Grundrechte, München 1988

Band IV/1: Die einzelnen Grundrechte, München 2006

*Stern*, Klaus/*Becker*, Florian (Hrsg.), Grundrechte-Kommentar. Die Grundrechte des Grundgesetzes mit ihren europäischen Bezügen, 4. Aufl., Köln 2024 (zitiert: Bearbeiter, in: Stern/Becker, Grundrechte-Kommentar)

*Sternal*, Werner (Hrsg.), FamFG. Gesetz über das Verfahren in Familiensachen und in den Angelegenheiten der freiwilligen Gerichtsbarkeit. Kommentar, 22. Aufl., München 2025 (zitiert: *Bearbeiter*, in: Sternal)

*Stolz*, Peter, Der sozialstaatliche Ausbau der deutschen Psychiatriegesetze – Kontrolle durch Fürsorge?, R&P 1984, 51–59

*Streppel*, Cornelia, Erlebnispädagogik – Bereitstellen von Gelegenheiten zum Experimentieren, DVJJ-Journal 1994, 353–361

*Sülzle-Temme*, Kirsten, Geschlossen untergebrachte Jugendliche: Ausgangssituation, Ziele, Verläufe und Ergebnisse von Hilfeplanungen und deren Umsetzung, Hannover 2007

*Swientek*, Christine, Konzepte der Heimerziehung im 19. und 20. Jahrhundert – dargestellt an den Bereichen:– Arbeitserziehung/Erziehung zum Eigentum/ Sexualerziehung, ZfJ 1986, 374–381

*Thiersch*, Hans, Geschlossene Unterbringung, DVJJ-Journal 1994, 274–280

*Thym*, Daniel, Die Reichweite der EU-Grundrechte-Charta – Zu viel Grundrechtsschutz?, NVwZ 2013, 889–896

*Tiedemann*, Inge Karin, Aids – Familienrechtliche Probleme, NJW 1988, 729–738

*Tiemann*, Axel, Der Schutzbereich des Art. 2 II 2 GG. Zum Grundrecht auf Bewegungsfreiheit im Asylverfahrensrecht, NVwZ 1987, 10–15

*Tietze*, Andrea, Ambulante Zwangsbehandlungen im Betreuungsrecht, Bielefeld 2005
*Tilch*, Horst/*Arloth*, Frank (Hrsg.), Deutsches Rechts-Lexikon Band 1: A-F, 3. Aufl., München 2001
*Timm*, Lars, Freiheitsentziehende Maßnahmen und geschlossene Unterbringung in der Behindertenhilfe. Erfahrungen und kritische Anmerkungen aus der Sicht eines Vereinsbetreuers, in: dgsgb, Freiheitsbeschränkende Maßnahmen und geschlossenen Unterbringung in der Behindertenhilfe, 2013, S. 11–17
*Tischler*, Klaus, Sonderformen stationärer Jugendhilfe, in: Verband privater Einrichtungen der Kinder- und Jugendhilfe in Schleswig-Holstein VPE e. V. (Hrsg.), Jugendhilfe im Dialog, Heft 4/2010, S. 44–56
*Trechsel*, Stefan, Die Garantie der persönlichen Freiheit (Art. 5 EMRK) in der Straßburger Rechtsprechung, EuGRZ 1980, 514–532
*Trede*, Wolfgang, Geschlossene Unterbringung in Heimen der Jugendhilfe, R&P 2003, 120–124
*Trenczek*, Thomas, Geschlossene Unterbringung oder Inobhutnahme? Rechtliche, sozialpädagogische und jugendpolitische Anmerkung zu den freiheitsentziehenden Maßnahmen in der Jugendhilfe, DVJJ-Journal 1994, 288–296
*Trenczek*, Thomas/*Achterfeld*, Susanne/*Beckmann*, Janna/*Düring*, Diana/*Neumann-Witt*, Andreas/*Rothmann*, Jens, Inobhutnahme. Krisenintervention und Schutzgewährung durch die Kinder- und Jugendhilfe. Sozialwissenschaftliche Grundlagen und rechtliche Regelungen. Handbuch, 4. Aufl., Stuttgart 2024
Tübinger Kommentar, Strafgesetzbuch, 31. Aufl., München 2025 (zitiert: *Bearbeiter*, in: Tübinger Kommentar, StGB)
*Umbach*, Dieter C., Grundrechts- und Religionsmündigkeit im Spannungsfeld zwischen Kindes- und Elternrechten, in: FS Geiger, 1989, S. 357–377
*Unruh*, Peter, Zur Dogmatik der grundrechtlichen Schutzpflichten, Berlin 1996
*Unzner*, Lothar, Die psychologischen Auswirkungen bei Fremdplatzierung des Kindes in Pflegefamilie oder Kinderheim, FPR 2003, 321–325
*Veit*, Barbara, Das Gesetz zur Erleichterung familiengerichtlicher Maßnahmen bei Gefährdung des Kindeswohls im Überblick, FPR 2008, 598–602
*Veit*, Barbara, Einführung, in: Lipp/Schumann/Veit, Kindesschutz bei Kindeswohlgefährdung, 6. Göttinger Workshop zum Familienrecht 2007, 2008, S. 1–4
*Veit*, Barbara, Einleitung, in: Coester-Waltjen/Lipp/Schumann/Veit, Alles zum Wohle des Kindes?, 2. Familienrechtliches Forum, 2012, S. 5–9
*Verfassungsausschuss der Ministerpräsidenten-Konferenz der westlichen Besatzungszonen*, Bericht über den Verfassungskonvent auf Herrenchiemsee vom 10. bis 23. August 1948, München 1948
*Vilmar*, Oskar, Zur Freiheitsentziehung durch einen gesetzlichen Vertreter im Rahmen des Art. 104 GG, SchlHA 1957, 6
*Vogel*, Harald, Die familiengerichtliche Genehmigung der Unterbringung mit Freiheitsentziehung bei Kindern und Jugendlichen nach § 1631b BGB. Vor und

nach Inkrafttreten des FGG-RG unter Auswertung der Jahrgangsakten 2008–2011 des Amtsgerichts Tempelhof-Kreuzberg, Bielefeld 2014

*Vogel*, Harald, Die juristischen Mindeststandards bei der mit Freiheitsentziehung verbundenen Unterbringung in der Behandlung von Kindern, FPR 2012, 462–467

*Vogel*, Harald, Familiengerichtliche Genehmigung der freiheitsentziehenden Unterbringung bei Kindern und Jugendlichen nach § 1631b BGB, FamRZ 2015, 1–7

*Vollmann*, J., Zwangsbehandlungen in der Psychiatrie. Eine ethische Analyse der neuen Rechtslage für die klinische Praxis, Der Nervenarzt 2014, 614–620

*Vormundschaftsgerichtstag e. V.* (Hrsg.), 2. Vormundschaftsgerichtstag vom 31. Oktober bis 3. November 1990. Materialien und Ergebnisse, München 1991 (zitiert: *Bearbeiter*, in: Vormundschaftsgerichtstag e. V., 2. Vormundschaftsgerichtstag)

*Voß*, Tatjana, Krisenintervention, in: Bienstein/Rojahn, Selbstverletzendes Verhalten, 2013, S. 216–227

*Walter*, Michael/*Wilms*, Yvonne, Kriminalrechtlicher Erziehungsgedanke und elterliches Erziehungsrecht – Zur Zulässigkeit und den Voraussetzungen jugendrechtlicher Weisungen gemäß § 10 I JGG –, NStZ 2004, 600–607

*Walther*, Guy, Aufgaben und Rechtsstellung des Jugendamts in Verfahren der freiheitsentziehenden Unterbringung von Kindern und Jugendlichen nach dem FamG, JAmt 2009, 480–489

*Walther*, Guy, Die Aufgaben und die Beteiligung des Betreuers bei der öffentlich-rechtlichen Unterbringung des Betreuten – am Beispiel des PsychKG NRW, BtPrax 2017, 217–220

*Wapler*, Friederike, Kinderrechte und Kindeswohl. Eine Untersuchung zum Status des Kindes im öffentlichen Recht, Tübingen 2015

*Warnke*, Andreas/*Lehmkuhl*, Gerd, Kinder- und Jugendpsychiatrie und Psychotherapie in Deutschland. Die Versorgung von psychisch kranken Kindern, Jugendlichen und ihren Familien, 4. Aufl., Stuttgart 2011

*Weber*, Klaus (Hrsg.), Rechtswörterbuch, 24. Aufl., München 2022

*Welti*, Felix, Pflegeleistungen und Teilhabeleistungen in Einrichtungen, Sozialrecht aktuell 2012, 189–197

*Wiegand*, Ernst, § 1846 BGB als allgemeine Ermächtigungsgrundlage des Vormundschaftsrichters für eine zivilrechtliche geschlossene Unterbringung hilfloser Erwachsener?, FamRZ 1991, 1022–1024

*Wiesner*, Reinhard, Das Jugendamt – zwischen Dienstleistung und fürsorglicher Belagerung – ein Blick zurück und nach vorn!, JAmt 2010, 277–282

*Wiesner*, Reinhard, Eingliederungshilfe für seelisch behinderte junge Menschen als Aufgabe der Jugendhilfe, ZfJ 1996, 199–203

*Wiesner*, Reinhard, Hilfen für seelisch behinderte Kinder und Jugendliche (§ 35a SGB VII), in: Fegert/Schrapper, Handbuch Jugendhilfe – Jugendpsychiatrie, 2004, S. 179–183

*Wiesner*, Reinhard, Ist die Vormundschaft noch zeitgemäß?, in: Hansbauer, Neue Wege in der Vormundschaft?, 2002, S. 41–56

*Wiesner*, Reinhard/*Wapler*, Friederike (Hrsg.), SGB VIII. Kinder- und Jugendhilfe. Kommentar, 6. Aufl., München 2022 (zitiert: *Bearbeiter*, in: Wiesner/Wapler)

*Wilkes*, Constanze, Psychiatrische Unterbringungen und Zwangsbehandlungen. Eine empirische Untersuchung der Grenzen zwischen Selbst- und Fremdbestimmung, Wiesbaden 2016

*Wille*, Jörn, § 1631b BGB in der amtsgerichtlichen Praxis, ZfJ 2002, 85–95

*Wille*, Jörn, Freiheitsentziehung bei Kindern und Jugendlichen nach § 1631b BGB in der familiengerichtlichen Praxis, DAVorm 2000, 449–456

*Willutzki*, Siegfried, Der Schutzauftrag des Jugendamtes im neuen Recht, FPR 2008, 488–4922

*Windel*, Peter A., Darf der Betreuer sein Aufenthaltsbestimmungsrecht gegenüber dem Betreuten zwangsweise durchsetzen?, BtPrax 1999, 46–51

*Windel*, Peter A., Zur elterlichen Sorge bei Familienpflege, FamRZ 1997, 713–724

*Winkler*, Michael, Das Elend mit der geschlossenen Unterbringung, Forum Erziehungshilfen 2005, 196–202

*Wohlert*, Fred, Strukturelle Aspekte der Heimerziehung oder: Die Grenzen organisierter Erziehung, in: Peters, Jenseits von Familie und Anstalt, 1988, S. 50–66

*Wolf*, Christa, Der sozialpädagogische (Amts-)Vormund und seine Funktion bei der Gewährung von Hilfen zur Erziehung, in: Hansbauer, Neue Wege in der Vormundschaft?, 2002, S. 91–106

*Wolf*, Klaus (Hrsg.), Entwicklungen in der Heimerziehung, Münster 1993 (zitiert: Bearbeiter, in: Wolf, Entwicklungen in der Heimerziehung)

*Wolf*, Klaus, Zum Verhältnis von Jugendhilfe und Jugendpsychiatrie oder: Warum die Jugendhilfe nicht die Verlängerung der Psychiatrie ins normale Leben sein kann, in: Wolf, Entwicklungen in der Heimerziehung, 1993, S. 231–240

*Wolff*, Hans J., Das Verfahren bei Freiheitsentziehungen, DÖV 1951, 313–317

*Wolffersdorff*, Christian v., Freiheitsentziehung – eine Maßnahme mit Zukunft? Über die neue Gelassenheit im Umgang mit freiheitsentziehenden Maßnahmen, in: Rüth/Pankofer/Freisleder, Geschlossene Unterbringung, München 2006, S. 149–159

*Wolffersdorff*, Christian v., Konzepte offener und geschlossener Heimerziehung im Wandel der Zeiten, in: Birtsch/Münstermann/Trede, Handbuch Erziehungshilfen, S. 149–174

*Wolffersdorff*, Christian v., Wie werden euch helfen! Die vielen Gesichter des Erziehungsgedankens in Jugendfürsorge und Justiz, ZJJ 2009, 96–105

*Wolffersdorff*, Christian v./*Sprau-Kuhlen*/Kersten, Geschlossene Unterbringung in Heimen. Kapitulation der Jugendhilfe?, 2. Aufl., München 1996

*Wöll*, Lisa, Die professionell geführte Einzelvormundschaft, in: Hansbauer, Neue Wege in der Vormundschaft?, S. 151–159

*Wysk*, Peter (Hrsg.), Verwaltungsgerichtsordnung, 4. Aufl., München 2025 (zitiert: Bearbeiter, in: Wysk, VwGO)

*Zentralkomitee deutscher Katholiken*, Stellungnahme des Zentralkomitees der deutschen Katholiken zum Entwurf eines Gesetzes zur Neuregelung des Rechts der Elterlichen Sorge, FamRZ 1977, 610

*Zenz*, Gisela, Zusammenführung von Amtsvormundschaft und Beistandschaft in einer eigenständigen Interessenvertretungsbehörde?, in: Hansbauer, Neue Wege in der Vormundschaft?, 2002, S. 107–129

*Ziekow*, Jan, Über Freizügigkeit und Aufenthalt. Paradigmatische Überlegungen zum grundrechtlichen Freiheitsschutz in historischer und verfassungsrechtlicher Perspektive, Tübingen 1997

*Zitelmann*, Maud, Die Vormundschaft aus Sicht von Mündeln, in: Hansbauer, Neue Wege in der Vormundschaft?, 2002, S. 76–90

*Zitelmann*, Maud, Inobhutnahme im Kindesalter, in: FS Salgo, 2016, S. 385–406

*Zorn*, Dagmar, Das Recht der elterlichen Sorge. Voraussetzungen, Inhalt und Schranken, 3. Aufl., Berlin 2016

**Studien zum deutschen und internationalen Familien- und Erbrecht**

| | | |
|---|---|---|
| Band | 1 | Jessica Kriewald: Statusrelevante Erklärungen des Familienrechts. 2009. |
| Band | 2 | Martin Gilbert: Unmoralische Angebote, Grundrechtskitsch und die kalte Hand des Erblassers. 2009. |
| Band | 3 | Anja Vellmer: Religiöse Kindererziehung und religiös begründete Konflikte in der Familie. Eine rechtsübergreifende Darstellung familiärer religiöser Konflikte und der staatlichen Instrumentarien zu ihrer Lösung. 2010. |
| Band | 4 | Uta Heidenreich: Auskunfts- und Wertermittlungsansprüche des Pflichtteilsberechtigten. 2010. |
| Band | 5 | Ulla Möhn: Vertrauensschutz im intertemporalen Scheidungsunterhaltsrecht. Zugleich eine Analyse des § 36 Nr. 1 EGZPO. 2010. |
| Band | 6 | Gabriele Metternich: Verfügungsverhalten von Erblassern. Eine empirische Untersuchung als Beitrag zur Rechtstatsachenforschung und Reformdiskussion auf dem Gebiet des Erbrechts. 2010. |
| Band | 7 | Patrick Schroer: Europäischer Erbschein. Mit rechtsvergleichender Darstellung. 2010. |
| Band | 8 | Isabella Toscano: Ehescheidungen mit grenzüberschreitendem Bezug. Von divergierenden nationalen Scheidungsvoraussetzungen zu einem einheitlichen europäischen Scheidungsrecht? 2011. |
| Band | 9 | Ulrich Kühle: Die gerichtliche Überprüfung von Erb- und Pflichtteilsverzichtsverträgen im Spiegel ehevertraglicher Inhaltskontrolle. 2011. |
| Band | 10 | Gregor Blüm: Härtefälle im Recht des Versorgungsausgleichs. Eine legitimationszentrierte Untersuchung der Rechtsprechung zur Generalklausel des § 1587c Nr. 1 BGB a. F. unter Berücksichtigung der Neuerungen in der Härtefallregelung des § 27 VersAusglG. 2011. |
| Band | 11 | Linda Schlegel: Die Bedeutung des vorehelichen Zusammenlebens im Scheidungsfolgenrecht. 2011. |
| Band | 12 | Tobias Breitling: Rechtsfolgen von sittenwidrigen Bedingungen in Verfügungen von Todes wegen. Erblasserwille und objektives Recht. 2012. |
| Band | 13 | Anja Sommer: Das Verhältnis von Familiengericht und Jugendamt. Kooperation zum Wohle des Kindes? 2012. |
| Band | 14 | Pia Maria Schulze: Das deutsche Kindschafts- und Abstammungsrecht und die Recht- sprechung des EGMR. 2012. |
| Band | 15 | Sebastian Schaufert: Das Verbot der Doppelverwertung von Vermögenspositionen bei Unterhalt und Zugewinn. 2012. |
| Band | 16 | Natalie Ivanits: Die Stellung des Kindes in auf Einvernehmen zielenden gerichtlichen und außergerichtlichen Verfahren in Kindschaftssachen. 2012. |
| Band | 17 | Robert Bauer: Die Neuerungen im ehelichen Güterrecht. Eine kritische Untersuchung der Rechtslage nach der Reform von 2009. 2013. |
| Band | 18 | Birthe Schekahn: Tatsächliche Unterhaltsleistungen faktischer Lebensgefährten im Todesfall. Ein Vorschlag für eine Reform des § 844 Abs. 2 BGB und zugleich eine Definition der faktischen Lebensgemeinschaft. 2013. |

Band 19 Michelle Favier: Die gemeinsame rechtliche Elternschaft von eingetragenen Lebenspartnern durch die Annahme eines Kindes. 2014.

Band 20 Holke-Leonie Doench: Mediation als kindgerechtes Verfahren. 2014.

Band 21 Katharina Frank: Eheverträge als effektives Gestaltungsinstrument. Die Grenzen der Privatautonomie im englischen und deutschen Sachrecht sowie im europäischen Zivilverfahrens- und Kollisionsrecht. 2015.

Band 22 Renata von Pückler: Der Ausgleich konkurrierender Ehegattenunterhaltsansprüche. 2015.

Band 23 Sandra Schröder: Wer hat das Recht zur rechtlichen Vaterschaft? Vorschlag zur Neugestaltung der rechtlichen Stellung des biologischen Vaters im Abstammungsrecht bei Bestehen einer sozial-familiären Beziehung zwischen Kind und rechtlichem Vater. Unter Berücksichtigung interdisziplinärer und historischer Aspekte. 2015.

Band 24 Kerstin Aust. Das Kuckuckskind und seine drei Eltern. Eine kritische Würdigung der bestehenden Rechtslage mit Vorschlägen für interessengerechte Regelungen unter rechtsvergleichenden Aspekten aus dem EMRK-Raum. 2015.

Band 25 Marc Alexander Voigt: Abstammungsrecht 2.0. Ein rechtsvergleichender Reformvorschlag vor dem Hintergrund der Methoden der künstlichen Befruchtung. 2015.

Band 26 Carola Berneiser: Die verfahrensrechtliche Neuregelung der Erörterung der Kindeswohl- gefährdung in § 157 FamFG. Möglichkeiten und Grenzen der Umsetzung in der familien- gerichtlichen Praxis. 2015.

Band 27 Hüsniye Saygin: Geschlechtergerechtigkeit unter dem Deckmantel der Leitbildneutralität. Trennungs- und Scheidungsfolgen im Spiegel der Ehe- und Familienförderung. 2016.

Band 28 Dragana Damljanovic: Das Wechselmodell. Geltendes Recht und Reformbedarf. 2016.

Band 29 Bianca Reichert: Die erbrechtliche Ausgleichung von Unterhaltsleistungen an behinderte Abkömmlinge. 2017.

Band 30 Meike Löwer: Familienpsychologische Sachverständigengutachten in Sorge-, Umgangs- und Kindeswohlgefährdungsverfahren. Zur effektiven Einbeziehung von psychologischen Sachver- ständigen in kindschaftsrechtlichen Verfahren zum Wohle des Kindes. 2017.

Band 31 Johanna Antonia Hirth: Internationale *Relocation*. Eine rechtsvergleichende Untersuchung über den grenzüberschreitenden Wohnortwechsel eines Elternteils mit dem Kind gegen den Willen des anderen Elternteils. 2018.

Band 32 Britta Hartmann: Von der Mutterschaft zur Elternschaft. Zum Reformbedarf des geltenden Abstammungsrechts. 2020.

Band 33 Charlotte Baecker: Die Honorierung von Pflegeleistungen durch das Erbrecht. 2022.

Band 34 Leonie Dietrich: Das deutsche und schwedische Namensrecht im Vergleich. Überlegungen zu einer Reform des deutschen Namensrechts anhand der schwedischen Namensrechtsreform 2016. 2022.

Band 35 Tina Lena Semling: Heimtiere im Familien- und Erbrecht. Problemfelder und Lösungsansätze. 2024.

Band 36 Lisa Wietkamp: Das Kind und sein Verfahrensbeistand. Eine Untersuchung des Rechtsverhältnisses zwischen Kind und Verfahrensbeistand im kundschaftsrechtlichen Verfahren aus einer verfassungs-, verfahrens- und zivilrechtlichen Perspektive. 2026.

Band 37 Giuliana Chiofalo: Der Schutz der Ehewohnung im Erbrecht. Ein Plädoyer für die Stärkung der Rechtsstellung des überlebenden Ehegatten. 2026.

Band 38 Laura Lanwert: Die kindliche Fortbewegungsfreiheit und ihre fürsorgliche Beschränkung durch Eltern und Staat. 2026.

www.peterlang.com

For the avoidance of doubt, input of the whole or any part of this publication into any generative artificial intelligence model, chatbot, program, software or technology is expressly prohibited without the prior written consent of the publisher.